U000841

元史

上海涵芬樓景印
北平圖書館及自
藏明洪武刻本原
書版匡高二十六
公分寬十七公分

《百衲本二十四史》新版刊印序

《百衲本二十四史》是近百年來校考最精良、版本最珍貴、蒐羅最廣泛的二十四史，先父王雲五先生於一九七六年〈重印補校百衲本二十四史序〉中已有論證。

一八九七年商務印書館在上海創立，創館元老張元濟先生於一九〇二年正式主持商務印書館編譯所，將商務帶入「出版好書、匡輔教育」的出版之路。一九二一年(民國十年)王雲五先生經胡適先生推薦，接替主持商務印書館編譯所，並於一九三〇年兼任總經理，與張元濟先生共同為商務印書館的百年大業作出貢獻。

張元濟先生入館後，積極蒐購民間珍貴藏書，一方面用來印製、廣泛發行，另一方面也為成立「涵芬樓」藏書室(後來開放為「東方圖書館」)預作準備。當年他並積極向各公私立圖書館商借影印各種版本的二十四史，逐一比較補正缺漏，然後在一九三〇年開始付印，至一九三七年全部出齊。校印工程之艱鉅與可貴，從他所撰寫的《校史隨筆》可以了解。

商務涵芬樓所珍藏的二十四史及各種珍貴版本，可惜在一九三二年日本發動淞滬戰爭時，被日軍炸毀，化為一灰燼。《百衲本二十四史》的傳印，就顯得格外有意義。

王雲五先生於一九六四年在臺重新主持臺灣商務印書館，與當時總編輯楊樹人教授，依據臺北故宮博物院和中央圖書館珍藏的宋元版本，修補校正《百衲本二十四史》，並於一九七六年重版印行。

《百衲本二十四史》初印至今，已經八十年，雖經在臺補正重版，舊書均已售完，而各界索購者絡繹不絕，不得已先以隨需印刷供應，但仍然供不應求。

為了適應讀者的需要，本公司由副董事長施嘉明先生、總編輯方鵬程先生和舊書重印小組一起規劃，決定放大字體，以十八開精裝本重印《百衲本二十四史》，每種均加印目錄頁次，讓讀者方便查考，也讓我們與《百衲本二十四史》共同邁向百年大慶。值此付印前夕，特為之序。

臺灣商務印書館董事長王學哲謹序

二〇一〇年三月二十五日

一

元史二百十卷

明‧宋濂等奉敕撰。

洪武二年，得元十三朝實錄，命修元史，以濂及王褘為總裁。二月開局天寧寺，八月書成。而順帝一朝，史猶未備，乃命儒士歐陽佑等，往北平採其遺事。明年二月，詔重開史局，閱六月書成，為紀四十七卷、志五十三卷、表六卷、列傳九十七卷。

書始頒行，紛紛然已多竊議。迨後來遞相考證，紕漏彌彰。顧炎武《日知錄》摘其趙孟頫諸傳，備書上世贈官，仍誌銘之文，不失芟削。〈河渠志〉言耿參政，〈祭祀志〉言田司徒，引案牘之語，失於翦裁。朱彝尊《曝書亭集》，又謂其急於成書，故前後複出。因舉其一人兩傳者，為倉猝失檢之病。

然《元史》之舛駮，不在於藏事之速，而在於始事之驟。以後世論之，元人載籍之存者，說部文集，尚不下一二百種，以訂史傳，時見牴牾，不能不咎考訂之未密。其在當日，則重開史局，距元亡二十三年耳。後世所謂古書，皆當日時人之書也。其時有未著者，有著而未成者，有成而未出者，勢不能裒合眾說，參定異同。考徐一夔《始豐稿》，有重開史局時與王褘書云，近代論史者，莫過於日歷。日歷者，史之根柢也。至起居注之設，亦專以甲子起例。蓋紀事之法，無踰此也。元則不然，不置日歷，不置起居注。獨中書置時政科，遣一文學掾掌之，以事付史館。及易一朝，則國史院據所付，修實錄而已。其於史事，固甚疎略。幸而天歷間，虞集做六典法，纂《經世大典》，一代典章，文物粗備。是以前局之史，既無實錄可據，又無參稽之書，惟憑採訪以足成之，竊恐事未必覈，言未必馴，首尾未必貫穿也云云。則是書之疎漏，未經屬草以前，一夔已預知之，非盡濂等之過矣。

惟是事蹟雖難以遍詳，其體例則不難自定，其譌則不難自校也。今觀是書，三公宰相，分為兩表，禮樂合為一志，又分祭祀輿服為兩志。列傳則先及釋老，次以方技，皆不合前史遺規。而刪除藝文一志，收入列傳之中，遂使無傳之人，所著皆不可考，尤為乖迕。

又帝紀則定宗以後、憲宗以前，闕載者三年，未必實錄之中，竟無一事，其為漏落顯然。至於姚燧傳中，述其論文之語，殆不可曉。證以元文類，則引其〈送暢純甫序〉，而互易其問答之辭，殊為顛倒。此不得委諸無書

二

可檢矣，是則濂等之過，無以解於後人之議者耳。《解縉集》有與吏部侍郎董倫書，稱元史舛誤，承命改修云

云，其事在太祖末年，豈非太祖亦覺其未善，故有是命歟。

若夫〈歷志〉載許衡、郭守敬之歷經，李謙之歷議，而并及庚午元歷之未嘗頒用者，以證其異同。〈地理

志〉附載潘昂霄河源考，而取朱思本所譯梵字圖書分註於下。〈河渠志〉則北水兼及於盧溝河、御河，南水兼及

於鹽官海塘龍山，河道竝詳其繕濬之宜，未嘗不可為考古之證。讀者參以諸書，而節取其所長可也。（本文引自

景印《文淵閣四庫全書》總目史部卷四十六，頁二之四一）

三

重印補校百衲本二十四史序

百衲本者何？彙集諸種善本，有闕卷闕頁，復多方蒐求，以事配補，有如僧衣之補綴多處者也。

我國正史彙刻之存於今者，有汲古閣之十七史，有南北監之二十一史。清高宗初立，成明史，命武英殿開

雕，至四年竣工；繼之者二十一史。其後又詔增劉昫唐書，與歐宋新唐書並行，越七年遂成武英殿二十三史。及

四庫開館，諸臣復據永樂大典及太平御覽、冊府元龜等書，裒輯薛居正舊五代史，得旨刊布，以四十九年奏進；

於是二十四史之名以立。

武英殿本以監本為依據。清高宗製序，雖有監本殘闕，併勅校讎之言，始意未嘗不思成一善本也。惟在事諸

臣，既未能廣蒐善本，復不知慎加校勘，佚者未補，譌者未正，甚或彌縫缺乏，以譌亂真，誠可惜也。

本館前輩張菊生先生，以多年之時力，廣集佳槧，審慎校讎，自民十九年開始景印，迄二十六年甫竟全功。

雖中經一二八之劫，抱書而走，亂定掇拾需時，然景印之初，海宇清寧，亦緣校讎精審，多費時日。嘗聞菊老葺

印初稿，悉經手勘，朱墨爛然，盈闌溢幅，點畫纖細，鉤勒不遺，與同人共成校勘記，多至百數十冊，文字繁

冗，尚待董理。爰取原稿若干條，集為校史隨筆，而付梓焉。

就隨筆所記，殿本訛闕殊多。分史言之，則史記正義多遺漏，漢書正文注文均有錯簡，三國志卷第淆亂，宋

書誤註為正文，南齊書地名脫誤，北齊書增補字句均據北史，而仍與北史有異同。魏書考證有誤，舊唐書有闕

文，訂正錯簡亦有小誤，唐書有衍文，舊五代史遜於嘉業堂劉氏刊本，元史有衍文及闕文，且多錯簡，重出之

傳，亦未刪盡。綜此諸失，殿本二十四史不如衲史遠矣，況善本精美，古香古色，尤非殿本所能望其項背。

茲將百衲本二十四史據以景印之版本列述於後：

史　記　宋慶元黃善夫刊本。

漢　書　北宋景祐刊本，瞿氏鐵琴銅劍樓藏。

後漢書　宋紹興刊本，原闕五卷半，以北平國立圖書館元覆宋本配補。

三國志　宋紹熙刊本，日本帝室圖書寮藏，原闕魏志三卷，以涵芬樓藏宋紹興刊本配補。

晉　書　宋本，海寧蔣氏衍芬草堂藏，原闕載記三十卷，以江蘇省立圖書館藏宋本配補。

宋書　宋蜀大字本，北平國立圖書館吳興劉氏嘉業堂藏，闕卷以涵芬樓藏元明遞修本配補。

南齊書　宋蜀大字本，江安傅氏雙鑑樓藏。

梁書　宋蜀大字本，北平國立圖書館及日本靜嘉堂文庫藏，闕卷以涵芬樓藏元明遞修本配補。

陳書　宋蜀大字本，北平國立圖書館及日本靜嘉堂文庫藏。

魏書　宋蜀大字本，北平國立圖書館江安傅氏雙鑑樓吳興劉氏嘉業堂及涵芬樓藏。

北齊書　宋蜀大字本，北平國立圖書館藏，闕卷以涵芬樓藏元明遞修本配補。

周書　宋蜀大字本，吳縣潘氏范硯樓及自藏，闕卷以涵芬樓藏元明遞修本配補。

隋書　元大德刊本，闕卷以北平國立圖書館江蘇省立圖書館藏本配補。

南史　元大德刊本，北平國立圖書館及自藏。

北史　元大德刊本，北平國立圖書館及自藏。

舊唐書　宋紹興刊本，常熟鐵琴銅劍樓藏，闕卷以明聞人詮覆宋本配補。

新唐書　北宋嘉祐刊本，日本岩崎氏靜嘉堂文庫藏，闕卷以北平國立圖書館江安傅氏雙鑑樓藏宋本配補。

舊五代史　原輯永樂大典有注本，吳興劉氏嘉業堂刻。

五代史記　宋慶元刊本，江安傅氏雙鑑樓藏。

宋史　元至正刊本，北平國立圖書館藏，闕卷以明成化刊本配補。

遼史　元至正刊本。

金史　元至正刊本，北平國立圖書館藏，闕卷以涵芬樓藏元覆本配補。

元史　明洪武刊本，北平國立圖書館及自藏。

明史　清乾隆武英殿原刊本，附王頌蔚編集考證攟逸。

　　上開版本之搜求補綴，在彼時實已盡最大之能事。惟今者善本時有發見，前此認為業已失傳者，漸集於一隅，尤以中央圖書館及故宮博物院在抗戰期內，故家遺族，前此秘藏不宣，因播遷而割愛者不在少數；盡量收購，寄存盟邦，以策安全。近年悉數運回，使臺灣成為善本之總匯。百衲本後漢書原據本館前涵芬樓所藏宋紹興本影印，益以北平圖書館及日本靜嘉堂文庫殘本之配備，當時堪稱人間瑰寶；且志在存真，對其中未盡完善之處

一仍其舊。然故宮博物院近藏宋福唐郡庠覆景祐監刊元代修補本及中央圖書館所藏錢大昕手跋北宋刊本與宋慶元間建安劉元起刊本，各有其長處。本館總編輯楊樹人教授特據以覆校百衲本原刊，計修正原板影本因配補殘本而致首尾不貫者五處，其中重複者四處，共圈刪衍文三十六字，補足脫漏一處，缺文二字，原板存留墨丁四十六處，補正五十二字。另有顯屬雕刻錯誤者若干字，亦酌為改正。於是宋刊原面目，大致可復舊觀矣。又前漢書原景本闕漏目錄全份，亦據故宮博物院珍藏宋福唐郡庠覆景祐監刊元代修補本補印十有四頁，以成全璧。校書如掃落葉，愈掃愈落，礙難悉數掃清，然多費一番心力，對於鑽研史籍者，定可多一番裨益。區區之意，當為讀者所樂聞，亦可稍慰本館前輩張菊老在天之靈，喜其繼起有人也。

本館衲史原以三十二開本連史紙印製，訂為八百二十冊，流行雖廣，以中經多難，存者無多，臺省尤感缺乏，各國亦多訪購，爰應各方之需求，改訂為十六開大本，縮印二頁為一面，字體較縮本四部叢刊初編為大，用上等印書紙精印精裝，訂為四十一鉅冊，以便檢閱，經重版數次。茲為謀普及，再縮印為二十四開本五十八冊，字體仍甚清晰，而售價不及原印十六開本之半，莘莘學子，多有購置之力，誠不負普及之名矣。付印有日，謹述概要。

中華民國六十五年雙十節王雲五識

股東會全體股東獻禮

本公司董事長王岫廬（雲五）先生，學界巨擘，社會棟樑，歷任艱巨，功在國家。一生繫中國文化出版之命脈，惠澤士林。本公司三度罹國難而得復興。咸賴 先生之大力。每次復興，莫不聲光煥發，蔚為奇蹟。民國五十二年冬， 先生退出政壇。次年秋重主本公司，謀慮擘劃，晨夕辛勞，不取分文之酬，而甘之如飴；蓋純出於愛護本公司與宏揚文化之心願。無 先生之犧牲精神與卓越領導，不能有今日之商務書館，已為識者之定評。今歲欣逢 先生八秩華誕，社會同慶。股東會同人本崇功報德之念，群思有以祝賀。 先生謙辭至再至三，當以恭敬不如從命，爰於五十六年股東會議席上全體決議，利用重印之百衲本二十四史，作為 華誕獻禮。要不過體認先生造福文化界之功績，聊表嵩祝悃誠於萬一耳。

中華民國五十六年四月十五日

臺灣商務印書館股份有限公司
股東會全體股東 謹啟

七

元史四

銀青榮祿大夫上柱國錄軍國重事中書左丞相
兼太子少師宣國公臣李善長等言伏以紀一代
以為書史法相沿於遷固考前王之成憲周家有
監於夏殷蓋因已往之廢興用作將來之法戒惟
元氏之有國本朔漠以造家事兵戈而爭強弁部
落者十世逮水草而為食擅雄長於一隅逮至成
吉思之時聚會幹難河之上方尊位號始定教條
既近取於乃蠻復遠攻於田紇濚黃河以蹴西夏
踰居庸以瞰中原太宗繼之而金源為壚世祖承

之而宋籙迷訖立經陳紀用夏變夷肆宏遠之規
模成混一之基業爰及成仁之主見稱顧治之君
唯祖訓之式遵思孫謀之是遺自兹以降亦號隆
平豐亨像大之言壹倡於天曆之世離析權姦之
禍馴致於至正之朝徒玩娛浸忘憂權蠱蒙之
蔽於外壁俾蟲惑於中周綱遷致於陵遲漢網實
因於疏闊由是羣雄逐九域瓜分風波徒沸於
重溟海岳竟歸於
真主臣善長等誠惶誠恐頓首頓首欽惟
皇帝陛下奉

天承運濟世安民建萬世之丕圖紹百王之正統
犬明出而爝火息率土生輝迅雷鳴而衆響銷鴻
音斯播念盛襄之故乃推忠厚之仁愈言實既
七而名亦隨亡謂國可滅而史不當滅特
詔遺逸之士欲求論議之公文辭勿致於艱深事
跡務令於明白荀善惡瞭然在目庶勸懲有益於
人此皆
天語之丁寧足見
聖心之廣大於是乃命翰林學士臣宋濂待制臣王
禕協恭恭刊裁儒士臣汪克寬臣胡翰臣宋僖臣陶

凱臣陳基臣趙壎臣曾魯臣趙汸臣張文海臣徐
尊生臣黃篪臣傅怘臣王錡臣謝徽臣高
啓分科修纂上自太祖下迄寧宗凡十三朝實錄
之文成百餘卷完之史若自元統以後則其載
籍靡存已遣使而旁求俟續編而上送愧其才識
之有限弗稱三長燕以紀述之未周殊無寸補臣
善長忝司鈞軸覩成書信傳信而疑傳疑僅克
編摩於歲月筆則筆而削則削敢言襄贊於春秋
仰塵
乙夜之觀期作

千秋之鑑所謂元史本紀三十七卷志五十三卷
表六卷傳六十三卷目錄二卷通計一百六十一
卷九一百三十萬六千餘字謹繕寫裝潢成一百
二十冊隨表
上進以

聞臣善長下情無任激切屏營之至臣善長等誠
惶誠恐頓首頓首謹言
洪武二年八月十一日銀青榮祿大夫上柱
國錄軍國重事中書左丞相兼太子少師宣
國公臣李善長上表

進元史表卷一

《元史表卷一》

三

纂脩元史凡例
一本紀
按兩漢本紀事實與言辭並載燕有書春秋之
義及唐本紀則書法嚴謹全倣乎春秋今脩元
史本紀準兩漢史
一志
按歷代史志為法間有不同至唐志則悉以事
實組織成篇考覈之際學者憚之惟近代宋史
所志條分件列覽者易見今脩元史志準宋史
一表
按漢唐史表所載為詳而三國志五代史則無
之惟遼金史據所可考者作表不計詳略今脩
元史表準遼金史
一列傳
按史傳之目冠以后妃尊也次以宗室諸王親
也次以一代諸臣善惡之總也次以叛逆成敗
之歸也然諸臣之傳歷
代名目又自增減不同今脩元史傳準歷代史
而象酌之
一歷代史書紀志表傳之末各有論贊之辭今脩

《元史表卷一》

四

元史不作論贊但攄事直書具文見意使其善

惡自見準春秋及欽奉

聖旨事意

元史凡例

元史目錄上

元史目錄上

七十八

胡玖祥

一

二

23-4

元史會錄下　十九　將與增曰

元史會錄下　二十　將與增曰

元史目錄下

目錄下

元史目錄下

洪武元年秋八月
上既平定朔方九州攸同而金匱之書悉入於秘府
冬十有二月乃詔儒臣裁其所藏纂修元史以
成一代之典而臣濂臣禕爲之總裁明年春二
月丙寅開局至秋八月癸酉書成紀三十有七
卷志五十有三卷表六卷傳六十有三卷丞相宣
國公臣善長率同列表上已經
御覽至若順帝之時史官職廢皆無實錄可徵因
未得爲完書
上復詔儀曹遣使行天下其涉於史事者令郡縣上

之又明年春二月乙丑開局至秋七月丁亥書成

又復上進以卷計者紀十志五表二傳三十又六

凡前書有所未備頗補究之其時與編摩者則臣

趙塤臣朱右臣貝瓊臣朱世濂臣王廉臣王彝臣

張孟兼臣高遜志臣李懋臣李汶臣張宣臣張簡

臣杜寅臣俞寅臣殷弼而總其事者仍臣濂與臣

禕焉合前後二書復釐分而附麗之共成二百一

十卷舊所纂錄之士其名見於表中者咸仕咸隱

皆散之四方獨壎祼終始其事云昔者唐太宗以

開基之主干戈甫定即詔神於晉書勅房玄齡等

撰次成編人至今傳之欽惟

三二五 《元史目錄》 先 夏景初

皇上龍飛江左取天下於群雄之手大統既正亦

詔修前代之史以為世鑒古今

帝王戡成大業者其英見卓識君合符節盖如是

於戡亂弟臣濂等以荒唐綿愁之學義例不明

文辭過陋無以稱塞 詔旨之萬一鳳夜揣分無

任戰兢今鋟板訖功謹繫藏月次弟於目錄之左

庶幾博雅君子相與刊定焉洪武三年十月十三

日史臣金華宋濂謹記

本紀卷第一

翰林學士亞中大夫知制誥兼修 國史臣宋濂

翰林待制奉直郎兼 國史院編修官臣王禕等奉

敕修

太祖

太祖法天啟運聖武皇帝，諱鐵木真，姓奇渥溫氏，蒙古部人。其十世祖孛端叉兒，母曰阿蘭果火，嫁脫奔咩哩犍，生二子，長曰博寒葛荅黑，次曰博合睹撒里直。既而夫亡，阿蘭寡居，夜寢帳中，夢白光自天窗中入，化為金色神人，來趨臥榻。阿蘭驚覺，遂有娠，產一子，即孛端叉兒也。孛端叉兒狀貌奇異，沉默寡言，家人謂之癡。獨阿蘭語人曰：「此兒非癡，後世子孫必有大貴者。」阿蘭沒，諸兄分家貲不以與之。孛端叉兒曰：「貧賤富貴，命也，貲財何足道！」獨乘青白馬，至八里屯阿懶之地，居焉。食飲無所得，適有蒼鷹搏野獸而食，孛端叉兒以緡設機取之，鷹即馴狎，乃臂鷹獵兔禽以為膳，或闕即繼，似有天相之。居數月，有民數十家自統急里忽魯之野逐水草來遷。孛端叉兒因與之居，出入相資，自此生理稍足。一日，仲兄忽思之曰：「孛端叉兒獨出而無資近者，得無凍餒乎？」即自來訪，邀與俱歸。孛端叉兒中路謂其兄曰：「統急里忽魯之民，

無所屬，若臨之以兵，可服也。」兄然之，至家，即選壯士，令孛端叉兒帥之前行，果盡降之。孛端叉兒歿，子八林昔黑剌禿合必畜，嗣生子曰咩撚篤敦。咩撚篤敦妻曰莫拏倫，生七子而寡。莫拏倫性剛急。時押剌伊而部有群小兒掘田間草根以為食，莫拏倫乘車出，適見之，怒曰：「此田乃我子馳馬之所，群兒輒壞之邪？」驅車徑出，輒傷諸兒，有至死者。押剌伊而怨，盡驅其馬羣以去。莫拏倫諸子聞之，不甲以往追之。莫拏倫私憂曰：「吾兒不甲以往，恐不能勝敵。」令子婦載甲赴之，已無及矣。既而果為所敗，六子

皆死。押剌伊而乘勝殺莫拏倫，滅其家。唯一長孫海都尚幼，乳母匿諸積木中，得免。先是莫拏倫第七子納真，贅於八剌忽民家，故不及難。聞其家被禍，來視之，見病嫗十數，製弓矢者，詰之。嫗紿曰：「此吾兄所擎者也。」納真時見其兄之黃馬三次擊套竿而逸，逢父子二騎先後行，乃僑為牧馬者。納真識其鷹，曰：「此吾兄所擎者也。」趨前，紿之曰：「有赤馬引群馬而東，汝見之乎？」曰：「否。」其少者曰：「爾所經過有息鷹乎？」曰：「有。」「汝可為吾前導乎？」曰：「可。」遂同行，轉一河，限度後騎相去稍遠，剌殺之

繁馬與鷹趨迎後騎給
者吾子也何爲久卧不起即納真以鼻衂對騎若方
怒納真乘隙刺殺之復前行至一山下有馬數百牧
者唯童子數人方擊髀鷹而還率八刺忽納真熟視之亦兄家
物也紿問童子亦如之於是登山四顧悄無人盡爲列
殺童子驅馬臂鷹而還取海都并病嫗歸八刺忽之
地止焉海都稍長納真率八刺忽怯谷諸民共立爲
君海都既立以兵攻押刺伊而臣屬之於是形勢寖大列
營帳於八刺合黑河上跨河爲梁以便往來由是四
傍部族歸之者漸衆海都薨子拜姓忽兒嗣拜姓忽

《元史本紀卷一》　三

兒歿子敦必乃嗣敦必乃歿子葛不律寒嗣葛不律
寒歿子八哩丹嗣八哩丹歿子也速該嗣并吞諸部
落勢愈盛大也速該薨至元三年十月追諡烈祖神
元皇帝初烈祖征塔塔兒部獲其部長鐵木真宣懿
太后月倫適生帝手握凝血如赤石烈祖異之因以
所獲鐵木真名之志武功也族人泰赤烏部舊與烈
祖相善後因塔兒不台用事遂生嫌隙絕不與通及
烈祖崩帝方幼沖部衆多歸泰赤烏近侍有脫端火
兒真者亦將叛帝自泣留之脫端曰深池巳乾矣堅
石巳碎矣留復何爲竟帥衆馳去宣懿太后怒其弱

己也麾旗將兵躬自追叛者驅其太半而還時帝麾
下搣只別居薩里河札里河部人禿台察兒居玉律
哥泉時欲相侵凌掠薩里河牧馬以去搣只至帝
匪羣馬中射殺之札木合以爲怨遂與札木合之野聞
合羣馬中射殺之札木合以爲怨遂與札木合之野聞
變大集諸部兵分十有三翼以俟巳而札木合之
衆驍爲最強其族照烈部與帝所居相近帝嘗出獵
偶與照烈獵相屬帝謂之曰今夕可同宿乎照烈
曰同宿固所願但從者四百因糧粮不具巳遣半還

《元史本紀卷二》　四

矣令將牽何帝固邀與宿凡其留者悉飲食之明日
再合圍帝使左右驅獸向照烈照烈得多獲以歸其
衆感之私相語曰泰赤烏與我雖兄弟常攘我車馬
奪我飲食無人君之度有人君之度者其惟鐵木真
太子乎泰赤烏時爲泰赤烏所虐不能堪遂
輿塔海答魯領所部來歸將殺泰赤烏以自效帝
我方熟寐汝覺我自令車轍人蹂之塗當盡奪以
與汝矣巳而二人不能踐其言復叛去塔海答魯至
中路爲泰赤烏人所殺照烈部遂亡時帝功德日
盛泰赤烏諸部多苦其主非法見帝寬仁時賜人以

裴馬心悅之。若赤老溫、若哲別、若失力哥也不干諸人，若朵郎吉、若札剌兒、若忙兀諸部，皆慕義來降。帝會諸族薛徹大丑及薛徹別吉等，各以旄車載運酪，宴于斡難河上。帝與諸族及薛徹別吉之母忽兒真之前，共置馬湩一革囊，薛徹別吉次母野別該，掌薛徹別吉乞列思事者（乞列思，外繫馬所也，華言禁中也），因盜去馬湩。別里播里古台執之，播里怒，所傷別里古台之背，左右欲鬬。別里古台止之曰：汝等欲即復讎乎？我傷幸未甚，姑待之。不聽，各持馬乳橦，疾鬬，奪忽兒真、火里真二哈敦以歸。薛徹別吉遣使請和，因令二哈敦還。會塔塔兒部長蔑兀真笑里背金約，金主遣丞相完顏襄帥兵逐之。比帝聞之，發近兵，六日不至，帝自與薛徹別吉帥部人來助，候乃與戰，殺蔑兀真笑里徒，盡虜其輜重。帝之麾下有為乃蠻部人所掠者，帝欲討之，復遣六十人徵兵於薛徹別吉。薛徹別吉以舊怨之故，殺其十人，去五十人衣而歸之。帝怒曰：薛徹別吉曩笞我失丘兒，所傷我別里古台，今

又敢乘敵勢以陵我。即因帥兵踰沙磧攻之，殺虜其部眾，唯薛徹大丑僅以妻孥免。越數月，帝復伐薛徹大丑，追至帖烈徒之隘，滅之。克烈部札阿紺孛來歸，札阿紺孛者，部長汪罕之弟也。汪罕名脫里，受封爵為王，番言音重，故稱王為汪罕。初，汪罕之父忽菊兒帥兵與汪罕戰，遍於哈剌溫隘，敗之，僅以百餘騎走奔于烈祖，烈祖親將兵逐蔑兒乞西夏，復奪部眾歸汪罕。汪罕德之，遂相與盟，按咨荅（咨荅，華言交物之友）也。烈祖崩，汪罕之第也力可哈剌怨汪罕多殺之故，脫走奔于烈祖。復叛歸乃蠻部，乃蠻部長亦難赤為發兵伐汪罕，盡奪其部眾與之。汪罕走河西、回鶻、回回三國，奔契丹。既而復叛歸，中道糧絕，將羊乳為飲，剌寒駞血為食，困乏之甚。帝以其與烈祖交好，遣近侍往招之，帝親迎撫勞，安置軍中，振給之，遂會于土兀剌河上，尊汪罕為父。未幾，帝伐蔑里乞部，與其部長脫脫戰于莫那察山，遂掠其資財、田禾以遺汪罕，因此部眾稍集。居亡何，汪罕自以其勢足以有為，不告於帝，獨率兵復攻蔑里乞部，部人敗走，脫脫奔八兒忽真之隘，汪罕大掠而還，於帝一無所遺。帝不以屑意。會乃

《元史本紀卷一》

塵部長不魯欲罕不服帝復與汪罕征之至黑辛八
石之野遇其前鋒也的脫亭魯者領百騎來戰帝見軍
勢漸逼走擾高山其馬鞍轉墜擒之魯未幾何帝復
與乃蠻驍將曲薛吾撒八剌二人遇會日暮各還營
靈約明日戰是夜汪罕多燃火營中示人不疑潛移
其部衆於別所及旦帝始知之因頗疑其有異志移師
及札阿紺亭來會曲薛吾等察知汪罕命亦剌合
薩里河既而汪罕亦剌合奔告汪罕汪罕子亦剌合
魯忽觧共追之且遣使來曰乃蠻不道掠我人民太

子有四良將能假我以雪耻乎帝頓釋前憾遂遣博
爾术木華黎博羅渾赤老溫四人帥師以往師未至
亦剌合已追及曲薛吾與之戰大敗卜魯忽觧擒
亦剌合而與皇弟哈撒兒四將卜魯忽觧擒
流矢中亦剌合而與皇弟哈撒兒四將卜魯忽觧擒
走盡奪所掠歸汪罕已而與皇弟哈撒兒再伐乃蠻
拒闘於忽闌盞側山大敗之盡殺其諸將族衆屍
以為京觀乃蠻之勢遂弱時泰赤烏猶強帝會汪罕
於薩里河與泰赤烏部長沉忽等大戰幹難河上敗
走之斬獲無筭哈苔斤部散只兀部長沉忽皆畏威不自安會
兒部弘吉剌部聞乃蠻泰赤烏敗皆畏威不自安會

四七　七

《元史本紀卷一》

於阿雷泉斬白馬為誓欲襲帝及汪罕弘吉剌部長
迭夷恐事不成潛遣人告變帝與汪罕自虎圖澤逆
戰於盃亦烈川又大敗之汪罕遂分兵自由綠憐河
而行札阿紺亭與燕火脫兒等曰我兄
性行不常既屠絕我昆弟我輩又豈得獨全乎按敦
阿述沺其言汪罕令靮燕火脫兒等至帳下解其縛
且謂燕火脫兒曰吾輩由西坐上之人皆起而唾之
汪罕文憂責札阿紺亭與燕
火脫兒等俱奔乃蠻帝駐軍於徹徹兒山起兵伐塔
塔兒部部長阿剌兀都兒等來遇戰大敗之時弘吉
剌部欲來附哈撒兒不知其意往掠之於是弘吉剌
歸札木合部與朶魯班亦乞剌思哈苔斤火魯剌思
塔塔兒散只兀諸部會于犍河共立札木合為局兒
罕盟于秃律別兒河岸為誓畢共舉足蹋岸揮刀斫林
者如岸之摧如林之伐普畢共舉足蹋岸揮刀斫林
驅士卒來侵塔海哈時在衆中與帝麾下抄吾兒連
姻抄吾兒偶往視之具知其謀即還至帝所悉以其
謀告之帝即起兵逆戰於海剌兒帖尼火魯罕之地
破之札木合脫走弘吉剌部來降歲壬戌帝發兵於

八

兀魯回失連真河伐按赤塔塔兒察罕塔塔兒二部
先誓師曰苟破敵逐比見棄遺物慎無獲俟軍事畢
散之既而果勝敵人按揮火察兒軍事畢
帝怒盡奪其所獲分之軍中初脫脫敗走八兒勿忽真
臨既而復出為患帝師兵討走之至是又會乃蠻部
不魯罕約雜曾班塔塔兒哈苔斤散只兀諸部
侵帝遣騎乘高四望知乃蠻兵漸至帝與汪罕移軍
入塞亦剌合尋亦入塞將戰帝邊輜重於他所與
汪罕倚阿蘭塞為壁大戰于闊奕壇之野乃蠻使神
動遂還

巫祭風雪欲因其勢進攻既而反風逆乘之乃蠻
軍不能戰欲引還雪汗滿澗帝勒兵乘之乃蠻大敗
是時札木合部起兵後乃見其敗即還道經諸部
之立已者大縱掠而去帝欲為長子朮赤求昏於汪
罕女抄兒伯姬汪罕之子亦禿撒合亦欲尚帝女火阿
真伯姬俱不諧自是頗有違言初帝與汪罕合軍攻
乃蠻約明日戰札木合言於汪罕曰我於君是白翎
雀他人是鴻鴈耳白翎雀寒暑常在此方鴻鴈遇寒
則南飛就暖耳意謂帝心不可保也汪罕聞之議遂
移部眾於別所及議昏不成札木合復乘隙謂亦剌

合曰太子雖言是汪罕之子嘗通信於乃蠻將不利
於君父子君若能加兵我富從傍助君也亦剌合信
之會荅力台火察兒等叛歸亦剌合亦說之帝
我等願佐君汪罕曰札木合巧言寡信人也不足聽亦
言於汪罕汪罕曰札木合巧言寡信人也不足聽亦
刺合力言之使往返者數四汪罕遂縱火焚帝
大子是賴髭鬚已白遺骸冀得安寢汝乃喋喋不已
牧地而圭歲癸丑汪罕父子謀欲信來飲布渾察兒
日向者所議婚事今當相從請來飲布渾察兒

華言計觀酒也帝以為然卒十騎赴之至中道心有所變命
一騎往謝帝遂還汪罕謀既不成即議舉兵來侵圍
人乞力失聞其事密與第把帶告帝帝即馳軍阿蘭
塞悉移輜重於他所遣折里麥為前鋒俟汪罕至即
整兵出戰先與朮力斤部遇次與董哀部遇又與
火力失烈門部遇皆敗之最後與汪罕親兵遇又敗
之亦剌合見勢急突來衝陣射帝之中頰即欲兵而退
怯里亦部人遂棄汪罕來降汪罕既敗而歸帝亦將
兵還至董哥澤駐軍遣阿里海致責於汪罕曰君為
叔父菊兒所逐困迫來歸我父即攻菊兒敗之於河

西其土地人民盡收與君此大有功於君一也君爲
乃蠻所攻西奔日沒裏君乞部人所逼我請我兄薛
遣人召還比至又爲蔑里乞部大有功於君二也君
徹別及及我第大丑性殺之此大有功於君三也君
困迫來歸時我過哈丁里歷諸部羊馬資財盡以毫
奉君不半月間令君飽煖者飽瘠而還未嘗以毫
二也我君不告我不以爲意及君爲乃蠻所傾覆我遣四將
髮今我我不以爲意及君爲乃蠻所傾覆我遣四將
奪選爾民人重立爾國家此大有功於君四也我征
朵魯班塔塔兒哈荅斤散只兀弘吉剌五部如海東

驚禽之於鵝鷁見無不複獲則必致於君此大有功
於君五也是五者皆有明驗君不報我則已今乃易
恩爲讐而邊加兵於我哉汪罕聞之語亦剌合曰我
向者之言何如吾兒宜識之亦剌合曰事勢至於今日
必不可已唯有竭力戰鬪我勝則弁彼彼勝則弁我
耳多人言何爲時帝諸族按彈火察兒皆在汪罕左右
帝因遣阿里海牙詰責汪罕就令告之曰昔者吾國無
主以薛徹太丑二人實我伯祖八剌哈之裔欲立之
二人既已固辭乃以汝火察兒爲伯父轟坤之子又
欲立之汝又固辭然事不可中輟復以汝按彈爲我

祖忽都剌之子又欲立之汝又固辭於是汝等推戴
吾爲之主初豈我之本心哉不自意相迫至於如此
也三河祖宗肇基之地毋爲他人所有汝善事汪罕
汪罕性無常遇我尚如此況汝輩乎我今去矣我今
去矣按彈等部人字徒者爲火魯剌部所敗
吉利別部溺兒斤以行至班朱尼河河水方渾帝飲
之以誓衆有亦乞烈部人寧徒者爲汪罕遂進兵虜
因遇帝與之同盟哈撒兒別居哈剌渾山妻子爲汪
罕所虜挾幼子脫虎走粮絕探鳥夗爲食來會于河
上時汪罕形勢盛強帝微弱勝敗未可知衆顏危懼

凡與飲河水者謂之飲渾水言其曾同艱難也汪罕
兵至帝與戰于哈闌真沙陀之地汪罕大敗其臣撫
彈火察兒等部來降帝移軍幹難河源謀攻汪罕令
台把憐等部稽顙來降帝僞爲哈撒兒之言曰我兄
復遣二使往汪罕僞爲哈撒兒語之曰我欲往將安所
既不知所在我之妻孥又在王所縱我欲往將安所
之即王儻棄我前惄念我舊好即束手來歸矣及至
信之困遣人隨二使來以皮囊盛血與之盟及至即
以二使爲向導令軍士銜枚夜趨折折運都山出其
不意襲汪罕敗之盡降克烈部衆汪罕與亦剌合挺

身沒道去汪罕嘆曰我為吾兒所誤今日之禍悔將何
及汪罕出走路逢乃蠻部將遂為其所殺亦剌哈走
西夏日剽掠以自資既而亦為西夏所攻走至龜茲
國龜茲國主以兵討殺之帝既滅汪罕大獵於帖麥
該川宣布號令振凱而歸時乃蠻部主太陽罕心忌
帝能遣使謀於白達達部主阿剌忽思即以是謀報
帝居無何舉部來歸歲甲子帝大會於帖麥該川議伐乃蠻
臣以方春馬瘦宜俟秋高為言皇弟斡赤斤曰事所

《元史本紀卷一》 十三

當為斷之在早何可以馬瘦為辭別里古台亦曰乃
蠻欲奪我孤矢是小我也我輩義當同死彼恃其國
大而言誇苟乘其不備而攻之功當可成也帝悅曰
以此眾戰何憂不勝遂進兵伐乃蠻駐兵於建忒該
山先遣虎必來哲別二人為前鋒太陽罕至自按臺
營於沆海山與薎里乞部長脫克烈部長阿憐太
石很剌部長忽都花別吉暨禿魯班塔塔兒哈答斤
散只兀諸部合兵勢頗盛時我隊中羸馬有驚入乃
蠻營中者太陽罕見之與眾謀曰蒙古之馬瘦弱如
此今當誘其深入然後戰而擒之其將火力速八赤

對曰先王戰伐勇進不回馬尾人背不使敵人見之
令為此遷延之計得非心中有所懼乎苟懼之何不
令后妃來統軍也太陽罕怒即躍馬索戰帝以哈撒
兒主中軍時札木合從太陽罕來見帝軍容整肅謂
左右曰乃蠻初舉兵視蒙古軍若羔羊不留餘力今
彼亦不留余吾觀其勢殆非往時矣遂引所部兵
適去是日帝與乃蠻大戰至晡禽殺太陽罕諸部
軍一時皆潰夜走絕險墜崖死者不可勝計明日餘
眾悉降於是朵魯班塔塔兒哈答斤散只兀四部亦

《元史本紀卷一》 十四

來降已而復征蔑里乞部其長脫脫奔太陽罕之兄
駞而還
卜魯欲罕其屬帶兒兀孫獻女迎降俄復叛去帝至
泰寒寨遣孛羅歡沈白二人領右軍往平之歲乙丑
帝征西夏拔力吉里寨經落思城大掠人民及其橐
駝而還
是歲卜魯欲罕偕於兀魯塔山擒之以歸太陽罕子
屈出律罕與脫脫奔也兒的石河上帝始議伐金初
元年丙寅帝大會諸王羣臣建九游白旗即皇帝位
於斡難河之源諸王羣臣共上尊號曰成吉思皇帝
金殺帝宗親咸補海罕帝欲復讐會金降俘等具言

金主璟肆行暴虐帝乃定議致討然未敢輕動也
二年丁卯秋再征西夏克斡羅孩城是歲遣按彈不兀剌二人使乞力吉思既而野鵰亦納里部阿里替不也兒部昔遣使來獻名鷹
三年戊辰春帝至自西夏夏帝避暑龍庭冬再征脫脫及屈出律罕時斡亦剌部等遇我前鋒不戰而降因用為向導至也兒的石河討滅里乞部滅之脫脫中流矢死屈出律奔契丹
四年己巳春畏吾兒國來歸帝入河西夏主李安全遣其世子率師來戰敗之獲其副元帥高令公

元史本紀卷一　十五

克兀剌海城俘其太傅西壁氏進至克夷門復敗夏師獲其將覽名令公薄中興府引河水灌之堤決水外潰遂撤圍還遣太傅訛答入中興招諭夏主夏主納女請和
五年庚午春金謀來伐築烏沙堡帝命遮別襲殺其衆遂墟其地而東初帝貢歲幣于金金主命遮別襲受貢於靜州帝見允濟不為禮允濟歸欲請兵攻之會金主璟殂允濟嗣位有詔至國傳言當拜受帝問金使曰新君為誰金使曰衞王也帝遂南面唾曰我謂中原皇帝是天上人做此等庸懦亦為之耶何以拜為即乘馬北去金使還言允濟益怒欲俟帝再入貢

就進塲害之帝知之遂與金絕益嚴兵為備
六年辛未春帝居怯綠連河西域哈剌魯部主阿昔蘭罕來降畏吾兒國主亦來觀二月帝自將南伐敗金將定薛於野狐嶺取大水濼豐利等縣金復築烏沙堡秋七月命遮別攻烏沙堡及烏月營拔之九月拔德興府居庸關守將遁去遮別入關抵中都冬十月襲金群牧監驅其馬而還耶律阿海降入見帝于行在所皇子术赤察合台窩闊台分徇雲內東勝武朔等州下之是冬駐蹕金之比境劉伯林夾谷長哥等

元史本紀卷一　十六

來降
七年壬申春正月耶律留哥聚衆于隆安自為都元帥遣使來附帝破昌桓撫等州金將紇石烈九斤等率兵三十萬來援帝與戰于獾兒嘴大敗之秋圍西京金元帥左都監奧屯襄率師來援帝中流矢遂撤圍九月會于滄谷口逆擊之盡殲復攻西京帝遣兵誘至密察罕克奉聖州冬十二月甲申遮別攻東京不拔即引去夜馳還襲克之
八年癸酉春耶律留哥自立為遼王改元元統秋七月克宣德府遂攻德興府皇子拖雷駙馬赤駒先登

赤觡薄利為左軍遵海而東取薊州平灤遂西諸郡
石嵐忻代武等州而還皇弟咯撒兒及斡陳那顏拙
洺磁相衛輝懷孟掠澤潞遼沁平陽太原吉隰邢汾
濟迎豐王瑀立之是秋分兵三道命皇子术赤察合
遂取居庸與可忒薄利會八月金忽沙虎弑其主允
鹿金西京拔涿易二州契丹訛魯不兒等獻北口遮別
之追至此口金兵保居庸詔可忒薄利守之遂趨涿
技之帝進至懷來及金行省完顏綱元帥高琪戰敗

《元史本紀卷一》 十七

而還帝與皇子拖雷為中軍取雄霸莫安河間滄景
獻深祁薊冀恩濮開渭博濟泰安濟南滨棣益都淄
濰登萊沂等郡復命木華黎攻密州屠之史天倪蕭
勃迭率衆來降木華黎承制並以為萬户帝至中都
三道兵還合屯大口是歲河北郡縣盡拔唯中都通
九年甲戌春三月駐蹕中都北郊諸將請乘勝破燕
順真定清沃大名東平德邳海州十一城不下
帝不從乃遣使諭金主曰汝我既弱汝我復追汝於險天其
有汝所守惟燕京耳天既弱汝我復追汝諸將悉為我
謂我何我今還軍汝不能輯師以耟我諸將之怒耶

金主遂遣使求和奉衛紹王女岐國公主及金帛童
男女五百馬三千以獻仍遣其丞相完顏福興及送帝
出居庸夏五月金主遷汴以完顏福興及祭政抹撚
盡忠輔其太子守忠留守中都六月金紇軍斫營抹撚
殺其主帥率衆來降詔三摸合石抹明安與斫營等
圍中都帝避暑魚兒濼秋七月金太子守忠走汴冬
十月木華黎征遼東高州盧琮金樸等降錦州張鯨
殺其節度使自立為臨海王遣使來降
以七斤為元帥二月木華黎攻北京金元帥寅荅虎
十年乙亥春正月金右副元帥蒲蔡金元帥寅荅虎
烏古倫以城降以寅荅虎為留守吾也而權兵馬都

元史本紀卷二 十八

元帥鎮之興中府元帥石天應來降以天應為興中
府尹三月金御史中丞李英等率師援中都戰于霸
州敗之夏四月金克清順二州詔張鯨總北京十提控
兵從南征鯨謀叛伏誅鯨弟致遂擾錦州偕號漢興
皇帝改元興龍五月庚申金中都留守完顏福興仰
藥死抹撚盡忠等籍中都帑藏遣乙職里往諭金主以
涼涇遣忽都忽等忽棄城走明安入守之是月避暑桓州
杜秀降以秀為錦州節度使遷乙職里徒秋七月紅羅山寨主
河北山東未下諸城來獻及去帝號為河南王當為

罷兵不從詔史天倪南征授右副都元帥賜金虎符

八月天倪取平州金經署使乞住降木華黎遣史進

道等攻廣寧府降之是秋取城邑凡八百六十有二

冬十月金宣撫蒲鮮萬奴據遼東僭稱天王國號大

真改元天泰十一月耶律留哥來朝以其子斜闍入

侍史天祥討興州擒其節度使趙守玉

十一年丙子春還廬朐河行宮張致陷興中府木華

黎討平之秋越潼關獲金西安軍節度使尼厖古蒲

魯虎扳汝州等郡抵汴京而還冬十月蒲鮮萬奴降

以其子帖哥入侍既而復叛僭稱東夏

十二年丁丑夏盜和尚擾武平史天祥討平之遂

擒金將巢元帥以巖察罕破金監軍夾谷於霸州金

求和察罕乃還秋八月以木華黎為太師封國王

蒙古糺漢諸軍南征拔遂城蘯州冬克大名府遂東

定益都淄萊濰密等州是歲蒲部民叛命鉢魯

完朵魯伯討平之

十三年戊寅秋八月兵出紫荊口獲金行元帥事張

柔命還其舊職木華黎自西京入河東克太原平陽

及忻代澤潞汾霍等州金將武仙攻蒲城張柔擊敗

之是年伐西夏圍其王城夏主李遵頊出走西涼契

丹六哥據高麗江東城命哈真札剌率師平之高麗

王㬚遂降請歲貢方物

十四年己卯春張柔敗武仙降祁陽曲陽中山等城

夏六月西域殺使者帝率師親征取訛答剌城擒其

酋哈只兒只蘭禿秋木華黎克岢嵐吉隰等州進攻

絳州拔其城屠之

十五年庚辰春三月帝克蒲華城夏五月克尋思干

城駐蹕也石的石河木華黎

徇地至真定武仙出降以史天倪為河北西路兵馬

都元帥行府事仙副之東平嚴實籍彰德大名磁洺

恩博滑濬等州戶三十萬來歸木華黎承制授實金

紫光祿大夫行尚書省事冬金邢州節度使武貴降

木華黎攻東平不克留嚴實守之撤圍趨洺州分兵

徇河北諸郡是歲授董俊龍虎衛上將軍右副都元

帥

十六年辛巳春帝攻卜哈兒薛迷思干等城皇子木

赤攻養吉干八兒真等城並下之夏四月駐蹕鐵門

關金主遣烏古孫仲端奉國書請和稱帝為兄不允

金東平行省事忙古棄城遁嚴實入守之宋遣苟夢

王來請和夏六月宋漣水忠義統轄石珪率眾來降
以珪爲濟兗單三州總管秋帝攻班勒紇等城皇子
術赤察合台窩闊台分攻王龍傑赤剌思等州進攻王龍不
月皇子拖雷克葭綏德保安廊坊丹等州進攻王龍不
黎出河西克葭綏德保安廊坊丹等州進攻王龍不
琳爲滄景濱棣等州行都元帥是歲詔諭德順州
十七年壬午春皇子拖雷克閘河河徒思匿察兀兒乾渰邻原
經木剌夷國大掠之渡撒搁闌寒寨拔之
帝會合兵攻塔里寒寨拔之木華黎軍克乾渰邻原

元史本紀卷一　王

等州攻鳳翔不下夏避暑塔里寒寨西域主札闌丁
出奔與滅里可汗合忽都忽與戰不利帝自將擊之
擒滅里可汗札闌丁遁去遣八剌追之不獲秋金復
遣烏古孫仲端來請和見帝于回鶻國帝謂曰我向
欲汝主授我河朔地令汝主爲河南王彼此罷兵汝
主不從今木華黎已盡取之乃始來請即仲端乞哀
帝曰念汝遠來河朔既爲我有關西數城未下者其
割付我令汝主爲河南王勿復遣也仲端乃歸金平
陽公胡天祚以青龍堡降冬十月金河中府來附以
石天應爲兵馬都元帥守之

十八年癸未春三月太師國王木華黎薨夏避暑八
魯灣川皇子术赤察合台窩闊台及八剌之兵來會
遂定西域諸城置達魯花赤監治之冬十月金主珣
殂子守緒立是歲宋復遣苟夢玉來
十九年甲申夏宋大名總管彭義斌以兵侵河北史天
倪與戰於恩州敗之是歲帝至東印度國角端見班師
史天倪董俊判官李全亦以中山叛三月史天澤擊
二十年乙酉春正月武仙叛殺史天倪董俊判官李全亦以中山叛
仙走之復真定夏六月彭義斌以兵應仙天澤禦於
贊皇擒斬之

元史本紀卷一　王

二十一年春正月帝以西夏納仇人赤臈喝翔昆及不
遣質子自將伐之二月取黑水等城夏避暑於渾垂
山取甘肅等州秋取西凉府搠羅河羅等縣遂踰沙
陀至黃河九渡取應里等縣九月庚申帝攻靈州夏
帶孫進兵來援丙寅帝渡河擊夏師敗之丁丑五
星聚見於西南是歲皇子窩闊台及察
遣蒐名令公來援西南駐蹕鹽州川十二月李全降授張柔
行軍千戶保守州遣唐慶責歲幣于金
罕之師圍金南京遣唐慶責歲幣于金
二十二年丁亥春帝留兵攻夏王城自率師渡河攻

磧石州二月破臨洮府三月破洮河西寧二州遣幹

陳那頹攻信都府後之夏四月帝次龍德掊德順等

州德順節度使愛申進士馬肎龍死焉五月遣唐慶

等使金閏月遣景六盤山六月金遣完顏合周奧屯

阿虎來請和帝謂群臣曰朕自去冬五星聚時已嘗

許不殺掠遷忘下詔耶令可布告中外令彼行人亦

知朕意是月夏主李晛降帝次清水縣西江秋七月

壬午不豫巳丑崩于薩里川哈老徒之行宮臨崩謂

左右曰金精兵在潼關南據連山北限大河難以遽

破若假道于宋宋金世讎必能許我則下兵唐鄧直

〈元史本紀卷一〉 至

搗大梁金急必徵兵潼關然以數萬之衆千里赴援

人馬疲弊雖至弗能戰破之必矣言訖而崩壽六十

六葬起輦谷至元三年冬十月追諡聖武皇帝至大

二年冬十一月庚辰加諡法天啓運聖武皇帝廟竟

太祖在位二十二年帝深沉有大畧用兵如神故能

滅國四十遂平西夏其奇勳偉跡甚衆惜乎當時史

官不備或多失於紀載云

戊子年是歲皇子拖雷監國

本紀卷第二

翰林學士承旨知制誥兼脩國史臣宋濂
翰林待制承直郎兼國史院編脩官臣王禕奉

元史二

太宗

太宗英文皇帝諱窩闊台太祖第三子母曰光獻皇
后弘吉剌氏太祖伐金定西域帝攻城畧地之功居
多太祖崩自霍博之地來會喪
元年己丑夏至忽魯班雪不只兒之地皇弟拖雷來見
秋八月己未諸王百官大會于怯綠連河曲雕阿蘭
之地以太祖遺詔即皇帝位于庫鐵烏阿剌里始立

《元史本紀卷二》一

朝儀皇族尊屬皆拜頒大札撒〈華言大令也〉金遣阿虎帶
來歸太祖之胤帝曰汝主父不降使先帝老于兵間
吾豈能忘也既何為哉却之遂議伐金教蒙古民有
馬百者輸牝馬一牛百者輸牸牛一羊百者輸羒羊
一為永制始置倉廩立驛傳命河北漢民以戶計出
賦調耶律楚材主之西域人以丁計出賦調麻合沒
的滑剌西迷主之印度國主木羅夷國主來朝西域
伊思八剌納城酋長來降是歲金復遣使來聘不受
二年庚寅春正月詔自今以前事勿問定諸路課稅
酒課驗實息十取一雜稅三十取一是春帝與拖雷

禪于幹兒寒河遂遣兵圍京兆金主率師來援敗之
尋拔其城夏避暑于塔密兒河朵忽魯及金兵戰敗
績命速不台援之秋七月帝自將南伐皇弟拖雷皇
姪蒙哥率師從援天成等堡遂渡河攻鳳翔冬十一
月始置十路徵收課稅使以陳時可趙昉使燕京劉
中劉桓使宣德周立和王貞使西京呂振劉子振使平
太原楊簡使高廷英使平陽王晉賈從使真定張瑜王
鋭使東平王德亨侯顯使北京夾谷永程泰使濟南
田木西李天翼使平陽是月師攻潼關藍關不克十
二月拔天勝寨及韓城蒲城

《元史本紀卷二》二

三年辛卯春二月克鳳翔攻洛陽河中諸城下之夏
五月避暑于九十九泉命拖雷出師寶雞遺搠不罕
使宋假道宋弗之復遣李國昌使宋需粮秋八月辛
雲中始立中書省改侍從官名以耶律楚材為中書
令粘合重山為左丞相鎮海為右丞相是月以高麗
殺使者命撒禮塔率師討之取四十餘城高麗王瞮
遣其弟懷安公請降撒禮塔承制設官分鎮其地乃
還冬十月乙酉帝圍河中十二月己未拔之
四年壬辰春正月戊子帝由白坡渡河庚寅拖雷渡
漢江遺使來報即詔諸軍進發甲午次鄭州金防城

提控馬伯堅降授伯

又雪次新鄭是日拖雷及金師戰于鈞州之三峯大

敗之獲金將蒲阿戊戌帝至三峯壬寅攻鈞州克之

獲金將合達逐下商虢嵩汝陝洛許潁壽睢

永等州三月命速不台等圍南京金主遣其弟曹王

唐慶使金諭金殺之八月撒禮塔復征高麗中矢

訛可入質帝還速不台等置官吏徙居江華島秋七月遣

暑官山高麗叛殺所置官夏四月出居庸避

辛金系政完顏思烈恒山公武仙救南京諸軍與戰

敗之九月拖雷薨帝還龍庭冬十一月獵于納蘭赤

剌溫之野十二月如太祖行宮

五年癸巳春正月庚申金主奔歸德戊辰金西面元

帥崔立殺留守完顏奴申完顏習捏阿不以南京降

二月韋鐵列都之地詔諸王議伐萬奴遂命皇子貴

由及諸王被赤帶遣左翼軍討之夏四月速不台進

至青城崔立以金太后王氏后徒軍氏及荆王從恪

梁王守純等至軍中速不台送行在逮入南京六

月金主奇蔡塔察兒帥師圍之詔以孔子五十一世

孫元楷襲封衍聖公秋八月獵于兀必思地以阿同

蔦等充宣差勘事官括中州戶得戶七十三萬餘九月

搞蔦奴冬十一月宋遣荆鄂都統孟珙以兵糧來助

十二月諸軍與宋兵合攻蔡敗武仙于息州金人以

海沂萊濰等州降是冬帝至阿魯兀忽可吾行官大

風霾七晝夜敷修孔子廟及渾天儀

六年甲午春正月金主傳位于宗室子承麟遂自經

而焚城拔獲承麟殺之宋兵取金主餘骨以歸金亡

是春會諸王宴射于干兒寒河夏五月帝在達蘭達

葩之地大會諸王百僚諭條令曰凡當會不赴而私

宴者斬諸出入宮禁各有從者男女止以十人為朋

出入毋得相雜軍中凡十人置甲長聽其指揮專擅

者論罪其甲長以事來宮中即置權擱一人甲外一

人二人不得擅自往來違者罪之諸公事非當言而

言者拳其耳再犯笞三犯杖四犯論死諸千戶越萬

戶前行者隨以木鏃射之百戶甲長諸軍有犯其罪

同不遵此法者斥罷令後來會諸軍甲內數不足於

近翼抽捕足之諸人或居室或在軍毋敢喧呼凡來

會用善馬五十疋為一驛守者五人飼羸馬三人守

乞烈思三人但盜馬一二者即論死諸人馬不應絆

於乞烈思內者輒沒與富虎豹人諸婦人製質孫燕

服不如法者及妒者乘以驏牛徇部中論罪即聚財

為更聚秋七月以胡土虎那顏為中州斷事官遣達
海紺卜征蜀是秋帝在八里里苔闌答八思之地議
自將伐宋國王查老溫請行遂遣之冬獵于脫卜寒
地
七年乙未春城和林作萬安宮遣諸王拔都及皇子
貴由皇姪蒙哥征西域皇子闊端征秦鞏皇子曲出
及胡土虎伐宋唐古征高麗秋九月諸王口溫不花
復宋何太尉冬十月曲出圍棗陽拔之遂徇襄鄧入
郢虜人民牛馬數萬而還十一月闊端攻石門金便
宣都總帥汪世顯降中書省臣請立契勘大明曆從之

八年丙申春正月諸王各治具來會宴萬安宮落成
詔印造交鈔行之二月命應州郭勝鈞州字术魯九
住鄧州趙祥從曲出充先鋒伐宋三月復修孔子廟
及司天臺夏六月復括中州戶口得續戶一百一十
餘萬耶律楚材請立編修所於燕京經籍所於平陽
編集經史召儒士梁陟充長官以王萬慶趙著副之
秋七月命陳時可閱刑名科差課稅等案赴闕議
詔以真定民戶分賜諸
王貴戚斡魯朵拔都平陽湯沐合帶太原府古與大
名府孛魯帶邢州果魯于河間府孛魯古帶廣寧府

野苦益都濟南二府內撥賜按赤帶濱棣州幹陳
那顏平灤州皇子闊端駙馬赤苦公主阿剌海公主
果真國王查並於東平府戶內撥賜有差耶律
坏那顏火斜木思並止設達魯花赤真蒙古寒那顏
楚材言非便遂命各位止設官吏
成都詔招諭秦鞏等二十餘州皆降將
入蜀取宋關外數州斬蜀將曹友聞冬十月闊端入
收其租頒之非奉詔不得徵兵賦關端率汪世顯
柔等攻鄧州拔之襄陽府來附以游顯領襄陽樊城
事

九年丁酉春獵于揭揭察哈之澤蒙哥征欽察部破
之擒其酋八赤蠻夏四月築掃隣城作迦堅茶寒殿
六月左翼諸部訛言括民女帝怒因括以賜麾下秋
八月命术虎乃劉中試諸路儒士中選者除本貫議
事官得四千三十人冬十月獵于野馬川幸龍庭遂
至行宮是冬口溫不花等圍光州命張柔彥暉史
天澤攻下之遂別攻蘄州降隨州暑地至黃州宋懼
請和乃還
十年戊戌春播思軍至比峽關宋將汪統制降真襄
陽別將劉義叛執游顯等降宋宋兵復取襄樊帝獵

子揭揭寨哈之潭築蘇湖城作迎駕毀秋八月陳

時阿高慶民等言諸路旱蝗詔免令年田租仍傷攜

柔輸納著侯豐歲議之

至自西川秋七月游顯自宋逃歸以山東諸路災免

其稅粮冬十一月蒙哥率師圍阿速茂怯思城閱三

月拔之十二月商人奧都剌合蠻買撲中原銀課二

十二年庚子春正月以奧都剌合蠻充提領諸路課

稅所官皇子貴由克西域未下諸部遣使奏捷命張

萬二千錠以四萬四千錠為額從之

柔等入萬戶伐宋冬十二月詔貴由班師敕州郡失

盜不獲者以官物償之國初令民償官者歲加倍命至

是罷之是歲以官民貸回鶻金償官者歲加倍命至

羌息其害為甚詔以官物代還凡七萬六千錠仍命

凡假貸歲久惟子本相佯而止著為令籍諸王大臣

所俘男女為民

十三年辛丑春二月獵于揭揭寨哈之潭帝有疾詔

赦天下囚徒帝瘳秋高麗國王王曔以族子綧入質

冬十月命牙老禿赤主管漢民公事十一月丁亥大

儆庚寅還至鈍鐵鑌胡蘭山奧都剌合蠻進酒帝歡

飲極夜乃罷辛卯遷明帝崩于行殿在位十三年壽

五十有六藥起輦谷追諡英文皇帝廟號太宗帝有

寬弘之量忠恕之心量時度力舉無過事華夏富庶

辛丑歲群旅不貢粮時撫治平

壬寅年春六皇后乃馬真氏始稱制秋七月張柔自

五河口渡淮攻宋揚滁和等州

癸卯年春正月張柔分兵屯田于襄城夏五月癸巳

犯房屯城后命張柔總兵戍杞

甲辰年夏五月后命

乙巳年秋后命馬步軍都元帥察罕等率騎三萬與

張柔掠淮西攻壽州拔之遂攻泗州盱眙及揚州宋

制置趙葵請和乃還

定宗

定宗簡平皇帝諱貴由太宗長子也母曰六皇后乃

馬真氏以丙寅年生帝太宗嘗命諸王按只帶伐金

帝以皇子從虜其親王而歸又從諸王拔都西征次

阿速境攻圍木柵山寨以三十餘人與戰帝及憲宗

與為太宗嘗有旨以皇孫失烈門為嗣太宗崩皇后

臨朝會諸王百官於答蘭答八思之地遂議立帝

元年丙午春正月張柔入觀於和林秋七月即皇帝

位干汪吉宿滅禿里之地帝雖御極而朝政猶出於

六皇后云冬獵黄羊于野馬川權萬戶史權等耀兵

淮南攻虎頭關寨抜之進圍黄州

二年丁未春張柔攻泗州夏避署于曲律淮黑哈速

之地秋西巡八月命野里知吉帶宰欄思簹部兵征

西是月詔蒙古人戶每百以一名克捷都魯九月取

太宗宿衛之半以也曲門荅兒領之冬十月括人戶

三年戊申春三月帝崩于横相乙兒皇帝廟號定宗

壽四十有三一聾起筆谷追諡闌平皇帝之地在位三年是

歲大旱河水盡涸野草自樊牛馬十死八九人不聊

元史本紀卷二　九

生諸王及各部又遣使於燕京迤南諸郡徵求貨財

弓矢鞍轡之物或於西域回鶻索取珠璣或於海東

摟取鷹鶻馹騎絡繹晝夜不絕民力益困然自壬寅

以來法度不一內外離心而太宗之政衰矣

已酉年

庚戌年定宗期後議所立未决當是時巳三歲無君

其行事之詳簡策失書無從考也

本紀卷第二

翰林學士嘉議大夫知　制誥兼修　國史宋濂
翰林待制承直郎兼　國史院編修官臣王褘等奉
敕修

憲宗

憲宗桓肅皇帝諱蒙哥睿宗拖雷之長子也母曰莊
獻太后怯烈氏諱唆魯禾帖尼歲戊辰十二月三日
生帝時有黃忽荅部知天象者言帝後必大貴故以
蒙哥為名𩥇生也言太宗在潛邸養以為子屬昂灰
皇后撫育之既長為娶火魯剌部女火里差為妃分
之部民及睿宗薨乃命歸藩邸從征伐屢立奇功嘗

《元史本紀卷三》　一

攻欽察部其酋八赤蠻逃于海島帝聞函進師至其
地適大風刮海水去其淺可渡帝喜曰此天開道與
我也遂進屠其衆擒八赤蠻命之跪八赤蠻曰我為
一國主豈苟求生且身非駝何以跪人為乃命囚之
八赤蠻謂守者曰我之窩入于海與魚何異然終見
擒天也今水廻期且至軍宜早還帝聞之即班師而
水已至後軍有浮渡者復與諸王技都征幹羅思部
至也烈贊城躬自搏戰破之歲戊申定宗崩朝廷久
未立君中外恟恟咸屬意於帝而覬覦者衆議未决
諸王技都木哥阿里不哥唆亦哥禿塔察兒大將兀

良合台速你帶帖木迭兒也速不花咸會于阿剌脫
忽剌兀之地都首建議推戴時定宗皇后議議
所遣使者八剌在坐曰昔太宗命以皇孫失烈門為
嗣諸王百官皆與聞之今失烈門故在而議欲他屬
將實之何地耶木哥曰太宗有命誰敢違之然前議
立定宗由皇后脫列哥那與汝輩為之是則遠太宗
之命者汝等也今尚誰咎即八剌語塞兀良合台亦
蒙哥聰明厲知人咸知之技都之議良是技都即申
令於衆衆悉應之議遂定

《元史本紀卷三》　二

元年辛亥夏六月西方諸王別兒哥脫哈帖木兒東
方諸王也古脫忽亦孫哥按只帶塔察兒別里古帶
西方諸大將班里赤等東方諸大將也速不花等復
大會于闊帖兀阿闌之地共推帝即皇帝位於幹難
河失烈門及諸王忙可撒兒等心不能平有後言帝遣諸
王旭烈兀與忙可撒兒師兵覘之諸王也速忙可不里
火者等後期不至遣塔兒忽解率兵偹之遂改更底
政命皇弟忽必烈領治蒙古漢地民戶遣塔兒忽幹魯
不察乞剌賽典赤趙璧等諸燕京撫諭軍民以忙哥
撒兒為斷事官以孛魯合掌宣發號令朝覲貢獻及
內外聞奏諸事以晃兀兒留守和林宮闕帑藏阿藍

苔兒副之以牙剌瓦赤不只兒幹魯苔兒等充
燕京等處行尚書省事賽典赤匪岔馬丁佐之以訥
懷塔剌海麻速忽等充別失八里等處行尚書省事
暗都剌兀尊阿合馬也的沙佐之以阿兒渾充阿母
河等處行尚書省事法合魯丁匪只馬丁佐之以茶
寒葉了千統兩淮軍以和里解統土蕃等處蒙古漢軍皆
仍前征進以僧海雲掌釋教事以道士李真常掌道
教事葉孫脫按只解暢吉爪難合苔曲憐阿里出及
剛尤疸阿散忽都魯等務持兩端坐誘諸王為亂並

伏誅遂頒便益事宜於國中九朝廷及諸王濫發牌
印詔旨宣命盡收之諸王馳驛乘三馬遠行亦不
過四諸王不得擅招民戶諸官屬不得以朝觀為名
賦欲民財民粮遠輸者許於近倉輸之罷築和林城
役千五百人冬以宴只吉帶遠命遣合册誅之仍籍
其家
二年壬子春正月辛失灰之地遣乞都不花攻末來
吉兒都怯薛皇太后崩夏駐蹕和林分遷諸王於各
所合冊於別石八里地蔑里於千葉兒於石河海都
於海押立地別兒哥於曲兒只地脫脫於葉密立地

蒙哥都及太宗皇后乞里吉忽帖尼於擴端所居地
之西仍以太宗諸后妃家貲分賜親王定宗后及失
烈門以厭禳事覺並賜死譖失烈門也速幸里等
於沒脫赤之地禁錮和只納忽孫脫等於軍營怯的
月命忽必烈征大理諸王禿兒花撒丘征西域素冊諸國詔諭宋荊南
不花忽必烈之地征西域素冊諸國詔諭宋荊南
襄陽樊城均州諸城利州閱欲為取蜀之計冬十月
命總帥汪田哥以城利州閱欲為取蜀之計冬十月
命諸王也古征高麗帝駐蹕月帖古忽闌之地時帝
因獵墮馬傷臂不視朝百餘日十二月戊午大赦天

下以帖哥紬闌闊木等掌蕃藏孛闌合剌孫掌幹脫
阿忽察掌祭祀醫巫卜筮阿剌不花副之諸王合剌
薨以只兒幹帶掌傳驛所需字魯合掌必闍赤焉發
宣詔及諸色目官職徒諸匠五百戶脩行宮是歲籍
漢地民戶諸王也古以怨襲諸
三年癸丑春正月汪田哥修治利州且屯田蜀人莫
敢侵軼帝獵于怯薛義罕之地諸王也古以怨襲諸
王塔剌兒營帝遣會諸王于幹難河北賜子甚厚罷
也古征高麗兵以札剌兒帶為征東元帥遣必闍別
兒哥括幹羅恩戶口三月大兵攻海州戍將王國昌

逐戰于城下敗之養都統一人夏六月命諸王旭烈
兀及兀良合台等帥師征西域哈里發八哈塔等國
又命塔塔兒帶撒里土魯花等征欣都思怯失迷兒
等國帝辛火兒忽納要不花之地諸王拔都遣諭必
察諸行在乞貰珠銀萬錠以千錠授之仍詔諭之曰
太祖太宗之財若此費用何以給諸王之賜冝詳
審之此銀就充令後歲賜之數秋辛軍腦兒以忙可
撒兒為萬戶後札魯花赤九月忽必烈次忒剌可
地分兵三道以進冬十二月大理平帝駐蹕汪吉地
命宗王聊虎與洪福源同領軍征高麗攻拔禾山東

四年甲寅春帝獵于蹇又罕夏辛月兒滅怯之地
遣札剌亦兒部人火兒赤征高麗秋七月詔恒吏之
赴朝理筭錢糧者許自首不公仍禁以後浮賞冬大
獵于也滅干哈里乂海之地忽必烈還自大理留兀
良合台攻諸夷之未附者入覲於滅怯是歲會諸王
于頼頼腦兒之西乃祭天于日月山初籍新軍帝謂
大臣求可以慎固封守關於將暑者攉史摳征萬
戶配以真定相衛懷孟諸軍駐宿鄧張柔移鎮亳
州

春州三角山揚根天龍等城是歲斷事官忙哥撒
兒卒

權萬戶史權屯鄧州張柔遣張信將八漢軍戍潁州
王安國將四千戶渡漢南深入而還張柔率山前八軍城
兵兩淮艱於糧運奏攏亳之利詔柔率山前八軍城歲勤
而戍之柔又以渦水北隘淺不可冊軍既病涉曹濮
深而不能築後爲橋十五或廣八十尺橫百二十里流
州總管孫嗣援嗣遣人賫蠟書降且乞援史權以精
親傳粟皆不至乃遂援嗣遣人賫蠟書降且乞援
之均州宋人之要遂嗣援嗣遣人賫蠟書降且乞援
甲戍宋人之要遂援嗣遣人賫蠟書降王梅杜
柔表師信各帥所部來降

五年乙卯春詔徵遣欠錢穀夏帝辛月兒滅怯土秋
九月張柔會大帥于符離以百丈口爲宋往來之道
可容萬舸遂築甬路自亳而南六十餘里中爲橫江
堡又以路東六十里皆水可致宋舟乃立柵水中推
密置偵邏於所達之路由是鹿邑寧陵考柘楚丘南
頓無患陳蔡潁息皆通矣是歲攻命劉整解與洪
福源同征高麗後甲向王果等城三歲攻拔其光州安城中
州玄鳳珍原甲向王果等城三歲攻拔其光州安城中
六年丙辰春大風起北方砂礫飛揚日日晦宜帝會
諸王百官于欲兒陌都之地設宴六十餘日賜金
帛有差仍定擬諸王歲賜錢穀忽必烈遣沒兒合石

詣行在所奏請續簽内郡漢軍從之夏四月駐蹕于
苔密兒五月辛巳剌元魯桑六月太白晝見辛齊兒亦
兒阿塔諸王亦孫哥駙馬也速兒等請伐宋帝亦以
宋人遠命四使會議伐之秋七月命諸王各遝所部
以居諸王塔察兒駙馬帖里垓軍過東平諸慶府
羊永帝聞道使問罪由是諸軍無犯者是歲高麗國
王細嵁甫雲酋長摩合羅嵁及素丹諸國來覲元
敗宋將張都統軍賜金繒織丈衣一襲銀五十兩綵帛
良合台討白蠻等克之遂自昔八兒地還至重慶府
萬二百四以資軍士冬帝駐蹕阿塔哈帖乞兒蠻以

《元史本紀卷三》 七

阿木河回回降民分賜諸王百官
七年丁巳春辛忽闌也兒吉詔諸王出師征宋乞都
不花等討未來吉兒怯薛平之夏六月謂太祖行
宮祭旗鼓復會于怯魯連之地遝宰月兒滅怯土秋
駐蹕于軍腦兒醜馬乳祭天九月出師南征以駙馬
剌真之子乞解為達魯花赤鎮守斡羅思仍賜馬三
百羊五千回鶻厰水精盆珍珠傘等物可直銀三萬
餘錠帝曰方今百姓疲弊所急者幾爾朕獨有此何
為郏之賽典赤以為言帝稍償其直且禁其勿復有
所獻宗王塔察兒率諸軍南征圍樊城霖雨連月乃

班師元帥卜憐吉䚟軍自鄧州略地遂渡漢江冬十
一月元良合台伐交趾敗之入其國安南主陳日煚
竄海島遂班師遣阿藍苔兒脫因囊加台忽必烈及
等慶理算錢穀冬帝度漠南至於玉龍棧忽必烈以
諸王阿里不哥八里土出木哈兒王龍棧失昔烈吉
八年戊午春正月朔辛也里本桼哈之地受朝賀二
月陳日煚傳國于長子光昺道婿與其國人以
方物來見元良合台送詣行在所諸王旭烈兀討回
公主脫滅干等來迎大燕既而各遣歸
回哈里發平之禽其王遣使來獻捷帝獵于也里海

《元史本紀卷三》 八

牙之地師南征次于河適冰合以土覆之而渡帝自
將伐宋由西蜀以入命張柔從忽必烈征鄂趙杭州
命塔察攻荊山分宋兵力宋四川制置使蒲澤之攻
成都紐璘率師與戰敗之進攻雲頂山守將姅其等
以衆相繼來降詔以紐隣為都元帥帝由東勝河度
遣條知政事劉太平括興元户口三月命洪茶丘率
師從割解同征高麗夏四月駐蹕六盤山諸郡縣
守令來觀豊州千户郭燧奏請續簽軍千人脩治金
州從之是時軍四萬號十萬分三道而進帝由隴州
入散關諸王莫哥由祥州入米篟關字里乂萬户由

漁關入沔州以明安苔兒為太傅守京兆詔徵盜都
行省李璮兵瑾來言益都南北要衝兵不可撤從之
璮遂擊海州漣水等慶五月皇子阿速帶因獵獨騎
傷民稼帝見讓之迤邐近侍數人士卒有技民慈者
即斬以徇由是秋毫莫敢犯仍賜所經郡守各有差
秋七月留輜重於六盤山率兵由寶雞攻重貴山所
至報平八月辛丑璮與宋人戰殺宋師殆盡九月駐
蹕漢中都元帥紐鄰留窓里火者劉黑馬等守成都
悉率餘兵渡馬湖禽宋制置使張寶遂遣寶招諭苦
竹隘寶通冬十月壬午帝次寶峯癸未如利州觀其

城池並非深固以汪田哥能守蜀不敢犯庖酒獎
諭之帝渡嘉陵江至白水江命田哥造浮梁以濟梁
成賜田哥等金帛有差帝駐蹕鈄門戊子攻苦竹隘
裨將趙仲籥歗東南門師入與其守將楊立戰敗之
殺立眾皆奔潰詔毋犯趙仲家屬仍賜田哥玉帶及犒賞士卒
隆慶已亥獲珙寶文解之賜田哥玉帶及犒賞士卒
留精兵五百守之遣使招諭龍州帝至高峯庚子圍
長寧山守將王佐裨將徐昕等率兵出戰庚子力
月已酉帝督軍先攻鵝頂堡壬子力戰于望喜門薄
羣宋知縣王仲由鵝頂堡出降是夜破其城王佐死

為癸丑誅佐之子及徐昕等四十餘人以彭天祥為
達魯花赤治其事王仲副之丙辰進攻長寧守將
大淵降命大淵為四川侍郎仍以其兵從庚午次和
溪口遣驍騎暑青居山是月龍州王知府降諸王莫
哥都攻禮義山不克諸王塔察兒略地至江而還並
會于行在所命忽必烈統諸路蒙古漢軍伐宋十二
大悅為元帥師至青居山裨將劉淵等殺都統段元
酉帝次于運山大淵道人招降其守將張大悅仍以
都元帥紐鄰攻蘭州以宋降將張威率眾為先鋒乙
月壬午楊大淵率所部兵與汪田哥分擊相如等縣

鑒降庚寅遣使招諭未附丁酉隆州守縣降已亥大
良山守將蒲元圭降詔諸軍毋悍掠癸卯攻雅州拔
之石泉守將趙順降甲辰遣宋人晉國寶招諭合州
守將王堅堅辭之國寶遂歸是歲皇子辦都薨于吉
河之南
九年已未春正月乙巳朔駐蹕重貴山北置酒大會
因問諸王駙馬百官曰令在宋境夏暑且至汝等其
謂可居否乎札剌亦兒部人脫歡曰南土瘴癘上宜
北還所獲人民委更治之便阿兒剌部人八里赤曰
脫歡怯臣願往居焉帝善之戊申晉國寶歸次峽口

王堅追還殺之諸王莫哥都復攻渠州禮義山曳剌

禿魯雄攻巴州平梁山丁卯大淵請攻合州俘男女

八萬餘二月丙子帝悉率諸兵渡鷄爪灘至石子山

丁丑䘙諸軍戰城下辛巳攻一字城癸未攻鎮西門

三月攻東新門奇勝門鎮西門小堡夏四月丙子大

雷雨凡二十日乙未攻護國門丁酉夜登外城殺宋

兵甚衆五月壘攻馬軍寨殺寨主及守城者王堅率兵來戰遲

明遇雨梯折後軍不克進而止是月帝不豫秋七月

辛亥留精兵三千守之餘悉攻重慶癸亥帝崩于釣

魚山壽五十有二在位九年追諡桓肅皇帝廟號憲

宗帝剛明雄毅沉斷而寡言不樂燕飲不好侈靡雖

后妃不許之過制初太宗朝群臣擅權政出多門至

是凡有詔旨帝必親起草更易數四然後行之御群

臣甚嚴嘗諭旨曰爾輩若得朕獎諭之言即志氣驕

逸志氣驕逸而災禍有不隨至者乎爾輩其戒之性

喜畋獵自謂遵祖宗之法不蹈襲他國所為然酷信

巫覡卜筮之術凡行事必謹叩之殆無虛日終不自

厭也

本紀卷第三

翰林學士中奉大夫知　制誥兼脩國史臣宋濂　翰林待制承直郎兼　國子院編脩官臣王褘等奉
敕修

世祖一

《元史本紀卷四》

一

世祖聖德神功文武皇帝諱忽必烈睿宗皇帝第四
子母莊聖太后怯烈氏以乙亥歲八月乙卯生及長
仁明英睿事太后至孝尤善撫下納弘吉剌氏為妃
歲甲辰帝在潛邸思大有為於天下延藩府舊臣及
四方文學之士問以治道歲辛亥六月憲宗即位同
母弟惟帝最長且賢故憲宗盡屬以漠南漢地軍國
庶事遂南駐爪忽都之地邢州有兩答剌罕言於帝
曰邢吾分地也受封之初民萬餘戶今減月削纔
五七百耳宜選良吏撫循之帝從其言承制以脫
兀脫及張耕為邢州安撫使劉肅為商榷使邢乃大
治歲壬子帝駐桓撫間憲宗令斷事官牙魯瓦赤與
不只兒等總天下財賦于燕視事一日殺二十八人
其一人盜馬者償其刀釋之曰凡死罪必詳讞而後
所杖者手試刀斬之而釋之失偶有獻環刀者遂追還
行刑令一日殺二十八人必多非辜既杖復斬此何
刑也不只兒錯愕不能對太宗朝立軍儲所于新衛

二

《元史本紀卷四》

以收山東河北丁糧後惟計直取銀帛軍行則以資
之帝請于憲宗設官築五倉于河上始令民入粟宋
遣兵攻虢之盧氏河南之來寧衛之八柳渡帝言之
憲宗立經畧司於汴以忙哥史天澤楊惟中趙璧為
使陳紀楊果為參議俾屯田唐鄧等州授惟中牛敵
夏六月入覲憲宗於曲先惱兒之地奉命帥師征雲
南秋七月丙午禑丑受京兆分地諸將
至則禦敵去則憲宗即分遣使戌興元諸州又
奏割河東解州鹽池以供軍食立從宜府于京兆屯
田鳳翔募民受鹽入粟轉漕嘉陵夏遣王府尚書姚
樞立京兆宣撫司以孛蘭及揚惟中為使關隴大治
又立交鈔提舉司印鈔以佐經用秋八月師次臨洮
遣王律木王君候王鑑諭大理不果行九月壬寅師
次忒剌分三道以進大將兀良合帶率西道兵由晏
當路諸王抄合也只烈帥東道兵由白蠻帝由中道
乙巳至滿陀城留輜重冬十月丙午過大渡河又經
行山谷二千餘里至金沙江乘革囊及栰以渡摩娑
蠻主迎降其地在大理北四百餘里十一月辛卯復
遣王律木等使大理丁酉師至白蠻打郭寨其主將

出降其妊堅壁拒守攻拔殺之不及其民庚子次三
甸辛丑白蠻送歡十二月丙辰軍薄大理城初大理
主段氏微弱國事皆決於高祥高和兄弟是夜率
眾遁去命大將也古及援突兒入大理曰
城破而我使不出計必死矣已未西道兵亦至命姚
樞等搜訪圖籍乃得三使尸既奉命樞爲文祭之辛
輯大理遂班師歲甲寅夏五月庚子駐六盤山六月
西兩出龍首城次趙瞻癸亥薨高祥斬于姚州留大
以廉希憲爲關西道宣撫使姚樞爲勸農使秋八月

至自大理駐桓撫閶復立撫州冬駐爪都之地歲
乙卯春復駐桓撫閶冬駐奉聖州北歲丙辰春三月
命僧子聰卜地于桓州東灤水北城開平府經營宮
室冬駐于合剌八剌合孫之地憲宗命益懷州爲分
地歲丁已春憲宗命阿藍荅兒劉太平會計京北河
南財賦大加鈎考其貧不能輸者帝爲代償之冬十
二月入觀于也可迭烈孫之地議分道攻宋以明年
爲期歲戊午冬十一月戊申橋牙于開平東北是日
啓行歲已未春二月會諸王于邢州夏五月駐小濮
州徵東平宋子貞李昶訪問得失秋七月甲寅次汝

南命大將揆兒等前行備粮漢上戒諸將毋妄殺
命楊惟中郝經宣撫江淮必閶赤孫貞督軍須蔡州
有軍士犯法者貞縛致有司白于帝命戮以徇諸軍
凜然無敢犯令者八月丙戌渡淮辛卯入大勝關宋
戍兵皆遁壬辰次黃陂甲午遣廉希憲招臺山寨比
至千戶董文炳等已破之時淮民被俘者眾悉縱之
庚子先鋒茶忽得宋沿江制置司榜上有云今夏
謀者關北兵會議耿黃陂民船繫枙由陽邏堡以渡
會于鄂州帝曰此事前所未有願如其言眾悉縱之
江北九月壬寅朔親王穆哥自合州遣使以

憲宗山問來告且請北歸以繫天下之望帝曰吾姜
命南來豈可無功遂還甲辰登香鑪山俯瞰大江江
北曰武湖湖之東曰陽邏堡其南岸即滸黃洲宋以
大舟扼江渡帝遣兵奪二大舟是夜遣木魯花赤張
進天爲開霽與宋師接戰者以軍法從事几所俘獲
以爲未可渡帝不從遂申敕將帥揚旗伐鼓三道並
文謙等具舟楫乙巳遲明至江岸風雨晦冥諸將皆
軍士有擅入民家者以軍法從事几所俘獲悉縱之
丁未遣王冲道李宗傑誓郊招諭鄂城比至東門矢
下如雨冲道隊馬爲敵所獲宗傑郊奔還帝駐滸黃

洲已酉抵鄂屯兵教場庚戌圍鄂壬子登城東北壓
雲耳立望樓高可五丈望見城中出兵趣兵迎擊生
擒二人云賈似道率兵救鄂事起倉卒皆非精銳遂
命官取逃民棄粮聚之軍中爲攻取計戊午順天萬
戶張柔兵至大將兒等迎戰文德乘夜入鄂城將
呂文德自重慶來援兒等以舟師趙岳州將還
守愈堅冬十月兒移駐烏龜山甲戌援突兒還
自岳十一月丙辰移駐牛頭山兀良合帶畧地諸蠻
由交趾歷邕桂渾都海脫火恩脫使來告時先朝
諸臣阿藍荅兒渾都海脫火恩脫使來立阿里

不哥阿里不哥者憲宗第七子帝之弟也於是阿藍
荅兒一兵於漠北諸部脫里赤括兵於漠南諸州而
阿藍荅兒乘傳調兵去開平僅百餘里赤亦至燕
人謂之曰發兵大事太祖皇帝曾孫真金在此何故
不令知之阿藍荅兒不能荅繼又聞脫里赤至燕
后即遣脫歡愛莫干馳至軍前密報請速還丁卯發
牛頭山聲言趙臨安留大將援突兒等帥諸軍圍鄂
閏月庚午朔還駐青山磯辛未臨江岸遣張文謙還
諭諸將曰遷六日當去鄂退保滸黃州命文謙發降
民二萬比歸宋賈似道遣宋京請和命趙璧等語之

曰汝以生靈之故來請和好其意甚善然我奉命南
征寧能中止果有事大之心當請於朝是日大軍北
還已丑至燕脫里赤括民兵民甚苦之帝詰其由
托以憲宗臨終之命帝察其包藏禍心所集兵皆縱
之人心大悅是冬駐燕京近郊
中統元年春三月戊辰朔車駕至開平親王合丹阿
只吉率西道諸王塔察兒方忽刺忽兒等率
東道諸王皆來會興諸大臣勸進帝三讓諸王大臣
固請辛邪帝即皇帝位以禡璽趙璧董文炳爲燕京
路宣慰使陝西宣撫使廉希憲言高麗國王嘗遣其

世子倎入覲會憲宗將兵攻宋倎留三年不道今聞
其父已死若立倎歸國彼必懷德於我是不煩兵
而得一國也帝是其言改館倎以兵衛送之仍赦其
境內夏四月戊戌朔立倎中書省以王文統爲平章政
事張文謙爲左丞以八春廉希憲商挺爲陝西四川
等路宣撫使趙良弼條議司事粘合南合張啓元爲
西京等處宣撫使已亥詔諭高麗國王王倎仍歸所
俘民及其逃戶禁邊將勿擅掠辛丑以即位詔天下
詔曰朕惟祖宗肇造區宇奄有四方武功迭興文治
多缺五十餘年於此矣蓋時有先後事有緩急天下

大業非一聖一朝所能兼備也先皇帝即位之初風
飛雷厲將大有為憂國愛民之心雖切於已尊賢使
能之道未得其人方董蒙門之師邊遺鼎湖之泣豈
期遺恨竟勿克終肆予冲人渡江之後蓋將深入焉
乃聞國中重以僉軍之擾黎民驚駭若不能一朝居
者予為此懼駒騎馳歸目前之急雖紓境外之兵未
戰乃會群議以集良規不意宗盟輒先推戴左右萬
里名王巨臣不召而來者有之不謀而同者皆是咸
謂國家之大統不可久曠神人之重寄不可暫虛求
之今日太祖嫡孫之中先皇母弟之列以賢以長止

予一人雖在征伐之間每存仁愛之念博施濟眾實
可為天下主天道助順人謨與能祖訓傳國大典於
是乎在朕敢不從朕峻辭固讓至於再三祈懇益堅
擗以死請於是俯徇輿情勉登大寶自惟寡昧屬時
之艱若涉淵水罔知攸濟爰當臨御之始宜新弘遠
之規祖述變通正在今日務施實德不尚虛文雖承
平未易遽臻而飢渴所當先務嗚呼曆數攸歸欽應
上天之命勳親斯託敢忘祖宗之規體極建元與民
更始朕所不逮更賴我遠近宗族中外文武同心協
力獻可替否之助也誕告多方體予至意丁未以翰

林侍讀學士郝經為國信使翰林待制何源禮部郎
中劉人傑副之使于宋丙辰权輯中外官吏宣諭
面遣帖木兒李舜欽等行部考課各路諸色工匠置
急遞鋪乙丑徵諸道兵六千五百人赴京師宿衛罷
互市于漣水禁私商不得越境犯者死是月阿里
不哥僭號于和林城西按坦河召賈居貞張徽王焕
完顏愈乘傳赴闕五月戊辰朔詔燕帖木兒忙古帶
節度黃河以西諸軍丙戌建元中統詔曰祖宗以神
武定四方淳德御群下朝廷草創未遑潤色之文政
事變通漸有綱維之目朕獲續舊服載擴不圖稽列

聖之洪規講前代之定制建元表歲示人君萬世之
傳紀時書王見天下一家之義法春秋之正始體大
易之乾元炳焕皇猷權輿治道可自庚申年五月十
九日建元為中統元年惟即位體元之始必立經陳
紀為先故內立都省以總宏綱外設總司以平庶政
仍以興利除害之事補偏救弊之方隨詔以頒於戲
秉籙握樞必因時而建號施仁發政期與物以更新
敷宣惻憻之辭表著憂勞之意九在臣庶體予至懷
詔安撫壽春府軍民甲午以阿里不哥反詔赦天下
乙未立十路宣撫司以賽典赤李德輝為燕京路宣

撫使徐世隆副之宋子貞爲益都濟南等路宣撫
使王磐副之北京等路經署使史天澤爲河南宣撫
果爲北京等路宣撫使趙昞副之張德輝爲平陽太
原路宣撫使謝瑄副之孛里海牙劉肅爲真定路
宣撫使姚樞爲大名彰德等路宣撫使張庸副之中書左丞
張文謙爲大名彰德等路宣撫使崔巨濟副之鞏昌等
合爲西京路宣撫使以王惟正爲京兆等路宣撫使廉希憲爲京兆等
路宣撫使以汪惟正爲鞏昌等路宣撫使游顯爲安撫
箕爲鞏昌路元帥詔諭成都路侍郎張威安撫元忠
綿資卬彭等州西川潼川隆慶順慶等府及各慶山

峕歸附官吏皆給宣命金符有差詔平陽京兆兩路
宣撫司僉兵七千人於延安等慶守隘以萬戶鄭鼎
昔剌忙古帶領之貧不能應役者官爲資給徵諸路
兵三萬駐燕京近地命諸路市馬萬匹送開平府以
總帥汪良臣統陝西漢軍於沿河守隘立望雲驛非
軍事毋得輒入燧感入南斗留五十餘日六月戊戌
詔燕京西京北京三路宣撫司運米十萬石輸開平
府及撫州沙井靖州魚兒濼以備軍儲乞帶以李璮爲江
於東川明里火者於西川渾都海反乙巳李璮言獲

宋謀者言賈似道調兵聲言攻漣州遣人覘之見許
浦江口及射陽湖兵船二千艘耳繕理城壁以備罷
阿藍帶兒所簽解鹽戶軍百人壬子詔陝西四川宣
撫司八春禦制諸軍乙卯詔東平路萬戶嚴忠濟等
發精兵一萬五千人赴關平乙丑以石長不爲大理
國總管俻虎符詔十路宣撫司造戰襖表帽各以萬
獻張昉等乘傳赴闕高麗國王王倎遣其子永安公
適燕京馮渭王光益楊恕李彥通趙和之東平韓文
計輸關平是月召真定劉郁邢州郝子明彰德胡祇
適判司宰事韓即來賀即位以國王封冊王印及虎

符賜之秋七月戊辰敕燕京北京西京真定平陽大
名東平益都等路宣撫司造羊裘皮帽袴靴皆以萬
計輸關平已巳以萬戶史天澤扈從先帝有功將士
萬五千兩賜之庚午賜山東行省
大都督李璮遣靈州種田民還京兆所部有功將士
癸酉以燕京路宣撫使趙璧平章政事河南路宣撫
慰使趙璧兼修國史河南路宣撫使史天澤兼江淮諸
士承旨兼修國史中書省給事撫京路宣
翼軍馬經署使兩子詔中書省給諸王白虎襄剌門所屬民
平州封邑歲賦金帛并以諸王白虎襄剌察兒益都

攻宋以方遣使備好不從癸亥澤州潞州旱民饑敕
賑之九月丁卯帝在轉都兒哥之地以阿里不哥遣
命下詔諭中外乙亥李璮復請攻宋復諭止之壬午
初置拱衛儀仗是月阿藍荅兒率兵至西京府興渾
都討之丙戌大敗其軍于姑藏斬阿藍荅兒及渾都
師海軍合詔諸王合丹合必赤興總帥汪良臣等率
海西土悉平冬十月丁未李璮言宋兵復軍于漣州
癸丑初行中統寶鈔戊午車駕駐昔兗之地命給官
錢雇在京囊運米萬石輸行在所十一月戊子發
常平倉賑益都濟南濱棣饑民十二月丙申以禮部

戶人匠歲賦給之詔造中統元寶交鈔立互市于頴
州漣水光化軍北京路都元帥阿海免所部軍士
征徭從之宋兵攻邊城詔遣太丑怯列忙古帶率所
部合兵擊之下詔襃賞行省右丞李璮乞益兵討
未詔都元帥紐璘所過毋檀攄掠官吏己酉立泰蜀
阿里不哥敕劉天麟規措中都析津驛傳馬八月丙
午授中書左丞行大名等路宣撫使張文謙虎符丁
丞行省事宋兵臨漣州李璮乞諸道援兵癸丑賜必
闍赤塔剌渾銀二千五百兩李璮乞遣將益兵渡淮

郎中孟甲禮部員外郎李文俊安南大理乙巳李
璮上將士功命璮以益都官銀賞之帝至自和林駐
蹕燕京近郊始制祭享太廟祭器法服以梵僧八合
思八爲帝師授以玉印統釋教立仙音院復改爲玉
宸院括樂工立儀鳳司又立符寶局及御酒庫群牧
所升衛輝爲總管府賜親王穆哥銀二千五百兩諸
王按只帶忽剌忽兒合丹忽剌出勝納合兒銀各五
千兩文綺帛各三百四金素半之諸王塔察阿木魯
鈔各五十九錠有奇綿五十九十

八四文綺三百四金素半之海都銀八百三十三兩
兩兀魯忽帶銀五千兩文綺三百四金素半之只必
帖木兒銀八百三十三兩小都伯木兒銀五千兩文
綺三百四金素半之都魯牙忽銀八百三十三兩特
文綺五十四金素半之覡兒赤也不干銀八百五十
賜綿五十斤阿只吉銀五千兩文綺三百金素半之
先朝皇后帖古倫只吉銀二千五百兩羅絨等折寶鈔二
十三錠有奇皇后帖古倫銀二千五百兩羅絨等折寶鈔二
妃子銀五千兩自是歲以爲常
二年春正月辛未夜東北赤氣照人大如席乙酉宋
兵圍漣州己丑李璮率將士迎戰敗之賜詔奬諭給

金銀待以賞將士庚寅瓊擅發兵修益都城塹二月
丁酉天陰掩昂巳亥宋攻漣水命阿木等帥兵赴之
丙午車駕幸開平詔減免民間差發罷守隘諸軍秦
蜀行省借民錢給軍以今年稅賦償之免平陽太原
軍站戶重科租稅丁未詔行中書省平章禡禡及王
文統等奉各路宣撫使赴關丁巳李瓊破宋兵于沙
湖堰三月壬戌朔日有食之夏四月丙午詔軍中所
俘儒士聽贖為民辛亥遣弓工往教都閫人為弓乙
卯詔十路宣撫使量免民間課程命宣撫司官勸農
桑抑游惰禮高年問民疾苦舉文學才識可以從政

《元史本紀卷四》 十三

及茂才異等列名上聞以聽擢用其職官污濫及民
不孝悌者量輕重議罰辛酉詔太康弩軍二千八百
人成蔡州以禮部郎中劉芳使大理等國五月乙丑
禁使臣毋入民家令止頓析津驛道崔明道李全義
為詳問官詰宋淮東制司訪問國信使郝經等所在
仍以稽留信使俀擾驛場詰之庚辰敕使臣及軍士
所過城邑官給廪餼毋擾于民丁亥申嚴越境私商
越境之禁禁私殺馬牛申嚴越境私商賈馬疋諸路
山澤之禁禁私殺馬牛申嚴越境私商賈馬疋者罪
死以河南經署宣撫使史天澤為中書右丞相河南

軍民並聽節制詔成都路置惠民藥局遣王祐於西
川等路採訪醫儒僧道六月癸巳括漏籍老幼等戶
協濟編戶賦稅丙申賜新附人王顯忠等衣物
有差李璮遣人獻漣水捷罷諸路拘扰字蘭奚禁諸
撫司遣使招民及徵私錢戊戌太陰犯角詔諭十路宣
王璮遣使招民官定鹽酒稅課等法癸卯以嚴忠範為
東平路行軍萬戶兼管民總管仍諭東平路達魯花
赤等官並聽節制詔中外官所乘馬數各有差乙
巳賑火少里驛戶乏之食者賞欽察所部將校有功
者銀二千五百兩及幣帛有差已酉命實黠仍翰林

《元史本紀卷四》 十四

侍講學士黠與王鶚面論王文統不宜在相位薦許
衡代之帝不懌而罷辛亥轉懿州米萬石賑親王塔
察兒所部饑民賜親王合丹所部軍幣帛九百匹布
千九百匹乙卯敕平陽路安邑縣蒲萄酒自今毋貢
詔宣聖廟及管內書院有司歲時致祭月朔釋奠禁
諸官負使臣同簽鞏昌路便宜都總帥兀良合帶所
汪良臣同簽鞏昌路便宜都總帥兀軍民官並聽良
臣節制丁巳敕諸路造人馬甲及鐵裝具萬二千輪
開平戊午詔毋扰懷孟賦稅以償其所借絮粟中
庚申宋瀘州安撫使劉整舉城降以整行夔府路中

書省兼安撫使佩虎符仍諭都元帥紐璘等使存恤
其民賜故金翰林修撰魏璠諡靖肅泰蜀行省言青
居山都元帥欽察等所部將校有功詔降虎符一金
符五銀符五十七令行省銓定職名給之城臨洮陸
真定鼓城縣為晉州安平武強饒陽隸焉賜
僧子聰懷孟邢州田各五十頃罷金銀銅鐵丹粉錫
碯坑冶所役民夫及河南舞陽薑尸藤花戶還之州
縣賜大理國主段實虎符優詔撫諭之命李瓊領益
都路臨課出工局繡女聽其婚嫁懷孟廣濟渠提舉
王允中大使楊端仁鑿沁河渠成溉田四百六十餘

所高麗國王倎更名禃遣其世子諶奉表來朝命宿
衛將軍李里察禮部郎中高逸民持詔往諭仍以王
帶賜之以不花為中書右丞相耶律鑄為中書左丞
相張啟元為中書右丞授管領崇慶府黎雅威茂印
灌七廢軍民小太尉虎符秋七月辛酉朔立軍儲都
轉運使司以馬月合乃為使周錯為副使癸亥初立
翰林國史院王鶚請修遼金二史又言唐太宗置弘
文館宋太宗設內外學士院今宜除拜學士院官作
養人才乞以右丞相史天澤監修國史左丞相耶律
鑄平章故事王文統監修遼金史仍採訪遺事並從

之賑和林饑民實華昌路總帥汪惟正將校斬渾都
海功銀二十五百兩馬價銀四千九百兩諸王昌童
招河南漏籍戶五百命總管王青製神
臂弓拄子弓諭河南管軍官於近城地畫存牧場餘
乙丑遣使持香幣祀嶽瀆丁丑渡江新附民留屯蔡
聽民耕花赤賜虎符於高麗鴨綠江西立互市從之
州者從居懷孟貸其種食以萬家奴為安撫高麗軍
民許衡即其家教以西京宣德隕霜殺稼辛巳
詔許魯花赤賜虎符庚辰西京宣德隕霜殺稼造船備
西夏漕運壬午遣納速剌丁孟甲等使安南乙酉以

牛驛兩雪道途泥濘改立水驛已丑命鍊師王道歸
於真定築道觀賜名王華諭將士舉兵攻宋詔曰朕
即位之後深以戢兵為念故年前遣使於宋以通和
好宋人不務遠圖伺我小隙反啟釁端凡我使者以
無寧日朕今春還宮諸大臣皆以舉兵南伐為請朕
重以兩國生靈之故猶待信使還庶有悛心以成
和議留而不至者今又半載矣徃來之禮遂絕侵擾
之暴不已彼嘗以衣冠禮樂之國自居理富如是乎
曲直之分灼然可見今遣王道貞徃諭卿等當整爾
士卒礪爾戈矛矯爾弓矢約會諸將秋高馬肥水陸

元史本紀卷四

分道而進以為問罪之舉尚賴宗廟社稷之靈其克
有勳卿等當宣布朕心明諭將士各當自勉毋替朕
命鄂州青山磯湋黄洲所招新民遷至江北者設官
領之救懷孟牧地聽民耕墾八月壬辰賜故金補闕
李大御諡員蕭丁酉命開平守臣釋負于宣聖廟戊
戌以燕京等路宣撫使實典赤為平章政事勅以賀
天爵為金齒等國安撫使忽林伯祐仍招諭使安
者民已亥諭武衛軍都指揮使李伯祐汰本軍罷老
者選精銳代之給海青銀符一有奏馳驛以聞辛丑
以宣撫使粘合南合為中書右丞灠灠為中書左丞

賈文備為開元女直水達達等處宣撫使賜虎符以
宋降將王青為總管教武衛軍習射乙巳禁以俘掠
婦女為娼丙午太白犯歲星以許衡為國子祭酒丁未以
姚樞為大司農竇黙仍翰林侍講學士先是以樞為
太子太師衡為太子太傅竇黙為太子太保樞等以不
敢當師傅禮皆辭不拜故復有是命初立勸農司以
陳邃崔斌成仲寬粘合從中為濱棣平陽濟南河間
東平涿州勸農使李士勉陳天錫陳膺武忙古帶為
勸農使己酉命大名等路宣撫使
林侍講學士竇黙太醫副使王安仁衣糧賜田以為

永業甲寅賞董文炳所將渡江及北征有功者二十
二人銀各五十兩封順天等路萬戶張柔為安肅公
濟南路萬戶張榮為濟南公陝西四川行省乞就
遠方重刑不允詔陝西四川行省乞就民詔
自今使臣有矯稱上命者有司不得聽受諸王后妃詔
公主駙馬非聞奏不許擅取官物賜慶壽寺海雲寺
陸地五百頃檀州驛頒斗斛權衡賑饑民賜諸王塔察
泊金千兩銀五千兩幣三百匹給阿石寒甲價銀千
兒金千兩銀五千兩幣三百匹給阿石寒甲價銀千
二百兩核實新增戶口措置諸路轉輸法命劉整招

懷慶府嘉定等處慶民戶宋私商七十五人入宿州議
置于法詔宥之還其貨聽權場貿易仍檄宋邊將還
北人之留南者九月庚申朔詔以忽突花宅為中興
省署奉遷祖宗神主于聖安寺癸亥邢州安撫使張
耕告老詔以其子鵬翼代之武衛軍都指揮使李
伯祐董文炳言武衛軍罷老者乞補換仍存恤其家
從之丙寅詔以粘合南合行中興府中書省戊辰大
司農姚樞請以儒人楊庸教孔顏孟三氏子孫東平
府詳議官王鏞兼充禮樂提舉詔以庸為教授以鏞
特兼太常少卿辛未以清滄鹽課銀償往歲所貸民

錢給公費者置和糴所于開平以戶部郎中宋紹祖
為提舉和糴官丙子諭諸王駙馬凡民間詞訟無得
私自斷決皆聽朝廷庚辰諭河南民王四妻靳氏一產
三男命有司量給贍養敕令歲田租輸沿河近倉官
為轉漕不可勞民癸未以甘肅焦端義徙撫治之以
海青銀符二金符十給中書省量軍國事情緩急付
為安業者為戍兵所擾者新羅兵華民務
乗驛者佩之以聞元路隸北京宣撫司真定路官民
所貸官錢貧不能償詔免之王鶚請於各路選委博
學老儒一人提舉本路學校特詔立諸路提舉學校
官以王萬慶敬鉉等三十八充之敕燕京順天等路
續製人甲五千馬甲及鐵裝具各二千冬十月庚寅
朔詔鳳翔府種田戶隸平陽兵籍毋令出征務耕屯
以給軍餉辛卯陝西四川行省上言軍務急速若待
奏報恐失事機詔與都元帥紐璘會議行之遣道士
訾洞春代祀東海廣德王廟壬展敕火兒赤奴懷率
奏不魯歡等阿藍塔兒所貸官銀庚子以右丞張啟元
所部署地淮西丁西敕愛官亦伯等及陝西宣撫司檢
行中書省於平陽太原等路括西京兩路官民有壯
馬皆從軍令宣德州楊庭訓統之有力者自備甲仗

無力者官與供給兩路與魯官并在家軍人凡有馬
者並付新軍劉總管統領昂吉所營西夏軍并豐州
蕁麻林夏水阿剌渾皆備鞍馬甲仗及字魯歡所管
兵九徒行者市馬給之并令從軍違者以失悮軍期
論修燕京橋城命平章政事趙璧左三部尚書依舊
門率蒙古漢軍駐燕京近郊太行一帶東至平灤西
控關陝應有險阻於附近民内選諸武事者修立堡
戌守以河南屯田萬戶史權為江漢大都督依舊駐
壬寅命亳州張柔歸德邸浹睢州王文幹水軍解戍
張榮寶東平嚴忠嗣濟南張宏七萬戶以所部兵來
會罷東平會計前任官侵用財賦甲辰宋兵攻瀘州
劉整擊敗之詔賞整銀五千兩幣帛二千四失里苔
劉元振守禦有功各賞銀五百兩銀萬兩幣帛
千匹乙巳詔指揮副使鄭江將千人赴開平指揮使
董文炳率善射者千人由魚兒泊赴行在所指揮使
李伯祐率軍士萬人由古北口西便道赴行在所十一
得勝口至中都預備糧餉島蘘丙辰詔平章政事塔
察兒率軍士萬人由古北口西便道赴行在所十一
月壬戌大兵與阿里不哥遇於昔木土腦兒之地諸

王合丹等斬其將合丹火兒赤及其兵三千人塔察
兒與合必赤等復分兵奮擊大破之追北五十餘里
帝親率諸軍以躡其後其部將阿脫等降阿里不哥
北遁庚午太陰犯昂壬申詔免今年賦稅癸酉駐蹕帖
買和來之地以尚書怯烈門平章趙壁兼大都督率
諸軍從塔察兒北上分蒙古軍為二怯烈門從麥肖
出居庸口駐宣德德興府訥懷從阿忽帶出古北口
駐興州帝親將諸萬戶漢軍及武衛軍由檀順州駐
潮河川敕官給芻粮毋擾居民罷十路宣撫司止存
開元路命諸路市馬二萬五千餘匹授蒙古軍之無
馬者丁丑徵諸路宣撫司官赴中都移蹕於速木合
打之地詔漢軍屯懷來晉山鷹坊阿里沙及阿散兄
弟二人以擅離亳從伏誅十二月庚寅詔封皇子真
金為燕王領中書省事辛卯熒惑犯房壬辰熒惑犯
鈎鈐癸巳以昌撫盖利泊等慶存罷兵革免今歲租
賦甲午師還詔撤所在戍兵放民間新簽軍命太常
少卿王鏞教習大樂壬寅以隆寒命諸王合必赤所
部軍士無行帳者聽金民居命陝蜀行中書省給絲
德州等處屯田牛種農具初立宮殿府秩正四品專
職營繕立尚食局尚藥局初設控鶴五百四人以劉

德為軍使領之立興樣局達魯花赤掌御用織造秩
正三品給銀印賜諸王金銀幣帛如歲例是歲天下
戶一百四十一萬八千四百九十有九斷死罪四十
六人

本紀卷第四

翰林學士□□□奉勅制誥兼修國史宋濂翰林侍制承直郎□國史院編修官臣王褘等奉

勅修

世祖二

三年春正月癸亥修宣聖廟成庚午罷高麗互市諸
王塔察兒請置鐵冶從之諸□立互市不從忽剌忽兒
所部民饑罷上供羊命銀冶戶七百河南屯田戶百
四十賦稅輸之州縣命匠戶為軍者仍為軍其軍官
當考第富貧存恤無力者耶律鑄詣北京餉高麗
仍遣宣撫使柴楨等增價糴米三萬石益之賜高麗

國曆辛未禁諸道戌兵及勢家縱畜牧犯桑棗禾稼
者癸酉以軍與人民勞苦公私通負毋徵癸未
賜廣寧王亢都駝鈕金鍍銀印及諸王合必赤行軍
印宋制置使賈似道以書誘擭其□張元等李平護其
書上之丙戌命江漢大都督史權毫州萬戶張弘彥
將兵八千赴燕倫宮懸鍾磬樂舞籥翟羅凡用三百六
十二人高麗遣使奉表來謝優詔荅之李璮質子彥
蘭逃歸二月丁亥朔元籍軍竄名為民者命有司
正之拘諸道逃亡軍引麾下趙益都前宣撫副使王磐
宋盡殺蒙古戌軍

脫身走至濟南驛召磐問計盤對豎子狂妄
即成擒耳帝然之庚寅宋兵攻新蔡辛卯始定中外
官俸命大司農姚樞講定條格甲午李璮入益都發
府庫犒其將校乙未詔諸道以今歲民賦市馬丙申
都辛丑李璮遣驍冠蒲臺癸卯詔發兵討之以趙璧
為平章政事修築宮禁強四城甲辰發諸蒙古
漢軍及萬戶嚴忠範會東平濟南萬戶張弘歸德萬
文幹及萬戶張榮□等會濱棣詔濟南
戶郢浹武衛軍礮手元帥薛軍勝等

路軍民萬戶張宏濱棣路安撫使韓世安各修城塹
盡發管內民為兵以備召張柔及其子弘範率兵二
千詣京師丙午命諸王合必赤總督諸軍以不只愛
不干等事以趙璧行中書省事於山東宋子貞參議行中
書省事以董源高逸民為左右司郎中許便宜從事
真定順天河間平灤大名邢州河南諸路兵皆會濟
南以中書左丞闊闊尚書怯烈門宣撫顯州行宣慰
司於大名洛滋懷孟彰德衛輝河南東西兩路皆隸
焉己酉王文統坐與李璮同謀伏誅仍詔諭中外王
演等以妖言誅辛亥勅元帥阿海分兵戌平灤海口

及東京廣寧懿州以餘兵詣京師詔諸道括逃軍還
屯田嚴其禁壬子李璮擾濟南癸丑詔大名洛磁彰
德衛輝懷孟河南真定邢州順天河間平灤諸路皆
籍兵守城宋兵攻滕州丙辰詔援都抹台將息州成
兵詣濟南移其民於蔡州東平萬戶嚴忠範留兵戍
宿州及斷縣以餘兵自隨三月戊午有旨非中書省
文移及兵民官丁為兵徭其賦不許入逆已未括木速蠻畏
吾兒也里可溫荅失蠻等戶趙炳將之遣鄭鼎贈思丁荅
坊等戶丁為兵徭其賦令辛酉宗技突言
河南有自願從軍者命即令將之

里帶三島行宣慰司事于平陽太原簽見任民官及
捕鷹坊人匠等軍徙弘州錦工繡女于京師勑河東
兩路元括金州兵付鄭鼎將之詔以平章政事碩
廉希憲荅政商南界者四十餘人命釋之勑燕京至濟南
川獲私商幾八所主申命戶部尚書劉肅專職鈔法
置海青驛幾八所主申命止輸田租癸酉命史樞阿术
事于北京免命絲銀止輸田租癸酉命史樞阿术
各將兵赴濟南乙亥宋將夏貴攻符離戊寅萬戶韓世安
退保濟南

軍鎮撫興與千戶張濟民大破李璮兵於高苑復其
權府傳珪賜濟民興金符詔以李璮敗諭諸路禁
民間私藏軍器壬午始以畏吾字書給驛璽書攻斬
京今年絲銀稅甲申免高麗酒課乙酉宋夏貴攻斬
釋其罪庚寅命性烈門安撫張耕分邢州戶隸兩者
縣諭諸路管民官毋令軍馬使臣入州城村居市
榷及良民夏四月丙戌朔大軍樹柵擊登圍濟于濟
南丁亥詔博興與高苑等屬軍民嘗為李璮脅從者並
溧州路軍民總帥蒲元圭為東平路經畧使丙申宋
刺罕辛卯修河中禹廟賜名建極官壬辰以大漊府

華路分潑太尉攻徐邳二州詔分張柔軍千人還戍
亳州庚子江漢大都督史權以趙百戶絜眾逃歸斬
之詔自今部曲犯重罪鞫問得實必先奏聞然後實
諸法詔安輯徐邳民禁征戍軍士及勢官毋縱畜牧
傷其禾稼秉棄以米千石牛三百給西京蒙古戶癸
卯宋兵攻亳州甲辰命行中書省宣慰司諸路達魯
花赤管民官勸誘百姓開墾田土種植桑棗不得擅
興不急之役妨奪農時乙巳以北京廣寧等懿州軍
興勞弊免今歲稅賦命諸路詳讞冤獄詔河東兩路
并平陽太原路遺曹花赤及兵民官撫安軍民各安

生業毋失歲計丁未李璮遣柴牛兒招諭部民盧廣
廣縛以獻殺之以廣威州軍判燕捕盜官戊申賜
諸王也相哥金印庚戌賜諸王合必赤金銀海青符
各二免松州興州望雲州新櫹差賦以望雲松山興
州課程隸開平府壬子勑非軍情毋行望雲驛乙卯
河南路王豁子張無僧杜信等謀爲不軌並伏誅詔
右丞相史天澤專征諸將皆受節度五月戊午斬縣
南璮不復得出詔中蔡環城圍濬
陷權萬戶李義千戶張好古死之庚申築環城圍濬
功仍禁蒙古漢軍剽掠癸亥史權妄奏徐邳總管李

《元史本紀卷五》 五

景哥完復邳州城詔由景哥以下並原其罪時宋將
夏貴攻邳州景哥自陳能保全州
城史權以聞故有是命甲子宋兵攻利津縣瀕棣
今歲田租之半東平鹽十之三自燕至開平立牛驛
給鈔市車牛戊辰以右丞相忽魯不花燕中書立省都
斷事官賜虎符真定以順天邢州蝗以平章政事賽典
赤無領工部及諸路工作以孟烈所獻蹴蹛張弩藏于
中都丙子晉山至望雲立海青驛丁丑李景哥等伏
誅命史天澤選考徐邳總管甲申真定路不眼里海
牙擅殺造僞鈔者三人詔詰其違制之罪西京宣德

咸寧龍門霜天順平陽河南真定兩電東平濱棣旱
詔覈實逃戶輸納絲銀稅租戶口增者賞之隱匿者
罪之逃民苟免差稅重加之罪大司農依前商議
議事帝勉留之命樞辭與左三部尚書劉兪依前商議
中書省事六月乙酉朔宋兵攻滄州雅州盧山民既
降復數命誅其首亂者七人餘令安業割遼河以東
隸開元路戊子濱棣安撫使韓世安諭瀕海軍
丁河口已丑遣塔察兒帥兵擊宋軍仍敗宋兵于濱州
民乙未禁女直侵軼高麗國民其使臣往還官爲護
送命婆婆府屯田軍移駐鴨綠江之西以防海道丙

《元史本紀卷五》 六

申高麗國王王禃遣使來貢壬寅陝西行省言西京
宣德太原匠軍困乏乙以民代之有吉軍籍已定不
宜動撗宜令貟富相資果甚貧者令休息一歲癸卯
太原總管李毅奴哥蓬魯花赤戴曲薛等領李璮僞
檄傳行旁郡事覺誅之勑武寧軍歲輸所產鐵河西
民及諸王忽撒吉誅武寧軍士乏食給鈔賑之壬子申
嚴軍官及兵伍擾民之禁癸丑立小峪蘆子寧武軍
赤泥泉鐵冶四所東平嚴忠濟向爲民貸錢輸賦四
十三萬七千四百定借用課程鈔本鹽課銀萬五千
餘兩詔勿徵秋七月戊午復蒙古軍站戶差賦農民

邢洺等處灤漳滏澧河達泉以溉民田並從之甲午博
路仍賜銀萬兩分給軍士之失業者八月己丑郭守
徇戍寅以燮府行省劉整行中書省於成都潼川兩
湖投水中不即死獲之併蒙古軍囊家伏誅體解以大明
海青符二事有急速馳以上聞立槍杆嶺驛以便轉
路行省楅大淵金符十銀符十九賞麾下將士別給
債勑私市金銀應支錢物止以鈔為准丙寅賜燮州
包銀徵其半停戶止令輸絲民當輸賦之月毋徵私

元史本紀卷五　七

都歡等奏請以宣德州德興府等處銀冶付其匠戶
歲取銀及石綠丹粉輸官從之丙午立諸路醫學教
授戊申勑王鶚集廷臣商榷史事鷄等乞以先朝事
蹟錄付史館河間平灤廣寧西京宣德比京隕霜害
稼九月戊午亳州萬戶張弘略破宋兵于蘄縣復宿
蘄二城以侍衛親軍都指揮使董文炳禦山東路經
畧使收集益都僑軍充武衛軍成南邊詔益都行省
大都督議兵民與董文炳會議兵民籍每十戶惟取
其二充武衛己未罷霸州海青驛安南國陳光昞遣使貢方
本衛己未罷霸州海青驛安南國陳光昞遣使貢方

物壬戌改邢州為順德府立安撫司洛磁盛三州隸
焉聽太原民食小鹽歲輸銀七千五百兩己巳以馬
月合乃餉軍功授禮部尚書賜金符壬申授安南國
王陳光昞及達魯花赤訥剌丁虎符勑濟南官吏凡
軍以其兄阿术代之授虎符將南邊蒙古漢軍閏月
軍民公私通貸權閣毋徵癸酉都元帥閣閣帶卒于
甲申朔沙蕭二州乏食給米鈔賑之丁亥立古比口
勑京師順州至開平置六驛辛卯嚴忠範奏請補東
驛巳巳濟南民饑免其賦稅免諸路軍戶他徭庚寅
平路廟學太常樂工從之勑武衛軍及黑軍會于京

元史本紀卷五　八

師庚子中翼千戶九住破宋兵于庸腦山庚戌發粟
三十萬賑濟南饑民冬十月丙辰放金州所屯軍士
二千人及大明河南新簽防城軍為民庚申分益都
軍民為二董文炳領軍撒吉思治民禁諸王使臣師
旅敢有恃勢擾民者所在執以聞詔以李瓊所掠民
馬還宋互市庶止私商及復通民之陷于宋者且覘
奏與宋互市不允以劉仁傑不附李瓊權益都路惣管
連海二州不允以劉仁傑都行中書省李瓊權益都路惣管
仍以金帛賜之壬戌授益都行中書省所統
州郡宜金符十七銀符十一乙丑詔禁京畿畋獵丙

寅分東西兩川都元帥府爲二以帖的的及劉整等爲
都元帥及左右副都元帥詔責高麗欺慢之罪又詔金
賜高麗王禃曆以戰功賞渠州達魯花赤王璋等金合
五十兩銀一千五百五十兩賞閬蓬等路平陽軍九
州戰功銀五千兩丁卯詔鳳翔府屯田軍隸兵籍仍
屯田鳳翔放刀國器所簽平陽軍九百一十五人爲
午敕鞏昌總帥汪惟正將戍青居軍還屯利州乙
戊辰楊大淵乞於利州大安軍以鹽易軍糧從之庚之
請益兵詔陝西行省及鞏昌總帥汪惟正以兵益之
民間蓬廣安順慶夔府等路都元帥欲察戍青居山

《元史本紀卷五》 九

亥分中書左右部丁丑敕宿州百戶王達等所擒宋
王用夏珍等八人赴京師命百家奴所將質子軍入
侍戍寅命不里剌所統固安平灤質子軍自益都
還故地詔益都府路官吏軍民爲李璮脅從者並赦
其罪敕萬戶嚴忠範修復宿州勸縣萬戶忽都虎懷
都何總管修完邳州城郭十一月乙酉太白犯鈎鈐
丁亥敕聖安寺作佛頂金輪會長春宮設金籙周大
醮辛丑日有背氣重暈三珥敕濟南人民爲李璮裨
校掠取財物者詣都督撒吉思所訟之真定民郝興
饒殺馬忠忠子榮受與銀令興代其軍役中書省以

榮納賜忘讎無人子之道杖之沒其銀事聞詔論如
法有司失出之罪俾中書省議之三义治竈戶經宋
兵焚掠免今年租賦汰少府監工匠存其良者千二
百戶遣官審理陝西重刑敕河西民徙居應州其不
能自贍者百六十戶給牛具及粟麥種仍賜布人二
匹乙巳詔都元帥阿术分兵三千人同阿鮮不花懷
都兵復立宿州勸縣邳州有旨論史天澤朕或乘
怒欲有所誅殺卿等宜遲留一二日覆奏行之丙午
詔特徵人員宜令乘傳戍申陛撫州爲隆興府以昔
剌幹脫爲總管副宣德之懷安天成及威寧高原隸

《元史本紀卷五》 十

馬十二月甲寅封皇子真金爲燕王守中書令丙辰
敕諸王塔察兒等所部獵戶止收包銀其絲稅輸之
有司立河南山東統軍司以塔剌渾火兒赤爲河南
路統軍使盧昇副之東距亳州西至均州諸萬戶隸
馬茶不花爲山東路統軍使武秀副之西自宿州東
至寧海州諸萬戶隸焉罷各路急遞鋪丁巳立十路
宣慰司以真定路達魯花赤趙珪等爲之己未犯罪
應死者五十三人詔重加詳讞辛酉詔給懷州新民
耕牛二百俾種水田立諸路轉運司以燕京路監榷
官曹澤等爲之使癸亥享太廟詔各路摠管兼萬戶

者止理民事軍政勿預其州縣官焦千戶百戶者仍
其舊乙丑復立息州城以安其民召真定順德等路
宣慰使王盤乘傳赴京師丙寅申嚴屠殺牛馬之禁
已巳詔諸路管民摠管子弟有分管州府司縣及鷹
坊人匠諸色事務者罷之壬申遣使收輯諸路軍民
官青牌及驛券戊寅詔諸路管民官理民事管軍
官掌兵戎各有所司不相統攝作佛事於昊天寺七
晝夜賜銀萬五千兩割北京興州隸開平府建行宮
于興隆路陞太原臨泉縣爲臨州降寧陵爲下縣仍
隸歸德賜諸王金銀幣帛如歲例是歲天下戶一百

元史本紀卷五 十一

四十七萬六千一百四十六斷死罪六十六人
四年春正月乙酉禁蒙古軍馬擾民宋賈似道遣楊琳
齎空名告身及蠟書金幣誘大獲山楊大淵南歸大
淵部將靳琳詔誅之以宋忽兒滅里及沙只只回回鷹坊
等兵戍商州藍田諸臨軍民官各從統軍司及宣慰
司選舉岳天輔乞復立息州不允丙戌以姚樞爲中
書左丞改諸路監榷課稅所爲轉運司甲午給公主
拜忽符印其所屬設達魯花赤給鈔販益都
之無牛者立十路奧魯總管丁酉益都路行省大都
督撒吉思上李璮所傷漣水軍民及陷宋蒙古女直

探馬赤軍數男女九七千九百二十二人笑卯領部
阿合馬請興河南等處鐵冶及設東平等路巡禁私
鹽軍從之召商挺趙以弼赴關乙巳敕李平陽以所
部西川出征軍戍青居山其各翼軍在青居山者
悉還成都詔陝西行省塔剌海恤離散軍戶詔
以諸路漢軍統軍司奧魯母隸各萬戶領其科徵差稅山
東河南隸統軍司東西兩川隸征東元帥府陝西隸
行戶部凡奧魯官內有各萬戶弟男及私人皆罷之
敕摠帥汪忠臣都元帥的的及劉整等益兵付都元
帥欽察戍青居山仍以解州鹽課給軍糧丙午詔諸

元史本紀卷五 十二

翼萬戶藺精兵四千充武衛軍罷古比口新置驛增
萬戶府監戰一員條議一員以馬合麻所俘濟南老
僧口之民文面爲奴者付元籍爲民汪忠臣史權城
繁宋謀者六人至京師有旨釋之辛亥申禁民家兵
器及豪古軍擾民者陵州達魯花赤蒙哥戰死濟南
以其子忙兀帶襲職名雲頂山侍郎張威赴闕二月
壬子朔命河東宣慰司市馬百二十九四賜諸王八
刺軍士之無馬者甲寅詔諸路官貸子弟入質以高
麗不叅詔書詰其使者以民杜了省先朝舊功復其
家庚申賞萬戶怯來所部將士討李璮有功者銀二

千七百五十兩甲子車駕開平以王德素充國信
使劉公諒副之使于宋致書宋主詰其稽留郝經之
故詔諸路置局造軍器私造者處死民間所有不輸
官者與私造同三月戊子沂州胡郡使范同知陷于
宋命存恤其家或言其嘗為宋兵鄉導乃分其妻孥
資產賜有功將士辛卯敕撒吉思招集益都逃民命
董文炳以所覆宋謀及俘八十一人赴隆興府聽諸
路獵戶及捕盜巡鹽者執弓矢壬辰遣扎馬剌丁和
糶東京己亥諸路包銀以鈔輸入凡當差戶包銀諸
產絲之地亦聽以鈔輸入本色非每

十戶輸絲十四斤漏籍老幼鈔三兩絲一斤庚子亦
黑迭兒丁請修瓊華島不從壬寅關東蒙古漢軍官
未經訓敕者令各乘傳赴開平癸卯初建太廟乙巳
賜送怯那延等銀七千九十兩命比京元帥阿海銭
漢軍二千人赴開平己酉高麗國王王禃遣其臣朱
英亮入貢上表謝恩復立宿州夏四月庚戌朔以漏
籍戶一萬一千八百附籍戶四千三百杧各慶起冶
歲課鐵四百八十萬七千斤癸丑選益都兵千人充
武衛軍甲寅償河西阿沙賑贍所部貧民銀三千七
百兩己未以完顏端田宅賜益都千戶傅國忠國忠

父天祐為端所殺故命以其田宅賜之宣德至開平
置驛罷開元路宣慰司丙寅西京武州隕霜殺稼戊
寅色寶黔許乘馹赴開平諸王阿只吉所部貧民
遠徙者賜以馬牛車幣以東平為軍行蹂踐賑給之
改滄清深鹽提領所為轉運司王鶚請延訪太祖事
蹟付史館五月癸未詔立燕京平準庫以
車牛之費並從官給乙酉初立樞密院以皇子燕王
守中書令兼判樞密院事戊子陞開平府為上都其
達魯花赤兀良吉為上都路達魯花赤總管董銓為
上都路總管燕開平府尹辛卯詔立燕京平準庫以

均平物價通利鈔法乙未敕商州民就戊本州毋禁
弓矢丙申立上都馬步驛丁酉以元帥楊大淵張大
悅復神山有功降詔獎諭戊戌以禮部尚書馬月合
乃蕭領潁州光化互市及領巳括戶三千興煽鐵冶
歲輸鐵一百三萬七千斤就鑄農器二十萬事易粟
四萬石輸官河南路總管河南隨處城邑市鐵之家令仍舊鼓鑄
庚子河南路總管劉克興籍制括戶罷其職籍家資
之半陞上都路望雲縣為雲州松山縣為松州賞前
討渾都海戰功撒里都闊闊出等鈔二千一百七十
四錠幣帛一千四百二十四六月壬子河間益都燕

京真定東平諸路蝗乙夘以管民官無統懷孟等軍
俺撒戰殁汴梁命其子忙兀帶爲萬戶佩金符戊午癸
賜線真田戶六百已未賜高麗國王王禃羊五百
酉賜拜忽公主所部鈔千錠立上都惠民藥局建帝
堯廟於平陽仍賜田十五頃以線真爲中書右丞相
塔察兒爲中書左丞秋七月癸未詔諸投下毋擅入
南比口繼畜救損賤衆稼給公主拜忽爲中書右丞相
勾攝燕京路州縣官吏乙酉禁野狐嶺行營民毋入
刺合納銀千兩乙未以故東平權萬戶呂義死王事
賜謚貞郡戊戌詔弛河南沿邊軍器之禁陸燕京屬

縣安次爲東安州固安爲固安州河南統軍司言屯
田民爲保甲丁壯射生軍凡三千四百人分戍沿邊
州郡乞蠲他徭從之庚子詔賜諸王爪都牛馬價銀
六萬三千一百兩壬寅詔禁蒙古漢軍諸人煎販私
成都經畧司隸西川行院禁益都路探馬赤擾民以
鹽詔山東經畧司徙膠萊苔家之民及竄戶居內地
中書省臣以妨農鹽鹵爲言遂令統軍司完復邊戍
民竄戶毋徙詔阿术戒蒙古軍不得以民田爲牧地
燕京河間開平隆興四路屬縣兩電害稼八月戊申
朔詔霍木海總管諸路驛佩金符辛亥置元帥府于

大理詔東平大名河南宣慰司市馬千五百五十匹
給阿术等軍陸宣德州爲宣德府隸上都以淄萊登
三州爲總管府治淄州命昔撒昔總制鬼國大理兩
路兵部郎中劉秀前使至吐蕃遇害命恤其家
王子命中書省給北京西京轉運司車牛價鈔彰德
六冀州蒙古百戶阿昔等犯鹽禁沒入馬百二十餘
路及洺磁二州旱免彰德今歲田租之半洺磁十之
潼川給鈔付劉整市牛屯田分劉元禮等軍戍潼川
匹以給軍士之無馬者甲寅命成都路運米萬石餉
命按敦將之丙辰詔以成都路綿州隸潼川戊午以

阿脫商挺行樞密院於成都凡成都順慶潼川都元
帥府並聽鄖制庚申以史天倪前爲武倅所殺以武
倅第賜其子揖癸亥敕京兆路給賜劉整第一區田
二十頃以夢八刺所部貧乏賜銀七千五百兩給之
甲子以西京經兵居民困韓給鈔賑之仍免租賦三
年敕諸臣傳旨有疑者須覆奏丙寅以諸王只必帖
木兒部民困乏賜銀二萬兩給之壬申復置急遞鋪
濱棣二州蝗真定路旱詔西涼流民復業者復其家
三年車駕至自上都九月壬午河南大名兩道宣慰
司所穫宋諜王立張達刁俊等十八人遇敕釋免給

衣服遣遷乙酉立漕運河渠司己丑賜諸王阿只吉
所部種食牛具庚寅諭高麗上京等處毋重科斂民
招諭濟南濱棣流民遣使徵諸路賦稅錢帛民間所
賣布帛有踈薄狹短者禁之冬十月戊午初置隆興
路驛十一月甲申詔以歲不登量減今歲田租丙戌立諸
行飼東平大名等路旱蠲其民張文謙行事高麗國王王禃
廟以合丹塔察兒王盤張立御衣尚食二局十
以免置驛籍民等事遣其臣韓就奉表來謝賜中統
五年暦井蜀錦一仍命禃入朝正青居等軍刁國器
二月丁未朔以鳳翔屯軍汪惟

正平陽軍令益都元帥欽察統之戍虎嘯寨甲戌敕駙
馬愛不花蒲魯戶依民例輸賦也里可溫昝失蠻僧
道種田入租貿易輸稅丙子賜諸王金銀幣帛如歲
例是歲天下戶一百五十七萬九千一百一十賦詞
七十萬六千四百一斤鈔四萬九千四百八十七錠絲
至元元年春正月丁丑朔高麗國王王禃遣使奉表
束賀壬午敕諸路宣慰司非奉旨無輒入觀以千戶
張好古歿王事命其弟好禮並襲職為千戶癸
斷死罪七人
已以益都武衛軍千人屯田燕京官給牛具以鄧州

保甲軍二千二百二十九戶隸統軍司戊戌楊大淵
進花羅紅邊絹各百五十段優詔諭之己亥立諸
平準庫癸卯命諸王位下工匠已籍為民者並徵差
賦儒釋道也里可溫等戶舊管今亦徵差
之其蒙古漢軍站戶所輸租稅半西北諸王率部民
來歸敕冷水河西京命千戶宣慰司隆興總管府和糴以備糧
飼嚴持軍器販馬越境私商之禁二月辛亥賀福等
人告平陽太原漏籍戶詔賞以官廷臣以非材對給

鈔與之敕選儒士編修國史譯寫經書起館舍傳
以贍之士子修瑩花島發北京都元帥阿海所領軍
疏雙樹塔漕渠甲寅以故亳州千戶邸閭陷于宋命其
子榮祖襲職丙辰罷陝西行戶部丁卯太陰犯南斗癸
酉車駕幸上都詔諸路總管史權等二十三人赴上
都大朝會弛邊城軍器之禁三月庚辰設周天爵于
長春宮已亥命尚書省宋子貞陳時事子貞條具以聞
詔獎諭命中書省議行之辛丑詔四川行院命阿脫
專掌軍政其刑名錢穀商挺任之立漕運司以王光
益為使夏四月戊申以彰德洺磁路引漳澄洹水灌
田致御河淺澁鹽運不通塞分洳以復水勢辛亥太陰

犯軒轅御女星壬子東平太原平陽旱分遣西僧祈
兩巳卯詔高麗國王王禃來朝上都修世見之禮辛
酉以四川茶鹽商酒竹課充軍糧楊大淵以部將王
仲得宋將詧萬壽殺之詔以其事未經鞫問或墮
家御宛官南家帶請修駐蹕涼樓并廣救地詔凉樓
宋人行間之計宣輟刑教詰責大淵仍存恤仲
侯農陳牧地分給農之無田者丁卯追治李璮逆黨
萬戶張邦直兄弟及姜郁李在等二十七人罪戊辰
給新附戶戍軍糧倘高麗國王王禃遣其臣金祿來貢
五月乙亥詔遣唆脫顏郭守敬行視西夏河渠俾具

元史本紀卷五　十九

圖來上庚辰敕鈞州守將分軍守劍門置驛於人頭
山丙戌太陰犯房丁亥釋宋私商五十七人給糧遣歸
其國己丑以平陰縣尹馬欽發私粟六百餘石獎諭特賜西錦一端以旌
又給民粟種四百餘石
其義乙未初置四川急迹鋪丙申賜諸王欽察銀萬
兩濟其所部貧乏者己亥太陰犯昴以中書右丞粘合
南合為平章政事印都所殺救其子伯佗襲職賜金符六月
亞為隣國延都所殺救其子伯佗襲職賜金符六月
乙巳色王鶚樞赴上都宋制置夏貴率兵欲攻虎
蕭山教以萬戶石抹觔札剌一軍益欽察戍之戊申

高麗國王王禃來朝秋七月甲戌彗星出輿鬼昏見
西北貫上台拂紫微文昌及北斗旦見東北凡四十
餘日以阿合馬言盜監解州鹽課均新鳳州為徽州
等戶其太原小鹽聽從民便笑未改新鳳州行安撫司事丁亥諸王
以西番十八族部立安西州行安撫司事丁亥諸王
箋吉所部管帳軍民被火發粟賑之庚寅給諸王也
速不花印壬辰特詔諭鞏昌路總帥汪惟正勞勉之
賜元寶交鈔三萬貫仍戊青居門禹廟賜諸王龍荅失印
仍以先朝祀諸王龍荅失印
脫因代祀己亥定用御寶制凡宣命一品二品用王

元史本紀卷五　二十

三品至五品用金其文曰皇帝行寶著即位時所鑄
惟用之詔誥別鑄宣命金寶行之庚子阿里不哥自
昔木土之敗不復能軍至是與諸王玉龍荅失阿速
帶昔里給其所謀臣不魯花忽察禿滿阿里察不
思等來歸詔諸王皆太祖之裔並釋不問其謀臣不
魯花等皆伏誅八月壬寅朔陝西行省臣上言川蜀
戍兵軍需請令奧魯官徵入官庫移文於近戍官司
依數取之宋新附民宜撥地土衣糧給其牛種仍官
遣將分屯人口商州河西鳳翔屯田軍遷戍興元
商州河西鳳翔屯田軍遷戍興元四川各翼軍有地

諸王使臣驛傳稅賦差發不許擅招民戶不得以銀

頒陝西四川西夏中興北京三處行中書省條格定立

用官物勿以官物進獻勿借易官錢勿擅科徭勸

農桑驗雨澤平物價具盜賊囚徒起數月申省部又

軍馬不得傅泊村坊詞訟不得隔越官錢勿擅科又

祿頒公田計月日以考殿最均賦役招流移禁勿擅

新立條格省併州縣定官吏員數分品從官職給俸

以中書左丞相耶律鑄然知政事張惠等行省事詔

銀二十五萬兩給沿邊歲用乙巳立諸路行中書省

者徵其稅給無田者糧皆從之甲辰詔秦蜀行省發

與非投下人為幹脫禁口傳敕旨及追呼省臣官屬

詔蒙古戶種田有馬牛羊之家其糧住支無田者仍

給之更戌命燕王署勅諸王設僚屬及說書官諸站

戶限田四頃免稅供驛馬及祇應命各路總管府燕

領其事癸丑命僧子聰同議樞密院事詔子聰復其

姓劉氏易名秉忠拜太保然領中書省事乙卯詔改

燕京為中都其大興府仍舊增都省參佐掾史月俸

丙辰劉秉忠王鶚張文謙商挺言燕王餼署相銜宜

於省中別置幕位每月一再至判署朝政其說書官

皇子忽安以李槃為之南木合以高道為之丁巳以

咨爾臣民體予至意戊午給益都武衛軍千人冬衣

否性泰來迓續亨嘉之會鼎新華故正資輔弼之良

典刑訖可大赦天下改中統五年為至元元年於戲

阿里察脫火思輩構禍我家照依太祖皇帝忽撒

宜布察罕新之令溥施在宥之仁欜不魯花忽察禿滿

星辰示儆兩澤愆常皆關政我家

同氣會於上都雖此日之小康敢曰比

一日于今五年賴天地之界祖宗之垂裕凡我

實惠朕以菲德獲承慶基內難未戢外兵未戢夫豈

改元大赦天下詔曰應天者惟以至誠拯民者莫如

已未鳳翔府龍泉寺僧超過等謀亂遇敕沒其財羈

管京兆僧司同謀蘇德責令從軍自効發萬戶石抹

幻札剌所部千人赴商州屯田亳州軍六百八人及

河南府軍六十人助欽察戍青居敕山東經署副使

武秀選益都新軍千人克武衛軍赴中都城鄭以沂

州監戰塔思萬戶孟義所部共戍之太原路總管攸

忙兀帶坐藏甲醫戶罷職為民九月壬申朔立翰林

國史院以改元詔諭高麗國并敕其境內辛巳車駕

至自上都庚寅敕都毛璋謀逆二子及其黨崔成並

伏誅籍其家貲賜行省撒吉思冬十月壬寅朔高麗

國王禎來朝乙巳禁上都畿內捕獵庚戌有事于
太廟壬子恩州歷亭縣進嘉禾一莖五穗戊辰改武
衛軍為侍衛親軍十一月丙子詔宋人歸順及北人
陷沒來歸者皆月給糧食辛巳征骨嵬先是吉里迷
內附言其國東有骨嵬亦里于兩部歲來侵疆故往
征之乙丑以至元二年曆日賜高麗國王王禎禁登
州和州等處并女直人入高麗界剽掠辛卯名衛州
太一五代度師李君素赴闕壬辰罷領中書省左右
部兼諸路都轉運使
知太府監事阿合馬為平章政事領中書省左右
併入中書省以領中書省左右部兼諸路都轉運使

無諸路都轉運使阿里為中書右丞丁酉太原路臨
州進嘉禾二莖以元帥按敦劉整劉元禮欽察等將
士養功賞賚有差十二月乙巳罷各投下達魯花赤
定中外百官儀從丁未敕遣宋諜者四人還其國戊
午賞技都軍人銀五十萬兩甲子大陰犯房乙丑以王
鑑昔使大理沒扜王事其子天赦不能自存優恤之
丁卯敕鄧州沿邊增立荣黃常平建陵李陽四堡戊
辰命選善水者一人沿黃河計水程達東勝奧魯可通漕
運馳驛以聞庚午詔罷樞密院斷事官及各路奧魯
官令總管府無總押所始罷諸侯世守立遷轉注是

歲真定順天洺磁德大名東平曹濮州泰安高唐
濟州博州德州濟南濱棣淄萊河間大水賜諸王金
銀幣帛如歲例戶一百五十八萬八千一百九十五
斷死罪七十三人

本紀卷第五

翰林學士承旨臣○○　制譔修國史臣宋濂　翰林待制○制兼直郎同知制誥兼國史院編修官臣王禕等奉

敕撰

世祖三

二年春正月辛未朔日有食之癸酉山東廉訪使言
真定路總管張宏前在濟南乗變盗用官物邸州萬
戶張邦直等違制販馬並慶死敕徒鎮海百里八謙
嘗告李璮反免宏死罪罷其職徵贓物償官詔以宏
戶計邦直等賜宏為行費又徒
議州諸色匠人於中都給銀萬五千兩為行費又徒
奴懷忿木児礙手人匠八百名赴中都造船運粮

《元史本紀卷第六》　一

己卯北京路行省給札剌赤戶東徒行糧萬石以鄧
州監戰訥懷新舊軍萬戶董文炳並為河南副統軍
甲申詔申嚴越界販馬之禁違者慶死乙酉以河南
北荒田分給蒙古軍耕種戊子諸王塔察児使臣闌
關出至北京花道驛手殺驛吏郝用郭和尚有旨徵
釤十定給其主贖死庚寅城西番匣笞路癸已八東
乞児部牙城來朝貢銀鼠皮二千賜金素幣各九帛
十有八武城縣王氏妻崔一產三男丁酉給親王王
龍荅失部民糧二千石高麗國王王祧遣其弟公珣
奉表來貢二月辛丑朔元帥府按東與宋兵戰于釣魚

山敗之獲戰艦百四十六艘甲辰初立宮閣局戊申
賜親王兀魯帶河間王印給所部米千石丁巳車駕
辛上都癸亥并六部為四以麥朮丁為吏禮部尚書
馬亨戶部尚書嚴忠範兵刑部尚書別魯丁工部尚書
書禁山東東路私煎硝礦甲子以蒙古人充定宗以
魯花赤漢人充總管回回人充同知永為定制以同
知東平路宣慰使賽合丁為平章政事山東廉訪使
王晉為叅知政事廉希憲商挺罷詔併諸王只必帖
木児所設管民官屬詔諭總統所僧人通五大部經
者為中選以有德業者為州郡僧錄判正副都綱等

《元史本紀卷第六》　二

官仍於各路設三學講三禪會三月癸酉骨嵬國人
襲殺吉里迷部兵敕以官粟及弓甲給之丁亥敕邊
軍習水戰屯田誅宋諜李富任乙未罷南北互市括
民間南貨官給其直遼東饑發粟萬石鈔百定賑之
夏四月戊午賜諸王子禁北京平樂等處人捕獵庚
行金幣一五月壬午賞萬戶晃里荅児所部征吐蕃
功銀四百五十兩戊申令軍中犯法不得擅自誅戮
寅令上都商稅酒醋諸課毋徵其權鹽仍舊諸人自
敕居永業者復其家詔西川山東南京等路戍邊軍
徒居永業者復其家詔西川山東南京等路戍邊軍

屯田閏五月癸卯升儒縣為景州辛亥檢覈諸王元
魯帶部民貧無孳畜者三萬七百二十四人人月給
米二斗五升四閏月而止丙辰雅州硐門宣撫使請
復硐門城邑詔相度之癸亥移秦蜀行省於興元丙
寅命四川行院分兵屯田丁卯分四親王南京屬州
鄭州隷合丹鈞州隷明里睢州隷孛羅赤蔡州隷海
都他屬縣復還朝廷以平章政事趙璧行省于南京
河南府大名順德洺磁彰德益都淄萊等路廉
希憲行省事于東平濟南益都淄萊等路平陽太原
姚樞行省事于西京平陽太原等路詔諸路府若

自古名郡戶數繁庶且當衝要者不須改併其戶不
滿千者可併則併之各投下者併入所隷州城其散
府州郡戶少者不須更設錄事司及司候司附郭縣
止令州府官兼領諸路安撫向良言頃以全城內附元
六月戊申朔新得州安撫未占籍戶任差職者以聞
領軍民流散南界者多欲歸順並乞招徠從之又敕
良以所領新降軍民移成通江縣行新得州事辛未
賜阿术所部馬價鈔一千二十三錠有奇丙子太陰犯
心大星戊寅命秃剌戍之己卯以沂州萬戶重喜立十
字路復正陽命秃剌戍之己卯以淇州隷懷孟路高

麗國王王禃遣其臣榮佺伯奉表來賀聖誕節千戶
閻閭出部民乏食賜鈔賑之王晉罷樞密院臣言各
路出征逃亡漢軍及貧難未起戶并投下隱匿事故
者宜一槩發遣應役從之敕行院及諸軍將校卒伍
須正身應役違者罪之癸亥安南國王陳光昺遣使來
貢方物甲子詔賜光昺至元三年曆八月丙子濟南路
減價糶官粟以賑癸亥秋七月辛酉曆
鄒平縣進芝草一本戊寅高麗國王王禃遣使來貢
方物己卯諸宰職皆罷以安童為中書右丞相
為中書左丞相戊子召許衡於懷孟揚誠於益都車

駕至自上都九月戊戌以將有事太廟取大樂工於
東平預習儀禮敕江淮沿邊樹柵宿邳三州助役
徒庚子皇孫鐵穆耳生丁巳賞諸王只帖木兒麾
下河西戰功銀二百五十兩冬十月己卯享于太廟
癸未敕順天張柔東平嚴忠濟河間馬總管濟南張
林太原石抹總管等戶改隷民籍統軍拟不花萬戶
懷都庵下軍士所俘宋人九十三口官贖為民其私
越禁界掠獲者四十五人許令親屬完聚並種田內
地戊子詔隨路私商魯入南界者首實免罪充軍十
一月丙申召李昶於東平辛丑賜諸王只必帖木兒

銀二萬五千兩鈔千錠癸丑賞楊文安戰功金五十
兩所部軍銀六百兩及幣帛有差甲子詔事故貧難
軍不堪應役者以兩戶或三戶合併正軍一名其丁
單力備者許顧人應役十二月已巳省併州縣凡二
百二十餘所所掌事干宋子貞言朝之政不宜數行
改又刑部所掌事干人命尚書省別立宣慰司
於刑名者為之又請罷北京行中書省嚴忠範年少宜選老
以控制東北州郡並從之禁朝省告許以息爭訟辛
未以諸王也速不花所部戌西蕃軍屬有戰功賞銀
三百兩癸酉召張德輝於真定徒單公履於衛州丁

丑詔諭高麗賜至元三年曆日癸未賜劉秉忠金五
十兩甲申賜伯顏宋子貞楊誠銀千兩鈔六十錠丁
亥敕選諸翼軍富強才勇者萬人充侍衛親軍已丑
瀆山大王海成敕置廣寒殿是歲戶一百五十九萬
七千六百一絲九十八萬六千二百八十八斤包銀
鈔五萬七千六百八十二錠賜諸王金銀幣帛如歲
例彰德大名南京河南府濟南淄萊太原弘州電西
京北京益都真定東平順德河間徐宿邠蝗旱太原
霜災斷死罪四十二人
三年春正月乙未高麗國王王禃遣使來賀丙午遣

雜端趙璧持詔撫諭四川將吏軍民壬子立制國用
使司以阿合馬為使癸丑選女直軍二千為侍衛軍
四川行樞密院謀取嘉定請益兵命雜端趙璧摘諸
翼蒙古漢軍六千人付之二月丙寅廉希憲宋子貞
為平章政事張文謙復為中書右丞張易同知制國用使
副使癸酉立潘州以處高麗降民壬午平陽路僧官
司事參知政事張惠為制國用副使癸未車駕幸上
以妖言惑眾伏誅以中書右丞張易同知制國用使
都甲申罷西夏行省立宣慰司初制太常禮樂工冠
服立東京廣寧懿州開元怹品合懶婆娑等路宣撫

司乙酉彌中都今年包銀四分之一詔理斷阿术部
下所俘人口畜牧及其草地為民侵種者以制國用
使司條畫諭中外官吏三月辛巳分衛輝路為親王
玉龍荅失分地戌戌賑水達達民戶饑已未王晉及
侍中和哲斯濟南益都轉運使王明以隱匿鹽課皆
伏誅夏四月丁卯五山珍御榻成置瓊華島廣寒殿
亳州水軍千戶胡進等領騎兵渡淝水逾荊山與宋
兵戰殺獲甚眾賞鈔幣有差庚午敕僧道祈福於中
都寺觀詔以僧楊為總統居慶壽寺已卯申嚴瀕海
私鹽之禁敕官燭毋彩繪五月乙未遣使諸路應四

庚子敕太醫院領諸路醫戶惠民藥局辛丑以黃金
飾渾天儀丙午浚西夏中興漢延唐來等渠屯良田
為僧所攝者聽蒙古人分墾丙辰罷益都行省蠲平
灤北平王以印給之辛未六月丁卯封皇子南木合
屯田官給牛具壬申賜其妻劉整銀二百五十兩以
千戶扎剌觥沒于王事賜整錢內地五十頃癸酉以
立漕運都運司戊寅以陜西行省平章童賽典赤等
賜銀五千兩命山東統軍副使王仲仁督造戰船
治漕運司戊寅命山東統軍副使王仲仁督造戰船
于汴申嚴陜西河南竹禁立栲栳司秋七月丙申罷

息州安撫司壬寅詔上都路總管府遇車駕巡幸行
留守司軍車駕還即復舊丙午遣使祠五嶽四瀆甲
寅添內外巡兵外路每百戶選中產者一人充之其
賦令餘戶代輸在都衛軍四百已未以埇代堅
臺四州隸忻州詔令西夏避亂之民還本籍成都新
民為豪家所庇者皆歸之州縣詔招集逃亡軍限百
日詣所屬陳首原其罪貧者併戶應役八月癸亥賜
丞相伯顏第一區丁卯以兵部侍郎黑的禮部侍郎
殷弘使日本齎書曰皇帝奉書日本國王朕惟自古
小國之君境土相接尚務講信修睦況我祖宗受天

明命奄有區夏遐方異域畏威懷德者不可悉數朕
即位之初以高麗無辜之民久瘁鋒鏑即令罷兵還
其疆場反其旄倪高麗君臣感戴來朝義雖君臣而
歡若父子計王之君臣亦已知之高麗朕之東藩也
日本密邇高麗開國以來時通中國至於朕躬而無
一乘之使以通和好尚恐王國知之未審故特遣使
持書布告朕心冀自今以往通問結好以相親睦且
聖人以四海為家不相通好豈一家之理哉以至用
兵夫孰所好王其圖之又詔高麗導去使至其國戊
子高麗國王王植遣其大將軍朴琪來賀聖誕節阿

術畧地斬黃侔獲以萬計九月戊午車駕至自上都
冬十月庚申朔降德興府為奉聖州癸亥高麗使還
以王植病詔和藥賜之丁丑徙平陽經籍所于京師
更敕牒舊詔和賜太廟成丞相安童伯顏言祖宗尊
諡廟號增祀四世各廟神主配享功臣法服祭器等
事皆宜定議命平章政事趙璧等集群臣議定為八
室申禁京畿畋獵壬午命制國用使司造神臂弓千
張矢六萬十一月辛卯初給京府州縣司官吏俸及
職田戊戌頒御河立漕倉丁未嚴殺牛馬之禁宋
子貞致仕辛亥以忽都魯兒為中書左丞相詔禁天

文圖讖等書丙辰千戶散竹帶以耆酒失所守大良
平罪當死錄其前功免死令往東川軍前自效詔建
都使復歸朝又詔嘉定等府瀘江一帶城堡早降又
詔四川行樞密院遣人告諭江漢庸蜀等致順具官
吏姓名對階換授有功者遷有才者用民無生理者
以衣糧贍之顧遷內地者給以田瀘母令失所十二
月庚申給諸王合必赤行軍印辛酉詔改四川行樞
密院爲行中書省以賽典赤也速帶檻宋總轄官授
同知開州事佩金符減輝州竹課先是官取十之六
至是減其二丁亥詔安庸公張柔行工部尚書叚天
祐等同行工部事修築宮城幷太府監入宣徽院仍
以宣徽使專領監事詔賜高麗以至元四年曆日仍
慰諭之建大安閣千上都鑒金口導瀘水以漕西
山木石敕諸越界私商及課人與偽造鈔者送京師
審𪗆是歲天下戶一百六十萬九千九百三東平濟
南益都平灤其定洺順天中都河間北京蝗京兆
鳳翔旱斷死罪九十六人賜諸王金銀幣帛如歲例
四年春正月甲午陝西行省以開州新得復失請益
兵敕平陽延安等處簽民兵三千人山東河南懷孟

瀘川調兵七千人益之丁酉申嚴平陽等處私鹽之
禁壬寅立茶速禿水十四驛癸卯勒修曲阜宣聖廟
乙巳百濟遣其臣梁浩來朝賜以錦繡有差禁僧官
侵理民訟辛亥封安庸公張柔爲蔡國公以趙璧爲
樞密副使立諸路洞冶都總管府癸丑敕封昔木土
山爲武定山其神曰武定公泉爲靈淵其神曰靈淵
者二人六丁七丁者三人乙卯高麗國王王禃遣使
俠僉蒙古軍戶二丁三丁者出一人爲軍四丁五丁
來朝詔撫慰之戊午立提點宮城所析上都隆興府
自爲一路行總管府事立開元等路轉運司城大都
二月庚申粘合南復平章事阿里復爲中書右丞
丁卯改經籍所爲弘文院以馬天昭知院事丁亥括
西夏民田徵其租車駕幸上都詔陝西行省招諭宋
大良等處官吏軍民有能率衆來降者優加賞擢三
月己丑復以耶律鑄爲中書左丞相辛卯自潼關至
樂堂立河渡官吏隸業其中己亥賜皇子燕王忙哥
斬縣立河渡官八員以察姦偽乙未敕中都路建習
沒罕忽哥赤銀三萬兩辛丑夏津縣大雨雹士寅安
童言比者省官貟數平章左丞各一貟今丞相五人

素無此例臣等議擬設二丞相臣等蒙古人三員惟
陛下所命詔以安童為長史天澤次之其餘蒙古漢
人參用勿令員數過多又詔宜用老成人如姚樞等
一二員同議省事丁巳耶律鑄制官縣樂成詔賜名
大成夏四月甲子新築官城辛未遣使祀岳瀆五月
丁亥朔日有食之救上都重建孔子廟乙未應州大
水丙申威州山後大畨弄麻等十一族來附賜以璽
書金銀符已酉以捕獵戶達魯花赤為造銀符虛死
壬子救諸路官吏俸令包銀民戶每四兩增納一兩
以給之兩辰祈東平之博州五城別為一路六月壬

《元史本紀卷六》 十一

戌以中都順天東平等處蝗災免民戶絲料輕重有
差乙丑復以史天澤為中書左丞相忽都荅兒耶律
鑄並降平章政事伯顏降中書右丞廉希憲降中書
左丞阿里張文謙並降知政事乙酉賜諸王王龍
荅失銀五千兩常三百歲以為常罷宣微院黑的殷
弘以高麗使者宋君斐金贊不能導達至日本來奏
降詔責高麗王王禃仍令其遣官至彼宣布以必得
要領為期秋七月丙戌朔救自中興路至西京之東
勝立水驛十戌罷息州安撫岳林以其民隸南京
路罷懷孟路安撫李宗傑以其民隸本路發鞏昌鳳

翔京兆等處未占籍戶一千修治四川山路播梁棧
道大名路達魯花赤愛魯總管張弘範等盜用官錢
罷之壬寅申嚴京畿織軍八月庚申
貧民從人借貸困不能償者官為償之仍給牛具種
實及粮食簽東京軍千八百人充侍衛軍丙寅
填星犯天壘辛酉申嚴平灤路私造酒醋之禁丙寅
軒轅大星命怡建都高麗國王王禃遣其秘書
監部汝弼來賀聖誕即阿朮畧地至襄陽傅生口五
子忽哥赤為雲南王賜駞鈕金鍍銀印壬午太白犯
後立宣微院以前中書右丞相線真為使丁丑封皇

《元史本紀卷六》 十二

萬馬牛五千宋人遣赍騎來拒阿朮率騎兵敗之九
月壬辰作玉殿千廣寒殿中乙未總帥汪良臣靖立
寨於母章德山控扼江南以當鈞魚之衝從之戊申
南王忽哥赤鎮大理都闍蒜府尉霸源侍郎蕪司
雲南王傳徙楨尚書蕪哥赤禿哥兒金齒遣
詔荅之立大理等處行六部以闍闍帶為尚書蕪雲
以許衡為國子祭酒安南國王陳光昺遣使來貢優
荅慶詔撫諭吏民又詔諭安南國俾其君長來朝子
孛入質編民出軍役納賦稅置達魯花赤統治之癸
丑申嚴西夏中興等路僧尼道士商稅酒醋之禁車

23-76

駕至自上都王鶚請立選舉法有旨令議舉行有司
難之事遂寢冬十月辛酉制國用司言別怯赤山石
緘織為布火不能然詔采之壬戌賜駙馬不花銀印
魚通嵩州等處達魯花赤李福招諭吾等諸族酋長
以其民入附以阿奴版的哥等為曙吾等處總管並
授璽書及金銀符鐵旗城後番官官折疊書
戌犯軒轅大星辛未太原進嘉禾二本異畝同穎甲
星犯新附民陳忠等鈔丁丑制國用使司請量斟經
郎持先受憲宗璽書金符乞改授新命從之甲子歲甲
用從之庚辰定品官子孫廕叙格十一月乙酉于

太廟戊戌立新蔡縣以忽察李家奴統所部兵戌之
甲辰立雙府路總帥府戌開州乙巳填星犯天罇距
星申嚴京畿盤攷獵之禁南京宣慰劉整赴闕奏攻宋
方畧宜先從事襄陽十二月甲戌賞河南路統軍使
訥懷所部將士戰功銀九千六百五十兩鈔幣鞍勒
有差兩子賑親王移相哥所部饑民丁丑給遼東新
簽軍布六萬匹己卯立遼東路水驛七賞元帥阿术
部下有功將士二千二百二十五人銀五萬五千三百兩
金五十兩及錦綵鞍勒有差庚辰簽女直水達達軍
三千人立諸位幹脫總管府省平陽路岳陽和州二

縣入冀氏復置霸州益津縣省安西路櫟陽縣入臨
潼是歲天下戶口一百六十四千三十山東河
南北諸路蝗順天東鹿縣旱免其租斷死罪一百十
四人賜諸王金銀幣帛如歲例
五年春正月甲午太陰犯井庚子上都建城隍廟辛丑
敕陝西五路四川行省造戰艦五百艘付劉整飾高麗
國王王禃遣其弟溫來朝詔以禃飾辭見欺面數其
事於渴切責之復遣北京路總管于也孫脫禮部郎
中孟甲持詔往論令各縣表遣海陽公金俊侍郎李藏
用與去使同來以聞庚戌賜高麗國新曆閏月戊午

以陳亳潁蔡等處屯田戶充軍令益都漏籍戶四千
淘金登州棲霞縣每戶輸金歲四錢二月戊子太陰犯
天關巳丑太陰犯井給河南山東貧乏軍士鈔戊戌改
軍器局為軍器監辛丑百戶渾都速管濟南路屬
縣三年脅取民飲食粮料當粟五千石敕杖決之仍
償粟千石析甘州路之肅州自為一路三月丙寅罷
諸路四品以下子孫入質者田馬妖言敕減死流之
遠方禁民間兵器犯者驗多寡定罪甲子敕怯綿率
兵二千招諭建都壬申改母童德山為定遠城武群
山為武勝軍丁丑敕阿里荅詣軍前閱視軍籍罷諸

路女直契丹漢人爲達魯花赤者回回畏兀乃蠻唐兀人仍舊夏四月壬寅遣使祀嶽瀆五月辛亥朔以太醫院拱衛司教坊司及尚食尚果尚醞三局隸宣徽院癸亥賜元帥百家奴拔宋嘉定五花石城白馬三觜癸酉賜諸王禾忽及八剌合幣帛六萬四六萬辛巳朔濟南王保和以妖言惑衆謀作亂敕首惡五人餘勿論甲申中山大雨雹阿术言所領者蒙古軍若遇山水峇柵非漢軍不可宜令史樞率漢軍協力征進從之戊申東平憂蝗已酉封諸王習怯吉爲河平王賜馳鈕金印秋七月辛亥召翰林直學士

高鳴順州知州劉瑜中都郝謙李天輔韓彦文李祐赴上都以山東統軍副使王仲仁戊眉州壬子詔陝西統軍司蕭領軍民錢穀罷各路奧魯官令管民官蕭領癸丑立御史臺以右丞相塔察兒爲御史大夫認諭之曰臺官職在直言朕或有未當其極言無隱毋憚他人朕當爾主仍以詔諭天下立高州比二驛戊辰罷西夏宣撫司庚午省諸路打捕鷹坊工匠洞冶總管府令轉運司蕭領之丙子立西夏惠民局高麗國王王禃遣其臣崔東秀來言備兵一萬造船千隻詔遣都統領脫朶兒往閱之就相視黑山日本道

路仍命脫羅別造船百艘以伺調用詔四川行省賽典赤自利州還京兆立東西二川統軍司以劉整爲都元帥與都元帥阿术同議軍事整至軍中議築白河口鹿門山遣使以聞許之罷興元諸司案議八月乙酉程思彬以投匿名書言斥乘輿伏誅已丑亳州大水庚子敕京師瀕河立十倉命忙古帶率兵六千征西番建都九月癸丑中都路水免令年田租罷中都路和顧所丁巳阿术統兵圍樊城敕長春宮修設金籙周天大醮七晝夜建堯廟及后土太寧宮庚申賜安南國王陳光昞錦綉及其諸臣有差已丑立河

南屯田命兵部侍郎黑的禮部侍郎殷弘齋國書復使日本仍詔高麗國道人導送期於必達毋致如前稽阻詔諭安南國陳光昞來奏稱占城真臘二冦侵擾已命卿調兵與不干力征討今復命雲南王忽哥赤統兵南下卿可遵前詔遇有叛亂不庭爲邊冦者發兵一同進討降服者善爲撫綏車駕至自上都益都路饑以米三十一萬八千石賑之復以史天澤爲樞密副使冬十月戊寅朔日有食之已卯敕中書省樞密院凡有事與御史臺官同奏立河南等路行中書省以僉知政事阿里行中書省事庚辰以御史

中丞阿里為叅知政事 壬午詔恤泒邊諸軍其橫科
差賦責奧魯官償之庚寅敕從臣秀忽思等錄毛詩
必孟子論語乙未享于太廟中書省言前代朝廷必
有起居注故善政嘉謨不致遺失即以和禮霍孫
胡剌充翰林待制蕭起居注敕給省事許之嘉定新附民
田戊戌宮城成劉秉忠辭領中書省事許之為太保
如故十一月己酉簽河南山東邊城附籍諸色戶充
軍庚申宋兵自襄陽來攻泒山諸寨阿朮分諸軍禦
之斬獲甚眾立功將士千三百四人詔立戰功生
擒敵軍者各賞銀五十兩其餘賞賚有差癸酉御史

《元史本紀卷第六》 七

臺臣言立臺數月彈擊甚多追理侵欺糧粟近二十
萬石錢物稱是有詔襃諭免南京河南兩路來歲修
築都城役夫十二月戊寅以中都濟南益都淄萊河
間東平南京順天順德真定恩州高唐濟州北京等
處大水免今年田租敕二分二至及聖誕即日罷星
死復置乾州奉天縣好時求壽入焉以鳳州隸興
于司天臺詔諭四川行省泒邊戍軍士逃役者處
元路德興府政奉聖州隸宣德是歲京兆大旱天下
戶一百六十五萬二百八十六斷死罪六十九人賜
諸王金銀幣帛如歲例

六年春正月癸丑高麗國王王植遣使以誅權臣金
俊來告賜曆日西錦立四道按察司戊午阿朮軍入
宋境至復州德安府荆山等處俘萬人而還庚申以
朶知政事楊果為懷孟路總管甲戌益都淄萊大水
恩州饑命賑之敕天澤與樞密副使駙馬忽剌出
董師襄陽二月壬午以立四道提刑按察司詔諸
道已丑詔以新製蒙古字頒行天下丙申罷詔諭府
稅課所以上都轉運司蕭領改河南懷孟德三路
稅課所為轉運司丁酉籍民兵二萬赴襄陽賑欠州
人匠貧乏者米五千九百九十九石敕鞍靴箭鏃等

《元史本紀卷第六》 大

物自今不得以黃金為飾開元等路饑減戶賦布二
疋秋稅免減其半水達達戶減青鼠二其租稅被災者
免徵免單丁貧乏軍士一千九百餘戶為民癸卯給
河南行省鈔千錠犒軍三月甲寅詔益都路籍軍萬
人人給鈔二十五貫戊午賑曹州饑築堡鹿門山夏
四月辛巳製玉璽大小十紐甲午遣使杷岳瀆大名
等路饑賑米十萬石五月丙午東平路饑賑米四萬
一千三百餘石辛酉詔禁戍邊軍士牧踐屯田禾稼
六月辛巳以招討怯綿征建都敗績又擅追唆火兒
聖書金符慶死壬午免益都新簽軍單丁者千六百

二十一人為民丁亥河南河北山東諸郡蝗癸巳敕
真定等路旱蝗其代輸築城役夫戸賦悉免之丙申
高麗國王王禃遣其世子愖來朝賜禃帶一愖金
五十兩從官銀幣有差壬寅阿术率兵萬五千人院
宋萬山射垛岡鬼門關樵蘇之路癸卯詔董文炳等
率兵二萬二千人南征東昌路饑賑米二萬七千五
百九十石秋七月丁巳遣宋私商四十五人還其國
庚申水軍千戸邢德立張志等生擒宋荊鄂都統唐
未堅賞銀幣有差辛酉製太常寺祭服壬戌西京大
兩霍巳立諸路蒙古字學西立國子學詔遣官

審理諸路免帶正犯死罪明白者各正典刑其雜犯
死罪以下量衡遣之又詔諭宋國官吏軍民示以不
欲用兵之意復遣都統領覘兒統領王昌國等往
高麗點閱所備兵船及相視虢羇等處道路立西蜀
四川監榷茶場使司宋將夏貴率兵船三千至鹿門
山萬戸解汝楫李庭率舟師敗之俘殺二千餘人獲
戰艦五十艘八月巳卯立金州招討司丙申以沙廡
州鈔法未行降詔諭之詔諸路勸課農桑命中書省
采農桑事列為條目仍令提刑按察司與州縣官相
風土之所宜講究可否別頒行之高麗國世子愖奏

其國臣僚擅廢國王王禃立其弟安慶公淐詔遣幹
朶思不花李諤等徃其國詳問條具以聞九月癸丑
恩州進嘉禾一莖三穗戊午敕民間貸錢取息雖踰
限止償一本息巳未授高麗世子王愖特進上柱國
東安公壬戌豐州雲內東勝早免其租賦戊辰敕高
麗世子王愖率兵三千赴其國難驅辭東安公乃授
進上柱國天澤並平章政事阿里中書右丞行河南
出史天澤並平章政事阿里中書右丞行河南等路
中書省事賽典赤行陝西五路西蜀四川中書省事
車駕至自上都幹朶思不花李諤以高麗刑部尚書

金方慶至奉權國王淐表訴國王禃遣疾令第淐權
國事冬十月巳卯定朝儀服色壬午陞高唐冠氏並
為州丁亥廣平路旱免租賦詔遣兵部侍郎黑的淄
萊路總管府判官徐世雄召高麗國王王禃王第淐
及權臣林衍俱赴闕命國王頭輦哥以兵壓其境趙
璧行中書省事于東京仍降詔諭高麗軍民庚子太陰
犯辰星宋遣人餽盬粮入襄陽我軍獲之賜諸王奧
魯赤駞鈕金鍍銀印十一月癸卯高麗都統領崔坦
等以林衍作亂挈西京五十餘城來附丁未斬王綧
洪茶丘立軍三千人徃定高麗高麗西京都統李延齡

乞益兵遣忙哥都率兵二千赴之庚午敕諸路繰寨
廢疾之人月給米二斗安南國王陳光昞遣使來貢
濟南饑以米十二萬八千九百石賑之高麗國王王
禃遣其尚書禮部侍郎朴𧰟從黑的入朝表稱受詔
巳復位尋當入覲築新城于漢江西十二月戊子築
東安渾河堤已丑作佛事于太廟七晝夜高唐固安
二州饑以米二萬六百石賑彰德懷孟衛輝為
三路陞林應縣為林州改楨州為韓城縣併省馮
翊等州縣十所以懿州廣寕等府隸東京是歲天下
戶一百六十八萬四千一百五十七賜諸王金銀幣
帛如歲例斷死罪四十二人

世祖四

敕

《元史本紀卷第七》
一

七年春正月辛丑朔高麗國王王禃遣使來賀丙午
耶律鑄廉希憲罷立尚書省罷制國用使司以平章
政事忽都荅兒為中書左丞相國子祭酒許衡為中
書左丞制國用使阿合馬平章尚書省事制國
用使司事張易同平章尚書省事同知制國
張惠簽制國用使司事制國用使司副使

省事已酉太陰犯畢敕諸投下官隸中書省壬子敕
驛券無印者不許乘傳甲寅高麗國王王禃遣使來
言此奉詔臣已復位今從七百人入覲詔令從四百
人來餘留之西京丁巳以蒙哥為安撫高麗使佩虎符慈
悲嶺為界庚　西境戊午均房州
戌其　賑兀魯吾民戶鈔丁卯定省院臺移體式甲
等丙寅戶總管孫嗣擒宋統制朱興祖

二月辛未朔以前中書右丞相伯顏為樞密副使甲
戌築昭應宮于高梁河丙子帝御行宮觀劉秉忠字
羅許衡及太常卿徐世隆所起朝儀大悅舉酒賜之

《元史本紀卷第七》
二

丁丑以歲饑罷修築宮城役夫甲申置尚書省署乙
酉立紙甲局申嚴畜牧損壞禾稼桑果之禁壬辰立
司農司以參知政事張文謙為卿設四道巡行勸農
司乙未宋襄陽出步騎萬餘人兵船百餘艘來趙萬
山堡萬戶張弘範千戶脫脫擊卻之事聞各賜金
紋綾有差高麗國王王禃來朝求見皇子燕王詔諭禃
曰汝一國主也見朕足矣禃請以子惜從之詔諭禃
曰汝內附在後故班諸王下我太祖時亦都護先附
即令齒諸王上阿思蘭後附故班其下鄉知之又
詔令國王頭輦哥等舉軍入高麗舊京以脫脫禾兒

焦天翼為其國達魯花赤護送禃還國仍下詔林衍
廢立罪不可赦安慶公淐本非得已在所寬宥有能
執送衍者雖舊在其黨亦必重增官秩請乞
隨朝及尚主不許命隨其父還國三月庚子朔日有
食之改河南等路及陝西五路西蜀四川東京等路
行中書省為行尚書省甲寅
人豪官富民一例行之制可甲寅車駕幸上都丙辰
浚武縣御河丁巳定醫官品從戊午益都萊蕪早蝗
詔減其今年包銀之半阿朮興劉整言圍守襄陽必
當以教水軍造戰艦為先務詔許之教水軍七萬餘

人造戰艦五千艘夏四月壬午檀州陷黑霜三夕設
諸路蒙古字學教授敕諸路達魯
散府諸州達魯花赤其散府諸州達魯花赤諸縣達魯
花赤諸縣子弟充巡檢改御史臺典事為都事癸未
定軍官等級萬戶總管千戶百戶皆以軍士為差
巳丑省終南縣入盩厔復真定贊皇定襄平縣
高麗行省遣使來言權臣林衍死其子惟茂擅襲令
公位為尚書宋禮所殺衆餘殺島中民皆出降巳遷之舊
京銜堂裝仲孫等復集餘衆立植厥族承化俟為王
宼入珍島五月辛丑懷州河內縣大兩雹癸卯陝西

《元史本紀卷七》

三

簽省也速帶兒嚴忠範與東西川統軍司率兵及宋
兵戰于嘉定重慶釣魚山馬湖江皆敗之拔三寨擒
都統牛宣伻獲人民及馬牛戰艦無算甲辰威州汝
鳳川番族八千戶內附其酋長來朝授宣命賜金符
丁未東京路饑兼運粮造舩勞役免今年絲銀十之
三以同知樞密院事合荅為平章政事乙卯復平灤
路撫宰縣以海山昌黎入之丙辰括天下戶尚書省
臣言諸路課程歲銀五萬錠恐疲民力宜減十分之
一運司官更俸祿宜與民官同其院務官量給工食
仍禁所司多取於民歲終較其增損而加黜陟上都

地里遼遠商旅往來不易特免收稅以優之惟市易
莊宅奴婢孳畜例收契本工墨之費管民官遷轉以
三十月為一考數於變易人心苟且自今請以六十
月遷轉諸王遣使取索諸物及鋪馬等自今並以
支移毋得口傳教令並從之改宣徽院入光祿司秩
正三品以宣徽使東平府進真為光祿使庚申命樞密院閱
各一本省中都打捕鷹坊總管府入工部大名東平
等路桑蠶皆免南京河南等路蝗減今年銀絲十之
實軍數壬戌敕西夏中興市馬五百疋庚辰敕戍軍
三六月丙子

《元史本紀卷七》

四

還有乏食及病者令所過州城村坊主者給飲食醫
藥丁亥罷各路洞冶總管府以轉運司兼領徙謙州
甲匠于松山給牛具賜皇子南木合馬六千牛三千
羊一萬賜比邊戍軍馬二萬牛一千羊五萬丙申立
藉田大都東南郊禁民擅入宋境剽掠秋七月辛丑
設上林署乙卯賜諸王拜荅寒印及海青金符二庚
申初給軍官俸壬戌僉諸道回軍乙丑閱實諸路
戵手戶都元帥也速帶兒等暑地光州敗宋兵于金
剛臺以遼東開元等路總管府兼本路轉運司事山
東諸路旱蝗免軍戶田租戍邊者給粮命達魯花赤

【元史本紀卷七】

兀良吉帶給上都扈從咬
獵粮八月戊辰朔築環城
以過襄陽巳巳賑應昌府
饑諸王拜荅寒部曲告饑
命有車馬者就食廉訪司
馬者就食廉訪沙甘州戍寅
盜用官錢罷應昌府以御史
王良之地計口給粮無車
事御史中丞設應昌府官吏
大夫高麗世子王愖來賀聖
隆興府總管昔剌幹脫以
誕節辛巳巳太陰犯井丙
九月庚子敕僧道也里可
溫有家室不持戒律者占
籍為民丁巳敕僧道臺大
夫高麗世子王愖同知樞密院
事御史中丞設應昌府官吏
辛卯保定路霖雨傷禾稼
寅括河西戶口定田稅宋
將范文虎以兵紅二千艘
來援襄陽阿木合答劉整

率兵逆戰于灌子灘殺掠
千餘人獲船三十艘丈虎
引退西京饑敕諸王阿只
吉所部就食太原山東饑
敕益都濟南酒稅以十之
二敕粮冬十月戊辰朔敕
兩省以巳奏事報御史臺
敕宗廟祭祀祝文書以國
字乙亥宋人攻苔州乙酉
享于太廟丁亥以南京河
兩路旱蝗減今年差賦
十之六敕清滄鹽二十四
萬斤轉南京米十萬石並
代之時果河西淄萊路饑十
給襄陽軍巳巳敕來年太
廟牲牢勿用羔豕以野豕
為州賑山東淄萊路饑十
一月壬寅熒惑犯太微西

《元史本紀卷七》 五

【元史本紀卷十】

垣上將壬子河西諸郡諸
王頃舍僧民協力供給丁
巳敕益兵二千合前所發
軍為六千屯田高麗以忻
都及前左壁總帥史樞並
佩虎符領屯田事仍詔諭
高麗國王王倎侍儀司安南
國王陳光昺遣使來貢優詔荅之復賑淄萊路饑閏
月丁卯朔高麗世子王愖
辰禁繒段織萬錠以充歲
費以義州隸婆娑府饑未
河西行省鈇萬錠以充歲
詔諭西夏提刑按察司管
民官禁僧徒目據民田壬
辰申明勸課農桑賞罰之
法詔設諸路脫禾珠十

二月丙申朔改司農司為
大司農司添設巡行勸農
使副各四員以御史中丞
李羅兼大司農卿安童言
羅以臺臣兼領前無此例
諭此其令字羅總之命陝
西等路宣撫使趙良弼深
祕書監充國信使使日本
敕歲祀太社太稷風師雨
師雷師戍戌信使持書榜來
誘安撫張大悅等宋重
慶制置朱裸孫遣謀者持
御史大夫秩正二品降河
南韶州為漣池縣戶居河西壬寅
大悅不發封併謀者送致
東川統軍司丁未金齒歸
國三部酋長阿匿福勒丁
阿匿爪來內附獻馴象三

《元史本紀卷十》 六

馬十九疋己酉以都水監隸大司農司以諸王伯忽兒為札

之辛酉魚通路知府高曳失獲宋諜者詔賞

魯忽赤之長建大護國仁王寺于高良河敕更定僧

服色是歲天下戶一百九十三萬九千四百四十九

賜先朝后妃及諸王金銀幣帛如歲例斷死刑四十

四人

省事中書省臣言前有旨令臣與樞密院御史臺議

以同僉河南等路行中書省事阿里海牙參知尚書

恒郎將崔有渰來賀兼奉歲貢丙寅太陰犯畢已卯

八年春正月乙丑朔高麗國王王植遣其秘書監朴

河南行省阿里伯等所置南陽等處屯田臣等以為

凡屯田人戶皆內地中產之民遠徙失業宜還之本

籍其南京南陽歸德等所屯田自今悉折輸米糧貯於

便近地以給襄陽軍食前所屯田阿里伯自以無效

引伏宜令州郡蒙民耕佃從之史天澤告老不久敕

前築都城徙居民三百八十二戶計其直償之設樞

密院斷事官遣兀都蠻宰蒙古軍鎮西方當當丙戌

高麗安撫阿海暑地珠島餘糧將竭宜乘弱攻之詔不許令

省臣言謀知珠島餘糧將竭宜乘弱攻之詔不許令

巡視險要常為之備丁亥管如仁費正寅以國機事

為書謀遣崔繼春賈靠山路坤入宋事覺窮治正寅

如仁繼春皆以正典刑靠山坤並流遠方壬辰敕諸路

鰥寡孤獨疾病不能自存者官給廬舍新米高麗國

王王植遣使奉表為世子惇請昏詔禁邊將受賂放

軍及科斂賑比京都益都饑二月乙未朝定民間婚聘

禮幣貴賤有差丁酉發中都真定順天河間平灤民

二萬八千餘人築宮城已亥罷諸路轉運司入總管

府以尚書省奏定條畫頒天下移陝蜀行中書省干

興元奚卯四川行省也速帶兒言比因饑饉盜賊滋

多宜加顯戮詔令群臣議安童以為強竊盜賊一皆

處死恐非所宜罪至死者仍舊待命以中書左丞東

京等路行尚書省事趙璧為中書右丞甲辰添設監

察御史六貟命忽都荅兒持詔招諭高麗衍餘黨

裴仲孫乙巳大理等處宣慰都元帥寶合丁王傅閣

閣帶等惕謀毒殺雲南王火你赤曹楨發其事寶合

丁閣閣帶及阿老瓦丁亦速夫並伏誅賞槓火你赤

及證左人金銀有差以沙州瓜州鷹坊三百人充軍

戊申詔以治事日程諭中外官吏敕徙畏吾兒地市

米萬石庚戌申嚴東川井鹽之禁已未敕軍官佩金

銀符其民官工匠所佩者並拘入勿復給敕海青符

用太祖皇帝御署庚申本御九住舊以梳櫛奉太祖

奉所落鬚髮東上詔檀之藏于太廟夾室辛酉敕凡

訟而自匿及誣告人罪者以其罪罪之分歸德爲散

府割宿亳邠徐等州隸之井申州爲南陽府割唐鄧

裕萬汝等隸之賑西京饑三月乙丑增治河東山西

道按察司改河東陝西道爲陝西四川道山北東西

道爲山北遼東道甲戌敕元正聖節朝會凡百官表

章外國進獻使臣陛見朝辭禮儀皆隸侍儀司丙子

改山東河間陝西三路鹽課都轉運司爲都轉鹽

使司已卯中書省臣言高麗叛臣裴仲孫乞諸軍退

屯然後內附而忻都未從其請今願得全羅道以居

直隸朝廷詔以其飾詞遷延歲月不允辛已復立夏

邑縣以碭山入爲省穀熟入雅陽濱棣萬戶韓世安

坐私儲糧食燒毀軍器詐秉驛馬及擅請諸王塔察

兒益都四縣分地等事有司屢以言詔誅之仍籍

其家甲申車駕辛上都乙酉許衡以老疾辭中書機

務除集賢大學士國子祭酒衡納還舊俸詔別以新

俸給之設國子學增置司業博士助教各一員選

隨朝百官近侍蒙古漢人子孫及俊秀者克生徒丁

亥焚惑犯太微西垣上將已丑立西夏中興等路行

尚書省以趙海參知行尚書省事命尚書省闊寶天

下戶口頒條畫諭天下賑饑益都等路饑敕有司母留

獄滯訟以致越訴達者官民皆罪之制封皇子燕王

乳母趙氏幽國夫人夫華德祿追封德育公夏四月

壬寅高麗鳳州經署司忻都言叛臣裴仲孫稽留使

命負固不服乞與忽林赤王國昌進討從之平

讞路昌黎縣民生子中夜有光詔加高麗簽軍征

宜帝曰何辜生一好人母生嫉心也命高麗簽軍戊

珠島癸卯給河南行中書省歲用銀五十萬兩仍敕

襄樊軍士自今人月給米四斗甲辰簽壯丁備宋戌

午阿术率萬戶阿剌罕等與宋將范文虎等戰于湍

灘敗之獲統制朱勝等百餘人奪其軍器賞阿术阿

剌罕等金帛有差以至元七年諸路災蠲今歲經料

輕重有差五月乙丑以東道兵圍守襄陽命賽典赤

慶札剌不花出瀘州曲立吉思出汝州以牽制之改

鄭鼎提兵水陸並進以趨嘉定汪良臣彭天祥出重

簽省也速帶兒鄭鼎軍前行尚書省事賽與赤行省事

于興元轉給軍糧丙寅牢魚國來貢已已修佛事于

瓊華島辛未分大理國三十七部爲三路以大理八

部蠻酋新附降詔撫諭士申造內外儀仗丁丑賑蔚

州鐵巳卯命史天澤平章軍國重事陛大府監爲正
三品忻都御史樞表言珍島賊徒散餘黨竄入鞑羅
辛巳賜河西行省金符銀海符各一令蒙古官子
弟好學者兼習箣術癸未升濟州爲濟寧府以玉宸
院隸宣徽院高麗國王王禃遣使貢方物六月甲午
敕樞密院凡軍事徑奏不必經由尚書省其干錢糧
者議之上都中都河間濟南淄承真定衛輝洺磁順
德大名河南南京彰德益都順天懷孟平陽歸德諸
州縣蝗癸卯宋將范文虎率蘇劉義夏松等舟師十
萬援襄陽阿术率諸將迎擊奪其戰船百餘艘敵敗

〈元史本紀卷七〉 十一

走平章合吞又遣萬戸解汝楫等邀擊擒其總管朱
日新鄭皇大破之辛亥敕凡管民官所領錢穀公事
並侯年終考較乙卯招集河西斡端昂吉哥等處居
民巳未山東統軍司塔出董文炳偵知宋人欲擾五
可口請築城守之旣而坐失事機宋兵巳樹柵其地
事聞敕決罰塔出文炳等有差遼州和順縣觧州聞
喜縣好蚴生秋七月壬戌朔尚書省請增太原路
咸以鈔千錠爲額仍令本路兼領從之設回回司天
臺官屬以札馬剌丁爲提點簽女直水達達軍以鄭
元領祠祭岳瀆授司裡大夫丁卯南人李忠進言運

山侍郎張大悅嘗與宋交通以其事無實詔諭大悅
宋善用間朕不輕信毋懷疑懼以國王頭輦哥行尚
書省于北京遼東等路辛未置左右中三衛親軍都
指揮使司乙亥簽昌臨洮平凉府會蘭等州隴霜殺
禾乙酉宋將來興國攻百丈山嚳阿术擊破之追至
湍灘斬首二千餘級高麗世子王愖入覲阿术魯從
民戸來降八月壬辰朔日有食之癸巳詔招諭宋襄
四項以上依例輸租已亥詔招諭宋襄陽守臣呂文
煥壬子車駕至自上都還成都統軍司於眉州巳未
聖誕節初立內外仗及雲和署樂位東川統兵司引

〈元史本紀卷七〉 十二

兵攻宋銅鈸寨守寨總管李慶等降以慶知梁山軍
癸亥九月壬戌朔敕都元帥阿术以所部兵署地漢南
之甲子賜國王王禃西錦優詔諭
民田三百戸科調如故給河南行省歲用鈔二萬八
千六百錠兩科罷陝西五路西蜀四川于興元京兆等路直隸
也速荅兒行四川尚書省事于興元京兆等路直隸
尚書省敗宋軍于渦河戊辰陞成都府德陽縣爲德
州降贛州爲虢略縣壬申選冑子脫脫木兒等十人
肄業國學癸酉益都府濟州進芝二本甲戌簽西夏

回回軍太廟殿柱朽壞監察御史劾都水劉晸造
不徵最以憂卒張易請先期告廟然後完葺從之丙
子敕今歲享大廟毋用犧牛太陰犯甲庚辰右衛親
軍都指揮使忽都等言五河城堡已成唯廬舍未完
凡材覽皆出宋境請率精兵分道抄掠從之壬午山
東路統軍司言宋兵攻膠州蔣德等逆戰敗之
以四川民力困弊免茶鹽等課以軍民田租給沁
倉失陌米五千餘石特免徵仍禁諸王非理需索詔
浮統制范廣等五十餘人獲戰船百艘桑未詔忙安
邊軍食仍敕有司自今有言茶鹽之利者以違制論

【元史本紀卷七】 十三

冬十月癸巳大司農臣言高唐州達魯花赤忽都納
州尹張廷瑞同知陳思濟勸課有效河南府陝縣尹
王仔急於勸課宜加黜陟以示勸懲從之丁酉享于
太廟己未檀順等州風潦害稼賜高麗至元九年曆
十一月辛酉朔敕品官子孫爆直勅遣阿魯忽等
撫治大理罷諸路交鈔都提舉司乙亥劉秉忠
及王磐徒單公履等言元正朝會聖節詔赦及百官
宣敕具公服迎拜行禮從之禁行金泰和律建國號
曰大元詔曰誕膺景命奄四海以宅尊必有美名紹
百王而紀統肇從隆古匪獨我家且唐之為言蕩也

堯以之而著稱虞之為言樂也舜因之而作號馴至
禹興而湯造互名夏大以殷中世降以還事殊非古
雖乘時而有國不以利而制稱爲秦爲漢者著從初
起之地名曰隋曰唐者因即所封之爵邑是皆徇百
姓見聞之狃習要一時經制之權宜繫以至公不無
少貶我太祖聖武皇帝握乾符而起朔土以神武而
膺帝圖四震天聲大恢土宇輿圖之廣歷古所無頃
者耆宿詣庭奏章申請謂旣成於大業宜早定於鴻
名在古制以當然於朕心乎何有可建國號曰大元
蓋取易經乾元之義茲大冶流形于庶品孰名資始

【元史本紀卷七】 十四

之功予一人底寧于萬邦尤切體仁之要事從因革
道協天人於戲稱義而各固匪爲之溢美乎休惟求
尚不負於投艱嘉與敷天共隆大號丙戌置四川省
於成都上都萬安閣成十二月辛卯朔詔天下興起
國字學宣徽院請以關遺漏籍等戶淘金帝曰姑止
母重勞吾民也乙巳減百官俸括西夏田召塔出董
文炳起闕辛亥併太常寺入翰林院宮殿府入少府
監甲寅詔尚書省遷入中書省是歲天下戶一百九
十四萬六千二百七十賜先朝后妃及諸王金銀幣
帛如歲例賜囊家等羊馬價鈔萬千一百六十七錠

斷死罪一百五人

九年春正月庚申朔高麗國王王禃道其臣禮賓卿
宣文烈來賀奉歲貢甲子併尚書省入中書省平
章尚書省事阿合馬同平章尚書省事張易並中書
平章政事參知尚書省事張惠為中書左丞參知尚
書省丙寅詔遣不花及馬璘諭高麗其舟糧助征就
中書舍人檢正等官仍設左右司省六部為四改稱
羅河南省請益兵敕諸路簽軍三萬丁丑敕皇子西
平王奧魯赤阿魯帖木兒禿哥及南平王禿魯所部

《元史紀卷七》　十五

與四川行省也速帶兒部下并忙古帶等十八族欲
速公弄等土番軍同征建都新安州初隸雄州詔為
縣入順天庚辰攺比京中興四川河南四路行尚書
省為行中書省仍命諸王只必帖木
兒設省斷事官京兆復立行省辛巳移鳳州屯田於鹽
王禿魯銀印及金銀符各五辛巳移鳳州屯田於鹽
白二州敕董文炳時廵掠南境毋令宋人得立城堡
之民仍遣能臣聽其直其軍奴入民籍者還正之敕
救軍民訟田者民田有餘則分之軍田有餘亦分
燕王遣使持香幡祠岳瀆后土五臺興國寺命劉整

總漢軍壬午攺山東東路都元帥府統軍司為行樞
密院以也速帶兒塔出並為行樞院副使乙酉定
受宣敕官禮儀詔元帥府統軍司總管萬戶府閫實
軍籍二月庚寅朝泰使日本趙良弼遣書狀官張鐸
同日本二十六人至京師求見辛卯詔遣札魯忽赤乃
太祖開創之始所置位百司右其賜銀印立左右司
壬辰高麗國王王禃遣其臣齊安侯王淑來賀攺國
號改中都為大都甲午命阿术安侯西京等州縣旱蝗
水潦免其租賦庚子復唐州祕陽縣建中書省署於

《元史紀卷七》　十六

海牙典漢軍戊戌以去歲東平及西京等州縣旱蝗
大都戊申始祭先農如祭社之儀詔諸路開浚水利
也帝稱善甲戌括民間四教經焚之蒙古都元帥阿
遣還安童言良弼請移金州戍兵彼國所知若復移
懼臣等以為金州戍兵易使日本妄生疑
車駕幸上都三月乙丑諭旨中書省日本使人速議
宜但開諭来使此戍乃為躬羅暫設爾等不湏疑畏
木漢軍都元帥劉整阿里海牙督本軍破樊城外郭
斬首二千級生擒將領十六人增築重圍守之賑濟
南路饑詔免醫戶差徭夏四月己丑詔於土番西川
界立寧河驛辛卯賜皇子愛牙赤所部馬丙午給西

平王奧魯赤所部米甲寅賑大都路饑五月戊午朔
立和林轉運司以小云失別為使兼提舉交鈔使已
未給闍闊出海青銀符二辛酉罷簽田田軍癸亥敕
挼都軍於怯鹿難之地開渠耕田丙寅簽徐邳二州
丁壯萬人戍邳州庚午減鐵冶戶罷西蕃禿魯干等
處金銀礦戶為民禁漢人聚眾與蒙古人鬪毆詔議
取耽羅及濟州辛巳敕修築都城凡費悉從官給毋
取就羅并嫠伐木役夫稅賦甲申敕諸路軍戶驅丁
諸民并編戶為良人民籍者當差餘錐從良並令
除至元七年前從良人民籍者當差餘錐從良並令
助本戶軍力乙酉太白犯畢距星宮城初建東西華

《元史本紀卷七》 十七

左右掖門詔安集巷里伯所部流民六月壬辰遣高
麗國西京屬城諸達魯花赤及質子金鎰等歸國戒
乙里吉思屯田所入租仍遣南人百名給牛具以往
是夜京師大兩壞墻屋壓死者甚眾己敕以籍田所
儲糧賑民不足又發近地官倉濟之甲午高麗告饑
轉東京米二萬石賑之已亥山東路行樞密院塔出
鹽場白頭河四嘓城堡殺宋兵三百餘人虜獲人牛
於四月十三日遣步騎越漣州攻破射龍溝五港口
萬計第功賞賚有差辛亥高麗國王王禃請討觚羅
餘寇秋七月丁巳朝河南省臣言徙歲徙民實遼屯

耕以貧苦悉散還家令唐鄧蔡息徐邳之民愛其田
廬仍守故屯願以絲銀準折輸糧而內地州縣轉粟
飽軍者反厭苦之臣議令歲汰邊糧仍其舊輸
糧內地州郡驗其戶數俾折鈔就沿邊和糴庶幾彼
此交便制曰可拘括開元東京等路諸漏籍戶禁私
蠲四屯曆賑水達達部饑戊寅賜諸王八八部銀鈔
設國子學而漢官子第未有學者及官府文移猶有
集都城僧調大藏經九會壬午和禮霍孫奏蒙古字
畏吾字詔自今凡詔令並以蒙古字行仍遣百官子
第入學乙酉詔免徒大羅鎮居民令倍輸租米給鷹坊

《元史本紀卷七》 十八

詔分閱大都京兆等處探馬赤奴戶名籍八月丙戌
朔日有食之戊子立群牧所掌牧馬及尚方鞍勒壬
辰敕忙安倉及靖州預儲糧五萬石以備弘吉刺新
從部民及西人內附者廥給調兵增戍全羅州乙未
禁諸王闍闊出請以分地寧海登萊三州自為一路
與他王比歲賦惟入寧海無輸益都詔從之癸卯千
亥崔松敗宋襄陽援兵斬其將張順賜松等將士有
戶崔松敗宋襄陽援兵斬其將張順賜松等將士有
差乙巳車駕至自上都丁未改延州為延津縣與陽
武同隸南京癸丑賑遼東等路饑九月甲子宋襄陽

將張貴以輪舟出城順流突戰阿木阿剌海牙等舉
烽燃火燭江如晝率舟師轉戰五十餘里至櫃門關
生獲貴及將士二千餘人丙寅敕樞密院諸路正軍
貼戶及同籍親戚奴僕丁年既長依諸王權要以避
役者並還之軍惟匠藝精巧者以名聞癸酉同簽河
南省事崔斌訟右丞阿里吞奏軍數二萬敕杖而罷
之甲戌罷水軍總管府東川元帥李吉等略地閬州
拔石羊寨擄宋戰船五十艘賞銀幣有差丙子發民夫三
千人伐巨木遼東免其家徭賦戊寅太陰犯御女贖
國壬辰享于太廟癸巳趙璧為平章政事張易為樞
密副使乙未築渾河堤戊戌熒惑犯填星己亥敕自
七月至十一月終聽捕獵餘月禁之癸卯立文州初
益都路饑冬十月丙戌朔封皇子忙哥剌為安西王
賜京兆為分地駐兵六盤山遣使持詔諭扮卜忻都
立會同節十一月乙卯朔詔以至元十年曆賜高麗

益武衛軍二千征躭羅辛未召高麗儒者楊恭懿不
至癸酉以前接樊城外郛功賞千戶劉深等金銀符
己卯併中書省左右司為一宋荊湖制置李庭芝為
書遣永寧僧賫金印牙符來授劉整整為盧龍軍節度使封
燕郡王僧至求寧事覺上聞敕張易姚樞雜問適整
至自軍中言宋惠臣用兵襄陽欲以是殺臣臣實不
知敕令整為書復之賞整使還軍中誅永寧僧及其
黨友參知行省政事阿里海牙言軍前創作巨
石砲來獻用力省而所擊甚遠命送襄陽軍前用之
宜先攻樊城斷其聲援從之回回亦思馬因作巨
十二月乙酉朔詔諸路府州縣達魯花赤管民長
官兼管諸軍奧魯丁亥立蕭州等處驛以東平府民
五萬餘戶復為東平路辛丑諸王忽剌出拘括逃民
高麗界中高麗達魯花赤上其事詔高麗之民猶未
安集禁罷之遣宋議互市使者南歸戊午賜比平王
南木合軍馬一萬二千九百九十一羊六萬一千五
百三十一及諸王塔察兒軍幣帛辛亥宋將昝萬壽
來攻成都僉省嚴忠範出戰失利退保子城同知王
世英等八人棄城遁詔以邊城失守罪在主將世英
雖遁與免其罪惟遣使縛忠範至京師癸丑陸拱衛

司為拱衛直都指揮使司是歲天下戶一百九十五萬

五千八百八十賜先朝后妃及諸王金銀幣帛如歲

例斷死罪三十九人建大聖壽萬安寺

元史本紀卷七

翰林學士承旨中奉大夫知制誥兼修國史臣宋濂　翰林侍講學士中順大夫兼國院總裁官臣王禕等奉
勅修

《元史本紀卷八》
一

世祖五

十年春正月乙卯朔高麗國王王禎遣其世子愖來
朝戊午敕自今並以國字書宣命命忻都鄭溫洪茶
立征耽羅宿州萬戶愛先不花請築堡牛頭山以阨
兩淮粮運不允愛先不花因言前宋人城五河統軍
司臣皆富得兼令不菜恐爲宋人所先帝曰波言雖
是若坐視宋人戍之罪亦不免也安南使者還言陳

光昞受詔不拜中書移文責問光昞稱從本俗改回
田愛薛所立京師醫藥院名廣惠司已未禁鷹坊樓
民及陰陽圖讖等書癸亥阿里海牙等大攻樊城拔
之守將呂文煥懼而請降中書省驛聞道前所俘唐
永堅持詔諭之丁卯立秘書監戊辰給皇子北平王
西探馬赤軍已卯川蜀省言宋督萬壽攻成都也速
甲一千置軍器永盈二庫分典弓矢甲胄庚午簽陝
常兒所部騎兵征逮都未還擬於京兆簽新軍
六千爲援從之詔遣扎木呵押失寒崔杓持金十萬
兩命諸王阿不合市藥獅子國壬午賞東川統軍合

《元史本紀卷八》
二

剌所部有功者合剌請於渠江之北雲門山及嘉陵
西岸虎頭山立二戍以其圖來上仍乞益兵二萬詔
給京兆新簽軍五千益之二月丙戌以皇后皇太子
受冊寶遣太常卿合丹告于太廟丙申雲南高麗國
長阿旭叛有司募能捕斬阿旭者賞之
遣斷事官麥肯勾校川陝行省錢穀詔勘馬剌
乞帶脫因事官麥肯勾校川陝行省錢穀詔勘馬剌
王王禎以王師征耽羅乞下令禁停掠聽自製兵仗
從之丁未宋京西安撫使知襄陽府呂文煥以城降
三月甲寅朔詔申諭大司農司遣使巡行勸課務要
者護視以來丙寅帝御廣寒殿遣攝太尉中書右丞
分隸各萬戶翼文煥等發襄陽擇蒙古漢人有才力
關熟券軍并城居之民仍居襄陽給其田牛生券軍
農事有成乙丑敕樞密院以襄陽呂文煥率將吏赴
相安童授皇后弘吉剌氏玉冊玉寶遣攝太尉同知
樞密院事伯顏授皇太子真金玉冊金寶辛未以皇
后皇太子受冊寶詔告天下劉整請教練水軍五六
萬及於興元金洋州汴梁等處造船二千艘從之壬
申分金齒國爲兩路癸酉星青白如粉絮起畢度
五車北復自文昌貫斗杓歷梗河至左攝提九二十

一日以前中書左丞相耶律鑄平章軍國重事中書
左丞惠為中書右丞車駕辛上都西蜀嚴忠範以
罷惠遣廉訪不花等撫治軍民罷中興等慶行中書省
夏四月癸未朔阿里海牙以呂文煥入朝授文煥昭
勇大將軍侍衛親軍都指揮使襄漢大都督賜其將
校有差時將相大臣皆以聲罪南伐為請驛召姚樞
許衡徒單公履等問計公履對曰乘破竹之勢席卷
三吳此其時矣帝然之詔罷河南等路行中書省以
平章軍國重事史天澤平章政事阿术參知政事阿
里海牙行荊湖等路樞密院事鎮襄陽左丞相合冊

希知行中書省事劉整山東都元帥塔出董文炳行
淮西等路樞密院事守正陽天澤等陛辭諭以襄
陽之南多有堡寨可乘機進取仍以鈔五千錠賜將
士及賑新附軍民甲申免隆興路權課三年丁酉敕
南儒為人掠賣者官贖為民辛丑罷四川行省以輦
昌二十四處便宜總帥汪良臣行西川樞密院東川
閫蓬廣安順慶夔府利州等路統軍使合刺行東川
樞密院東川副統軍王仲仁同僉行樞密院事仍命
汪良臣就率所部軍以佐五月壬子朔定內外官復
舊制三歲一遷甲寅禁無籍軍從大軍殺掠其願為

軍者聽戊辰詔天下獄囚除殺人者待報其餘一切
疎放限以八月內自至大都如期而至者皆赦之乙
亥詔免民代輸簽軍戶絲銀及伐木夫戶賦稅負前
朝官錢不能償者毋徵主守失陷官錢者量易州
陣工軍及營繕工匠無丁產者量加廩給以雄易州
復隸大都庚辰賞襄陽有功萬戶與魯赤等銀鈔衣
服有差六月乙酉賑諸王塔察兒大都南京兩路賦
路弓矢甲匠並隸軍器監免大都南京兩路賦役以
紓民力賑甘州等處諸驛辛卯汰陝西貧難軍以劉
整阿里海牙不相能分軍為二各統之癸巳敕襄陽

造戰船千艘甲午改資用庫為利用監丁酉置光州
等處招討司戊申經畧忻都等至虳羅撫定其地
詔以失里伯為虳羅國招討使尹邦寶副之陛拱衛
直為都指揮使日本君臣爵號州郡名數風俗土宜
敕諸道造甲一萬弓五千給淮西行樞密院已巳罷
東西兩川統軍司辛未以翰林院纂修國史敕采錄
累朝事實以備編集丙子以平章政事賽典赤行省
雲南統合刺章赤科金齒茶罕蠻赤賜銀貳
萬五千兩鈔五百錠秋七月辛巳以金州軍八百人

及統軍司還成都忽朗吉軍千人隸東川壬午以修太廟將遷神主別殿遣兀魯忽奴帶張文謙祭告丙戌敕樞密院襄陽生券軍仍免今年田租省西京府兵衛送其老疾者遣還家無妻子者發至京師仍益庚寅河南水發粟賑民饑戌申高麗國王王禎遣其順安公王惊同知樞密院事宋宗禮賀皇后皇太子受冊禮成八月庚戌朔前所釋諸路罪囚自至大都者凡二十二人並赦之甲寅丁丑聖誕節高麗國王王禎遣其上將軍金詵來賀己卯賜襄陽生熟券軍劉鐵妻一產三男復其家三年己卯賜襄陽生熟券軍冬衣有差九月辛巳遼東饑弛獵禁以合伯為平章政事壬午立河南宣慰司供給荊湖淮西軍需甲申襄陽生券軍至大都詔伯顏論之釋其械繫免死罪聽自立部伍俾征日本仍敕樞密院具鎧仗人各賜鈔娶妻於蒙古漢人內選可為率領者丙戌劉秉忠姚樞王磐竇默徒單公履等上言許衡疾歸若以太子贊善王恂主國學庶幾衡之規模不致廢墜又請增置生貟並從之秉忠等又奏置東宮官師府詹事以次官屬三十八人戌子道官詣荊湖行省差次有功將士禁京畿五百里內射獵己丑敕自今秋獵鹿

《元史本紀卷八》 [五]

冢先薦太廟壬辰中書省臣奏高麗王王禎屢言小國地狹比歲荒歉其生券軍乞駐東京詔令營北京界仍敕東京路運米二萬石以賑高麗丁酉立正陽諸驛敕河南宣慰司運米三十萬石給淮西合答軍仍給淮西京湖軍需有差壬寅敕和禮霍孫同館專居降附之人覲者以翰林學士承旨和禮霍孫兼會同館事以主朝廷咨訪及降臣奏請征東招討使塔匣剌請征骨嵬兒不允丙午置御藥院車駕至自上都給諸王塔察兒所部布萬疋冬十月乙卯享于太廟丙辰以西川編民東川義士軍屯田餉潼川青居戌兵敕

《元史本紀卷八》 [六]

伯顏和禮霍孫以史天澤姚樞所定新格條考行已庚申御史臺臣言沒入贓罰為鈔一千三百餘令再三審貧乏不能存者以此賑之有司斷死罪五十人詔加審覆其十三人因闕毆殺人免死充軍餘三審覆以聞禁牧地縱火以合答帶為御史大夫陞襄陽府為路罷廣寧府新僉軍初建正殿寢殿香閣周廡兩翼寶室西蜀都元帥以速苫兒與皇子奧魯赤合兵攻達都蠻擒酋長下濟等四人獲其民六百建都乃降詔賣將士有差十一月癸未命布只兒修起居注丁未大司農司言中書移文以畿內秋禾始收請禁

辰民復耕恐妨礙校帝以農事有益詔勿禁十二月
己酉朔安童等言昔博赤伯都謂總管府權太重宜
立運司并諸軍與魯以分之臣以今之民官皆例遷
徙走之壬成別立官府於民未便帝然之壬子賜襄
樊被傷軍士鈔千錠甲寅宋夏貴攻正陽淮西行院
擊走之壬申括諸色戶從之安南國王陳光昺遣使來
貢方物諸王薛闍禿以罪從軍累戰皆捷召赴闕已
已省陝州魁署以靈寶賜萬戶解汝揖銀
萬五千兩諸王孛兀兒出率所部兵與皇子北平王
西夏世官魁署朱陽二縣入覲大司農司請來

合軍討叛臣爲古伯平之賞立功將士有差賜諸王
金銀幣帛如歲例是歲諸路蟲蝻災五分霖雨害稼
九分賑米九五十四萬五千五百九十五石天下戶一
百九十六萬二千七百九十五
十一年春正月己卯朔宮闕告成帝始御正殿受皇
太子諸王百官朝賀高麗國王王禃遣其少卿李義
孫等來賀兼奉歲貢乙酉以金州招討使以功隆散
陽生燕券軍千人戍鴨池庚寅初立軍官以功陞散
官格免諸路軍雜賦以忙古帶等新舊軍一萬一千
五百人戍連都立連都寧遠都護府兼領五市監壬

底置西蜀四川屯田經署司丁酉長春宮設周天金
籙醮七晝夜救荊湖行院以軍三萬水弩砲手五千
隸淮西行院丙午彰德趙當道等以謀迤伏誅餘從
者論罪有差立于闐鴉兒看兩城水驛十三沙州北
陸驛二免于闐米王工差役阿里海牙言荊襄自古
用武之地漠水上流已為我有順流長驅宋必可平
阿术又言臣署地江淮備見宋兵弱於往昔今不耿
之時不能再帝趣召史天澤同議天澤對曰此國大
事可令重臣一人如安童伯顏都督諸軍則四海混
同可計日而待矣臣老矣如副將者猶足為之帝曰
伯顏可以任吾此事矣阿术阿里海牙因言我師南
征必分為三舊軍不足非益兵十萬不可詔中書省
僉軍十萬人二月戊申朔賜阿术所部將士及茶罕
章阿吉老者等銀鈔有差甲寅大陰犯井宿庚申新德
副元帥楊嘉元戰沒以其子襲職初立儀鸞局掌宮
門啟鑰供帳燈燭壬申造戰船八百艘於汴梁以廉
希憲為中書右丞北京等處慶行中書省事車駕幸上
都三月己卯詔以勸課農桑諭高麗國王王禃仍命
安撫高麗軍民總管洪茶丘提點農事己丑呂文煥
隨司千戶陳炎謀叛誅首惡二人其隨司軍併其妻

子皆令內徙庚寅敕鳳州經署使忻都高麗軍民總
管洪茶丘等將屯田軍及女直軍并水軍合萬五千
人戰船大小合九百艘征日本移磵門兵戍合城
辛卯改荊湖淮西二行樞密院爲二行中書省伯顏
史天澤並爲左丞相阿术爲平章政事阿里海牙爲
右丞呂文煥爲參知政事行中書省於荊湖合爲
左丞相劉整爲左丞塔出董文炳爲參知政事行中
書省於淮西遣使祀嶽瀆后土河南宣慰司言軍
興轉輸煩重宜賦軍匠諸戶權助財用從之癸巳獲
嘉縣尹常德課最諸縣詔優賞之亦乞里帶強取民
租產桑園廬舍墳墓分爲探馬赤軍牧地詔還其民
萬戶阿里必奢發李璮逆謀所殺以其子剌剌
吉襲職改金州招討司爲萬戶府遣速木咱興憨
失招諭八魯國帝師八合思八歸土番國以其弟亦
鄰真龕位建大護國仁王寺成夏四月辛亥分陝西
隴右諸州置提刑按察司治鞏昌癸丑初建東宮甲
寅誅西京訛言惑眾者括諸路馬五萬匹辛未詔安
慰斡端鴉兒看合失合兒等城賜襄樊戰死之士二
百四十九人之家每家銀百兩乙亥命也速帶兒將
千人同搬吉思所部五州丁壯戍益都五月丙戌汪

惟正以所部軍迯亡乞於民站戶選補從之敕北京
東京等路新簽軍恐不宜暑權駐上都乙未樞密院
臣言舊制蒙古軍每十八月食糧者惟捘上都二人令
遣怯薛丹合丹籍其數多籍二千六百七十人敕扶
合丹所無入宿衛謫往西川效死軍中餘定罪有差
丙申以皇女忽都魯揭里迷失下嫁高麗世子王愖
辛丑敕隨路所僉新軍其戶繇銀均配於民者並除
之六月丙午朔劉整乞益甲伏及水弩手給之庚戌
賜建都合馬里戰士銀鈔有差癸丑敕合荅選部下
蒙古軍五千人與漢軍分戍沿江堡隘爲使傳徃來
之衛仍以古不來都翟文彬率兵萬人掠荊南鴉
山以綴宋之西兵丙辰免上都隆興兩路簽軍庚申
問罪於宋詔諭行中書省及蒙古漢軍萬戶千戶軍
士曰自太祖皇帝以來與宋使介交通憲宗之世
朕以藩職奉命南伐彼賈似道復遣宋京詣我請罷
兵息民朕即位之後追憶是言命趙郝經等奉書徃聘
蓋爲生靈計也而乃執其民以致師出連年死傷相藉
係累拘屬皆彼宋自禍迷罔襄陽既降之後冀宋
悔禍或起令圖而乃執迷罔有悛心所以問罪之師
有不能已者今遣汝等水陸並進布告遐邇使咸知

之無辜之民初無預焉將士毋得妄加殺掠有去逆
效者俘戮何疑甲子分遣忙古帶八都百家奴率武
敵軍南征丙寅以合剌合孫為中書左丞崔斌叅知
政事仍行河南道宣慰司事敕有司閱覈延安新軍
貧無力者免之戊辰監察御史言江淮未附將帥關
八今首用阿里海牙忽失海牙劉整子埈素不知
兵且缺人望宜依弟男例罷去兀魯失不花同叅知
敕山北遼東道提刑按察使兀魯失不花同叅知政
事廉希憲行省北京國王頭輦哥毋署事有大事則

希憲等就議乙酉從生券軍八十一人屯田和林癸
巳高麗國王王禃薨遣使以遺表來上且言世子惶
孝謹可付後事敕同知上都留守司事張煥冊惶為
高麗國王乙未伯顏等陛辭帝諭之曰古之善取江
南者唯曹彬一人汝能不殺是吾曹彬也興元鳳州
民獻麥一莖四穗至七穗穀一莖三穗八月甲辰朔
須諸路立社稷壇壝儀式丁未史天澤言今大師方
興荊湖淮西各置行省勢位既不相下號令必不能
一後當敕事帝是其言復改淮西行中書省為行樞
密院癸丑行中書省言江漢未下之州請令呂文煥

翠其麾下臨城諭之令彼知我寬仁善遇降將亦策
之善者也從之甲寅弛河南軍器辛未高麗王
惶遣其樞密使朴璆來賀聖誕節詔太原新僉軍家
戍兩川誠可憫恤諭樞密院遣使分括廩粟給其家
九月丙戌行中書省以大軍發襄陽檄諭宋州郡官
吏將校士民癸巳師次臨山距郢州二十里宋兵十
餘萬當郢夾漢水城萬勝堡兩岸戰艦千艘鐵絚橫
江貫大艦數十遏我舟師不得下惟黃家灣有溪經
鵰子山入唐港可達于江宋又為壩築堡其麼駐兵
守之繫舟數百與壩相依伯顏督諸軍攻援之鑿壩

挽舟入溪出唐港整列而進車駕至自上都冬十月
己酉享于太廟庚申長河西千戶必剌冲票掠甲伏
集衆為亂火你赤移戍未還副元帥軍澄率屬吏赴
之帝曰澄不必獨往趣盇兵三千付火你赤合力討
之壬戌歲星犯靈壁陣乙丑伯顏督諸將破沙洋堡
生擒守將串樓王翌日次新城總制黃順縋城降伯
顏遣順招都統邊居義自焚死辛未賜北平王南木
軍蟻附而登援之居義自焚死其外堡諸
午敕西川行樞密院也速帶兒臾嘉定府癸未符寶
合馬三萬羊十萬十一月庚辰斷死罪三十九人壬

郎董文忠言比聞益都彰德妖人繼發其按察司達
魯花赤及社長不能禁止宜令連坐詔行之乙酉軍
次復州宋安撫使翟貴出降丁亥詔宋嘉定安撫兮
萬壽及九守城將納欵來降與避罪及肯主叛亡
者悉從原免癸巳東川元帥楊文安與青居山蒙古
萬戶帖木兒譯史阿里等奏沙洋新城之捷且以新
文安等金銀有差以香河荒地千頃置中衛屯伯顏
湖江興宋兵遇大破之逐拔雲安羅拱高陽城堡賜
萬戶怯烈乃也只里等會兵達州直雲安趣高陽城堡賜
城總制黃順來見賜順黃金錦衣及細甲授湖北道

宣慰使佩虎符敕京師盜詐者眾宜峻立治法召征
日本忽敦忽察劉後享三没合等赴闕壬寅安童以
阿合馬擅財賦權蠹國害民九官屬所用非人請別
加選擇其營作官殿貪緣爲姦亦宜詰問帝命窮治
之起闕南直大殿及東西殿次增選藥工八百人隸教
坊司十二月丙午伯顏大軍次漢口宋淮西制置使
夏貴都統高文明劉宣撫朱禩孫以游擊軍扼中流
之起關南直大殿萬艘分擾諸臨都統
王達守陽羅堡荊湖宣撫朱禩孫以游擊軍扼中流
師不得進用千戶馬福言自漢口開壩引船會淪河
口徑趨沙蕪遂入大江癸丑以諸路逃奴之無主者

二千人隸行工部甲寅賞忻都等征航羅功銀鈔幣
帛有差乙卯阿里海牙督萬戶張弘範等攻武磯堡
宋夏貴以兵來援阿术率萬戶晏徹児等四翼軍對
青山磯泊丙辰萬戶史格以一軍先渡爲宋荊鄂諸
軍都統程鵬飛所敗總管史塔剌渾等率眾赴敵鵬
飛敗走進軍沙洲抵觀音山夏貴東走遂破武磯堡
斬宋都統王達始達南岸巳未師次鄂州丁巳
伯顏登武磯山宋朱禩孫遁歸江陵陽軍王儀知德
宋直祕閣湖北提舉張晏然權知漢陽軍王儀知德
安府來興國並以城降程鵬飛以本軍降伯顏承制

以宋鄂州民兵總制王誼知鄂州事王儀來興國仍
舊任撤其戍兵分隸諸軍下令禁侵暴九迠民悉縱
還之以阿里海牙兵四萬鎮鄂漢伯顏阿术將大軍
水陸東下以侍衛親軍都指揮使禿滿帶爲諸軍殿
以襄陽路總管賈居貞爲宣撫使商議行中書省事
庚申淮西正陽火廬舍甲仗焚蕩無餘杖萬戶愛先
不花等有差癸亥賜大一真人李居素第一區仍賜
額曰太乙廣福萬壽宮行中書省以渡江捷聞敇縱
呂文煥隨司軍悉還家割南陽盧氏縣隸襄州置歸
德來城縣長武縣省入涇川良原縣省入靈臺是歲

天下戶一百九十六萬七千八百九十八諸路好坊
等蠱炎九九所民饑發米七萬五千四百一十五石
粟四萬五百九十九石以賑之
十二年春正月癸酉朔高麗國王王愖遣其判事
李信孫來賀及奉歲幣甲戌大軍次黃州宋汜江
降乙亥徙襄陽新民七百戶於河北東川副都元帥
都督其子嚴知城殺宋安撫使張貲招降軍民千五
置副使知黃州陳奕以城降伯顏承制授奕汜江大
百餘人繼遣元帥張桂孫署地俘總管郭武及都轄

唐惠等六人以歸賜德潤金五十兩及西錦金鞍細
甲弓矢部下將士鈔三百錠戊寅劉鼇卒安西王相
府乞給鈔萬錠為軍需勅以千錠給之癸未師次薊
州宋安撫使管景模以城降乙酉敕樞密院以納忽
帶兒也速帶兒所統戍軍及再簽登萊丁壯八百人
付五州經署司其鄰城十字路亦聽經署司節度丙
戌大軍次江州曹明以城降丁亥樞密院臣言宋邊郡
西路六安軍明以城降丁亥樞密使知江州錢真孫及淮
如嘉定重慶江陵郡州連海等慶皆阻兵自守降
單書招諭從之宋知南康軍葉閶以城降敕以侍衛

親軍指揮使札的失囊加帶將蒙古軍二千百家奴
唐古忽兀兒漢軍萬人赴紫州禿滿帶賈忙古帶
後將餘兵赴闕巳丑遣伯木唐永堅等詔招諭鄓州
仍敕襄陽統軍司調兵三千入衛送求選蒙古
畏吾漢人十四人赴行中書省首為新附州郡民官庚
寅遣左衛指揮副使鄭溫唐古帖木兒率衛軍萬人
屬州郡城寨官吏軍民詔諭重慶府制置司并所
居貞簽書行中書省事民舉城歸附壬辰以宣撫使以
舊制籍戶設達魯花赤簽軍立站輸租及歲貢等事

諭之乙未遣兵部尚書廉希賢工部侍郎嚴忠範秘
書監丞柴紫芝奉國書使于宋丁酉以萬家奴所募
顧為軍者萬人南征巳亥雲南總管信苴日石買等
剌殺合剌章舍里威之為亂以金賞之命土魯至
雲南趣阿魯帖木兒入覲以擒亮未附者尚多命宣
慰司兼行元帥府事並聽行省節度置郡縣尹長選
廉能者任之置雲南諸路規措所以贍思恩行省
衛送唐永堅兵求堅求拜都忙古帶偕行許之敕追
諸王海都八剌金銀符三十四二月癸卯大軍次安
慶府宋殿前都指揮使知安慶府范文虎以城降伯

顏承制授文虎兩浙大都督甲辰以中書右丞博魯
歡為淮南都元帥中書右丞阿里左右副都元帥仍
命阿里撒吉思等各部蒙古漢軍會邳州又綴斬宿
戎兵將河南戰船千艘赴之遣必闍赤亦乞羅檢覈西
夏權課命開元宣撫司賑吉里迷新附饒民敕畏吾
地春夏母獵孕字野獸立后土祠于平陽之臨汾伏
義女媧舜湯河瀆等廟于河中解州洪洞趙城丙午
大軍次池州宋權州事趙卯發自經死都統制張林
以城降省西夏中興都轉運司入總管府議以中統
鈔易宋交會幷發蔡州鹽貿易藥材丁未禁無籍自

效軍俘掠新附復業軍民戊申詔諭江黃鄂岳漢陽
安慶等處歸附官吏士民軍匠僧道人等令農者就
未商者就塗士庶緇黃各安已業如或鎮守官吏妄
有搔擾詰行中書省陳告史天澤卒召游顯楊庭訓
赴闕賜陳言人霍昇張和鈔十錠俾從淮東元帥府
南征庚戌遣禮部侍郎杜世忠兵部郎中何文著資
書使日本國辛亥遣同知濟南府事張漢英持詔諭
淮東制置使李庭芝王子洺磁路總管姜毅捕獲農
民郝進等四人遣袄言眾敕誅進減死流遠方
蒙都督賈似道道計議宋京承宣使阮思聰詰行中

書省請還已降州郡約貢歲幣趙伯顏使囊加帶同阮
思聰還報命留宋京以待使謂似道曰未渡江時入
貢議和則可今沿江諸郡皆已內屬欲和則當來面
議也囊加帶還乃輝宋京以同僉樞密院事倪德政
赴鄂州省治財賦還乃輝宋京以前南京路總管
田大成以其弟婦趙氏為妻媵趙氏八十兩辰
年不齒時大成已死惟市杖趙氏八十三
魯召鄂漢降臣張晏然等赴闕仍論之曰朕實非
元帥府日本戰功矢鞴勤庚申遣塔不帶省卿所
奏云宋之權臣不踐舊約拘留使者實非宋主之罪

僭蒙聖慈止罪擅命之臣不令趙氏之祀者卿言良
是卿既不進我家比卿奏上已遣伯
顏按兵不進仍遣兵部尚書廉希賢等持書往使果
能悔過來附既往之懲朕復何究至於權臣賈似道
尚無罪朕之心況肯令趙氏之祀乎若其執迷送闕
未然之事朕將何言天其鑒之辛酉以闍闍出率其
部下軍千人及親附軍五百聽阿剌海牙節制几湖
南州縣及瀬水之民有來附者俾闢闊出統之拒敵
不降者就為招集詔令大洪山避兵民還歸漢陽後
業農廠命阿剌海牙鎮守之又命阿失罕唐永堅暮

公直等與脫烈將甲騎千人持詔招諭鄂州大軍次
丁家洲戰船蔽江而下宋賈似道分遣步師孫虎臣
及督府御制軍馬蘇劉義集兵船于江之南北岸似
道與淮西制置使夏貴將後軍戰船二千五百餘艘
橫亘江中翌日伯顏命左右翼萬戶率騎兵夾岸而
進繼命舉巨砲擊之宋兵陣動夏貴先遁似道錯愕不
失錯鳴鉦斥諸軍散宋兵遂大潰阿术與鎮撫何瑋
李庭等舟師及步騎追殺百五十里得船二千餘艘
及軍資器仗督府圖籍符印
花言夏貴縱北軍岳全還稱欲內附宜降璽書招諭

遂遣其拽胡應雷持詔往諭之甲子大軍次蕪湖縣
宋江東運判知太平州孟之縉以城降都元帥博魯歡
歡次海州知州丁順以城降乙丑阿里海牙言江陵
宋巨鎮地居大江上流屯猛兵不啻數十萬若非乘
此破竹之勢取之江水泛溢鄂漢之城亦恐難守從
其請仍降璽書遣使諭江陵府制置司及高達知
官吏軍民宋福州團練使知特摩道事農士貴率知
那寡州農天或知阿吉州農昌成知上林州農道賢
州縣三十有七戶十萬諸雲南行中書省請降丙寅
樞密院言渡江初亳州萬戶史格毗陽萬戶石抹紹

祖以輕進致敗乞罪之有旨或決罰降官或以戰功
自贖其從行省裁廬庚禁民間賭博犯者流之北地戊
辰師次采石鎮知和州王善以城降都元帥博魯歡
次池州宋知州孫嗣武以城降已巳復遣伯木兒唐永歡
堅等宣諭鄂州官吏士庶權兵馬司事徐王榮翁福
江制置使趙溍南走都統王榮以城降宋賈似道至揚州始
茅世雄等及鎮軍曹旺以城降宋賈似道至揚州始
遣總管叚佑送國信使郝經劉人傑等來歸敕樞密
院迎經等由水路赴闕詔安南國王陳光昺仍以舊
制六事論之趣其來朝命怯薛丹蔡罕不花侍儀副

使闊思義真人李德和代祀嶽瀆后土車駕幸上都
三月壬申朔宋鎮江府馬軍總管石祖忠以城降行
中書省分遣淮西行樞密院阿塔海駐京口宋誅殿
帥韓震其部將李大明等二百人攜震母妻并諸子
文焻文炳自臨安來奔甲戌宋江陰軍僉判李世侑
以城降乙亥諭樞密院比遣達都付以璽書安集
長河西以副都元帥火你赤征
其民仍遣所部蒙古軍從西平王奧魯赤征吐蕃命萬
吉分遣所部蒙古軍從西平王只必帖木兒駙馬長
執中唐永堅同前所遣阿失罕等將銳兵千人同往

招諭郢州已降則從陸路與阿里海牙忽不來會於荊南丙子國信使廉希賢等至建康傳旨令諸將各守營壘毋得妄有侵掠宋知滁州王文虎以城降戊寅賜皇子安西王幣帛八千四絲萬斤乙卯改平陰縣新鎮寨為肥城縣隸濟寧府庚辰宋知寧國府顏紹卿以城降江東路置懷遠軍靈武二縣分廬新民四千八百餘戶丙戌宋常州安撫戴之泰通判王虎臣以城降國信使廉希賢嚴忠範等至

甲申於中興路置府二州五軍二縣四十三戶八十三萬一千八百五十二口一百九十一萬九千一百

宋廣德軍獨松關為宋人所殺丁亥免諸路軍雜賦辛卯宋將高世傑復擾岳州賀知州孟之紹妻子又取復州降將翟貴妻子送之江陵世傑會郢復岳三州及上流諸軍戰船列而陣阿里海牙督諸翼萬戶及辰阿里海牙以軍屯于東岸世傑夜半遁去黎明至洞庭湖口兵船數千艘兵數萬人扼荊江口壬水軍張榮實解汝楫等逐世傑干湖口之夾灘遣郎中張鼎召世傑降阿里海牙以世傑招岳州孟之詔亦以城降以世傑力屈而降誅之賜北平王南末合所部馬二千一百八十羊三百癸巳敕鄆城沂

州十字路戍兵從博魯歡征淮南丙申側布蕃官稅昔礁州蕃官莊寮男車甲等率四十三族戶五千一百六十詣四川行樞密院來附戊戌遣山東路經畧使王儼成岳州庚子從王磐寶默等請分置翰林院專掌蒙古文字以翰林學士承旨兼修國史典制誥翰林學士承旨兼國史院仍舊纂修國史典制誥問以其有功者及陣亡者金銀鈔幣帛各有差乙巳改西夏中興道按察司為隴右河西道丙午立漣州新城阿术分兵取揚州夏四月壬寅朔賞討長河西必刺充有功者及陣亡者

清河三驛阿里海牙駐軍江陵城南沙市攻其柵破之知荊門軍劉懋降丁未阿里海牙遣郎中張鼎齋詔入江陵宋荊湖制置朱禩孫湖北制置副使高達京西湖北提刑青陽夢炎李湜始出降阿里海牙入江陵分道遣使招諭未下州郡知峽州趙真知歸州趙仟權知澧州安撫毛浚常德府新城總制魯希舊城權知府事周公明等悉以城降五郡鎮撫使呂文福使降甲寅諭中書省議立登聞鼓如為人殺其父母兄弟夫婦冤無所訴聽其來擊其或以細事唐突者論如法辛酉宋郢州安撫趙孟

復州安撫瞿貴以城降宋度支尚書具俊移書遠廉
徐王榮等述其丞相陳宜中語請罷兵通好伯顏遣
中書議事官張羽淮西行院令史王章同宋所殺馬
阿术師駐瓜洲距揚州四十五里宋淮東制置司盡
駆持徐王榮復書至平江府驛亭悉為宋所殺癸亥
楚城中廬舍遷其居民而夫阿术創立樓櫓戰具以
守之丙寅立尚牧監賜降臣丁順等衣服免京畿百
大夫罷隨路巡行勸農官以其事入提刑按察司括
姓今歲絲銀丁卯以大司農御史中丞亭羅為御史
諸寺閫遺人口庚午以高達為叅知政事仍詔慰諭

之遣兵部郎中王世英刑部郎中蕭郁持詔召嗣漢
四十代天師張宗演赴闕五月辛未朔阿里海牙以
所俘童男女千人牛萬頭來獻樞密院言峽州宜以
戰船扼其津要又鄖二州戍兵不足今擬襄陽等
慶選五千七百人隸行中書省聽阿里海牙調遣從
之詔中書右丞廉希憲叅知政事脫博忽魯花行
中書省于江陵府阿里海牙立襄陽至荊南
三驛丁丑阿木立木柵于楊子橋斷淮東粮道且為
瓜州藩蔽庚辰詔諭叅知政事高達曰昔我國家出
征所獲城邑即委而去之未嘗置兵戍守以此連年

征伐不息夫爭國家者取其土地人民而已雖得其
地而無民其誰與居今欲保守新附城壁使百姓安
業力農蒙古人未之知也爾熟知其事宜加勉旃湖
南州郡皆汝舊部曲未歸附者何以招懷生民何以
安業聽汝為之宋嘉定安撫萬壽遣部將李立奉
書請降言累負罪愆乞加赦免詔遣使招諭之辛巳
宋知辰州呂文興與黃仙洞行隋州事傅安國仙人寨
行均州事徐鼎知荊南湖北路兑得府三州十一軍
李鑑等皆以城降荊南湖北路
四縣五十七戶八十萬三千四百一十五口一百九

十四萬三千八百六十丙戌以三衛新附生券軍赴
八達山屯田丁亥召伯顏赴闕以蒙古萬戶阿剌罕
權行中書省事遣肅州達魯花赤阿沙毀河西軍萬
戶愛先不花違伯顏節制擅撤戍兵詔追奪符印使
從軍自效淮東宣撫陳巖乞解官終喪三年不許壬
辰屠宋都統制劉師勇殿帥張彥攉使呂文福來降
嚴屠牛馬之禁庚寅宋五郡鎮撫使呂文福來降
國王王惜招珍島餘黨之在眈羅者六月庚子朔日
有食之宋嘉定安撫呰萬壽以城降賜名順癸卯
遣兩浙大都督范文虎持詔往諭安豐壽州招信五

河等慮鎮戍官吏軍民遣刑部侍郎伯術諭朱禩孫
以年老多病不任朝謁權留大都無自疑懼諭廉希
憲等元帥阿刺罕爲行中書省叅知政事獲
赴都甲辰以萬戶阿刺罕爲行中書省叅知政事獲
知開州張章赦其罪章二子柱楣先來降以其家
免死赦失里伯史摳率軍襄陽熟券軍二十獵戶丁壯
二千同范文虎招安豐軍各賜馬十四其故曾從戊申
相陽天潭西京延安里伯史延安路達魯花赤男爲軍辛亥賞
簽平陽西京所部獲功建都者三十五人銀鈔有差定
諸王兀魯所部獲功建都者

兀魯衛士人各馬二疋從者一四敕淮東元帥府發
兵及鄂州戍兵與李壇舊部曲并前河南已簽軍萬
人後免爲民者復籍爲兵並付行中書省戊午詔遣
使招諭宋四川制置趙定應比者畢再興青陽夢炎
赴闕面陳蜀閫事宜奏請緩師令自納欵姑從所請
今遣再興宣布大信若能順時達變可保富貴毋爲
塗炭生靈自貽後悔庚申遣重慶府招討使畢再興
赴招諭宋合州卸使張珏江安潼川安撫張朝宗
持詔招諭宋立衆山軍防禦馬塈辛酉宋潼川安撫
涪州觀察陽立衆山軍防禦馬塈辛酉宋潼川安撫
使知江安州梅應春以城降乙丑以連海新附丁順

等括船千艘送淮東都元帥府丙寅宋揚州都統姜
才副將張林步騎二萬人乘夜攻揚子橋木柵守柵
萬戶史弼來告急阿術自瓜洲以兵赴之詰旦至柵
下才軍夾水爲陣阿術麾騎兵渡水擊之阿術不動
阿術軍引却才軍來逼我軍與力戰才僅以身免生擒張林遂走阿
塵步騎並進大敗之才復帥兩軍斬首萬
八千級戊辰敕出率阿塔海也速帶兒兩軍赴連
水以遮攔阿塔國達魯花赤罷山東經畧司秋七
月庚午朔阿術集行院諸翼萬戶兵船于西津渡宋沿江
海董文炳集行院諸翼萬戶兵船于西津渡宋沿江

制置使趙溍樞密都承旨張世傑知泰州孫虎臣等
陳舟師于焦山南北阿術分遣萬戶張弘範等以拔
都兵船千艘西掠珠金沙辛未阿術阿塔海登南岸
石公山指授諸軍水軍萬戶劉琛備江南岸東趨夾
灘繞出敵後董文炳直抵焦山南麓以搤其右招討
使劉國傑趣其左萬戶忽刺出攝其中張弘範自上
流繼至趣焦山之北大戰自辰至午呼聲震天地來
風以火箭射其篷宋師大敗世傑虎臣等皆遁走
迤至圌山獲黃鵠白鷂船數百艘宋人自是不復能
軍翌日宋平江都統劉師勇殿師張彥以兩浙制司

《元史本紀卷八》

軍至吕城後為阿塔海行院兵所敗壬申簽雲南落落蒲納烘等慶軍萬人隸行中書省癸酉太白犯井詔取茶罕章未附種落丁丑立衛州至楊村水驛五己卯增置燕南河北道提刑按察司以蔡州帶蒙古軍四百隸阿里海牙漢軍六百從萬戶宋都帶趙將南搜訪儒醫僧道陰陽人等敕左丞相伯顏率諸將直趨臨安右丞阿里海牙取湖南蒙古萬戶宋都帶漢軍萬戶武秀張榮實李恒兵部尚書呂師夔行都西壬午遣使招宋淮安安撫使朱煥癸未詔遣使江元帥府取江西罷淮西行樞密院以右丞阿塔海叅政董文炳同署行中書省事辛卯太陰犯畢甲午遣使持詔招諭宋李庭芝及夏貴以伯顏為中書右丞相阿术為中書左丞相八月己亥北京西京陝西等路令歲絲銀癸卯伯顏陛辭南行奉詔諭宋君臣相率來附則趙氏族屬可保無虞宗廟悉許如故授故奉使大理王君侯子如珪正八品官己未升任城縣為濟州辛酉車駕至自上都丙寅高麗王王愖遣其樞密副使許琰將軍趙珪來賀聖誕節九月己巳太白犯少民庚午阿合馬等以軍興國用不足請後立都轉運司九量增課程元額鼓鑄鐵器官為局賣

《元史本紀卷八》

禁私造銅器乙亥賞清河新城戰士及死事者銀千兩鈔百錠賜西平王所部鴨城戍兵人馬三四丁丑以襄陽官牛五千八百賜貧民弛河南饑馬之禁賜東西川屯戍蒙古軍糧鈔有差戊寅諭太常卿合丹去冬享太宮敕牲無用牛今其後之己卯太白犯太徴西垣上將壬午阿术築灣頭堡乙酉罷襄陽統軍司甲午宋揚州都統姜才將步騎萬五千人攻灣頭堡阿术阿塔海敗之賞淮安招討使乞里迷失爲御有功將士錦衣銀鈔有差丙申以王昔帖木兒爲御史大夫括江南諸郡書版及臨安秘書省乾坤寶典等書冬十月戊戌朔享于太廟辛丑弛北京義錦等慶獵禁癸丑太陰犯畢十一月丁卯阿剌罕率步騎攻潭州乙亥伯顏分軍為三趨臨安阿剌罕率步騎自建康泗安廣德以出獨松嶺董文炳率舟師循海趨許浦澉浦以至浙江阿塔海由中道節度諸軍期並會于臨安丙子宋權融宜欽三州總管岑從毅沿邊巡檢使廣西節制軍馬李維屏等諸雲南行中書省降丁丑阿合馬奏立諸路轉運司九十一所己卯宋都帶等軍次隆興府繫以城降都元帥府檄諭江西諸郡相繼歸附得府

軍登城四面並進拔其城劉師勇變服脫身騎南走改
順天府爲保定府樞密院言兩都平灤獵戶新簽軍
二千皆貧無力者宜存恤其家又新附郡縣有既降
復叛及糾衆爲盜犯罪至死者既巳欽伏乞聽權宜
處決皆從之中書省臣議斷死罪詔令後殺人者死
問罪狀巳白不必待時即行刑其奴婢殺主者具
五刑論乙酉阿剌罕克廣德趙獨松關丙戌太陰犯
軒轅大星巳丑遣太常卿合丹以所獲塗金爵三獻

《元史本紀卷八》　廿九

于太廟庚寅伯顔遣降人游介寶奉璽書副本使于
宋仍以書諭宋大臣甲午以高麗國官制僭濫遣使
諭旨凡省院臺部官名爵號與朝廷相類者改正之
十二月戊戌填星犯亢巳亥僉書四川行樞密院事
有緝化之心又播州安撫楊邦憲思州安撫田景賢
各順言紹慶府施州南平及諸蠻呂告馬蒙阿永等
未知逆順乞降詔使之自新並許世紹封爵從之辛
丑董文炳軍次許浦宋都統祁安以本軍降宋主
爲書介國信副使嚴忠範姪煥請和甲辰伯顔次平
江府宋都統王邦傑以城降乙巳免江陵等處今歲

田租丁未改諸站提領司爲通政院戊申中書左丞
相忽都帶兒與内外文武百寮及緇黃耆庶請上皇
帝尊號曰憲天述道仁文義武大光孝皇帝皇后曰
貞懿順聖昭天臨文光應皇后不許太陰犯畢庚子
宋主復遣尚書夏士林右史陸秀夫奉書稱姪乞和
西川瀘溪知縣趙龍遣間使入宋敕流遠方籍其家
癸亥敕樞密院靖州既降復叛命甲子峇宋國主書令其
判李信家屬并叛者赴都甲子峇宋國主書令其
來降丙寅阿剌罕軍次安吉州宋安撫使趙與可以
城降升高麗東寧府爲路劉江東南康路隸江西省

《元史本紀卷八》　三十

置馬湖路總管府省重慶路隆化縣入南川灣州海
山縣入昌黎縣復華州鄭縣是歲衛輝太原等路旱
河間霖雨傷稼凡賑米三千七百四十八石粟二萬
四千二百六石天下戶四百七十六萬四千七十七
斷死罪六十八人

本紀卷第八

翰林學士承旨榮祿大夫知
制誥兼修國史　制誥兼　翰林侍制
制誥兼　國史　總管官臣王構等奉
敕修

《元史本紀卷第九》　一

世祖六

十三年春正月丁卯朔克潭州宋安撫使李帝盡室
自焚死阿里海牙分遣官招徠未附者旬日間湖
南州郡相繼悉降得府一州六軍二縣四十戶五十
六萬一千一百一十二口百五十三萬七千七百四
十伯顏軍次嘉興府安撫劉漢傑以城降董文炳軍
至乍浦宋統制官劉英以衣軍降辛未董文炳軍至

海鹽知縣事王與賢及澉浦鎮統制胡全福建路馬
步軍總管沈世隆皆降壬申改都統司爲通政院
以元良合帶將領之立回易庫于諸路凡十有一掌
市易幣帛諸物敕大都路總管府和顧和買權豪興
民均輸笑酉宋柏陳宜中遣軍器監劉庭瑞賞宋興
稱藩表章詣軍前稟議又致宜中等書于伯顏
以書路巷之乙亥詔諭四川制置使趙文義即董文忠請貪病
都等路獵戶戍大洪山之東符寶即董文忠請貪病
者勿徒從之宋復遣監察御史劉臣賞宋主釋藩表
至軍前且致書伯顏爲宗社生靈請命丙子賞合兒

《元史本紀卷第九》　二

會帶所部將士征建都功銀鈔錦衣丁丑宋遣都統
洪模賞陳宜中吳堅等書請俟宗長福王至同詣軍
前戊寅伯顏以軍出嘉興府留萬戶忽都虎千戶王
禿林察戍之劉漢傑仍爲其府安撫使辛巳命雲南
行省給建都屯軍弓矢軍次崇德縣宋遣侍郎劉庭
瑞都統洪模來迂行都元帥府宋遣侍郎柳岳正言
建昌撫州等郡雖附而閩廣諸州尚阻兵乞增兵進
討救以襄漢軍四千俾將之壬午軍次長安鎮董文炳
以兵來會宋陳宜中吳堅等遣約不至癸未軍次臨平
鎮甲申次高亭山阿剌罕以兵來會宋主遣其保康
軍承宣使尹甫和州防禦使吉甫等賞傳國璽及
降表詣軍前其辭曰大宋國主㬎謹百拜奉表于大
元仁明神武皇帝陛下昨遣侍郎柳岳正言洪
雷震捧表馳詣闕庭敬伸甲悃伏計已徹聖聽臣眇
焉幼冲遭家多難權奸似道背盟誤國臣不及知至
勤興師問罪宗社危急生靈可念臣與太皇日夕憂
懼非不欲遷辟以求兩全實以百萬生民之命寄臣
一身今天命有歸臣將焉往惟是世傳之鎮實不敢
愛惜謹奉太皇命戒痛自貶損削以兩浙福建
江東西湖南北二廣四川見在州郡謹悉奉上聖朝

【上半葉】

為宗社生靈祈命哀請命欲望聖慈垂哀祖母太后毫
及卧病數載臣黨熒在疚情有足矜矜不忍臣祖宗三
百年宗社則遷至殞絕曲賜裁廩賜與存全大元皇帝
再生之德則趙氏子孫世世有賴不敢弭忘臣無任
感天望聖激切屏營之至伯顏既受降名宰相出議降
囊加帶以趙尹甫賈餘慶等還臨安名宰相重復遣
俊來報宋陳宜中張世傑蘇劉義劉師勇等挾益廣
二王出嘉會門渡浙江遁去惟太皇太后嗣君在宮
事乙酉師次臨安北十五里囊加帶洪模以總管殷
伯顏丞使諭阿剌罕董文炳范文虎率諸軍先懍守

元史本紀卷第九　三

錢塘口以勁兵五千人追陳宜中等過浙江不及而
還丙戌伯顏下令禁軍士入城邊者以軍法從事遣
呂文煥賣黃榜安諭臨安中外軍民俾按堵如故時
宋三司衛兵白晝殺人張世傑部曲尤橫閭里小民
乘時剽殺令下民大悅伯顏又遣宣撫程鵬飛計議
孫鼎亨囊加帶洪君祥入宮又令謝氏丁亥雲
南行省賽典赤以改定雲南諸路名號來上又言雲
南賈易與中州不同鈔法實所未諳莫若以交會賕
子公私通行廢為民便並從之戊子中書省臣言王
孝忠等以罪命柱八岱山採寶玉自效道經沙州值

【下半葉】

火忽叛孝忠等自拔來歸令於瓜沙等處屯田從之
大名路達魯花赤小鈐部坐姦贓伏誅沒其家宋主
祖母謝氏遣其丞相吳堅文天祥樞密謝堂安撫賈
餘慶中貴鄧惟善來見伯顏於明因寺伯顏顧文天
祥舉偕來使賈餘慶復往易之已丑軍次湖州市
洪君囊加帶仍書宋號遣程鵬飛
羈留軍中且以其降表不稱臣仍書臣言赴闕敕高麗
遣千戶囊加帶省掾王祐賞傳國璽赴闕敕高麗
國以有官子弟為質中書省臣言賦民舊籍已有
定額至元七年新括協濟合併戶為數凡二十萬五

元史本紀卷第九　四

千一百八十敕減今歲絲賦之半庚寅伯顏建大將
旗鼓率左右翼萬戶巡臨安城觀潮浙江於是宋宗
室大臣以次來見暮還湖州市辛卯張弘範孟祺程
鵬飛賞所易宋主稱臣降表至軍前甲午復薊州平
谷縣立隨路都轉運司仍詔諭諸慶管民官以羲吉
刺帶丑漢所部軍五百戌哈荅城不吉帶所部軍六
百移戌建都其兀兒禿唐忽軍前在建都者並遣還
翼安濟州漕渠以真定總管昔班為中書右丞二月
丁酉詔劉頗程德輝招淮西制置使夏貴已亥克臨
江軍庚子宋主昺率文武百僚詣祥曦殿望闕上表

乞為藩輔遣右丞相兼樞密使謝堂
端明殿學士僉書樞密院事家鉉翁
同僉書樞密院事劉岊奉表以聞宋主祖母太皇太后亦奉
表及牋是日宋文炳以其職來見行省承制以臨
安為兩淛大都督忙古帶范文虎入城視事辛丑
伯顏等入城督董文炳左右司官石天麟楊珪等
入城取軍民錢穀之數閱實倉庫收百官誥命符
印悉罷宋官府散免侍衛軍宋主顯遣其右丞相
賈餘慶等充祈請使詣闕請命右丞相賈餘慶等充
行中書省

右丞相伯顏等以宋主顯舉國內附具表稱賀兩淛
路得府八州六軍一縣八十一戶二百九十八萬三
千六百七十二口五百六十九萬二千六百五十丁
未詔諭臨安新附府州司縣官吏士民軍卒人等曰
間者行中書省右丞相伯顏遣使來奏宋母后幼主
暨諸大臣百官已於正月十八日齎重綬奉表降附
朕惟自古降王必有朝覲之禮已遣使特徃迎致爾
等各守職業其勿妄生疑畏凡歸附前犯罪悉從原
免公私逋欠不得徵理應抗拒王師及逃亡嘯聚者
並赦其罪百官有司諸王邸第三學寺監祕省史館

及禁衛諸司各宜安居所在山林河泊除巨木花果
外餘物權免徵稅祕書省圖書太常寺祭器樂器法
服樂工鹵簿儀衛宗正譜牒天文地理圖冊凡典故
文字并戶口版籍盡仰收拾前代聖賢之後高尚儒
醫僧道卜筮通曉天文曆數并山林隱逸名士仰所
在官司具以名聞名山大川寺觀廟宇并前代名人
遺迹不許拆毀鰥寡孤獨不能自存之人量加賑給
伯顏就遣宋內侍王埜入宮收宋國袞冕圭璧符璽
及宮中圖籍寶玩車輅輦乘鹵簿麾伏等物戊申立
淛東西宣慰司於臨安以戶部尚書麥歸祕書監焦

友直為宣慰使吏部侍郎楊居寬同知宣慰司事並
兼知臨安府事乙卯詔諭淮東制置使李庭芝淮西
制置使夏貴及所轄州軍縣鎮官吏軍民丁巳命焦
友直括宋祕書省禁書圖籍戊午祀先農東郊淮西
制置夏貴以淮西諸郡來降唯鎮巢軍復叛貴遣使
招之守將洪福殺其使貴親至城下福始降阿木斬
之軍中淮西路得府二州六軍四縣三十四戶五十
一萬三千八百二十七口一百二萬一千三百四十
九庚申名伯顏偕宋君臣入朝辛酉車駕幸上都設
資戒大會于順德府開元寺伯顏遣不伯周青招泉

州滿壽庚歲兄弟甲子董文炳唉都發宋隨朝文
士劉襄然及三學諸生赴京師太學生徐應鑣父子
四人同赴井死帝既平宋名宋諸將問曰爾等何降
之易耶宋有強臣賈似道擅國柄每優禮文士
而獨輕武官臣等父積不平心離體解所以望風而
景靈宮禮樂器冊寶曁郊天儀仗及祕書省國子監
書監事伯顏入臨安遣郎中孟祺籍宋太廟四祖殿
之輕汝也固宜三月丁卯命樞密副使張易蕪知祕
似道一人之過耳且汝主何負焉正如所言則似道
送欵也帝命董文忠答之曰借使似道實輕汝曹

國史院學士院太常寺圖書祭器樂器等物戊辰括
江南已附州郡軍器甲戌阿木遣使報盧州夏貴已
降文天祥自鎮江遁去之弗獲荊湖南路行中書
省言潭州既定湖南州郡降者相繼即分命諸將鎮
守其地從之宋福王與芮自溧東至伯顏軍中以獨
松關守將張濡嘗殺奉使廉希賢斬之籍其家乙亥
伯顏等發臨安丁丑阿塔海阿剌罕董文炳詣宋主
官趣宋主㬎同太后入觀郎中孟祺奉詔宣讀至免
繫頸牽羊之語太后全氏聞之泣謂宋主㬎拜畢
子聖慈活汝當望闕拜謝宋主㬎拜畢母皆肩輿

出宮唯太皇太后謝氏以疾留戊寅敕諸路儒戶通
文學者三千八百九十並免其徭役其富實以儒戶
避役者爲民貧乏者五百戶並隷太常寺敕淮西盧州
置總管萬戶府以中書右丞河南等路宣慰使合剌
合孫襄陽管軍萬戶府以中書右丞河南等路宣慰
宋玉璽來上乙酉顎吉袞南四郡內附庚辰曩郡以
王爪昔班爲戶部尚書閏月丙申置宣慰司於濟寧
右丞都銀印敕上都和顧和買並依大都例以中書
路掌印造交鈔供給江南軍儲以前西夏中興路行
中書省事暗都剌即思大都路總管張守智並爲宣

慰使東川行樞密院總帥汪惟正略地涪州克山寨
谿洞凡二十有三所丁酉召湖廣阿里海牙忽都帖
木兒赴闕令脫忽撒魯禿花崔斌並畱後鄂州辛亥
命副樞張易遣宋降臣吳堅夏貴等赴上都戊午淮
西萬戶府招降方山等六寨甲子禁西番僧持軍器
以中書省左右司郎中郝禎僉知政事夏四月乙丑
朔阿木以宋高郵寶應嘗餽餉揚州遣蒙古軍將苦
徹及史弼等守之別遣都元帥宇魯歡等攻泰州之
新城丁卯賜諸王都魯金印戊辰以河南兵事未息
開元路民饑並弛正月五月屠殺之禁庚午敕南商

貿易京師者毋禁辛未行江西都元帥宋都帶以應
詔儒生醫卜士鄭夢得等六人進敕隸祕書監丙子
省東川行樞密院及成都經略司以其事入西川行
院復石人山寨居民于信陽軍免大都醫戶至元十
二年絲銀已卯以侍衛親軍征成都歲父放令還家期
六月各歸其軍庚辰以水達達分地歲輸皮革自今
並入上都壬午召嗣漢天師張宗演赴闕乙酉召昭
文館大學士姚樞翰林學士王磐翰林侍講學士徒
單公履赴上都庚寅修太廟以北京行中書省省廉希
憲為中書右丞行中書省事于荊南府五月乙未朔

伯顏以宋主㬎至上都制授㬎開府儀同三司檢校
大司徒封瀛國公以平宋遺官告天地祖宗於上都
之近郊遣使代祀嶽瀆已亥伯顏請罷兩淛宣慰司
以忙古帶范文虎仍行兩淛大都督府事從之庚子
定度量壬寅宋三學生四十六人至京師癸卯復近
莒膠宷宷海五州所括民為防城軍者為民免其租
徭二年乙巳賜伯顏所部有功將校銀二萬四千六
百兩阿木遺總管陳傑攻援泰州之新城遣萬戶烏
馬兒守之以偏裨泰州丁未宋揚州都統姜才攻灣頭
堡阿里別擊走之殺其步騎四百人右衛親軍千戶

董士元戰死戊申宋馮都統等自真州率兵二千戰
舡百艘襲瓜州阿木遺萬戶昔里罕阿塔赤等出戰
大敗之追至珠金沙得舡七十七艘馮都統等赴水
死玫博州為東昌路己酉括獵戶鷹坊戶為兵乙卯
靖州張存判及李信李發焚其城退保飛山新城行
中書省發兵攻殺之徙其黨及家屬千大都宋江西
府請頒詔招合州張珏不從癸亥陞異樣局為總管
府秩三品六月甲子朔敕新附三衛兵之老弱者放
還其家已巳以孔子五十三世孫曲阜縣尹孔治無

制置黃萬石率其軍來附敕令入覲辛酉宋王相
權主祀事命東征元帥府選襄陽生券軍五百文侍
衛軍置行戶部于大名府掌印造交鈔通江南貿易
庚午敕西京僧道也里可溫荅失蠻等有室家者與
民一體輸賦辛未命阿里海牙出征廣西請益兵選
軍三萬俾將之壬申罷兩淛宣慰司以行省官為之
於鄂州臨安設諸路宣慰司甲戌以大明曆浸差命
街其立行省者不立宣慰司
太子贊善王恂與江南日官置局更造新曆以樞密
副使張易董其事易恂奏今之曆家徒知曆術罕明
厤理宜得耆儒如許衡者商訂詔衡赴京師宋揚州

姜才夜率步騎數千趨
斬首百餘級獲馬四十四詰旦阿里都督陳巖以灣
頭堡兵邀其後伯顏察兒踵至所將皆阿木廕下兵
姜才軍遙望旗幟丞遂大破之獲米五千餘石阿
术又以宋人高郵水路不通必由陸路餽運千戶
先忽都以千騎邀之數日米運果來殺負米卒數千
覆米三千石戊寅詔作平金平宋錄及諸國臣服傳
記仍命平章軍國重事耶律鑄監修國史戊子樞密
院上言陳宜中張世傑等聚兵福建以攻我師江西都
元帥宋都帶求援命以安慶蘄黃等郡宿兵付宋都

【元史本紀卷九】 十一

帶將之已丑宋都帶言福建魏天祐游義榮棄家來
附以天祐為管軍總管無知邵武軍事義榮遷授建
寧路同知克管軍千戶壬辰下詔招諭宋揚州制置
李庭芝以次軍官及通泰真滁高郵大小官負又詔
諭陳宜中張世傑蘇劉義等勇使降李庭芝留
朱煥守揚州與姜才率步騎五千東走阿木親率百
餘騎馳去督右丞阿里萬戶劉國傑分道追及泰州
西殺步卒千人庭芝等僅得入遂築長圍塹而守之
阿木獨當東南面斷其走路以戶部尚書張塰僉知
政事行中書省事于北京秋七月乙未行中書省左

右司郎中孟祺以亡宋金玉寶及牌印來上命太府
監收之丙申淮安寶應民流寓邳州者萬餘口聽還
其家丁酉宋涪州觀察陽立子嗣榮請降詔招諭其
父從之戊陸闐州等府敕山丹城直隸省部
以達魯花赤行省江府等大小州城官吏使降
將李承慶等鈙馬衣服甲伏有差乙巳朱煥以揚州
降丁未詔諭廣西路靜江府浮鷄泊漕渠迴遠政
甲寅賜諸王孛羅印以揚村至
從孫家務乙卯宋泰州守將孫良臣與李庭芝姜才
辛劉發鄭俊開北門以降執李庭芝姜才繫揚州獄

【元史本紀卷九】 十二

慶相繼來附淮東路得州十六縣三十三戶五十四
丙辰阿木以總管烏馬兒等守泰州其通滁高郵等
萬二千六百二十四口一百八萬三千二百一十七
遣使持香幣祠嶽瀆后土以中書右丞阿里海牙為
平章政事簽書樞密院事淮東行樞密院別乞里迷
左副都元帥塔出兩淛大都督范文虎江東江西大
失為中書右丞僉知政事董文炳為中書左丞淮東
都督知江州呂師夔淮東左副都元帥陳巖並
僉知政事八月已巳穿武清蒙村漕渠敕漢軍都元
帥闊闊帶李庭將侍衞軍二千人西征陘澯陰縣為

潭州乙亥斬宋淮東制置使李庭芝都統姜才于揚州市庚辰罷襄陽統軍司車駕至自上都遣太常卿脫忽思以銅爵一豆二獻于太廟以四萬戶總管奧魯赤參知政事九月壬辰朔命國師益鄰真作佛事于太廟己亥享于太廟常饌外益野豕鹿羊蒲萄酒庚子命姚樞選宋三學生之有實學者留京師以平宋赦天下乙巳高麗國王王愖上雜議中讀金餘聽還家辛丑遣瀘州屯田軍四千轉漕重慶癸卯方慶功授虎符丙午敕常德府歲貢包茅丁未諭西川行樞密院移檄重慶俾內附命有司陞沇城壍

◢元史本紀卷九　十三

辛亥太白犯南斗甲寅太白入南斗乙卯以吐蕃合荅城為寧速府辛酉名宋宗臣鄂州教授趙與票合赴關設資戒會于京師阿木入覲江淮及淛東西湖南比蕃路得府三十七州一百二十八關一監一縣七百三十三戶九百三十七萬四百七十二口九百七十二萬一千一十五冬十月甲子以陳巖技新城丁村功賜金五十兩部將劉忠等賜銀有差申明皇子比平王出征軍士貧乏者羊馬帛有差乙亥賜以良為娼之禁丁亥兩淛宣撫使焦友直以臨安經籍圖畫陰陽祕書來上戊子淮西安撫使夏貴請入

觀乞令其孫貽孫賜孫權領宣撫司事從之以淮東左副都元帥阿里為平章政事河南等路宣慰使合剌合孫為中書右丞兵部尚書王儀吏部尚書無臨安府安撫使楊鎮河南河北道提刑按察使迷里忽辛並參知政事參知政事陳巖行中書省事于淮東十一月癸巳安西王所部軍士久圍重慶丙午賜西川行院功將士二百三十九人各銀二百五十兩賜乞益軍一萬忽敦言所部軍士之在大良平者逃亡者並從之壬子賜龍昇降詔招誘通民之在大良平者並從之壬子賜龍荅溫軍有功及死事者銀鈔有差癸丑併省內外諸

◢元史本紀卷九　十四

司丁卯太陰犯填星庚申敕管民及理財之官由中書銓調軍官由樞密院定議陳襄漢荊湖諸城南平之官由中書撫使焦知峽州事趙真請降詔招諭夔州安撫張起嚴從之高麗國王王愖遣其臣判祕書寺朱悅來告海所部戰士及死事者銀鈔有差賜忽不來等戰功十九人銀千二百兩士申李思敬告運使姜毅所言賜高麗丁卯改雲南羅甸甸為元江府路辛未賜塔更名嗜十二月辛卯朔癸亥掩鈞鈐以十四年曆日悖妄指毅妻子為證帝曰妻子豈為證者耶詔勿問己亥定江南所設官府辛巳以軍士圍守崇慶勞苦

23-114

賜鈔六千錠庚寅詔諭淛東
北府州軍縣官吏軍民昔以萬戶千戶漁奪其民致
令逃散今悉以人民之元籍州縣凡管軍將校及
宋官吏有以勢力奪民田廬產業者其佃各歸其主無
主則以給附近人民之無生產者其田租商稅茶鹽繁
酒醋金銀鐵冶竹貨總制錢等百有餘件悉除免之
冗科差聖節上供經總制錢等百有餘件悉除免之
伯顏言張惠守宋府庫不俟命擅啓管鑰詔阿术詰
其事仍諭江之東西淛東西江西江東湖北五道宣慰
穀新舊錢穀除淛西淛東江西江東湖北五道宣慰

使陸江陵為上路瑞安府仍為溫州龍州為散府蘄
州復置豐閩縣陞臨洮渭源堡為縣賜諸王金銀幣
帛如歲例賜諸王乃蠻帶等羊馬價賞阿术等戰功
及賜降臣吳堅夏貴等銀鈔幣帛各有差賜伯顏阿
术等青鼠銀鼠黃獨只孫衣餘功臣賜豹裘樟裘及
皮衣帽各有差是歲東平濟南泰安德州連海清河
平灤西京三州以水旱缺食賑軍民站戶米二十
二萬五千八百六十石粟四萬七千七百十二石鈔
四千二百八十二錠平陽路旱濟寧路及高麗
潘州水並免今年田租斷死罪三十四人

十四年春正月癸巳行都帥府軍次廣東知循州
劉興以城降丙申以江南平百姓疲於供軍免諸路
今歲所納絲銀賜嗣漢天師張宗演演道靈應沖和
真人領江南諸路道教戊戌高麗金方慶等為亂命
高麗王治之仍命忻都洪茶丘飭兵禦備癸卯復立
諸道提刑按察司甲辰命阿术選銳軍萬人赴闕乏
未知梅州錢榮之以城降戊申賜鈔三衛軍士之貧乏
者有八千三百五十二人各鈔二錠幣十四巳酉賜耶
律鑄鈔千錠甲寅敕宋福王趙與芮家貲之在杭越
守戍烏木等慮並置官屬巳未以白玉碧玉水晶爵
六獻于太廟括上都隆興北京西京四路獵戶二千
為兵置江淮等路都轉運鹽使司及江淮榷茶都轉
運使司嗣漢天師張宗演修周天醮于長春宮命宗
演還江南以其弟子張留孫留京師二月辛酉命宗
東都元帥洪茶丘將兵二千赴上都壬戌瑞州安撫
姚文龍率張文顯來降其家屬為宋人所害賜文龍
文顯等鈔有差癸亥彗星出東北長四尺餘甲子遣
使代祀嶽瀆后土丙寅政安西王傳銅印為銀印立
求昌路山丹城等驛仍給鈔千錠為本俾取息以給

驛傳之須諸王只必鐵木兒言永昌路驛傳二十戶
疲於供給質妻孥以應役詔賜鈔百八十錠贖還之
丁卯荊湖北道宣慰使塔海撥歸州山寨四十七所
戊辰祀先農東郊甲戌西川行院不花率衆毀萬至
重慶督昌浮屠關造梯衝將攻之其夜都統趙安以城
降張珏艤船江中與其妻姜順流走涪州元帥張德
潤以舟師邀之珏遂降車駕順守禦瑞金縣丙戌連
福住所統軍三百赴上都壬午隄吉撫二州城隆興
降西江姑存之仍選汀州軍馬守禦元龍棄城遁
州守過元龍巳降復叛塔海將兵討之

丁亥知南恩州陳堯道僉判林叔虎以城降詔以僧
亢吉祥怜真加加尾並爲江南總攝掌釋教除僧租
賦禁擾寺字者以大司農御史大夫宣徽使兼領
儀司事李羅爲樞密副使兼宣徽使領侍儀司事三
月庚寅朔以冬無雨雪春澤未愆遣使問便民之事
於翰林國史院耶律鑄姚樞王磐竇默等對曰足食
之道唯節浮費賞雁穀之多無踰醮醴齋兆自周漢
以來當有明禁祈賽神社費亦不貲宜一切禁止從
之辛卯湖廣行中書省言廣西二十四郡並巳內附
議後行中書省于潭州置廣南西路宣撫司於靜江

詔鄭鼎所將侍衛軍萬人還京師崔斌阿里海牙同
駐靜江忽都鐵木兒鄭鼎同駐鄂漢賈居貞博忽
魯秃花同駐潭州癸巳以行都水監兼行漕運司事
甲午以鄭鼎所部軍士撫定靜江之勞命還家火休
期六月赴上都乙未福建泉二郡蒲壽庚印德傳
降癸卯壽昌府張之綱以從叛棄市乙巳命中外軍
民官所佩金銀符以色組繫于肩腋麻無藝漬具爲
令庚戌建寧府通判郭續以城降黃州歸附官史勝

入覲以所部將校于躍葦三十一人戰功開命官之
僉書東西川行樞密院事督順言比遣同知隆州事
趙孟烯賞詔招諭商平軍都掌蠻羅計蠻及鳳凰中
遣使納欵壬子寶應軍人施福殺其守將降于淮東
都元帥府詔以福爲千戶佩金符癸丑命汪惟正自
壅羅葦高崖等四砦皆降田楊二家承襲夷民亦各
東川移鎮鞏昌行中書省行省言以閩浙溫處台福泉
汀漳劍建寧邵武興化等郡降官各治其郡潭州行
省遣使上言廣南西路慶遠鬱林昭賀藤梧融賓柳
象邑廉容貴瀂皆降得府一州十四復立襄陽府襄

陽縣平章政事浙西道宣慰使阿塔海為平章政事
行中書省事於江淮郡王合荅為平章政事行中書
省事於北京夏四月甲子宋特磨道將軍農士貴知
安平州李惟屏知來安州本從毅荅等以所屬州縣溪
洞百四十七戶二十五萬六千來附癸酉省各路轉
運司事入摠管府設鹽轉運司四置權場於碉門黎
州與吐蕃貿易丙子召安撫趙與可宣撫陳嚴入覲
丙戌申嚴大都酒禁犯者籍其家貲散之貧民辛丑千戶

合剌合孫死於渾都海之戰命其子忽都帶兒襲職
癸卯改廣南西路宣撫司為宣慰司廣西欽橫二州
改立安撫司各道提刑按察司兼勸農事勅江南歸
附官三品以上者遣質子一人入侍西番長阿立丁
審占等三十一族來附得戶四萬七百丙子融州安
撫使譚昌謀為不軌伏誅辛亥以河南山東水旱除
河泊課聽民自漁乙卯選蒙古漢軍相參宿衛詔諭
思州安撫使田景賢又詔諭瀘州安撫使來附筠連
騰串等處蠻夷使其來附命真人李德和
代祀濟瀆六月丙寅涪州安撫立及其子嗣榮相
繼來附命立為藥路安撫使嗣榮為管軍總管並佩

虎符仍賜鈔百錠壬寅賞征廣戰死之家銀各五十
兩丁丑置尚膳院秩三品以提點尚食尚藥局忽林
失為尚膳使其屬所部戰士秋七月戊子朔罷
千錠甲申荊湖北道宣慰使黑的得謀者言變府將
出兵攻荊南湖北道宣慰使黑的
明沙攻崇明州以行省參政行江東道宣慰使
罕為中書左丞行湖北道宣慰使名濟寧印鈔局
魯赤參知政事壬辰勅犯盜者皆棄市符寶郎董文
忠言盜有強竊贓有多寡似難悉寘于法帝然其言

乃命止之丁酉勅自今非佩符使臣及軍情急速不
聽乘傳戊申禁羊馬羣之在畿者八月內毋縱出
畿口諸臨踐食京畿之禾犯者没其畜癸卯諸王昔
里吉劫北平王于阿力麻里之地械繫右丞相安童
誘脅諸王以叛使通好于海都弗納東道諸王
亦弗從遂率西道諸王至和林城北詔右丞相伯
顏帥軍住禦之丙午置行御史臺于揚州以都元帥
為御史大夫置八道提刑按察司戊申東川都元帥
張德潤等攻取涪州大敗之擒安撫程聰陳廣置行

中書省于江西以參知政事行江西宣慰使塔出為
右丞參知政事行江西宣慰使麥朮丁為左丞淮東
宣慰使徹里帖木兒江東宣慰使張榮實丁為左丞
使李恒招討使也的迷失萬戶昔里門荊湖路宣撫
使程鵬飛闔廣大都督兵馬招討使蒲壽庚並參知
政事行江西省事壬子權大都督昌黃州二郡賜回
士及簡州軍士廣西死事者銀鈔各有差回水窩淵
聖廣源王加封善佑常山靈濟昭應王加封廣惠安
立電泉靈霈侯追封靈霈公以參知政事行江東道

宣慰使呂文煥為中書左丞八月戊午朔詔不花行
院西川丁卯成都路倉收羨餘五千石按察司已治
其罪命以其米就給西川兵辛未常德府總管魯希
文與李三俊結構為亂事覺命行省誅之乘駕畋于
上都之北九月壬辰製鑌鐵海青圓符丙申廣南東
路廣連韶德慶惠潮南雄英德等郡皆內附甲辰福
建行省以宋二王在其疆境引兵攻司空山高
興領兵討之昂吉兒忻都唐兀帶唐兀帶引兵攻福
寨破之殺張德興執其三子以歸壬子福建路宣慰
使行征南都元帥唆都遣招討使百家奴丁廣取建

寧之崇安等縣及南劍州冬十月丙辰朔日有食之
己未享于太廟庚申湖北宣慰使塔海略地至慶府
之太原坪禽其將選銳兵防過隆興
張世傑文天祥猶未降命阿塔海禁乙亥以宋
諸城禁無籍軍随大軍剽掠者勿過關渡已卯降臣
郭曉魏象祖入觀賜幣帛有差壬午置宣慰司于黃
州甲申播州安撫使楊邦憲言本族自唐至宋世守
此土將五百年昨奉旨許令仍舊乞降璽書從之以
行省參政忽都帖木兒脫博忽魯花赤張鼎湖北道
書左丞鄂州總管府達魯花赤崔斌並為中書

賈居貞參知政事十一月戊子樞密院臣言宋文
天祥與其徒趙孟溍同起兵行中書省發兵攻之殺孟
潛天祥僅以身免詔以其妻孥赴京師右副都元帥
張德潤上涪州功賜鈔千錠乙未凡偽造寶鈔同情
者並處死杖之其為令庚子命中書省以
擬諭中外江南既平大都物價翔踴發官廩萬石賑
吏部尚書別都魯丁參知政事十二月丙辰置中灤
唐村淇門驛丁卯以大都世安以其城及金石城軍民
糶貧民庚午粱山軍表世安以其城及金石城軍民
來降壬申潭州行省復祈陽縣斬首賊羅飛餘黨悉

平乙亥都元帥楊文安攻咸淳府克之以十五年曆
日賜高麗國以參議中書省事耿仁參知政事冠州
及永年縣水免今年田租導任河復民田三千餘頃
賜諸王金銀幣帛等物如歲例賜諸王也不干燕帖
木兒等五百二十九人羊馬價鈔八千四百五十二
錠賞拜荅兒等千三百五十五人戰功金百兩銀萬
五千一百兩鈔百三十錠及納失失金素幣帛貂鼠
豹裘衣帽有差是歲眅東平濟南等郡饑民米二萬
一千六百十七石粟二萬八千六百十三石鈔萬一
百十二錠斷死罪三十二人

本紀卷第九

本紀卷第十

翰林學士承旨知制誥兼脩國史臣宋濂等奉敕脩

世祖七

十五年春正月辛卯阿老瓦丁將兵戍斡端給米三
千石鈔三十錠以千戶鄭郭有戰功陞萬戶佩庸符
癸巳西京饑發粟一萬石賑之仍諭阿合馬廣貯積
以備闕乏順德府總管張文煥太原府達魯花赤太
不花以按察司發其姦贓遣人詣省自首反以罪誣
按察司御史臺臣奏按察司設果有罪不應因事而
告宜待文煥等事決方聽其訴從之己亥收括闌遺
官也先闌闌帶等坐易官馬闌遺人畜免其罪以諸
路州縣管民官無領其事軍民賣所娶江南良家子
女及為娼者賣買者兩罪之官沒其直人復為良賜
配婦人者沒其家禁官吏隱匿及擅易馬匹私
湖州長興縣金沙泉名為瑞應泉金沙泉不常出唐
時用此水造紫筍茶進貢有司具牲幣祭之始得水
事詭報週宋末屢加浚治泉迄不出至是中書省遣
官致祭一夕水溢可溉田千畝安撫司以事聞故遣
今名封磁州神崔府君為齊聖廣佑王壬寅弛女直
官

水達達酒禁丙午安西王相府言萬戶禿滿荅兒郝
札剌達等攻克瀘州斬其主將王世昌李都統戍
申從阿合馬請自今御史臺非白于省毋擅召倉庫
吏亦毋究錢穀數及集議中書不至者罪之授宋福
王趙與芮金紫光祿大夫檢校大司農平原郡公庚
戌東川副都元帥張德閏大敗涪州兵斬州將王明
及其子忠訓總轄韓文廣遇春詔軍官不能撫治
軍士及役擾致逃亡者沒其家賞之半以阿你哥為
大司徒蕷領將作院二月戊午祀先農平原郡公庚
耕藉田祭亥咸淳府等郡及良平民戶饑以鈔千錠

賑之命平章政事阿塔海阿里選擇江南廉能之官
去其冗負與不勝任者復立河中府萬泉縣辛未以
川蜀地多嵐瘴弛酒禁丁丑熒惑犯天街庚辰征別
十八里軍士免其徭役壬午詔知政事福建路宣慰
使唆都帥師攻潮州破之置太史院命太子贊善王
恂掌院事工部郎中郭守敬副之集賢大學士薦國
子祭酒許衡領焉改華亭縣為松江府遣使代祀嶽
瀆以祭知政事夏貴范文虎陳巖並為中書左丞黃
州路宣慰使唐兀帶史弼並雜知政事三月乙酉詔
蒙古帶唆都蒲壽庚行中書省事于福州鎮撫瀕海

諸郡以泛海經畧副使合剌帶領舟師南征經畧
使蕪左副都元帥佩虎符丁亥太陰犯太白戊子太陰
犯歲己丑行中書省請考覈行御史臺文卷不從甲
午西川行樞密院招降西蜀重慶等處得府三州六
軍一監一縣二十柵四十寨夷一乙未宋廣王昺遣
倪堅以表來上令佥大都督揚州行省選鐵木兒
戊戌劉宗純撫德慶府梧州萬戶朱國寶攻之焚其
不花兩部兵助隆興路討丁酉命塔海毀壞府選
寨柵遂拔德慶詔中書左丞呂文煥遣官招宋生熟
券軍堪爲軍者月給錢糧不堪者給牛屯田庚子漢

《元史本紀卷十》 三

軍都元帥李庭自願將兵擊張世傑從之西川行樞
密院招宜勝土恢等城及石榴寨相繼來降壬寅以
諸路歲比不登免今年田租絲銀癸卯都元帥楊文
安遣兵攻克紹慶執其郡守鮮龍命斬之乙巳廣南
西道宣慰司遣官軍總管崔球千戶劉渾王德用招
降雷化高三州即以來等鎮守之宋張世傑蘇劉義
挾廣王昺奔碙洲余知政事密祐劉國傑將
大司農司事夏四月乙卯命元帥劉國傑將萬人比
征賜將士鈔二萬六百七十一錠修會川縣盤古王祠
祀之兩辰詔以雲南境土曠遠未降者多簽軍萬人

進討戊午以江南土寇竊發人心未安命行中書省
左丞夏貴等分道撫治軍民檢覈錢穀察郡縣被旱災
甚者吏能者舉以聞其貪殘不勝任者劾罷之甲
子命不花留鎮西川汪惟正率獲功蒙古漢軍官及
降臣入覲大都巡軍之戌西川者遣還立雲南湖南
二轉運司以時雨霑足稍弛酒禁民之衰疾飲藥者
官爲觀釃量給之辛未置光祿寺以同知宣徽院事
禿剌鐵木兒爲光祿卿廣州張鎮孫叛廣州守將
張雄飛復之城走出兵臨之鎮孫乞降命遣鎮孫及其
妻赴京師丁丑雲南行省招降臨安白衣和泥分地

《元史本紀卷十》 四

城寨一百九所威楚金齒落落分地城寨軍民三萬
二千二百禿老蠻高州筠連州等城寨十九所庚辰
以許衡言遣使至杭州等慶取在官書籍版刻至京
師壬午立行中書省于建康府中書左丞崔斌言此
以江南官冗委任非人命阿里等沙汰之而阿合馬
溺於私愛一門子弟並爲要官詔並黜之又言阿老
尾丁臺臣劾其侵欺官錢事猶未竟今復授江淮宣
政不可詔止其行敕自今罷免之官宰執爲宣慰宣
慰爲路官路官爲州官淮淛盐課直隸行省宣慰司
官勿預改北京行省爲宣慰司追江南工匠官虐符

五月癸未朔詔諭翰林學士和禮霍孫今後進用宰
輔及主兵重臣其與儒臣老者同議乙酉行中書言
近討邵武建昌吉撫等嚴峒山寨獲矗大老戴巽子
餘黨皆下獨張世傑擾碉洲攻傍郡未易平擬遣宣
慰使史格進討以也速海牙總制之救主兵官若
巳擢授其舊職宜別授有功者勿復以子孫承襲甲
嚴無籍軍虜掠及備奴代軍之禁甲午諸職官犯罪
受宣者聞奏受救者從行臺慶之受省札者按察司
治之其宣慰司官吏薤邪非違及文移案牘從本道
提刑按察司磨刷應有死罪有司勘問明白提刑按
察司審覆無冤依例結案類奏待命自行中書以下
應行公務小事限七日中事十五日大事三十日選
江南銳軍爲侍衛親軍乙未以烏蒙路隸雲南行省
仍詔諭烏蒙路總管阿年置立站驛修治道路其一
應事務並聽行省平章賽典赤節制立川蜀水驛自
敘州達刑南府巳亥江東道按察使阿八赤求江東
宣慰使呂文煥金銀器皿及宅舍子女不獲誣其私匿
制授張留孫江南諸路道教都提點賜拱衛司官及
兵伏詔行臺大夫相威詰之事白免阿八赤官辛亥
其兩部四百五十人鈔二千六十錠六月乙卯改西

蕃李唐城為李唐州庚申敕博兒赤巻刺赤及司糧
幣官等官並勿授符已授者收之壬戌賜瀘州降臣
薛旺等鈔有差丙寅以江南防拓關隘一十三所設
官太冗選軍民官廉能者各一人分領陞濟南府為
濟南路降西凉府為西凉州丁卯汰江南冗官江南元
司以偹給軍餉賑貧民甲戌設潭州湖南隆興與福建四省以隆興併入福建宣
慰司十一道除額設外餘數並罷去仍削去其官
舊帶相衙罷茶運司及營田司以其事隸本道宣
慰司罷漕運司以其事隸行中書省各路總管府依驗
戶數多寡以上中下三等設官宋故官應入仕者付
吏部錄用以史塔剌渾唐兀帶驛陸執政忙古帶任
無為軍達魯花赤復遷領黃州宣慰使並罷之時淮
西宣慰使昂吉児入觀言江南官吏太冗故有是命
帝諭昂吉児曰宰相明天道察地理盡人事能無此
三者乃為稱職爾縱有神宰相非可觀言江南官吏
阿合馬才任宰相阿里年少亦精敏南人如呂文煥
范文虎率眾來歸或可以相佐慶之又顧謂左右曰
汝可諭姚樞等江南官吏太冗此鄉革所知而皆未
崔言昂吉児乃為朕言之近侍劉鐵木児因言阿里

海牙屬吏張鼎今亦条知政事詔即罷去送命平章
政事哈伯等諭中書省樞密院御史臺翰林院及諸
南儒今爲宰相宣慰及各路達魯花赤佩虎符者俱
多謬濫其議所以減汰之者凡小大政事順民之心
所欲者行之所不欲者罷之乙亥敕省院臺諸司應
閏泰事必由起居注丁丑太廟畢命太常少
卿伯麻思告于太室乃易之戊寅全州西延溪洞猺
蠻二十所內附己卯發蒙古軍千人從江東宣慰使
張弘範由海道討宋餘衆条知政事蒙古帶請頒詔
招宋廣王昺及張世傑等不從庚辰處州張三八章

炎季文龍等爲亂行省遣宣慰使詔只里率兵討之
辛巳達實都收括中興等路關遺安南國王陳光昺
遣使奉表来貢秋七月壬午朔湖南制置張烈良提
刑劉應龍與周隆賀十二起兵行省調兵往討獲周
隆賀十二斬之烈良等舉家及餘兵奔思州烏羅洞
爲官軍所襲二人皆戰死甲申賜親王愛牙赤所部
建都戍軍貧乏者鈔千二百七十七錠行御史臺增
設監察御史四貟江南湖北道嶺南廣西道福建廣
東道並增設提刑按察司乙酉改江南諸路總管府
爲散府者七爲州者一散府爲州者二丙戌以江南

事繁行省官未有知書者恐於吏治非便分命崔斌
至揚州行省張守智至潭州行省丁亥詔虎符舊用
畏吾字令易以國字癸巳以塔海征嬰軍旅之還戍
者及揚州江南舟師悉付水軍萬戶張榮實居之守
禦江口丙申以右丞塔出呂師夔条知政事賈居貞
行中書省事于贛州福建江西廣東皆隸焉丁酉賜
江西軍與張世傑力戰者元帥蒙古帶守廣命揚
西条知政事李恒爲都元帥將蒙古漢軍征廣二千
州行中書省分軍三千付李恒復上都守戍軍二千
人爲民壬寅改鑄高麗王王愖駙馬印丙午改開元

宣撫司爲宣慰司太倉爲御廩資成庫爲尚用監皮
貨局入總管府定江南體禄職田戊申潭州蝗己酉
禁使人經行納憐驛辛亥改京兆府爲安西府詔江
南制西等處毋非理征科擾民建漢祖天師正一祠
帶爲福建路宣慰使張榮實爲蒙古漢軍都元帥古
於京城以象知政事李恒爲湖北道宣慰
使也的迷失爲招討使八月壬子朔追毀宋故官所受
告身以嘉定重慶夔府既平還侍衛親軍歸本司遣
禮部尚書柴椿等使安南國詔切責之仍俾其来朝
丁巳泛海經署司行左副都元帥劉深言福州安撫

使王積翁既已降附復通謀於張世傑積翁上言兵
力單弱若不暫從恐為閩郡生靈之患詔原其罪玉
戌有首高興匿宋金者詔置勿問兩淮運糧五萬石
賑泉州軍民乙丑濟南總管張宏以代輸民賦賞貸
阿里阿合赤等銀五百五十錠不能償詔依例停徵
辛未復給漳州安撫使沈世隆執贄前守建寧
府有郭贄者受張世傑檄誘世隆家帝曰世隆何罪斬之仍
古帶以世隆擅殺籍其家臣言近有旨追諸路管民
授本路管民總管中書省臣言仍所授從之制封泉
官所授金虎符其江南降臣宜仍所授從之制封泉

州神女號護國明著靈惠協正善慶顯濟天妃甲戌
安西王相府言川蜀悉平城邑山寨洞穴凡八十三
其溧州懷義城等庚辰三十三所宜以兵鎮守餘悉
撤歸從之已卯初立提刑按察司于畏吾兒分地庚
辰以四川平勢賞軍士鈔二萬一千三百三十九錠
辛巳陞洺磁為廣平府路監察御史韓勗劾同知大
都總管府事舍里甫丁毆部民至死詔杖之免其
官仍籍没家貲十之二詔行中書省咬都蒲壽庚等
曰諸蕃國列居東南島嶼者皆有慕義之心可因蕃舶
諸人宣布朕意誠能來朝朕將寵禮之其往來互市

各從所欲詔諭軍前及行省以下官吏撫治百姓務
農樂業軍民官毋得占據民產抑良為奴以中書左
丞董文炳僉書樞密院事參知政事唆都管宣差軍
為中書左丞九月壬午朔敕以總管張子良所簽軍
二千二百人為侍衛軍俾張亨陳瑾領之癸未省東西
川行框密院其成都潼川重慶利州四處皆設宣慰司
詔分揀諸路所括軍驗事力乏絕者為民其恃權豪
避役者復為兵所遣分揀官及本府州縣官能核正
無枉者陞爵一級又減至元九年所括三萬軍半以
為民其商戶餘丁軍並除之戌子以征東元帥府治

東京庚寅昭信達魯花赤李海剌孫言顧同張弘署
取宋二王調漢軍水軍俾將之以中書右丞行江東
道宣慰呂文煥為中書右丞冬十月巳未享于太廟
常設牢醴外益以羊鹿豕蒲萄酒庚申車駕至自上
都辛酉賑別十八里日忽思等饑民鈔二千五百錠
分變府漢軍二千新軍一千付塔海將之賜合咎乞
帶軍士馬價帛二千四其軍士力戰者賞賚有差
乙丑正一祠成詔張留孫居之丁卯弛山場樵採之
禁巳巳趣行省造海船付烏馬兒張弘範增兵四千
俾將之庚午敕御史臺尼軍官私役軍士者視數多

寨定其罪詔河西西京南京西川北京等處厥宣慰司
祭贖宜依江南近例令按察司磨勘移河南河北道
提刑按察司治南京御史臺臣言失里伯之弟阿剌罕
與王權府等俘掠良民失里伯縱弗問及遣御史撒
詰問不伏詔執而鞫之十一月庚辰朔襄陽萬戶府
言李均收撫大洪山寨宋朱統制所害命賜銀千
兩調其家丁亥以辰沅靖鎮遠等郡與蠻獠接壤民
不安業命塔海程飛並爲荊湖北道宣慰使置司
常德路餘官屬留荊南府供給糧食軍需壬辰江東
道宣慰使襄加帶言江南既平兵民宜各置官屬蒙

古軍宜分屯大河南北以餘丁編立部伍絕其虜掠
之患分揀官僚本以革阿合馬濫設之弊其將校立
功者例行沙汰何以勸後新附軍士宜令行省賜其
衣糧無使闕乏帝嘉納之徵宋相馬廷鸞先寺官始忽辛
甲午開酒禁復阿合馬子忽辛阿散請故復之惠又請
等以崔斌論列而免至是以張惠請故復之惠請
惠不從敕已除官僚不之任者除名爲農丁酉召陳
復其子麻速忽及其姓別都魯丁苫思丁前職帝疑

丑建寧政和縣人黃華集鹽夫聯絡建寧括蒼及畬
嚴入覲己亥賜侍衛軍屯田者鈔二千錠市牛具辛

民婦自稱許夫人爲亂詔調兵討之丁未行中書省
自揚州移治杭州立淮東宣慰司于揚州以阿剌罕
爲宣慰使詔諭泛海官司通日本國人市舶以參知
政事程鵬飛行荊湖北道宣慰使閏月庚戌朔詔羅氏
鬼國主阿榨西南蕃主韋昌盛並內附詔阿榨韋昌
盛各爲其地安撫使佩庸符辛亥太白犯鬼聚填星
于房詔甲寅辛光祿寺丙辰詔禿魯赤同潭州行省官
一眞察戍還病軍所過州縣不加顧恤者按之甲子
發蒙古漢軍都元帥張弘範攻漳州得山寨百五十
戶百萬一是日諜報文天祥見屯潮陽港亟遣先鋒

張弘正總管囊加帶率輕騎五百人追及于五坡嶺
麓中大敗之斬首七十餘執文天祥及其將校四人
赴都十二月己卯簽書西川行樞密院昝順招誘都
掌夷及其屬百一十人內附以其長阿來爲西南
番蠻安撫使得蘭紐爲都掌蠻安撫使賜庸符授
宣勒金銀符有差庚辰思州逺黃平二城仍徹戌卒
撫使楊邦惠請降詔禁戌卒毋擾思播之民從之鴨
不允景賢等請降詔禁借鎮逺黃平二城仍徹戌卒
池等處招討使欽察所領南征新軍不能自贍者千
人命屯田于京兆乙酉伯顏以渡江收撫沙陽新城

陽羅堡閫浦等郡獲功軍士及降臣姓名來上詔授
虎符者入觀千戶以下並從行省授官丙戌揚州行
省上將校軍功九百三十四人授官有差丙申從軍播
州安撫楊邦憲請以鼎山仍隸播州庚子敕長春宮
修金籙大醮七晝夜丙午禁玉泉山樵採漁弋戊申
以叙州等處禿老蠻殺使臣撒里蠻命發兵討之封
吉端萬安三郡內附開城路置屯田總管府廣安寧
曆日賜高麗海州頻榆縣電傷稼免今年田租南寧
伯夷爲昭義清惠公叔齊爲崇讓仁惠公以十六年
隸之臨淄臨朐清河復爲縣導肥河入于鄣汾陂盡

爲良田會諸王于大都以平宋所俘寶玉器幣分賜
之賜諸王等金銀幣帛如歲例是歲西京奉聖州及
彰德等處水旱民饑賑米八萬八百九十石粟三萬
六千四十石鈔二萬四千八百八十錠有奇斷死罪
五十二人

十六年春正月己酉朔高麗國王王愖遣其簽議中
贊金方慶來賀兼奉歲幣壬子罷五翼探馬赤重役
軍癸丑汪良臣言西川軍官父死子繼勤勞四十年
乞顯加爵秩詔從其請詔以海南降臣趙
平令阿里海牙入觀瀘州降臣趙金吳大才袁禹繩俱

等從征重慶其家屬爲叛者所殺詔賜鈔有差仍以
叛者妻孥付金等敕高麗國置大灰艾州東京柳石
李落四驛甲寅無籍軍侵掠平民而諸王只必帖木
兒所部爲暴尤甚命捕爲首者寘之法敕移贛州行
省還隆興爲高麗國來獻方物辛酉合州安撫使王立
以城降先是立遣間使降安西王相李德輝東川行
院與德輝爭功德輝單衣抗王師嘗指斥憲宗宜殺
樞密院以其事聞而降臣李諒亦訟立前殺其妻子
有其財物遂詔殺立籍其家貲償諒旣而安西王具

立降附本末來上且言東川院臣憤李德輝受降之
故誣奏誅立樞密院臣亦以前奏爲非帝怒曰卿視
人命若戲耶前進使計殺立又炎今追悔何及卿等
妄殺人其歸待罪斥出之會安西王使再至言未報
立即召立入觀命爲瀘川路安撫使知合州事壬戌
分川蜀爲四道以成都等路爲四川西道廣元等路
爲四川北道重慶等路爲四川南道順慶等路爲四
川東道並立宣慰司賞重慶等處從征蒙古漢軍鈔
三萬九千六百五十一錠改播州鼎山縣爲播川縣
丁邜賜泰知政事日順田民百八十戶於江津縣戊

辰立河西屯田給畎其遣官領之甲戌張弘範將兵
追宋二王至崖山寨張世傑來拒戰敗之世傑遁去
廣王昺偕其官屬俱赴海死獲其金寶以獻丙子詔
諭又巴散毛等四洞番蠻酋長使降以中書左丞別
乞里迷失同知樞密院事禁中書省文冊奏檢用畏
吾宇書賜異樣苔竿等局官吏工匠銀二千兩賜皇子奧
魯赤及諸王拜苔竿下軍士
衣服及鈔有差二月戊寅朔癸先農千籍田壬午陞
溧州為路遣使訪求通皇極數番陽祝泌子孫其甥
傅立特祕書來上撥民萬戶隸明里淘金以江南漕

運舊米賑軍民之饑者癸未增置五衛指揮司詔遣
塔黑麻合兒撒兒苔帶括中興戶太史令王恂等言
建司天臺千大都儀象圭表皆銅為之宜增銅表高
至四十尺則景長而真又請上都洛陽等五處分置
儀表各選監候官從之甲申平章阿里伯乞御史臺
省檢覈御史臺文案且請行臺行省比御史臺
呈中書省首倒從之以征日本敕揚州湖南贛州泉州
四省造戰船六百艘移紹興宣慰司于慶州巳丑調
潭州行省軍五千戍沿海州郡庚寅張弘範以降臣
陳懿兄弟破賊有功且出戰船百艘從征宋二王請

授懿招討使蕭潮州路軍民總管及其弟忠義勇三
人為管軍總管十夫長塔剌海獲文天祥有功請授
管軍千戶佩金符亞花之壬辰詔諭宗師張留孫悉
主淮東淮西荊襄等處道教乙未王速帖木兒言行
臺文卷令行省檢覈於事不便詔改之其運司文卷
還御史臺檢覈饒州路達魯花赤玉古倫擅用羨餘
粮四千四百石杖之仍汲其家詔湖南行省於戍軍
聽御史臺檢覈淄萊齊南逃亡
者藁葬之官給其需遣官覈實益都淄萊齊南饑者廩之死
民地之為行營牧地者禁諸奧魯及漢人持弓矢其
出征所持兵仗還即輸之官庫壬寅賜太史院銀一
千七十八兩癸卯發嘉定新附軍千人屯田脫里比
之地甲辰陞大都兵馬都指揮使司秩四品詔大都
河間山東管監運司並無管酒醋商稅等課程中書
省臣請以真定路達魯花赤蒙古帶為保定路達魯
花赤帝曰此正人也朕將別以大事付之賞汪良臣
所部蒙古漢軍攻附四川功鈔五萬錠命嘉定以西
新附州郡及田楊二家諳貴官子俱充質子入侍車
駕幸上都乙巳命同知太史院事郭守敬訪求精天
文曆數者西蜀四川道立提刑案察司丙午道使代

祀嶽瀆后土詔河南西京北等路課程令各道宣
慰司領之賞西川新附軍鈔三千八百五十錠以犒
端境內蒙古軍耗乏并漢軍新附軍等賜馬牛及
馬驢價鈔衣服弓矢鞍勒各有差三月戊申朔詔禁
歸德亳壽臨淮等處吹獵庚戌敕郭守敬上都大
都歷河南府抵南海測驗暴景壬子囊加帶括兩淮
造回回砲新附軍匠六百及蒙古田回漢人新附人
能造砲者俱至京師庚申敕中給千戶馬乃部下授突軍
及土渾川軍屯田牛具丙寅敕漳州行省遣兩
稽緩一日二日者杖三日者死甲戌

淮招討司經歷劉繼昌招下西南諸番以龍方零等
為小龍蕃等處安撫使仍以兵三千戍之中書省下
太常寺議究州郡社稷通禮制度圖寫前代參酌儀
禮定擬祭祀儀式及壇壝祭器制度圖寫成書名曰
至元州縣社稷通禮上之以保定路旱減是歲租三
千一百二十石夏四月己卯立江西榷茶運司及諸
路轉運鹽使司奏聞事戊戌以池州路達魯花赤阿
注掌隨朝諸司宣課提舉司兼起居
塔赤戰功陞招討使兼本軍萬戶癸卯填星犯鍵閉
乙巳汪良臣言普省順兵犯成都掠其民以歸全嘉

定既降宜還其民成都制曰可敕以上都軍四千衛
都城凡他所來戍者皆遣歸從唆都請令泉州僧依
宋例輸稅以給軍餉詔諭揚州行中書省選南軍精
銳者二萬人充侍衛軍併發其家赴京師仍給行費
鈔萬六千錠大都等十六路蝗五月己酉中書省請
復授宣慰司官虎符不久又請各路設提舉同提舉
副提舉各一負專領課程從之辛亥蒲壽庚暨八十四
招海外諸番不久詔諭漳泉汀邵武等處暨
畲官吏軍民若能舉衆來降官吏例加遷賞軍民按
堵如故以泉州經張世傑兵減今年租賦之半丙辰

以五臺僧多匿逃奴及通賦之民敕西京宣慰司案
察司搜索之命畏吾界內計畝輸稅以各道宣案司
地廣事繁併勸農官入案察司增副使僉案事各一
兼職勤農水利事甲子御史臺言省臣阿里
伯言有罪者與臺臣相威同間有旨從行省等謂行
省斷罪為宜制曰可高興侵用宋二王金三萬一千
後體察為宜先是省臣言先是行臺臣言宜從之臣
一百兩有奇銀二十五萬六百兩詔遣使追理詔連
海等州募民屯田置總管府及提舉司領之乙丑敕
江陵等路募民授突戶一萬凡千戶置達魯花赤一負直

《元史本紀卷十》

十九

隸省部丙寅牧江南僧司文孜母輔入迦臨洮鞏昌
通安等十驛非有海青符不聽乘傳丁卯改雲南寶
山嵐渠二縣為州巳巳詔沿路驛店民家凡往來使
民貧乏給其牛羊價鈔十八百錠乃蠲帶
臣不當乘傳者毋給人畜飲食芻料完都河南七驛
戰功及攻圍重慶將士及宣慰使劉繼昌等鈔衣服
各有差壬申以呂虎來歸授順慶府總管佩虎符仍
賜鈔五十錠徙丁子峪所駐西京車牛俱至可運軍
癸酉兀里養合帶言賦北京西京車牛俱至可運軍
糧帝曰民之艱苦將汝等不問但知役民使今年盡取
之來歲禾稼何由得種其止之甲戌給要束合所領
工匠牛二千就令運米二千石供軍詔諭脫兒赤等
管甘州路宣課諸人毋或沮擾潭州行省上言瑗州
宣慰馬旺巳招降海外四州尋有土寇黃威速等四
人為亂今巳擒獲詔置之極刑丙子進封桑乾河洪
濟公為顯應洪濟公令宗師張留孫即行官作醮事
奏赤伯牙兀帶天几五晝夜賜皇子奧魯赤撥里蒼等有及
千戶伯牙兀帶所部軍及和州站戶羊馬鈔各有差
六月丁丑朔阿合馬言常州路達魯花赤馬怨告簽
浙西案察司事高源不法四十事源亦劾怨事聞詔

《元史本紀卷十》

四二
七

令廷辯詔發新附軍五伯人蒙古軍百人漢軍四百
人戍磵門魚通黎雅詔諭王相府及四川行中書省
四道宣慰司撫治播川務川西南諸蠻夷官吏軍民
各從其俗無失常業壬午以浙東宣慰使陳祐沒王
事命其子孽為管軍總管佩虎符甲申宋張世傑沒王
部將校百五十八人詣瓊雷等州浙東宣慰使陳祐沒
日本以高麗村用所出即其地製之令高麗王議其
便以聞乙酉揄林洪贊刀窩每驛益馬百五十車二
百牛如車數給之丙戌左右衛屯田螟蝻生庚寅陸
濟寧府為路壬辰以參知政事行河南等路宣慰使
忽辛為中書左丞行中書省事癸巳以新附軍二萬
分隸六衛屯田徹里帖木兒言其部軍多為盜刼掠
貲財有司不即理斷乞遣官詰治詔兀魯帶徃治之
以不花行西川樞密院調兵守釣魚山寨西川既
下者仍令東川行樞密院擇凡授宣敦金銀符者
平復立屯田其軍官第功陞百六十一人詔以高州筠連州騰川縣新附戶於淑
州等處治道立驛雲南烏蒙元帥愛魯納速剌丁招降
西南諸國愛魯將兵分定亦乞不薛納速剌丁將大
理軍抵金齒蒲驃曲蠟緬國國界內招忙木巨木禿等

寨三百籍戶十一萬二百詔定賦租立站遞設衛送
軍軍還獻馴象十二戊戌改宣德府龍門鎮復為縣
庚子拘括河西西番闌遺戶辛丑以通州水路淺舟
運甚艱命樞密院發軍五千仍令食祿諸官雇役千
人開汴以五十日訖工癸卯以臨洮鞏昌通安等十
治之甲辰以襄陽屯田戶四代軍當驛役賜征址
殁者家給銀百兩有質賣子女以供役者命選官撫
諸郡蒙古軍闌閩八都等力戰有功者銀五十兩戰
驛歲饑供役諸峪寨捕獲詔免四川差稅以奉知政
禁伯顏察兒

《元史本紀卷十》 廿一

事行中書省事別都魯丁為河南等路宣慰使以阿
合馬子忽辛為潭州行省左丞忽失海牙等並復舊
職占城馬八兒諸國遣使以珍物及象犀各一來獻
賜諸王所部銀鈔衣服幣帛鞍勒弓矢及羊馬價鈔
等各有差五臺山作佛事庚秋七月戊申寧國路新附
軍百戶詹福謀叛誣論死授告者何士青總把銀符
仍賜鈔十錠罷西川行省庚戌禁脫和孫搜取乘
傳者私物乙卯應昌府依例設官置東宮侍衛軍定
江南上中路置達魯花赤二員下路一員敕發西川
蒙古軍七千新附軍三千付皇子安西王丁巳交趾

國遣使來貢馴象己未以朵哥麻思地之箏木多城
為鎮西府敕以蒙古軍二千益都軍二千諸路軍一
千新附軍五千合萬人令李庭將之壬戌賞雀吉剌
所部力戰軍人銀五十兩死事者人百兩給其家阿
里海牙入覲獻金三千五百八十兩銀五萬三千一
百二十有六戶凡十萬一千一百六十有八詔遣牙
百兩罷潭州西南八番羅氏等國來附洞寨凡六千
犯鍵閩癸酉行省造征日本及交趾國來戰船凡四
納朮崔或至江南訪求藝術之人以中書左丞四
川行中書省事汪良臣為安西王相賜諸王納里忽

《元史本紀卷十》 廿二

所部有功將校銀鈔衣裝幣帛洋馬有差以趙州等
廁水旱減今年租三千一百八十一石命都修佛
事十有五日八月丁丑車駕至自上都庚辰遣周福
房距星戊子范文虎言臣奉詔征討日本比遣周福
棄忠與日本僧賷詔往諭其國期以來年四月還報
待其從否始宜進兵又請簡閱舊戰船以充用皆從
之海賊賀文達率眾來獻有旨釋其前罪官其徒
兩來獻有旨釋其前罪官其徒四十八人就以銀賜
文虎己丑宋降臣王虎臣陳便宜十七事令張易等
議可者行之庚寅敕沅州路蒙古軍總管乞苔合征

取桐木籠花拷伯洞諸蠻未附者調江南新附軍五
千駐太原五千駐大名五千駐衛州以每歲聖誕節
及元辰日禮儀費用皆斂之民詔天下罷之丁酉以
江南所獲玉爵及妣凡四十九事納于太廟已亥海
賊金通精死獲其從子溫有司欲論如法帝曰通精
已死溫何預焉特赦其罪庚子歲星犯軒轅大星甲
辰詔漢軍出征逃者罪死且沒其家置大護國仁王
寺總管府以散札兒為達魯花赤李光祖為總管賜
范文虎僚屬二十一人金紋綾及西錦衣賞征重慶
將校幣帛有差賜諸王阿只吉粮五千石馬六百疋
羊萬口九月乙巳朔范文虎薦可為守令者三十人
詔今後所薦朕自擇之凡有官守不勤於職者勿問
漢人回回皆論誅之且沒其家女直水達達軍不出
征者令祿民籍輸賦已酉罷金州守船軍千人量留
監守餘皆遣還庚戌詔行中書省左丞忽辛兼領杭
州等路諸色人匠以杭州稅課所入歲造繪段十萬
以進杭蘇嘉興三路辦課官吏領外多取分例今後
月給食錢或數外多取者罪之阿合馬言王相府官
趙炳云陝西課程歲辦萬九千錠所司若果盡心措
辦可得四萬錠即命炳總之同知揚州總管府事董

仲威坐贓罪行臺方按其事仲威及誣行臺官以他
事詔免仲威官仍沒其產十之二戊午王相府言四
川宣慰司有籍無軍虛受口糧者一萬七千三百八人
命詰治之讓罷漢人之為達魯花赤者一千九百命
江南三路管課官於分例外支用鈔一千餘錠御史臺言
盡徵之詔招諭西南諸蠻部族長能率所部
歸附者官不失職民不失業乙丑以忽必來別速台
為都元帥將蒙古軍二千人河西軍一千人戍幹端
城已巳樞密院臣言有唐兀帶冒禁引軍千餘人
於辰溪沅州等處劫掠新附人八千餘口及牛馬金銀
幣帛等而麻陽縣達魯花赤武伯不花餘為之鄉導敕
斬唐兀帶武伯不花餘減死論以所掠者遠其民給
河西行省鈔萬錠以備支用冬十月己卯享于太廟
辛巳敘州菱府至江陵界立水驛乙酉帝御香閣命
大樂署令完顏椿等肄文武樂戊子張融訴西京軍
戶和買和雇有司匿所給價鈔計萬八千餘錠官吏
坐罪以融為侍衛軍總把千戶脫暑總把忽帶揮引
軍入婺州永康縣界殺掠吏民事覺自陳宦從先帝
出征有功乞貸死敕沒入其家賞之半杖遣之辛卯
眼和州貧民鈔乙未納碧玉爵于太廟丙申太陰犯

元史本紀卷十

太微西垣上將辛丑以月直元辰命五祖真人李居
壽作醮事奏赤章凡五晝夜畢事居壽請問言皇太
子春秋鼎盛宜預國政帝喜曰尋將及之明日下詔
皇太子燕王參決朝政凡中書省樞密院御史臺及
百司之事皆先啟後聞甲辰賜高麗國王至元十七
年曆日十一月戊申敕諸路所捕盜初犯贓多者死
庫新鈔百四十錠盜者從輕罪論阿合馬言有盜以舊鈔易官
執役臣家不論如法寧不自畏詔亂死死且盜者之父
再犯贓少者從輕罪論議者謂罪不應死壬子遺禮部
尚書柴椿偕安南國使杜中贊賫詔諭安南國世
子陳日烜責其來朝癸丑太陰犯熒惑乙卯罷太原
平陽西京延安路新簽軍還籍罷招討使劉萬奴所
管無籍軍願從大軍征討者趙炳言陝西運司郭同
知王相府郎中令郭叔雲盜用官錢敕尚書禿速忽
侍御史郭祐檢覈之戊辰命湖北道宣慰司括軍民戶
鄂州漢陽新附水軍詔諭四川宣慰司括軍民戶
數已巳以梧州妖民吳法受扇惑藤州德慶府瀧水
戍寅發粟鈔販鹽司竈戶之貧者括甘州戶庚辰安
南國貢藥財甲申祀太陽丙申敕樞密翰林院官就

廿五

中書省與奏都議招収海外諸番事丁酉八里灰貢
海青四四等所過供食羊非自殺者不食百姓苦之詔諭海
內海外諸番國主賜右丞張惠銀五千四百兩敕自
明年正月朔日建醮于長春宮凡七日歲以為例命
李居壽告祭新歲詔諭占城國主親自來朝唆都
所遣闍婆國使臣治中府改垣曲縣隸絳州降歸州
路復置萬泉縣隸河中府改京兆縣隸
路為州陸渾陽安陸各為府改京兆為安西路改惠
州建寧梧州柳州象州邕州慶遠賓州橫州容州尋
州並為路建聖壽萬安寺于京城帝師亦憐吉卒敕
諸國教師禪師百有八人即大都萬安寺設齋圓戒
賜衣是歲斷死罪百三十二人保定等二十餘路水
旱風雹害稼

元史本紀卷十

六六

本紀卷第十

朝請大夫太和制儀隴西李某奉敕撰　制置金印制置　國□總管臣某等奉

世祖八

十七年春正月癸卯朔　高麗國王王賰道其僉議中贊金方慶來賀兼奉歲貢丙午命萬戶慕公直成別失八里賜鈔一萬二千五百錠辛亥磁州求平縣水給鈔貧之丙辰立遷轉官員法凡無過者授見闕物故及過犯者選人補之淹代者令還家以俟又定諸路差稅課程增益者即上報隱漏者罪之不須履畝增稅以搖百姓詔括江淮銅及銅錢銅器辛酉以海賊賀文達所掠良婦百三十餘人還其家廣西廉州海賊竊發鄭仲龍等伏誅甲子敕泉州行省所轄州郡山寨未即歸附者屠之以兵掊之已拔復叛者屠之以總管張瑄千戶羅壁收宋二王有功陞瑄汶海招討使虎符壁嘗軍總嘗金符丁卯畋近郊詔毋以侍衛軍供工匠役戊辰敕相威檢覈阿里海牙忽都帖木兒等所俘丁三萬二千餘人並放為民置行中書省于福州改德慶路為總管府賜開灤河五衛軍鈔二月乙亥張易言高和尚有祕術能役鬼為兵遂制敵

《元史本紀卷第十一》一

人命和禮霍孫將兵興高和尚同赴北邊丙子立北京道二驛丁丑荅里不罕以雲南行省軍攻定昌路擒總管谷納殺之詔令荅里不罕還以阿荅代之敕非遠方歸附人毋入會同館速剌丁所部征金齒功人征緬國乙酉賞納速剌丁將精兵萬五千安撫使職瀘州嘗叛應為前重慶制置使張珏所殺國賓詣闕訴冤詔以珏界國賓使復其父讎珏時在京兆聞之自經死國賓請贖還瀘州軍民之為俘者從之日本國殺國使杜世忠等征東元帥忻都洪荼立請自率兵往討廷議姑少緩之丙申詔諭真人析志誠等焚毀道藏偽妄經文叉板庚子阿里海牙及納速剌丁招緬國叉洞蠻降臣詔就軍前定錄其功以聞江淮行省左丞夏貴請老從之仍官其子孫合剌所部和州等城為叛兵所掠者賜鈔給之仍免其民差役三年發侍衛軍三千浚通州運粮河曼吾戶居河西界者令其屯田辛丑以廣中民不聊生召右丞塔出左丞呂師夔廷詰壞民之由命也的迷失還省居貞行宣慰司往撫之師夔至廷辯無驗復令還省治事詔王相府於諸奧魯市馬二萬六千三百四遣

《元史本紀卷第十一》二

使代祀嶽瀆賜諸王阿八合那木干所部及征日本
行省阿剌罕范文虎等西錦衣銀鈔幣帛各有差又
賜四川貧民及兀剌帶等鈔三月癸卯命
福建王積翁入領省事中書省臣以為不可改戶部
尚書甲辰車駕幸上都思播州軍侵鎮遠黃平界命
李德輝等往視之罷過政院官不勝任者丙午敕東
西兩川發蒙古漢軍戍魚通黎雅乙卯立都功德使
司從二品掌奏古漢軍師所統僧人并吐番軍民等事已
未詔討羅氏鬼國命以蒙古軍六千哈剌章軍一萬
西川藥剌海萬家奴軍萬人阿里海牙軍萬人三道

《元史本紀卷第十一》 三

並進癸亥高郵等處饑賑粟九千四百石辛未立畏
吾境內交鈔提舉司給月脫古思八部屯田牛具賜
忙古帶等羊馬及皇子南木合下羊馬價夏四月壬
申朔中書省臣言咳都軍士擾民故南劍等路民復
叛及忙古帶往招徠之民始獲安詔以忙古帶仍行
省福州癸酉南康杜可用叛命史弼討擒之定杭州
路宣慰司官四員以游顯管如德惠都虎劉宣充之丙
子隆興路楊門站復為懷安縣庚辰四川宣慰使也
罕的斤請賜海青符命以二符給之壬午史弼入朝
乙酉以宋太常樂付太常寺改泗州靈壁縣仍隸宿

州丁亥立杭州路金玉總管府甲午敕軍戶貧乏者
還民籍丙申以羅佐山道梗救阿里海牙發軍千人
戍守以隆興泉州福建置三省不便命廷臣集議以
聞己亥犯諸王只必帖木兒請各投下設官不從庚子
歲星犯軒轅大星敕權停百官俸寧海益都等四郡
霸真定七郡蟲皆損桑五月辛丑朔樞密院調兵六
百守居庸南北口甲辰行宮千寮罕腦兒丙午降
沙州為路癸丑括沙州戶丁定常賦其富戶餘田令
所戍漢軍耕種詔雲南行省發四川軍萬人命藥剌
海領之與前所遣將同征緬國高麗國王王睕以民

《元史本紀卷第十》 四

饑乞貸粮萬石從之福建行省移泉州甲寅汀漳叛
賊廖得勝等伏誅造船三千艘敕皷羅發材木給之
庚申賜諸王別乞帖木兒銀印辛酉賜國師掌教所
印賞伯顏將士戰功銀二萬八千七百五十兩真定
咸平忻州漣海邳宿諸州郡蝗六月辛未朔以忽都
帶兒權藉關遺人民牛畜撥荒地令屯田壬申復招
諭占城國丁丑咳都部下顧總管聚黨於海道刦奪
商貨范文虎招降之復議真于法命文虎等集議處
之阿荅海等請罷江南所立稅課提舉司阿合馬力
爭詔御史臺選官檢覈其實以聞阿合馬請立太宗

正府罷上都與魯官以留守司無管與魯事西安王

覈罷其王相府遣呂告蜜部安撫使王阿濟同萬戶

督坤招諭羅氏鬼國壬辰召范文虎議征日本戊戌

高麗王王睶遣其將軍朴義來貢方物江淮等處領

行鈔法廢宋銅錢遣不魯合荅等檢覈江淮行省阿

里伯燕帖木兒錢穀政泗州隸淮安路賜忽烈禿忽

馬價鈔各有差秋七月辛丑廣東宣慰使帖木兒不

花言諸軍官宜一例遷轉江淮郡縣首亂者誅汶其

家官豪隱庇佃民不供徭役宜別立籍各萬戶軍交

元本紀十一　五

參重役宜發還元冀詔中書省樞密院翰林院集議

以聞敕思州安撫司還舊治戊申太陰掩房距星以

高麗國初置驛站民乏食命給粮一歲仍禁使臣往

來勿求索飲食已酉立行省于京兆以前安西相興

德輝為參知政事無領錢穀事徒泉州行省于隆興

以禿古減軍劫食火拙昙吾城禾民饑命官給驛馬

之費仍免甘賦稅三年太陰犯南斗甲寅發衛兵八百

治沙嶺橋敕毋踐民田戊午從阿合馬言以參知政

事郝禎耿仁並為中書左丞用姚演言開膠東河及

收集逃民屯田連海甲子遣安南國王子偦還括蒙

古軍戍丁者敕來亦來等率萬人入羅氏鬼國如其不

附則入討之乙丑罷江南財賦總管府丁卯併大都

鹽運司入討之河間為一仍減汰冗貟割建康民二萬戶

種稻歲輸釀米三萬石官為運至京師戊辰詔括前

願從軍者及張世傑潰軍使征日本命范文虎等招

南名山訪求高士且命持香詣信州龍虎山臨江

閤皂山建康三茅山皆設醮賜阿赤黑等怯薛都

等戰功銀鈔賜招收散毛等洞官吏衣段八月庚午

朔蕭簡等十八人歷河南五路擅招闊遺戶事覺譴其

元史本紀卷十一　六

為首者從軍自効餘皆杖之乙亥改蒙古侍衛總管

為蒙古侍衛親軍都指揮使司丙子太陰犯心東星

丁亥詔請招三佛齊等八國不從鎮守南劍路萬戶呂宗海

竊兵亡去詔追捕之戊寅占城馬八兒國皆遺使奉

表稱臣貢寶物犀象以前所括願從軍者為軍付茶

忽領之征日本丁亥許衛致仕官其子師可為懷孟

路總管以便侍養納碧玉盞六白玉盞十五于太廟

癸巳賜西平王所部粮戊戌高麗王王睶來朝且言

將益兵三萬征日本以范文虎忻都洪茶丘為中書

君丞李庭張拔突為叅知政事並行中書省事賜闊里吉思等鈔迷

里兀合等羊馬怯魯憐等牛羊馬價及東宮位下怯
憐口等粟帛大都北京懷孟保定南京許州平陽旱
濮州東平瀋寧磁州水九月壬子車駕至自上都壬
戌也罕的斤進征斡端癸亥命沿途廩食和林回軍
甲子太陰掩右執法并犯歲星乙丑守庫軍盜庫鈔
八剌合赤分其贓縱盜逃去詔誅之丁卯羅氏兒國
主阿察及阿里降安西王相李德輝遣人借入觀賜
八剌合赤等羊馬價二萬八千三錠及充渾下貧民
粮三月冬十月庚午塔剌不罕軍與賊力戰者命給
田賞之癸酉加高麗國王王睶開府儀同三司中書

左丞相行中書省事甲戌遣使括開元等路軍三千
征日本丙子賜雲南王忽哥赤印丁丑以湖南兵萬
人伐亦奚不薛亦奚不薛降戊寅發兵十萬命范文
虎將之賜右丞洪茶丘所將征日本新附軍及甲
辛巳立營田提舉司從五品俾置司柳林割諸色戶
千三百五十五隸之官給牛種農具壬午詔立陝西
四川等慶行中書省以不花為右丞李德輝汪惟正
並左丞時德輝巳卒甲申詔龍虎山天師張宗演赴
闕巳田命都實窮黃河源辛卯以漢軍屯田沙甘壬
辰亦奚不薛病遣其從子入觀帝曰亦奚不薛不禀

命輒以職授其從子無人臣禮宜令亦奚不薛出乃
還軍癸巳詔諭和州諸城招集流移之民丙申命在
官者任事一月後月乃給俸或發事者斥之遣使諭
爪哇國及交趾國始製象轎給怯烈等粮賜火察家
貧乏者十一月巳亥朔翰林學士承旨和禮霍孫等
言俱藍馬八闊婆交趾等國俱遣使進表乞苔詔招諭不爪
國乙巳置泉府司掌領御位下及皇太子皇太后諸
王出納金銀事敕別置局院以廬童匠有貧乏者給
以鈔幣詔有罪配役者量其程遠近犯罪當死者詳

加審讞戊申中書省臣議通鈔法凡賞賜宜多給幣帛課
程宜多收鈔制曰可庚戌命和禮霍孫東汱交趾國
使除可留者餘皆放還辛亥敕緩營建土役壬子詔
諭俱藍國使來歸附甲寅太原路堅州進嘉禾六莖丁
壬戌詔江淮行中書省括巧匠甲子詔頒授時曆丁
卯詔以末甘孫民貧除舍站稅課外免其役三年復
遣宣慰使教化孟慶元等持詔諭占城國主令其子
弟或大臣入朝詔江南江北陝西河間山東諸鹽場
增撥竈戶賜將作院呂合剌工匠銀鈔幣帛十二月
庚午以江淮行省平章政事阿里伯左丞燕鐵木兒

擅易命官八百員自分左右司官鑄銀銅印復達命
不散防守軍敕誅之辛未以熟券軍還襄陽屯田高
麗國王王晛領兵萬人水手萬五千人戰具高麗
粮一十萬石出征日本給右丞洪茶丘等戰船九百艘
國鎧甲戰襖諭諸道征日本兵取元帥㝠直司副使
以高麗金周鼎為管高麗國征日本軍萬戶並賜虎符
癸酉以高麗國王王晛為征日本都元帥㝠復授征
日本軍官元佩虎符丁丑用忽辛言以民當站役十
戶為率官給一馬死則買馬補之戊寅以奉使木剌
由國速剌蠻等為招討使佩金符已卯羅氏兒國土
冠為患思播道路不過發兵千人與洞蠻開道甲申
甘州增置站戶詔於諸王戶籍內簽之乙酉敕民避
役寬名匠戶者復為民淮西宣慰使昂吉児請以軍
士屯田阿塔海等以發民兵非便宜募民顧耕者耕
之且免其租三年從之丁亥復詔管民官兼管諸軍
奧魯戊子以征也可不薜軍千五百復還塔海八
亡八舍洞甲午陳桂龍攏漳州反唆都率兵討之桂龍
酋羅甸壬辰陳桂龍攏漳州重建太廟成自舊廟奉遷神主
于祐室遂行大享之禮置鎮北庭都護府于畏吾境

以脫脫木兒等領其事丙申遼東路所益兵以妻子
易馬敕以合輸賦稅贖還之敕鑄板印造帝師八合
思八新譯戒本五百部頒降諸路僧八合
巡歷西邊至別十八里以疾卒敕擅擾江南國來貢
田者有罪修桐栢山淮瀆祠以三茅山上清四十三
代宗師許道把祈禱有驗命別主道教安南國來貢
馴象賜蠻洞主銀鈔衣物有差賑肇昌常德等路饑
民仍免其徭役改拱衛司為都指揮司陸尚舍監秩
三品立太倉提舉司秩五品改建寧雷州封州廉州
化州高州為路以肇慶路隸廣南西道遷峽州路于
江北舊治復置郭縣隸肇昌路宿州靈壁縣復隸歸
德是歲斷死罪一百二人
十八年春正月戊戌朔高麗國王王晛遣其簽議中
贊金方慶來賀無歲幣辛丑名阿剌罕范文虎
加帶同赴闕受訓諭以拨都張珪李庭留後命忻都
洪茶丘軍陸行抵日本兵甲則舟運之所過州縣給
其糧食用范文庸言益以漢軍萬人文庸又請馬二
千給秃失忽思軍及回回砲匠丁未咬于
不從癸卯發鈔及金銀付字羅以給貢民帝曰戰舟
近郊敕江南州郡無用蒙古回回人凡諸王位下合

【上欄 元史本紀卷第十一 十一】

設達魯花赤並令赴闕仍詔諭諸王阿只吉等知之
巳酉改黃州陽羅堡復隸鄂州辛亥遣使代祀嶽瀆
后土壬子高麗王王睶遣使言日本犯其邊竟共
追之詔以戍金州臨口軍五百付之丙辰車駕幸郊
州改符寶局為典瑞監收天下諸司職印丁巳制以
新攝龍樓寨為亂擄之賞忻都等戰功賜征日本諸
軍鈔二月戊辰發侍衛軍鈔四千完正殿賜征日本養
射軍及高麗火長水軍鈔四千錠癸亥卲武民高日
軍鈔二月戊辰發侍衛軍鈔四千完正殿賜征日本諸
高麗王王睶以尚主乞改宣命益駙馬二字制曰可

《元史本紀卷第十一》
十一

乙亥敕以耽羅新造船付洪茶丘出征詔以刑徒減
死者付忻都為軍楊州火發米七百八十三石賑被
災之家詔諭范文虎等以征日本之意仍申嚴軍律
立上都留守司陸叙州于潭州乙酉改畏吾斷事官為
鄂州徙湖南宣慰司于潭州丙戌征日本國軍啓行渭東
比庭都護府陸從二品丙戌之巳發蕭州等處軍
饑發粟千二百七十餘石賑之甲弓矢海青符勅通政
院官渾都與郭漢傑整治水驛自叙州至荆南凡十
民鑿渠溉田給征日本軍衣甲弓矢海青符勅通政
九站增戶二千一百船二百十二艘詔諭烏瑣納空

【下欄 元史本紀卷第十二 十二】

等母擾羅氏兒國遣者令國主阿利具以名聞福建
省左丞蒲壽言詔造海船二百艘令成者五十民
艱苦詔止之乙未貞懿順聖昭天睿文光應皇后
弘吉剌氏崩丙申車駕還宮詔三茅山三十八代宗
師蔣宗瑛赴闕遣冊八八合赤等詣東海及濟源廟
修佛事以中書省事行中書省事以遼陽懿蓋北京大
書左丞相行中書右丞行江東道宣慰使無招討使也
的迷失奏免今年租稅之半三月戊戌許偁辛巳亥
定諸州旱免今年租稅之半三月戊戌許偁辛巳守
敕黃平隸安西行省鎮遠隸潭州行省各遣兵戍守

《元史本紀卷第十二》
十二

甲辰命天師張宗演即宮中奏赤章于天七晝夜丙
午車駕幸上都丙辰陸軍器監為三品辛酉立登聞
鼓院許有寃者撾鼓以聞夏四月辛未益雲南軍征
合剌章癸酉復領中外官吏俸辛巳通泰二州饑發
粟二萬一千六百石賑之戊子置蒙古漢人新附軍
總管甲午命太原五戶絲輸太和嶺至別
十八里置新驛三十賜征日本軍鈔五月癸
卯禁西北邊回回諸人越境為商甲辰遣使賑沙
州饑戊申罷霍州畏元按察司巳酉禁甘肅瓜沙等
州為酒壬子免耽羅國今歲入貢白紵丙辰以烏蒙

阿諜宣撫司隸雲南行省歲星犯右執法庚申殺寗
人之禁乏食者量加賑貸壬戌詔括契丹戶勒耽羅
國達魯花赤塔兒赤禁高麗全羅等慶田獵擾民者
六月丙寅敕賽典赤火尼赤分晉烏木揆都怯兒等
八慶民戶謙州織工一百四十二戶貧甚以粟給之其
丁丑以按察司所劾羡餘糧四萬八千石飼軍已卯
所需妻子官與贖還以太原新附軍五千屯田甘州
以順慶路隸四川東道宣慰司安西等慶軍站凡和顧
和買興民均役增陝西營田糧十萬石以充常費壬午
命耽羅戍力田以自給日本行省臣遣使來言大軍

駐巨濟島至對馬島獲島人言太宰府西六十里舊
有戍軍已調出戰宜乘虛擣之詔曰軍事卿等當自
權衡之癸未命中書省會計姚演所領漣海屯田官
給之資興歲入之數便則行之否則罷去丁亥敕乞
赤所招獲戶七千為民庚寅以阿剌罕有疾詔阿塔
海統率軍馬征日本壬辰高麗國王王瞈言本國置
驛四十民畜凋弊敕併為二十站仍給馬價八百錠
奉使木刺由國苦思丁至占城紅壞使人來言乞給
舟糧兌益兵詔給米一千四百餘石以中書左丞忽
都帖木兒為中書右丞行中書省事御史中丞行御

史臺事忽剌出為中書左丞行尚書省事賜皇子南
木合所部工匠羊馬價鈔秋七月甲午朔命萬戶南
公直分宣慰使劉恩所將屯肅州漢兵千人入別十
八里以嘗過西川兵百人為嚮導戊戌敕甘州置和
剌罕卒庚子括回回砲手散居他郡者悉令赴南京
中所以給兵糧京兆四川分置行省於河西已亥阿
屯田癸卯太陰犯房距星庚戌以松州知州僕散禿哥
將蒙古軍還復令漢軍戍守以忻都州儌散禿哥
前後射虎萬計賜鶚萬虎將軍賜貴赤兒禿所
招和真滁等戶二千八百二十俾自領之辛酉咬都

征占城賜馳達以辟瘴毒占城國來貢象犀命天師
張宗演等即壽寧宮奏赤章于天凡五晝夜八月甲
子朔詔討使方文言擇守令崇祀典祀戢吏禁盜賊
治軍旅獎忠義六事詔廷臣及諸老議舉行之丙寅
熒惑犯諸族第三星庚午忙古帶為中書右丞行
中書省事辛未敕隆興行省參政劉合撒兒禿凡
穀造作專領之乙亥甘州几諸投下戶依民例應站
役申嚴大都總管府兵馬司左右巡院欽民之禁庚
寅以阿剌罕既卒命阿塔海等分戍三海口令阿塔
海就招海中餘冠高麗國王王瞈遣其密直司使輈

原来賀聖誕節壬辰以開元等路六驛懲命給幣帛
萬二千匹其繫妻子者官為贖之詔征日本軍囬所
在官為給糧忻都洪荼丘范文虎李庭金方慶諸軍
船為風濤所激大失利餘軍囬部及高麗境十存一二
設驛于上都壽寧官賜歡只兀等羊馬
過西川軍糧海南諸國来貢象犀方物給怯薛丹糧
價及眾家奴等助軍羊馬鈔賜常福建賊陳吊眼詔
拘其所占田為屯田閏月癸巳期熒惑犯司怪南第
二星阿塔海乞以戊三海口軍擊福建賊陳吊眼詔
以重勞不從敕守眉山道侍衛軍還京師壬辰瓜州

《元史本紀卷二》 十五 原謄道

屯田進瑞麥一莖五穗丙午車駕至自上都庚戌太
陰犯昴丁巳命播州每歲親貢方物改思州宣撫司
為宣慰司兼管内安撫使陸高麗簽議府為從三品
敕中書省減執政及諸司冗員遣兀良合帶運沙城
等糧六千石入和林括江南戶口稅課庚申安南國
貢方物江西行省薦舉兵官命罷之壬戌詔諭沙城
等三城官民及忽都帶兒括不闌奚人口兩淮轉運
使阿剌廷丁坐盜官鈔二萬一千五百錠盜取和買
馬三百四十四匹朝廷宣命格而弗頒又以官貢所
佩符擅與家奴徃来貿易等事伏誅賜謙州屯田軍

人鈔幣衣裝等物及給農具漁具償站匠等助軍羊
馬價九月癸亥湖畋于近郊甲子增大都巡兵千人
給鈔賑上都饑民癸酉商賈市舶物貨已經泉州抽
分者諸處貿易止令輸稅益立蒙古站屯田編户歲
給戰具庚辰還官辛巳大都立蒙古站屯田編户歲
輸包銀者及真定等路關遺戶並令屯田其在真定
者與免皮貨簽未京兆等歲辦課額自一萬九千
鋌增至五萬四千錠阿合馬尚以為未實欲覈之帝
曰阿合馬何知事遂止大都新安縣民復和買
甲申太陰犯軒轅大星壬辰占城國来貢方物賜修

《元史本紀卷十一》 十六 原謄道

大都城侍衛軍鈔幣帛有差賞比征軍銀鈔賜怯憐
口及四韓耳朶下與范文虎所部將士羊馬衣服幣
帛有差冬十月乙未享于太廟貞懿順聖昭天睿文
光應皇后袝丙申莫民准西屯田已亥議封安南王
號易所賜安南國畏吾字書之仍降詔
諭安南國立日烜之叔遺愛為安南國王庚子溪洞
新附官鎮安州岑從毅縱兵殺掠迫死知州李顯祖
召從毅入觀壬寅賜征日本將校衣裝幣帛靴帽等
物有差乙巳命安西王府協濟戶及南山隘口軍於
安西延安鳳翔六艦等處屯田河西置織毛段匠提

舉司丁未安南國置宣慰司以比京路達魯花赤等
顏帖木兒僉知政事行安南國宣慰使都元帥佩虎
符柴椿忽哥兒副之給鈔萬錠付河西行省以備經
費巳酉張易等言參校道書惟道德經係老子親著
餘皆後人偽撰宜悉焚毀從之仍詔諭天下給隆興
行省海青符命失里咱牙信合八剌麻合迷尨爲占
城郡王加榮祿大夫賜新舊軍及水手合萬人期以
都爲右丞劉深爲左丞兵部侍郎也里迷失來奏以
事庚戌敕以海船百艘新舊軍及水手合萬人期以
明年正月征海外諸番仍諭占城郡王給軍食以安

南國王陳遺愛入安南發新附軍千人衛送詔諭干
不昔國來歸附壬子用和禮霍孫言於揚州隆興鄂
州泉州四省置蒙古提舉學校官各二員以翰林學
士承旨撒里蠻無領會同館集賢院事以平章政事
林學士承旨和禮霍孫守司徒改大都南陽真定等
樞密副使張易無領秘書監太史院司天臺事以翰
勳屯田孛蘭奚總管府爲農政院癸丑皇太子至自
北邊丙辰以元良合帶言上都南四站人畜困乏賜
鈔給之庚申籍西川戶辛酉邵武叛人高日新降給
征日本田侍衛新附軍冬衣賜劉天錫等銀幣勝兀

刺等羊馬鈔諸王阿只吉等馬牛羊各有差十一月
癸亥朔詔諭探馬禮令歸附甲子敕誅陳吊眼首惡
者餘並收其兵繫送京師巳巳敕軍器監給兵仗
付高麗沿海等郡奉使占城孟慶元孫勝夫並爲廣
州宣慰使無領出征調度高麗國金州等處置鎮邊
萬戶府以控制日本高日新及其弟鼎新等至闕以
日新兩爲叛首授山比路民職文慶之屬遷還泉州
賜有功將校二百二十三員銀十萬兩及幣帛弓矢
鞍勒有差詔安南國王給占城行省軍食高麗國王
請完濬海城防日本不允辛未給諸王阿只吉粮六

千石甲戌太陰犯五車次南星乙亥召法師劉道真
問祠太乙法丁丑太陰犯昴壬午詔諭爪哇國主俾
親來覲昌州及蓋里泊民給鈔賑之丙戌給鈔二
萬錠付和林貿易救征日本軍後至者分戍沿海
二錠巳酉賜安南國出征揚州行省新附軍行禮部尚書留
丁亥太陰掩心東星給民新附軍將校尚書留
午以莵吉剌帶爲中書右丞相巳亥議選侍衛軍萬人練
省丙午太陰犯軒轅大星丁未命西川行省
習以備扈從陸太常寺爲正三品辛亥命西川行省

給萬家奴所部兵伏癸丑敕免益都淄萊空海開河
夫今年租賦仍給其傭直乙卯以諸王札忽兒所占
文安縣地給付屯田丙辰調新附軍屯田獲福州版
賊林天成戰于市免福州路今年秋二分十八年以
前租稅並免徵以漢州德陽縣隸成都府改漳州為
路賜禮部尚書謝昌元鈔賞捏古伯戰功銀有差償
阿只吉等助軍馬價賜塔剌海籍沒戶五十是歲保
定路清苑縣水平陽路松山縣旱高唐夏津武城等
縣蝗害稼並免今年租計三萬六千八百四十石斷
死罪二十二人

《元史本紀卷十一》 十九

翰林學士承旨知制誥兼脩國史臣宋濂　總裁官嘉議大夫知制誥同脩國史院編修官臣王禕等奉
敕脩

世祖九

十九年春正月壬戌朔高麗國王王賰遣其大將軍
金子廷來賀丙寅罷征東行中書省丁卯諸王札剌
忽至自軍中時皇子北平王以軍鎮阿里麻里之地
以禦海都諸王昔里吉與脫脫木兒簒忽兒撒里
蠻謀劫皇子北平王以叛欲與札剌忽結援於海
都海都不從撒里蠻悔過執昔里吉等北平王遣札
剌忽以聞妖民張圓光伏誅立太僕院撥信州民四
百入戶隸諸王栢木兒丙子車駕畋于近郊丁丑高
麗國王貢紬布四百四丙戌賜西平王怯薛那懷幸
鈔一萬一千五百二十一錠二月辛卯朔車駕幸柳
林饒州總管姚文龍言江南財賦歲可辦鈔五十萬
錠詔以文龍為江西道宣慰使蠲措置茶法命司徒
阿你哥行工部尚書納懷製飾銅輪儀表刻漏敕改
給馴馬昌吉印修宮城太廟司天臺癸巳調軍一萬
五千馬五千四征也可不薛遣使代祀嶽瀆后土甲
午甘州逃軍二千二百人自陳願挈家四千九百四

《元史本紀卷第十二》
一

十口還戍敕以鈔一萬六百二十錠布四千九百四
十四驢四千九百四十頭給之議征緬國以太卜為
右丞也罕的斤為參政遣使往乾山造江南戰船十八里
元帥蒙公直軍需遣使往乾山造江南戰船十八艘庚
子賜諸王塔剌海籍没五十戶願受十二戶李羅歡
理筭未徵粮二十七萬石詔徵之壬寅陸軍器監秩
三品命軍官陣七者其子襲職以疾卒者授官降一
蕈其為令授溪洞招討使郭昂等九人虎符仍賞張
溫顏義顯銀各千兩收晃兀兒塔海民匠九百五十
三戶入官乙巳立廣東按察司戊申車駕還宮已酉

《元史本紀卷第十三》
二

減省部官冗員改上都宣課提領為宣課提舉司立
鐵冶總管府罷提舉司減大都稅課官十四員為十
員改羅羅斯宣慰司隸雲南省徙浙東宣慰司於溫
州分軍戍守江南自歸州以及江陰至三海口凡二
十八所庚戌以僉知政事唐兀帶等六人鎮守黃
建康江陵池州興國壬子詔僉亦奚不薛及播思叙
三州軍征緬國癸丑大良平元帥蒲元圭遣其男世
能入觀甲寅車駕幸上都申嚴漢人軍器之禁丁巳
安州張拗驢以詐敕及偽為丞相字羅署印伏誅戊
午賜雲南使臣及陝西簽省八八以下銀鈔衣服有

先行封籍府庫丁酉以和禮霍孫為中書右丞相降

差籍福建戶數三月辛朔烏蒙民叛敕那懷火魯
思迷率蒙古漢人新附軍討之賞忽都苔兒等戰功
牛羊馬益都千戶王著以阿合馬蠹國害民與高和
尚合謀殺之壬午誅王著張易高和尚于市皆臨之
餘黨悉伏誅甲申的斤帖林以已貲充屯田諸
歲輸驛馬給之以領北庭都護阿必失哈為御史大
郡軍民官捕獵戊子立塔兒八合你驛以烏蒙謀
王阿只吉以聞敕酬其直丙戌禁都東平汸淮諸
夫行御史臺事夏四月辛卯敕和禮霍孫集中書省
部御史臺樞密院翰林院等官議阿合馬所管財賦

右丞相笈吉剌帶為留守仍同僉樞密院事戊戌征
蠻元帥完者都等平陳吊眼巢完班師賞其軍鈔仍
令還家休息遣楊州射士戌泉州陳吊眼父文桂及
兄弟桂龍滿安納欵命護送赴京師其黨吳滿張飛
迎敵就誅之敕以大都巡軍隸留守司壬寅立囤易
庫中書左丞耿仁等言諸王公主分地所設魯花
赤例不遷調住蒲從本位下選代
為宜從之以留守司蕭行工部敕自今歲用官車勿
賦於民可即濼河造之給其糧費甲辰以廿州中興

屯田兵逃還太原誅其拒命者四人而賞不逃者乙
已以阿合馬家奴忽都苔兒等久總兵權令博敦等
代之仍隸大都留守司弛西山薪炭禁以阿合馬等
子江淮行中書省平章政事忽辛罪重於父議究勘
之考覈諸處平準庫汰倉庫官御史臺臣言見在賦
罰鈔三萬錠金銀珠王幣帛稱是詔留以給貧乏者
丙午敕諸王帖木兒總軍饒民採竹實為粮活者
倒給粮戊申寧國路太平縣饑民也里可溫依僧
三百餘戶敕出使人還不即以所給符上與上而有
司不即收者皆罪之凡文書並奏可始用御寶已酉

刊行蒙古畏吾兒字所書通鑑以和禮霍孫為右丞
相詔天下庚戌行御史臺言阿里海牙占降民為奴
而以為征討所得有旨降民還之有司征討所得籍
其數量賜諸臣下有功者以興兵問罪海外天下供給
繁重詔慰諭軍民應有通欠錢粮及官吏侵盜科權
停罷設懷孟路管河渠使副各一員拘括江南官豪
隱匿逃軍壬子罷江南諸司自給驛券丙辰敕以妻
女妹獻阿合馬得仕者黜之覈阿占擾民田
給還其主庇富強戶輸賦其家者仍輸之官北京宣
慰使阿老瓦丁濫舉非才為管民官命選官代之議

設鹽使司賣鹽引法擇利民者行之仍令按察司磨
刷運司文卷定民間貸錢取息之法以三分為率定
內外官以三年為考滿任者選叙未滿者不許超還
禁吐蕃僧給驛太繁擾害於民自今非奉旨勿給給
控鶴人鈔一萬五錠及其官吏有差五月己未朔鈞
考萬億庫及南京宣慰司沙汰省部官阿合馬黨人
七百十四人已革者百三十三人餘五百八十一人
並黜之瀘州管軍總管李從坐受軍士賄縱其私還
致萬戶不難等為賊所殺伏誅籍阿合馬罪剖棺戮其
驢等三千七百五十八

於通玄門外罷南京宣慰司及江南財賦總管府丁
卯降各省給驛璽書戊辰徙江西福建行省去江南
冗濫官免福建山縣鎮店宣課禁富路私人權府州
司縣官招諭畬洞人免其罪禁戍軍防送禁入匠
提舉擅招匠戶已已遣浙西道宣慰司同知劉宣等
理筭各塩運司及財賦府茶場都轉運司出納之數
籍阿合馬妻子親屬所營資產其奴婢縱之為民罷
宣慰使所帶相銜壬申鎖繫耿仁至大都命中書省
鞫之庚辰議於平灤州造船發軍民合九千人令探
馬赤伯要帶領之伐木於山及取於寺觀墳墓官酬

其直仍命竊哥遣人督之癸未給大都拔都兒正軍
夏衣和禮霍孫言省部濫官七百十四員其無過者
五百八十一員姑存之沿海左副都元帥石國英請
以稅戶嘗軍軍逃死者令其補足站戶苗稅貧富不
均者宜均其役又請行塩法沙汰官吏罷捕戶詔中書
集議行之張惠阿里罷以甘肅行省左丞麥术丁為
中書右丞行御史臺御史中丞張雄飛參知政事乙
酉元帥蒙公直言乞黜逃軍仍使從軍及設立冶場
於別十八里鼓鑄農器從之丙戌別十八里城東三
百餘里蝗害麥六月己丑朔日有食之芝生眉州甲

午阿合馬瀘設官府二百四所詔存者三十三餘皆
罷又江南宣慰司等官毋役官軍丙申發
之乙未發六盤山屯田軍七百七十人以補劉恩之
軍敕宣慰司等官毋役官軍丙申發射士百人衛丞
相他人不得援例戍戍以占城既服復叛發淮浙福
建湖廣軍五千海船二百五十命唆都為
將討之亡宋軍有手號及無手號者並聽為民已亥
命何子志為管軍萬戶使遷國辛丑籍阿合馬妻子
墶奴婢財產癸卯禁瀘保軍功乙巳招無籍軍給衣
糧已酉賞太子府宿衛軍禦盜之功給鈔馬有差無

妻者以没官寡婦配之以阿合馬居第賜和禮霍孫

壬子申敕中外百官立限決事癸丑從和禮霍孫言

罷司徒府及農政院鎖繫忽辛赴揚州鞫治丁巳征

亦奚不薛盡平其地立三路達魯花赤留軍鎮守命

藥剌海總之以速帶兒為都元帥宣慰使庚申命

戊午朔日有食之也立行樞密院於揚州鄂州辛酉剖

郝禎棺戮其

行御史臺棟汰各道按察司官辛酉以各奧魯所征還官

尸壬戌命以官錢貸給戍軍費而以各奧魯護送高麗國王請自造船

禁諸位下營運錢貨差軍護送高麗國王請自造船

一百五十艘助征日本戊辰征鴨池田軍屯田安西

以鈔給之庚午令蒙古軍守江南者更番還家壬申

發察罕腦兒軍千人治晉山道立馬湖路總管府癸

酉賜高麗王王賰金印癸酉宣慰孟慶元萬戶孫勝

帖木兒哇囲為忙古帶所囚詔釋之丁丑罷汪札剌

兒帶總帥收其制命虎符以鞏昌路達魯花赤別速

夫使爪哇回為鞏昌平涼等處二十四處軍前便宜都總

帥府達魯花赤以蒙古人守羅領湖北沅等州淘

金事戊寅議築依察罕腦兒築土為墻便從之乙酉

二萬地遠難致依察罕腦兒都帖木兒等金銀幣帛有差

賜諸王塔海帖木兒忽都帖木兒

闍婆國貢金佛塔發米賑乞里吉思貧民八月丁亥

朔給乾山造船軍匠冬衣及新附軍鈔庚寅忙古帶

征羅氏兜國還仍佩虎符為管軍萬戶辛亥以阿八

赤督運糧癸巳發羅羅斯等軍助征緬國辛卯以阿八

萊路田索二鎮仍於驛臺立新城縣治大駕駐蹕龍

虎臺江南水民饑者眾真定以南旱民多流移和禮

霍孫請所在官司發廩以賑從之申嚴私造器物甲寅

服御之禁又禁諸監官不得令人匠造器物甲寅

聖誕節是日還宮乙卯御正殿授皇太子諸王百官

朝賀丙辰謫兀迭納戍占城以贖罪九月丁巳朔

賑真定饑民其流移江南者官給之粮使還鄉里教

中書省窮治阿合馬之黨別速帶請於羅卜闍里輝

立驛從之以阿合馬没官田産充屯田籍阿里家兄

千誅阿合馬第三子阿散仍剝其皮以徇庚申汰兄戊

官游顯乞罷達海州屯田以其事隸宣慰司養倭國謀

仍以顯平章政事行省揚州福建宣慰司從其請

者有旨留之辛酉誅耿仁撒都魯丁及阿八魯第四

子忻都招討使楊庭堅招撫海外南番皆遣使來貢

俱藍國主遣使奉表進實貨黑猿一那旺國主忙昂

以其國無識字者遣使四人不奉表蘇木都速國主

土漢八的亦遣使二人蘇木達國相臣那里八合剌
攤赤因事在俱藍國聞詔代其主打古兒遣使奉表
進指環印花綺段及錦衾二十合寓俱藍國也里可
溫主兀咱兒兒撒里馬亦遣使七寶項牌一藥
物二瓶又管領水速蠻馬亦遣使本表進
關壬戌禁諸人不得泪境課程敕官吏受賄及倉庫
官侵盜臺寮官知而不糾死言者驗其輕重罪之中外官
吏賦罪輕者杖決重者處死言官繩與受贓者一
體論罪仍詔諭天下乙丑簽亦奚不薛等慶軍丁卯
安南國進貢犀兕金銀器香藥等物增給元帥基公

直軍冬衣鈔已巳命軍站戶出錢助民和顧和買籍
雲南新附戶自兀良合帶鎮雲南凡入籍民戶四籍
民田民以爲病至是令巳籍者勿動新附者籍之定
雲南稅賦用金爲則以貝子折納每金一錢直貝子
二十索罷雲南宣慰司壬申敕平灤高麗躭羅及楊
州隆興泉州共造大小船三千艘命四川行省參知
洞向世雄兄弟及散毛諸洞叛命四川行省參知政事
奚不薛軍前往招撫之使與其主偕來癸酉阿合馬
姪宰奴丁伏誅罷忽辛黨馬璘江淮行省參知政事
丁亥遣使括雲南所產金以亨羅爲打金洞達魯花

赤戌寅給新附軍賈祐衣粮祐言爲日本國焦元帥
增知江南造船遣其來俟動靜軍馬壓境頗先降附
辛巳救各行省止用印一餘者拘之及拘諸位下印
壬申賜諸王阿只吉金五千兩銀五萬兩羅粮九萬石
發鈔三萬錠於隆興德興府宣德州和糴粮九萬石
置黑簿以籍阿合馬黨人之名令諸路歲貢儒吏各
一人各提刑按察司舉廉能者陞遷叙冬十月
也里可溫增有妻室者同民納稅庚寅以歲事不登聽
丁亥朔增兩浙鹽價詔整治鈔法已丑敕河西僧道
諸軍捕獵於汴梁之南辛卯以平章軍國重事監修

國史耶律鑄爲中書左丞相壬辰辛于太廟罷西京
宣慰司丙申初立詹事院以完澤爲右詹事賽陽爲
左詹事由大都至中灤中灤至瓜州設南北兩漕運
司立盧臺越支三又沽鹽使司河間滄清山東濱樂
安及膠萊莒密鹽使司五救籍沒財物精好者及金
庫御用寶玉遠方珍異隸內帑餘付刑部以待給賜
銀幣帛入內帑餘付刑部中出納分三
庫常課衣段綺羅繒布隸左藏金銀只孫衣段隸右
藏設官吏掌鑰者三十
二人仍以官者二十二人董其事減大府監官癸卯
命崔彧等鉤考樞密院文卷甲辰占城國納歁使回

賜以衣服乙巳遣阿魯乾伯等國
罷屯田總管府以其事隸樞密院
兩千以汪惟孝為總帥丁未女直六十自請造船運
粮赴鬼國贍軍從之議征義巴洞惟孝仍女直以四川民僅
十二萬戶所設官府二百五十餘令四川行省議減
之移成都及山北州郡宣慰司於碉門罷利州及順慶府宣慰司
禁大都及山北州郡酒詔兩廣福建五品以下官從
行省就便銓注耶律鑄言有司官吏以采室女乘時
害民如令大郡歲取三人小郡二人擇其可者厚賜
其父母否則遣還為宜從之籍京畿隱漏田履畝收

元史本紀卷第十二　十一　何宗大

稅命游顯專領江浙行省漕運乙卯命堅童專掌奏
記誅阿合馬長子忽辛第二子抹速忽於揚州皆醢
之十一月戊午上都建利用庫賜太常禮樂籍田等
三百六十戶鈔千二百錠甲子給欠州屯田軍衣服
丁卯給河林戍還軍校銀鈔幣帛江南襲封衍聖公
孔洙入覲以為國子祭酒蕭提舉浙東道學校事就
給俸祿與護持林廟璽書詔以阿合馬罪惡頒告中
外凡民間利病即與興除之壬申以勢家為商賈者
阻遏官民直船立泲河巡禁軍犯者沒其家癸酉分元
帥蔡公直軍戍曲先甲戌中書省臣言天下重四除

謀反大逆殺祖父母父母妻妾奴殺夫因姦殺夫
並正典刑外餘犯死罪者令充日本占城緬國軍從
之攻鑄省印丙子四川行省招諭大盤洞主向臭反
等來朝戊寅耶律鑄言前奉詔殺人者死仍徵燒埋
銀五十兩後止徵鈔二錠其事太輕臣等議依蒙古
人例犯者沒一女入仇家無女者徵鈔四錠從之以
袁州饒州興國軍復隸隆興省馬八兒國遣使以金
葉書及土物來貢罷都功德使脫烈其修設佛事妄
費官物皆徵還之賜貧乏者合納塔剌八只等羊馬
鈔十二月丁亥命阿剌海領范文虎等所有海船三

元史本紀卷第十二　十二

嘉靖九年補刊

百艘壬寅中書左丞張文謙為樞密副使乙未中書
省臣言平原郡公趙與芮瀛國公趙㬎翰林直學士
趙與票宜並居上都帝曰與芮老矣當留大都餘如
所言繼有旨給瀛國公衣粮發遣之唯與票勿行以
中山薛保住上匿名書呂文煥發遣宋丞相文天祥癸邪
御史中丞崔或言臺臣於國家政事得失生民休戚
百官邪正雖王公將相亦宜糾察近侍御史有言臣
以為臺官皆當擇言庶於國家有補選用臺察官若
由中書必有偏徇之弊御史宜從本臺選擇初用漢
人十六員今用蒙古人十六員相繼巡歷為宜從之

濬濟川河降拱衛司復正四品仍收其虎符罷湖廣
行省金銀鐵冶提舉司以其事隸各路總管府以建
康淘金總管府隸建康路中書右丞札散為平章政
事罷解益司及諸鹽司令運司官親行調度鹽引罷
南京屯田總管府以其事隸南陽府阿里海牙復鎮
遠軍發軍千人戍守以其地與西川行省統領諸國
釋教造帝師苔合思八合利塔免董昌等廬積年所
焉詔立帝師苔合思八剌剌吉塔掌玉印統領諸國
欠田租稅課賜皇子北安王位下塔察兒等馬牛羊
各有差

《元史本紀卷第十二》 十三

二十年春正月丙辰朔高麗國王王晛遣其大將軍
俞洪慎來賀巳未納皇后弘吉剌氏辛酉賜諸王出
伯印賞諸王必赤帖木兒駙馬昌吉軍鈔敕諸王公
主駙馬得江南分地者於一萬戶田租中輸鈔百錠
准中原五戶絲數癸亥敕藥剌海領軍征緬國乙丑
高麗國王王晛遣使兀剌帶貢氎布線紬等物四百
段和禮霍孫言去冬中山府奸民薛寶住為匿名書
來上妄效東方朔書欺罔朝廷希覬官賞敕誅之又
言自今應訴事者必須實書其事赴省臺陳告其敢
以言匿名書告事事重者處死輕者流遠方能發其事者

給犯人妻子仍以鈔賞之又阿合馬專政時衛門太
冗廬費俸祿宜依劉秉忠衛所定併省為便皆從
之設務農司敕諸事赴省臺訴之理決不平者許詣
登聞鼓院擊鼓以聞預備征日本軍粮于高麗國備
寅發五衛軍二萬人征日本河北發鈔三千錠糴粮于寨
二十萬石以阿塔海依舊為征東行中書省丞相丙
罕腦兒以給軍匠以燕南河北山東諸郡去歲旱稅
粮之在民者權停勿徵仍諭自今管民官凡有災傷
過時不申及按察司不即行視者皆罪之刑部尚書
崔彧言時政十八事詔中書省與御史大夫玉速帖

《元史本紀卷第十二》 十四

木兒議行之罷上都四易庫丁卯伯要帶等伐船材
于烈塌都山乾山凡十四萬二千有奇起諸軍貼戶
年及丁者五千人民夫三千人運之巳巳太陰犯軒轅
御女賜諸王也里干塔納合奴木赤金各五十兩金
衣襖一庚午以平灤造船去運木所遠民疲於役徒
於陽河造之壬申御史臺言燕南山東河北去年旱
災按察司已嘗閱視而中書不為奏免民何以堪請
權停稅粮制曰可移鞏昌按察司治甘州命右丞闊
里帖木兒及萬戶三十五人蒙古軍習舟師者二千
人探馬赤萬人習水戰者五百人征日本丁丑以招

討楊廷璧為宣慰使賜弓矢鞍勒使諭俱藍等國己
卯命諸軍習舟檝給鈔八千錠於隆興等處和
糴以贍之庚辰太陰入南斗壬午車駕畋于近郊以四
川歸附官楊文安為荊南道宣慰使改廣東提刑按
察司為海北廣東道廣西按察司為廣東海北道福
建按察司為福建閩海道鞏昌按察司為河西隴北
道癸未撥忽蘭及塔剌䚟不罕等富戶內貸牛六百頭給乞里
下壬戌敕於禿烈禿䚟等四千戶隸皇太子位
古思之貧乏者二月戊子定兩廣四川戍軍二三年
一更廩其家屬軍官給俸以贍之賜俱藍國王瓦你

金符賜駙馬阿禿江南民千戶以春秋仲月上戊日
祭社稷及武成王庚寅太陰掩昴癸巳敕斡脫錢仍其
舊丁酉給別十八里屯田軍戰襖庚子敕權貴所占
田土量給各戶之外餘者悉以與怯薛帶䚟耕之減
四川府併西川東北三道宣慰司及瀘川等路十四
鎮守萬戶府新軍總管府威灌茂等州安撫司十四
處是夜太白犯昂辛丑定軍官選格立官吏贓罪法
壬寅太白犯昂乙巳令隆興行省遣軍護送占城糧
船太陰犯心丁未定安洞酋長遣其兄弟入覲敕給鈔
馬巳西陞關遺監秩正五品癸丑諭中書省大事奉

開小事便宜行之毋致稽緩甲寅降太醫院為尚醫
監改給銅印立江南等處官醫提舉司賜遺官錄揚州四徒三月
八忽帶及軍士銀鈔有差敕遣官錄揚州四徒三月軍官
丁巳諸王勝納合兒設王府官三員以萬戶不都蠻
鎮守金齒罷女直造日本出征船罷河西行御史臺立
鞏昌等處罷福建市舶總管府存提舉司併
泉州行省入福建行省或言其過命兀奴忽帶伯顏
關閻你敕治江淮行省新附洞蠻酋長為千戶巳未歲星犯鍵以
佐之戊午以新附洞蠻酋長為千戶巳未歲星犯鍵
閏罷京兆行省立行工部御史臺臣言平灤造船五

臺山造寺伐木及南城建新寺凡役四萬人乞罷之
詔伐木建寺即罷之造船一事其與省臣議前後衛
軍自願征日本者命選留五衛漢軍千餘其新附軍
令悉行庚申太陰犯井辛酉賞諸王合班第忙兀帶所
部軍士戰功銀鈔幣帛衣服各有差給甘州戍軍鈔
壬戌太陰犯兒乙丑命兀奴忽魯帶徃揚州錄四遺江
比重囚讞征日本立雲南按察司刷行省文卷罷江
准安等處淘金官惟計戶取金以阿合馬綿絹線兩
給貧民工匠給王傅兀訥忽帖只印給西川福建兩
廣之任官驛馬以湖南宣慰使張鼎新行省參知政

事奨楫荼嘗阿附阿里海牙軟罷之丙寅車駕幸上
都江西行省叅政完顏那懷坐越例驟陞及妄舉一
百九十八人入官罷之罷河西辦課提舉司丁卯增
置蒙古監察御史六貟乙巳歲星犯房癸酉歲星掩
房廣州新會縣賊趙良鈐等衆悉平乙亥罷諸軍
稱延康年號官軍擒之伏誅餘黨悉平甘州新附軍
役夫遣阿塔海戍曲先漢都魯迷失帥乙立畏吾兒
往斡端已卯給各衛軍出征馬價鈔已立畏吾兒
四處驛及交鈔庫壬午祀太一罷福建道宣慰司復
立行中書省于漳州以中書右丞張惠為平章政事

御史中丞也先帖木兒為中書左丞並行中書省事
賜迷里札蠻合八失鈔賕八魯怯薛八剌合赤等貧
乏賜皇子北平王所部馬牛羊各有差夏四月丙戌
立別十八里和州等處宣慰司庚寅敕藥剌海戍守
亦奚不薛都元帥也速荅兒還自亦奚不薛駐軍戍
都求入見許之仍遣人屯守險隘以侍衛親軍二萬
人助征日本辛卯樞密院臣言蒙古侍衛軍於新城
菶慶屯田砂磧不可種乞改撥良田從之壬辰阿塔
海求軍官習舟楫者同征日本命元帥張林招討張
瑄總管朱清等行以高麗王就領行省規畫日本事

宜甲午減江南諸道醫學提舉司四省各存其一兔
京畿所括豪勢田舊稅三之二新稅三之一高麗國
王王睧請以蒙古人同行省事禁近侍為人求官蠚
亂選征日本事宜嚴酒禁有私造者財產沒官犯人配
役申私盐之禁許按察司斜察盐司沒官女子犯人配
壬寅太陰犯南斗癸卯授高麗國王王睧征東行中
書省左丞相仍駙馬高麗國王乙巳命樞密院集軍
官議征日本事宜改授從之庚戌右丞也速帶兒招撫
憑驗俟班師日改授
鈞連州定州阿求都掌蠻獨山都掌蠻不降進

軍討之生擒酋長得蘭紐遂班師發大都所造回回
砲及其匠張林等付征東行省辛亥以征日本給後
衛軍衣甲及大名衛輝新附軍鈔麥木丁荼檢覈萬
億庫以罪監繫者多請付蒙古人治有旨蒙古人為
利所汨亦異往日矣其擇可任者使之五月乙卯給
甘州戍軍夏衣戊午丞相伯顏諸王相吾荅兒等言
征緬國軍宜叅用蒙古新附軍從之已未免五衛軍
征日本發萬人赴上都縱平灤造船軍歸耕撥大都
見管軍代役庚申減隆興府昌州盖里泊管盐官吏
九十九人以其事隸隆興府定江南民官及轉運司

官公田甲子徙揚州淘金夫赴益都立征東行中書
省以高麗國王與阿塔海共事給高麗國征日本軍
衣甲御史中丞崔彧言江南盜賊相繼而起皆緣拘
水手造海船民不聊生日本之役宜姑止之江南四
省應辦軍需宜量民力勿強以土產所無凡給物價
及民者必以實召募水手當從征所欲伺民之氣稍
我之力粗備三二年復東征未晚不從丙寅太陰掩
心東星免江南稅糧三之二敕阿里海牙調漢軍七
千新附軍八千以付唆都從征辛未占城行省已破
占城其國主補底遁去降璽書招徠之甲戌發征日

〈元史本紀卷第十三〉 十九 蘇仲連

本重囚徙占城緬國等處從征設高麗國勸農官四
員丙子詔諭諸王相吾荅兒先是雲南重囚令便宜
處決恐濫及無辜自令凡大辟罪仍須待報併省江
淮雲南州郡以耶律老哥為中書右丞知政事免戍軍
姜稅禁諸王奧魯官科擾軍戶以西南蠻夷有謀叛
未附者免西川征緬軍令專守禦支錢令各驛供給
戊寅諭陳言者從都省集議可行者以聞不可則明
以諭言者許按察司官用弓矢監察御史阿剌渾坐
擅免賦錢不科私釀等罪罷用御史中丞崔彧言罷
各路選取室女頒行宋文思院小口解敕以陝西按

察司賦罰錢輸於秦王省北京提刑按察司副使僉
事各一員立海西遼東提刑按察司按治女直水達
達部己卯酌諸王只必帖木兒給軍羊馬鈔十萬錠以
海南四州宣慰使朱國寶請益兵討占城詔江南運
阿里海牙軍萬五千人應之用王積翁言詔江南運
粮於阿八赤新開神山河及海道兩道運之立幹脫
總管府辛己給占城行省粟政王禧為中書
申嚴私易金銀之禁以甘州行省粟政王禧為中書
知政事免大都及平灤路令歲絲料江南運轉官
不之任者杖之追奪所受宣勑戊子以征日本民間

〈元史本紀卷第十三〉 二十

騷動盜賊竊發忽都帖木兒忙古帶乞益兵禦寇詔
以興國江州軍付之己丑增官吏俸給庚寅定市舶
抽分例舶貨精者取十之一粗者十之五差五衛軍
人修築行殿外垣命諸王忽都設斷事官丙申發
軍修完大都城辛丑發軍修築隄堰戊申用伯顏等
言所括宋手號軍八萬三千六百人立牌甲設官以
統之仍給衣粮庚戌流叛賊陳吊眼妳陳桂龍於憨
荅孫之地辛亥四川行省粟政曲立吉思等討平九
溪十八洞以其酋長赴闕定其地立州縣聽順元路
宣慰司節制以向世雄等為义巴諸洞安撫大使及

安撫使秋七月癸丑朔蠲建寧路至元十七年前未
納苗稅丙辰免徵骨嵬軍賦諭阿塔海所遣征日本
船宜少緩之所拘商船其悉給還阿里沙坐虛言惑
衆誅太白犯井丁巳賜捏古帶衣等珠衣庚申調軍益
戍雲南丙寅立亦奚不薛宣慰司益兵戍守開雲南
南斗乙丑太白犯井丁卯罷淮南淘金司以其戶還
驛路分亦奚不薛地為三設官撫治之癸亥入見其禮
民籍庚午癸亥犯司怪新附官同文英入見其贊禮
銀萬兩金四十錠鐵木兒不花匿為已有詔即其家
搜閱沒入官帑敕捕阿合馬婦翁尚書蔡仲英徵償

《元史本紀卷第十一》 壬

所貸官鈔二十萬錠阿八赤姚演以開神山橋渠侵
用官鈔二千四百錠折閱糧米七十三萬石詔徵償
仍議其罪壬申亦奚不薛軍民千戶宋添富及順元
路軍民總管宣撫司阿里等來降班師以羅氏酋
長阿利及其從者入覲立亦奚不薛綁管府命阿里
為總管丙子減江南十道宣慰司官一百四十員為
九十三員敕上都商稅六十分取一免大都平灤兩
路今歲傣鈔立總教院秩正三品丁丑命按察司照
刷吐蕃宣慰司文卷立鋪軍捕淮西盜賊淮東宣慰
同知宋廷秀私役軍四十人杖而罷之庚辰給忽都

帖木兒等軍貧乏償怯兒合思等羊馬價鈔八月癸
未以明理察平章軍國重事商議公事立懷來淘金
所甲午敕大名真定北京衛輝四路屯駐新附軍於
東京屯田安南國遣使以方物入貢丙午太白犯軒
轅丁未歲星犯鈞浙西道宣慰使史弼言頃以征
日本船五百艘科諸民間民病之癸巳賞還役宿
船修理以付阿塔海燕民力并給鈔於汾海募水
手從之濟州新開河成立都漕運司庚戌賞還宿
衛軍賜皇子北安王所部軍鈔羊馬九月壬子太白
犯軒轅少女戊午合剌帶等招降象山縣海賊尤宗

《元史本紀卷第十一》 壬

祖等九千五百九十二人海道以寧太陰犯斗壬戌
調黎兵同征日本丙寅古荅奴國因商人阿剌畏等
來言自願效順併占城荊湖行省為一徙舊城市肆
局院稅務皆入大都減稅徵四十分之一賞朱雲龍
漕運功授七品總押仍以幣帛給之己巳太白犯右
執法辛未以歲登開諸路酒禁廣東盜起遣兵萬人
討之壬申太陰掩井癸酉熒惑犯兒甲戌太陰犯兒
熒惑犯積尸氣太白犯兒左執法戊寅史弼陳詆盜之
策為首及同謀者死餘屯田淮上帝然其言詔以其
事付彌賊黨耕種內地其妻奴送京師以給鷹坊人

等冬十月庚寅給征日本新附軍鈔三萬錠壬辰車
駕由古北口路至自上都癸巳斡端宣慰使劉進
嘉禾同穎九穗七穗六穗各一甲午以平章政事
札散為樞密副使詔五衛軍歲以冬十月聽十之五
還家備資裝正月番上代其半還四月甲午入役時各
衛議先遣七人而以三人自代從之乙未享于太廟
丙申太陰犯昴丁酉誅占城逃囝軍忙兀帶請增蒙
古漢軍邊將之以忽都忽揚州行省奏請新益
軍庚子許阿速帶軍以兄弟代役建寧路管軍總管
黃華叛眾幾十萬號頭陀軍僞稱宋祥興五年犯崇

安浦城等縣圍建寧府詔卜憐吉帶史弼等將兵二
萬二千人討平之耶律鑄罷壬寅立東阿至御河水
陸驛以便遞運從濟州渾口驛給甘
州納硫黃貧乏之戶鈔癸卯諸王只必帖木兒請括閱
常德府分地民戶不許中書省臣言阿八赤新開河
二處皆有倉宜造小船分海運從之中書省臣言押
亦迷失嘗請諭江南諸郡募人種淮南田今乃往各
郡轉收民戶行省官闌你敦言其非便宜令其於
治所召募不可強民從之戊申給水達達鯨寨孤獨
者絹千四鈔三百錠立和林平準庫遣官檢覈益都

淘金欺弊罷中興管課提舉司及北京塩鐵課程提
舉司己酉籤河西蒙子軍年及丁巳者充軍庚戌各道
提刑按察司增設判官二貟十一月壬子賞太不花
脫歡等戰功銀幣癸丑總管陳義頓自備海船三十
艘以備征進詔授義萬戶佩虎符義初名五虎起自
海盜內附後其兄丁巳命各省印授時曆諸
王只必帖木兒請於分地二十四城自設管課官不
從又請立搉課稅所其長從都省所定次則王府
差設從之詔大都田土並令輸稅新括田土獻

輸租三升己未吏部尚書劉好禮以吉利吉思風俗
事宜來上壬戌復立南京宣慰司乙丑罷開城路屯
田總管府入開城路隸京兆宣慰司戊辰立司農司
掌官田邸舍人民給諸王所部撒合兒魯等羊馬
以闕其乏河西官府參用漢人從甘肅沙州民戶復
業大都城門設門尉丁丑禁雲南管課官於常額外
多取餘錢戊寅禁雲南權勢多取債息仍禁沒人口
為奴及戮其面者太白歲星相犯己卯從諸王朮白
蒙古帶等請賞也禿古等銀鈔以旌戰功賜皇太子
鈔千錠以御史臺贓罰鈔賜怯憐口十二月庚辰賜

諸王渾都帖木兒衣物忽都兒所部軍軍銀鈔幣帛甲

申賜別速帶所部軍衣服幣帛七千馬二千賞西番

軍官愛納八斯等戰功辛卯以茶忽所管軍六千人

備征日本壬辰給諸王阿只吉牛價以中書參議溫

迪罕禿魯花廉貧不阿附權勢賜鈔百錠罷女直出

產金銀禁甲午給鈔四萬錠和羅于上都給司閫衛

士貧者人鈔二十錠辛丑賜諸王昔烈門等銀以海

道運粮招討使朱清為中萬戶賜虎符張瑄子文虎

為千戶賜金符俾新附官仕內郡以蠡州還隸真定

府路癸卯發粟賑水達達四十九站甲辰太陰掩熒

〈元史本紀卷第十二〉　廿五

惑丙午罷雲南造賣金箔規措所罷雲南都元帥府

及重設官吏定賀子令凡大官子弟遣赴京師戊申

雲南施州子童與兵為亂敕知政事阿合八失帥

兵合羅羅斯脫兒世合討之給布萬四賑女直飢民

一千戶是歲斷死罪二百七十八人

翰林學士承旨奏知制誥兼修國史臣哀德翰林待制兼直前司知制誥兼國史院編修官臣王構等奉

勅修

世祖十

二十一年春正月乙卯帝御大明殿右丞相和禮霍孫率百官奉玉冊玉寶上尊號曰憲天述道仁文義武大光孝皇帝諸王百官朝賀如朔旦儀赦天下丁巳勅自今九奏事者必先語同列以所奏既奏其所奉旨云何令同列知而後書之簿不明以告而輒書簿者杖必關赤已未罷雲南都元帥府所管軍民隸

行省甲子罷揚州等廳理筭官以其事付行省江浙行省平章忻都帶進真珠百斤兩寅閻闆你敦言屯田芍陂共二千種二千石得粳糯二萬五千石有奇乞增新附軍二千從之丁卯建都王鳥蒙及金齒一十二驢俱降連都先為緬所制欲降未能時諸王捌吾吾兒及行省右丞太卜泰知政事也罕的斤分遣征緬於阿昔阿禾兩江造舡二百艘順流攻之遂遣使招諭緬王不應遣都太公城乃其巢穴遂水陸並進攻太公城之故至是皆降庚午立江淮荊湖江西四川行樞密

〈元史本紀卷第十三　一〉

院治建康鄂州撫州成都立罷羅國安撫司辛未相吾昔兒遣使進緬國所貢珍珠珊瑚異綵及七寶束帶甲戌遣蒙古官及翰林院官各一人祠岳瀆后土元航海至日本近境為舟人所害御史臺臣言罪黜之人又忌其名又復奏用乞戒約帝曰卿等所言固是然其間豈無罪可錄用者御史大夫玉速帖木兒對曰以各人所犯罪狀明白數奏用否當取聖裁從之丙子建寧叛賊黃華自殺丁丑雲南諸路按察司官陛辭解諭之曰卿至彼當宣明朕意勿求貨財

名成則貨財隨之徇財則必失其名而性命亦不可保奕已卯馬八兒國遣使貢珍珠異寶緞段二月辛巳以福建宣慰使管如德為泉州行省參知政事征緬波揚州漕河罷高麗造征日本船丁亥命翰林學士承旨撒里蠻祀先農于籍田壬辰以江西叛寇妻子賜鷹坊養虎者以別速帶逃軍七百餘人付安西王屯田給以牛具邕州賓州民黃大成等叛梧州詔王賜鷹坊養虎者以別速帶逃軍七百餘人付安西甲午罷犛牧所已亥瑞州獲叛民晏順等三十二人州衡州民相挺而起湖南宣慰使撒里蠻將兵討之并妻孥送京師罷阿八赤開河之役以其軍及水手

〈元史本紀卷第十三　二〉

各萬人運海道糧放檀州淘金五百人還家丁未括
江南樂工命阿塔海發兵萬五千人船二百艘助征
占城船不足命江西省益之戊申徙江淮行省于杭
州徙浙西宣慰司于平江省黃州宣慰司入淮西道
立法輪竿于大內萬壽山高百尺漳州盜起命江浙
行省調兵進討秦州總管劉發有罪嘗欲歸華事
覺伏誅遷故宋宗室及其大臣之仕者於內地三月
辛亥敕恩播軍民官自今勿選丁巳皇子北平王
南木合至自北邊王以至元八年遷幕庭于和林北
野里麻里之地紹七年至是始歸右丞相安童繼至

以張弘範等將新附軍壬戌更定虎符丙寅乘輿幸
上都丁卯太廟正殿成奉安神主甲戌置潮贛吉撫
建昌戍兵乙亥高麗國王王睶以皇帝尊號禮成遣
使來賀夏四月壬午今軍民同築堤堰以利五衛屯
田乙酉省泉府司入戶部立大都留守司兼少府監
立大都路總管府立西川延安鳳翔興元宣課司從
大都火者蜜剌里等言以鈔萬錠爲市於別十八里
迷里火者依舊楊州鹽運使歲市鹽八
十萬石以贖過巳亥涿州巨馬河決衝突三十餘里
及河西上都以火者赤依舊
庚子湖廣行省平章阿里海牙請身至海濱收集占

城散軍復使南征且趣其未行者許之壬寅江淮行
省進各翼童男女百人忽都鐵木兒征緬之師爲賊
衝潰戊申高麗王王睶以其世子諶來朝勑
發恩播田楊二家軍二千從征緬籍江南鹽徒軍藏
匿者有罪火兒忽等所部民戶告飢帝曰飢民不救
儲粮何爲發萬戶賑之命開元等路宣慰司造船百
艘付狗國戍軍雲南行省爲破緬國江頭城進造二
女八十人幷銀器幣帛五月巳酉從禿禿合言立二
千戶總欽察康里子弟願爲國宣勞者壬子拘征東
省印癸丑樞密院臣言笈都潰軍巳令李恒收集江

淮江西兩省潰軍別遣使招諭凡至者皆給之粮舟
揖損者修之以俟阿里海牙調用從之戊午勑中書
省奏目及文冊皆不許用畏吾字其宣命割付並用
蒙古書巳未荊湖占城行省言忽都虎忽馬兒等將
兵征占城前鋒舟師至舒眉蓮港不知所向令萬戶
劉君慶進軍次新州獲占城始知我軍巳還羮就遣
占藥向導至占城境其國主遣阿不蘭以書降且言
方物進繼道其孫路司理勒爇等奉表詣闕乙丑取
其國經峻都軍馬虜掠國計巳空俟來歲遣嫡子以
高麗所產鐵蘭江南今年田賦十分之二其十八年

前遇風船散其軍皆潰勑追烏馬兒等詣

都虎馬兒劉萬戶等平揚州省軍二萬赴咬都軍

厯推背圖苗太監厯有私習及收匿者罪之丁丑忽

事覺伏誅括天下私藏天文圖讖太乙雷公式七曜

著等奉重書徃諭安南河間任丘縣民李移住謀叛及

道提刑按察司分司事宜庚午命鄂州達魯花赤趙

工匠餘十九萬九百餘尸宜縱令爲民從之詔諭各

戶中撥匠戶三十萬其無藝業者多令巳選定諸色

巳前通欠未徵者盡免之阿魯忽奴言襄於江南民

部將所受宣勑以河西字魯合荅兒代之聽阿里

海牙節制閏五月巳卯封法里剌王爲郡王佩虎符

改思播二州隷順元路宣撫司罷西南番安撫司立

總管府給西川蒙古軍鈔使儉鎧伏耕送字淞江曠

土以食四頃以下者免翰地稅命總帥汪惟正括四

川民戶辛巳加封衛輝路小淸河神曰洪濟威惠王

壬午蒙古侍衛親軍都指揮使八忽帶征黃華四進

人口百七十一乙酉以雲南境內洪城併察罕章隷

皇太子丙戌行御史臺自揚州遷于杭州庚寅賜歸

附洞蠻官十八人衣遣還怒巳賜北安王螭紐金印

罷皮貨所理算江南諸行省造征日本船隱弊詔按

察司毋得沮撓甲辰安南國王世子陳日烜遣其中

大夫陳謙甫貢玉杯金瓶珠絛金領及白猿綠鳩幣

帛等物丙午以侍衛親軍萬人修大都城六月壬子

脫歡爲鎮南王賜塗金銀印駐鄂州庚申改蒙古都

元帥府爲回回砲手軍匠元帥府爲砲手萬戶

府砲手都元帥府軍六十人淘金雙城從憨荅孫請移

也速帶兒所部軍六十人淘金雙城從憨荅孫請移

道使分道尋訪測驗景日月交食厯法增官吏俸

以十分爲率不及一錠者量增五分甲寅詔封皇子

阿剌帶和林屯田軍與其所部相合屯田五河乙丑

中衛屯田墾甲戌賜皇子愛牙赤怯薛帶字折荅及

兀剌海所部民戶鈔二萬一千六百四十三錠皇子

南木合怯薛帶怯憐口一萬二百四十六錠以馬一

萬一百九十五羊一萬六十勑賜柔魯柔海扎剌伊兒

巴散毛洞蠻雲南省臣言騰越永昌羅必丹民心

所部貲軍秋七月丁丑勑荊湖西川兩省合兵討

攜貳宜令也速帶兒或汪總帥將兵討之制曰可命

樞密院差軍修大都城巳卯立衍福司中書省臣言

宰相之名不宜輕授今占城省臣巳及七人宜汰之

詔軍官勿帶相銜賜皇子比安王印復揚州管匠提

舉司丁亥江淮行省以占城所遣太半達連扎赴闕

及其地圖來上塔剌赤言頭輦哥國王出戍高麗調

旺速等所部軍四百以往令頭輦哥巳回留軍躭羅

去其妻子巳久宜令他軍更戍伯顏等議以高麗軍

千人屯躭羅征占城遣其留戍四百人仍於秦耋州

鎮南王脫歡征占城遣所留安南使黎英等還其國

日烜遣其兄大夫阮道學等以方物來獻總帥汪惟

正言一門兄弟從仕者眾乞仍於方物來獻其子詔

總帥府仍用元帥印即其兄第四人擇一人為總帥

總帥之下總管府令其燕之汪氏二人西川典兵者

亦擇其一為萬戶餘皆依例遷轉從之賜貧乏者阿

管渾玉龍帖木兒等鈔共七千四百八十錠八月丁

未雲南行省言華帖白水江鹽井三處土老蠻叛殺

諸王及行省使者調兵千人討之定擬軍官格例以

河西回回畏吾兒等依各官品充萬戶府達魯花赤

同蒙古人女直契丹同漢人若女直契丹漢人巳酉

通漢語者同蒙古人女直生長漢地同漢人巳酉不

史臺臣言無籍之軍願從軍殺掠者初假之以張渡

江兵威令各持弓矢剽刼平民若不分隸各翼恐生

他變詔遣之還家羊亥征東招討司聶古帶言有旨

進討骨鬼而阿里海牙泉剌帶玉典三軍皆後期七

月之後海風方粮伏船重深廣不測姑宜少緩從

之占城國王乞回唆都軍願以土產藏修貢使大

盤亞羅日加翳大巴南等十一人奉表詣闕獻三象

官遷轉庚午車駕至自上都甲戌擑完者父元收附

甲子放福建畬軍收其軍罷其部長於近虎州郡民

子汝智治道立站有功巳授虎符管領仍佩虎符從

民為萬戶今改建昌路總管仍立福建等處鹽課

申京師地震併市舶司入鹽運司立福建等處鹽課

市舶都轉運司中書省言福建行省軍餉絕少必於

揚州轉輸事多運誤若併兩省為一分命省臣治泉

州為便詔以中書右丞行省事忙兀台為江淮等處

行中書省平章政事其行省左丞忙剌出蒲壽庚兼

政管如德八分省泉州癸巳太白犯南斗丙申以江南

總攝楊璉真加發宋陵寢家所收金銀寶器修天衣寺

甲辰海南貢白虎獅子孔雀冬十月丁未享于太廟

戊申四川行省言金齒遺民尚多未附以要剌海將

探馬赤軍二千人討之巳酉勑管軍萬戶者毋兼涖

慰使者安兼管軍事仍為萬戶者毋兼涖民政壬子

定違海等處屯田法華西征東招討司以兵征骨鬼
宋有手記軍死則以兄弟若子繼詔依漢軍籍之母
文其手丁卯和禮霍孫請設科舉詔中書省議會和
禮霍孫罷事遂寢以招討使張萬為征緬招討使佩
三珠虎符戊辰立常平倉以五十萬石價鈔給之甲
鈔增價募之賜貧之者押失忻都察等鈔一萬四千
成詔諭行中書省九征日本船及長年篤手並官給
京宣慰司修漯河道已丑江西行省参知政事也的
送失禽獲海盗黎德及招降餘黨百三十三人即其
地誅黎德以徇以黎弟黎浩及僞招討吳興等檻
送京師遷轉官員簿而不就者其令歸農當役庚寅
占城國王道使大羅盤亞羅日加驛等奉表來賀聖
節獻禮帶及象二占城舊州主賓嘉蔓亦奉表入
誕附庚子以范文虎為左丞商量樞密院事太陰犯心
辛丑和禮霍孫麥木丁張雄飛温迪罕皆罷前右丞
相安童復為右丞相前江西榷茶運使盧世榮為右
丞前御史中丞史犖為左丞不魯迷失海牙撒的迷
失並泰知政事前戶部尚書拜降參議中書省事勅
中書省整治鈔法定金銀價禁私自回易官吏奉行

不慶者罪之壬寅安童盧世榮言阿合馬專政時所
用大小官員例皆奏罷其間豈無通才宜擇可用者
仍用之詔依所言汰選毋徇私情癸卯福建行省遣
使人入會思招降南巫里別里剌理倫大力等四
國各遣其相奉表以方物來貢以江淮間自襄陽至
于東海多荒田命司農司立田法募人開耕免其六
年租稅并一切雜役賜蒙古貧乏者也里古薛列海
察兒等鈔十二萬四千七百二十二錠十二月甲
辰朔中書省臣言江南官田為權豪寺觀欺隱者多
宜免其積年收入限以日期聽人首實踰限為人所
告者徵以其半給告者從之立常平鹽局乙巳崔彧
言盧世榮不可為相忤旨罷以丁壯萬人開神山河
立萬戶府以總之辛亥以儀鳳司隸衛尉院癸亥盧
世榮言京師富豪戶釀酒價高而味薄以致課不時
輸宜一切禁罷官自酤賣向之歲課一月可辦從之
甲子以高麗提舉司詩工部乙丑祀太一丙寅荆湖
占城行省遣入番劉繼昌諭降龍昌寧龍延萬等赴
關奉羊馬白璮來貢各授本職安撫使立宣慰司招
撫西南諸蕃等處首長癸酉命翰林承旨撒里蠻翰
林集賢大學士許國楨集諸路醫學教授增修本草

是月鎮南王軍至安南殺其守兵分六道以進安南
興道王以兵拒於萬劫進擊敗之萬戶倪閏等戰死於
劉邦以涇州隷都總帥府賜蒙古貧乏者兀馬兒等
鈔二十八百八十五錠銀四十錠
二十二年春正月戊寅以命相詔天下民間買賣金
銀懷孟諸路竹貨江淮以南江河魚利皆弛其禁諸
站赤飲食官爲支給遺官諸路應因罪輕者釋之
徙屯衛新附軍讒蒙邠漕渠庚辰立別十八里驛傳
衛軍及新附軍讒哥言楊璉真加云會稽有泰寧寺宋
毀宋郊天臺桑哥言楊璉真加云會稽有泰寧寺宋

毀之以礦寧宗等攢宮錢唐有龍華寺宋毀之以爲
南郊皆勝地也宜復爲寺以爲皇上東宮祈壽時寧
宗等攢宮已毀建寺敕毀郊天臺亦建寺爲壬午詔
立市舶都轉運司上都等路羣牧都轉運使司諸
路常平鹽鐵坑冶都轉運司甲申遣使代祀五岳四
瀆東海后土戊子闊闊你敦言先有旨遣軍二千
田兮陵試土之肥磽去秋巳收米二萬餘石請增屯
士二千人從之徙江南樂工八百家于京師封駙馬
唆郎哥爲寧昌郡王賜龜紐銀印西川趙和尚自稱
宋福王子廣王以誑民民有信者眞定民劉驢兒有

三乳自以爲異謀不軌事覺皆磔裂以徇移五條河
屯田軍五百於兀央臺辛夘發諸衛軍六千
八百人給護國寺修造廣御史臺贓罰庫癸巳樞密
臣伯爲僉院從之詔括京師荒地令宿衛士耕種乙
未中書省臣請以御史大夫玉速帖木兒爲左丞相
列伯舊制四宿衛各選一人叅決樞密院事請以
中丞撒里蠻爲御史大夫行御史臺以其所屬按
察司隷御史臺行御史臺大夫玉速帖木兒爲中書省平
章政事帝曰玉速帖木兒之擾魯罕寬緩不
可安童對曰阿必赤合何如帝曰此事朕自處之罷

行御史臺者當如所奏盧世榮請罷福建行中書省
立宣慰司隷江西行中書省又言江南行中書省事
繁恐致壅滯今隨行省立行樞密院總兵以分其務
辛兼兵柄而止今議行之流征占城擅還將帥二十
三人於遠方丙申畋于近郊陞武俻監爲武俻寺
尚醫監爲太醫院職俱三品陞六部爲二品以合必
赤合爲中書平章政事命禮部領會同館初外國使
至常令翰林院主之至是改正荆湖占城行省平叛
蠻百六十六洞詔禁私酒巳亥分江浙行省所治南

康隸江西省辛丑以揚兀魯帶等爲征爪哇招討使佩
二珠虎符壬寅造大艦於殿樹以水爲質銀內而金
外鎮爲雲龍高一丈七寸是月壬午烏馬兒領兵與
安南興道王遇遶擊敗之兵次富良江北乙酉安南世
子陳日烜領戰船千餘艘以拒丙戌與戰大破之日
烜遁去入其城還屯富良江北咬都唐古帶等引兵
腹後夫萬二千人初江淮歲漕米百萬石於京師海
運十萬石腖萊六十萬石初
與鎮南王會二月乙巳駐蹕柳林增濟州漕舟三千
運三十萬石於水
溪舟大恒不能達更以百石之舟舟用四人故夫數

增多塞渾河提決役夫四千人詔改江淮江西元帥
招討司爲上中下三萬戶府蒙古漢人新附諸軍相
参作三十七翼上萬戶宿州靳縣真定沂郊益都高
郵公海七翼中萬戶棗陽十字路邠州鄆州杭州懷
州孟州真州八翼下萬戶常州鎮江潁州廬州亳州
安慶江陰水軍益都新軍湖州淮安壽春揚州泰州
等平保甲新軍黃州安豐松江鎮江水軍
遠康二十二翼翼設達魯花赤萬戶副萬戶各一人
以隸所在行院江西盆黎德等餘黨悉平以應放還
五衛軍穿河西務河禧例五衛軍十人爲率七人三

人分爲二番十月放七人者還正月復役正月放三
人者還四月復役後更休息之丙午以荊湖行省所隸
八番羅旬隸西川行省分嵐管爲二州加封桑乾河
神洪濟公爲顯應洪濟公己酉皇孫阿難荅立行
福司職四品使同知洪濟公
月的迷失討潮惠二州盜郭逢貴等四十五寨皆平
降民萬餘戶軍三千六百一十人請將所獲渠帥萬
觀面陳事宜從之丙反詔罷膠萊所鑿新河由軍萬
人隸江浙行省習水戰萬人戴江淮米泛海由利津
達於京師辛酉御史臺臣言近中書委行御史臺

改按察司爲提刑轉運司俾兼錢穀而糾彈之職廢
失請令安童與老臣議從之壬戌太陰犯心中書省
臣請盧世榮請立規措所經營錢穀秩五品所用官吏
以善賈爲之勿限白身人帝從之衆知政事不曾迷
西運司課程頗多擬陞轉運副使亦從之詔舊城居
民之還京城者以覺高及居職者爲先仍定制以地
八畝爲一分其或地過八畝及力不能作室者皆不
得冒攝聽民作室陞御帶庫爲章佩監徙右千戶只
兒海迷失分地泉州賜合剌失都兒新附民五千戶

擅追管課官吏有敢沮擾者具姓名以聞遷濟州漕

司兼都轉運使司以治課程仍立條制禁諸司不得

遠僻徙之江州居江浙湖南江西江淮湖廣之中為便從

之立員定濟南太原甘肅江西江淮湖廣等處宣慰

臣以為不可罷然與江浙行中書省並在杭州地甚

故罷之安童曰江南盜賊屢起行御史臺鎮遏居多

私造酒麴戊辰車駕幸上都帝問省臣行御史臺何

盧世榮言囬買江南民土田詔天下拘收銅錢申禁

皆賜之以民八十戶賜皇太子宿衛臣嘗從征者用

合剌赤阿速阿塔赤昔寶赤貴由赤等嘗從征者亦

剌侯日晷癸未罷甘州行中書省立宣慰司録寧夏

蔚州三月丙子遣太史監侯張公禮彭質等往占城

司職從五品達魯花赤令丞各一員罷驪州總管府

成者任滿升職贓污不稱任者罷黜除名詔立供膳

平章政事詔各道提刑按察司能導奉條畫範事有

察司撥民二萬七千戶與駙馬唆郎哥以忽都魯為

領課程事以苫吉剌帶為中書左丞相已已復立按

傑龍興行省左丞伯顏叅政揚居寬叅政陳文福專

江浙行省參政馮珪湖廣行省右丞要束木叅政潘

運司軍萬二千人立江西江淮湖廣造船提舉司令

庚戌監察御史陳天祥劾中書右丞盧世榮罪惡詔

凢驛六所丙午以征日本船運粮江淮及救軍水戰

分為三分夏四月癸卯立行樞密院都鎮撫司置畏

三錢立上都規措所回易庫增壞鈔工墨費每貫二

折今鈔為二十貫商上都者六十而稅一增契本為

以往庚子詔依舊制凢鹽一引四百斤價銀十兩以

之兵又不以時至故請益兵帝以水行為危令導陸

孟在永平而官兵遠行火戰懸廞其中唆都唐古帶

長長安二處兵力復集興道王船千餘艘戰萬劫阮

行中書省荊湖占城行省請益兵時陳日烜所逃天

實無罪者朕自裁决癸亥勅以麥术丁所行清潔與

老臣議世榮所行當罷者罷之更之其所用人所

帝前世榮悉歎服改六部依舊為三品詔安童與諸

以盧世榮所招罪狀奏阿剌帖木兒等與世榮對於

征日本船百艘賜高麗壬戌御史中丞阿剌帖木兒

益佑侍御史臺白禿剌帖木兒叅知政事撒的迷失等

孟都盧州河間濟寧歸德保定蝗辛酉以乣羅所造

院御史臺官各一員决大都及諸路罪囚大都汴梁

三男癸丑詔追捕宋廣王及陳宜中遣中書省樞密

世榮天祥皆赴上都玉子江陵民張二妻鄧氏一產

安童治省事五月甲戌以御史中丞郭佑為中書省
參知政事丁丑減上都商稅戊寅廣平汴梁鈞鄭旱
以遠方曆日取給京師不以時至荊湖等處四行省
所用者隆興印之合剌章河西西川等處所用者京
兆印之詔甘州每地一頃輸稅三石壬午以軍千人
平甲申立汴梁宣慰司依安西王故事汴梁以南至
江以親王鎮之丁亥中書省臣言六部官冗甚可止
以六十八員為額餘悉汰去詔擇其廉潔有幹局者

元史本紀卷第十三　十七

存之分漢地及江南所拘弓箭兵器為三等下等毀
之中等賜近居蒙古人上等貯於庫有行省行院行
臺者掌之無省院臺者達魯花赤畏兀回回居職者
掌之漢人新附人雖居職無有所預戊子改昇江烏
定朵里滅該等府為路雲南行省臣胒帖木兒言
逋賊徵侵隱戍賊增驛馬取賀子定俸祿教農桑優
除重稅決盜賊叛民明黜陟罷轉運給親王賦豪戶
者郵死事捕逃亡十餘事命中書省議其可者行之
庚寅真定廣平河間恩州大名濟南蠶災增大都諸
門尉副各一人勅案兒只招集甘沙速等州流徙饑

民行御史臺復徙于杭州丁酉徙行樞密院於建康
戊戌汴梁懷孟濮州東昌廣平平陽彰德衛輝旱罷
江南造船提舉司陳日烜走海港鎮南王命李恒追
襲敗之適暑雨疫作兵欲北還思明州命唆都等還
烏里安南以兵追躡唆都戰死恒為後距以衛鎮南
王藥矢中左膝至思明毒發而卒六月庚戌命女直
水達達造船二百艘及造征日本迎風船辛亥圖求
進芝草丙辰遣馬速忽阿里齎鈔千錠往使來貢方
奇寶賜馬速忽虎符阿里金符高麗遣使來貢方物
庚午詔減商稅罷牙行省市舶司入轉運司左丞呂

元史本紀卷第十三　十七

師夔乞假五月省母江州帝許之因諭安童曰此事
汝蒙古人不知朕左右復無漢人可否皆自朕央汝
當盡心善治百姓無使重困致亂以為朕羞知政
事張德潤獻其家人四百戶於皇太子馬湖部田禾
食稼殆盡其總管祠而祝之鼠悉赴水死秋七月壬
申造溫石浴室乙亥安南降者昭國王武道文義彰
書監修地理志憲懷四俟赴闕戊寅京師瑝分甘州屯田新附軍
三百人田于亦集乃之地己卯以米千石廩笈吉剌
貧民壬午陝西四川行中書省左丞汪惟正入見甲

申改闊里吉思等所平大小十谿洞悉爲府州縣修
汴梁城丁亥廣東宣慰使月的迷失入覲以所降渠
帥郭逹貴等至京師言山寨降者百五十餘戶帝問
之即降邪月的迷者也因言塔术丁其首拒敵戰而
後降邪招之者臣已磔之吳是皆招降者也因言塔
术丁其後未嘗撫治其民州縣官復無至者故盜賊
各據土地互相改殺人民漸耗今宜擇良吏治之從
之庚寅樞密院言鎮南王脫歡所總征交趾兵又戰
力疫請於輿魯赤等三萬戶分蒙古軍千人江淮江
西荊湖三行院分漢軍新附軍四千人選良將將之
取鎮南王脫歡

歡阿里海牙節制以征交趾從之復以唐兀帶爲荊
湖行省左丞唐兀帶請放征交趾軍還家休憩詔從
脫歡阿里海牙處之給諸王阿只吉分地貧民農具牛
種令自耕播乙未雲南行省言今年未暇征緬靖收
獲秋禾先伐羅北甸等部從之庚子改開達梁山三
州隸夔州路八月庚子給鈔萬二千四百錠爲本取
息以贍四川鎮守軍萬人屯田貧軍辛丑命有司祭斗三日
戊申已未詔復立泉府司秩從二品以答失蠻領之
上都己未詔復立泉府司
勑和禮霍孫以泉府司商販者所至官給飲食遣兵

防衛民實苦不便奏罷之至是皆失靈復奏立之
九月丙寅遣蒙古軍三千人屯田清滄靖海戊辰罷
禁海商省合刺章金齒二宣撫司爲一治永昌立臨
安廣西道宣撫司中書省臣奏奉旨括江淮水手
江淮人皆能游水恐因此動搖者衆從之罷榷酤
民間酒聽民自造米一㪷取鈔十貫增舊十倍至是
五萬錠立榷酤法米一㪷取鈔一貫盧世榮以官鈔
罷榷酤聽民仍用令福建黃華畬軍有恒産者爲民無
銅器聽民自造課增鈔一貫增爲五貫敕拘銅錢餘
恒産與妻子者編爲守城軍汪惟正言鞏昌軍民站

戶并諸人奴婢因饑歲流入陝西四川者彼即括爲
軍站帝曰信如所言當鳩集與之如非巳有而強欲
得之者豈彼於法不知懼邪乙亥聽民自實兩淮荒
地免稅三年中書省以江北諸城課程錢糧聽抗鄂
二行省節制道迂遠請改隸中書從之永昌騰衝
二城在緬國金齒間摧圯不可禦敵救修之勑自今
貢物惟地所産非所産者毋輒上丙子收集工匠之隱
樂工十人及藥材鯢魚皮諸物辛巳收集工匠之隱
匿者丙戌速木都剌馬荅二國遣使來朝庚寅勑征
交趾諸軍除留蒙古軍百漢軍四百爲鎮南王脫歡

宿衛餘悉遣還別以江淮行樞密院所蒙古軍成
江西癸巳雲南貢方物烏蒙叛命四川行院也速帶
兒將兵討之馬湖總管汝作以蠻軍三百為助降西
崖門酉長阿者等百餘戶冬十月己亥以鈔五千錠
和羅于應昌府復分河間山東鹽課轉運司為二遣
兒海牙使安南遣雪雪的斤領畏兀兒戶一千
戌合剌章海甲辰修南嶽廟乙巳樞密
院臣言阿沙阿女阿則三部欲叛
宜遣人往召如不至乘隙伐之不久勅諭之事不
議於雲南王也先帖木兒者毋輒行詔征東招討使
塔塔兒帶揚兀魯帶以萬人征骨嵬因授揚兀魯帶
三珠虎符為征東宣慰使都元帥壬子長葛鄧城各
進芝草癸丑立征東行省以阿塔海為左丞相劉國
傑陳巖等並左丞洪茶丘右丞征日本賜脫里察安答
即古阿散等印令考覈中書省其制如三品丙辰以
之事皆責於汝馬法國入貢戊午以江淮行省平章
忙兀帶為江浙省左丞相初西川止立四路阿合馬
慶重慶夔府五路餘悉罷去後以山谷險要蠻夷雜
濫用官增而為九臺臣言其地民少留廣元戍成都順

慶復置蒙定路敘州宣撫司以控制之陛大理寺為
都護府職從二品都護言合剌禾州民饑戶給牛
二頭種二石更給鈔一十一萬六千四百錠羅米六
萬四百石為四月糧賑之癸亥以昔即古阿散理算
積年錢穀別置司署與省部敢干擾政務併入省中
丁卯勅樞密院括僱江淮民船備征日本仍勅習泛海者募
造海舶括僱江淮民船備征日本仍勅習泛海者募
水工至千人者為百戶塔海第六十言
今百姓及諸投下民俱令造船於女直而女直又復
發為軍工後繁甚乃頗勝納合兒兩投下鷹坊採金
等戶獨不調有旨遣使發其民烏蒙蠻民宣撫使阿
蒙叛詔止征羅必丹兵同雲南行省出兵討之郭佑
言自平江南十年之間九錢糧事八經理算今卷即
古阿散等又復鈎考宜即罷去帝嘉納之十一月己
巳朔廣東宣慰使月的迷失以英德循梅三路民少
請改為州又請以管軍總管于躍為惠州總管蔚州
知州木八剌為潮州達魯花赤發其專不允御史
臺臣言御史臺按察司以糾察百官為職近鈎校錢
穀者恐發其奸私聚斂不逞之徒欲沮其事願陛下
依舊制諭之制曰可庚午賜皇子愛牙赤銀印壬申

以討日本遣阿八刺督江淮行省軍需遣察忽督遼
東行省軍需甲戌置合刺章四川建都等驛戌寅遣
使告高麗發兵萬人船六百五十艘助征日本仍令
於近地多造船已丑籍重慶府不花家人百二十三
戶為民御史臺臣奏昔宋以無室家壯士為鹽軍數
苦之宜給以衣糧使屯田自贍詔議行之癸巳敕漕
江淮米百萬石泛海貯於高麗之合浦仍令東京及
高麗各貯米十萬石備征日本諸軍期於明年三月
以次而發八月會於合浦乙未以禿魯歡為叅知政

事盧世榮伏誅丙申赦囚徒黥其面及招宋時販私
鹽軍習海道者為水工以征日本十二月敕減天下
罪囚以占城遁還忽都虎劉九田二復舊職從征日
本增阿塔海征日本戰士萬人回回砲手五十人巳
亥從框密院請嚴立軍籍條例選壯士及有力家充
軍敕框密院向以征日本故遣五衛軍還家治裝仝
悉選壯士以正月一日到京師阿散黨人以戰船千
艘習水戰江中辛丑誅荅即古阿散黨人蔡仲英李
蹊丁未皇太子薨戊午以中衛軍四千人伐木五萬
八千六百給萬安寺修造已未丹太廟摑乙酉立集

賢院以扎里蠻領之戊子罷合刺章規運所及
都元帥勃合刺章商長之子入質京師千戶百戶子
減質雲南王也先帖木兒所中書省臣奏納速丁言
留質雲南王冗官可歲省俸金九百四十六兩又屯田
課程專人主之可歲得金五千兩皆從之遣只必哥
考覈雲南行省庚寅詔毋遷轉工匠官課程集諸路
司祭北斗是歲命江浙轉運司通管課程僧
四萬於西京普恩寺作資戒會七日夜併省重慶等
虜州縣占城行省叅政亦黑迷失等以軍還駐海外
四州遣使以開救衹其軍還賜皇子脫歡諸王阿魯

灰只吉不花公主襄家真等鈔計七千七百三十二
錠馬六百二十九匹衣段百疋弓千矢二萬發賜諸
王阿只吉合兒盆兀帶宋忽兒阿沙合丹別合刺
等及官戶散居河西者羊馬價鈔三萬七千七百五
十七錠布四千四百綺二千匹以伯八刺等貧乏給鈔
七萬六千五百二錠賞諸王阿只吉小厮汪總帥別
速帶也先等所部及征緬占城等軍鈔五萬三千五
百四十一錠馬八千一百九十七羊一萬六千七十六
百三十四牛十一米二萬二千一百石綺帛八萬一
千四百綿五百三十斤木綿二萬七千二百七十九四

甲千被弓千張衣百七十九襲慶命帝師也憐八合失
甲自羅二思八等迺藏佛事于萬安興教慶壽等寺
凡一十九會斷死罪二百七十一人

元史本紀卷十三

圭

翰林學士承旨知制誥兼脩國史宋濂　翰林待制兼國史院編脩官臣雎景華等奉敕脩

世祖十一

穀

《元史本紀卷第十四》　一

二十二年春正月戊辰朔以皇太子故罷朝賀禁賣
金銀銅錢越海互市甲戌帝以日本孤遠島夷重困
民力罷征日本召阿八赤赴闕仍散所顧民船以江
南殿寺土田爲人占據者悉付總統楊璉真加修寺
已卯立羅不怯台闡鬥幹端等驛呂文煥以江淮行
省右丞告老許之任其子爲宣慰使庚辰馬八國遣
使進銅殖于太陰犯軒轅太民遣使代祀嶽瀆東
海奚未罷辇昌二十四城拘權所以其事入有司發
鈔五千錠羅糧于沙靜隆興從桑哥請命楊璉真加
遣宋宗戚謝儀孫全允堅趙沂入質甲申忽
都魯言所部屯田新軍二百人鑿河渠於朵魯
地役久功大乞以傍近民西僧餘户助其力從之愍
荅孫遣使進言軍士疫之者八百餘人乞賑贍於朵
朵海慶驗其虛實帝曰比道人往事已綏矣其使贍
之丁亥焚陰陽偽書顯明曆辛卯命阿里海牙等議
征安南事宜癸巳陞福州長溪縣爲福寧州以福安

寧德二縣隸之丙申以新附軍千人屯田合思罕開
東曠地官給農具牛種丁酉畋于近郊降敘州爲縣
隸蠻夷宣撫司詔禁沮擾鹽課設諸路推官以審刑
獄上路之二月己亥勅中外九漢民持鐵尺手過及杖
寧隸之者悉輸于官辛丑遣使以鈔五千錠賑諸王
之藏所部饑民甲辰以雪雪的斤爲綢中行省左丞
小薛所部饑民甲辰都迷失簽行中書省事以
相阿台董阿參知政事兀都迷失簽行中書省事以
阿里海牙仍安南行中書省左丞相與魯赤平章政
事都元帥烏里迷失阿里咨順樊揖並參知

《元史本紀卷第十四》　二

政事遣使諭皇子也先鐵木兒調合剌章軍千人或
二三千付阿里海牙徙征交趾仍具將士姓名以聞
乙巳廷議以東北諸王所部雜居其間宣慰司望輕
罷山北遼東道開元等路宣慰司立東京等處行中
書省以闊闊你敦爲左丞相遼東道宣慰使塔出右
丞同簽樞密院事楊仁風宣慰使亦而撒合剌塔諸
政事敕中書省太府監所儲金銀綺帛朝例分賜諸
王復立大司農司丁未用御史臺臣言立按察司處
巢府爲巢州丁未用御史臺臣言正二品降鎮行郡
縣法除使二員留司副使以下每歲二月分蒞按治

十月遣司兩午太陰犯井戊申樞密院奏前遣蒙古軍
萬人屯田所獲除歲費之外可糶鈔三千錠乞分廩
諸翼軍士之貧者帝悅令從便行之調京師新附軍
二千立營屯田復置瀘州大寧縣丁巳命荊湖
行省造征交趾海船三百期以八月會欽廉州戊午
併江南行樞密院四廳入行省命荊湖占城行將
江浙湖廣江西三行省兵六萬人代交趾荊湖行省
平章奧魯赤以征交趾事宜請入覲詔乘傳赴闕集
賢直學士程文海言江南省院諸司皆以南人參用惟御
史臺按察司無之江南風俗南人所諳宜參用之便

帝以語王速徹木兒對曰當擇賢者以聞帝曰汝漢
人用事者豈皆賢邪江南諸路學田昔皆隸官詔復給
本學以便教養封陳益稷為安南王陳秀嵒為輔義
公仍下詔諭安南吏民復立岳鄂常德潭州靜江權
茶提舉司癸亥以平原郡公趙與芮江南田隸東
林國史院甲子復以中書省丙寅以編地里書名曲阜教授
官立甘州行中書省
陳儼京兆蕭興蜀人顏應龍赴京師三月巳
巳御史臺臣言近奉旨按察司僉用南人非臣等所
知宜令侍御史行御史臺等程文海與行臺官博采

公潔知名之士具以名聞帝命賣詔以徙太陰犯婁淫
治中興路河渠省河渠省雲和署入教坊司辛未降官民田
下州甲戌榷霸禦之乙亥以麥禾丁巳中書右丞與
發軍民築河堤二州及保定諸縣水泛溢冒官民田
郭佑並領錢穀楊居寬典銓選立欽察衛親軍都指
揮使司賜諸王駙馬忽帖木兒羊二萬丙子大駕幸上
都詔行御史臺按察司以八月巡行郡縣中書省臣
言阿合馬時諸王駙馬往來飼給之費者悉取於萬億
庫後徵百官俸入以償最非便詔在籍者除之勿徵
以權茶提舉李起南為江西榷茶轉運使起南嘗言

江南茶每引價三貫六伯文今宜增每引五貫事下
中書議因令起南為運使置達魯花赤處其上丁丑
從東京行中書省于咸平府癸巳歲星犯墨壁陣以
臨江路為比安州分邑夏四月庚子中書省臣請立
汴梁行中書省及燕南河東山東宣慰司有旨南京
戶寡盜息不必置省其宣慰司如所諸濟南乃勝納
合見分地太原乃阿只吉分地其令各位委官一人
同治之救免雲南從征中書省雲南省平章納立烏蒙
站江南諸路財賦並隸交趾蒙古軍屯田平章納速剌
丁上便宜數事一曰弛道路之禁通民來往二曰禁

負販之徒毋令待征三曰罷丹當站賦民金為飲食
之費四曰聽民伐木貿易五曰戒使臣勿擾民居立
急遞鋪以省馹騎詔議行之辛丑陝西行省言延安
置屯田鷹坊總管府其火失不花軍逃散者皆入也
田今復供泰王阿難荅所部阿黑荅思飼馬及輸他
賦有音皆罷之其不恔者罪當死甲辰行御史臺自
杭州徙建康以山南淮東淮西三道按察司隷內臺
本庚戌制詔法壬子樞密院納速剌丁言前所統漸
增置行臺色目御史員數丁未江東宣慰司進芝一
丁軍五千人往征打馬國其力已疲剌丁言諸王復籍此

軍征緬宜取進止帝曰苟事力未損即遣之仍諭納
速剌丁分阿剌章蒙古軍千人以能臣將之赴交趾
助皇子脫歡已未遣要束木勾考荊湖行省錢穀中
書擬要束木平章政事脫忽然知政事有音要束
木小人事朕方五年授一理籌官足矣脫脫忽以
之奴令史宣使才也讀卿等所進擬令人耻之其以
朕意諭安童以漢民就食江南者多又從官南方者
株滿多不還遣使盡徙北還脫脫禾孫於黃河
江淮諸津渡九漢民非賣公文適南者止之為商者
聽中書省臣言比奉音九為盜者毋釋令竊鈔數貫

及佩刀微物與童幼竊物者悉令配役臣等議一犯
者杖釋再犯依法配役帝曰朕以漢人徇私用
泰和律處事致盜賊滋衆故有是言人命至重今後
非詳讞者勿輒殺人五月丁卯朔樞密院臣言臣等
與王速帖木兒議別十八里軍事凡軍行並聽伯顏
節制其留務委李藥帶及諸王阿只吉荊湖行省阿里
海牙上言要束木在鄂省勾考豈無貪賄臣亦請勾
芳之詔遣察罕知政事禿魯罕樞密院判李道治書侍
御史陳天祥偕行甲戌汴梁旱徙江東按察司于宣

州庚辰歲星犯壘壁陣乙酉熒惑犯太微右執法勅
遣虓羅戍兵四百人還家庚寅廣平等路蟲蝗災辛卯
霸州漷州蝻生安南國遣使來貢方物癸巳京畿旱
六月丙申朔太白犯御女辛丑中書省臣言禿魯罕
來奏前要束木阿里海牙五請鉤考令阿里海牙雖
己死事之是非當令暴白帝曰卿言良是其連引諸
人近者即彼追逮遠者宜以上聞此事自要束木所
發當依其言宪行之乙巳以立大司農司詔諭中外
皇孫鐵木兒不花駐營亦奚不薛其糧餉仰於西川
遠且不便徙駐重慶府詔以大司農司所定農桑輯

要書頒諸路命雲南陝西二行省籍定建都稅賦戍
申拓諸路馬九色目人有馬者三取其二漢民悉入
官敕匪與五市者罪之辛亥以亦馬刺丹忒忽里使
交趾癸丑湖廣行省線哥言今用兵交趾分本省戍
兵二萬八千七百人期以七月悉會靜江今已發精
銳皆行餘萬七千八百人皆羸病屯田等軍不可用
敕今歲姑罷之丁巳設陝西等路諸站總管府三
品廣申甘肅新招貧民百一十八戶救虜給之敕路
府州縣捕盜者持弓矢各路十副府州七副縣五副
以薛闍干為中書省平章政事辛酉府封楊邦憲妻

氏為永安郡夫人領播州安撫司事遣鎮西平緬等
路招討使怗烈招諭緬國廣元路闊中麥秀兩岐高
麗國遣使來貢秋七月丙寅朔遣必剌蠻等使爪哇
已用中書省臣言以江南隸官之田多為強豪所
攬立營田總管府其所攬田仍覆畝計之復尚醞監
為光禄寺罷遼陽等處行中書省復北京咸平等三
道宣慰司給鐵古思合敦貧民幣帛各二千布千四
庚午江淮行省忻兀帶言今置省杭州兩淮江東諸
路財賦軍實皆忙南輸又復北上不便揚州地控江海
宜置省宿重兵鎮之且轉輸無䌛迄之勞行省徙揚

州便從之立淮南洪澤芍陂兩慶屯田壬申平陽饑
民就食鄰郡者所在發倉賑之置中尚監右丞拜荅
兒將兵討阿蒙并其妻子禽之皆伏誅丁丑幹脱吉
思部民饑就食北京其不行者發米賑之以雄易
二州復隸保定就和林軍儲自京師輸米萬石發鈔
忽思之地給米千石賑之壬午饑民之壬午駐八剌
即其地耀米萬石辛巳八都兒饑民六百戶都省具
臣姓名以上帝曰右丞相安童右丞麥术丁叅知政
事郭佑楊居寬並仍前職以鐵木兒為左丞其左丞
相彖吉剌帶平章政事阿必失合忽都魯皆別議仍

論中書選可代者以聞給金齒國使臣圓符癸已銓
定省院臺部官詔諭中外中書省除中書令外左右
丞相並二員平章政事二員左右丞並一員叅知政
事二員行中書省平章政事二員左右丞並一員叅
知政事二員樞密院除樞密院使外同
知樞密院事一員樞密副使僉樞密院事並二員
樞密院判一員御史臺御史大夫一員中丞侍御史
治書侍御史並二員御史臺同六部尚書侍郎郎中員
外郎並二員其餘諸衙門並委中書省斟酌裁減八
月兩申錢鈔二萬九千錠鹽五萬引市米賑諸王阿

只吉所部饑民已亥敕樞密院遣侍衛軍千人扈從
比征平陽路歲比不登免貧民稅賦罷淮東靳黃宣
慰司以黃靳壽昌隸湖廣行省安慶六安光州隸宣
西宣慰司招集宋鹽軍以市舶司隸泉府司乙卯太
白犯軒轅右角辛酉婺州永康縣民陳巽四等謀反
伏誅甘州饑禁酒罷德平定昌二路置德昌軍民總
管府九月乙丑朔馬八兒
蘭丹那旺丁呵兒來來急關亦帶蘇木都剌十國各
遣子第上表來觀仍貢方物以太廟雨壞遣羌吉剌
帶致告奉安神主別殿甲申太陰犯天關壬辰高麗

遣使獻日本俘是月南部縣生嘉禾一莖九穗芝產
于蒼溪縣冬十月甲午朔太白犯右執法以南康路
隸江西行省徙澶西按察司治杭州罷諸道提刑按
察司判官行御史臺監察御史及按察司官雖漢人
亦毋禁弓矢襄邑縣尹張玘為治有績鄒平縣達魯
花赤回回能捕盜理財進秩有差丁酉享于太廟戊
戌太陰犯建星己亥車駕至自上都壬寅太白犯左
執法遣兵千人戍晨吾境乙巳賜合迷里貧民及合
剌和州民牛種萬六千二百錠當其價合迷里
民加賜幣帛並千四巳酉遣塔塔兒帶楊兀魯帶以

兵萬人船千艘征骨嵬中書省具宣徽大司農大都
上都從留守司存減貧數以聞帝日在禁近著朕自沙
汰餘從卿等議之辛亥太陰犯東井河決開封祥符
陳留杞太康通許鄢陵扶溝洧川尉氏陽武延津中
牟原武睢州十五處調南京民夫二十萬四千三百
二十三人分築隄防癸丑諭江南各省所統軍官教
練水軍萬遣侍衛兵千人屯田別十八里置元帥
府即其地總之甲寅太白犯進賢以征緬功調招討
使張萬為征緬副都元帥也先鐵木兒征緬調招討
達魯花赤千戶張成征緬招討使並虎符敕造戰船

將兵六千人以征緬侑秀滿帶為都元帥總之乙卯
給皇子脫歡馬四千匹部曲人三匹庚申濟寧路進
芝二莖壬戌敷河間鹽運司為都轉運使司徙戌甘
州新附軍千人屯田中興千人屯田亦里黑高麗遣
使來獻日本俘十六人馬法國進鞍韉甲與化路
仙游縣蟲傷禾十一月乙丑中書省臣言朱清等海
道運糧以四歲計之總百一萬石斗解耗折願如穀
以償風浪覆舟請免其徵從之遂以昭勇大將軍沿
海招討使張瑄明威將軍管軍萬戶兼管海道運糧
船朱清並為海道運糧萬戶仍佩虎符敕禽獸字孕

時無畋獵戊辰太白犯亢遣蒙古千戶曲出等總新
附軍四百人屯田別十八里巳巳政思明莘四州並
為路以阿八亦為征交趾行省右丞丙子以涿易二
州良鄉寶坻縣饑免今年租給糧三月平灤太原沐
梁水旱為災免民租二萬五千六百石有奇政廣東
轉運市舶提舉司為鹽課市舶提舉司丁丑命塔义
兒忽難使阿兒渾戊寅遣宣慰使閱寶宣寧縣饑民周給
之巳卯太陰犯井辛巳歲星犯壁壘陣十二月乙未
遼東開元饑賑糧三月戊戌太白犯東咸癸卯要東
木籍阿里海牙家貲運致京師賜諸王术伯所部軍

《元史本紀卷第十四》 十一

五千人銀萬五千兩鈔三千錠探馬赤二千人羊七
萬口丙午置燕南河東山東三道宣慰司罷太有署
丁未太陰犯井乙卯諸道宣慰司在內地者設官四
貞江南者六貧以阿里海牙所貾逃民無主者千人
屯田遣中書省斷事官禿不申復貾考湖廣行省錢
穀後置泉州市舶提舉司大都饑發官米低其價糴
貧民丙辰遣蒲昌赤貧民墾甘蕭開田官給牛種農
其賜安南國王陳益稷羊馬鈔百錠丁巳太陰犯氐
戊午翰林承旨撒里蠻言國史纂脩太祖累朝實分
錄請以畏吾字繙譯侯奏讀然後纂定後之諸路分

置六道勸農司庚申置尚珍署於濟寧等路秩役五
品是歲以亦攝思憐為帝師賜皇子奧魯赤脫歡諸
王术伯也不干等羊馬鈔一十五萬一千九百二十
三錠馬七千二百九十四羊二百八十三萬六千二
口幣帛氊毼段木綿三千二百八十八匹貂裘十四又
賜皇子脫歡所部憐牙思不花等及欠州諸局工匠
鈔五萬六千一百三十九錠一十二兩命西僧迦作
佛事于萬壽山玉塔殿萬安寺九三十會大司農司
上諸路學校九二萬一百六十六所儲義糧九萬五
百二十五石植桑棗雜菓諸樹二千三百九萬四千

《元史本紀卷第十四》 十二

六百七十二株斷死刑百一十四人
二十四年春正月乙丑復雲南石梁縣戊辰以修築
柳林河堤南軍三千浚河西務漕渠皇子奧魯赤部
曲饑命大同路給六十日糧免唐元衛河西地元籍
徭賦壬申御正殿受諸王百官朝賀癸酉俱藍國道
使不六溫乃等來朝甲戌太陰犯東井乙酉太陰犯
房丙戌以參政程鵬飛為中書右丞阿里乙酉軍千人
丞丁亥以不顏里海牙為參知政事發新附軍千人
從阿八赤討安南弛女直水達達地号矢之禁復改
江浙省為江淮行省戊子以鈔萬錠賑幹端貧民西

〈元史本紀卷第十四 十三〉

邊歲饑民困賜絹萬匹庚寅遣使代祀瀆后土東
海辛卯以淮東淮西山南三道按察司隸行御史臺
立上林署秩從七品詔發江淮江西湖廣三省蒙古
漢券軍及雲南兵及海外四州黎兵命海道運糧萬
趾行尚書省奧魯赤平章政事烏馬兒樊楫叅知政
事總之並受鎮南王即制二月壬辰朔遣使持香幣
詣龍虎閣皂三茅設醮召天師張宗演赴闕癸巳雍
古部民饑發米四千石賑之不足復給六千石米價
甲午畋于近郊乙未以麥木丁為平章政事真定路

饑發汜河倉粟減價糶之以真定所牧官馬四萬餘
匹分牧他郡禁畏吾地禽獸孕孳時畋獵庚子太陰
犯天關辛丑太陰犯東井甲辰陞江淮行大司農司
事秩二品設勸農營田司六秩四品使副各二員隸
行大司農司以范文虎為中書右丞商議樞密院事
壬子封駙馬昌吉為寧濮郡王設都總管府以總皇
子北安王民匠幹端大小財賦中書省臣言自正旦
至二月中旬費鈔五十萬錠臣等無總財賦自今侍
臣奏請賜賚乞令臣等預議帝曰此朕所常應仍諭
王速鐵木兒月赤徹兒知之丙辰馬八兒國貢方物

〈元史本紀卷第十四 十四〉

戊午救諸王闍里鐵木兒節制諸軍以趙與芮子孟
桂製平原郡公乃顏遣使徵兵諭闍里鐵木兒
毋輒發閏二月癸亥太陰犯辰星以女直水達達
連歲飢荒發粟賑之仍盡免今年公賦及減所輸
布之半以宋會軍將校授管民官散官
二仲月上丙日祀堯帝祠西京等處課程額外羨錢
自言歲以西京平陽太原等處管課官課市馬合謀
輸官而實盜官錢市之按問有跡伏誅乙丑畋于近
郊召姿木丁鐵木兒楊居寬等與集賢大學士阿魯
渾撒里及葉李程文海趙孟頫論鈔法麥朮丁言自

制國用使司改尚書省頗有成效令仍分兩省為便
詔徙之各設官六員其尚書以桑哥鐵木兒平章政
事阿魯渾撒里右丞葉李左丞馬紹叅知政事餘一
員議選回回人克中書宜設丞相二員平章政事二
員叅知政事二員省隴右河西道提刑按察司分置
鞏昌者入甘州設官太原提刑按察司分置西京者入
察司設官六員省太原設提刑按察司分置西京者
太原辛未以復置尚書省詔天下除行省與中書議行餘並
聽尚書省徑便以聞設國子監立國學監官祭酒一
員司業二員監丞一員學官博士二員助教四員生

負二十人蒙古漢人各半官給紙劄飲食仍隸集
賢院設江南各道儒學提舉司甲申太陰犯牽牛車
駕還官乙酉改淄萊路為般陽路置錄事司大都鐵
免今歲銀俸鈔諸路半徵之罷江南竹木柴新及岸
例魚牙諸課停不給之務敕行省宣慰司勿濫舉官
吏受除官延引歲月不即之任者追所受宣敕鎮南
王脫歡徙鎮南京改福建市舶都漕運司為都轉運
鹽使司范文虎改尚書右丞商議樞密院事改行中
書省為行尚書省六部為尚書六部以吏部尚書忻
都為尚書省參知政事庚寅大駕幸上都札魯忽赤
合剌合孫等言去歲審四官所錄四數南京濟南兩
路應宛者已一百九十八若總校諸路為戮必多宜
留札魯忽赤戮人分道行刑帝曰囚非群羊豈可遽
殺耶宜悉配隸淘金三月甲午更造至元寶鈔須行
天下中統鈔通行如故以至元寶鈔一貫文當中統
交鈔五貫文子母相權要在新者無冗舊者無廢几
歲賜周之餉軍皆以中統鈔為准禁無籍自効軍擾
民仍籍克軍兩申太陰犯東井乙卯辛涼隄東饑
弛太子河捕魚禁丙辰馬八兒國遣使進奇獸一類
驛而巨毛黑白間鶡名阿塔必即降重慶路定遠州

為縣命都水監開汶泗水以達京師汴梁河水泛溢
役夫七千修完故堤夏四月癸酉太陰犯氐甲戌太
陰犯房甲申忻都奏發新鈔十一萬六百錠銀千五
百九十三錠金百兩付江南各省與民互市是月諸
司凡隸乃顏反五月已亥遣也先傳音諭北京等慶宣
慰司治益都總探南京按察司治大名南京按察司治南
陽太原按察司治西京復立豐州沁剌真站壬寅以
御史臺吏王良弼等誹訕尚書省政事誅良弼籍其
家餘皆斷罪用桑哥言置上海福州兩萬戶府以雄
制沙不丁烏馬兒等海運船戶工兩部各增尚書二
負授高麗王睶行尚書省平章政事罷諸路站脫脫
禾孫括江南諸路匠戶沙不丁言江南各省南官多
虎四人餘從卿議帝曰除陳巖呂師夔管如德范文
道馬匹詔范文虎將衛軍五百鎮平灤以欽察為親
軍都指揮使也速帶兒右衛僉事王通副之甲辰免
北京今歲絲銀仍以軍旅經行給鈔三千錠賑之壬
子高麗王睶請益兵征乃顏以五百人赴之六月庚

申朝百官以職守不得從征乃顏願獻馬以給衛士
壬戌至撒兒都魯之地乃顏黨塔不帶率所部六萬
逼行在而陣兒都魯敗之乙丑敕遼陽省督運軍儲
壬申發諸衛軍萬人蒙古軍千人戍豪懿州諸王失
都兒所部鐵哥率其黨取豪懿
樂路馬北京饑免絲銀租稅乙亥霸州益津縣霖雨
州守臣以乏軍求援以北京戍軍千人赴之括平
傷稼以陝西涇邠乾及安西屬縣開田立屯田總管
置官屬秩三品車駕駐千大利幹魯脫乃顏黨失都
輜重千餘仍禁秋毫無犯秋七月癸巳乃顏黨失都

兒犯咸平宣慰塔出從皇子愛牙赤亦合兵出潘州進
討宣慰亦兒撒合分兵趣懿州其黨悉平丁酉弘州戍
官以大兇毛製如西錦者以獻授匠官知弘州戍
匠官以大兇毛製如西錦者以獻
戍太陰犯南斗樞密院奏簽征緬行省事合撒兒海
行言此至緬國諭其王赴闕貢土貢入覲辛丑太陰犯牽牛
壬寅熒惑犯輿鬼廣咸雲南言金齒首打
奔等兄弟求內附且乞入覲王子太陰犯司怪癸毋
日暈連環白虹貫之罷乃顏所署益都平灤也不干
河間分地達魯花赤及勝納合兒濟南分地所署官

移北京道按察司置豪州免東京等屬軍民徭賦陸
福建鹽運使司依兩淮等例為都轉運使司以中興
府隸甘州行省以河西管才赤所部屯田軍同沙州
居民修城河西瓜沙等處立闔屬劉屯田八月癸亥太
白犯亢潘州進端麥一莖九穗乙丑車駕還上都以
軍一千以行仍調四川湖廣行省軍五千赴之召能
為招討使佩虎符從征以脫溺吝兒為都元帥將四
李海剌孫為征緬行省所附軍五千赴探馬赤
通白夷金齒道路者張成及前占城為新附軍五千
川省兵五千赴緬行省仍令其省駐緬近地以俟進止

置江南四省交鈔提舉司已巳謫從叛諸王赴江南
諸省從軍自效諭鎮南王脫歡禁戢從征諸王及省
官奧魯赤等毋縱軍士枝掠毋以交趾小國而易之
癸酉朵兒赤海獲叛王阿赤思敕之亦集乃路屯田
總管忽都魯請疏浚都管內河渠從之丙子填星南犯
壘壁陣巳卯太陰犯天關辛巳太陰犯東井甲申太
白犯房丁亥潘州饑又經叛兵蹂踐免其今歲
絲銀租賦以比京伐木三千戶屯田平灤立豐贍昌
國濟民三署秩五品設達魯花赤令丞直長各一員
女人國貢海人置河西務馬站九月辛卯東京誼靜

麟咸達婆等慶大霖雨江水溢没民田大定金源
高州武平興中等處雹傷稼丁酉熒惑犯長垣巳
亥湖廣省臣言海南瓊州路安撫使陳仲達南寧軍
總管謝有奎延欄總管符庇成以其私船百二十艘
佩虎符有奎庇成亦仍爲安撫使
黎兵千七百餘人助征交趾詔以仲達
子太白犯天江給諸王八八所部窮乏者鈔萬一千
鋌禁市毒藥者以西京平灤路饑禁酒乙巳太陰犯

南園遣其中大夫院文彥通侍大夫黎仲謙貢方物
戊申咸平懿州北京以乃顏叛民廢耕作又霜雹爲
災告饑詔以海運糧五萬石賑之辛亥熒惑犯太微
西垣上將壬子太白犯南斗禁沮撓江南茶課高麗
王睶來朝冬十月戊午朔日有食之壬戌太陰犯
牽牛大星甲子享于太廟桑哥請賜葉李馬紹不忽
木高麗鈔賜李鈔百五十鋌不忽木撥置於比仍
錠又言中書省舊在大內前阿合馬故
舊爲宜徙之癸酉江西行院月的迷失言廣東窮邊
險遠江西福建諸冦出没之窟乞於江南諸省分軍
一萬益臣詔江西忽都帖木兒以軍五千付之丙子

誅耶祐楊居寬戊寅桑哥言比安西王王相府無印而
安西王相獨有印實非事例乞收之諸王勝納合兒
印文曰皇妊貴宗之寶寶非人臣所宜用因其分地
改爲濟南王印爲宜皆從之從總帥汪惟和言分所部
戊四川軍五千人屯田六盤乙酉熒惑犯左執法立
陝西寶鈔提舉司羅比范文虎言豪懿東京等慶人
以薛闍千闍里帖木兒並土官火者阿禾及維摩合
刺孫之子並內附丙戌詔立遼陽等處行尚書省
心未安宜立省以撫綏之詔立遼陽等慶行尚書省
丘右丞亦兒撒合左丞楊仁風阿老瓦丁並參知政

事十一月壬辰大白犯墨壁陣月暈金土二星雲南
省右丞愛魯兵次交趾木兀門其將昭文王以四萬
人守之愛魯擊破之獲其將黎石何英弛太原保德
河魚禁以桑哥爲金紫光祿大夫尚書右丞相無統
制院使領功德使司事役桑哥請以平章帖木兒代
其位右丞阿剌渾撒里陞左丞陸集賢院秩正二品丙申熒惑犯
知政事馬紹陞右丞相丁酉桑哥言先是皇子忙哥剌封安西
太微東垣上相上番四川諸屬置王相府後封秦王縮二
王統河西土番四川諸屬置王相府弟按攤不花別
金印今嗣王安難荅仍襲安西王印

用秦王印其下復以王傅印行一藩而二王恐於制
非宜詔以阿難荅嗣為安西王仍置王傅而上秦王
印按攤不花所署王傅罷之戊戌以別十八里漢軍
及新附軍五百人屯田合迷王速曲之地已亥鎮南
王次思明程鵬飛與奧魯赤等徒鎮南王分道並進
楫及程鵬飛等仍隸宣徽以月赤徹兒改衛尉院為太
僕寺秩三品
今年田租十二萬九千一百八十石辛丑烏馬兒樊
阿八赤以萬人為前鋒庚子太白晝見大都路水賜
午鎮南王次界河交趾發兵拒守前鋒皆擊破之已

酉詔議弭盜桑哥王速帖木兒言江南歸附十年盜
賊迄今未靖者宜降旨立限招捕而以安集貴州縣
之吏其不能者黜之葉李言臣在漳州十年詳知其
事大抵軍官著利與賊通者尤難弭息宜令各慶鎮
守軍官例以三年轉徙麻革斯燮帝皆從其議詔行省
之封駙馬帖木兒濟寧郡王壬子以江西行省平章
忽都帖木兒督捕廣東等慶盜賊甲寅命京畿濟寧
兩漕運司分掌漕事鎮南王次萬劫諸軍畢會獲福
建首賊張治田其黨皆平謝江南四省招捕盜賊丙
辰焚惑犯進賢十二月癸亥立尚乘寺順元宣慰使

禿魯古言金竹寨主搔驢等以所部百二十五寨內
附甲子皇子北安王置王傅九軍需及本位諸事並
以王傅領之丙寅太陰犯畢太白晝見丁卯減浙西魚
省咸額米十五萬石以鹽引五十萬易糧免浙西
課三千錠聽民自漁河西甘肅等慶富民千人往
閩廣地與漢軍新附軍雜居耕植徒安西王阿難荅
請設本位諸匠都總管府陞萬德庫官秩四品癸酉
鎮南王次茅羅港攻浮山寨破之諸王薛徹都等所
駐之地雨土七晝夜羊畜死不可勝計以鈔暨帶帛
綿布雜給之其直計鈔萬四百六十七錠丁丑以朱

清張瑄海漕有勞遙授宣慰使乙酉鎮南王以諸軍
渡富良江次交趾城下敗其守兵日烜與其子棄城
走敢喃堡是歲命西僧監藏宛卜卜思哥等作佛事
坐靜于大殿寢殿萬壽山五臺山等寺凡三十三會
斷天下死刑百二十一人浙西諸路水免今年田租
十之二西京北京隆興平灤南陽懷孟等路風雹害
稼保定太原河間般陽順德南京真定河南等路霖
雨害稼秋種不入土輩昌雨雹虸蚄為災分賜皇子諸王
死秋種不入土輩昌雨雹虸蚄為災分賜皇子諸王
駙馬怯薛帶等羊馬鈔總二十五萬三千五百餘錠

又賜諸王怯薛帶等軍人馬一萬二千二百羊二萬二千六百馳百餘賑貧乏者合剌忽荅等鈔四萬八千二百五十錠

本紀卷第十四

23-180

翰林學士亞中大夫知制誥兼修國史臣宋濂翰林待制承直郎同知制誥兼國史院編修臣王禕奉勅修

世祖十二

元史本紀卷第十五

一

二十五年春正月乙巳煊復走入海鎮南王以諸軍追
之不及引兵還交趾城命烏馬兒將水兵迎張文虎等
糧船又發兵攻其諸寨破之己丑詔江淮省管內並
聽忙兀帶節制庚寅祭日于司天臺賜諸王火你赤
銀五伯兩珠一索錦衣一襲王都銀千兩珠一索錦
衣一襲辛卯尚書省臣言初以行省置丞相與內省

無別罷之今江淮省平章政事忙兀帶所統地廣事
繁乞依前為丞相詔以忙兀帶為右丞相以斷黃二
州壽昌軍隷湖廣省嶼中統鈔板乙未賞征東功從
乘輿將吏陸散官二階軍士鈔人三錠從皇孫將吏
陸散官一階軍士鈔人二錠死事者給其家十錠凡
為鈔四萬一千四百二十五錠丁酉遣使代祀岳瀆
東海后土戊戌大赦弛遠漁獵之禁惟毋殺孕
歐壬寅高麗道使來貢方物賀州賊七百餘人焚掠
封州諸郡循州賊萬餘人掠梅州癸卯海都犯邊敕
駙馬昌吉諸王也只烈察乞兒合丹兩千戶皆發兵

從諸王术伯比征賜諸王亦憐真部曲鈔三萬錠掌
吉峯兵叛諸王拜荅罕遣將追之至八立渾不及而
還甲辰也速不花謀叛遂捕至京師誅之乙巳太陰犯
角蠻洞十八族饑餓死者二百餘人以鈔千五百錠
有奇市米販之丙午畋于近郊以平江鹽兵屯田于
淮東西杭蘇二州連歲大水賄其尤貧者戊申太陰犯
沮壞歲課發海運米十萬石賄遼陽省軍民之饑者
辛亥省器盒局入諸路金玉人匠總管府癸丑詔行
大司農司各道勸農營田司巡行勸課舉察勤惰歲

元史本紀卷第十五

二

具府州縣勸農官實迹以為殿最路歷官縣尹以
下並聽裁決或怙勢作威侵官害農者從提刑按察
司究治募民能耕江南曠土及公田者免其差役三
年其輸租免三分之一江淮行省言兩淮土曠民寡
蕪并之家皆不輸稅又管內七十餘城止屯田兩所宜
增置淮東西兩道勸農營田司為都漕運使耕之制曰可二
月丁巳改濟州漕運司為都漕運司併領濟之南北
漕京畿都漕運司惟治京畿鎮南王引兵還萬劫烏
馬兒迎張文虎等糧船不至諸將以糧盡師老宜全
師而還鎮南王從之戊午命李庭整漢兵五千東征

賜葉李平江嘉興田四項庚申司徒撒里蠻等進讀
祖宗實錄帝曰太宗事則然廑宗少有可易者定宗
固日不暇給憲政汝獨不能憶之耶猶當詢諸知者
徵大都南諸路所放毫從馬赴京官給芻粟價令自
耀之無擾諸縣民遼陽武平等廑饑除令年租賦及
歲課貂皮淩滄州鹽運渠辛酉忙兀帶怨都忽言其
按察司入北京江南湖北道提刑按察司入京敕
軍三年荐饑賜米五百石壬戌省遼東海西道提刑
江淮勿捕天鵝弛魚禁丙寅賜雲南王淦金駝鈕
印改南京路為汴梁路北京路為武平路西京路為

元史本紀卷十五　三

大同路東京路為遼陽路中興路為寧夏府路改江
西茶運司為都轉運使司并榷酒醋稅改詞渠提舉
司為轉運司江淮總攝楊璉真加言以宋宮室為塔
一為寺五巳成詔以水陸地百五十頃養之詔徵蒙
洪山隱士劉彥深甲戌蓋州旱民饑鬻其祖四千七
百石已卯以高麗國王暙復為征東行尚書省命
丞相桑懿州饑以江南站戶貧富米下均其價糶貧民以
有司料簡合戶稅至七十石當馬一四並免雜徭獨
水發官米下其價糶貧民以江南站戶貧富
戶稅逾七十石頭入站者聽合戶稅不得過十戶獨

戶稅無上百石辛巳以杭州西湖為放生池壬午鎮
南王命烏馬兒樊楫將水兵先還程鵬飛塔出將兵
護送之以御史臺監察御史提刑按察司多不舉職
降詔申飭之命皇孫雲南王也先鐵木兒帥兵鎮大
理等廑三月丙戌諸王昌童部曲饑給糧三月丁亥
樊惑犯太微東垣上相戊子太陰犯畢車駕還宮淞江
桑哥以為請遙授淛東道宣慰副使改闊遺所為闊靖路總管
民曹夢炎頫歲以米萬石輸官乞免他徭且求官職
府為宣撫司庚寅大駕幸上都改闊遺所為闊遺監
陞正四品敕遼陽省亦乞列思吾魯兀札剌兒探馬

元史本紀卷十五　四

赤自懿州東征李庭遙授尚書左丞食其祿將漢兵
以行江淮行省忙兀帶言宜除軍官更調法死事者
增散官病故者降一等帝曰父兄雖死事子弟不勝
任者安可用之苟賢矣則病故者亦不可降也辛卯
以六衛漢兵千二百新附軍四百屯田兵四百造尚
書省鎮南王以諸軍還張文虎糧船遇賊兵不得進
艛文虎擊之所殺略相當費拱辰徐慶以風
皆至瓊州凡七士辛二百二十人粉十一艘糧萬四
千三百石有奇癸巳賜諸王术伯銀五萬兩帛萬四
一萬四兀魯台爪忽兒銀五千兩幣帛各一百甲午

禁捕鹿薪，鎮南王次内傍關，賊兵大集，以遏歸師。鎮
南王遂由單巳縣趨盂州間道以出。乙未，以往歲北
邊大風雪，拔突古倫所部牛馬多死，賜米千石。丁酉，
駐蹕野狐嶺，命阿束塔不帶總京師城守諸軍。己亥，
太陰掩角。壬寅，禮部言：會同館蕃夷使者時至，宜令有
司候進貢國繪其形爲圖，及詢其風俗土產去國里
程，籍而錄之，實一代之盛事。從之。鎮南王次思明州，
命愛魯引兵還雲南，舆魯赤以諸軍比還，日炬遣
使來謝進貢之實。一代之盛事從之。鎮南王次思明州

省節制。戊申，改山東轉運使司爲都轉運使司無濟
南路酒稅醋課。巳酉，徐邳屯田及靈壁濉寧二屯兩
電如雉，刡害麥。甲寅，循州賊萬餘人寇漳浦泉州賊
二千人寇長汀，潁備賊千餘人寇龍溪，皆討平之。
夏四月丙辰，萊縣蒲臺旱饑，出米下其直賑之。戊午，
太陰犯井。庚申，以武岡賓慶二路荐經寇亂，免今年酒
稅課及前歲通租。辛酉，從行泉府司省不丁烏馬兒
請，置鎮撫司海舡千戶所市舶提舉司入雜造總管府
總管府入平陽路雜造提舉司省平陽授下
言自至元丙子置應昌和糴所，其間必多盜詐，宜加
鉤考，庶從之，臣種地極多，宜依軍站例除四項之外

驗畞征租並從之。癸亥，渾河決，發軍築堤捍之。乙丑，
廣東賊董賢舉等七人皆耕大老耍眾及剽掠吉顏
瑞興龍興南安雄汀諸郡，連崴擊之不能平。江西
行樞密院副使月的迷失，請益兵江西，行省平章忽
都鐵木兒亦以地廣兵寡爲言，詔江淮行省臣
兒黃土山民田。庚午，立弘吉剌站。崴酉，尚書省臣言
近以江淮饑，命杭蘇湖秀四州復大水，民罷妻女易食，
及於貧者令...之吏興富民因緣爲奸易食不
請輟上供米二十萬石賑其貧者，賑之帝是其言。甲
戌，萬安寺成，佛像及竁壁皆金飾之，凡費金五百四
十兩有奇，水銀二百四十斤。遼陽省新附軍遷遷各
衛者令助造尚書省，仍命分道招集之，增立直沽海
運米倉，命征交趾諸軍遷家休息，一歲敕緬中行省
遣中大夫陳克用來貢方物，賜諸王小薛金百兩銀
比到緬中，一稟云南王節制。庚辰，安南國王陳日炬
萬兩鈔千錠及幣帛有差。辛巳，賜諸王阿赤吉金二
百兩銀二萬二千五百兩鈔九千錠及紗羅絹布有
差。命甘肅行省發新附軍三百人屯田亦集乃，陝西
省督華昌兵五千人屯田六盤山。癸未，雲南省右丞

【上半葉】

發曾上言自發中慶經羅羅白衣入交趾往返三十
八戰斬首不可勝計將士自都元帥以下獲功者四
百七十四人甲申詔皇孫撫諸軍討版王火魯火孫
合丹禿魯千五月丙戌敕武平路括馬千匹戊子諸
王察合子闊闊帶叛床兀兒執之以來已丑沛梁大
霖雨河決襄邑漂麥禾以左怯薛衛士及漢軍五
十三百人從皇孫北征甲午發五衛漢兵五千人比
征乙未、桑哥言中統鈔行垂三十年省官皆不知其
數令巳更用至元鈔宜差官分道置局考中統鈔本
從之丙申賜諸王八八金百兩銀萬兩金素叚五百

〈元史本紀卷五〉 七

紗羅絹布苧四千五百兀馬兒來獻璞玉丁酉平江
水免所負酒課減米價賑京師改雲南烏撒宣撫司
為宣慰司熱管軍萬戶府戊戌復盧蜑越支三叉沾
三盜使司王家奴火忽帶察罕復舉兵反已亥雲
南行省言金沙江西通安等五城宜廢以比勝施州
宣撫司金沙江東求寧等處五城宜依舊隸察罕章
為北勝府從之壬寅渾天儀成運米十五萬石比勝
州餉軍及賑饑民乙巳罷興州採蜜提舉司營上都
城內餉倉丁未奉安神主于太廟戊申太白犯畢賜撥
都不倫金百五十兩銀萬五千兩及幣帛紗羅等萬四

【下半葉】

辛亥孟州烏河川兩甸五寸大者如拳癸丑詔湖廣
省管內並聽平章政事禿蒲要束木節制遷四川
省治重慶復遷宣慰司於成都省節制河決汴梁六詔尚
四川管內並聽行尚書省節制河決汴梁六詔尚新附軍修尚
金銀皆二百五十兩幣帛紗羅萬匹乙丑詔諸王术伯
民辛酉禁上都桓州應昌興酒壬戌賜諸王术伯銀二萬五千
食局庚申陳穎二州皆被害六月甲寅以桂陽路饑
杷三縣陳穎二州皆被害六月甲寅以新附路饑
總漢軍閣習水戰丁卯又賜諸王术伯銀二萬五千
兩幣帛紗羅萬匹復立咸平至建州四驛以延安屯

〈元史本紀卷第五〉 八

田總管府復隸安西省戊辰海都將暗伯著暖以兵
犯葉里千腦兒管軍元帥阿里帶戰却之壬申睢陽
霖兩河溢害稼免其租千六十石有奇命諸王怯憐
口及鹿從臣轉米以饋將士之從皇孫者太醫院光
禄寺儀鳳寺侍儀司拱衛司皆母隸宣徽院罷教坊
司入拱衛司癸酉詔加封南海明著天妃為廣祐明
著天妃甲戌太白犯井汶西南番總管府為求寧路
乙亥以考城陳留通許杷太康五縣大水及河溢浸
民田蠲其租萬五千三百石兩子給兵五十八衛澗
西宣慰使史弼使任治盜之責丁丑太陰犯歲星發兵

千五百人詣漠北浚井癸未虜州賊柳世英冠青田
麗水等縣淛東道宣慰副使史耀討平之資國富昌
等一十六屯兩水蝗害稼秋七月甲申淛復葺興霊
二州倉始命昔寶赤合剌赤貴由左右衛士轉米
大同太原諸倉米至新城爲邊地之儲以南安瑞穎運
輸之委省官督運以偹賑給丙戌真定汴梁路蝗運
三路連歲盜起民多失業免逋稅萬二千六百石有
奇弛寧夏酒禁發大同路粟賑流民保征交趾兵官
稼蠲全歲租改儲待所爲提輿司敕征交趾兵官
還家休息一歲壬辰遣必闍赤以鈔五千錠住應昌

《元史本紀卷十五》（九）

和糴軍儲設會同館爲四賓庫戊戌駐蹕許泥百牙
之地同知江西行樞密院事月的迷失上言近以盜
起廣東分江西江淮福建三省兵萬人令臣將之討
賊臣願萬人内得蒙古軍三百并臣所籍降戶萬人置
萬戶府以撒木合兒爲達路花赤佩虎符詔許之以
沭川等五寨割隸嘉定者還隸馬湖蠻部總管府已
亥熒惑犯減庚子太白犯鬼膝州連歲大水民害稼免其
而食命減價糶米以賑之覇濁二州霖雨害稼免其
今年田租乙巳太陰掩畢諸王也真部曲饑分五千戶就
食濟南保定路唐縣野蠶吐絲可爲帛壬子命幹端

戊兵三百一十人屯田命六衛造兵器八月癸丑諸
王也真言臣近將濟亭授下蒙古軍東征其家皆乏
食顧賜濟南路歲賦銀使易米而食詔遼陽省給米
萬石賑之丙辰熒惑犯房衰之萍鄉縣進嘉禾詔安
童以本部怯薛蒙古軍三百人北征己未太白犯軒
轅大星辛酉免江州學田租癸亥尚書省成壬申安
西省管内六饑蠲其田租二萬一千五百石有奇仍
貸粟賑之癸酉發米三千石賑河間等路鹽運司無
蔡陽三鐵冶兩子發米賑之癸酉發米順德廣平
民趙晉冀三州蝗丁丑嘉祥魚臺金鄉三縣霖雨害

《元史本紀卷十五》（十）

稼蠲其租五千石庚辰車駕次李羅海腦兒以咸平
荐經兵亂發濟州倉賑之分萬億庫爲寶源綺源
源廣源四庫九月癸未朔熒惑犯天江大駕次野狐
嶺甘州阜饑免逋稅四千四百石丙戌置汀梅二州
巳丑獻莫二州霖雨害稼免田租八百餘石壬辰大
駕至大都乙未罷檀州淘金戶都哇犯邊庚子太陰
犯畢鬼國建都皆遣使來貢方物從桑哥請營五庫
禁中以貯幣帛癸卯熒惑犯南斗命忽都忽民戶復
地輸稅尚書省臣言自立尚書省尼倉庫諸司無不
鉤考宜置徵理司秩正三品專治合追財穀以甘肅

等處行尚書省參政禿烈羊呵簽省吳誠並爲徵理
使從之陸寶鈔總庫求盈庫並爲從五品改八作司
爲提舉八作司秩正六品增元寶永豐及八作司官
吏俸庚戌太醫院新編本草成冬十月己未享于太
廟庚申從桑哥請以省院臺官十二人理算江淮江
西福建四川甘蕭安西六省錢穀給兵使以爲衛烏
思藏宣慰使軟奴汪术嘗賦其管内兵站餽戶復改爲武
衛司丙寅賜瀛國公趙㬎鈔百錠以甘州轉運司隸
請賞之賜銀二千五百兩甲子置虎賁司復改爲桑哥
都省湖廣省言左右江口溪洞蠻獠置四總管府統

州縣洞百六十而所調官畏憚瘴癘多不敢赴請以
漢人爲達魯花赤軍官爲民職雜土人用之就擬夾
谷三合等七十四人以聞從之大同民李伯祥蘇永
福八人以謀逆伏誅庚午海都言安山至臨清爲渠
道清運江南米須及百萬石又言明年海運請以三萬
二百六十五里若開浚之爲工三百萬當用鈔三萬
錠來四萬石塩五萬斤其陸運夫萬三千戶復寬罷爲
民其賦入及芻粟之佑爲鈔二萬八千錠費署相當
然渠成亦萬世之利請以今冬倘糧費來春浚之制
可丙子始造鐵羅圈甲瀛國公趙㬎學佛法于土番

已卯也不干不入冦不失引兵奮擊之塔不帶友
忽剌忽阿塔海等戰却之詔免儒戶雜徭尚書省臣
請令集賢院諸司分道鉤考江南郡學田所入羨餘
斯之集賢院以給多才藝者從之給倉官俸高麗遣
使來貢方物十一月壬午輩昌路荐饑免官田租之半仍
以鈔三千錠賑其貧者以忽撒馬丁爲管領甘肅陝
西等處屯田等戶達魯花赤督幹端可失合兒工匠
千五十戶屯田丁亥金齒遣使貢方物以山東東西
道提刑按察使何榮祖爲中書省叅知政事修國子
監以居胄子禁有分地臣私役富室爲柴米戶及賦

外雜徭柳州民黃德清叛潮州民蔡猛等拒殺官軍
並伏誅庚寅床哥里合引兵犯建州殺三百餘人咸
平大震辛卯元良合饑民多殍死給三月糧壬辰罷
建昌路屯田總管府癸巳賜諸王也里干五十兩
銀五千兩鈔千錠幣帛紗羅等二千四也速帶兒牙
林海剌孫執捏坤忽都荅兒羅叛王以歸甲午北兵
犯過詔福建省管内並聽行尚書省節制丙申合迷
裏民饑種不入土命變于赤以屯田餘糧給之已亥
命李思衍爲禮部侍郎充國信使以萬奴爲兵部郎
中副之同使安南詔諭陳日烜親身入朝否則必再

加兵大都民史吉苓等請立桑哥衛政碑從之辛丑馬
八兒圍遣使来朝帖列滅入冠甲辰以蕐昌便宜都
總帥府統五十餘城父民事繁改為宣慰使司無便
宜都總帥府改釋教總制院為宣政院秩從一品印
用三臺以尚書右丞相桑哥刺軍丁巳海都兵
和林應昌府運米三萬石給弘吉嘉人運米萬石赴
犯逢抜都也孫脫迎擊死之先是安童將兵臨邊為
二萬三千六百六十六匹　命上都嘉昔賜接苔兒禿等金千二百
五十兩銀十二萬五千錠幣帛布氈布

失里吉所執一軍皆浸至是八隣来歸從者九三百
九十人賜鈔萬二千五百一十三錠辛酉太陰犯平
癸亥置大都諸路打捕民匠等戶總管府甲子太陰
犯井丼辛未桑哥言有分地之臣例以貧乏為群希覬
賜與財非天墜地出皆取於民苟不慎其出入恐國
用不足帝曰自今不當給者汝即置之當給者宜覆
阿難苔来告兵士飢且闕囊駞詔給米六千石及囊
泰朕自豪之甲戌太陰犯元熒惑犯墨壘陳安西王
馳百乙亥湖頭賊張治回掠泉州免泉州仝歲田租
兩子也速不花以昔列門叛甘蕭行省官約諸王八

八拜苔罕駙馬昌吉合兵討之皆自縛請罪獨昔列
門以其屬西走追至朵郎不帶之地邀而獲之以歸
于京師庚辰六衛屯田飢給更休三千人六十日糧
高麗國王遺使乘貢物賜諸王愛牙合赤等金千
兩銀一萬八千三百六十兩金素帶一千二百匹
百兩金錦絲萬綿八萬三千二
愛牙赤部曲等羊馬鈔二百二十九萬二百一十賜皇子
萬六千九百一十四萬二千
駬諸王貧乏者鈔二十一萬六千七百二
十五羊一萬二千八百五十七牛四十
調諸物供軍者鈔千六百七十四錠馬四千三百二

浸于冠者鈔三萬二千八百八十錠馬羊百償以羊
馬諸物供軍者鈔千六百七十四錠馬四千三百二
十五羊三萬四千四百九十九駞七十二牛三十賞自
冠中技歸者鈔四千七十八錠因兩電河溢害稼除
民租二萬二千八百石命亦思麻苎七百餘人作佛
事坐靜于玉塔殿寢殿萬壽山護國仁王等寺凡五十
四會命天師張宗演設醮三日以光祿寺直隸都省
置醴源倉分太倉之麹米藥物隸馬以滄州之軍營城
為滄溟縣以施州之清江縣隸夔路總管府罷安和
署大司農言耕墾地三千五百七十頃立學校二萬

死罪九十五人

二十六年春正月丙戌地震詔江淮省忙兀帶與不
魯迷失海牙及月的迷失合兵進討群盜之未平者
己丑發兵塞沙陀間鐵烈兒河辛卯抶都不倫言其
民千一百五十八戶貧乏賜銀十萬五千一百五十
兩徙江州都轉運使司治龍興府沙不丁上市舶司歲
輸珠四百斤金三千四兩詔貯之以待貧乏者合
丹入寇戊戌以荊湖占城省左丞唐兀帶副拔的忽
都合為蒙古都萬戶統兵會江淮福建二省及月的

《元史本紀卷第十五》　十五

迷失兵討盜于江西蠲漳汀二州田租辛丑遣使代
祀岳瀆后土東南海立武衛親軍都指揮使司以侍
衛軍六千屯田軍三千江南鎮守軍一千合兵一萬
隸馬太陰犯氏壬寅海運萬戶府言山東宣慰使樂
實所運江南米陸負至淮安易閘者七然後入海歲
止二十萬石省運佑八貫有奇乞罷縣菜海道運萬
苦且米石若由江陰入江至直沽倉民無陸負之
戶府而以漕事責臣當歲運三十萬石詔許之癸卯
高麗遣使來貢方物賊鍾明亮寇贛州掠寧都擄秀
嶺詔發江淮省及鄰郡戍兵五千還江西省僉政管

如德為左丞使將兵往討畬民丘大老集衆千人寇
長泰縣福州達魯花赤脫歡同漳州路總管高傑討
平之甲辰復立光祿寺戊申徙廣州按察司於韶州
以剗南按察司所統遼東二路入淮西二路入江
西立剗南平至聶延驛十五所廢甘州路宣課提舉司
士李天英高麗管助征日本糧二月辛亥朔詔籍
入寧夏都轉運使司遣參知政事張守智翰林直學
江南戶口凡北方諸色人寓居者亦就籍之潭澧州
御河癸丑愛牙合赤請以所部軍屯田咸平懿州以
省糧餉已未發和林糧千石賑諸王火你赤部曲置

《元史本紀卷第十五》　十六

延禧司秩正三品壬戌合木里鐵命甘肅省發來千石
賑之癸亥詔立崇福司為從二品徙江淮省治揚州
改浙西道宣慰司為淮東道宣慰司治杭州丙寅尚
書省臣言行泉府所統海船萬五千艘以新附人駕
之緩急珠不可用宜招集乃顏及勝納合兒流散戶
為軍自泉州至杭州立海站十五站置船五艘水軍
二百專運番夷貢物及囬販奇貨且防禦海道為便從
之命福建行省拜降江西行院月的迷失江淮行省
忙兀帶合兵擊賊江西大都路總管府判官蕭儀嘗
為桑哥椽坐受賕事覺帝貰其死欲徙為淘金桑哥

以儀嘗鉤考萬億庫有追錢之能足贖其死宜解職
狀遣之帝曲從之丁卯幸上都以中書右丞相伯顏
知樞密院事將北邊諸軍成都管軍萬戶劉德祿上
言願以兵五千人招降八番蠻夷因以進取交趾樞
密院請立元帥府以藥刺罕及德祿並為都元帥分
事紹興大水免未輸田租合丹兵冠胡魯口開元路
治中元顏牙兀格戰連日破之已立左右翼屯田
萬戶府秩從三品玉呂魯泰江南盜賊凡四百餘處
宜選將討之帝曰月的迷失屢以捷聞忙兀帶已徙

卿無以為慮皇孫甘不刺所部軍之食發大同路榷
場糧賑之甲戌命蕐昌便宜都總帥汪惟和將所部
軍萬人比征令過關受命乙亥省屯田六署為管田
提舉司三月庚辰朔日有食之台州賊楊鎮龍聚眾
寧海僭稱大興國冠東陽義烏淅東大震諸王笑吉
帶時謫婺州即帥兵討平之立雲南屯田以供軍儲
桑哥言省部成案皆財穀事當令監察御史即省部稽照
書姓名於卷末仍命侍御史堅童視之失則連坐從
之安西饑減估糴米二萬石甘州饑發鈔萬錠賑之
己丑賜陝西屯田總管府農器種粒癸巳東流縣獻

芝甲午太陰犯亢乙未鑄渾天儀成癸巳金齒人塞
完以其民二十萬一千戶有奇來歸仍進象三夏四
月己酉復立營田司于寧夏府遼陽省管內饑賑高
麗米六萬石以賑之壬子亨羅帶上別十八里招集
戶數令甘肅省賑之癸丑命塔海發忽都禁粟丁巳
千石丙辰命甘肅行省給的所部饑者粟丁巳遣
部軍屯站比以禦寇賓慶路饑者粟丁巳遣
官驗視諸王按灰貧民給以糧發
矢犯者籍而為兵置江西福建打捕鷹坊總管府福
建轉運司及管軍總管言其非宜詔罷之省江淮屯田

打捕提舉司七所存者徐邳海州揚州兩淮淮安高郵
昭信安豐鎮巢縣蘄黃魚網石湫循十二所甲子池州
貴池縣民王勉進紫芝十二本戊辰安南國王陳日
炬遣其中大夫陳克用等來貢方物己巳乞兒乞思
戶居和林驗其貧者賑之庚午沙河決發民築堤以
障之癸酉以高麗國多產銀遣工即其地發旁近民
冶以輸官以萊蕪鐵冶提舉司隸山東益運司甲戌
以御史大夫玉呂魯為太傅加開府儀同三司籤江
西等慶行尚書省事召江淮行省僉知政事忻都赴
闕以戶部尚書王臣濟專理筭江淮省左丞相忙兀

帶總之置淛東江東江西湖廣福建木綿提舉司責
民歲輸木綿十萬匹以都提舉司總之罷皇孫按攤
不花所設斷事官也先仍收其印尚書省臣言華昌
便宜都總帥府已陸為宣慰使司乞以舊兼府事別
立散府調官分治從之立諸王愛牙赤授下人匠提
舉司於益都併省雲南大理中慶等路州縣丁丑陞
市令司為從五品改大都路甲匠總管府為軍器人
匠都總管府尚書省臣言乃顏以反誅其人戶月給
米萬七千五百二十三石父母妻子俱在北方恐生
它志請徙置江南充沙不丁所請海船水軍從之五

月庚辰發武衛親軍千人濬河西務至通州漕渠癸
未移諸王小薛饑民就食汴梁發大同宣德等路民
築倉於昂兀剌壬辰太白犯鬼軟奴玉木私以金銀
器皿給諸王出伯合班等且供饋有勞命有司如數
償之復賞銀五萬兩幣帛各二千四百兩詔季陽益
都淄萊三萬戶軍久戍廣東疫死者眾其令二年一
更賊鍾明亮率眾萬八千五百七十三人來降江淮
福建江西三省所抽軍各還本翼行御史臺復徙於
揚州淛西提刑按察司徙蘇州以僉知政事忻都為
尚書左丞中書參知政事何榮祖為參知政事參議尚

書省事張天祐為中書參知政事己亥設回回國子學
陞利用監為從三品遼陽路饑免徃歲未輸田租尚書
省臣言括大同平陽太原無籍民及人奴為良戶奏見
成效行益都濟南諸道亦宜如之詔以農時民不可擾侯
秋冬行之罷永盈庫以所貯上供幣帛入太府監及萬
億庫辛丑御河溢入會通渠漂東昌民廬舍以庄浪路
去甘肅省遠改隸陝西省流江縣入渠州泰安寺屯
田大水免今歲租青山獠變以不莫臺軍甲包等三十
三寨相繼內附六月戊申朔發侍衛軍二千人濬口
溫腦兒河渠已酉華昌汪惟和言近拓漢人兵器臣

管內己禁絕自今臣凡用兵器乞取之安西官庫帝
曰汝家不與它漢人比弓矢不汝禁也任汝執之辛
亥詔以雲南行省地遠州縣官多闕六品以下許本
省選辟以開桂陽路冦亂水旱下其佑耀米八千七
百二十石以賑之己未西番進黑豹庚申諸王乃蠻
帶敗合丹兵於托吾兒河丙寅要忽兒犯邊辛巳詔
遺尚書省斷事官秃烈羊呵理筭雲南復立雲南提
刑按察司徙雲南判官立應祥等十八人為循州知
宋士賢為梅州判官並赴都大都增設倒鈔庫三所
帝不允令明亮應祥並赴都大都增設倒鈔庫三所

上

遼陽等路饑免令歲差賦稅

州海都犯邊和林宣慰使怯伯同知乃滿帶副使八

黑鐵兒皆反應之合剌赤饑出粟四千四百二十八

石有奇以賑之甲戌西南夷中下爛土等處洞長忽

帶等以洞三百寨百一十來歸得戶二千餘乙亥金

剛奴冠折連怯兒立江淮等處財賦總管府掌所籍

宋謝太后貲產隸中宮丁丑汲縣民朱良進紫之濟

寧東平汴渠濟南隸州順德平灤真定霖雨害稼免

田租十萬五千七百四十九石秋七月戊寅朔海都

兵犯邊帝親征尚珠署屯田大水從征者給其家已

《元史本紀卷十五》 二十一

卯駙馬忽兒部曲饑賑之辛巳兩淮屯田兩電害

稼鋤令歲田租兩壞都城發兵民各萬人完之開安

山渠成河渠官禮部尚書張孔孫兵部郎中李慶選

員外郎馬之貞言開魏博之渠通江淮之運古所未

有詔賜名會通河置提舉司職河渠事甲申四川山

齊蠻民四寨五百五十戶內附丙戌命百官市馬助

邊敕以禿魯花及侍衛兵百人為桑哥導從丁亥發

至元鈔萬錠市馬于燕南山東河南太原平陽保定

河間平灤戊子太白經天四十五日庚寅黃兀月

良等驛乏食以鈔賑之辛卯太陰犯牛詔遣牙牙住

下

僧詣江南搜訪術藝之士發和林所屯乞兒乞思等

軍北征癸巳平灤屯田霖雨損稼甲午御河溢東平

濟寧東昌益都真定廣平德德汴渠懷孟蝗乙未太

陰犯歲星丁酉命遼陽行省益兵戍平懿州戊戌

誅信州版賦鮑惠日等三十三人右丞李庭等北征

辛丑發侍衛親軍萬人赴上都河間大水害稼壬寅

賦百官家製戰襖癸卯沙河溢鐵燈杆堤決八月乙

子霸州大水民乏食下其佑糶直沽倉米五千石乙大

卯郴之宜章縣為廣東冠所掠免令歲田租辛酉

都路霖雨害稼免令歲租賦仍減價糶諸路倉糧壬

《元史本紀卷十五》 二十二

戊濼州饑發河西務米二千石減其價賑糶之癸亥

諸王鐵失字羅帶所部皆饑敕上都留守司遼陽省

發粟賑之甲子月的迷失以鍾明亮貢物來獻辛未

歲星晝見癸酉以八番羅甸宣慰使司隸四川省台

婺二州饑免令歲田租甲戌詔兩淮兩淛都轉運使

金竹寨為金竹府轉運司諸人母得沮辦課改四川

司及江西榷茶都轉運司諸提刑按察司治婺州河

東山西道提刑按察司治太原宣慰司治大同九月

戊寅歲星犯井已卯置高麗國儒學提舉司從五品

丙戌罷濟州泗汶漕運使司丁亥罷幹端宣慰使元

師府祭巳以京師糴貴禁有司拘顧商車乙未太陰
犯畢丙申熒惑犯太微西垣上將增澠東道宣慰使一
貢江淮省平章沙不丁言提調錢穀積愁於衆乞如
要束木倒撥戍兵三百人為衛從之平灤昌國等屯
田霖雨害稼戊午以諸司水害稼太陰犯牛宿距星
饑省者乙巳詔福建省提舉司及諸司水害稼太陰犯牛宿距星
冬十月癸丑營田提舉司水害稼太陰犯牛宿距星
甲寅熒惑犯右執法以馳運大都米五百石有奇給皇
子北安王等部曲乙卯以八番羅甸隸湖廣省丙辰
禁內外百官受人饋酒食者沒其家貲之半甲子幸干

太廟巳巳赤那主里合花山城置站一所癸西尚書
省臣言沙不丁以便宜增置澠東二鹽司合澠東西
舊所立者為七乞官知鹽法者五十六人從之平灤
水害稼以平灤河間保定等路饑弛河泊之禁聞十
月戊寅車駕還大都尚書省臣言南北鹽均以四百
斤為引今權豪家多取至七百斤莫若先貯鹽於席
來則授之為便從之廣辰桑哥言初改至元鈔欲盡
收中統鈔故令天下鹽課以中統至元鈔相半輸官
今中統鈔尚未可急歛宜令稅賦並輸至元鈔商販
有中統料鈔聽易至元鈔以行然後中統鈔可盡從

左右衛屯田新附軍以大水傷稼乏食發米萬四百
石賑之辰星犯房巳丑太陰犯畢熒惑犯進賢庚寅
江西宣慰使胡顧孫援沙不丁倒請至元鈔千定為
行泉府司歲輸珍異物為息從之以胡顧孫遙授行
尚書省叅政泉府司事詔籍江南及四
川戶口丙申寶坻屯田大卿行泉府司事詔籍江南及四
管內河間真定等路流民六十日糧遣還其土從之
婺州賊葉萬五以衆萬人冦武義縣殺千戶一人江
淮省平章不鄰吉帶將兵討之遣使鉤考大同錢穀
及區別給糧人戶庚子取石泗濱為磬以補官縣之

之月的迷失以首賊祥董賢舉歸于京師癸未
命邊陽行省給諸王乃蠻帶民戶乏食者乙酉命自
今所授宣勑並付尚書省通州河西務饑民有鬻南子
去之他州者發米賑之丙戌西南夷生番心樓等八
族計千二百六十戶內附廣東賊鍾明亮復以衆與
萬人冦梅州江羅等以八千人冦漳州又詔雄諸賊
二十餘處皆舉兵應之聲勢張甚詔月的迷失復與
福建江西省合兵討之且諭肯月的迷失復既
降賊其即道之赴闕而汝玩常不變自今
降朕令汝遣之赴闕而汝玩常不變自今
降賊其即道之丁亥安南國王陳日烜遣使來貢方物

樂辛丑觧女人二國遣使來貢方物癸卯禁殺羔羊渝西宣慰使史弼請討渝東賊以爲渝東道宣慰使位合剌帶上甲辰武平路饑發常平倉米萬五千石賑保定等屯田戶饑給九十日糧桓州饑民劉德成犯獵禁詔釋之湖廣省臣言近招降贛州賊胡海剌菩提班的等來貢方物十一月丙午緬國遣委馬赤百八十六戶居汴梁者等令將其衆屯田自給令過耕時不恤之恐生變命贛州路發米千八百九十石賑之敕江南北權要之家母沮鹽法戊申敕尚書省發倉賑大都饑民壬子漳州賊陳機察等八千人冠龍嚴執千戶張武義與楓林賊合福建行省兵大破之陳機察立大老張順等以其黨降行省請斬之以警衆事下樞密院議范文虎曰賊固當斬然既降乃殺之何以示信宜垂遣赴闕從之癸丑建寧賊黃華弟聚結陸廣馬勝復謀亂覺皆論誅甲寅瓜沙二州福城壞詔發軍民修完之丙辰罷阿你哥所領采石堤軍司發米五百八十七石給昔寶赤五百七十八人之乏食者丁巳平灤昌國屯戶饑賑米千六百五十六石改播州爲播南路丁卯詔山東東路母得沮淘

金賑文安縣饑民陝西鳳翔屯田大水戊辰太陰犯亢己巳發米千石賑平灤饑民改平恩鎮爲立縣武平路饑免令歲田桓州等驛饑以鈔給之十二月丁丑蠡州饑發義倉糧賑之戊寅罷平灤望都椿子二驛放其戶爲民辛巳詔括天下馬一品二品官許乘五匹三品三匹四品五品二匹六品以下皆一匹平灤大水傷稼免其租小薛坐與合丹禿魯干通謀叛伏誅紿與路總管府判官白絜矩言宋趙氏族人散居江南百姓敬之不衰久而非便宜悉徙京師所哥以聞請擢絜矩爲尚書省舍人從之給玉呂會所招集戶五百人九十日糧徙篾吉剌民戶貧乏者就食六盤乙酉命四川蒙古都萬戶也速帶選所部軍萬人西征太白犯南斗丁亥封皇子闊闊出爲寧遠王河間保定二路饑發義倉糧賑之仍免今歲田租感庚寅禿木合之地饑給九十日糧命回司天臺癸木鄰站經亂乏之地霜程禿魯花之地饑給九十日糧甲午以官軍萬戶汪惟能爲征西都元帥將所部軍入漠其先戍漠兵無令還翼乙未蠲大名清豐逋租八百四十石命甘肅行省賑千戶也先所部人戶之饑者給鈔賑黃兀兒月良站人戶庚子武平饑

以糧二萬三千六百石賑之伯顏道使來言遼民之

食詔賜網罟使取魚自給授都昔剌所部阿速署戶餓

出粟七千四百七十石賑之癸卯發麥賑廣濟署餓

民是歲馬八兒國進花驢二寧州民張世安進嘉禾

二本詔天下梵寺所貯藏經集僧看誦仍給所費俾

爲歲例辛大聖壽萬安寺置摭檀佛像命帝師及西

僧作佛事坐靜二十會免災傷田租真定三萬五千

石濟寧二千一百五十四石東平一百四十七石大

名九百二十二石汴梁萬三千九十七石冠州二十

七石賜諸王公主駙馬如歲例爲金二千兩銀二十

五萬二千六百三十兩鈔一十一萬二百九十錠幣

十二萬二千八百四斷死罪五十九人

翰林學士中奉大夫知制誥同修國史臣宋濂等奉

敕修

世祖十三

元史本紀卷十六　一

二十七年春正月戊申改大都路總管府為都總管
府庚戌太白犯牛改儲偫提舉司為軍儲所秩從三
品以河東山西道宣慰使阿里火者為尚書右丞宣
慰使如故癸丑太陰犯井敕從臣子弟入國子學安南
國王陳日烜遣其中大夫陳克用來貢方物乙卯遣使
祀天幄殿高麗國王王賰遣使來貢方物丁巳遣使
代祀岳瀆海神后土戊午遼陽自乃顏之叛民甚疲
敕發鈔五千八十錠賑之已未賜鎮遠王牙忽都靖
遠王合帶塗金銀印各一章吉冠甘木里諸王木伯
拜荅寒亦憐真擊走之庚申賑馬站戶饑給滕鴰兒
回回屯田三千戶牛種辛酉管懿州倉壬戌造長甲
忒四人以謀不軌伏誅丙寅合丹餘寇剌四十石抹蠻
國發躭羅戍兵千人討之賜河西賀子軍五百人馬
丁卯熒惑犯房高麗國王王賰言臣昔宿衛京師遭
林衍之叛國內大亂高麗民居大同者皆籍之臣願

復以還高麗為民從之已巳改西南番總管府為永
寧路辛未賜也速帶所部萬人鈔萬錠豐閏署田
都所部別刓兒田戶饑給九十日糧降臨淮府為盱
眙縣隸泗州復立興文署掌經籍板及江南學田
穀合丹寇遼東海陽二月乙亥朔立全羅州道萬戶
府江西諸郡盜未平詔江淮行省分兵一千益之命
太僕寺母隸徽院丙子新附屯田戶饑給六十日
糧順州僧道士四百九十一人饑給九十日糧戊寅
太陰犯畢開元路寧速等縣饑民站戶逃徙發鈔二千

元史本紀卷十六　二

錠賑之播州安撫使楊漢英進雨霽千駟馬鐵別赤
進羅羅斯雨種六十刀五十弓二十已卯興州興安
饑給九十日糧庚辰伯荅罕民戶饑給六十日糧辛
已括河間昔賢實戶口癸未泉州地震乙酉賑新附
民居昌平者丙戌改奉先縣為房山縣泉州地震已
丑江西羣盜鍾明亮等復降詔從為首者至京師而
給其餘黨糧浙東諸郡饑給糧九十日庚寅太陰犯亢
辛卯復立南康興國榷茶提舉司秩從五品饑給九
更休士二千人赴上都修城河間路任立五品發虎賁
日糧癸巳晉陵無錫二縣霖雨害稼並免其田租江

元史本紀卷十六　三

給粟二十二百五十石以為種壬子焚惑犯鈎斡蘜
州漁陽等處稻戶饑給三十日糧戊午出忙安倉米
無役者為民庚申陛御史臺侍御史正四品治書侍
御史正五品增蒙古經歷一貟從五品罷行司農司
及各道勸農營田提舉司秩從五品掌僧寺覽
農事四川行省舊秘重慶成都之民苦於供給詔復
從治成都立江南營田提舉司僉事二貟總勸
產放壽潁屯田軍千九百五十九戶為民撤江南戌
兵代之凡工匠隸呂合剌阿尼哥段貞無役者皆區
別為民詔風憲之選仍歸御史臺如舊制置金竹府

大隆等四十二峇㻮茂長官癸亥建昌賊丘元等稱
大老集衆千餘人掠南豐諸郡建昌副萬戶摳良
甲子揚霞龍餘衆剽浙東總兵官討賊者多俘掠良
民敕行御史臺分揀之凡為民者十六百九十五人
庚午以建昌路廣昌縣經鍾明亮之亂上都婆
千四百四十七石辛未太平縣賊葉大五集衆百餘
人冦寧國皆擒斬之夏四月癸酉朔大陰犯井辛巳命大
都路以粟六萬二千五百六十四石賑鹽稼二萬
州蟓害稼雷兩大作蟓盡死丙子太
等慶派民弓陂屯田以霖雨河溢害通州河西務
稼二萬二千四

元史本紀卷十六　四

百八十鋌有奇免其租癸未罷海道運糧萬戶府江
淮行省言近朝廷遣白絜短來興沙不丁議令發薑
弁戶偕宋宗族赴京人心必致動搖江南之民方惠
增課料民括馬之苦宜侯它日行之從之阿速敦等
二百九十五人乏食命驗其實給糧賑之改利津海
道運糧萬戶府為臨清御河運粮上萬戶府諸王小
薛部曲萬二千六十一戶饑給六十日糧發六衛漢
軍萬人伐木為修城具甲申以荐饑免今歲銀俸鈔
其在上都大都保定河間平灤者萬一百八十錠在
遼陽省者千三百四十八鋌有奇丙戌遣桑吉剌失

等詣馬八兒國訪求方伎士士辰燚或守氏十餘日
癸巳河北十七郡蝗千戶也先小關闔所部民及喜
魯不別等民戶並饑敕河東諸郡量給賑之千戶也不
干所部乏食敕發粟賑之太傅玉呂魯言招集幹者
田宜給其食敕遼陽行省驗實給之平山真定襄強
所屬亦乞烈今巳得六百二十一人令興高麗民屯
三縣旱靈壽元氏二縣大雨電並免其租丁酉以鈔
二千五百錠賑昌平至上都站戶貧乏者定興站戶
饑給三十日糧已亥命考大都路貧病之民在籍者
二千八百三十七人發粟二百石賑之庚子合丹復

冠海陽復立安和署從六品五月乙巳罷秦王典藏
司收其印括江南闔遺人雜畜錢帛合丹寇開元戊
申江西行省管如德江西行院月的迷失合兵討反
寇鍾明亮明亮降詔縛致闕下如德等詔留不遣明亮
復率銀冠贛州署以如德等達詔縱賊請詰之
從之詔罷江西行樞密院庚戌陝西南市屯田隕霜
殺稼免其租壬子賜諸王鐵木兒等軍一萬七百人糧二
人一從者五石二人一從者七石五斗丙辰發粟賑濟河
船戶敘州等慶諸部蠻夷進雨鐔八百戊午移江西行省
於吉州以便捕盜尚書省遣人行視雲南銀洞獲銀四千

四十八兩奏立銀場官秩從七品出魯等十一百一
十五戶饑給六十日糧癸亥敕諸王分地之民有訟
王傅與所置監郡同治無監郡者王傅聽之平灤民
萬五千四百六十五戶饑賑粟五千石徽州績溪賊
胡發饒必成伏誅乙丑太陰犯填星丙寅罷徽州遷
江西行尚書省參政楊文璨為左丞文璨踰歲不之
官詔以外剌帶代之外剌帶至文璨復署事桑哥乃
奏文璨陛益發乞依內郡例許尉兵持弓矢從之巳
禁弓矢賊陸益發乞依內郡例許尉兵持弓矢從之巳
巳立雲南行御史臺命徹里鐵木兒所部女直高麗

契丹漢軍輸地稅外並免他徭江陰大水免田租萬
七百九十石庚午復置諸王也只里王傅秩正四品
尚珍署廣倫等屯大水免其租伯要民乏食命撒的
口仍立各路教官有精于藝者歲貢各一人六月壬
迷失以車五百兩運本千石賑之婺州永康東陽震
州縉雲賊呂重二楊元六等反浙東宣慰使史陰陽禽
斬之泉州南安賊陳七師反討平之括天下陰陽戶
為金縣陸閏塩州為柏興府降普樂州為閩塩縣金州
免其租八千八百二十八石納鄰等站戶饑給九十
申朔陞閩塩州為柏興府河溢太康沒民田三十一萬九千八百二十八石納鄰等站戶饑給九十

日糧甲戌桑州總管黃布蓬那州長羅光寨安郡州
長闢光過率蠻民萬餘戶內附丙子放保定工匠楚
通等三百四十一戶為民庚辰從江淮行省請陸廣
濟庫為提舉司秋從五品用江淮省平章沙不丁言
以糸政王巨濟鉤考錢穀有能賞鈔五百錠繕寫金
字藏經凡廢金三千二百四十四兩廣州增城韶州
樂昌以遭盜賊之亂並免其田租杭州賊唐珍等伏
誅已贊惑犯房辛卯敕應昌府以米千二百石給
諸王亦只里部曲壬辰別給江西行省印以便分省
討賊泉州大水丙申發侍衛兵完都城丁酉大

司徒撒里蠻翰林學士承旨兀魯帶進定宗實錄已
亥棣州厭次濟陽大風雹害稼免其租庚子從江西
省請發各省戍兵討賊辛丑免河間保定平灤歲賦
絲之半懷孟路武陟縣汴梁路祥符縣皆大水蠲田
租八千一百二十八石秋七月終南等屯霖雨害稼
萬九千六百餘畝免其租丙午禁平地忙安倉釀酒
犯者死戊申江西霖雨頤吉袁瑞建昌撫水皆溢龍
興城幾沒癸丑罷緬中行尚書省江淮省平章沙不
丁以倉庫官盜欺錢糧請依宋法黥而斷其腕帝曰
此回回法也不允免大都路歲賦絲戊午貴州猫變

魏縣御河溢害稼五十八百餘畝免其租百七十五
十六石江夏水溢害稼六千四百七十餘畝免其租
銀諸物已而罷之滄州樂陵旱免其田租三萬三百
桑哥言詔遣慶元路摠管毛文豹捜括宋時民間金
丙寅雲南闍力白衣甸酋長凡十一甸內附丁卯用
駐蹕老鼠山西乙丑蕪湖賊徐汝安孫惟俊等伏誅
免其租建平賊王靜照伏誅辛酉樊惑犯天江壬申
及八番羅甸宣慰司合兵討之鳳翔屯田霖雨害稼
官吏其眾遂盛湖廣省撥八番桑州均州二萬戶府
至十餘人作亂却順元路入其城遂攻阿牙寨殺傷

石八月辛未朔日有食之倂廣東道真陽滃光二縣
為英德州沁水溢害冀氏民田免其租禁諸人母沮
平陽太原大同宣課丁丑廣州清遠大水免其租庚
辰免大都平灤河間保定四路流民田租賦及酒醋課
丁亥復徙四川南道宣慰司于重慶府以南安贛建
昌豐州脊雁鍾明亮按察司官及民
武平尤甚靡宛按察司官及總管府官王連等不可
七千二百二十八人壞倉庫局四百八十間民居不
勝計已亥帝聞武平地震應乃顏黨入寇遣平章政
事鐵木兒樞密院官塔魯忽帶引兵五百人往視九

元史本紀卷十六　九

月壬寅河東山西道饑敕宣慰使阿里火者炒米賑
之癸卯歲星犯鬼申嚴漢人田獵之禁乙巳禁諸王
遣僧建寺擾民敕河東山西道宣慰使阿里火者發
大同鈔本二十萬錠糴米賑饑民平章政事鐵木兒
木兒師師與合丹戰之戊申武平地震盜賊乘隙
劫唐兀民田命有司塞之丁未御河決高
唐兀以便宜轉租賦罷商
税弛酒禁斬為盜者發鈔八百四十錠糴米萬
石以賑之金竹府知府掃閭貢馬及兩鐶且言金竹
府雖內附蠻民多未服近與趙堅招降竹古弄古魯

花等三十餘寨乞立縣設長官總把然用土人従之
已酉福建省以管內盜賊蜂起請益戍兵命江淮省
調下萬戶一軍赴之發蒙古都萬戶府探馬赤軍五
百人戍鄂州辛亥修東海廣德王廟丙辰敕天下丁
卯命江淮行省鉤考行教坊司所總江南樂工租賦
置四巡檢司于宿遷之北以所罷陸運夫為兵護送
會通河上供之物禁發民挽舟冬十月壬申封皇孫
甘麻剌為梁王賜金印出鎮雲南癸酉享于太廟甲
戍立會通汶泗河道提舉司従四品丁丑尚書省臣
言江陰寧國等路大水民流移者四十五萬八千四

元史本紀卷十六　十

百七十八户帝曰此亦何待上聞當速販之凡出粟
五十八萬二千八百八十九石巳卯增上都留守司
副留守判官各一貟従甘肅行省請簽管內民千三
百人為兵以戍其境辛巳太白犯斗只深府部八魯
剌思等饑命寧夏路給米三千石賑之禁大同路釀
酒乙酉門荅占自行御史臺入觀染洞梁宫朝吴曲
洞吴湯暖等凡二十洞以二千餘户內附丁亥賜北
邊幣帛十萬匹巳丑新作太廟登歌宮縣樂以昔寶
赤歲取麗鴉成都擾民罷之十一月辛丑廣濟署洪濟
屯大水兔租萬三千一百四十一石興松二州隕霜

殺禾兔其租隆興苦塩灤等驛饑發鈔七千錠賑之
丁未大同路蒙古多冐名支粮置千户百户十貟以
達魯花赤總之食粮户以富為貧者籍家賞之半戍
申本陰掩鎮星桑哥言向奉詔內外官受命不赴及受
代官居五年不赴銓者罷不復叙臣謂苟無大故不
可終棄帝復乞其請江淮行省平章不憐吉帶言福
建盜賊已平惟浙東一道地極邊惡賊所巢穴復還
三萬户以合剌帶一軍戍汹海明台亦恐初用土兵後
温廳札忽帶一軍戍紹興婺其寧國徽初用土兵後
皆與賊通今以高郵泰兩萬户漢軍易地而戍楊州

建康鎮江三城跨據大江人民繁會置七萬戶府杭
州行省諸司府庫所在置四萬戶府水戰之法舊止
十所今擇瀕海汊江要害二十二所分兵閱習伺察
諸盜錢塘控扼海口舊置戰船二十艘故海賊時出
奇劫殺人今增置戰船百艘海船二十艘故盜賊不
敢發徒之庚戌罷雲南會川路采碧甸子甲寅故
都釀酒乙卯貴赤三百三十戶所將兵帛各萬三千四
百四緜三千四百斤辛酉太陰掩左執法隆興路隕霜
殺稼免其田租五千七百二十三石壬戌大司徒撒

〈元史本紀卷十六〉 十一

里蠻翰林學士承旨兀魯帶進太宗實錄癸亥河決祥
符義唐灣太康通許陳潁二州大被其患甲子御史
臺言江南盜起討賊官利其剽掠復以生口克贈遺
請給選其家帝嘉納之徒河北河南道提刑按察司
治許江州罷大都東西二驛脫脫禾孫以通政院總之
乙丑易水溢雄莫任丘新安田廬漂没者給閭里鐵
築堤所部之丙寅括遼陽馬六千四擇肥者給闔里鐵
木兒所部軍丁卯立新城權塲平地脫脫禾孫遣使
鈞考延安屯田降南雄州為保昌縣韶州為曲江縣
十二月辛未以衛尉院為太僕寺戊寅免大都平灤

保定河間自至元二十四年至二十六年通租十三
萬五千六百七十二石已卯命樞密院括江南民間兵器
及將士冒武如戊子歲詔甲申遣兵部侍郎靳榮等
閱實安西鳳翔延安三道軍戶元籍四千外復得三
萬三千二百八十丁樞密院欲以為兵桑哥不可帝
從之丙戌興化路仙游賊朱三十五集衆冠青山萬
戶李綱討平之京兆省上屯田所出羊價鈔六百九
鏹敕以賜札散暗伯民貧乏者辛卯太陰犯亢乙未初
分萬億為四庫以金銀輸內府至是立提舉富寧庫
秩從五品以掌之大同路民多流移免其田租二萬

〈元史本紀卷十六〉 十二

一千五百八石洪贊瀿陽驛饑給六十日糧不耳咎
失所部減乞里饑給九十日糧詔諸王乃蠻帶遼陽
行省平章政事薛闍干右丞洪察忽摘蒙古軍萬人
分戍雙城及婆娑府諸城以防合丹兵已亥省漂陽
路為縣入建康湖廣省上二年宣課珠九萬五千一
十五兩慶州青田賊劉甲乙等集衆萬餘人冠温州
平陽是歲賜諸王公主駙馬金銀鈔幣如歲例命帝
師西僧逓作佛事坐靜于萬壽山厚載門茶罕腦兒
聖壽萬安寺桓州南屛庵雙泉等所凡七十二會斷
死罪七十二人

二十八年春正月壬寅太白熒惑鎮星聚奎癸卯給
諸王愛牙赤印命玄教宗師張留孫置醮祠星三日
上都民仰食于官者衆詔傭民運米十萬石致上都
官價石四十兩命留守木八剌沙總其事辛亥罷汴
梁至正陽杞縣睢州中牟鄭鄧十二站站戶為民
癸丑高麗國遣使來貢方物丁巳遣貴由赤四百人北
征辛酉罷金玉人匠提舉司入浙西道金玉人匠總
管府降無為和州二路六安軍為州巢州為縣入無
運併浙西江淮漕運司併於海船萬戶府由海道漕
罷江淮漕運司併於浙西道金玉人匠總
為並隸廬州路升安豐府為路降壽春府懷遠軍為
縣懷遠入濠州亚隸安豐路升各處行省理問所為
四品免江淮貧民至元十二年至二十五年所逋田
租二百九十七萬六千餘石及二十六年未輸田租
十三萬石鈔千一百五十錠絲五千四百斤綿千四
百三十餘斤罷淘金提舉司立江東兩浙都轉運使
司壬戌以扎散禿禿合總兵于笔古之地命有司供
其軍需敕大同路發米販笔古饑民尚書省臣桑哥
等以罷貶二月辛未賜中富宇庫尚書省言大同仰食
于官者七萬人歲用米八十萬石遣使覆驗不當給

者萬三千五百人乞徵還官從之癸酉以隴西四川
總攝董真术納思為諸路釋教都總統改福建行省
為宣慰司隸江西行省詔行御史臺勿聽行省節度
雲南行省言叙州烏蒙水路險惡舟多破溺宜自
稍水站出陸經中慶又經鹽井土老必撒諸蠻至叙
州慶符可治為驛路立五站從之也速帶兒汪
帥言近制和雇和買不及軍家今一切與民同詔自
今軍勿輸丙子罷徵理司上都太原饑民口給粮兩月或三
年至二十六年民間所逋田租三萬八千五百餘石
遣使同按察司賑大同太原饑民口給粮兩月或三
月以桑哥黨與罷揚州路達魯花赤唆羅兀思遣官
覆驗水達達咸平貧民賑之丁丑以太子右詹事完
澤為尚書右丞相翰林學士承旨不忽木平章政事
詔告天下以列兀難粳米賑給貧民已卯遣官持香
府以上都虎賁士二千人屯田官給牛具農器用鈔
二萬錠以雲南曲靖等慶宣慰司管軍萬戶府以鎮
改立曲靖等慶宣慰司路管軍萬戶府所轄地廣民心未安
湖廣行省八番羅甸司復隸四川省壬午以桑哥沮
抑臺綱又籠監察御史命御史大夫月兒魯辦之癸

未太陰犯左執法大駕幸上都是日次大口復名御史
臺及中書尚書兩省官辨論桑哥之罪復以闌遺監
隸宣徽院詔毋撓山東轉運使司課程甲申太白
犯昴命江淮行省鉤考少不丁所統詹事院江南錢
穀乙酉立江淮湖廣江西四川等處行樞密院詔諭
中外江淮治廣德軍湖廣治岳州江西治汀州四川
治嘉定丙戌詔提刑按察司爲肅政廉訪司每道
仍設官八貟除二使留司以總制一道餘六人分臨
所部如民事錢穀官吏奸弊一切委之俟歲終省臺
遣官考其功劾以集賢大學士何榮祖爲尚書右丞

集賢學士賀勝爲尚書省參知政事詔江淮行省遣
蒙古軍五百漢兵千人從皇子鎮南王鎮揚州執河
間都轉運使張庸仍遣官鉤考其事丁亥營建宮城
南面周廬以居宿衛之士執湖廣要束木
子籍要束木家貲金凡四千兩辛卯封諸王鐵木兒
不花爲蕭遠王賜之印壬辰兩壞太廟第一室奉遷
神主別殿癸已籍桑哥家於潛昌化新城等縣饑民
徽之續溪癸杭安餘杭於
命江淮行省於政燕公楠整治鹽法之弊丁酉詔加
嶽瀆四海封號各遣官詣祠致告三月已亥朔真定

河間保定甲灤饑平陽太原尤甚民流移就食者六
萬七千戶飢而死者三百七十一人桑哥妻第八吉
由爲燕南宣慰使以受賂伏誅仆桑哥輔政碑
太原饑嚴酒禁丁未太陰犯女已酉太陰犯御史
法庚戌太陰犯太微東垣上相甲寅呂連站木赤五十戶饑
兒馬兀等同女直兵五百人追殺內附民餘千人遣
租二萬三千九百石乙卯太白犯五車乃顏所屬牙
塔海將千人平之辛酉呂連站木赤五十戶饑賑三
月糧發侍衛兵營紫檀殿壬戌以甘肅行省右丞崔
殘爲中書右丞南丹州莫國麟入覲授國麟安撫使

三珠虎符杭州平江等五路饑發粟賑之仍弛湖泊
蒲魚之禁漂陽太平徽州廣德鎮江五路亦饑賑之
如杭州武平路饑百姓困於盜賊軍旅免其去年田
租凡州郡田嘗被災者悉免其租不被災者免十之
五罷甘州轉運司淮豪家多行賄權貴爲府縣吏
容庇門户遇有差賦惟及貧民詔江淮行省嚴禁之
五羅羊甲戌詔各路府州司縣長次官薰管諸軍奧
宰牝羊甲戌詔各路饑民仍施捕獵之禁夏四月已巳禁屠
魯以地震故免侍衛兵籍武平者令歲徭役增置欽
察衛經歷一貟用漢人爲之餘不得爲例庚辰弛杭

州西湖禽魚禁聽民網罟丙戌詔凡員幹脫銀者入
還皆以鈔為則乙未歲星犯輿鬼以沙不丁等米賑
江南飢民名朱清張瑄詣闕虎寅併總制院入宣政
院以鈔法故名葉李還京師乙未從湖廣行省樞密
治郡州丙申以米三千石賑復使阿里詣闕閭里吉思饒民五月戊
處行省右丞行樞密院副使阿里詣闕升革佩監秩三
品遣脫脫塔剌海忽辛三人追宄僧官江淮總攝揚
璉真伽等盜用官物以条知政事廉希忽為湖廣等
撫使陳仲達海北海南道宣慰使都元帥湖廣行省

左右司即中不顏于思別十八里副元帥王信並同
知海北海南道宣慰司事副元帥並佩虎符將二千
二百人以征黎蠻僚屬皆從仲達辟置立左右兩江
宣慰司都元帥府壬寅太陰犯少民徙江淮行樞密
院治建康甲辰中書省臣麥术丁崔或言桑哥當國
四年諸臣多以賄進舊官授要官唯以嗾蔽九重
胶削百姓為事宣令兩省嚴加考覈並除名為民徙
之要東木以桑哥妻黨為湖廣行省平章至是坐不
法者數十事詔械致湖廣省誅之辛亥以太原及杭
州饑免今歲田租增河東道宣慰使一負徵太子贊

善劉因前為太子贊善以繼母病去至是母亡以
集賢學士徵之不起罷脫脫塔剌海忽辛等理算僧
官錢穀罷江南六提舉司歲輸木綿鞏昌舊惟總帥
府桑哥敗懼誅自殺至是復總帥府增置異琭御帶二庫
秩從五品並設提點使副各一負減中外冗官三十
七負宮城中建蒲萄酒室及女工室詔以桑哥罪惡
繫獄按問誅其黨要束木八吉等發兵屯田川中以禦寇張
連地河渠修城堡令蒙古戍兵屯田川中以禦寇
五罷尚書省事皆入中書改尚書右丞相右詹事完

澤為中書右丞相平章政事麥术丁不忽木並中書
平章政事尚書右丞何榮祖中書右丞尚書左丞馬
紹中書左丞相知中書政事
征東行尚書省左丞相駙馬高麗國王王晫為征東
行中書省官監燒鈔庫仍舊制各路昏鈔
令行省官左丞相罷大都燒鈔庫仍舊制各路昏鈔
寅太陰犯牛賑上都儀民乙卯以政事悉委中書仍遣使
西站女直等站儀民乙卯以政事悉委中書仍遣使
布告中外詔禁失陷錢糧者託故詣京師丁巳建白
晗二各高一丈一尺以居咒師桑四的性吉等七人

何榮祖以公規治民禦盜理財等十事綱為一書名
曰至元新格命刻版頒行使百司遵守桑哥嘗以劉
秉忠無子牧其田土其妻寶氏言秉忠嘗鞠猶子蘭
童為嗣敕以地百頃還之巳未以門答占復為御史
大夫行御史臺事高麗國王王賰乞以其子源為世
子詔立源為高麗國王世子授特進上桂國賜銀印六
月丁卯朔禁蒙古人佉回回地為商賈者湖廣饑敕以
剌里海牙米七萬石賑之辛巳洞蠻鎮遠立黃平府
乙酉以雲南諸路行省參知政事元難為梁王傅洗
國王洞主市備什王第同來朝益江淮行院兵二萬

擊郴州桂陽寶慶武岡四路盜賊以汴梁逃人男女
配偶成家給農具耕種丙戌勒屯田官以三歲為滿
互於各屯內調用宣諭江淮民恃總統鍊真加力不
輸租者依例徵輸官已以連海二州
隸山東宣慰司秋七月丙申朔雲南省參政怯剌言
建都地多產金可置冶令旁近民煉之以輸官從之
已亥太白犯井詔諭尚州等處諸洞蠻夷庚子從江
西行樞家院治贛州乙巳大都饑出米二十五萬四
千八百石賑之戊申揚州路學正李淦上言人皆知
桑哥用羣小之罪而不知尚書右丞葉李妄舉桑哥

之罪宜斬葉李以謝天下有盲驛召詣京師淦至
而李辛除淦江陰路教授以遊直言給還行臺監察
御史周祚妻子祚嘗勁行尚書省官桑哥誣以他罪
流竄于慈嶺南重囚依舊制聞泰處決罷江南諸省買銀
牛敕江南重囚依舊制聞泰處決罷江南諸省買銀
之巳酉召交趾王第陳益稷右丞陳嚴鄭禔子那懷
遼陽諸路連歲荒加以軍旅民苦饑發米二萬石賑
六百人以蒙古漢人宋人參為萬戶千戶百戶領之
提舉司遣官招集宋時涅手軍可充兵者八萬三千
並詣京師癸丑賜師壁洞安撫司師壁鎮撫所師羅

千戶所印安撫司從三品餘皆五品丁巳桑哥伏誅
嘉民耕江南曠土戶不過五頃官授之券俾為永業
三年後徵租遣憨散總兵討平江南盜賊巳未降江
陰路為州宜興府為縣並隸常州路移揚子縣治新
城分華亭之上海為縣松江府隸行省罷淘金提舉
司江淮人匹提舉司凡五以其事並隸有司兩浙都
之壬戌弛義內秋耕禁八月乙丑朔平陽地震壞民
城設兵二萬人築之增置各衛經歷一員俾漢人為
廬舍萬有八百二十六區壓死者百五十人丙寅太
白犯輿鬼已巳置中書省撿校二員秩正七品俾考

犯軒轅大星并犯歲星咀喃蕃邦遣馬不剌罕丁進
乙酉遣麻速忽阿散乘傳詣雲南捕黑虎戊子太白
本罷罷雲南四州立東川府癸未歲星咀軒轅大星
州提省溪洞官楊都要招安叛蠻悔過來歸者與免
彪各一丙子太陰乘傳詣雲南之清河南樂諸縣霖
田租四千五百石馬八兒國遣使進花牛二水牛土
州至杭州海中水站十五所撫州路饒免去歲未輸
甲匠總管府廣州人匠提舉司廣德路錄事司罷泉
甕戶工部文案踈緩者罷江西等處行泉府司大都

雨害稼免田租萬六千六百六十九石巳卯詔諭思
乙酉遣麻速南四州立東川府楊都要招安叛蠻悔過來歸者與免

一千六百五十石辛卯命工部造飛車五兩癸巳太
陰掩熒惑九月辛丑以平章政事代之乙巳景州河間
省事復以咱喜魯丁平章政事叅术丁商議中書
等縣復立行宣政院治杭州巳酉設安西延安鳳翔三路
屯田總管府庚戌太白犯右執法襄陽南陽縣民李
干立行宣政院治杭州巳酉設安西延安鳳翔三路
氏妻黃一產三男辛亥安南王陳日烜遣使上表貢
方物且謝不朝之罪徽州績溪縣賦未平免二十七
年田租禁宣德府田獵壬子酒醋課不蕷隸茶塩運

金書寶塔及黑獅子詒布藥物婺州水免田租四萬

四川行樞密院治成都以八忽荅兒禿魯歡唆不闌
治乙卯以歲荒熒惑犯左執法戊午太白犯熒惑徙
千石有奇丙辰熒惑免平灤屯田二十七年田租三萬六
死于行時人疑為祥所殺詔按問會赦不
誌斗言祥不可信宜先招諭之乃以祥為宣撫使佩
虎符院監兵部員外郎誌斗禮部員外郎並銀符賞
詔往瑠求明年楊祥所殺果殺詔福建行省按問會赦不
置左右兩萬戶府官屬皆從祥選辟旣又用福建吳
副萬戶揚祥合迷張文虎並為都元帥將兵征海
司仍隸各府縣立乞里台思王外剌荅六驛命海船

脫兒赤四翼蒙古兵復隸蒙古都萬戶府庚申以鐵
里為禮部尚書佩虎符阿老瓦丁不剌並為侍郎遣
使俱為監辛酉歲星犯少民免大都今歲田租保定河
間平灤三路大水被災者全免收成者半之以別鐵
木兒亦列失金為禮部侍郎使于馬都尚衣局織無縫衣冬
為禮部侍郎佩金符薛徹溫都兒等九驛貧民三月糧巳
十月乙丑朔賜薛徹溫都兒等九驛貧民三月糧巳
已修太廟在真定傾壞者斤為中書省平章政事癸酉尊太
平章政事雪雪的斤為中書省平章政事
廟遣使毀舍賑大同屯田兵及教化的所部軍士之

饒者江淮行省言鹽課不足由私鬻者多乞付兵五
千巡捕從之塔剌海張瑄辛崔同知並坐理算錢穀
受賕諭誅辛巳召高麗國王王睧公主忽都魯揭里
迷失詣闕癸未羅斛國王遣使上表以金書字仍貢
黃金象齒丹頂鶴五色鸚鵡翠毛犀角驫腦等
物高麗國饑給以米二十萬斛罷各處行樞密院事
犯軒轅大星并御女丁亥洞蠻爛土立定雲府改陳
蒙洞為陳蒙州合江為合江州嚴山後酒禁中書省
臣言洞蠻請歲進馬五十四兩壜五十被刀五十握

《元史本紀卷十六》 世三

丹砂雌雄黃等物率二歲一上有詔從其所為已丑
太陰犯太微東垣上相敕没入璉真加沙不丁烏馬
兒妻並遣詣京師召行省轉運司官赴京師集議治
賦法辛卯諸王出伯部曲饑給米賑之癸巳武平路
饑免今歲田租以武平路總管張立道為禮部尚書
使交趾免衛輝種仙茅戶徭役從遼陽行省言以乃
顏合丹相繼叛詔給蒙古人內附者及開元南京水
達達等三萬人牛畜田器詔益都般陽泰安寧海
東平濟寧畋獵之禁犯者没其家貨之半十一月丙
申以甘肅曠土賜普竇赤合散等俾耕之壬寅遣左

吉奉使新合剌的音甲辰太白犯房戒太府監冗員
三十一人罷累備行內藏二庫詔回回以菩納珠克
獻及求售者還之留其估以濟貧者塔义見塔帶民
饑發米賑之給按苔兒民戶四月糧罷海道運糧鎮
撫司丙午熒惑犯亢丁未太陰犯畢躭羅遣使貢東
紵百匹乙卯新添葛蠻宋安率丁滅有罪論誅復置會同館
歲星犍州路達魯花赤曲列禁沮擾益都淘金
汾青貴來貢方物監察御史言沙不丁納速剌丁滅
里烏里兒王巨濟璉真加沙的教化的皆桑哥黨與

《元史本紀卷十六》 世四

受賕肆意使江淮之民愁怨載路今或繫獄或釋之
此臣下所未能喻帝曰桑哥已誅納剌丁滅里在獄
唯沙不丁朕始釋之耳武平灤諸州饑歛獵禁其
孕字之時勿捕諭中書議增中外官吏俸戊午金齒
國遣阿腮入覲庚申桑哥犯氏辛酉升宣德龍門鎮
為望雲縣秩從三品遣官迁雲南置望雲銀冶十二月乙丑復都
水監秩從三品割隸雲州遣使遼陽洪寬
女直部民饑借高麗粟賑給之籍探馬赤八忽帶兒
等六萬戶成丁者為兵丁卯高麗國鴨綠江西十九
驛經乃顏反掠其馬畜給以牛各四十大都饑下其

價糴米二十萬石賑之已已詔罷遣官招集畏兀氏
政辰沅靖州轉運司爲湖北湖南道轉運司立葛蠻
軍民安撫司宣政院臣言宋全太后瀛國公母子以
爲僧尼戚爲兵部尚書佩虎符明思昔者失爲兵部
未以鐵戚爲地三百六十項乞如例免徵其租從之辛
待郎屋有佩金持使于羅亭卜兒御史臺臣言錢穀
自中統初至今餘三十年更阿合馬桑哥當國設法
已極而其餘黨公取賄賂民不堪命不如罷之有旨
議擬以聞士申立河南江北行中書省治沐梁撒里
蠻老壽並爲大司徒領太常寺中書省臣言江南在

宋時差徭爲名七十有餘歸附後一切未徵今分隸
諸王城邑歲賜之物仰給京師又中外官吏俸少似
宜量添可令江南依宋時諸名征賦輸之何榮祖
言宜召各省官任錢穀者詣京師集議科取之法以
聞從之甲戌詔罷鉤考錢穀應昔年通負錢穀文卷
聚置一室非朕命而視之者有罪仍遣使布告中外
庚辰太陰犯御女江比州郡割隸河南江比行中書
省改江淮行省爲江浙等處行中書省治杭州賑開
閱出饑民米闌里帶言乃顏餘黨竄女直之地臣興
月兒魯議乞益兵五千五百人可平之俟之癸未太陰

犯東垣上相廣濟署大昌等屯水免田租萬九千五
百石平灤路及豐瞻濟民二署饑出米萬五千石賑
之別都兒丁前以秃哥專恣不肯仕命仍爲中書左
丞丙戌八番洞官吳金叔等以所部二百五十非殺
人抵罪者已丑熒惑犯房庚寅熒惑犯鉤鈴升營田
二萬有奇內附詣闕貢方物戊子詔釋天下四非殺
教事賜親王公主駙馬金銀鈔幣如歲例令僧尼釋
隱防授吃剌思八幹節兒爲帝師統領諸國僧尼藏
提舉司爲規運提點所正四品辛卯潲運糧壩河築
等逓作佛事坐靜于聖壽萬安涿州寺等所凡五十

度遣直人張志仙持香詣東北海嶽濟瀆致禱戶部
上天下戶數內郡百九十九萬九千四百四十四江
淮四川一千一百四十三萬八百七十八口五千九
百八十四萬八千九百六十四
一千一百一十八司農司上諸路所設學校二萬一千
三百餘墾地九百八十三頃有奇植桑棗諸樹二
千二百五十二萬七千七百餘誅義糧九萬九千
百六十石宣政院上天下寺宇四萬二千三百一十
八區僧尼二十一萬三千一百四十八人斷死刑五
十五人
本紀卷第十六

翰林學士中大夫知制誥兼修國史臣　翰林待制承五局知制誥兼國史院編修官是稗等奉

勅修

世祖十四

二十九年春正月甲午朔以日食免朝賀日食時左
右有珥上有抱氣丙申雲南行中書省言羅甸歸附
後改普定府隸雲南省三十餘年今叛羅甸宣慰安
撫司隸湖南省不便乞罷之仍以其地隸雲南省制
曰可戊戌清州饑就陵州發粟四萬七千八百石賑
之己亥命太史令郭守敬兼領都水監事仍置都水

◀ 元史本紀卷十七　一 ▶

監少監丞經歷知事凡八員八作司官舊制六員今
分為左右二司增官二員庚子江西行省左丞高興
言江西福建汀漳諸處連年盜起百姓入山以避乞
降旨招諭復業既諭盜課又設四鹽使司
今若設提舉司專領鹽課其酒稅課悉歸有司為便
福建銀鐵又各立提舉司亦為冗濫請罷之詔皆從
之禁商賈私以金銀航海壬寅以武平地震全免今
年稅四千四百三十六鈔今量輸之止徵二千五
百六十九鈔癸卯命玉典赤阿里置司芭州以便粮
餉而以輕軍運思明州以漢天師張宗演男與隸嗣

其教陞肰利用監正三品甲辰詔江南州縣學田其歲
入聽其自掌春秋釋奠外以廩師生及士之無告者
貢士莊田則令羅數入官乙巳賜諸王失都兒金千
兩丙午河南福建行中書省臣請詔用漢語有旨以
蒙古語諭河南漢語諭福建罷河南行省復割湖廣省
襄陽河南陽歸德皆隸河南行省
德安漢陽信陽隸荊湖北道靳黃隸淮西道并淮東
道三宣慰司咸隸河南省其荊湖北道宣慰司舊領
辰沅澧靖常德直隸湖廣省從蠻軍民安撫使
宋子賢請詔諭未附平伐大甕眼紫江皮陵潭溪九

◀ 元史本紀卷十七　二 ▶

堡等處諸洞貓蠻戊申太陰犯歲及軒轅左角己酉興
州之興安宜興兩縣饑賑米五千石罷南雄韶州惠
州三路錄事司壬子桓州至赤城站戶告饑給鈔計
口賑之癸丑罷四賓庫復會同館初置織造叚匹提
舉官五八番都元帥劉德祿言新附洞蠻十五寨請
置官府以統之詔設陳蒙爛土軍民安撫司江西行
省伯顏阿老瓦丁言蒙山歲課銀二萬五千兩初制
鍊銀一兩免役夫田租五斗今民力日困每兩擬免
一石帝曰重困吾民民何以生從之丙辰播州洞蠻
因籍戶懷疑竄匿降詔招集之以行播州軍民安撫

使楊漢英為紹慶珍州南平等處沿邊宣慰使行播
州軍民宣撫使播州寺慶管軍萬戶仍佩虎符壬戌
名嗣漢天師張與棣赴闕二月甲子朔金竹酋長驅
貢馬種各二十有七從其請減所部貢馬降詔招
諭之賜新附黑蠻炙襖遣使代遣回命進所產朱砂雄黃之
精善者無別止遣使代祀獄瀆后土四海乙丑給輝
州龍山里州和中等縣飢民糧一月丁卯畋于近郊
命宿衛受月廩及蒙古軍以艱食受糧者宣徽院仍
領之己巳太陰犯畢發通州河西務粟販東安固安
州寶坻縣飢民申禁鞭背庚午斡羅思招附桑州生

貓羅甸國古州峒酋長三十一所部民十一萬九
千三百二十六戶詣關貢獻壬申敕遣使分行諸路
釋死罪以下輕囚澤州獻嘉禾乙亥立總管高麗女
直漢軍萬戶府頒銀印總軍六千人以泉府太卿亦
黑迷失鄧州舊軍萬戶史弼福建行省右丞高興並
為福建行中書省平章政事將兵征瓜哇用海船大
小五百艘軍士二萬人戊寅立征行左右軍都元帥
府都元帥二上萬戶府達魯花赤四萬
戶皆四副萬戶八鎮撫四各佩虎符詔加高麗王王
睹太保仍錫功臣之號詔從諸王阿禿作亂者桑羅

帶以付闊里吉思脫送出以付月
的迷失合丹作亂者訊苔剌之雲南王所聶怯來之合剌
從合丹作亂者訊苔剌之鎮南王所列禿之合剌
合孫荅剌罕所阿禿之鎮南王所聶禿之東海發義
八里帶之月的迷失斫斡里羅忽里帶之東海發月兒
南理筭者皆嚴急輸期民至嫁妻賣女禍及親鄰維
倉官倉糧賑德州齊河清平泰安州鐵民庚辰月兒
魯等言納速剌丁減里都王臣濟黨以桑哥忿怒為
不法搉幣銓選鹽課酒稅無不更張變亂之衡命江
楊錢塘受害最慘無故而隕其生五百餘人其初士
民猶疑事出國家今乃知天子仁愛元元而使民至

此極者實桑哥及其凶黨之為莫不願食其肉臣等
議此三人既已伏辜乞依條論坐以謝天下從之牙
亦迷失招無籍民千四百三十六戶請隸東宮詔命
之耕田辛巳從樞密院臣暗伯等請就襄陽給曲先塔
仍佩虎符御史臺月兒魯崔或等言馮子振割道元指
陳桑哥同列罪惡詔令省臺臣及董文用留夢炎寺議
林合剌魯六百三十七戶田器種粟俾耕而食丁亥以
汪惟和為辇昌等二十四處便宜都總帥薦辇昌府尹
其一言翰林諸臣撰桑哥輔政碑者廉訪使閭復近

田己亥樞密院臣言出征女直納里哥議於合思罕
三千新附軍內選撥千人詔先調五百人行中書省
具舟給糧仍設征東拓討司壬寅御史大夫月兒魯
等奏比監察御史商琥舉昔任詞垣風憲時望所
屬而在外者如胡祗遹姚燧王惲雷膺陳天祥楊恭
懿高道程文海陳儼趙居信十人宜名真翰林儁顗
問帝曰朕未深知俟台至以聞丙午中書省臣言京
畿荐饑宜免今歲公賦漢地河泊隸宣
路供億視他路為甚宜免今歲租上都隆興平灤河間保定五
徽院除入太官外宜弛其禁便民取食並從之丁未

元史本紀卷十七　五　王文統

巳免官餘請聖裁帝曰死者勿論其存者罰不可恕
也乞台不花等使緬國詔令遙授左丞廷議以尚書
行使事其副以郎中廬之制曰可戊子禁杭州放鷹
己丑歲星犯軒轅大星庚寅宣政院臣言授諸路釋
敕都總統輦真术納思為太中大夫土番等處宣慰
使都元帥敕晦零接都兒三百四十七戶佃益都閑田給
牛種農具官為屋居之壬辰山東廉訪司申棣州境內
春旱且霜夏復霖潦飢民嗷藜藿木葉乞賑郵敕依
東平例發附近官廩計口以給三月甲午詔遣脫忽思
償獨赤昔烈門至合敦奴孫界與駙馬闊里吉思議行屯

都剌為參知政事中書省臣言亦奚不薛及八番羅
甸既各設宣慰司又復立都元帥府其地甚狹而官
府多宜合二司師府為一詔從之且命奚不薛與思
播州同隸湖廣省羅甸還隸雲南以八番羅甸宣慰
使幹羅思賽佩虎符居鄂州庚戌車駕幸上都賜速哥
虎符以安南國王陳益稷遙授湖廣等處行中書省
平章政事佩虎符居平灤順元等慶宣慰使都元帥
幹羅思賽曰不花蠻夷之長五十六人金紋綾絹各
七十九匹及弓矢鞍轡壬子樞密院臣奏延安鳳翔
京兆三路籍軍三千人桑哥皆罷為民今復其軍籍

元史本紀卷十七　六　王文統

納速剌丁滅里以盜取官民鈔一十三萬餘定忙都
以徵理逋負迫殺五百二十人皆伏誅王臣濟雖無
贓罪以與忻都同惡并誅之中書省與御史臺共定
贓罪十三等枉法者五不枉法者八罪入死者以聞
制曰可戊申以威寧昌等州民飢給鈔二千錠賑之
己酉以大司農同知徽院事薦舊職中書省臣言右丞
翰林學士承旨通政院使薦知尚書饋監事鐵哥
中書平章政事薦領舊職中書省臣言右丞何榮祖
以疾平章政事麥术丁以父居其任乞令免署惟食
其祿與議中書省事從之以阿里為中書右丞梁暗

屯田六盤從之敕都水監分視黃河堤罷河渡司
庚申免慶慶路部陽縣田萬三千七百九十三斛
壬戌給還楊璉真加土田人口之隸僧坊者初璉真
加重賂桑哥擅發宋諸陵取其寶玉凡發冢一百有
一所戕人命四壤盜詐撩諸贓爲鈔十一萬六千二百
錠田二萬三千畝金銀珠玉寶器稱是省臺諸臣乞正
典刑以示天下帝猶貸之之死而給還其人口土田隆興
府路饑給鈔二千錠復發粟以賑之夏四月丙子太陰
犯氐已卯復典瑞監三品弛甘肅酒禁權其酤辛巳
弛太原酒禁仍榷酤辛卯設雲南諸路學校其教官
以蜀士宅五月甲午遼陽水達達女直飢詔忽都不
花趣海運給之丙午敕雲南過徵入朝非初附者不
聽乘傳所進馬不給芻豆丁未中書省臣言妄人馮
子振嘗爲詩譽桑哥且涉大言及桑哥敗即告詞臣
撰碑引諭失當國史院編俆宮陳孚發其姦狀乞免所
坐遣還家帝曰詞臣何罪則在廷
諸臣誰不譽之朕亦嘗譽之矣詔以楊居寬郭佑死
非其罪誰給還其家資改恩州安撫司爲軍民宣撫司
隸湖廣省詔諭其民因閭戶驚逃者各使安業以陝
西鹽運司酒稅等課已入州縣罷諸子鹽司併罷東

平路河道提舉司事入都水監己未龍興路南昌新
建進賢三縣水免田租四千四百六十八石是月真
定之中山新樂平山獲鹿元氏靈壽河間之滄州無
棣景之阜城東光益都之濰州北海縣有蟲食桑葉
盡無蠶六月甲子平江湖州常州鎮江嘉興德慶
興等路水免至元二十八年田租十八萬四千九百二十
八石戊辰詔聽僧食鹽不輸課己巳日本來互市風壞
三舟惟一舟達慶元路壬申江西省臣言肇慶德慶
二路封連二州宋時隸廣東今隸廣西不便請復隸
廣東從之鐵旗城後察昔折乙烈率其族類部曲三
千餘戶來附甲戌設司籍庫秩從五品隸太府監儲
物之籍入者丙子太寧路惠州連年旱潦加以役繁
州免其田租二年癸未以征爪哇暫禁兩浙廣東福
寨五百一十九民二萬餘戶敕以海南新附四州洞
遣使責遼陽省臣阿散壬午詔給鈔二千錠及粮一月賑之仍
民飢死者五百人詔給鈔二千錠及粮一月賑之仍
建商賈航海者俟舟師已發後從其便丁亥湖州平
江嘉興鎮江揚州寧國太平七路大水免田租百二
十五萬七千八百八十三石己丑太白犯歲星鐵木
塔兒薛闍禿捏古帶闊闊所部民飢詔給米四千石

付鐵木兒薛闍禿一千石付捏古帶闍闍伴以賑
之閏六月辛卯朔陞上都兵馬司四品如大都丁酉
遼陽瀋州廣寧開元等路雹害稼免田租四萬九百六
九百八十八石岳州華容縣水免田租四萬七千
十二石東昌路蝗壬寅以東安海寧等
給米賑飢民江北河南省既立詔江北諸城悉隸其
省詔漢陽隸湖廣省左江惣管黃堅言其管內黃勝
罷福建歲造象齒礬帶戍申樊惑犯狗國庚戌罷四
大都事繁課稅改隸轉運司通州造船畢罷提舉司
人忽不木思售大珠帝以無用却之辛亥河西務水

許聚眾二萬擾忠州乞調軍萬人土兵三千人命劉
國傑討之臣願調軍民萬人以從詔許之太平寧國
平江饒常湖六路民艱食發粟賑之高麗飢其王遣
使來請粟詔賜米十萬石歲今歲江南海比
運糧至京師者一百五十萬石甲寅右江岑從毅降從毅老疾
性歲無耗折不足者甲寅右江岑從毅降為鎮安路軍民惣管廣南
詔以其子斗縈襲佩虎符
諿以鳳聞三十餘事妄告省官帝以有傷政體捕惡
西路安撫副使賽甫丁等誹謗朝政沙不丁復資給
之以鳳聞三十餘事妄告省官帝以有傷政體捕惡
黨下吏如法乙卯濟南般陽蝗是月詔諭廉訪司巡

行勸課農桑禮部尚書張立道郎中至頭使安南回
以其使臣阮代乞何維岩至關陳日燇拜表歲修歲
貢秋七月庚申朔詔以史弼代乞失高興將萬
人征爪哇仍名三人者至關遣使檢覈竇名鷹坊受
糧者辛酉河北河南道廉訪司還治汴梁癸亥完大
都城也里蕘里沙沙嘗簽僧道儒也里可溫荅赤蘯
為軍詔令止隸軍籍甲子降詔申嚴牛馬踐稼之禁
乙丑阿里頭願自備船同張存從征爪哇軍往招占城
甘不察詔授阿里三珠虎符張存一珠虎符仍蠲阿
里父布伯所負翰脫鈇三千錠丙寅罷徽州路錄事

司免屯田租一萬二千八百一十一石辛未太陰犯
牛壬申建社稷和義門內壇各方五丈高五尺白石
為主餝以五方色土壇南植松一株北墻坎墻垣
悉倣古制別為齋廬門廡三十三楹戊寅黎兵百戶
鄧志願謀叛伏誅庚辰敕雲南省擬所轄州縣官如
福建二廣例省臺委官銓選以姓名開隨給授宣敕八
月己丑朔賽甫丁慶死餘黨杖而徒之仍籍其家產
壬辰勒禮樂戶仍興軍站民戶均輸賦丁酉辰星犯
右執法已亥太白犯房辛丑寧夏府屯田成功并其
官脫兒赤壬寅括唐兀禿魯花所部闊豁赤及河西

逃人入蠻地者甲辰車駕至自上都討浙東孟總把

等賊敕諸軍之駐福建者聽平章政事闍里部度乙

已歲星犯右執法丙午用郭守敬言浚通州至大都

漕河十有四役軍匠二萬人又鑿六渠灌昌平諸水

以廣濟署屯田既蝗復水免今年田租九千二百十

八石丁未也黑迷失乞與高興等同征瓜哇帝曰壬

黑迷失惟熟海道海中事當付之其兵事則委之史

弼可也以史弼為福建等處行中省平章政事統領

出征軍馬高苑縣高希允以非所宜言伏誅壬

子詔塔剌赤程鵬飛討黃聖許劉國傑駐馬軍戍守

戊午福建行省条政魏天祐獻計發民一萬鑿山錬

銀歲得萬五千兩天祐賦民鈔市銀輸官而私其一

百七十錠臺臣請追其贓而罷鍊銀事從之政燕南

河北廉訪司還治真定高麗女直界首雙城告饑敕

高麗王於海運內以粟賑之弛平灤州酒禁詔不敢

忙兀曾迷失以軍征八百媳婦國九月已未朔治書

侍御史裴居安言月的迷失遇盜起不即加兵盗去

乃延諜平民詔臺院遣官雜問之辛酉詔諭安南國

陳日燇使親入朝選湖南道宣慰副使梁曾授吏部

尚書佩三珠虎符翰林國史院編修官陳孚授禮部

郎中佩金符同使安南山東東西道廉訪司劾宣慰

使樂實盜官庫鈔百二十錠買庫銀九百五十兩官

私造弓勒等物受屯田鈔百八十錠樂實耳解職從

之丁卯中書省臣言弥鵡十圍安化等新附洞蠻凡

八萬戶設管軍民司以其土人蒙古意蒙世莫仲文為

長官以呂天佑塔不帶為達魯花赤八番幹羅思招

附光蘭州洞蠻宜置定遠府就用其所舉禿千高守

可癸酉徙燕只哥為達魯花赤知府同知判官制曰

文黃世曾徙瀘州治鐸水縣廢新得州置通江縣復漢

州綿竹縣沙州瓜州民徙甘州詔於甘肅兩界畫地

使耕無力者則給以牛具農器寧夏戶口繁多而土

田半虧紅花詔令盡種穀麥以補民食丁丑以平灤

路大水且霜免田租二萬四千四十一石辛已太白

犯南斗罷雲南行臺徙置西川設雲南廉訪司壬午

水達達女直民戶由反地驅出者押田本地分置萬

夫千夫百夫内屯田甲申烏思藏宣慰司言由必里

公反後站驛遂絕民貧無可供億命給烏思藏

各馬百牛二百羊五百皆以銀軍七百三十六戶二驛

銀百五十兩丁亥從宣政院言置烏思藏納里速古

兒孫等三路宣慰使司都元帥冬十月戊子朔詔福

建廬訪司知事張師道赴闕師道至乞汰內外官府
之冗濫者詔參木丁何榮祖馬紀燕公楠等與師道
同區別之數月授師道翰林直學士日本舟至四明
求互市舟中甲伏皆具恐有異圖詔立都元帥府令
哈剌帶將之以防海道詔沒浙西河道導水入海庚
寅兩淮運使納速剌丁坐受商賈賄多給之以鹽事覺
詔嚴加鞫問癸巳地上都酒禁燕公楠言歲終利之
省臣赴闕奏事亦宜令行省臺臣赴闕奏一歲舉剌之
數制曰可兩申四川行省以洞蠻酋長向思聰等七
人入朝壬寅從朱清張瑄請授高德誠管領海船萬

戶佩雙虎符復以殷寶陶大明副之令將出征水
手甲辰信合納帖音國遣使入觀廣東道宣慰司
道人以逼國主所上金冊詣京師乙巳太陰犯井丁
未太陰犯鬼己酉樞密院臣言六衛內領漢軍萬戶
見存者六千戶撥分為三力足以備車馬者二千五
百戶每甲令備馬十五匹牛車二兩力是以備車者
五百戶每甲令備牛車三兩其三千戶惟習戰鬬不
他役之六千戶外則供他役庶能各勤乃事而兵亦
精銳詔施行之詔擇囚徒罪輕者釋之癸丑完澤等
言凡賜諸人物有二十萬錠者為數既多先賜者盡

得之及後將賜或無可給不均為甚今計怯薛帶怯
憐口昔博赤哈剌赤凡近侍人上等以二百戶為率
次等半之下等又半之於下等所入凡二百戶歲加賞賜
則無不均之失矣一歲天下所入凡二百九十七萬
八千三百五十錠已辦者纔一百八十九萬三千
九百九十三錠其中有未至京師而在道者有就給
六萬二千三十八錠懷孟竹課歲辦千九百三錠
六十三萬八千五百四十三錠出數已逾入數六十
軍旅及織造物料館傳俸祿者自春至今凡出三百
尚書省分賦於民人實苦之宜停其稅帝皆嘉納其

言命趙德澤吳榮領逃奴無主者二百四十戶淘銀
耕田於廣寧潘州乙卯太陰犯氐十一月庚申岳州
華容縣水發米二千一百二十五石賑飢民壬戌太
陰犯壘壁陣戊寅樞密院奏一衛漢人嘗調二千屯
田水八剌沙上都屯田二年有成擬增軍千八從之
己卯太陰犯太微東垣上相癸未禁所在私渡命關
津譏察姦究兩戍提省溪錦州銅人等洞酋長楊秀
朝等六人入見進方物十二月庚寅中書省臣言皇
孫晉王甘麻剌昔鎮雲南給梁王印今進封晉王請
給晉王印北安王府慰也里古帶司馬荒兀並為晉

王中尉仍命不只苔魯帶狄琮並為司馬金齒適當
忙兀禿兒迷失出征軍馬之衝資其芻粮立為木來
府敕應昌府給乞苔帶糧五百石以賑飢民癸巳中
書省臣言寧國路民六百戶鑿山冶銀歲額二千四
百兩皆市銀以輸官未嘗採之山乞罷之制曰可庚
軍民總管達魯花赤阿散男布八同趙昇等招木忽
曾甸金齒土官忽魯馬男阿魯來入見貢方物忽魯
言其地東南隣境未附者約二十萬民慕化願附請
頒詔旬命布八趙昇諭之從之壬子敕中書省用烏

思藏站例給合里忽必二站馬牛羊凡為銀九千五
百兩丁己敕都水監俻治保定府沙塘河堤堰是歲
賜皇子皇孫諸王藩戚禁衛邊庭將士寺鈔四十六
錠命國師諸僧呪師修佛事七十二會斷死獄七十
萬六千七百十三錠給軍士畸零口糧五千五百二
十三石賑其乏者為鈔三十六萬八千四百二十八
四
三十年春正月壬戌詔遣使招諭漆頭金齒蠻乙丑
敕福建母進鶻戊和林漢軍四百留百人餘令耕
屯杭海丙寅太陰犯畢命中書汰宂貟凡省內外官

府二百五十五兩總六百六十九貟丁卯安西王請
仍舊設常侍不允罷雲南延慶司以洛波卜兒二蹇
酋遙授知州各賜璽書戊辰樞密院臣奏兀渾察部
兀末魯罕軍每歲運米六千四百二十六石以給之
計傭直為鈔萬二千八百五十二錠邊境無事令
本軍屯耕以食庚午驗洞酋長楊總國等來朝捏怯
烈女直二百人以食渔自給有貟與其渔朾水昌若力
田其給牛價萬使之耕甲戌河南江北行省平章
伯顏言揚州忙兀臺所立屯田四萬餘頃官種
外宜聽民耕墾揚州鹽轉運一司設三重官府宜削

去鹽司止留管勾襄陽舊食京兆鹽以水陸難易計
之莫若改食揚州鹽蔡州去汴地遠宜陸散府以
頴息信陽光州隷之詔皆從其議陸廣州為上路摠
管府罷納速剌丁滅里所立魚鹽局割江西興國路
隷湖廣行省乙亥諭皇太子曰明孝丙子西番一甸
蠻酋三人来觀各授以璽夷軍民官仍以招諭人張
道明為達魯花赤丁丑太陰犯氏戊寅詔舊隷乃顏
勝納苔兒女直戶四百盧廪廩食令屯田揚州路庚辰
歲星犯左執法立豪懿州七驛辛己置遼陽路慶雲
至合里賓二十八驛驛給牛三十頭車七兩壬午淮

西道宣慰使昂吉兒欲軍鈔六百錠銀四百五十兩
馬二匹教省臺及扎魯火赤鞠問丁亥遣使代祀嶽
瀆東海及后土二月己丑從阿老瓦丁燕公楠之請
以楊璉真加子宣政院使暗普爲盜詐宜於六品七
上都管倉庫者無資品俸秋故爲盜詐宜於六品七
品內委用以俸給之高麗國王王睶請易名曰㫎其籍
議府請陞簽議司降二品印從之減河南江浙海運米
四十萬石中書省添設檢校二員免大都令歲以賦
益上都屯田軍千人給農具牛價鈔五千錠以木八
剌沙董之詔以只速㣟里與鬼蠻之民隸應事院壬

辰太陰犯畢丙申卻江淮行樞密院官不懌吉帶進
鴈仍敕自今禁戰軍官無從會擾民遣者論罪丁酉
四四字可馬合謀沙等獻大珠邀價數萬錠帝曰
珠何爲富留是鈥以調貧者敕海運米十萬石給遼
陽戍兵仍諭其省官薛闍千令伯鐵木部欽察等耕
漁者先後七十人臣今欲加汰擇不可用者不敢奉
官者先後七十人臣今欲加汰擇不可用者不敢奉
詔帝曰率非朕言凡來奏者朕祗令諭卿等可用與
否卿等自廑之又言今歲給餉上都大都及甘州西
京經費浩繁自夲賞賜悉宜姑止從之乙巳熒惑犯

天街丁未車駕幸上都以新附洞蠻吳動驁爲潭溪
芉慶軍民官佩金符給新附軍三百人人鈔十錠屯
田真定庚戌太陰犯牛辛亥詔發總帥汪惟和所部
軍三千征土番又發陝西四川兵萬人以詔贛相去地遠分贛州
明安荅兒統之征西番敕以詔贛相去地遠分贛州
癸丑太白犯墨壁陣江西行院官月的迷失言江南
豪右多庇匿盜賊宜誅爲首者餘徙內縣從之申嚴
水驛自眺羅至鴨淥江凡十一所令洪君祥董之
行院官一貟鎮韶州復立雲南行御史臺詔汃置
軍驛自眺羅至鴨淥江凡十一所

江南兵器之禁三月庚申以同知樞密院事扎散知
樞密院事以平章政事范文虎董疏漕河之後平章
政事李庭率諸軍屯從上都兩壞都城詔發侍衛軍
三萬人完之仍命中書省給其傭直甲子括天下馬
十萬匹己巳立行大司農司洪澤芍陂屯田舊委四
慶萬戶詔存其二立民屯二十辛未太陰犯氐夏四
月己亥行大司農司燕公楠翰林學士承旨留夢炎言
杭州上海澉浦溫州慶元廣東泉州置市舶司凡七
所唯泉州物貨三十取一餘皆十五抽一乞以泉州
爲定制從之仍併溫州慶元杭州舶司入於
務江南行大司農司自平江徙揚州兼管兩淮農事
京經費浩繁自夲賞賜悉宜姑止從之乙巳熒惑犯

省人蕃重設州縣官罷徽州錄事司皇孫晉王位立
內史府詔諸二品官府自今與各部文移相關輦昌
二十四城依舊例枒摠帥汪氏弟兄子姪內選用二
人壬寅樞密院臣言去年征枒哇軍二萬各給鈔二
錠其後秖以五千人往宜徵元給鈔三萬錠入官帝曰
非其人不行乃朕中止之耳勿徵癸丑太白犯填星
廣東蕭政廉訪司復治廣州甲寅詔遣使招諭暹國
斡羅思請以八蕃見戶合思播之民蕭管徙宣慰司
治辰沅靖州常賦外歲輸鈔三千錠不允光州蠻人
光龍等一十二人及邦崖王文顯等二十八人金竹

府馬麟等一十六人大龍蕃秀廬忽等五十四人求
順路彭世彊等九十人安化州吳再榮等一十三人
師壁散毛洞勾荅什王等四人各授蠻夷官賜以軍
書遣歸敕江南諸道觀聖祖天尊祠五月丙辰朔壬
給四部更蕃衛士馬萬匹又給其必聞赤四百四壬
戌定雲洞蠻酋長來附癸亥括思播等慶亡宋涅手
軍丙寅詔委官與行省官閱覈蠻夷軍民官以江南
民怨楊璉真珈罷其子江浙行省左丞暗普詔以浙
西大水冒田為灾令富家募佃人疏決水道辛未敕
僧寺之邸店商賈止其物貨依例收稅丁丑中書

省臣言上都工匠二千九百九十九戶歲廩官糧萬
五千二百餘石宜擇其不切枒用者俾就食大都從
之甲申真定路深州靜安縣大水民飢發義倉粮二千
五百七十四石賑之六月丙戌敕選河西行省
鋭者八百給以鎧仗鞍勒狐貉衣裘遣赴皇孫阿難
荅所出征己丑歲星犯左執法庚寅詔雲南旦當大
屬西蕃宣慰司改西巂黃蒿等路隸雲南雨雹大
丙申太陰犯斗乙巳以皇太子寶授皇孫鐵穆耳總
兵北邊己酉詔濬太湖壬子大興縣鎧易州行省
如雞卵秋七月丁巳敕中書省官一貟監修國史己

未詔皇曾孫松山出鎮雲南以皇孫梁王印賜之詔
免福建歲輸皮貨及泉州織作紵絲庚申命知鶴慶
府昔寶赤賈重書招諭農順未附蠻寨甲子軍征交趾
建星己巳命劉國傑從諸王亦吉里督諸軍征交趾
免雲南屯田軍通租萬石壬申以月失察兒知樞密
院事丁丑賜新開漕河名曰通惠合思之地辛巳太陰
所汰乞兒吉思戶七百屯田合思戶無主名者
犯鬼八月丙戌括所在荒田無主名者令放良漏籍
户屯田庚寅奉使安南國梁魯陳孚以安南使人陶
子奇梁文藻偕來敕福建行省放枒哇出征軍歸其

元史本紀卷十七

家甲午辰星犯太微西垣上將戊戌給安西王府斷
事官印甲辰太陰犯畢丁未湖廣行省臣言海南海
北多曠土可立屯田詔設鎮守黎蠻海北海南屯田
萬戶府以董之戊申太陰犯昴詔管田提舉司所轄屯
田四百七十七頃没免其租四千七百七十二石
九月癸丑朔大駕至自上都率軍萬人征土蕃近遣
使來言乞引茂州先附寨官赴闕不久乙丑立海北
海南博易提舉司稅依市舶司例丙寅遣金齒人還
歸丁卯太陰犯畢安酉敕以御史臺賍罰鈔五萬錠

給衞士之貧者辛巳登州鱣恩州水百姓闕食賑以
義倉米五千九百餘石冬十月癸未朔以侍衞親軍
千戶張邦瑞爲萬戶佩虎符將六盤山軍千人及皇
子西平王芋軍共爲萬人西征賜冠城蹄河荆南安
官衣各一襲賜交趾陶子奇等十七人冬衣荆南安
置戊子詔修汴堤已丑遣兵部侍郎忽魯禿花苓使
閱蒐可兒納荅信合納帖音三國仍賜信合納帖音
首長三珠虎符庚寅饗于太廟彗星入紫微垣抵斗
魁光芒尺許凡一月乃滅丙申癸惑犯亢已亥太陰
犯天關辛丑太陰犯井壬寅敕減米直糴京師饑民

元史本紀卷十七

其鰥寡孤獨不能自存者給之甲辰赦天下戊申僧
官摠統以下有妻者罷之以殿貞董開河修倉之役
加平章政事庚戌造象蹄掌甲辛亥禁江南州郡以
乞養良家子轉相賑鬻及強將平民略賣者平灤水
免田租萬一千九百七十七石廣濟署水損屯田百
六十五頃免田租萬一千九百七十七石十一月壬子
朔改德安府隸黄州路丁已孫民獻嘗附桑哥助要
東木為惡及同知上都留守司事又受賕減諸從臣
糧詔籍其家賞賜復因潭州呂澤訴其刻虐械送
民獻至湖廣如澤訴訴窮治之立海北海南道蕭政

廉訪司治雷州庚申敕中書省凡出征軍毋以和顧
和買煩其家乙丑太陰犯畢丁卯太陰犯井戊辰以
金齒木朵甸戶口增立下路總管府給其爲長者雙
珠虎符真定路達魯花赤合散言廉訪司文卷從之庚午太
官太苛乞以民官復撿責廉訪司官撿責罷
陰犯昴乞免江南都作院軍匠出征丙子癸惑犯鈎鈐
戊寅歲星犯亢已卯河南江北行省平章伯顏入爲
中書省平章政事位帖哥剌真不忽木上十二月丁
亥禁漢軍更番者毋齎軍器辛卯武平路達魯花赤
塔海言女直地至今未定賊一人入境百姓離散臣

願往安集之詔以塔海為遼東道宣慰使壬辰中書
左丞馬紹疾以詹事丞張九思代之乙未太陰犯井
遣使督思播二州及鎮遠黃平發宋舊軍八千人從
征安南庚子平章政事亦黑迷失失史孤高興等無功
而還各杖而耻之仍没其家賞三之一癸卯敕以桑
所司匠户丙午以鐵赤脱木兒嶷住拜延四人並
哥没入官田三百九十一項八十餘畝給阿合兀闌
安西王傅是歲天下路府州縣等二千三十八路一
百六十九府四十三州九十八縣千一百六十
五宣撫司十五安撫司一寨十一鎮撫呀一堡一各

旬部管軍民官七十三長官司五十一錄事司百三
巡院三官府大小二千七百三十三屢隨朝二百二
十一貟萬六千四百二十五國朝十四六户一千四百
萬二千七百六十四賜皇后親王公主如歲例賜諸臣
羊馬價鈔四十三萬四千五百鈔幣五萬五千四百
一十錠周貧乏鈔三萬七千五百二十錠作佛事祈
福五十一真定晉寧等慶被水旱蝗雹為災者二十
九斷死罪四十一
三十一年春正月壬子朔帝不豫免朝賀癸亥知樞
密院事伯顏至自軍中庚午帝大漸癸酉帝崩于紫

檀殿在位三十五年壽八十親王諸大臣發使告哀
于皇孫乙亥靈駕發引葬起輦谷從諸帝陵夏四
月皇孫至上都甲午即皇帝位丙午中書右丞相完澤
及文武百官議上尊謚壬寅始為壇于都城南七里甲
辰遣司徒兀都帶平章政事不忽木左丞張九思率
百官請謚于南郊五月戊午遣攝太尉左丞張九思
册上尊謚曰聖德神功文武皇帝廟號世祖國語尊
稱曰薛禪皇帝是日完澤等議同上先皇后弘吉剌
氏尊謚曰昭睿順聖皇后世祖度量弘廣知人善任
使信用儒術用能以夏變夷立經陳紀所以為一
之制者規模宏遠矣

元史本紀卷第十七

本紀卷第十八

翰林學士中奉大夫知制誥兼修國史臣宋濂 翰林待制承直郎兼國史院編修官臣王禕等奉

勑修

成宗一

成宗欽明廣孝皇帝諱鐵穆耳世祖之孫裕宗真金
第三子也母曰徽仁裕聖皇后弘吉烈氏至元二年
九月庚子生二十四年諸王乃顏反世祖自將討平
之其後合丹復叛命帝往征之合丹敗亡三十年乙
巳受皇太子寶撫軍於北邊三十一年春正月帝至上
崩親王諸大臣遣使告哀軍中夏四月壬午帝至上

《元史本紀卷十八　一》

都左右部諸王畢會先是御史中丞崔彧得玉璽于
故臣之家其文曰受命于天既壽永昌上之徽仁裕
聖皇后至是手授於帝甲午即皇帝位受諸王宗親
文武百官朝於大安閣詔曰朕惟太祖聖武皇帝受
天明命肇造區夏聖聖相承光熙前緒逮我先皇帝
體元居正以來然後典章文物矣備臨御三十五年
文武百官朝於大安閣詔曰朕惟太祖聖武皇帝受
薄海內外罔不臣屬我昭考早正儲位德盛功隆天不
假年四海欽望顧惟眇躬荷先皇帝殊眷往歲之
夏親授皇太子寶付以撫軍之任今春宮車遠馭奄

棄臣民乃有宗藩昆弟之賢戚畹官僚之舊謂祖訓
不可以遽神器不可以曠爰承先皇帝夙昔付託之
意合辭推戴誠切意堅朕勉徇所請於四月十四日
即皇帝位可大赦天下尚念先朝庶政悉有成規惟
慎奉行罔敢失墜更賴祖宗勳戚左右忠良各盡乃
誠以輔台德布告遠邇咸使聞知詔書左右都兩
路差稅一年其餘減之丁地稅糧十分之三係官通欠
一切蠲免民戶逃亡者差稅皆除之追尊皇考曰皇
帝尊太母元妃曰皇太后庚子道攝太尉兀都帶等
請諡于南郊遣禮部侍郎李衍兵部郎中蕭泰登賚

《元史本紀卷十八　二》

詔使安南中書省臣言陛下新即大位諸王駙馬賜
與宜依往年大會之例賜金一者加四為五銀一者
加二為三又江南分土之賦初止驗其版籍令戶出
鈔五百文今亦當有所加然不宜增賦於民請因五
百文加至二貫從今歲官給之從之乙巳賜駙馬蠻
子帶銀七萬六千五百兩闊里吉思一萬五千四百
五十兩高麗王王昛三萬兩以所屬冦寇
盜竊發復令劉國傑討之戊申太白晝見文犯鬼詔
存恤征黎蠻不哇等軍己酉雲南行省以所定路府
州縣來上上路二下路十一下州四十九中縣一下

縣五十八以金齒歸附官阿魯為孟定路總管佩虎符
是月即墨縣雹五月庚戌朔太白犯輿鬼壬子始開
醮祠於壽寧宮祭太陽太歲火土等星於司天臺戊
午遣攝太尉亢都帶奉玉冊王寶上大行皇帝尊謚
曰聖德神功文武皇帝廟號世祖皇后尊謚曰昭睿
順聖皇后皇考尊謚曰文惠明孝皇帝廟號裕宗賜
國王和童金二百五十兩鈔十兩魯百五十兩
赤察而各五十兩銀鈔錦各有差庚申祭紫微星於
雲僊臺雲南部長適留四川散毛洞主單順等來貢
方物陸其洞為府丁夘八番宣慰使幹羅思犯法為

人所訟懼罪逃還京師賜安西王阿難荅鈔萬錠己
巳改皇太后所居舊太子府為隆福宮詹事院為徽
政院司議曰中議府正曰官正家令曰內宰典署曰
掌醫典寶曰掌調典設曰掌儀典饍曰掌饍仍增
之陸福建鹽提舉司為鹽轉運司增捕私鹽人賞格
訟者聽廉訪司即時追問其案牘仍舊例於歲終檢
控鶴至三百人詰各廉轉運司官歎隱姦訴為人所
庚午諸王亦里不花來朝以瘠馬輸官酬其直為
鈔十有一萬五千錠賜也速帶而汪惟正兩軍將士
糧五萬碩餉北征軍壬申御史臺臣言內外官府增

置愈多在京食祿者萬人在外充衆理宜減併命與
中書議之用崔彧言蕭政廉訪司察牘勿令總管府
撿劾詔議增官吏祿以也速帶而所統將士貧乏給
鈔萬錠乙亥以珊知樞密院事戊寅封皇姑高麗
王王昉妃忽都魯揭里迷失為安平公主賜亦都護
魯為太師伯顏為太傅迷役赤察而為太保禁諸司豪
軍多庇其富實而令貪弱者應役命更易之以月兒
奪鹽船迤運官物僧道權勢之家私匿盜販是月
金五百五十兩銀四百五十兩西平王與魯赤言汪
五十兩銀四百五十兩七百五十兩合迷里的斤帖林金

州路諸城縣大都路武清縣雹峽州路大水六月庚
辰朔日有食之辛巳御史臺臣言名分之重無踰宰
相惟事業顯著者可以當之不可輕授廉訪司官歲
以五月分按所屬次年正月還司職官犯贓勅授者
聽總司議宣授者上聞其本司聲跡不佳者代之受
略者依舊例比諸人加重本司其與中書同議乙
雲南金齒路進馴象三丙戌以雲南歲貢馬二千五
百疋給梁王數太多命量減之庚寅必察不里城敢
木丁遣使來貢詔罷功德使司及泉府司官冗貢壬
辰立晉王內史府復以光祿寺隸宣徽院中書省臣

言朝會賜與之外餘鈔止有二十七萬錠九請錢糧
者乞量給之定西平王奧魯赤寧遠王闊闊出鎮南
王脫歡及也先帖木而大會賞賜例金各五百兩銀
五千兩鈔二千錠二百匹諸王帖木而不花
也只里不花等金各四百兩銀四千兩鈔一千六百
錠帛各一百六十匹以帖木而復為平章政事諸
皇后裕宗謚號播告天下免所在本年包銀俸鈔及
內郡地稅江淮之半乙亥以乳保勞封完
貴詔禁釀酒命月赤察而提調群牧事乙未以世祖
顏伯顏為舁國公妻何氏為舁國夫人完澤貸民錢
多取其息命依世祖定制辛丑浙西道提刑按察使
弘吉烈帶阿魯灰受略遇赦免復以為河西隴比道
肅政廉訪使御史臺臣言先朝決獄隨罪輕重笞杖
異施今止用杖乞如舊制不允宋使家鉉翁安置河
間年踰八十賜衣服遣還其家癸卯封駙馬闊里吉
思為唐王給金印甲辰詔翰林國史院修世祖實錄
以完澤監修國史乙巳詔因赤禿出征諸軍士鈔各
戶千錠丙午太陰犯井以昔寶赤從征諸軍自備馬
一千一百九十餘䋛命給還其直戊申詔宗藩內外

官吏人等咸聽丞相完澤約束以合剌思八斡郎而
為帝師賜內印賜雪雪的的公主鈔千錠諸王伯荅
罕末察合而資乏者三千錠伯牙兀真赤里由柔
伯牙剌麻闊怯倫忽哥真各金五十兩銀鈔帶有
差是月東安州蝗秋七月壬子詔御史大夫月兒魯諸
衛侯司癸丑詔軍民各隷所司無相侵越乙卯以諸
振臺綱禁內外諸司軍吏俸為宴飲費置隆福宮
王出伯所部四百餘戶乏食徙其家屬就食甘州仍
田者牛價鈔二千六百錠以也的迷失為東昌路達
賜以奧魯軍年例鈔三千錠給沙之民徙甘州屯
魯花赤中書省臣言其嘗官是郡犯法五百餘䋛今
不宜復官帝曰姑試之已未復立平陽路之蒲武鄉
保定路之博野泰安州之新泰等縣賜諸王出伯奧
魯軍也速帶而紅襖軍幣帛各六萬四庚申改侍衛
都指揮使司為隆福宮左都威衛使右都威衛使以
陝西道廉訪司浸入贓罰錢舊給安西王者令行省
別貯之壬戌詔中外崇奉孔子癸亥罷肇州宣慰司
併入遼東道戊辰減八番等慶所設官
貞八番稱新附九十萬戶設官四百二十四員及遣
官覈實止十六萬五千餘戶故減之行樞密院月的

迷失程鵬飛各加平章政事中書省臣言樞密之臣
不宜重與相銜帝命以軍職尊崇者授之辛未中書
省臣言向御史臺劾右丞阿里嘗與阿合馬同惡論
罪抵死章得原免不當任以執政臣謂阿里得罪之
後能自警省乞令其子弟及陪臣入覲政如故故輸樞密院癸酉以陝
歲入及管軍官吏贖罪等鈔復輸樞密院癸酉以陝
西行省平章不忽木為中書平章政事甲戌立隨路
民匠打捕鷹房納綿等戶總管府秩正三品詔招諭
暹國王敢木丁來朝或有故則令其子弟及陪臣入
賀扎魯花赤言諸王之下有罪者不聞于朝輒自

遣詔禁治之詔月兒魯守北邊賜其所統軍士幣帛
各萬疋及西征軍士幣三萬疋鈔三萬六千六百錠
賜不魯花其公主及諸王阿只吉女弟伯禿銀鈔有
差是月棣州陽信縣霪大風拔木發屋真定路之南
宮新河易州之涞水等縣霪八月庚辰太白晝見癸
未平灤路遷安等縣水齧其田租戊子初杞社稷用
堂上樂歲以為常己丑以大都留守段貞平章政事
范文虎監莅通惠河給二品銀印令軍士復濬浙西
太湖澱山湖漊港立新河運糧千戶所詔諸路平准
交鈔庫所貯銀九十三萬六千九百五十兩除留十

九萬二千四百五十兩為鈔毋餘悉運至京師復立
平陽之芮城陵川等縣辛卯以忙哥撒而妻子為敵
所掠賜鈔八千錠戊戌太白犯畢太陰犯軒轅是月
德州之安德縣大風兩雹九月壬子聖誕節帝駐蹕
三部落受諸王百官賀癸丑詔有司存恤征不哇丁
士死事之家甲寅乙亥太白犯右執法太陰掩填
星辛未太陰犯軒轅丙寅太陰犯填
隸同知樞密院事不憐吉帶習水戰丙寅太陰犯填
巳太白經天庚申以合魯剌及乃顏之黨七百餘人
道遣禿古鐵木而等使闍藍是月趙州等縣

水冬十月戊寅車駕還大都辛巳江浙行省臣言陸
下即位之初詔蠲今歲田租十分之三然江南與江
北興貧者佃富人之田歲輸其租今所蠲特及田主
其佃民輸租如故則是恩及富室而不被於貧民也
宜令佃民當輸田主者亦如所蠲命賑恤之遼陽行
省所屬九處大水民饑或起為盜賊命賑恤之江西
行省臣言銀場歲辦萬一千兩而未嘗及數民不能
堪命自今從實辦之不為額壬午太白犯井金齒新
事于太廟癸巳太陰掩填星乙未太陰犯井金齒新
附孟愛甸酋長遣其子來朝即其地立軍民總管府

朱清張瑄從海道歲運糧百萬碩以京畿所儲充足
詔止運三十萬碩辛丑帝諭右丞阿里參政課德珪
曰中書職務卿等皆慢急心朕在上都的迷
沙已沒財產仕明里不花皆至今未行又不約束吏
書使選人留滯兼哥雖姦邪屬憚其處政事無
意謝右丞相完澤及金銀符金幣衣服有差初也黑迷失
南巫里速木荅刺繡圖遣使貢馴象十乙巳遣
以三珠虎符及金幣衣服有差初也黑迷失
征小哇時嘗招其潤海諸國於是南巫里等遣人來

附以禁商泛海留京師至是弛商禁故皆遣之十一
月丁未朔帝朝皇太后于隆福宮上王冊王寶庚戌
行樞密院臣劉國傑討辰州賊詔選州民刀弩手助
其軍他不為例京師犯贓罪者三百人命事無疑
者准世祖所定十三等例決之已酉太陰犯亢庚戌
廣西鹽先給引於民而徵其直私鹽日橫叟官自鬻
鹽民復不售詔先以鹽與民而後徵之辛亥中書省
臣言國賦歲有常數先帝嘗曰賜與雖有朕命中
書其料酌之由是歲務節約常有羸餘今諸王藩戚
費耗繁重餘鈔止一百十六萬二千餘錠上都隆興

西京應昌甘肅等處羅糧鈔計用二十餘萬錠諸王
五戶絲造作顏料鈔計用十餘萬錠而來會諸王尚
多恐無以給乞俟其還部臣等酌量擬以聞從之
壬子詔以軍民不相統壹罷湖廣江西行樞密院併
入行省乙卯令河西僧人依舊助役丁巳以伯顏察
兒宜相嫌避帝曰卿勿復言兄弟於上弟參議於
而參議中書省事其兄伯顏言曰臣叩平章政事罷
下何所嫌也罷貴赤屯田總管府罷宣政院所刻河
西藏經板庚申太陰犯畢甲子詔禁作姦犯科者以
湖南道宣慰使何偉為中書參知政事罷海北海南

市舶提舉司士申立覆寶司濟寧路立諸色戶計諸
總管府秩四品癸酉太白犯房詔改明年為元貞元
年十二月辛巳賜諸王亦思麻殺金五十兩癸未歲
星犯房丙戌罷遼河等處人匠正副達魯花赤丁亥
歲星犯鈎鈐甲午以諸王晃兀而駙馬阿失等皆在
軍加賜金銀鞍勒弓矢衣服各有差乙未以伯遙常
忽剌出所隸一千戶饑賜鈔萬錠壬辰太陰犯鬼戊
戌禁侵擾農桑者庚子太陰犯房又犯嵗星選各衛
精兵千人命字羅昌吾等將之戊和林聽太師月
兒魯節度三年而更用帝師奏釋京師大辟三十人

枕以下百人賜諸鰥寡貧民鈔三百錠曲靜澂江普
安等路夷官各以方物來貢以東勝等處牛迹戶貧
之賜鈔三千餘錠而還都阿思民為
海都所虜賜鈔三萬九千百錠是月常德岳鄂漢
陽四州水免其田租是歲斷大辟三十一人
元貞元年春正月戊申以太僕卿只而合朗為御史
大夫甲寅以從世祖狩杭海功賜諸王忽剌出金五
十兩珠一串乙卯太陰犯畢星又犯甲士戌以國恩
兩銀四百五十兩癸丑
即大聖壽萬安寺飯僧七萬癸亥安西王阿難答學

遠王闊闊出皆言所部貧乏賜安西王鈔二十萬錠
寧遠王六萬錠又以隕霜殺禾復賑安西王山後民
米一萬碩詔道家復行金籙科範以雲南行省左丞
楊炎龍為中書左丞乙丑以亦奚不薛復隸雲南行
省以行樞密院既罷賜行中書省長官虎符領其軍
庚午以江淛行省平章阿老瓦丁為參知政事壬申
立北庭都元帥府以平章阿老瓦丁為都元帥江淛
行省右丞撒里蠻為副都元帥佩虎符立曲先塔
林都元帥府以屬都察為都元帥佩虎符饒州路達
魯花赤阿剌紅治中趙良不法僉江東廉訪司事昔

聽諸王出伯節度壬午罷江南茶稅以其數三千錠
添入江西榷茶都轉運司歲額詔貸斡脫錢而逃隱
者罪之仍以其錢賞首告者癸未熒惑犯太陰丁亥
雲南行省平章也先不花言敢麻魯有兩夷未附金
之復以拱衛不常乞調兵六千鎮撫金齒置驛入編
吉烈人貧乏賜鈔一十八萬錠戊子思州田昌剌不
花雲南夷卜木四川洞主查閤王金齒帶梅混冬等
來見緬國阿剌扎高微班的來獻舍利寶玩甲午以
探馬赤軍出征馬不足詔除軍民官吏所乘九有馬

賜遣之命昌伯撒里蠻孛來將探馬赤軍萬人出征
學士承旨留夢炎告老帝以其在先朝言無所隱厚
給其所需仍以廉訪司沒入贓罰鈔興之丁丑翰林
安西王相織赤等請復立王相府不許令陝西省臣
為濟寧王仍賜金印詔飭諸道鹽運司二月丙子朔
封皇姑襄家真公主為魯國大長公主駙馬蠻子台
勉之乙亥有飛書言朱清張瑄有異圖者詔中外慰
咸甲戌追封皇舅按只那演為濟寧王諡忠武
其財產奴婢之半罷瓜沙等州屯田癸酉歲星犯東
班季讓受金縱之事覺昔班自殺杖李季讓除名仍沒

者盡祐之壬辰太陰犯平道丁酉車駕上都癸卯

太陰犯歲星以諸王亦憐真部馬牛驛人貧乏賜鈔

千錠以工部尚書熊路金玉人匠總管府達魯花

赤呂天麟為中書省參知政事立雲州銀塲都提舉司

秋四品中書省臣言近者阿合馬弄哥怙勢賣官不

別能否止憑解由選調由是選法大壞宜令廉訪司

體覆以聞臺選舉官戮實定其殿最以明黜陟其廉

訪司官亦令省臺同選為宜從之罷河西軍聽各還

其所屬賜駙馬那懷鈔萬五千錠以熊延春聞賜天

師張與棣宗師張留孫真人張志僊等十三人王圭

各一製寶王五方佛冠賜帝師三月乙巳朔安南世

子陳日烜遣使上表慰國哀又上書謝寬貸恩并獻

方物丙午遣密剌章以鈔五萬錠授征西元帥令市

馬延正分賜二十四城貧乏罕校庚戌太陰犯填星

主子禁來朝官欽所屬俸丙辰給月兒魯禿軍鈔

米萬石金齒夷洞蠻來見賜衣遣之戊午罷福建銀

塲提舉司其歲領銀以有司領之中書省臣言樞密

院御史臺例應奏舉官屬其餘諸司不宜奏請今皆

請之非便詔自今已後專令中書擬奏以東作方殷

罷諸不急營造惟帝師塔及張法師官不罷生戍地

震太陰犯昴丙寅國王和童隱所賜本部貧民鈔三

百五十錠命臺臣遣人按問以愧之詔免醫工門徑

增置蒙古學正以各道肅政廉訪司領之夏四月辛

巳妖人蒙蟲借擬及其黨十三人伏誅賜章河至苦

鹽貧乏驛戶鈔一萬二千九百餘錠丙戌賜諸王也只

里以兵五千人戍兀魯思界遣使來求馬帝不允庚

寅太陰犯東咸封乳母楊氏為趙國安翼夫人癸巳

以同知烏撒烏蒙等處宣慰使司事牙那木假兵部

尚書佩虎符侍馬赤的陰戌戌給亳從探馬赤軍

市馬鈔十二萬錠庚子立掌謁司掌皇太后寶秩四

品以宦者為之賜貴赤親軍貧乏戶鈔四萬一千五

百餘定癸卯以諸王出伯所統探馬赤紅襖軍各千

人隸西平王奧魯赤設各路陰陽教授仍禁陰陽人

不得游棓諸王駙馬之門以貴赤萬戶忽禿不花等

所部為敵所掠賜鈔有差是月丙午為皇太后建平

等縣有蟲食桑閏四月丙午於平山靈壽于五

臺山以前工部尚書涅只為將作院使領工部事燕

南河北道肅政廉訪使宋德柔為工部尚書董其役

以大都保定真定平陽太原大同河間大名順德廣

平十路應其所需癸丑歲星犯昴甲寅太陰犯平道

立梭蘿招討使司以卷而忽帶爲使佩虎符乙卯太
陰犯亢丁巳太陰掩房已未罷行大司農司加平章政事麥朮
司籍周用薄斂等庫及徽州路銀塲各慶鹽使司鹽
塲改設司令司丞仍免大都今歲田租弛甘州酒禁
庚申河南行省廚兩淮歲辦鹽十萬引鈔五千錠遣
扎剌而帶等徃鞫寶命隨其罪之輕重治之壬戌塔即古
省增羨鹽鈔一萬二千五百餘錠山東都轉運使司
別思蔑等增羨鹽鈔四千餘錠各賜衣以旌其能南
人洪幼學上封事妄言五運皆而行省行泉府司
阿散以不法伏誅詔禁行省行泉府司抽分市舶

貨而同匱其珍細者戊辰遣愛牙赤革高麗國儲
糧平陽民訴諸王小薛曲列失伯部曲恣橫遣官鞫
之賜安南國王陳益稷鈔千錠是月蘭州上下三百
餘里河清三日五月戊寅以魯國大長公主建佛寺
于應昌給鈔千錠金五十兩命麥朮丁何榮祖等鑒
正選法已卯竄忙兀部別閣于江西偱從月底迷失
討賊庚辰詔各省止存儒學提舉司一餘悉罷之陞
江南平陽等縣爲州以戶爲差四萬五萬者爲
下州五萬至十萬者爲中州下州官五員中州六員
九爲中州者二十八下州者十五又以戶不及額降

連州路爲連州增重挑補鈔人罪告捕者仍優其賞
令犯人給之辛巳罷行大司農司加平章政事麥朮
丁爲昭文館大學士與中書省事甲申詔自元貞元年
五月以前逋欠錢糧者皆罷徵丁亥太陰犯南斗甲
午以諸王阿只吉部貧乏賜鈔二十萬錠江淮行省
臣鐵木而不聽詔遣官責之丙申以伯顏之子買的
爲僉書樞密院事太后言其父盡心王室欲令代其
父官帝以其年尚小故有是命詔以農桑水利諭中
外肇昌府金州西和州會州兩霅無麥禾饒州鎮江

常州湖州平江建康太平常德澧州皆水六月戊申
濟南路之歷城縣大清河水溢壞民居壬子高麗王
王眖乞爲太師中書令不允以近邊役煩及水災免
咸平府民八百戶今年賦稅詔遼陽省進海東青鶻
二十四驛每驛給牛六頭使者食米五碩鷹食羊五
口又狗迤十二驛每戶給鈔十錠甲寅翰林承旨董
文用等進世祖實錄乙卯江西行省賑所轄郡大水無
禾民乏食令有司與廉訪司官賑之仍弛江河湖泊
之禁聽民採取陞沅州爲路以靖州隷之遣使與各
省官就遷調邊遠六品以下官併左右兩江宣慰司

都元帥宣慰司為廣西兩江道宣慰司都元帥府
以靖江為治所仍分司邕州勑九上封事者命中書
省發縑視之然後以聞詔河西僧納租稅癸亥立蒙
古軍都元帥府于西川徑隸樞密院以阿剌鐵木而
岳樂罕並為都元帥佩虎符河西隴北道廉訪司鞫
張萬戶不法西平王奥魯赤沮撓其事帝命諭之甲
賀藤澧全衡柳吉贛南安等慶蠻寇竊發以軍民
子以安西王所部出征軍妻孥乏食給糧二千碩昭
官儲禦不嚴撫字不至皆責而降之駙馬濟寧王嬖
子台私稅罪人御史臺言其專擅有旨諭蠻子台

元史本紀卷十八　十七

令知之庚午京西域衛親軍都指揮使司以迷而的
斤為都指揮使是月汴梁路蝗利州蓋州蟶泰安曹
州濟寧路水鞏昌環州慶陽延安安西旱秋七月乙
亥徒甘涼御匠五百餘戶于襄陽詔江南地稅輸
丁丑太陰犯亢罷追問已原通欠普顏怯里迷失公
主等俱以其部資乏來告賜鈔計四十九萬餘錠御
史臺臣言內地盜賊竊發者眾皆由國家赦宥所致
乞命中書立為條格督責所屬期至盡滅制曰可乙
卯詔申飭中外有儒吏無通者各路舉之廉訪司每
道歲貢二人省臺委官立法考試中程者用之所貢

不公罪其舉者職官坐贓論斷再犯者加二等倉庫
官吏盜所守錢糧一貫以下笞之至十貫杖之二十
貫加一等一百二十貫徒一年每三十貫加半年二
百四十貫徒三年滿三百貫者死計贓以至元鈔為
則給江南行御史臺守護軍藥餌價直壬午立肇州
萬戶府以遼陽行省左丞阿散領其事甲申歲星
犯房給塞下貧民戰功辛卯以禿禿合所部貧乏賜鈔十
帶錦衣旌其元翼詔增給諸軍乙丑賜劉國傑王
半還其元翼府以遼陽行省左丞阿
萬錠戊戌朱求福邊珍裕以妖言伏誅札魯忽赤文

元史本紀卷十八　十八

移屯用國語敕改從漢字壬寅詔易江南諸路天慶
觀為玄妙觀毀所奉宋太祖神主大都遼東東平常
德湖州武衛屯田大水隆興路甯太原平陽安豐河
間等路旱八月乙酉太陰犯牛壬子太陰犯墨壁陣
辛酉編國進馴象三癸亥賑遼陽民被水者糧兩月
己巳以駙馬那懷知樞密院事金復州屯田有蟲食
禾汴梁安西真定等路旱平江安豐等路大水九月
甲戌帝至自上都乙亥用帝師奏釋大辟三人杖以
下四十七人戊寅以八撒而治私第給鹽萬引詔輸
米十萬碩千權場故廩以備屯塞以探馬赤軍士所

至擾民令合伯鎮之犯者罪其主將乙卯罷四川澉
金戶四千還其元籍罪初獻言者庚辰罷寧夏路行
中書省以其事併入甘肅行省丁亥不哇遣使來獻
方物巳丑給桓州甲匠糧千石壬辰湖州司獄郭珌
訴浙西廉訪司僉事張孝巳多取廩餼孝思繫珌于
獄行臺令監察御史楊仁往鞫而江浙行省平章鐵
木而逮孝思至省訊問又令其屬官與仁同鞫問
仁不從行臺以聞詔省臺遣官鞫問既引服皆杖之
諸王小薛部衆擾民遣官按問杖其所犯重者餘聽
小薛責之甲午太陰犯軒轅戊戌太陰犯平道宣德

府大水軍民乏食給糧兩月武衛萬盈屯及延安路
霣霜殺禾高郵府泗州賀州旱平江廬州等路大水
冬十月癸卯有事于太廟中書省臣言右裕宗祔
廟以綾代玉冊今玉冊王寶成請納諸室帝曰親
享之禮祖宗未嘗行之其奉冊以來朕躬祝之命
獻官迎導入廟給江浙河南巡邏私鹽南軍兵伏
癸丑以西北叛王將入自土番軍軍國重事各失
蠻往征之仍敕便宜總帥發兵千人從行聽其節
度甲寅中書省御史臺言江浙行省平章明里不
花陳臺憲非便事臣等議乞自今監察御史廉訪

訪司有所按覈州縣官與本路同鞫路官與宣慰司
同鞫宣慰司官與行省同鞫制曰可詔諸王駙馬部
民既隸軍籍者毋奪回本部己未賜各衛士貲乏者
鈔二萬九千三百餘錠辛酉星犯房壬戌辰星犯
鍵閉癸亥賜諸王巴撒帖丁卯以博而忽荅孫禿剌三部
鈔四萬八千五百餘錠戊辰太白晝見太陰犯房遣安
南朝貢使陳利用等還其國降詔諭陳日燇十一月
甲戌太白經天及犯壘壁陣辛巳置江浙行省檢校
官二員立江浙金銀洞冶轉運使司乙酉太陰犯井

丙戌毯陽酋長之兄脫脫抗捧于法而刺酋長之弟密
刺八都阿魯酋長之弟等各奉金表來覲
丁亥太陰犯鬼戊子賜阿魯酋長虎符癸巳賜安西
王甲胄槍檛弓矢囊鞬等十五萬八千二百餘事戊
戌陞贛州路之寧都縣為州以石城縣隸寧
都瑞金縣隸會昌詔江浙行省括隱漏官田及檢劾
富強避役之戶十二月庚子朔遣集賢院使阿里渾
撒里等祭星于司天臺癸卯以駙馬阿失罕等所部民
貧賜鈔萬錠賜諸王押忽禿忽剌出阿失罕等金各
二百五十兩鈔五百錠丙辰太陰犯軒轅荊南僧晉

昭等偽撰佛書有不道語伏誅已未詔大都路九和

顏和買及一切差役以諸色戶與民均當賜諸王不

顏鐵木而阿八也不干金各五百兩銀五千兩鈔二

千錠幣帛各二百延其幼王減五分之一以各道廉

訪司官八貟貟一印命收其三甲子太陰犯天江賜

帝師雙龍紐王印也速帶而之軍因李璮亂去山東

其元駐之地為人所墾歲久成業爭訟不已命別以

境內荒田給之正軍五頃餘丁二頃已滿數者不給

減海運腳價鈔一貫計每石六買五百文著爲令徙

縉山所居乞里乞思等民于山東以田與牛種給之

是歲斷大辟三十人

丁卯禁諸王輒召有司官吏已巳詔免軍器匠門徙

翰林學士承旨制誥兼修國史臣宋濂　翰林侍講學士知制誥兼國史院編修官臣樉等奉
勑修

元史本紀卷十九

成宗二

二年春正月丙子詔戶和雇和市已卯詔
江南毋捕天鵝以忽剌出千戶所部屯夫貧乏免其
所輸租上思州叛賊黃勝許攻剽水口思光寨湖廣
行省調兵擊破之獲其黨黃法安等賊遁入上牙六
羅壬午太陰犯輿鬼詔凡戶隸貴赤者諸人母爭甲
申命西平王與魯令夏居上都丙戌太白晝見甲

西王傅鐵赤脫鐵木兒等後請立王相府帝曰去歲
阿難荅已嘗面陳朕以世祖定制論之今復奏請豈
欲以四川京兆悉為彼有耶傳行王傳事丁亥太陰
犯平道已御史臺臣言漢人為同僚者嘗為姦人揣摩
其罪由是不敢盡言請於近侍昔寶赤速古而赤中
道已御史臺請置王相府惟行王傳事丁亥太陰犯平
擇人用之帝曰安用此曹其選漢人識達事體者為
之以御史中丞赤禿為御史大夫庚寅太陰犯鉤鈐
辛卯令月赤寮而也可及合剌赤所部衛士自運軍
糧給其行費甲午授嗣漢三十八代天師張與材太

素凝神廣道真人管領江南諸路道教乙未詔諸王
公主駙馬非奉旨母罪官吏賜諸王合班妃鈔千二
百錠雜幣帛千匹駙馬塔海鐵木兒鈔三千錠囬紇
不剌罕獻獅豹藥物賜鈔千三百餘錠二月已亥朔
中書省臣言性下自御極以來所賜諸王公主駙馬
勳臣為數不輕向之所儲散之殆盡今繼請者尚多
臣等乞甄別貧圉及赴邊者賜之其餘宜悉止從之
分江浙行省軍萬人戍湖廣給海屯田軍農具詔
奉使及軍官殁而子弟未襲職者其所佩金銀符歸
于官達者罪之辛丑立中御府以脫忽伯唐兀並為

元史本紀卷十九

中御卿丙午禁軍將擅易侍衛軍蒙古軍以家奴代
役者罪之仍令其奴別入兵籍以其主資產之半畀
之軍將敢有縱之者罷其職括蒙古戶漸丁以充行
伍丁未太陰犯井庚戌詔軍辛擅更代及逃歸者死
給禿合所部屯田商稅庚申命札剌都虎所部居于奉
聖雲州者與民均供徭役自六盤山至黃河立屯田
置軍萬人丙寅以大都留守司達魯花赤段貞為中
書平章政事遣使代祀嶽瀆賜安西王米三千石以
賑飢民三月壬申以中書平章政事不忽木為昭文

舘大學士平章軍國事罷太原平陽路醼進蒲萄酒
其蒲萄園園民恃為業者皆還之諸王出伯言所部探
馬赤軍懦弱者三千餘人乞代以強壯從之仍命出
伯非奉旨母擅徵發以怯魯剌駐夏民飢戶給糧六
月郡王慶童有疾以其子也里不花代之賜八撒火
而忽苔孫禿剌三人鈔各千錠治御史萬僧受
賦命御史臺與宣政院使苔失臺剌治之癸西增駐
魯軍有興圖詔樞密院鞫之無驗帝命言晉王者死
言月兒魯者謫從軍自效詔雲南行臺檢劾亦乞不

薛宣慰司寮憤甲戌遣諸王亦里八不沙亦懼真
也里悝雍吉剌帶並駐夏于晉王怯魯剌之地丙子
車駕幸上都丁丑以完顏邦義納速丁劉李安安議
朝政杖之徒二年籍其家財之半甲申次大口乙酉
太陰犯鈞鈐辛卯賜遼陽行省粮三萬石壬辰詔駙
馬亦都護括流散畏吾而戶癸巳湖廣行省以叛賊
黃勝許黨魯萬丑玉獻于京師賜諸王鐵木兒金二
百五十兩銀二千五百兩鈔五千錠以旌其戰功以
合伯及塔剌所部民飢賑米各千石夏四月已亥
朔命撒的迷失招集其祖忙兀臺所部流散人戶賜

諸王八卜沙鈔四萬錠也真所部六萬錠平陽之絳
州台州路之黃巖州饑杭州火並賑之五月戊辰朔
免兩都徭役辛未安西王遣使來告貧乏矣若言
世祖以分資之難嘗有聖訓阿難苔亦知之矣若言
貧乏豈獨汝耶去歲賜鈔二十萬錠又給以糧萬
則擇貧者賑之惟色目人及數乃取丁丑太陰犯平
諸王以為不均不與則汝言人多飢死其給糧萬
滿百者亦取之甲戌詔民間馬牛羊百取其一羊不
道庚辰土蕃叛殺掠階州軍民遣脫脫會諸王鐵木
而不花只列等合兵討之甲申命也真薛闍罕駐夏

于合亦而之地禁諸王公主駙馬招戶已丑詔諸徒
役者限一年釋之母扰庚寅罷四川馬湖進獨本蒽
四千錠是月蠻成繭河中府之黑迭失進紫檀賜鈔
南國遣人招誘叛賊黃勝許丘及湖南醴陵
與民均納供需丁酉命諸行省非奉旨母擅調軍安
詔諸王駙馬及有分地功臣戶居上都大都隆興與者
晉獻州之交河樂壽蕅州之莫亭任丘及湖南醴陵
州皆水濟寧之濟州蜽六月已亥給出伯軍馬七千
二百餘匹詔晉王所部衣糧糧以歲給衣則三年賜
之給瓜州沙州站戶牛種田具御史臺臣言官吏受

賂初既辭伏繼以審覈而有司徇情致令興辭者乞
加等論罪從之乙巳太白犯天關以調兵妨農免廣
西容州等廢田租一年丙午叛賊黃勝許遁入交趾
甲寅降官吏受賕條格九十有三等丁巳太白犯填
星癸亥太陰犯井丙寅詔行省行臺九十朱清有所陳
列毋輒止之賜西平王興魯赤銀二百五十兩鈔六
千錠所部六萬錠諸王亦憐真所部二十萬錠兀魯
思駐冬軍三萬錠是月大都真定保定太平常州鎮
江紹興達康澧州岳州廬州汝寧龍陽州漢陽濟寧
東平大名滑州德州蝗大同隆興順德太原寗海南
民饑發粟賑之秋七月庚午肇州萬戶府立屯田給
以農具種食辛未以鈔十一萬八千錠治西番諸驛
甘肅兩州驛戶饒給糧有差賜諸王完澤印癸酉詔
茶鹽轉運司印鈔提舉司運糧漕運司仍舊以三
年為代雲南福建官吏擅住者給驛以歸壬午填星
犯井太白犯興鬼括伯顏阿木阿里海牙等所擾江
南田及權豪匿隱者令輸租河泊官歲入五百錠者
勅授增江西河南省參政一員以朱清張瑄為之授
特進上柱國高麗王世子王謜為儀同三司領都僉
議司事乙酉遣雲南省逃軍戌亦乞不薛命湖廣江

西兩省擇駐夏軍牧地丙戌遣岳樂也奴等使馬八
兒國己丑命行臺監察御史鉤校隨省理問所案牘
以虎賁三百人戌應昌諸提調錢正官其部凡有通
欠者勿遷敘廣西賊陳飛雷通藍青謝發冠昭梧藤
容等州湖廣左丞八都馬辛擊平之辛巳賜貴由赤
戌軍鈔三萬九千餘錠是月平陽大名河間德真定
彰德真定曹州濱州水懷孟大名府歸德懷孟
蝗福建廣西兩江道饑賑粟有差八月丁酉朔蝗
商毋以金銀過海諸使海外國者不得為商庚子太
陰犯亢太白犯軒轅壬寅命江浙行省以船五十艘
水工千三百人沿海巡禁私鹽癸卯太陰犯天江乙
巳詔諸人告捕盜賊者強盜一名賞鈔五十貫竊盜
半之應捕者又半之皆徵諸犯人無可徵者官給乙
卯太陰犯天街太白犯上將給諸王亦憐真軍糧三
月是月德州彰德太原蝗咸寧縣金復州隆興路隕
霜殺禾寧海州大雨大名路水九月戊辰太白犯左
執法辛未聖誕節帝駐蹕安同泊受諸王百官賀壬
申太陰掩南斗甲戌增鹽價鈔一引為六十五貫鹽
戶造鹽錢為十貫獨廣西如故徵浙東福建湖廣夏
稅罷民間鹽鐵爐竈給襄陽府合剌贖軍末賜田者

糧兩月罷淮西諸巡禁打捕人貟丁丑太陰犯壘壁
陣之甲申元江賊捨資殺掠邊境梁王命怯薛丹等討
降之寅雲南省臣也先不花征乞藍接尾農開陽
兩寨其黨苔刺率諸蠻來降乞藍悉平以其地為雲
遠路軍民總管府巳丑太陰犯軒轅辛卯諸王出伯
言汪總帥等部軍貧乏帝以其父戌命留五千駐冬
戌軍以二年三月更戌海都兀魯思不花部給出伯
所部軍米萬石是月常德之沅江縣水免其田租河
間之莫州獻州旱河决河南杞封丘祥符寧陵襄邑
五縣冬十月丁酉有事于太廟壬寅發米十萬石賑
難京師以宣德奉聖懷來縉山等處牧宿衛馬甲辰
修大都城壬子車駕至自上都職官坐贓經斷丹犯
者加本罪三等贛州賊劉六十攻掠吉州江西行省
左丞董士選討平之是月廣備屯及寧海之文登水
十一月丁卯以蠻洞將領彭安國父子討田知州有
功賜安國金符子為蠻曵官苔刺一本王遣其子
進象十六戌辰以廣西戌軍悉隸兩江宣慰司都元
帥府巳兀都帶等進所譯太宗憲宗世祖實錄帝
曰忽都魯迷失非昭厤順聖太后所生何為亦曰公

主順聖太后崩時裕宗巳還自軍中所紀月日先後
差錯又別馬里思丹砲手亦思馬因泉府司皆小事
何足書耶辛未徙江浙行省接都軍萬人戌潭州潭
州以南軍移戌郴州以洪澤芍陂屯田軍萬人修大
都城遣樞密院整飭江南諸鎮戌軍九將校勤息
者列實以聞增海運明年糧為六十萬石丁丑太陰
犯月星又犯天街庚辰太陰犯井丁亥太陰犯上相
乙酉樞密院臣言江南近邊州縣宜擇險要之地合
軍實以聞戌子太陰犯平道贈大都巡防漢軍壬辰太
陰犯天江緬王遣其子僧伽巴叔撒邦巳來貢方物
罷雲南栢興府入德昌路賜太常禮樂戶鈔五千餘
錠是月象食屯水免其田租十二月戌戌立徽里軍
民總管府雲南行省臣言大徽里地與八百媳婦犬
牙相錯今大徽里巳降小徽里復占扼地利多
相殺掠胡念遣其弟胡倫乞別置一司擇通習蠻夷
情狀者為之帥招其來附以為進取之地詔復立蒙
樣剛等甸軍民官癸卯世祖位金各五百兩銀二萬五
千兩銀七萬五千兩世祖位金各五百兩銀二萬五
千兩餘各有差丁未太陰犯井詔諸行省徵補逃亡

軍復司天臺觀星戶乙卯太陰犯進賢癸亥釋在京
四百人增置侍御史二員賜金齒羅斛來朝人衣是
月大都保定汴梁江陵沔陽淮安水復州風損禾
太原開元河南爲陂旱蠲其田租是歲斷大辟二十
四人

大德元年春正月庚午增諸王要木忽而兀魯而不
花歲賜各鈔千錠辛未諸王亦憐真來朝覲于道賜
幣帛五百疋乙亥給月兒魯臣者田人百畝乙酉以
遝地之芻給出伯征行馬衆四月丙戌以鈔十二萬
錠鹽引三萬給甘肅行省昔寶赤亦等爲叛冠所掠仰

食於官賜以農具牛種俾耕種自給已丑以藥木忽
而等所部貧乏摘和林漢軍置屯田於五條河以歲
入之租資之辛卯以張斯立爲中書省叅知政事諸
王阿只吉駐太原河東之民困於供億詔詰問之仍
遝五福太乙神壇時汴梁歸德水木隣等九站饑以
米六百餘石賑之給可溫種田牛二月甲午朔以
賜晉王甘麻剌鈔七萬錠安西王阿難荅三萬錠丙
申蒙陽甸酉長納欵遣其弟阿不剌等來獻方物且
請歲貢銀千兩及置驛傳詔即其地立通西軍民府

秩正四品戊戌陞全州爲全寧府庚子詔東部諸王
分地蒙古戍軍死者補之不勝役者易之癸卯徙揚
州萬戶鄧新軍屯蘄州甲申諸軍民官同聽
直漢軍居瀋州甲申黃以闍里台所隷新附高麗女
之丁未省打捕鷹房戊午羅羅斯酋長
取易得其情故徙之減福建提舉司歲織段三千四
治泉州平章政事高興言泉州與瑠求相近或招或
來朝已未改福建省爲福建平海等慶行中書省
其所織者加文繡增其歲輸納服二百其車渠帶工
別立提舉司掌之封的立普哇拿阿迪提牙爲緬國

王且詔之曰我國家自祖宗肇造以來萬邦黎獻莫
不畏威懷德嚮先朝臨御之日兩國使人禀命入覲
詔允其請爾乃遣子信合八的奉表來朝豈示含弘特加
恩渥令封的立普哇拿阿迪提牙爲緬國世子錫以虎符
印子信合八的爲緬國王賜之銀
彼此者爾遣子遝食前言是以我帥闍之臣加兵於
王弟撒邦巴一珠虎符從者金
等慶邊將毋擅興兵甲爾國官民各宜安業又賜
符及金幣遣之以新附軍三千屯田漳州庚申陞寧
都會昌縣爲州並隷贛州路寧陽鎮爲縣隷濟寧路

陝州巡檢司為河曲縣隸保德州安豐路設錄事司
以行徽政院副使王慶端為中書右丞詔改元赦天
下免上都大都隆興差稅三年給也只所部六千戶
糧三月三月戊辰熒惑犯井巳巳完澤等奏定銓調
選法庚午以陝西行省平章也先鐵木而為中書平
章政事中書省左丞梁暗都剌為中書省右丞癸酉
太陰掩軒轅大星畋于柳林免武當山新附軍徭賦
甲戌西蕃冠階州殺列伯以與進討
其黨悉平留軍五百人戊戌之詔各省合并鎮守軍福
建所置者合為五十三所江淅所置者合為二百二

十七所丙子車駕幸上都丁丑封諸王鐵木而不花
為鎮西武靖王賜駝紐印以江西省左丞八都馬辛
為中書左丞庚辰札魯忽赤脫而速受略為其奴所
告毒殺其奴坐棄市乙酉遣阿里以鈔八萬錠糧
和林丁亥禁正月至七月捕獵大都八百里內亦如
之庚寅立江淮等處財賦總管府及提舉司賜諸王
岳木忽而及兀魯思不花金各百兩兀魯思母
阿不察等金五百兩銀鈔有差都稱海匠戶市農具
鈔二萬二千九百餘錠
吉鞢匠萬九百餘錠五臺山佛寺成皇太后將親往

祈祝監察御史李元禮上封事止之歸德徐邳汴梁
諸縣水免其田租道州旱遼陽饑饉之岳木
忽而及兀魯思不花所部民饑以乳牛牝馬濟之夏
四月癸巳朔日有食之丙申中書省御史臺臣言阿
老尾丁及崔彧條陳臺憲諸事臣等議乞依舊倒御
史臺不立選其用人則於常調官選之惟監察御史
首領官令御史臺自選各道廉訪司必擇蒙古人為
使或闕則以色目世臣子孫為之其次參以色目漢
人又合剌赤阿速各處御史非便亦宜止於常
選擇人各省文案行臺差官撥覆宿衛近侍奉特旨

令臺憲擢用者必須明奏然後任之行臺御史秩滿
而有劾績者或遷內臺或呈中書省選調廉訪司亦
如之其不稱職者省臺擇人代之未歷有司者授以
牧民之職經省臺同選者聽御史臺自調中書省或
用臺察之人亦宜與御史臺同議各官府憲司官母
得輒入體察令擬除轉運鹽使司外其餘官府悉依
舊例制曰可壬寅賜兀魯思不花都鈔萬錠給岳木忽而
來朝者衣服有差賜牙忽都部鈔萬錠給岳木忽而
所部和林屯田種以米二千石販應昌府五月丙寅
河決汴梁發民三萬餘人塞之戊辰安南國遣使來

《元史本紀卷十九》

朝廷叙諸位下為商者制書驛券命田田人在内郡
輸商稅給鈔千錠建臨洮佛寺詔強盜姦傷事主者
首從悉誅不傷事主止誅為首者從者剌配再犯亦
誅給葛蠻安撫司驛券一辛未遂寧州軍戶任福妻
一産三男給後三歲癸酉太白犯鬼積尸氣乙亥太
陰犯房丁丑禁民間捕鷹鶻庚寅平伐酉領内附
漳河溢損民禾稼饒州鄱陽樂平及隆興路水亦乞
乞隸於亦乞不薛從之各路平准行用庫舊制選
民富有力者為副命自今以常調官為之隸行省
從行省署用上思州叛賊黃勝許遣其子志寶來降

四凡 《元史本紀卷十九》 十三

列等三站饑賑米一百五十石六月甲午諸王也里
干遣使乘驛祀五嶽四瀆命追其驛券仍切責之以
湖廣行省參政崔良知廉貧特賜臨課鈔千錠給和
林軍需鈔十萬錠乙未太白晝見戊戌平伐九寨來
降立長官司己酉令各部宿衛士輸上都隆興糧各
萬五千石于北地甲衛罷亦奏不薛歲貢馬及彊衣
丙辰監察御史鈕羅失剌言中丞崔或兄在先朝嘗
有罪還其所籍家產非宜又買僧寺水碾違制帝以
其妄言笞之詔僧道犯姦盜重罪者聽有司鞫問賜
諸王也里干等從者鈔二萬錠朶思麻一十三站貧

民五千餘錠是月平濼路蟲食桑歸德徐邳州蝗太
原風電河間大名路旱和州歷陽縣江漲漂没廬舍
萬八千五百餘家以糧四千餘石賑之廣平路饒民
五千石賑江西被水之家等四站饑戶秋七月庚午
二百九十餘石賑鐵里于脱亭羅赤沙禿而鈔二千
太陰犯房辛未賜諸王撒都失里千錠所部二萬餘
錠罷蒙古軍萬戶府入曲先塔林都元帥癸未增
中御府官一員賜馬八兒國塔喜二珠取藥物者授以
會同館使
招諭者授以招諭使副諸

四凡 《元史本紀卷十九》 十四

副倶降旨差遣不給制命丙戌以八兒思禿倉糧隸
上都留守司招籍宋兩江鎮守軍丁亥免上都酒課
三年賜諸王不顏鐵木而及其弟伯真亭羅鈔四千
錠所部八萬四千八百餘錠仍給糧一年寧海州饑
陽州衢州之鄱縣大水山崩溺死三百餘人懷州武
陜州旱八月庚子詔合伯留軍五千屯守令亭來統
其餘衆以歸民丁未命諸王阿只吉自今出獵悉自
定順德河間旱疫池州南康寧國太平水九月辛酉
其母傷民力丁巳袄星出奎揚州淮安寧海州旱真
諸王也里干等從者鈔

湖袂星復犯奎壬戌八畨順元等凥初隸湖廣後改

隸雲南雲南戌兵不至其屯駐舊軍逃士者眾仍命

湖廣行省遣軍代之甲子八百媳叛冦裹里遣也

先不花將兵討之丙寅詔恤諸郡水旱疾疫之家罷

括兩淮民田沒諸王來大都者奪其所隸官平珠六洞蠻及

命平章伯顏專領給賜孤老衣糧壬午車駕還大都

已丑增海漕爲六十五萬石罷南丹州安撫司立慶

品級而託他事不赴者及宿衛士冗負丁卯

遠南丹溪洞等虜軍民安撫司詔邊遠官已當優陞

十部洞蠻皆來降命以蠻夷官授之給衛士牧馬外

冬十月甲午詔諸還轉官注闕二年丁酉有事于太

陽瑞安二州大水鎮江之丹陽金壇旱並以糧給之平

書省衛輝路旱疫澧州常德饒州臨江等路溫之平

郡者糧令么仰食於民以扎魯忽赤所追贓物輸中

廟辛丑減上都商稅歲額爲三千錠溫州陳空崖等

以妖言伏誅癸丑免陝西鹽戶差稅罷其所給米乙

卯不哇遺失剌班直木達奉表來降戊午太白經天

增吏部尚書一負以柔甘思十九站貧乏賜馬牛羊

有差盧州路無爲州江潮泛溢漂沒廬舍歷陽合肥

梁縣及安豐之蒙城霍丘自春及秋不兩揚州淮安

路飢詔韶州南雄連德溫州皆大水並眼之十一月壬

戌禁權豪僧道及各位下擅擾鑛炭山塲罷順德彰

德廣平等路五提舉司立都提舉司二陞正四品設

官四負直隸中書戶部衛輝路提舉司隸廣平彰德

都提舉司真定鐵冶隸順德都提舉司罷保定紫荊

關鐵冶提舉司還其戶八百爲民癸亥詔自今田獵

始自九月高麗王王昛告老乞以爵與其子諶福連

行省遣人覘瑠求國俘其傍近百人以歸戊辰增太

廟牲用馬庚午高麗王王昛入樞密院辛未曹州禹城

進嘉禾一莖九穗丁丑詔以高麗王世子諶爲開府

儀同三司征東行中書省左丞相駙馬上柱國高麗

國王仍加授王昛爲推忠宣力定遠保節功臣開府

儀同三司太尉駙馬上柱國逸壽王增烏撒烏蒙等

慮宣慰使一負以宇羅歡爲之賜諸王冗魯思不花

金千兩銀萬五千兩鈔萬錠徒大同路軍儲所于紅

城以河南行省經用不足命江浙行省運米二十萬

石給之總帥汪惟和以所部軍屯田沙州瓜州給中

統鈔二萬三千二百餘錠置種牛田具大都路總管

沙的坐贓當罷帝以故臣子特減其罪俾仍舊職雉

或言不可復任帝曰卿等與中書省臣戒之若後後

然則置爾死地矣戊子太白經天增晉王內史一員
尚乘寺卿一員賜藥木忽而金一千二百五十兩銀及
一萬五千兩鈔一萬二千錠常德路大水常州路及
宜興州旱並賑之十二月癸巳令也速帶而藥樂罕
將兵出征丙申徙襄陽屯田合剌魯軍子南陽戶受
田百五十畝給種牛田具戊申中書省臣同河南平
章亭羅歡等言世祖撫定江南沿江上下置椿錢軍官
遷延不以時取而以已錢貸之徵其倍息逃亡者各
十一翼今無一二懼有不虞外郡戍卒封椿錢軍官

廢鎮守官及萬戶府並遣人追捕皆非所宜又富戶

規避差稅冒爲僧道且僧道作商賈有妻子與編氓
無異請汰爲民宋時爲僧道者必先輸錢縣官始給
度牒今不定制饒倖必多無爲釁課初歲入爲鈔止
一百六錠續增至二千四百錠大率欲富民刻吏俸
寬汰僧道之制卿等議擬以聞軍政與樞密院議之
停寬戶工本以足之亦宜戒其數帝曰彼宗戚也有是理
諸王也只里部忽刺帶於濟南商河縣侵擾居民踐
踐禾稼帝命詰之走歸其部忽刺帶諸王駙馬并權豪母奪民田
耶其令也只里罪之禁諸王駙馬并權豪母奪民田
其獻田者有刑復立芍陂洪澤屯田壬寅朝洞蠻內

附立長官司二命楊漢英領之甲辰太白經天又犯
東咸丙午太白犯軒轅丁未旄表烈婦漳州招討司
知事關文興妻王氏戊申增給雲南廉訪司驛券四
十二甲寅太陰犯心乙卯免上都至大都并宣德等
十三站和雇和買賜諸王忽刺出鈔千錠所部二萬
萬四千五百戶王阿术速哥鐵木而所部二萬
八千九百餘錠閏十二月壬戌太陰犯墨壁陣命也速
帶而等出征詔諸軍戶賣田者由所隸官給文券甲
子福建平章高興言漳州漳浦縣大梁山產水晶乞
割民百戶采之帝曰不勞民則可勞民多取壬申徙

乃顏民戶千內地定燕禿忽思所隸戶差稅以三分
之一輸官賜忽刺出所部鈔萬錠癸酉至丙子太白
犯逮星已卯賜不思塔伯千戶約九萬錠和約
飢遣黍議中書省事于章發廩賑之弛湖泊之禁仍
聽正月捕獵平伐等蠻未附播州宣撫使楊漢英請
以已力討之命湖廣省荅刺罕從宜收撫瓜州屯田
軍萬人貧乏命減一千以張萬戶所領兵補之甲申
增兩淮屯田軍爲二萬人賜諸王阿牙赤鈔千錠所
部一萬一千餘錠藥樂罕等所部七萬餘錠所火
者所部四萬餘錠般陽路飢疫給糧兩月是歲濟南

及金復州水旱大都之檀州順州遼陽瀋陽廣寧水
順德河間大名平陽旱河間之樂壽交河疫死六千
五百餘人斷大辟百七十五人
二年春正月壬辰詔以水旱減郡縣田租十分之三
傷甚者盡免之老病單弱者差稅並免三年禁諸王
公主駙馬受諸人呈獻公私田地及擅招戶者丙申
遣使閱諸省兵于置汀州屯田縣辛丑御史臺臣言
諸轉運司察贓倒以歲終檢覆金穀事繁稽照難盡
奸偽無從知之其未終者宜聽憲司於明年檢覆從
之乙巳以糧十萬石賑北邊內附貧民已酉達康寵
興臨江寧國太平廣德饒池等處水發臨江路糧三
萬石以賑仍弛澤梁之禁聽民漁采遣所俘瑠求人
歸諭其國使之効順併土蕃碉門安撫司運司改為
碉門魚通黎雅長河西寧遠軍民宣撫司以翰林王
惲闍後王構趙與票王之綱楊文郁王德淵集賢王
顯宋渤盧摯耶律有尚李泰郝采楊麟皆耆德舊臣
清貧守職特賜鈔二千一百餘鋌給西平王奧魯赤
部民種三月晉王秋米五百石所部鈔十二萬鋌戌
和林高麗女直漢軍戶辛酉歲星熒惑太白聚危熒惑犯歲
合併貧難軍戶

星壬戌徙重慶宣慰司都元帥府於成都立軍民宣
慰司都元帥府於福建乙丑立浙西都水庸田司專
主水利以中書省右丞徽政院副使張九思為平章政
事與中書省事丁卯改泉州為泉寧府已酉改軍為六十
州辛未太陰犯心帝諭中書省臣曰每歲軍興所出
銀鈔常所入幾何諸王駙馬賜與及一切營建所出
幾何其會計以聞右丞相完澤言歲入之數金一萬
九千兩銀六萬兩鈔三百六十萬鋌然不足於用
又於至元鈔本中借二十萬鋌自今敢以節用為請
帝嘉納焉罷中外土木之役癸未詔諸王駙馬毋擅
祀嶽鎮海瀆申禁諸路軍及豪右人等毋縱畜牧損
農乙酉車駕幸上都罷建康金銀銅冶轉運司還淘
金戶於元籍歲辦金悉責有司詔廉訪司作成人材
以備選舉禁諸王從者假控鶴佩帶擾民詔諸郡凡
政事楊炎龍為中書右丞賜爪忽而所部鈔三十萬
之減行省平章為二員丙子以梁德珪為中書平章
民播種急惰及有司勸課不至者命各道廉訪司治
鋌近侍伯顏鐵木兒等三萬鋌也先鐵木而等市馬
價三萬四千四百餘鋌鎮南王脫歡六萬鋌浙西嘉

興江陰江東建康溧陽池州水旱並賑恤之湖廣省
漢陽漢川水免其田租甘肅省沙州鼠傷禾稼大都
檀州兩電歸德等慶饉三月丁亥朔罷大名路故河
堤堰歲入隆福宮租鈔七百五十錠申禁官吏受略
詔諸司首者不得輒受戌子詔僧人犯奸盜詐僞聽
有司專決輕者與僧官約斷約不至者罪之庚寅命
各萬戶出征者其印令副貳掌之不得付其子弟達
法行事以兩淮閑田給蒙古軍壬子御史臺臣言道
州路達魯花赤阿林不花總管周克敬虐申麥熟不
賑飢民雖經敕宥宜降職一等從之壬子詔加封東

《元史本紀卷十九》 九一

鎮沂山為元德東安王南鎮會稽山為昭德順應王
西鎮吳山為成德永靖王北鎮醫巫閭山為貞德廣
寧王歲時與嶽瀆同祀著為令式夏四月戊午遣征
不剌壇軍還本部庚申以也速帶而擅調甘州戌軍
遣伯顏等詣之賜大都守門合剌赤等鈔九萬錠織
工四萬四千錠發慶元糧五萬石減其直以賑飢民
江南山東江浙兩淮燕南屬縣百五十廬鹽五月辛
卯罷海南黎兵萬戶府及黎蠻屯田萬戶府以其事
入瓊州路軍民安撫司罷蕘麻林酒稅羨餘壬辰以
中書右丞何榮祖為平章政事與中書省事湖廣左

丞八都馬辛為中書右丞淮西諸郡飢漕江西米二
十萬石以備賑貸命中書省遣使監雲南四川海北
海南廣西兩江廣東福建等慶六品以下選戌戌太
陰犯心壬寅平灤路旱發米五百石減其直賑之已
酉諸王府官追之南輝順德
萬六百餘錠遣扎魯忽赤同王府官追之南輝順德
十四城有安西王諸王等并朶思麻來寓州之編戶
早大風損麥免其田租一年詔總帥汪惟正所輯二
均當賦役耽羅國以方物來貢撫州之崇仁編戶
石復致用院置和林宣慰司都元帥府以忽剌出耶

《元史本紀卷十九》 九二

律希周納鄰合剌並為宣慰使都元帥佩虎符給兩
都八剌合剌鈔各三萬錠六月庚申御史臺臣言江
南宋時行兩稅法自阿里海牙政為門攤增課錢至
五萬錠令宣慰張國紀請復科夏稅與門攤併徵以
圖陞進湖湘重罹其害帝命中書趣罷之禁權豪幹
脫括大都漕河舟楫西臺侍御史脫歡以受略不法
罷禁諸王擅行令旨其越例開讀者併所遣使拘繫
以聞壬戌太陰犯角詔陝西諸色戶與民均當徭役
申嚴陝西運司私鹽之禁奉宸庫賜諸王岳木忽
而金一千二百五十兩元魯思不花并其母一千兩

銀鈔有差山東河南燕南山北五十處蝗山北遼東
道大寧路金源縣蝗秋七月癸巳太陰犯心沐織等
慶大雨河決壞隄防漂沒歸德數縣禾稼廬舍免其
田租一年遣尚書邪懷御史劉虜等塞之自蒲口首
事九築九十六所壬寅詔諸王駙馬及諸近侍自今
奏事不經中書輒傳旨付外者罪之髙麗王王諶祥
命妄殺詔遣中書右丞楊炎龍僉樞密院事洪君祥
召其入侍以其父江西江浙水賑飢民二萬四千九百有
奇銀鈔有差
八月壬戌太陰犯箕癸未給四川出征蒙古軍馬萬

〔四九〕

交趾爪哇金齒國各貢方物給和林更戍軍牛車丙
匹九月已丑聖誕節駐蹕阻嫣之地受諸王百官賀
申車駕還大都辛丑太陰犯五車南星命廣海左右
江戍軍依舊制以二年或三年更代癸卯太陰犯五
諸侯樞密副使塔剌忽帶犯賍罪命御史臺鞫之己
酉太陰犯左執法庚戌吉贛立屯田減中外冗食冬
十月甲寅朔增海漕米為七十萬石壬戌太白犯牽
牛置蒙古都萬戶府於鳳翔立平珠六洞蠻夷長官
司二設土官四十四員戊寅太陰犯角距星令御史臺
檢劾樞密院案牘賜諸王岳木忽而兀魯忽不花所

壬辰平

部糧五萬石控鶴七百人賜鈔五百錠十一月庚寅
安南貢方物丙申知樞密院那懷言常例文移乞令
副樞以下署行御史臺置肅政廉訪
司已亥太陰犯輿鬼辛丑辰星犯牛罷徐邳鹽冶
所進息錢壬寅太陰犯輿鬼乙丑太白
為平章政事賜和林軍校幣六千匹衣帽等物有差
十二月戊午太白經天己未填星犯輿鬼乙丑太白
犯歲星太陰犯熒惑括諸路馬除牝孕駒者歲三
歲以上並拘之賜海所部鈔八十五萬錠庚
午鎮星入輿鬼太陰犯上將辛未增置各路推官專
掌刑獄上路二員下路一員詔諸軍復業者免役
三年江浙行省平章政事答剌罕陞左丞相甲戌彗
出子孫星下巳卯太陰犯南斗辛巳命廉訪司歲舉
所部廉幹者各二人詔和市價直隨給其主違者罪
之定諸稅錢三十取一歲額之上勿增揚州淮安兩
路旱蝗以糧十萬石賑之給陣亡軍妻子衣糧免內
郡賦稅諸王小薛所部三百餘戶散廬鳳翔以潞州
田二千八百頃賜之釋在京四二百一十九人

本紀卷第十九

壬辰中

翰林學士承旨知制誥兼修國史臣宋濂　翰林待制兼國史院編修官臣王褘等奉
敕修

成宗三

南夏稅十分之三增給小吏俸米置各路惠民局擇
庚寅詔遣使問民疾苦除本年內郡包銀俸鈔江
此漢人所說耳豈可一一聽從耶卿但擇可者任之帝曰
書省臣言天變屢見大臣宜依故事引咎避位帝曰
物來貢賜還番沒刺由羅斛世子虎符丙戌太陰犯太白己丑中
三年春正月癸未朔遣番沒刺由羅斛諸國各以方

〈元史本紀卷第二十　一〉

良醫主之封藥木忽而為定遠王賜金印命中書省
自今后妃諸王所需非奉旨勿給各位擅置官府紊
亂選法者戒飭之辛卯詔諸行省謹視各翼病浙
西肅政廉訪使王遇犯贓罪詔權幸規免命御史臺
鞫治之壬辰安置高麗王遣工部尚書也先鐵木而翰林
於菫昌並答而遣之以正其附王諒擅命妄殺之罪
復以王昭為高麗王遣趙仁規於安西崔冲紹
待制賈汝舟齎詔往諭之追奴別鐵木而脫免兒
魯行軍印中書省臣言比年公帑所費動輒鉅萬歲
入之數不支半歲自餘皆借及鈔本臣恐理財失宜

鈔法亦壞帝嘉納之仍令諭月赤察而等自今一切
賜與皆勿奏癸巳以江南軍數多闕官吏因而作弊
詔禁飭之以苔刺罕哈刺孫為中書左丞相丁酉
太陰犯西垣戊戌太陰犯右執法辛丑括諸路
馬隸蒙古軍籍者免之乙巳太白經天二月癸丑朔
車駕幸柳林丁巳完澤等奏銓定省部官以次引見
帝皆允之仍諭六部官曰汝等事多稽誤朕昔未知
其人為誰今既閱視且知姓名其洗心滌慮各欽乃
職復蹈前失罪不汝貸罷四川福建等處行中書省
陝西行御史臺江東荊南淮西三道宣慰司置四川

〈元史本紀卷第二十　二〉

福建宣慰司都元帥府及陝西漢中道肅政廉訪司
廣和林甘州城詔緝山縣民戶為勢家所蔽者悉還
縣定籍壬戌詔諭江浙河南北兩省軍民乙巳燬還
犯五諸侯壬申加解州鹽池神惠康王曰廣濟資寶
王曰永澤泉州海神曰靈感弘祐護國庇民明著天妃浙西鹽
官州海神曰護國庇民明著天妃浙西鹽
顯聖王金齒國遣使來貢方物庚辰車駕幸上都三
月癸巳緬國世子信合八的奉表來謝賜衣遣還命
妙慈弘濟大師江浙釋教總統補陀僧一山齎詔使
日本詔曰有司奏陳向者世祖皇帝嘗遣補陀禪僧

如智及王積翁等兩奉璽書通好　日本咸以中途有
阻而還朕自臨御以來綏懷諸國薄海內外靡有
遐遺日本之好宜復通問今如智已老捕陀寧一山
道行素高可令往諭附商舶以行庶可必達朕特從
重者罷職輕者降其散官或決罰就職停俸期年許
審圖之甲午命何榮祖等更定律令詔軍官受賕罪
其請蓋欲成先帝遺意耳至於悖好息民之事王其
令自效戊戌熒惑犯輿兒陞御史臺殿中司秩五品
乙巳行御史臺劾平章教化受財三萬餘錠教化復
言平章的里不花領財賦時盜鈔三十萬錠及行臺

元史本紀卷第二十

中丞張閭受李元善鈔百錠敕俱勿問戊申減江南
諸道行臺御史大夫一員賜和林軍鈔十萬錠夏四
月辛亥朔駙馬蠻子台所部置之以糧十三萬石賑
之己未太陰犯上將丙寅填星犯輿兒太陰犯心庚
午申嚴江浙兩淮私鹽之禁巡捕官所獲遷賞辛
未禁和林戍軍竄名他籍自通州至兩淮漕河置巡
防捕盜司凡几十九所已卯以禮部尚書月古不花為
中書左丞賜和林軍鈔五十萬錠帛四十萬四糧二
萬石仍命和林宣慰司市馬五千四給之遼東開元
咸平蒙古女直等人乏食以糧二萬五百石布三千

九百四賑之五月壬午罷江南諸路釋教總統所丙
申太陰犯南斗海南速古台速龍探奔癸里諸番以
虎象及抄羅木舟來貢已亥太白犯畢庚子免山東
也速帶而牧地歲輸粟之半禁阿剌部軍毋於廣平
牧馬庚子復征東行中書省以福建平章政
事闍里吉思為平章政事是月鄜岳漢陽與國常禮
潭衡辰沅寶慶常寧等桂陽茶陵旱免其酒課夏稅
陵路旱蝗童擊所部軍之逃亡者命樞密院戒
兀魯兀敦慶殺所禁仍並以糧賑之六月辛亥
之癸丑罷大名路所獻黃河故道田輸租戊午申禁

元史本紀卷第二十

海商以人馬兵伏住諸蕃貿易者以福建州縣官類
多色目南人命自今以漢人參用禁福建民冒稱權
豪佃戶規免門役庚申太陰掩房丁卯熒惑犯右執
法壬申歲星晝見賜和林戍軍鈔一百四十萬錠朔
師五十萬一千餘錠秋七月已卯太白犯井庚辰
中書省臣言江南諸寺佃戶五十餘萬本皆編民自
楊總攝冒入寺籍宜加釐正從之丙申揚州淮安屬
縣蝗在地者為鶩啄食飛者以翅擊死詔禁捕鶩丁
未太陰犯輿兒八月已酉朔日有食之丁巳太陰犯
箕戊辰太白犯軒轅大星已巳太陰犯五車星賜定

遼王藥木忽而所部鈔萬五千錠是月汴梁大都河
間水隆與平灤大同宣德等路雨電九月癸未聖誕
節駐蹕古柵受諸王百官賀庚寅置河東山西鐵冶
提舉司壬辰流星色赤尾長丈餘其光燭地起自河
鼓沒於牽牛之西有聲如雷癸巳罷括宋手號軍乙
未太陰犯昴距星丁酉太白犯左執法己亥車駕還
道肅政廉訪司山東轉運使阿里沙等增課鈔四萬
太廟壬子冊伯岳吾氏為皇后甲寅復立海北海南

一千八百錠賜錦衣人一襲丙子太陰犯房賜禿忽
魯不花等所部戶鈔三萬七千餘錠豪駞戶十萬二
千餘錠以淮安江陵沔陽揚廬隨黃旱汴梁雲南水
隴陝蝗並免其田租十一月庚辰置浙西平江河渠
牧駞者鈔十萬二千錠諸王合帶部十萬錠雲南王
也先鐵木而及所部三萬八千錠和林戌軍一百四
釋四二十八丁酉浚太湖及溆山湖己亥賜隆福宮
閘堰凡七十八所禁和林釀酒乙酉太白犯房戊子
十萬餘錠給幣帛二萬九千匹杭州府戌火江陵路蝗並發
也先鐵木而及所部三萬八千錠和林戌軍一百四
牧賑之十二月己酉徙鎮巢萬戶府戌常德澧州賜諸王岳忽
戶府戌辰州均州萬戶府戌常德澧州賜諸王岳忽

難銀印丙寅詔各省戌軍輪次放還二年供役陸宣
徽院為從一品癸酉詔中書省省貨財出納自今無券
記者勿與以守司徒集賢院使領太史院事阿魯渾
撒里為平章政事賜諸王六十脫脫等鈔一萬三千
餘錠四怯薛衛士五萬二千餘錠千戶撒而兀魯所
部四萬錠淮安揚州饑甘肅亦集乃路屯田旱並賑

以糧
刺杖七十拘役辛丑詔蒙古都帥也速荅而非奉
旨勿擅決重刑命和林戌軍借幹脫錢者止償其本
四年春正月丙申嚴京師惡少不法之禁犯者照

癸卯復淮東漕渠賜諸王塔失鐵木而金印賜翰林
承旨僧家鈔五百錠以養其母賜諸王木忽難所部
一萬二千餘錠八魯剌思等部六萬錠二月丁未朔
日有食之乙卯遣使祠東嶽丙辰皇太后崩明日祔
葬先陵戊午太陰犯軒轅壬戌帝諭何榮祖曰律令
良法也宜早定之榮祖對曰古今異宜不必相沿但取
一條有該三四事者帝曰古今異宜不必相沿但取
宜於今者甲戌發粟十萬石賑湖北飢民仍弛山澤
之禁罷稱海屯田改置於阿札之地以農具種實給
之乙亥車駕幸上都置西京大和嶺屯田立烏撒烏

蒙寺郡縣併會理泗州曰州爲二置維摩州丙子命
李庭訓練各衛軍士賜晉王所部鈔四萬錠三月乙
未宰國太平兩路旱以糧二萬石賑之夏四月丙午
朔詔雲南行省籤華積弊壬子高郵府寶應縣民孫
奕妻朱一産三男蠲復三年丙辰置五儔河屯田丁
巳免今年上都隆興道絲進白象戊午桑政張順孫
之賂郡縣吏獲免其僕胡忠訴主之冤于官乃誅之

其弟珪等伏誅于隆興市顧孫初爲新淦富人胡制
機養子後制機自生子而死顧孫利其貲與珪謀殺
減干鑒金印緬國遺使進白象大都差秋地租賜諸王也
其賚悉還胡氏以中書省斷事官不蘭奚爲平章政
事賜皇姪海山所統諸王戍軍馬二萬二千九百餘
四五月癸未左丞相荅剌罕遣使來言橫費不節府
庫漸虛詔自今諸位下事關錢穀者母輒入間帝論
集賢大學士阿魯渾撒里等曰集賢翰林乃養老之
地自今諸老滿秩者墜之勿令輒去或有去者罪將
及汝其諭中書知之增雲南至緬國十五驛驛給圓
符四驛券二十甲午太陰犯曇壁陣辛丑太白犯輿
鬼太陰犯昴復延慶司賜諸王也只里部鈔二萬錠
八憐脫列思所隸戶六萬五千餘錠是月同州平濼

隆興電揚州南陽順德東昌歸德濟寧徐濠亐陂旱
蝗真定保定大都通薊二州水六月己酉詔立緬國
王子窟剌哥撒八爲緬國王賜以銀印及金銀器
太傅服麻等物丙辰以太傅月赤察而爲太師完澤爲
卒貧無以葬賜鈔五百錠甲子置鉈羅總管府詔各
省自今非奉命母擅役軍以和林都元帥府兼行宣
慰司事吊吉而爪哇暹國醮八等國二十二人來朝
賜衣遣之秋七月甲戌朔右丞相完澤請上徽仁裕
聖皇后謚寶冊乙酉緬國阿散哥也弟者蘇等九十

一人各奉方物來朝命餘人留安慶遣者蘇來上
都辛卯焚惑犯井加乳母冀國夫人韓氏爲燕冀國
順育夫人石抹氏爲冀國夫人杭州路貧民乏食以
糧萬石減其直糶之八月癸卯朔更定蔭敘格正一
品子爲正五從五品子爲從九中間正從以是爲差
蒙古色目人特優一級置廣東塩課提舉司癸丑太
陰犯井庚申緬國阿散吉牙等昆弟赴闕自言殺主
之罪罷征緬兵甲子辰星犯靈臺上星大名之白馬
縣旱聞八月庚辰焚惑犯輿鬼庚子車駕還大都以
中書右丞賀仁傑爲平章政事賜晉王所部糧七萬

石九月戊午太白犯斗壬戌太陰犯輿鬼曹州探馬
赤軍與民訟地百二十頃詔別以鄰近官田如數給
之廣東英德州達魯花赤脫歡察而招降群盜二千
餘戶陞英德州為路立三縣以脫歡察而為達魯花
赤蕭萬戶以鎮之甲子太白犯斗改中御府為中政
院賜諸王出伯所部鈔萬五千四百餘錠建康常州
江陵飢民八十四萬九千六十餘石冬十月癸酉朔有事于太廟十
九千三百九十餘石冬十月癸酉朔有事于太廟十
一月壬寅朔詔頒寬令免之郡免稅粮十分之三其
絲銀稅粮附近秣養馬駞

餘免十分之一徒罪各減一半杖罪以下釋之江北
荒田許人耕種者元擬第三年收稅今並展限一年
著為定例倂遼陽省所轄狗站牛站為一仍給鈔以
調其乏命省臺差官同昔寶赤鞫和林運糧稽遲未
至者真定路平棘縣旱十二月癸酉御史臺臣言所
糾官吏與有司同審所以事沮難行乞依舊制中書
足有改作輒令監察御史同往非宜自今非奉皆勿
遺皆從之庚寅熒惑犯軒轅
州達魯花赤捏古伯給稱母喪歸迎其妻事聞詔以
其歡傷彝倫罷職不敘遣劉深合剌帶鄭祐將兵二

萬人征八百媳婦仍敕雲南省每軍十人給馬五四
不足則補之以牛賜諸王忻都部鈔五萬錠兀魯思
不花等四部二十一萬九千餘錠西都守城軍二萬
八千餘錠賑建康平江浙東等處飢民糧二十二
九千三百餘石
五年春正月己酉太陰犯五車庚戌太陰犯輿鬼積尸氣
軍鈔總計九萬二千餘錠壬子太陰犯輿鬼檀景兩
奉安昭曆順聖皇后御容于護國仁王寺罷檀景兩
州探金鐵冶提舉司以其事入都提舉司御史臺臣
言官吏犯贓及盜官錢事覺避罪逃匿者宜同獄成

雖經原免亦加降黜庶奸偽可革從之丙寅以兩淮
鹽法澁滯命轉運司官兩員分司上江以整治之仍
頒印及驛券辛酉太陰犯心二月己卯太陰犯輿鬼
以劉深合剌帶並為中書省右丞鄭祐為叅知政事皆
佩虎符分雲南諸路行中書省事仍置理問官二員
郎中員外郎都事各一員給圓符四驛券二十罷福
建織繡提舉司增河間轉運司鹽為二十八萬引罷
其所屬萬清滄深三鹽司丁亥立征八百媳婦萬戶府
二設萬戶四員發四川雲南四徒從軍乙未詔廉訪
司官非親喪遷葬及以病給告者不得離職或以地

遠職甲受任不赴者臺憲勿復用丙申給脫脫等部
馬萬四丁酉車駕幸上都詔飭雲南行中書省減內
外諸司官千五百一十四員增江浙戊兵戌賜昭
來朝獻馬三十餘匹賜幣帛有差三月甲辰收故軍
乾元寺地九十頃鈔皆如興教之數萬安寺地六百
填鈔萬錠南寺地百二十頃鈔一萬八千五百錠戊午
官金銀符戊申太陰犯御女已酉罷陝西路拘榷課
稅所壬子賜諸王也孫等鈔一萬八千五百錠戊午

餘錠丁卯焚惑犯填星已已焚惑填星相合詔戒飭
馬來忽寺海島遣使來朝賜金素幣有差給和林貧
乏軍鈔二十萬錠諸王藥忽木而所部萬五千九百
中外官吏命遼陽行省平章沙監將萬人駐夏山後
人備馬二匹官給其直夏四月壬申太陰犯東井癸
酉遣禿剌鐵木而等犒和林軍王餉馬許自釀飲不
所部貧乏賜鈔四十萬錠調雲南軍征八百媳婦
已禁和林釀酒其諸王駙馬以晉王甘麻剌
月大都彰德廣平真定順德大名濮州蟲食亲五月
商州隕霜殺麥河南妖賊醜斯等伏誅已酉給月裏

可里軍駐夏山後者市馬鈔八萬八千七百餘錠辛
亥遣怯列亦帶脫脫帥師征四川癸丑太陰犯南斗
乙卯焚惑犯右執法丙辰曲靖等路宣慰使兼管軍
萬戶忽林失來朝壬戌雲南右丞宋隆濟叛時劉深
將兵由順元入雲南雲南土官宋隆濟難調民供餽難
身死行陣妻子為虜衆惑其言遂叛丙寅詔雲南行
濟因給其衆曰官軍徵發汝等盡剪髮黥面為兵
二十萬石隨各處時直賑罪開中慶路昆陽州海口
卯太白犯井六月乙亥平江等十有四路大水以糧
省自頹征八百媳婦者二千人給貝子六十索丁

甲申歲星犯司怖丙戌宋隆濟率猫挖獠江諸蠻四
千人攻楊黃寨殺掠甚衆已酉緬王遣使獻馴象九
壬辰宋隆濟攻貴州知州張懷德戰死梁王遣雲南
行省平章懂兀兒政不蘭奚將兵往諸之殺賊酋撒
月斬首五百級癸已太白犯井甲午太
白犯輿鬼賜諸王歲星犯井
萬錠是月沁梁南陽衛輝大名濮州旱大都路水順
德懷孟蝗秋七月戊戌朔畫晦暴風起東北雨雹兼
發江湖泛溢東起通泰崇明西盡真州民被災死者
不可勝計以米八萬七千餘石賑之已亥增階沙二

州戍軍庚子籍安西王所侵占田站等四百餘戶爲
民賜寧遠王闊闊出所部鈔二萬三千餘錠乙巳遣
陽省大宰路水以糧千石賑之丙午歲星犯井丁未
命御史大夫禿忽赤整飭臺事詔軍官受賕者與民
官同例量罪大小殿黜命監察御史審覆扎魯忽赤
禁盜賊羊亥太陰犯墨壁陣賜諸王出伯等部鈔六
府諸王也滅干薨以其子八剌嗣己酉詔諸司嚴
罪囚檢照蒙古翰林院纂續戌申立耽羅軍民萬戶
萬錠又給市馬直三十八萬四千錠癸丑詔禁畏吾
兒僧陰陽巫覡道人呪師自今有大祠禱必請而行

違者罪之浙西積兩泛溢大傷民田詔役民夫二千
人疏導河道俾復其故命雲南省分蒙古射士征八
百媳婦庚申辰星犯太白癸亥合丹之孫脫歡自北
境來歸其父母妻子皆遭殺虜賜鈔一千四百錠給
諸王妃札忽而真及諸王出伯軍鈔四十萬錠中書
省臣言舊制京師州縣捕盜止從兵馬司有司不與
遂致淹滯自今輕罪令有司決遣重者從宗正府聽
斷庶不留獄且民不冤從之以暗伯阿忽台並知樞
密院事禁富豪之家役軍詔封贈非中書省無輒奏
請稱海至北境十二站大雪馬牛多死賜鈔一萬一

千餘錠本命御史臺檷照宣政院井僧司案牘陞太醫
院爲二品以平章政事大都護提擧點太醫事脫因納
爲太醫院使賜上都諸匠等鈔二十一萬七千四百
錠大都保定河間濟寧大名水廣平真定熀八月戊
辰給軍人羊馬價及定遠王所部鈔十四萬三千
已巳平灤路霖雨灤漆泅汝河溢民死者衆免其令
年田租仍賑粟三萬石庚午禿剌鐵木而等自和林
犒軍還言和林屯田宜令軍官廣其墾闢量給農具
倉官宜任選人可革侵盜之弊甲戌遣薛超兀
而等將兵征金齒諸國時征緬師還爲金齒所遮士

多戰死又接連八百媳婦諸蠻相效不輸稅賦殺
官吏故皆征之庚辰詔遣官分道賑恤凡獄囚禁繫
累年疑不能決者令廉訪司具其疑狀申呈省臺詳
讞仍爲定例各路被災重者免其差稅一年貧乏之
家計口賑恤尤甚者優給之小吏犯贓者並罷不叙
御女乙未填星犯太微上將順德路水免其田租九
征緬萬戶曳剌福山等進馴象六壬辰太陰犯軒轅
月祭丑放稱海守倉庫軍還令以次更代丙辰江陵
常德潭州皆旱並免其門攤酒醋課乙酉自八月庚
辰其出井歷紫微垣至天市垣凡四十六日而滅冬

十月丙辰朔以畿內歲饑增明年海運糧為百二十
萬石已巳緬王遣使入貢戊寅雲南武定路土官群
則獻方物癸未太陰犯東井壬午車駕還大都丙戌
以歲饑禁釀酒弛山澤之禁聽民捕獵湖廣行省臣
言海南海北道宣慰司都元帥府不與軍務遇有盜
竊惟行文移官慢功當罰者已有定例獲功當賞者乞
務又鎮守官或授金銀符皆從之擾南陽府屯田地給
或加散官或授金銀符皆從之擾南陽府屯田地給
新籍畏吾而戶俾耕以自贍仍給糧三月丁亥詔軍
官既受命而不時赴者被差事畢不即

還者准民官例違限六月選人代之被代者期年始
叙改鄂州路為武昌路遣使就調雲南四川福建廣
東廣西官諭百司凡事關中書省者毋得輒奏權豪
勢要之家佃戶貸糧者聽於來歲秋成還之癸巳分
硇門黎雅軍戌命陜西屯田萬戶也不干等將
之辛卯夜有流星大如杯光燭地自比起近東井分
二星沒於危宿十一月已亥歲星犯東井詔諭中書
近因禁酒閒年老需酒之人有預市而儲之者其無
釀具者勿問罷湖南轉運司弘州種田提舉司以其
事入有司降容象橫賓路為州平灤金冊提舉司為

管勾陸昭州為平樂府省沁縣入唐州丁未遣劉國
傑及也先忽都魯將兵八剌及阿塔赤將兵五
千人征宋隆濟減直羅米賑京師貧民設肆三十六
所其老幼單弱不能自存者稟給五月選六御扈從
漢軍晉武事仍禁萬戶以下毋令私代者斷罪有
戊申太陰犯昴徙儂人藍賴立長信寺秩三品十二
以賴戊等為融州懷遠縣安西王所部軍士食令各還
月甲戌歲星犯司怪給安西王征辛卯太陰犯南斗東行省平章闊
其家候春調遣太陰犯南斗東行省平章闊
里吉思以不能和輯高麗罷定強竊盜條格凡盜人

孳畜者取一償九然後杖之是歲江浙歸德南陽鄧
州唐州陳州和州襄陽波寧高郵揚州常州蝗峽州
隨州安陵荊門泰州光州揚州滁州高郵安豐霖汴
梁之封立武陽蘭陽中牟延津河南澠池蘄州之蘄
春廣濟蘄水旱大名宣德奉聖歸德寧海濟寧般陽
登州萊州益都濰州博興東平濟南濱州保定河間
真定大寧水是歲斷大辟六十一人
六年春正月癸卯詔千戶百戶等自軍逃歸先事而
逃者罪死敗而後逃者杖而罷之沒入其男女乙巳
中書省臣言廣東宣慰副使脫歡察而收捕盜賊屢

有勞績近廉訪司劾其私置兵伏擅殺土寇等事遣
官鞫問實無私罪乞加獎諭命賜衣二襲晉王甘麻
剌薨命封其王印及內史府印丙午京畿二十一站
闕食賜鈔萬二千七百餘錠陝西旱禁民釀酒以朱清
南站戶貧乏增馬及鈔以優恤之中書省臣以朱清
張瑄屢致人言乞罷其職從其諸子官江南者于京
丁未命江浙平章阿里專領其省財賦庚戌詔官
犯罪已經赦宥者仍從覈問海道漕運船令探馬赤
軍與江南水手相豪教習以防海寇江南僧石祖進
告朱清張瑄不法十事命御史臺詰問之帝語臺臣

《元史本紀卷二十》 十七

曰朕聞江南富戶侵占民田以致貧者流離轉徙卿
等嘗聞之否臺臣言曰富民多乞護持璽書依倚以
欺貧民官府不能詰治宜悉追收為便命即行之母
越三日詔自今僧官僧人犯罪御史臺與內外宣政
院同鞫宣政院官徇情不公者聽御史臺治之增諸
王塔赤鐵木而歲賜銀二百五十兩雜幣百四乙卯
築渾河堤長八十里仍禁豪家毋侵舊河令屯田軍
及民耕種增劉國傑等軍仍令戊隘隆侯秋進師
命札忽而帶阿里等整治江南影占稅民地土者中
書省臣言御史臺廉訪司體察體覆前後不同初立

臺時止從體察後立按察司事無大小一皆體覆由
是憲司之事積不能行請自今除水旱災傷體覆餘
依舊例體察為宜從之以大都平灤等路去年被水
其軍應赴上都駐夏者免其調一年詔軍官例立限邊
遠出征其餘遇祖父母喪依民官例立限奔赴
禁畜養鷹犬馬駝等人擾民乙未以諸王真童誣告
濟南王謫置劉國傑軍中自效壬戌鎮星犯太微垣
上將二月庚午太陰犯昴謫諸王出伯軍三千人備馬二匹
軍中自效癸酉增諸省平章也速帶而糸政惟
官給其直丙戌遣陝西諸省平章也速帶而糸政惟

《元史本紀卷第二十》 十八

勤將川陝軍湖廣平章劉國傑將湖廣軍征亦乞不
薛一切軍務並聽也速帶而劉國傑節制罷征八百媳
婦右丞劉深等官牧其符印驛券以京師民乏食命
省臺委官計口驗實以鈔十一萬七千一百餘錠賑
之癸巳帝有疾釋京師重囚四百三十八三月丁酉以
旱溢為災詔赦天下大都平灤被災尤甚免其差稅
三年其餘災傷之地已經賑恤者免一年今年內郡
包銀俸鈔江淮已南夏稅諸路鄉村人戶散辦門攤
課程並蠲免之壬寅太陰犯輿鬼命僧設水陸大會
七晝夜癸卯歲星犯井甲寅太陰犯鉤鈐合祭昊天

上帝皇地祗于南郊遺中書左丞相哈剌哈剌
孫攝事夏四月乙丑朔太白犯東井丁卯詔曲赦雲
南諸部蠻夷發通州倉粟三百石賑貧民釋輕囚
三十八人人給鈔五錠乙亥濬永清縣南河戊寅太
陰犯心庚辰上都大水民飢減價糶糧萬石賑之戊
子修廬溝上流石徑山河隄釋重四車駕幸上都庚
寅太白犯輿鬼真定大名河間等路蝗五月乙巳給
貧乏漢軍地及五丁者一項四丁者二項三丁者三
項其孤寡者存恤六年逃散者招諭復業戊申太廟
寢殿災癸丑調和林滇軍征雲南其戰傷而歸及嘗

奉晉王令旨諸王藥忽木而免者不遣丁巳福州路
饑賑以糧一萬四千七百石濟南路大水揚州淮安
路蝗歸德徐州邳州水六月癸朔日有食之太史
院失於推筭詔中書議罪以聞填星犯太微西垣上
將甲子建文宣王廟於京師辛未享于太廟乙亥太
陰犯斗安南國以馴象二及朱砂來獻甲申賜諸王
合荅孫脱歡脱列鐵木而伯牙倫完者所部鈔四萬
五千八百餘錠湖州嘉興杭州廣德饒州太平婺州
慶元紹興寧國等路饑賑糧二十五萬一千餘石大
同路寧海州亦饑以糧一萬六千石賑之廣平路大

水秋七月癸巳朔熒惑鎮星辰星聚井庚子太陰犯
心己酉亦乞不薛土官三人棄家來歸賜金銀符衣
服戊午太陰犯熒惑辛酉賜諸王八八剌脱脱灰也
只里也滅干荅鈔四萬三千九百餘錠以江浙行省
參知政事忽都不丁爲中書右丞建康民饑以米二
月甲子詔御史臺凡有司婚姻土田文案遇赦依例
樵覆乙丑熒惑犯歲星已巳熒惑犯輿鬼辛巳太陰
犯昴壬午太白犯軒轅九月乙未遣阿牙赤撒罕秃
會計稱海屯田歲入之數仍自今令宣慰司官與阿

剌台共掌之甲午賜諸王兀魯思不花所部鈔六萬
錠丙午熒惑犯軒轅丁未中書省臣言羅里等擾民
宜依例決遣置屯田所從之賜諸王八撒而等鈔八
萬六千三百餘錠巳酉龍興民譌言括童男女至有
殺其子者命誅其爲首者三人癸丑太陰犯輿鬼丁
巳太白犯右執法賜諸王捏苦迭而等鈔五千八百
四十錠冬十月甲子改浙東宣慰司爲宣慰司都元
帥府徙治慶元過海道置大同路黃花嶺屯田罷
軍儲所立屯儲軍民總管萬戶府設官六貟仍以軍
儲所宣慰使法忽魯丁掌之南人林都鄰告浙西廉

訪使張珪收藏禁書及推筭帝五行江浙運使合只
亦言珪沮撓鹽法命省臺官同鞫之丙子車駕還大
都壬午焚惑犯太微西垣上將濟南濱隸泰安高唐
州霖兩米價騰湧民多流移發粟賑之併給鈔三萬
錠十一月辛卯填星犯左執法甲午劉國傑禆將宋
光率兵大敗蛇節賜衣二襲仍授以金符乙未辰星
犯房癸卯太陰犯昴己酉太陰犯軒轅庚戌禁和林
軍釀酒惟安西王阿難卷諸王怱剌出脫脫不沙也
尺里駙馬蠻子台弘吉列帶燕里干許釀辛亥以同
知樞密院事合荅知樞密院事詔江南寺觀凡續置

南地震戊辰又震甲子衡州袁舜一等誘集二千餘
人侵撩郴州湖南宣慰司發兵討之獲舜一及其餘
黨命誅其首謀者三人餘者配洪澤芍陂屯田其脅
從者招諭復業乙丑歲星犯輿鬼乙亥大陰犯輿鬼
丙子劉國傑怱都魯忽獻蛇節羅鬼等捷庚辰
焚惑犯太微東垣上相命中書省更定略賣良人罪
例癸未太陰犯房保定等路饑以鈔萬錠賑之是歲
斷大辟三人

《元史本紀卷第二十》

至

民田及民以施入為名者並輸租充役戊午籍河西
寧夏善射軍隸親王阿木哥甘州軍隸諸王出伯己
未詔諸驛使報枉道者罪之十二月庚申朔焚惑犯
填星辛酉御史臺臣言自大德元年以來數有星變
及風水之災民間乏食陛下敬天愛民之心無所不
盡理宜轉災為福而今春霜殺麥秋兩傷稼五月太
廟災尤古今重事臣等思之得非荷陛下重任者不
能奉行聖意以致如此君不更新後難為力乞令中
書省與老臣識達治體者共圖之復請禁諸路釀酒
減免差稅賑濟飢民帝皆嘉納命中書即議行之雲

《元史本紀卷第二十》

至

本紀卷第二十

翰林學士承旨榮祿大夫知制誥兼修國史　宋濂　奉敕脩　國子監修書官王禕等奉

成宗四

穭

河泊之禁一年賑那海貧乏戶米八千石壬子罷歸

比甘肅陝西等郡釀酒益都諸處牧馬之地爲民所

糧者畝輸租一斗太減爲四升弛饑荒之地在山澤

再犯從者杖與首同爲首者流己酉以歲不登禁河

定諸改補鈔罪例爲首者杖一百有七從者減二等

七年春正月戊戌太陰犯昴甲辰太陰犯軒轅丙午

◀元史本紀卷二十一▶　一

德府括田乙卯詔凡爲匿名書辭語重者誅之輕者

流配首告人賞鈔有差皆籍沒其妻子充賞命御史

臺宗正府委官遣發朱清張瑄妻子來京師仍封籍

其家貲拘收其軍器海舶等丁巳令樞密院選軍士

習農業者十人教軍前屯田賜也梯忽而的合金五

十兩銀千兩鈔千定帛百匹二月壬戌詔中書省

院事者定其貧數仍令論樞密院除出征將帥外留

太諸有司冗貪仍以聞辛未以平章政事行上都留

守木八剌沙陝西行省平章阿老瓦丁並爲中書平

章政事江南行臺御史中丞尚文爲中書左丞江浙

◀元史本紀卷二十一▶　二

行省參知政事董士珍爲中書參知政事壬申詔樞

密院宗正府等自今每事與中書共議然後奏聞諸

司不得擅奏遷調官員雖經特旨用之而於例未允

者亦聽覆奏甲戌減杭州稅課提舉司冗員丙子詔

和林軍以六年更戍仍給鈔以周其乏命西京也速

迭而軍及大都所起軍皆以四月至上都五月赴北

丁丑命諸王出伯以下平章二員左右丞各一員參知

政事二員定爲八府戊寅太陰犯心己卯盡除內郡

官自左右丞相以下非急務者勿遣乘驛詔中書省設

饑荒所在差稅仍令河南省賑恤流民給北師鈔三

十八萬錠以安南陳益稷久居鄂州賜鈔千錠以侍

御史朶台爲中書參知政事御史臺臣言江浙行省

平章阿里乞左丞高嵩安祐僉省張祐等詔名買閭萬五

千引增價轉市於人乞遣省臺官按問從之太原大

同平灤路饑並減直糶粮以賑之庚辰命陝西甘肅

行省賑鳳翔等路饑命送里貧乏戶監察御史杜

肯搆言中書省臣曰比有以歲課增羨希求爵

報者壬午帝語中書右丞相完澤受朱清張瑄賄賂不

賞者此非倍刻於民何從而出自今除元額外勿以

增羨作正數罷江南財賦總管府及提舉司禁內外

中書省戶部轉運司官

諸人毋以金銀絲線等物下番罷江南都水庸田司

行通政院併大都運司入河間運司其所掌京師

酒稅課令戶部領之禁諸人非奉旨毋得以寶貨進

獻汰諸色人冒充宿衛及諸王駙馬妃主部屬濫請

錢粮者真定路饑賑鈔五萬錠丙戌詔除征遼軍士及鷹師

寄院御史臺壹政院依舊奏選諸司毋得擅奏其舉

兩都站戶外其餘人戶均當徭役丁亥詔自今除樞

用人貟並經中書省　三月巳丑朔保定路饑賑鈔四

萬錠庚寅詔遣奉使宣撫循行諸道以郝天挺塔出

往江南江北石珪徙燕南山東耶律希逸劉賡往河

東陜西鐵里脫歡戎益往兩浙江東趙仁榮岳叔謨

往江南湖廣木八剌陳英往江西福建塔赤海牙劉

敏中往山北遼東並給二品銀印仍降詔戒飭之江浙

行省平章脫脫遣發朱清張瑄家屬其家以金珠重

賂之脫脫以聞帝諭之曰朕以江南任鄉果能爾真

男子事也其益恪勤乃事賜以黃金五十兩都城火

命中書省與樞密院議增巡防等兵賜甘肅行省供軍錢

粮多弊詔徙廉訪司于甘州壬辰定大都南北兵馬

司姦盜等罪六十七以下付本路七十七以上付也

可札魯忽忿赤河間路禾稼不登命罷修建僧寺工役

乙未真定路饑賑鈔六百六十餘錠中書平章伯顏

梁德珪真阿里渾撒里右丞八都馬辛左丞月古

不花參政迷而火者張斯立等受朱清張瑄賄賂治

罪有差詔皆罷之以洪君祥為中書右丞監察御史

言其暴居宥密以貪賄黜乞別選賢能代之不報

甲辰詔定贓罪為十二章京朝官月俸外增給祿米小

外任官無公田者亦量給之乙巳以征八百媳婦喪

師誅劉深笞合剌帶鄭祐罷雲南征緬分省戊申中

蘭禧岳鉉等進大一統志賜賚有差已酉追收元降

除免和雇和市璽書以脫歡評告諸王脫脫謫置湖

廣省軍前自效罷甘肅行省差調民兵及取勘軍民

站戶家屬孳畜之數庚戌以鐵哥察而所收愛牙合

赤戶仍隷諸王脫脫癸丑樞密院臣及臺臣稱貧不

中丞董士選貸朱清張瑄鈔非義帝曰臺臣御史言

必問也若言者不已後當杖之甲寅車駕幸上都丙

辰賜諸王小薛所部等鈔六萬錠賑李陵臺等五站

戶鈔一千四百餘錠遼陽等路饑賑鈔萬錠夏四月

癸亥太陰犯東井詔省臺樞密院通政院九呼召大

都總管府官吏必用印帖其餘諸司不得輒召徵藩
臣陳天祥張孔孫郭鈞至京師以天祥孔孫爲集賢
大學士篤爲昭文館大學士皆同議中書省事丙寅
太陰犯軒轅庚午以中書文移太繁其二品諸司當
呈省者命止關六部中書左丞相咨剌罕言僧人修
佛事畢必釋重囚有殺人及妻妾殺夫者皆指名釋
之生者苟免死者負冤於福何有帝嘉納之辛未流
朱清張瑄子孫于遠方仍給行費乙亥歲星犯輿鬼
太陰犯南斗庚辰蛇節降令海剌孫將兵五千人鎮守
餘衆悉遣還各成撥硼門四川軍人一千人鎮羅羅

斯其土軍修治道路者悉令放還甲申熒惑犯太微
垣右執法丁亥歲星犯輿鬼誅蛇節衛輝路辰州蠻
濟南路隕霜殺麥五月己丑給和林軍鈔三十八萬
錠開上都大都酒禁其所隸兩都州縣及山後河東
山西河南嘗告饑者仍悉禁之詔雲南行省整飭錢
粮壬辰星犯東井以大德五年戰功賞北師銀二
十萬兩鈔二十萬錠昂各五萬九千四賜皇廷海
山及安西王阿難答諸王脫脫八不沙駙馬蜜子台
等各金五十兩銀珠錦幣等物有差丙申遣征緬回
軍萬四千人還各成癸卯詔和林軍粮除歲支十二

萬石其餘非奉旨不得擅支丁未床元兒來朝以戰
功賜金五十兩銀四百兩仍給其萬戶所隸貧之軍
鈔六十九萬餘錠辛亥奉使宣撫耶律希逸劉賞言
平陽僧察力威犯法非一有司憚其豪強不敢詰問聞
臣等至潛逃京師中書省臣言宣捕送其所令省臺
宣政院遣官雜治從之甲寅濟上都漯河乙卯以昌
童王五户絲有差
僧人禿魯花等隱藏者依例還役詔中外官吏無職
田者驗俸給米有差其上都和林諸處非産米
地惟給其價禁諸王八不沙部於般陽等處圍獵擾

民詔諸宿衛士除官貟子弟曾經奏准者留餘悉革
去禁諸王駙馬毋輒杖州縣官吏違者罪王府官立
和林宣慰司都元帥府以忽剌出遷授中書省左丞
爲宣慰使都元帥賜諸王納忽里鈔千錠幣三十四
濟寧東昌濟南般陽太原龍興南康袁
瑞撫等路高唐南豐等州蟲食麥五萬五千石
東平益都濟南等路蝗陽路隕霜閏五月戊午期
日有食之以也奴鐵木而闕闕出見元沒於軍賜其
家鈔有差壬戌詔禁犯曲阜林廟者丁卯平江等十
五路民饑減直糶粮三十五萬四千石戊辰太陰犯

心己巳以諸王李羅真童皆討賊有功徵詣京師完
澤竟庚辰雲南行省平章也速帶而入朝以所獲軍
中金五百兩為獻帝曰是金卿効死所獲者賜鈔千
錠丁丑禁諸王駙馬等征比諸軍以奴為代者罪之
辛巳詔僧人與民均當差役笑未各道奉使宣撫言
其海外未還商舶至則依例籍没甘肅行省平章合
浙行省右丞董士選發所籍朱清張瑄貨財赴京師
去歲被災人戶未經賑濟者宜免其差役從之命江
散等侵盜官錢十六萬三千餘錠鹽引五千餘盡命
省臺官徵之詔上都路應昌府亦乞列思和林等處

《元史本紀二十一》　七

依內郡禁酒丙戌罷管田提舉司汴梁開封縣蟲食
麥六月巳丑御史臺臣言瓜沙二州自昔為邊鎮重
地今大軍屯駐甘州使官民及居邊外非宜乞以蒙
古軍萬人分鎮隘立屯田以供軍實為便從之罷
四川宣慰司立四川行中書省脫脫雲南行省平章脫
脫湖廣行省議事平章程鵬飛並為平章政事壬辰
武岡路饑減價糶糧萬石以賑之給歃察千戶等貧
乏者鈔三萬七千八百餘錠癸巳叛賊雄挫来降乙
未以亦乞不薛就平留探馬赤軍二千人討阿永叛
蠻餘悉故還庚子西京道宣慰使法忽魯丁以瑟瑟

二千五百餘斤鬻千官為鈔一萬一千九百餘錠有
旨除御榻所用外餘未用者宜悉還之命阿伯阿忽
臺等整飭河西軍事癸卯詔九軍官子弟年及二十
者與民官子孫同僉宜一年方許襲職萬戶及二十
院千戶於本萬戶子孫於樞密
運大寧路螟蝗秋七月辛酉常德路鐵減宜耀糧
各戶酒醋課命甘肅行省僉阿合潭曲尤壤以通漕
西渭兩民饑者十四萬戶於本萬戶賑濟行省僉省浙
以賑之壬戌御史臺臣言前河間路達魯花赤耀糧萬石
因轉運使木甲德壽皆坐贓罷今忽賽因以獻鷹犬

《元史本紀二十一》　八

復除大寧路達魯花赤木甲德壽以迭里迷失妻妾
其被誣復除福寧知州並宜改正不敘以戰姦貪從
之禁僧人以修達寺宇為名賣諸王令吉乘傳擾民
樞密院事戊寅歲罡犯軒轅丙子給四川行省驛券
十二道詔除集賢翰林老臣預議朝政其餘三品以
下年七十者各陸散官一等致仕立和林兵馬司罷
遼東宣慰司丁丑中省臣言大同稅課比奉旨賜乳
母楊氏其家措歃過數擾民為甚勒賜鈔五百錠其
稅課依例輸官御史臺臣言湖南翰糧百石者出驛

馬一匹廣海地狹所輸不及百石者所出亦如之故
官以鹽引助其不給每馬一疋貴州以北給鹽十七
引以南二十引者近立榷鹽提舉司官價增五之三元
給二十引者宜與鈔十七錠十七引者十五錠從之
罷江南白雲宗攝所其田令依例輸租都生察八而
減里鐵木而等遣使請息兵帝命安西王慎飭軍士
安置驛傳以俟其來戊寅賜諸王奴倫伯顏也不干
等鈔九萬錠罷諸王所設總管府叛賊麻你降貢金
井乙酉熒惑犯房賜諸王曲而魯等部鈔幣有差八
五百兩童男女二百人及馬牛羊却之己卯太陰犯

月己丑罷護國仁王寺元設江南營田提舉司給安
西王所部貧民米二萬石辛卯夜地震平陽太原尤
甚村堡移徙地裂成渠人民壓死不可勝計遣使分
道賑濟為鈔九萬六千五百餘錠仍免太原平陽今
年差稅山塲河泊聽民採捕癸巳太白犯氐月里不
花將甕吉里軍起雲南道辛庚子中書省臣言法忽
魯丁輸運和林軍粮其負欠計二十五萬餘石近監
察御史亦言其侵匿官錢十三萬餘錠臣等議遣官
徵之不足則籍沒其財產從之乙巳歲星犯軒轅庚

戌緬王遣使獻馴象四辛亥熒惑犯天江賜諸王脫
鐵木而之子也先愽怯所等部鈔六千九百餘錠九
月戊午車駕還大都丙寅見以太原平陽地
震禁諸王阿只吉小薛所部擾民仍減太原歲饋馬
之半遣刑部尚書塔察而翰林直學士王約使高麗
以其國相呉祈專權徵詰關問罪辛未熒惑犯南斗
詔諭諸司賑恤平陽太原甲戌太陰犯氐後木
白犯南斗丙子罷僧官有妻者壬午辰星犯氐復木
八刺沙平章政事冬十月丁亥太白經天御史臺臣
劾言江浙行省平章阿里不法帝曰阿里朕所信任

臺臣屢以為言非所以勸大臣也後有言者朕當不恕
戊子地太原平陽酒禁以江浙年穀不登減海運粮
四十萬石己丑詔從軍醫工止復其妻子戶如故辛
卯復立陝西行御史臺癸巳御史臺及諸道奉使
言行省官久任與所隸編泯聯姻害政詔互遷之以
而合忽知樞密院事給大都文宣王廟酒掃節養子
只阿關于本境以撫其民改平灤為永平路陸甘州為
未發雲南叛寇餘黨未革心者來京師留蛇節養子
上路設刑部獄吏一員以掌囚徒安西轉運司於常
課外增等五萬七千四百錠人賜衣一襲以勸其功

詔諸司凡錢糧不經 中書省議者勿奏庚子改普定
府為路隸曲靖宣慰司以故知府容苴妻適姑為總
管佩虎符以叙州宣慰司為叙南等處諸蠻夷宣
撫司辛丑太陰犯東井庚戌詔軍戶貧乏者存
宗定宗睿宗憲宗五朝實錄辛亥詔翰林國史院進太祖太
都漕運萬戶府給印一亦乞不薛賊黨魏傑等降人
恤六年增蒙古國子生百員十一月甲寅朔賜諸王
阿只吉所部鈔二十萬錠糧萬石命鷹師圍獵毋得
擾民以順元隸湖廣省併海道運糧萬戶府為海道
賜衣一襲遣還俾招其首亂者丁巳詔大同靜州隆

《元史本紀卷二十一》（十一）

興等路運糧五萬石入和林己未太白經天辛酉木
冰甲子命依十二章斷僧官罪丙寅鎮星犯進賢戊
辰太陰犯井辛未陸全寧府為路己卯太陰犯東咸
遣諸王滅怯禿王龍鐵木而使察八而十二月甲申
朔詔內郡比歲不登其民已免差者併蠲免其田租
乙酉弛京師酒課許貧民釀酒丙戌太白經天熒惑
犯壘壁陣戊子以平宋隆濟功增諸將秩賜銀鈔等
物有差其軍士各賜鈔十錠放歸存恤一年丙申太
陰犯東井辛丑太陰犯明堂詔撫諭順元諸司免大
德七年民間通稅命江南浙西官田奉特旨賜貸者

許中書省迴奏賜皇姑魯國大長公主鈔一萬五千
錠幣帛各三百匹加封真武為元聖仁威玄天上帝
丁未太陰犯天江以轉輸軍餉免思播二州及潭
衡辰沅等路稅糧一年常禮三分之一淘金站戶無
種佃者免雜役一年七道奉使宣撫所罷贓污官吏
凡一萬八千四百七十三人贓四萬五千八百六
五錠審冤獄五千一百七十六事是歲斷大辟十人
雜犯之罪當杖免者並免私鹽徒役者減
八年春正月己未以災異故詔天下恤民隱省刑罰
一年平陽太原免差稅三年隆興延安及上都大同

《元史本紀卷二十一》（十二）

懷孟衛輝彰德真定河南安西等路被災人戶免二
年大都保定河間路免一年江南佃戶私租太重以
十分為率減二分永為定例仍弛山場河泊之禁聽
民採捕庚申以雲南順元同知宣撫事宋阿重生獲
其叔捕隆濟來獻特陞其官賜衣一襲置掌薪司以供
尚食令宣徽院掌其事癸亥禁錮朱清張瑄族屬乙
丑復置遂平新蔡真陽太和沈立潁上柘城城父郟
舞陽十縣丙寅以御史中丞趙仁榮為中書參知政事陞
書石丞江南行臺中丞趙仁榮為中書參知政事陞
敕坊司三品庚午以輦真監藏為帝師辛巳詔諸王

妃主及諸路有馬者十取其一諸王駙馬往遼東捕
海東鶻者毋給驛自榮澤至雎州築河防十有八所
給其夫鈔人十貫駙馬也列于住所部民饑以粮二
千石賑之是月平陽地震不止巳修民屋復壞二月
丙戌增置國子生二百貟選宿衛大臣子環充之降
者許並居鳳憲徙江東建康道廉訪司治于寧國其
所部並軍屯田于薛出合出谷甲午部父子兄弟有才
莊浪路為州併儸千縣入德順州辛卯命諸王出伯
達康路簿書命監察御史鈎考兩申分軍十人戊嘉
定州甲辰翰林學士承旨撒里蠻進金書世祖實録

《元史本紀卷二十一》 十三

節文一册漢字實録八十册緘宿衛纂冗者丙午車
駕辛上都勒軍人奸盜詐偽悉歸有司賜太祖位怯
憐口戶鈔萬八千二百錠布帛萬匹賜禿赤及塔刺
海以所籍朱清張瑄田人六十頃近侍鷹坊怯憐口
鈔二萬七千三百錠布帛萬二千四賜平章政事王
慶端王帶半俸終身三月丁巳詔軍民官已除以地
遠官甲不赴者奪其官不叙軍官擅離所部者悉遣
還冀達者論如律軍人不告所部私歸者杖而還之
乙丑去歲十二月庚戌彗星見至是滅凡七十四度
入紫微垣至是滅凡七十四日戊辰中書左丞尚文

以疾辭不允詔諸王駙馬所分郡邑達魯花赤惟蒙
蒙古人三年依例選代其漢人女直契丹名為蒙古
者皆罷之勅諸軍民逃奴有獲者即付其主主在他所
者赴所在官司給之仍追逃奴鈔克獲者賞逃及誘
匿者論罪有差詔諸路省臣自內降旨未除官者視
為近侍宿衛踐歷年深依已除叙嘗宿衛官二級官
散官叙始歷一考准為初階無資濫進降官二級官
高者量降各位下再任者從所隸用三任之上聽入
常調蒙古人不在此限從之雲南黎州盜刼也速而

《元史本紀卷二十一》 十四

帶家屬賞産命宣政院瞥其郡邑捕之給諸王出伯
所部馬萬三千五百疋庚辰詔內外使以軍務行者
至其地有司給饋十五日自餘重事八日細事三日
命凡為衛兵者皆半隸屯田仍諭各衛屯官及屯田
者視其勤墮以為賞罰陛分寧縣為寧州罷廬州路
榷茶提舉司瀼陽等縣隕霜殺桑夏四月丙戌
置千戶所戍定海以防歲至倭船永寧路叛寇雄挫
來降命降者罪且罷之詔諸路畏吾兒合迷里自相
奉旨輒給者罪且罷之諸王駙馬徵索有司非
訟者歸都護府與民交訟者聽有司專決甲午詔朝

廷諸王駙馬進捕鵰鶻皆有定戶自今非鷹師而乘
傳冒進者罪之庚子以永平清滄柳林屯田被水其
逋租及民貸食者皆勿徵丁未分教國子生於上都
賜西平王奧魯赤等部民鈔萬錠桑耳思等站
戶鈔二千二百錠銀三百九十兩有奇益都臨朱清
州齊河蝗五月癸未朔日有食之辛酉隆濟功德
王脫脫亦吉里平章床兀而等銀鈔金幣玉帶及大
張瑄江南財產隸中政院己巳以平宋隆濟功德
理金齒曲靖烏撒烏蒙宣慰等官銀鈔各有差壬申
罷福建都轉運鹽使司以其歲課併隸宣慰司中書

省臣言吳江松江實海口故道潮水久淤凡湮塞良
田百有餘里況海運亦由是而出宜於租戶役萬五
千人潘治歲免租人十五石仍設行都水監以董其
程從之追收諸王驛券癸酉定館陶等十七倉官
級諸糧十萬石以上者從七品五萬石以上者正八
品不及五萬者從八品庚辰以去歲平陽太原地震
人濤圮者千四百餘區道士死傷者千餘人命賑
恤之是月蔚州之靈仙太原之陽曲隆興之天城懷
宮觀摧圮者大
安大同之白登大風雨雹傷稼人有死者大名之魏
滑德州之齊河霖雨汴梁之祥符太康衛輝之獲嘉

太原之陽武河溢六月癸未開和林酒禁立酒課提
舉司丁酉汝寧妖人李曹驢等妄言得天書惑報事
覽伏誅益津蝗汴梁祥符開封陳州霖雨蠲其田租
扶風岐山寶雞諸縣旱烏撒烏蒙益州東川等
路饑疫盎賑之秋七月辛酉罷江淮等處財賦總
管府癸亥諸王合贊自西域遣使來貢珍物賜諸王
也孫鐵木而等鈔二十萬錠西平王奧魯赤二萬錠以
憐口等九萬餘錠二十萬錠以順德恩
州去歲霖雨免其民租四千餘石八月太原之
陽曲管州嵐州大同之懷仁雨雹隕霜殺

發粟賑之以大名高唐去歲霖雨免其田租二萬四
千餘石九月癸丑車駕至自上都庚申伯顏梁德珪
亦復為中書平章政事庚午以戶部尚書張祐為中書參
為中書平章政事參知政事
而火者復為中書平章政事參知政事以江浙行省平章阿里
知政事癸酉諸王察八都馬辛復為中書參
六百四給之詔諸王凡泉府規營錢非奉旨毋輒支
貸給諸王平陽被災者給鈔有差潮州颶風起海溢漂
居太原平陽被災者給鈔有差潮州兩月以
民廬舍溺死者眾給其被災戶糧兩月以襄孟輝雲

內諸州去歲霖雨免其田租二萬二千一百石冬十
月辛卯有事于太廟辛巳給諸王阿只吉所部馬料
價鈔三千九百錠以宣徽使大都護長壽為中書右
承陝西行省右丞脫歡為中書參知政事丁亥安南
遣使入貢詔諸王駙馬毋乘驛以獵庚寅封皇姪海
山為懷寧王賜金印仍割瑞州戶六萬五千隸之歲
給五戶絲直鈔二千六百錠幣帛各十四戊戌命省
臺院官鞠高麗國相具祈及千戶石天輔等以祈離
間王父子天輔謀歸日本皆管之徒安西十一月壬
子詔內郡江南人凡為盜黥三次者謫戍遼陽諸色

人及高麗三次免黥謫戍湖廣盜禁鬻馬者初犯謫
戍再犯者死以平陽太原去歲地大震免其稅課一
年遣制用院使忽鄰翰林直學士林元撫慰高麗放
遼陽民樂亦等三百九十戶為兵者還民籍丁卯復
免僧人租戊辰以武備卿鐵古迭而為御史大夫壬
申詔凡僧姦盜殺人者聽有司專決寧遠王闊闊出
以馬五百餘疋給軍命以鈔五萬二千五百餘錠
賞其直增海漕米為百七十萬石十二月庚子復立
益都淘金總管府辛丑封諸王出伯為威武西寧王
賜金印賜安西王阿難荅諸王阿只吉也速不干等

鈔一萬四千錠
九年春正月丁巳太陰犯天關戊午帝師巴丹真監藏
卒賻金五百兩銀千兩幣帛萬四千鈔三千錠仍達塔
寺甲子太陰犯明堂以党吉剌部民張道奴等舊權
為軍者復隸民籍巳巳太陰犯東咸壬申弛大都酒
禁甲戌賜諸王完澤幣帛有差鷹師等百五十萬錠二月
萬六千九百錠幣帛都失里別不花等所部鈔五
癸未勒軍匠等戶元隸東宮者有司母得奪之中書
省臣言近侍自內傳旨凡除授賞罰皆無文記懼有
差遣乞自今傳旨者悉以文記付中書從之甲午免

天下道士賦稅乙未建大天壽萬寧寺丁酉封諸王
完澤為衛安王定遠王岳木忽而為威定王并賜金
印壬辰翰林國史院為正二品賜朵尾使者幣帛五百
四庚子命中書議行郊杞禮辛丑詔赦天下令御史
臺翰林集賢院六部於五品以上各舉廉能識治體
者三人行省行臺宣慰司廉訪司各舉五人免大都
上都隆興差稅內郡包銀俸鈔一年江淮以南租稅
及佃種官田者均免十分之二致仕官止有一子應
承廕者其傺使並免之家貧者給半俸終其身丙午
賜宿衛怯憐口鈔一百萬錠以歸德頻歲被水民饑

給粮兩月平陽太原地震站戶被災給鈔一萬二千
五百錠三月丁未朔車駕幸上都給還安西王積年
所減歲賜金五百兩絲一萬一千九百斤仍賜其所
部鈔萬錠勅邁陽行省母專決大辟以和林所貯幣
帛給懷寧王所部軍庚戌以吃剌八思幹節兒姪相
加班為帝師詔渠王勿與雲南行省事賜鈔千錠甲
寅熒惑犯氐戌午歲星犯左執法以樞密副使高興
為平章政事仍樞密副使賜親王脫脫鈔二千錠去
兀倫李羅等金五百兩銀千兩鈔二萬錠以濟窶去
歲霖雨傷稼常寧州鐵並賑恤之河間益都般陽屬

【元史本紀卷二十一　九】

縣隕霜殺桑撫之宜黃興國之大冶等縣火給被災
者粮一月夏四月庚辰太陰犯井雲南行省請益戌
兵不許遣使詰諸路闢其當戌者遣之乙酉大同路
地震有聲如雷壞官民廬舍五千餘間壓死二千餘
人懷仁縣地裂二衇湧水盡黑漂出松栢朽木遣使
以鈔四千錠米二萬五千餘石賑之是年租賦稅課
徭役一切除免戌子賜察八而朵兀所遣使者銀千
四百兩鈔七千八百餘錠己丑東川路蠻官阿葵以
馬二百五十疋金二百五十兩及方物來獻壬辰太
白犯井中書省臣言前代郊祀以祖宗配享臣等議

今始行郊禮專祀昊天為宜詔依所議行之以汴梁
歸德安豐去歲被災潭州郴州桂陽東平等路饑並
賑恤之五月丁未詔諸王駙馬部屬及各校下凡市
備徭役與民均輸遣官調雲南四川福建兩廣官大
都旱道使持香禱雨戌午改各道肅政廉訪司為詳
關命有司給以安車戌午改各道肅政廉訪司正二品癸亥
觀察使聽省臺辟人用之立衍慶司正二品癸亥
歲星掩左執法以地震改平陽為晉寧太原為冀寧
復立洪澤芍陂屯田令河西行省平章阿散領其事
省醫林縣入貴州以晉寧興寧累歲被災給鈔三萬

【元史本紀卷二十一　二十】

五千錠寶慶路饑發粟五千石賑之以陝西渭南櫟
陽諸縣去歲旱蠲其田租道州旱六月丙子朔以立
皇太子遣中書右丞相荅剌罕哈剌孫告昊天上
帝御史大夫鐵古迭而告太廟庚辰立皇子德壽為
皇太子詔告天下賜高年帛八十者一四九十者二
四孝子順孫堪從政者量才任之親年七十別無侍
丁者從近選除外任官五品以下並減一資諸處
囚淹繫五年以上除惡逆外疑不能決者釋之流竄
遠方之人量程內地甲午潼川霖雨江溢漂沒民居
溺死者衆勅有司給粮一月免其田租以瓊州屬經

元史本紀卷二十一 〈廿一〉

叛寇隆興撫州臨江等路水汴梁霖雨為災並給糧
一月桓州宣德兩雹鳳翔扶風旱通泰靜海武清瑝
秋七月乙巳朔禁晉寧襄寧大同釀酒鞏晉寧奠寧
今年商稅之半丙午熒惑犯氐辛亥築郊壇於麗正
文明門之南兩位設郊祀署令丞各一員太祝三員
奉禮郎二員協律郎一員法物庫官二員癸丑以黑
蒙古字提舉司及醫學提舉司賜安西王阿難荅子
月曾轍木而鈔二千錠甲寅太白經天庚申陞大府
臨為大府院壬戌以金千兩銀七萬五千兩鈔十三
萬錠賜興聖太后及宿衛臣出居懷州復置懷寧王
王府官賜威遠王岳木忽而鈔萬錠給大都至上都
十二驛鈔一萬一千二百錠丁卯熒惑犯房火者為左
徒跜貞中書右丞八都馬辛並為中書平章政事參
知政事合剌蠻子為右丞知政事迷而火者為左
丞衾議中書省事也先伯為參知政事給脫脫所部
乞而言思民粮五月汴陽之王沙江溢陳州之西華
河溢澤州水賑米四千石楊州之泰興都淮安之
山陽水蠲其田租九千餘石石潭郴衢雷峽滕沂寧海
諸郡鐵減直糶糧五萬一千六百石八月乙亥朔省

元史本紀卷二十一 〈廿一〉

幸可孫冗負亭可孫專治弩粟初惟數人後以各位
增入遂至繁冗至是存十二員餘盡革之丙子給大
都車站以戶粟十四百七十餘石丁丑給曲阜林廟灑
掃戶以尚珍署田五十頃供歲祀己卯以矞寧歲後
不登弛山澤之禁聽民採捕命太常卿丑間昭文館
大學士靳德進祭星于司天臺辛巳太陰犯東咸丙
戌商胡塔乞以寶貨來獻以鈔六萬錠給其直癸巳
復立制用院乙未熒惑犯天江賜寧遠王闊闊出鈔
萬錠及其所部三萬錠是月涿州河溢東安州河間嘉興
鼃象州融州柳州旱歸德陳州河溢大名大水楊州
饑九月戊申聖誕節帝駐驆于壽寧宮受朝賀丁巳
熒惑犯斗庚申車駕至自上都賜威武西寧王出伯
所部鈔三萬錠冬十月丁丑朔陸都水監正三品辛
巳有事于太廟庚寅駙馬按替不花來自朵兒以南軍
十兩鈔二百錠乙未帝諭中書省樞密院御史臺臣
曰省中政事聽右丞相哈剌哈孫荅剌罕總裁自今
用人非與荅剌罕共議者悉罷之戊戌詔芍陂洪澤
等屯田為豪右占據者悉令輸租辛丑復以詳刑觀
察司為廉訪司常州僧錄林起祐以官田二百八十

項月為巳業施河西寺勒募民耕種輸其租于官御
史臺臣請增官吏俸命與中書省共議以聞括兩淮
地為豪民所占者令輸租賦賜安南王陳益稷湖廣
地五百頃諸王忽剌出及昔思來賀立皇太子
賜鈔及衣服弓矢等有差十一月丁未以鈔萬錠
足信如其悔罪自至則官可得命賜衣服遣之以去
其屬來獻方物請復其子官帝不允曰勝許反側
拘收諸王妃主驛券置大都南城警巡院黃勝許遣
雲南行省命與貝參用其貝非出本土者同偽鈔論
年興寧地震站戶貧乏詔諸王駙馬毋妄遣使秉驛

復立雲南屯田命伯顏察而董其事給四川征戍軍
士其家居大同為地震死者戶鈔五錠庚戌歲星
太白鎮星聚於亢癸丑歲星犯亢丙寅歲星晝見庚午
祀昊天上帝于南郊牲用馬一蒼犢一羊豕鹿各九
其文舞曰崇德之舞武舞曰定功之舞以攝太尉右
丞相哈剌哈孫左丞相阿忽台御史大夫鐵古迭而
為三獻官壬申太白經天十二月乙亥賜冀寧路鈔
萬錠鹽引萬紙以給歲賚丙子太白犯西咸地震庚
寅癸感犯暈壁陣皇太子德壽薨已亥辰星犯建星
十年春正月壬寅朔高麗王王睶遣使來獻方物甲

辰詔詢訪莊聖皇后昭睿順聖皇后徽仁裕聖皇后
儀範中外之政以備紀錄丙午潘吳松江等處潘河
四川行省臣言所在驛傳迢遞宜令所隸州縣官統治之從
督令沁江水驛遷遠宜令所隸州縣官立福建鹽課提
增置甘肅行省王渾木敦等處驛傳立福建鹽課提
舉司隸宣慰司庚戌潘真揚等州潘河令陞臨潢
江南白雲宗都僧錄司汰其民歸各寺田而
輸鈔二貫以為傭工之費丁巳太白犯建星戊午罷
悉輸租壬戌發河南民十萬築河防丙寅以沙都而
所部貧乏給糧兩月丁卯命諸王駙馬妃主奏請錢

穀者與中書議行之陞巡檢為九品命近侍無輒驛
召外郡官弛大同路酒禁封駙馬合伯為昭武郡王
營國子學於文宣王廟西偏詔各道禁祖擂鹽法以
京畿雷家站戶貧乏給鈔五百錠奉聖州懷來縣民
饑給鈔九百錠閏正月癸酉太白犯牽牛甲戌鐵合
民所部留廎鳳翔者糧三月壬午給諸王也先鐵木
而所部米二千石賑暗伯披突軍屯東地者粮兩月
丁亥免大都今年租賦已丑太白犯暈壁陣甲午以
前中書平章政事鐵哥江浙行省平章闊里河南行
省平章阿散益爲中書平章政事行宣政院使張閭

四川行省左丞杜思敬並為中書省
事劉源為參知政事是月以曹之禹城去歲霖雨害
稼民飢發陵州粮二千餘石賑之晉寧裏寧地震不
止二月壬寅賑金蘭站戶
陽千戶小薛千所部貧置者粮三月辛亥中書省臣
言近侍傳旨以文記至省者凡一百五十餘人令臣
擢用其中犯法妄進者實多宜加選制曰可陛行
都水監為正三品諸路提控案牘為九品駙馬濟寧
王蠻子帶以所部用度不足乞預貸歲得五戶絲從
之遣六衛漢軍貧乏者還家休息一年丙辰封字羅

為鎮寧王錫以金印朵兒邊遣使來朝賜衣幣遣之戊
干太陰犯氐已未江西福建道奉使宣撫塔不帶坐
職遇赦釋其罪終身不叙丁卯以月古不花為中書
左丞戊辰車駕幸上都賜安西王阿難荅西平王奧
魯赤不里亦鈔三萬錠南哥班萬錠從者三萬二千
錠鎮西武靖王搠思班所部民飢發甘肅粮賑之是
月大同路暴風大雪壞民廬舍明日雨沙陰霾烏牛
多斃人亦有死者三月戊寅歲星犯亢已卯噔古王
遣使來貢方物乙未慮大都囚釋上都死囚三人賜
駙馬蠻子帶鈔萬錠道州營道等處暴雨江溢山裂

漂蕩民廬溺死者衆優其田租以濟州任城縣民飢
賑米萬石給千家木思荅伯部糧三月柳州民飢給
粮二月河間民王天下奴弒父礫裂於市夏四月庚
子朔詔凡匿鷹犬者沒家貲之半笞三十來獻者給
之以賞罰匿鷹犬者沒家貲之半笞三十或佗
管府專督其程人給地五十晌歲輸粮三十石或佗
役不及耕作者悉如數徵之之人致重困乞令軍官統
治以宣慰使王龍失不花總其事視軍民所收多寡
以為賞罰從之丁未命咸武西寧王出伯頒甘肅等
地軍站事辛酉丁伯星犯亢壬戌雲南羅雄州軍火主

阿邦龍少結豆溫匡普定路諸蠻為寇右丞汪惟
能進討賊退據越州諭之不服遣平章也速帶而率
兵萬人往捕之兵至曲靖與惟能合從諸王昔實赤
亦里吉帶等進壓賊境獲阿邦龍少斬之餘衆皆潰
命也速帶而留軍二千戌之其從軍有功者皆加賞
有慶等置崑山嘉定等處水軍上萬戶府甲子倭商
賽馬亥置嵩慶元貿易以金鎧甲為獻命江浙行省
東諸郡吉州龍興道州柳州漢陽淮安民飢發粟
章阿老瓦丁等備之賜梁王松山鈔千錠是月以廣
雨水溢賑糧有差鄭州暴風雨雹大若雞卵麥及桑

襄皆擄殺今年田租真定河間保定河南蝗五月辛
未大都旱遣使持香禱雨壬午增河間山東兩浙兩
淮福建廣海鹽運司歲煮鹽二十五萬餘引癸未詔
西番僧徒還者不許馳驛給以舟車禁御史臺宣慰
司廉訪司官毋買鹽引乙酉以同知樞密院事塔魯
忽台爲鄧國大長公主丁亥詔命右丞相哈剌哈孫
仍署行省以鎮撫之其國僉議密直司等官遣高麗國王王晅還國
宣敕封駙馬脫鐵木而爲濮陽王賜以金印公主忙
哥剌罕左丞相阿忽台等整飭庶務凡銓選錢穀等

事一聽中書裁決百司勤怠者各以名聞賜威武西
寧王出伯鈔三萬錠遼陽益都民饑賑貸有差大都
真定河間蝗平江嘉興諸郡水傷稼六月癸卯御史
臺臣言江南行臺監察御史勸江浙行省宣使
李元不法行省亦遣人搜拾敎化不令撿覈按牘中
書省臣復言敎化等不循法度擅遣軍士守衛其門
榜掠李元誣指行省官實溫省事詔省臺及也可
札魯忽赤同訊之癸丑太陰犯羅堰上星已未歲星
犯亢壬戌寇安路總管岑雄叛湖廣行省遣宣副
使忽都魯鐵木而招論之雄令其子世堅來降賜衣

物遺之復淮西道廉訪司大名益都易州大水景州
霖雨龍與南康諸郡蝗秋七月庚辰太陰犯牽牛辛
巳釋諸路罪囚常赦所不原者不與宣德等處雨雹
害稼大同之渾源隕霜殺禾平江大風海溢漂民廬
舍道州之武昌永州之興國黃州沅州饑減直賑糶
米七萬七千八百石八月壬寅歲星犯氐熒惑犯太
微垣上將開成路地震王宮及官民廬舍皆壞壓死
故泰王妃也里完等五千餘人以鈔萬三千六百餘
錠糧四萬四千一百餘石賑之辛亥賜皇姪阿木哥
鈔三千錠丁巳京師文宣王廟成行釋奠禮牲用太

牢樂用登歌製法服三襲命翰林院定樂名樂章成
都等縣飢減直賑糶米七千餘石九月己巳熒惑犯
卯安南國遣黎元宗來貢方物青山叛蠻紅猺獠等
來附仍貢方物賜金幣各一吳江州大水民乏食癸
壬午熒惑犯太微垣左執法壬申以聖誕節朵兒
丁未有事于太廟辛亥太陰犯畢甲寅太陰犯井丁
太微垣右執法壬申以聖誕節朵兒邊等来賀
米萬石賑之十一月己巳車駕還大都辛未歲星犯
房壬申太陰犯靈甲戌熒惑犯亢丁亥武昌路火給
被災者粮一月戊午熒惑犯氐辛卯太陰犯熒惑丙

申安西王阿難答西平王奧魯赤所部皆乏食給米

有差益都揚州辰州歲飢減直販糶米二萬一千餘

石十二月壬寅太白晝見乙巳歲里犯東咸壬子速

哥察而等十三站乏食給粮三月乙卯帝有疾禁天

下屠宰四十二日丙辰遣宣政院使沙的等禱于太

廟諸王合而班荅部民潰散詔諭所在敢匿者罪之

戊午太陰犯氐癸亥瓊州臨高縣那蓬洞主王文何

等作亂伏誅磁州民田雲童弑母磔裂于市是歲斷

大辟四十四八

十一年春正月丙辰朔帝大漸免朝賀癸酉崩于玉

元史本紀卷二十一　兆

德殺在位十有三年壽四十有二乙亥駕發引葬

起輦谷從諸帝陵是年九月乙丑諡曰欽明廣孝

皇帝廟號成宗國語曰完澤篤皇帝成宗承天下混

壹之後垂拱而治可謂善於守成者矣惟其末年連

歲寢疾凡國家政事內則決於宮壼外則委於宰臣

然其不致於廢墜者則以去世祖為未遠成憲具在

故也

翰林學士承旨大夫知制誥兼修　國史宋濂　翰林待制承務郎兼知制誥　國院編修官王禕等奉

勅修

武宗一

武宗仁惠宣孝皇帝諱海山順宗荅剌麻八剌之長
子也母曰興聖皇太后弘吉剌氏至元十八年七月
十九日生成宗大德三年以寧遠王闊闊出總兵北
邊息於備禦命帝即軍中代之四年八月與海都軍
戰于闊別列之地敗之十二月軍至按台山乃蠻帶
部落降五年八月朔與海都戰于迭怯里古之地海

《元史本紀卷第二十二》　一

都軍潰越二日海都悉合其衆以來大戰于合剌合
塔之地師失利親出陣力戰大敗之盡獲其輜重悉
援諸王駙馬糧軍以出明日復戰軍少却海都乘之
帝揮軍力戰突出敵陣後全軍而還海都不得志去
旋亦死八年十月封帝懷寧王賜金印置王傅官食
瑞州六萬五千戸十年七月自脫忽思圈之地蹟按
台山追叛王幹羅思獲其妻孥輜重執叛王也孫禿
阿等及駙馬伯顏八月至也里的失之地受諸降王
禿滿明里鐵木兒阿魯灰等降海都之子察八兒逃
于都兀部盡俘獲其家屬營帳駐冬按台山降王禿

曲滅復叛與戰敗之比邊悉平十一年春聞成宗崩
三月自按台山至於和林諸王勳戚畢會皆曰今阿
難荅明里鐵木兒等熒惑中宮潛有異議乃因闍辭
里昔晉與叛王通今亦預謀既辭服伏誅乃與議之先
安西王阿難荅與諸王明里鐵木兒已於正月庚午
先至左丞相阿忽台平章八都馬辛前中書平章伯
顏中政院使怯烈道與等潛謀推成宗皇后伯要真
是成宗違豫日久政出中宮命仁宗與太后俱至京師
懷州至是仁宗開計以二月辛亥與太后出居
勸進帝違豫曰吾母吾弟在大都俟宗親畢會會議先

《元史本紀卷第二十二》　二

氏稱制阿難荅輔之仁宗以右丞相哈剌哈孫之謀
言于太后曰太祖世祖創業艱難今大行晏駕德壽
已薨諸王皆踈屬而懷寧王在朔方此輩潛有異圖
乙丑仁宗侍太后來會左部諸王畢至會議乃廢
皇后明里鐵木兒至上都賜死執安西王阿難荅
諸王明里要真氏出居東安州賜死甲申皇帝即位
于上都受諸王文武百官朝於大安閣大赦天下詔
曰昔我太祖皇帝以武功定天下世祖皇帝以文德

洽海内列聖相承丕衍無疆之祚朕自先朝蕭牆將天
威撫軍朔方始將十年親御甲胄力戰却敵者屢矣
方諸藩内附邊事以寧遍閱宫車晏駕廼有宗室諸
王貴戚元勳相與定策於和林咸以朕為世祖曾孫
之嫡裕宗正派之傳以功以賢宜膺大寶朕謙讓未
遑至於再三遷至上都宗親太臣復請於朕間者姦
臣乘隙謀為不軌頼祖宗之靈母弟愛育黎拔力八
達稟命太后恭行天罰内難既平神器不可久虛宗
桃不可乏祀合辭勸進誠意益堅朕勉徇輿情於五
月二十一日即皇帝位任大守重若涉淵水屬嗣服
之云初其與民更始可大赦天下存恤征戍軍士及
供給繁重州郡免上都大都隆興差稅三年其餘路
分量重輕馬勿得擾民諸慶田楊地面免差發一年其
積年逋欠者齲之逃移復業者免三年被災之慶山
場湖泊課程權且停罷貧民採取諸人媾辦者優
之經過軍馬勿得擾民諸鐵冶許諸人煽辦勉勵
學校蠲儒戶差役存問鰥寡孤獨是日追尊皇考曰
皇帝尊太母元妃曰皇太后丁亥陞通政院秩正二
品陞儀鳳司為王宸樂院秩從二品壬辰加知樞密
院事朶兒朶海太傅中書右丞相哈剌哈孫荅剌罕

太保並録軍國重事知樞密院事塔剌海為中書左
丞相預樞密院宣徽院事同知徽政院事床兀兒也
可扎魯忽赤阿沙不花江浙行省平章政事明里不
花並為中書平章政事江浙行省左丞劉正為中書
左丞遙授中書左丞歐察福建道宣慰使也先帖木
兒並為中書恭知政事中書右丞行御史中丞塔思
不花為御史大夫平章政事床兀兒為知樞密院事
特授乞台普濟中書平章政事延慶使抄兒赤中書
右丞同知和林等處宣慰司事塔海中書右丞
中書左丞脫脫御史大夫以大都迤北六十二驛驛
户罷之給鈔闕之是月封皇太子乳母李氏為壽國
夫人其夫燕家奴為壽國公以中書平章政事合散
為遼陽行省平章政事建州大雨雹真定河間順德
保定等郡鰉六月癸巳朔詔立毋弟愛育黎拔力八
甲午建行官于旺兀察都之地立宫闕為中都丁酉
達為皇太子受金寶陞武備寺為武備院秩從二品
中書右丞相哈剌哈孫荅剌罕左丞相塔剌海言臣
等與翰林集賢太常老臣集議皇帝嗣登寶位詔追
尊皇考為皇帝皇考大行皇帝同母兄也大行皇帝
祔廟之禮尚未舉行二帝神主依兄弟次序祔廟為

宜令擬請皇考廟號聖衍孝皇帝廟號順宗大行星
帝曰欽明廣孝皇帝廟號順宗大行星
西第一室世祖西第三室順宗東第
一室成宗東第二室裕宗西第
旨命臣等議諸王朝會賜與臣等議擬以
諡曰貞慈靜懿皇后祔成宗弘吉刺氏失憐荅里宜
位時賞賜有數成宗即位承世祖府庫充富比先例
賜金五十兩有旨其遵成宗所賜之數賜之戊戌哈刺
百五十兩者增至二百五十兩銀五十兩者增至
哈孫荅剌罕言比者諸王駙馬會于和林已蒙賜與

者今不宜再賜帝曰和林之會國事方殷巳賜者其
再賜之巳亥御史大夫脫脫翰林學士承旨三寶奴
言舊制皇太子官屬臺察用請以羅羅斯宣慰使
幹羅思任之中書詔以爲中書右丞班朝諸司聽皇
太子各置一人以拱備直都指揮使馬謀沙舶屢
太子太師祭卯置詹事院甲辰樞密院請以軍二千
勝遙授平章政事壬寅塔剌海加太保錄軍國重事
五百人繕治上都鷹坊及諸官解有旨自今非奉旨
軍勿輒役以平章政事行和林等處宣慰使都元帥
憨剌合兒通政使武備卿鐵木兒不花並知樞密院

事乙巳以金二千七百五十兩銀十二萬九千二百
兩鈔萬錠幣帛二萬二千二百八十匹奉興聖宮賜
皇太子亦如之中書省臣言中書宰臣十四員奉御史
大夫四員前制所無詔與翰林集賢諸老臣議擬以
聞丙午太陰犯南斗杓星徵政使佽頭等言別不花
以私錢建寺爲國祝釐其父爲諸王幹忽所害請賜
以幹忽所得歲賜命以五年與之爲諸王幹政
餘兩絲三萬一千二百九十斤織幣金百兩絹七百
一十四戊申特授尚乘鄉字蘭奚床兀兒並平章政
事大同屯儲軍民總管府達魯花赤怯里木丁中書

右丞辛亥以中書平章政事脫虎脫爲江西行省平
章政事壬子封皇妹祥哥剌吉爲魯國大長公主駙
馬珊阿不剌爲魯王鐵木兒不花憨剌合兒等言舊
制樞密院銓調軍官公議以聞比者近侍自擇名分
從內降旨恐壞世祖定制且誤國事在成宗時嘗有
旨輒奏稟旨恐壞本院再陳臣等以爲自今用人又
宜一遵世祖成憲帝曰其遵前制餘人勿輒有請又
言軍官與民官不同父子兄弟許其相襲此世祖定
制比者近侍有輒以萬戶千戶之職請於上者內降
聖旨臣等未敢奉行帝曰其依例行之甲寅敕內郡

江兩高麗四川雲南諸寺僧誦藏經爲三宮祈福乙
邪遣也可扎魯忽赤馬剌赴北軍以印給之丙辰御
史大夫塔思不花殿中司所職中書而下奏事者必
使隨之以入不在奏事之列者聽其引退班朝百官
舊制內外風憲官有所劾病故者必以告請如舊制又言
朝會失儀者得糾劾諸人勿聽至京待其對辨以
爲監察御史所劾者有獄具實緣奏請託言事入觀
避其罪有所言方許奏陳從之塔思不花又言皇
事竟果有所言有司贓罪不須刑部定議受敕者從廉訪
太子有旨有司贓罪不須刑部定議受敕者從廉訪

司庫決省臺遣人撿覈廉訪司文案則私意沮格非
便平章阿沙不花因言此省臺同議之事臺臣不宜
獨奏帝曰此御史臺事阿沙不花勿妄言臺臣言是
也如所奏行之塔思不花脫脫並遙授左丞相戊午
進封高麗王王昛爲瀋陽王加太子太傅駙馬都尉
置皇太子家令司府正司延慶司典寶署典膳署已
未封寧遠王闊闊出爲寧王賜金印庚申遙授左丞
相行御史大夫塔思不花右丞相辛酉汴梁南陽歸
德江西湖廣水定屬縣蝗秋七月癸亥朔封諸王
禿剌爲越王諸王出伯言瓜州沙州屯田漸成

丁者乞拘隸所部中書省臣言瓜州雒諸王分地其
民役於驛傳出伯言宜勿從陛章佩監爲章佩院秩
從二品賜阿剌納八剌鈔萬錠甲子命御史臺大夫
鐵古迭兒知樞密院事塔魯忽帶中書平章政事床
兀兒以即位告謝南郊丙寅以禮店蒙右萬戶屬土
諸王駙馬入觀者非奉旨不許給驛以中書奏知政
蕃宣慰司非便命仍舊隸宣慰司防守陝州徙封
事趙仁榮爲太子詹事以阿保功授明里大司徒封
其妻梅仙爲順國夫人賜床兀兒軍士鈔六萬錠幣
帛二萬匹遣肥兒牙兒迷的里及鐵肱膽

佛鉢舍利肥兒牙兒迷的里遙授宣政使鐵肱膽遙
授平章政事以並命太傅右丞相哈剌孫荅剌罕
太保左丞相塔剌海綜理中書庶務詔諭中外己巳
太陰犯兀置宮師府設太子太師少師太傅少傅太
保少保賓客左右諭德贊善庶子洗馬率更令丞司
經令丞中允文學通事舍人校書正字等官壬申命
御史大夫鐵古迭兒知樞家副
使李蘭奚以即位祗謝太廟以安西平江吉州三路
爲皇太子分地越州路爲越王禿剌分地賜諸王八
不沙鈔萬錠癸酉罷和林宣慰司置行中書省及稱

兒不花為比寧王太師月赤察兒
塔失海牙知樞密院事床兀兒並為中書平章政事
丁丑封諸王八不沙為齊王朶列納為濟王朶里哥
悉賜之賜越王禿剌鈔萬錠諸王禿都思不花所部
亥以永平路為皇妹魯國長公主分地租賦及土產
浙水民饑詔賑糧三月酒醋攤課程悉免一年乙
剌罕為和林行省左丞相依前太傅錄軍國重事江
察兒為和林行省右丞相中書右丞相哈剌哈孫荅
海等處宣慰司都元帥府和林總管府以太師月赤

三萬五千二百二十錠丙子以江浙行省平章
政事脫虎脫太尉以中書左丞相塔剌海為中書右
丞相監修國史御史大夫塔思不花為中書左丞相
江浙行省平章政事教化河南江北行省平章政事鐵木迭兒為江西行
魯丁並為中書平章政事平章政事法忽
省平章政事戊寅以儀鳳司大使火失海牙鐵木兒
不花教坊司達魯花赤沙的並遙授平章政事為玉
宸樂院使已卯以集賢院使別不花為中書平章政
事七月庚辰以御史中丞只兒合郎為御史大夫辛
巳加封至聖文宣王為大成至聖文宣王右丞相塔
剌海左丞相塔思不花言中書庶務同僚一二近侍

諸王術士還大都者束汰以入從和林省臣請乞如
院秩從二品甲申遣贍思丁使西域遙授福建道宣
慰使乙酉賜壽寧公主鈔萬錠丙戌遙授福建道宣
史大夫鐵古迭兒知樞密院事塔魯忽帶中書平章
政事床兀兒以即位告社稷未陸利用監為利用
左丞郝天挺並為中書左丞壬午樊犯南斗命御史
事也兒吉尼知樞密院事御史中丞王壽江浙行省
置行工部於旺兀察都以遙授左丞相同知樞密院
議而後奏帝曰卿等言是自今庶政非公議者勿奏
往往不俟公議即以上聞非便令後事無大小諸共

甘肅省例給鈔二千錠歲收子錢以佐供給仍以綱
署賜貧民御史大夫月兒魯言舊制中書省樞密院
御史臺宣政院許得自選其人他司悉從中書銓擇
近臣不得輒奏如此則紀綱不紊帝嘉納之以同知
宣徽院事字羅荅失為中書左丞中書集知政事欽
察為四川行省左丞江浙湖廣江西屬郡饑詔行省
發粟賑之丁亥使完澤偕乞兒乞帶赤難徙徵乞兒
吉思禿魯花驛馬鷹鶻山東河北蒙古軍告饑遣
官賑之賜魯花貧民鈔五萬錠已丑塔剌海塔思
不花言前乃顔版其繁虜之人奉世祖旨俱隸版籍

比者近臣請以歸之諸王脫脫彼即遣人拘括臣等
以為此事具有先制今已歸脫脫所部宜令遼陽省
臣薛闍千等徃諭之已拘之人悉還其主徃之安西
等郡旱饑以糧二萬八千石賑之廉訪司秩
正三品辛卯詔唐兀秃魯花戶籍已定其入諸王駙
馬各部避役之人及冒匿者皆有罪發卒二千人為
晉王也孫鐵木兒治邸舍是月江浙湖廣江西河南
兩淮屬郡饑㨒鹽茶課鈔內折粟遣官賑之詔富家
能以私粟賑貸者量授以官保定河間晉寧等郡水
德州蝗八月甲午中書省臣言內降旨與官者八百

〈元史本紀卷第三十〉 十一

八十餘人已除三百未議者猶五百餘請自今越奏
者勿與帝曰卿等言是自今不由中書奏者勿與官
又言外任官帶相銜非制也請勿與制可又言以朝
會賜與者為鈔總三百五十萬錠已給者百七十萬
未給猶有旨自今凡以賞賜請者勿復自今特奏乞賞者
宜暫停有旨
中書省樞密院御史臺宣政院得自選官具有成憲
今監察御史廉訪司官非本臺公選而從諸臣所請
自內降旨非祖宗成法帝曰凡若此者卿等其勿行
浙東浙西湖北江東郡縣饑遣官賑之賜山後驛戶

鈔每驛五百錠置掌儀署秩五品設令丞各一員乙未
賜諸王按灰阿魯灰比寧王迭里哥兒不花金三百五
十兩銀三千七百兩以治書侍御史烏伯都剌為中書
參知政事戊戌御史大夫脫脫封秦國公辛丑迤北之
民新附者置傳輸粟以賑之祭卯改也里合牙營田司
為屯田運糧萬戶府甲辰以納蘭不剌所儲糧萬石賑
其旁近饑民丙午建佛閣於五臺寺江南饑以十道廉
訪司所儲贓罰鈔賑之己酉徃皇太子請陞詹事院從
一品置雜議斷事官如樞密院辛亥中書右丞孛羅鐵
木兒以國字譯孝經進詔曰此乃孔子之微言自王公

〈元史本紀卷第二十二〉 十二

達於庶民皆當由是而行其命中書省刻板模印諸王
而下皆賜之癸丑唐兀秃魯花軍之食發粟賑之丙辰
陛闌遺監秩三品丁巳以中書左丞王壽為御史中丞
戊午中書右丞塔海加太尉平章政事乞台普濟床兀兒別不花並加太
尉中書右丞塔海加太尉平章政事以中書左丞孛羅
鐵木兒為中書右丞東昌汴梁唐州延安潭沅澧興
國諸郡饑發粟賑之冀寧路地震河間真定等郡蝗隆
平文水平遙祁霍邑靖海容城東鹿等縣水九月甲子
車駕至自上都乙丑請諡皇考皇帝大行皇帝于南郊
命中書右丞相塔剌海攝太尉行事庚午陛御史臺徙

品辛未加塔剌海塔思不花並太尉壬申命塔剌海
奉玉冊玉寶上皇考及大行皇帝尊諡朝號又上先
元妃弘吉烈氏尊諡祔于成宗廟室諸
三品癸酉太白犯右執法甲戌改太常寺爲太常禮
儀院秩正二品中書省臣言內外選法向者有應入常
牧監秩正三品陛侍儀司秩正三品丙子置皇子位典
自內降旨臣臣等奏請禁止蒙賜允及未嘗入仕者有宜一
調者寅綠騶遷其已仕廢黜惟上所命比有應入常
遵世祖成制兩宮近侍敘叙及未嘗入仕者亦復請
復有百餘臣等已嘗銓擇奉行第中書政務他人又
得報請責以整飭其效寔難自今銓選錢穀請如前
制非由中書議者毋得越奏制從之又言比怵來木
丁獻寶貨勅以鹽引與之仍許市引九萬臣等竊
謂所市寶貨既估其直止宜給鈔若以引給之徒壞
鹽法帝曰此朕自言非臣下所請其給之餘勿視爲
例江浙饑中書省臣言請令本省官租於九月先輸
三分之一以備賑給又兩淮漕河淤澁官議疏濬鹽
一引帶收鈔二貫爲備賑計鈔二萬八千錠令河流
已通宜移以賑饑民杭州一郡歲以酒糜米麥二十
八萬石禁之便河南益都諸郡亦宜禁之制可塔剌

海言比蒙聖恩賜臣江南田百頃今諸王公主駙馬
賜田還官臣等請還所賜從之仍諭諸人賜田悉令
還官命張留孫知集賢院事領諸路道教事丁丑中
書省臣言比議省臣負數奉旨依舊制定爲十二員
右丞相塔剌海不花平章床兀兒乞台
普濟如故餘令臣等請以阿沙不花塔剌海爲右丞
牙爲平章政事李羅答失劉正爲參知政事其班朝
鐵木兒爲左丞于璋兀伯都剌爲右丞郝天挺也先
諸司元負並宜柬汰從之乙卯太白犯左執法壬午
政尚乘寺爲衛尉院秩從二品甲申詔立尚書省分
理財用命塔剌海塔思不花仍領中書以脫虎脫教
化法魯忽丁任尚書省仍俾其自舉官屬命鑄尚書
省印敕弛江浙諸郡山澤之禁丙戌陛掌謁司秩三
品皇太子建佛寺請買民地益之給鈔萬七百錠有
奇戊子陛延慶司秩從二品已丑遣使錄四晉王也
孫鐵木兒以詔賜鈔萬錠止給八千爲言中書省臣
言鐵木兒孫陛常賦歲鈔四百萬錠各省備用之外入
京師者二百八十萬錠常年所支止二百七十餘萬
錠自陛下即位以來已支四百二十萬錠又應求而
未支者一百萬錠臣等應財用不給敢以上聞帝曰

御之言然自今賜予宜暫停諸人毋得奏請可給晉
王鈔千錠餘移陝西省以中書平章政事別不
花為江浙行省平章政事辛卯御史臺臣言至元中
阿合馬綜理財用立尚書省三載併入中書其後桑
哥用事復立尚書省事敗又併入中書粵自大德五
年以來四方地震水災歲仍不登百姓重困便民之
政正在今日頃又聞為總理財用立尚書省殆是則
必增置所司濫設官吏殆非益民之事也且綜理財
用在人為之若止命中書整飭未見不可臣等隱而
不言懼將獲罪帝曰卿言良是此三臣願任其事姑

《元史本紀卷第二十二》　十五

聽其行焉是月襄陽霖雨民饑敕河南省發粟賑之
十月乙未陞典瑞署為典瑞監秩正三品庚子中書
省奏初置中書省時太保劉秉忠度其地宜裕宗為
中書令嘗至省署勅其後桑哥遷立尚書省不四載
而罷令復遷中書於舊省乞消吉徒中書令位仍請
皇太子一至中書制可壬寅立元兒為容國公癸卯以
徑二品封知樞密院事床兀兒為容國公癸卯以
制諸王駙馬事務皆內侍宰臣兀兒所領命中書右丞李
羅鐵木兒領之乙巳太白犯亢敕方士日者毋游諸
王駙馬之門丙午詔整飭臺綱布告中外封御史大

夫鐵古迭兒為鄂國公以中衛親軍都指揮使買奴知
樞密院事壬子徙中書省臣言九事不由中書輒遣使
并移文者禁止之甲寅大陰犯明堂陛集賢院秩徙一
品將作院秩左丞徙二品丙辰以行省平章總督軍馬得佩
虎符其右丞等所佩悉追納中書省奏常歲海漕糧百
花上疏言政事且辭太尉職選所降制書及印是月杭
州平江水民饑發粟賑之十一月癸亥封諸王牙忽都
西各輸五十萬石今江浙歲儉不能如數請仍舊例湖廣江
四十五萬石並由海道運京師從之已未塔思不
為楚王賜金印置王傅建佛寺於五臺山乙丑中書省

《元史本紀卷第二十二》　十六

臣言宿衛廩給及馬駞芻料父子兄弟世相襲者給之
不當給者請令字可孫汰之今會是年十月終馬駞九
萬三千餘至來春二月闕芻六百萬束料十五萬石比
文增馬五萬餘四此國重務臣等敢以上聞有旨不當給者
勿給丙寅帝朝隆福宮上皇太后玉冊玉寶丁卯太白犯
房閼兒伯牙里言更用銀鈔銅錢便命中書省與樞密院
御史臺集賢翰林諸老臣集議以閼兒伯牙里面論折銀
沙不花李羅鐵木兒言臣等與閼兒伯牙里可也詔中書省
鈔銅錢非便有旨卿等以為不便勿行可也詔中書省
官十二員脫虎脫仍領宣政院教化留京師其餘各任以

職庚午盧龍樂河遷安昌黎撫寧等縣水民饑給鈔千錠以賑之辛未以塔剌海領中政院事乙亥中書省臣言大都路供億浩繁斂於屬郡取之其軍站鷹坊控鶴等戶恃其雜徭無與冒占編氓請降璽書依祖宗舊制悉令均當或輙奏請者亦宜禁止制可皇太子言近蒙恩以安西吉州平江為分地租稅悉以賜臣臣恐宗親昆弟援例自五戶絲外餘請輸之內帑其陝西運司歲辦鹽十萬引向給安西王以此錢斟酌與臣惟陛下裁之中書計會三路租稅及鹽課所入鈔四十萬錠給之太子所思甚善歲以十萬錠給之不足則再賜樂工

人刑部捕之王宸樂院長謂王宸與刑部秩皆三品官皆榮祿大夫留不遣中書以聞帝曰凡諸司視其貧級授之散官不可超越其閒冗職名官高者導舊制降之建康路屬州縣饑詔免今年酒醋課丙子太陰犯東斗丁丑中書省臣言前為江南大水以茶鹽課折收米斗饑民令商人輸米中鹽以致米價騰湧百姓雖獲小利終為無益臣等議茶鹽之課當如舊從之戊寅授皇太子玉冊已卯以皇太子受冊禮成帝御大明殿授諸王百官朝賀庚辰中書省臣言皇太子謂臣等曰吾之分地安西平江吉州三路遵舊制自達魯花赤之外悉從常

選其常選宜速擇才能有旨其擇人任之乙酉太陰犯亢詔皇太后軍民人匠等戶租賦徭役有司勿與並隸徽政院太僕院秩從二品丁亥杭州平江等處大饑發糧五十萬一千二百石賑之庚寅賜太師月赤察兒江南田四十頃時賜田悉奪還官中書省為言有旨月赤察兒自世祖時賜田積有勳勞非餘人比宜以前後所賜合百頃與之仍敕行省平章別不花領其歲入辛卯星犯歲星十二月壬辰朔皇太子請御史臺檢金

虎符及金銀符典瑞院掌之給則由中書事已則後毀詹事院文案歸典瑞院今出入多不由中書下至商人結託近侍奏請以致泛濫出而無歸臣等請覈之自後除官及奉使應給者非由中書省勿給從之又言今國用甚多帑藏已之用及鈔毋非宜鹽引向從運司與民為市今權時制宜從戶部歲鹽引八十萬便有旨今歲姑從所請後勿復行又言太府院為內藏世祖成宗朝遇重賜則取給中書今所賜有踰千錠至萬錠者皆取之太府比者太府取五萬錠已支二萬矣今復以之告請自後當從內府所用數多者仍取之中書帝曰此朕特旨後當從所奏乙未赤塔塔兒等擾檀州民

強取米粟六百餘石遣官訊之辛丑幸大聖壽萬安
寺授吏部尚書察乃平章政事領工部事癸卯以漢
軍萬人屯田和林命留守司以來歲正月十五日起
燈山於大明殿後延春閣前庚戌陞行泉府司為泉
府院秩正二品以蒙古萬戶堯堅鐵木兒有平內難
功加鎮國上將軍陞國子典醫署為典醫院秩正
三品山東河南江浙饑禁民釀酒丁巳以中書省言
國用浩穰民貧歲歉詔宣政院併省佛事大都上都
二驛設救驛官一員救諸王公主駙馬使
臣給璽書驛券不許輒用圓符乘驛中書省臣言驛戶
疲乏宜量事給驛令經費浩大其收售寶貨權宜停
罷又陞下即位詔書不許越職奏事比者近侍奏除
官丏賞者皆自內降旨請令不經中書省勿行又刑
法者譬之權衡不可偏重世祖已有定制自元貞以
來以作佛事之故放釋有罪失於太寬故有司無所
遵守今請凡內外犯法之人悉歸有司依法裁決又
各處民饑除行宮外工役請悉停罷皆從之又言律
令老臣通法律者參酌古今從新定至今
律勿用令重事未可輕議請自世祖即位以
尚未行臣等謂律令重事未可輕議請自世祖即位以

來所行條格校讎歸一遵而行之制可庚申詔曰仰
惟祖宗應天撫運肇啟疆宇華夏一統罔不率俾逮
朕嗣服丕圖纘膺景命遵承詒訓怵惕慄畏
競未知攸濟永思創業艱難之始筆然輪奐爭庚
萬事之統在予一人故自即位以來寬大量能
授官得勤于職風夜以永康兆民為急務間者歲比
不登流民未還官吏並緣侵漁上下因循和氣爭庚
是以責任股肱耳目大臣思所以盡瘁贊襄嘉猷朝
夕入告朕命惟允庶事克諧樂與率土之民共享至
安之化通寧遠蕭禕不飭欽可改大德十二年為至
大元年誕布惟新之令式孚永固之休存恤征戍蒙
古漢軍拯治站赤消乏弛山場河泊蘆蕩禁圍獵飛
放毋得搔擾百姓招誘流移人戶禁投屬怯薛歹鷹
房避役遊惰錢糧勸農桑興學校議貢舉賞孝第
力田懲戒游情政令得失許諸人上書陳言僧道出
里可溫荅失蠻並依舊制納稅九選法錢糧刑名造
作一切公事近侍人員毋得隔越聞奏敕內庭作佛
事母釋重囚以輕囚釋之
至大元年春正月辛酉朔曲赦御史臺見繫犯贓官
吏罪止徵贓罷職癸亥敕樞密院饋六衛軍萬八千

五百人供旺兀察都建宮工役甲子授中書平章政
事阿沙不花以右丞相行御史大夫丙寅徙江浙行省
請罷行都水監以其事隸有司立皇太子位與幄署
承和署秩並正五品丁卯以中書右丞也罕的斤為
平章政事議陝西省事已巳紹興台州慶元廣德建
康鎮江六路饑宛者甚眾給采六斗以没入朱清
張瑄物貨隸徽政院鬻鈔三十萬錠賑之特授乳母
夫壽國公楊燕家奴開府儀同三司已巳細國進馴
象六辛未樞密院臣言先奉旨以中衛親軍隸皇太
子位皇太子謂臣等曰世

翼選漢軍萬人
祖立五衛以應五方去一不可名各
別立一衛帝以為然敕知院事鐵木兒不花等摘漢
軍萬人別立衛甲戌中書省臣言進海東青鶻者當
乘驛馬五百不敢敕遣怯列應童括民間車馬兵部
請以各驛馬陸續而進勿括為便徙之改徽政院人
匠總管府為繕珍司秩正三品已卯陞中尚監為中
尚院秩從二品迺王出伯進王六百一十五斤賜金
千五百兩銀二萬錠萬錠寬闍也先
字可等金二千三百兩銀一萬七百兩鈔三萬九千
一百錠甲申敕床兀兒除登極恩例外特賜金五百

兩銀千兩鈔二千錠戊子皇太子請以阿沙不花復
入中書脫脫復入御史臺已酉中書省臣言阿失鐵
木兒請遣教化的詣河西地采玉馱攻王沙需馬四
十餘匹采玉人千餘匹等以為不急之務勞民乞罷
之又言近百姓艱食盜賊充斥苟不嚴治將至滋蔓
宜遣使巡行遇有罪囚即行決遣海賊出没殺虜
軍民其已獲者例合結案待報宜後中書省吏也可
札魯忽赤遣官同行省行臺宣慰司廉訪司審錄無冤

棄之於市其未獲者督責追捕自首者原罪給粟能
禽其黨者加賞有旨弭盜安民事為至重宜即議行
之封諸王也先鐵木兒為營王以乳母夫幹耳朶為
司徒二月癸巳立鷹坊為仁贇院秩正二品以右丞
相脫脫遙授左丞相禿剌鐵木兒也可扎魯忽赤月
里赤並為仁贇院使汝寧歸德二路旱蝗民饑給鈔
萬錠賑之甲午增泉府院副使同僉各一員益都濟
寧般陽濟南東平泰安大饑遣山東宣慰使王佐同
廉訪司覈實賑濟為鈔十萬二千二百三十七錠有
奇糧萬九千三百四十八石乙未中書省臣言陛下

極以來錫賞諸王協軍力賑百姓及殊恩泛賜帝
藏空竭豫賣鹽引今和林甘肅大同隆興兩都軍糧
諸所營繕及一切供億合用鈔八百二十餘萬錠往
者或遇遭急奏支鈔本臣等固知鈔法非輕昌敢報
動然計無所出今乞權支鈔本七百一十餘萬錠以
周急用不急之費姑後之帝曰卿等言是泛賜者不
以何人毋得蒙蔽奏請陛尚舍爲尚舍寺非輕昌敢
品丙申立甄用監秩正三品隸徽政院淮安等處饑
徙河南行省言以兩浙鹽引十萬貿粟賑之戊戌以
上都衛軍三千人赴旺兀察都行宮工役壬寅中書

省臣言賣赤擾害檀州民乞遣人往訊其辭伏者宜
加罪有旨勿問臣等以爲非宜已辭伏者先爲決遣
帝曰俟其獵畢治之徙皇太子請改詹事院使爲詹
事副詹事爲少詹事判爲丞立尚服院秩徙二品
中書省臣言陝西行省言開成路前者地震民力重
困已免賦二年請再免今年徙之甲辰賜國王和童
軍千五百人修五臺山佛寺命有司市邸舍一區以
金二百五十兩銀七百五十兩賜丁未用丞
賜丞相赤因鐵木兒爲鈔萬九千四百錠
相仍頭言設尚冠尚衣尚鞶尚沐尚輦尚飾六奉御

秩五品九四十八員隸尚服院甲寅和林貧民比來
者黎以鈔十萬錠濟之仍於大同隆興等處糴糧以
賑就令屯田諸內侍太醫陰陽樂人母援常選散官
以網罟給和林饑民戊午遣不達達思等送兀哇使
還巳未以皇太子建佛寺立營繕署秩五品三月庚
申朔中書省臣言皇太子忽難人戶散失有司括
索臣等又莊聖皇后及諸王忽秃秃人戶散入他郡
不許令若括索未免擾民且諸王必多援例乞寢其
事從之又莊聖皇后及諸王忽秃秃人戶散入他郡
阿都赤歡降璽書俾括索陝西行省及真定等路

言百姓均在國家版籍令所遣使輙奪軍驛編民等
户非宜中書省臣以聞帝曰彼奏誤也卿等速追以
還賜鎮南王老章金五百兩銀五千兩鈔二千錠幣
帛八百匹也先不花牙兒昔金各二百五十兩銀七
百五十兩鈔二千錠乙丑太陰犯井以比來貧民八
十六萬八千户仰食於官非父計給鈔百五十萬錠
幣帛準鈔五十萬錠命太師月赤察兒太傅哈剌哈
孫分給之罷其廩給賜命王八亦忽金百五十兩銀
七百五十兩丁卯建興聖宮給賜諸王八亦忽金百五十兩銀
遣使祀五嶽四瀆名山大川諸王賜八不沙金五百

兩銀五千兩復立白雲宗攝所秩從二品設官三員
戊寅車駕幸上都建佛寺於大都城南立驛用資武
二庫秩正四品隸府正司天
臺秩正五品隸府正司天院隊太史院秩從二品司天
為康國公以甘肅行省右丞脫脫木兒為中書平章
政事加大司徒賜定王藥木忽兒人鈔五萬
二千八百六十錠定王藥木忽兒人鈔五萬六百
萬兩鈔萬錠衛士五十三人鈔萬六百五百兩銀三
林國史院纂修順宗成宗實錄壬午嗣漢天師張與
材來朝加金紫光祿大夫封留國公

書省臣言請依元降詔敕勿超授官泛濫賜賚帝
曰卿等言是朕累有旨止之又復蒙敝以請自今繼
有旨卿等其覆奏罪之詔以承平路監課賜祥哥剌
吉公主中書省臣執不可從之賜諸王木南子金五
十兩銀千兩鈔千錠賜皇太子位鷹坊鈔二十萬錠
戊戌封三寶奴為渤國公香山為賓國公加鐵木迭
兒右丞相都護買住中書右丞立皇太子位人匠總
管府秩正三品癸卯加授平章政事教化太子太保
太尉平章軍國重事魏國公甲辰陞典瑞監為典瑞
院秩從二品知樞密院事也兒吉尼遙授右丞相辛

亥樞密院臣言諸王各用其印符乘驛使臣旁午驛
戶困乏宜準舊制量其馬數降以璽書奏可乙卯遣
米楫等使蘇魯國丙辰高麗國王王璋言陞下令臣
還國復設官行征東行省事高麗國歲穀不登且非世
食又籤百人仰食其土則民不勝其困且非世祖舊
制帝曰先請立者以卿言為州知
祖舊制速遣使往罷之五月丙寅降英德路為州知
成宗朝建國子監學迄今未成皇太子請畢其功制
樞密院事塔魯忽台遙授左丞相丁卯御史臺臣言
可巳巳管城縣大兩電緬國進馴象六乙亥知樞密

院事憨剌合兒遙授左丞相丙子以諸王及西番僧
從駕上都途中擾民禁之禁白蓮社毀其祠宇以其
人還隸民籍御史臺臣言比奉旨罷不急之役令復
為各官營私宅乞臣等以為侯旺元察都行宮及大
五臺寺畢工然後從事塔思恩不花上旨除休
居餘悉罷之授右丞相塔思恩不花上柱國監修國史
加左丞相乞台普濟太子太傅辛巳中書省臣言舊
制樞密院御史臺宣政院得自選官諸官府必由中
書省奏聞遷調宜申嚴告諭制可癸未濟南般陽雨
電甲申立大同侍衛親軍都指揮使司以丞相赤因

鐵木兒為使摘通惠河漕卒九百餘人隸之漕事如
故渭源縣旱饑給糧一月真定大名廣平有蟲食桑
寧夏府水晉寧等處蝗
國公三寶奴加軍國重事東平東昌益都嫁六月己丑渤
子詹事平章軍國重事甲午改太子位丞和署左
大慈都加平章軍國重事中書右丞相應國公太
典樂司秩正三品丁酉肇昌府隴西寧遠縣地震雲
南烏撒烏蒙三日之中地大震者六戌戌大都饑餒
丞相脫脫加上柱國太尉遙授僉知政事行詹事丞
官廩減價糶貧民戶出印帖委官監臨以防不均之

弊中書省臣言江浙行省管內饑賑米五十三萬五
千石鈔十五萬四千錠麵四萬斤又流民戶百三十
三萬九百五十有奇賑米五十三萬六千石鈔十九
萬七千錠鹽折直為引五千令行臺道官臨視
內郡江淮大饑免今年常賦及夏稅益都水民饑無采
草根樹皮以食免今歲差徭仍以本路稅課及籴朱
汪利津兩倉粟賑之封定王駙馬阿失
為昌王並賜金印以司徒平章政事領大司農李邦
寧遙授左丞相辛丑以沒入朱清張瑄田產隸中宮立
江浙財賦總管府提舉司己酉減太常禮儀院官二

十七貧為八貧河南山東大饑有父食其子者以兩
道沒入贓鈔賑之加乞台普濟錄軍國重事是月保
定真定蝗秋七月庚申流星起自勾陳南行圓若車
輪微有銳經貫索戟以金銀歲入戮少自今毋間
何人以金銀為請索及托之奏者皆抵罪又各處行
赴雲南湖廣河南四川盜賊竊發指揮使
撫治立廣武康里侍衛親軍都指揮使壬戌皇子和世琜
章政事阿沙不花為都指揮使令後非奉朝命毋
省宣慰司等官多以結托來京師令諭軍民官用心
立總管府領提舉司四括河南歸德波寧境內瀕河

荒地約六萬餘頃歲收其租令河南省臣高興總
其事中書省臣言瀕河之地出沒無常遇有退灘
民以有主之田俱為荒地所至驛動民高榮等六百
則為之主先是有亦馬罕者妄稱省委括地蠶食其
人訴千都省追其驛券方議其罪遇赦獲免令乃所請
設立官府為害不細帝曰安用多言其止勿行禁
坊於大同隆興等處縱獵擾民築呼鷹臺於潮州澤
中發軍十五日人助其役旺兀察都行宮成立中都
留守司無開寧路都總管府丙寅復置泰安州之新

兼縣辛卯濟寧大水入城詔遣官以鈔五千錠賑之
己真定灤雨水溢入自南門下及彙城溺死者百
七十七人發米萬七百石賑之辛未立御香局秩正
五品壬申太白犯左執法香山加太子太傅遣塔察
兒等九人使諸王寬闍遣月魯等十二人使諸王脫
脫癸酉詔諭安南國曰惟我國家以武功定天下文
德懷遠人乃眷安南自乃祖乃父世修方貢朕甚嘉
之遹者先皇帝晏駕朕方撫軍朔方為宗室諸王貴
戚元勳之所推戴以謂朕乃世祖嫡孫裕皇正派宗
藩效順於外臣民屬望於下人心所共神器有歸朕
俯徇輿情大德十一年五月二十一日即皇帝位於
上都今遣少中大夫禮部尚書阿里灰朝請大夫使
部侍郎李京朝列大夫兵部侍郎高復禮諭告尚體
同仁之視益堅事大之誠輯寧爾邦以稱朕意又以
管祝思監為禮部侍郎朵兒只為兵部侍郎使緬國
遺脫里不花等二十人使諸王合兒班荅弛上都酒
禁壬午置皇太子司議郎秩正五品封乃蠻帶為壽
王癸未樞密院臣言世祖時樞密臣六員成宗時增
至十三員今署事者三十二員乞省之敕罷塔思帶
等一十一人甲申太師淇陽王月赤察兒請置王傅

中書省臣謂異姓王無置傅例不許乙酉以袭虎人徹
兒怯思為監察御史是月以左丞相塔思不花為中
書右丞相太保乞台普濟為中書省左丞相內外大小
事務並聽中書省區處諸王公主駙馬勢要人等毋
得攪擾沮壞近侍臣貟及內外諸衙門官毋得隔越聞
奏各處行省宣慰司及在外諸衙門等官非奉聖旨
并中書省明文母得擅自離職僑寓京管幹私事
江南江北水旱饑荒已嘗遣使賑恤者至大元年乃
發官稅並行除免八月戊子大寧兩雹丙申御史臺
臣言奉敕遣監察御史撒都上都世祖成宗迄
於陛下累有明旨監察御史乃朝廷耳目中外臣僚
作姦犯科有不職者聽其科劾治事之際諸人毋得
皆懼所繫非小乞寢是命申明臺憲之制諸人毋得
與聞制可辛丑以中都行宮成賞官吏有勞者工部
尚書黑馬而下並陛二等賜塔剌兒沙賊銀二百五十兩
諭諸御史皆被錫賫臺綱益振全撒都丁被逮同列
同知察乃通政使烏刺亦同知留守蕭珍工部侍郎
荅失蠻金二百兩銀一千四百兩軍人金二百兩銀
八百兩死於木石及病沒者給鈔有差癸卯加中書

右丞領將作院呂天麟大司徒戊申立中都萬億庫
寧夏立河渠司秩二品參以二僧為之特授
佃頭太師賜諸王脫歡金三百兩銀二千五百兩鈔
二千錠阿里不花金百兩銀千兩鈔千錠已酉大同隕霜殺
禾甲寅李邦寧以進香殿成賜金五十兩銀四百五十兩乙卯
中書省臣言外臺行省及諸人應詔言事未敢一一
則以聞從之揚州淮安輕九月丙辰以內郡歲不登
諸部人馬之入都城者減十之五中書省臣言夏秋
之間筆昌地震歸德暴風雨泰安濟寧真定大水廬

上煩聖聽請集朝臣議擇其切於事者小則輒行大
者相枕籍父賣其子夫棄其妻哭聲震野有不忍聞
舍蕩析人畜俱被其災江浙饑荒之餘疫癘大作阨
臣等不才很當大任雖欲竭盡心力而聞見淺狹思
應不廣以致政事多舛有垂陰陽之和百姓被其災
狹願退位以避賢路帝曰苗害事有由來非爾所致
汝等但當慎其所行立怯憐口提舉司秩正五品設
官四員高麗國王王昛辛命雪尼台鐵木察使薛迷
思八兒寬闊所壬戌太尉脫脫奏泉州大商合只鐵
即刺進異木沉檀可搆宮室者敕江浙行省驛致之

癸亥萬戶也列門合散來自薛迷思干等城進呈太
祖時所造戶口青冊賜銀鈔幣帛有差丙寅蒲縣地
震癸酉陞內史府為內史院秩正二品乙亥車駕至
自上都弛諸路酒禁戊寅以高麗國王王璋嗣高麗
珍異及寶帶西域馬庚辰以高麗國王王璋為瀋陽
王諸王禿蒲進所藏太宗玉璽封禿蒲為陽翟王賜
金印中書省臣言奉旨連歲駕四衛一衛約
四百人所給芻粟自如常例給各部者減半臣等議
大都去歲飼馬九萬四千匹今請減為五萬匹外路
飼馬十一萬九千餘正全請減為六萬正自十月十

五日為始又言薛迷思干塔剌思塔失玄等城三年
民賦以輸縣官今因薛尼台鐵木察往彼宜令以二
年之賦與寬闊給與元輪之人以一年者上進垂後
之癸未太陰犯熒惑立中都虎賁司特授承務郎直
省舍人藏吉沙資善大夫行泉府院使冬十月庚寅
為太師佃頭不花知樞密院事丁酉以大都艱食復糶
甲午以阿沙不花建第給鈔二萬錠癸已蒲縣縣地震
禾十萬石減其價以賑之以其鈔於江南和糶罷大
都權酤賜皇太子金千兩辛丑太白犯南斗癸卯中
書省臣請以湖廣米十萬石貯於揚州江西江浙海

爲會福院秩從二品丙午立興聖宮掌醫監秩正三
品十一月己未中書省臣言世祖時省院臺及諸司
皆有定員後略有增者成宗已嘗有旨併省通者諸
司迄陞四品者三品三品者二品二品者一品司甚至
二三十員事不敗舊而官日增請依大德十年已定
員數冗濫者從各司自與減汰衙門既陞諸吏止從舊
秩出官果應例者自如選格從之庚申太白晝見以
軍五千人供造寺工役增官吏俸以至元鈔以九十月
鈔數給之止其祿米歲該四十萬石吏員以九十月
出身如舊制詔免紹興慶元台州建康廣德田租紹

漕三十萬石內分五萬石貯朱汪利津二倉以濟山
東饑民徙之敕凡持內降文記買河間鹽及以諸王
駙馬之言至運司者一切禁之持內降文記不由中
書者聽運司以聞禁奉符長清泗水章丘霑化利津
無棣七縣民田獵甲辰從帝師請以釋教都總管
兒只八無領囊八地產氂物爲都總管府達魯花赤
總其財賦以西番僧教氂不花加錄軍國重事中書省右丞知
徒禿忽魯河南江北行省右丞也速內史脫字花並
樞密院事乙巳改護國仁王寺耶應規運總管府
知樞密院事

之詔開寧路及宣德雲州工役供億浩繁其賦稅除
前詔已免三年外更免一年辛巳罷益都諸處合剌
司親覆其地可與者與可廢者廢各具籍以聞並從
府雲南爲地絕遠餘當選習農務者住與行省宣慰
所由所用者多非其人以致廢弛除四川甘州應昌
人數其在上都行省者委官裁省又行泉院專以守
言國用不給請沙汰宣徽太府利用等院籍定應給
言以塔思不花與乞台普濟俱爲右丞相中書省臣
賓賁爲任宜禁私獻寶貨者又天下屯田百二十餘

興被災尤甚今歲又旱九佃戶止輸田主十分之四
山場河樂商稅藏日免之諸路小捨審被災者免之
乙丑賜諸王南木忽里金印丁卯中書省臣言令銓
選錢糧之法盡壞廩藏空虛中都建城大都建寺及
爲諸貴人管私第軍民不得休息惟陛下矜察又言
日或有乘輿忽忘持內降文記及傳旨至中書省其
乙冊干預帝曰已降制書令諸人毋干中書選司
執之以求朕將加罪以也兒吉兒爲御史大夫已巳
以乞台普濟爲右丞相脫脫爲左丞相既又復脫脫

百迤施昊天寺為水陸大會笑未皇太后造寺五臺
山摘軍六千五百人供其役閏十一月己丑以大都
米貴發廪十萬石減其價以糶賑貧民比來民饑有
鬻子者命有司為贖之乙未賜故中書右丞相完澤
妻金五百兩銀千五百丙申罷江南進沙糖止富民
亥罷邊陽省進雕豹貴赤衛受烏江縣達魯花赤獻
輸粟賑饑補官丁酉禁江西湖廣汴梁私捕止富民
私戶萬令隸縣官壬寅乞台普濟乞賜固安田二百
餘頃徙之己巳中書省臣言回回商人持重書佩虎
符乘驛馬名求珍異既而以一豹上獻復邀回賜以

此甚衆臣等議虎符國之信罷驛馬使臣所需令以
界諸商人誠非所宜乞一緊追之制可罷順德廣平
鐵冶提舉司聽民自便有司稅之如舊丁未復立汴
梁路之項城縣以杭州紹興建康等路歲比饑饉今
年酒課免十分之三敕河西僧戶準先朝定制從軍
輸稅一與民同甲寅苔剌罕哈剌孫卒十二月庚
申封和即撒為龍王賜金印平江路民有隸謹的里
部者依舊制差賦與民一體均當雲南畏吾兒一千
人居荊襄雲南臣言世祖有旨使歸雲南以佐征
討中書省臣議發還為是從之中都立開寧縣降隆

興為源州陞蔚州為蔚昌府省河東宣慰司以大同
路隸中都留守司冀寧晉寧二路隸中書省甲戌以
平章政事商議中書省事太子賓客王太亨行太子
詹事平章軍國重事太子少詹事大慈都為太子詹
事賜御史基官及監察御史宴服

本紀卷第二十二

翰林學士承旨榮祿大夫知制誥兼脩國史臣　翰林待制脩五朝實錄制誥　國史院總裁官臣宋禣等奉　敕

武宗二

〈元史本紀二十三〉　　一

見戶包納差稅被災百姓內郡免差稅一年江淮免
未恭謝太廟丙申詔天下弛山澤之禁恤流移毋令
百官上尊號曰統天繼聖欽文英武大章孝皇帝乙
出入諸王公主近侍及諸官之門辛卯皇太子諸王
德贊善如故庚寅越王禿剌有罪賜死禁日者方士
二年春正月己丑從皇太子請罷宮師府設賓客諭

為句容郡王乙巳塔思不花乞台普濟言諸人悁恩
者加散官一等已亥封知樞密院事容國公床兀兒
夏稅內外大小職官普覃散官一等有出身人考滿

自大德六年至至大元年所出凡六千三百餘道皆
千田土戶口金銀鐵冶增餘課程進貢奇貨錢穀選
徑奏璽書不由中書直下翰林院給與者今覈其數

法詞訟造作等事害及於民請盡追奪之今後有不
由中書者乞勿與制可丙午定制大成至聖文宣王
春秋二丁釋奠用太牢戊申迭里帖木兒不花進鷹
天命歲以幣帛千四鈔千錠與之二月戊午鑄金印

賜句容郡王床兀兒賑真定路饑民糧萬石搭搭境
六千石癸亥皇太子幸五臺佛寺罷行泉府院以市
舶歸之行省乙丑以和林屯田去秋收九萬餘石其
宣慰司官吏部校軍士給賞有差己巳太陰犯元辛
未太陰犯氐調國王部及忽里合赤元魯帶孥來等
軍九千五百人赴和林壬申令各衛董屯田官三年
一易甲戌弛中都酒禁三月己丑遼陽行省右丞省
重喜訴高麗國王王章不奉國法恣暴等事中書省
臣請令重喜與高麗王辯對敕中書母令辯對令高
麗王從太后之五臺山梁王在雲南有風疾以諸王

〈元史本紀二十三〉　　二

老的代梁王鎮雲南賜金二百五十兩銀七百五十
兩從者幣帛有差庚寅車駕幸上都摘五衛軍五十
人隸中都虎賁司封諸王也不干為襄寧王賜雲南
杭州白雲宗攝所立湖廣頭陀禪錄司丙寅賜雲南
王老的金印戊戌太陰犯氐己亥焚感犯歲星封公
主阿剌的納八剌為趙國公主駙馬注安為趙王甲
辰中書省臣言國家歲賦有常頃以歲儉所入曾不
及半而去歲所支鈔至千萬錠糧三百萬石陛下嘗
命汰其求芻菽者而宣徽院宇可孫竟不能行視去
歲反多三十萬石請用知錢穀者二三貞於宣徽院

佐而理之又中書省斷事官大德十年四十三頁今
皇太子位增二貞諸王闥闒出剌馬甘禿剌諸王者宜各增一
貞非舊制臣等以爲皇太子位所增宜存諸王者宜
罷並從之陞掌醫署爲典醫監乙巳中書省臣言中
書爲百司之首宜先汰冗貞帝曰司存汰卿等定
議省省臣言江浙杭州驛半歲之間使人過者千
二百餘有桑元寶合丁等進獅豹鵶鶻留二十有七
日人高食肉千三百餘斤請自今遠方以奇獸異寶
来者依驛逆其商人因有所獻著令自備資力從之

《元史本紀二十三》 三

辛酉立興聖宮江淮財賦總管府詔諭中外癸亥摘
漢軍五千給田十萬頃於直沽淞海口屯種文益以
康里軍二千立鎮守海口屯儲親軍都指揮使司壬
午詔中都創皇城角樓中書省臣言今農事正殷蝗
蝝編野百姓艱食乞依前旨罷其役帝曰皇城若無
角樓何以壯觀者緩之以建新寺鑄提
調監造三品銀印益都東平東滄濟寧河間順德廣
平大名沐梁衛輝泰安高唐曹濮德揚滁高郵等處
建興聖宮令大都留守養安等督其工丁酉以陰陽
蝗五月丁亥以通政院使慈刺合兒知樞密院事董

家言自今至聖誕節不宜興土功敕停新寺工役
甲辰御史臺臣言乘輿北幸而京師工役正興加之
歲旱乏食民易惑所關甚重乞留一丞相鎮京師
後爲例制可六月癸亥選官懲捕蝗從皇太子言禁
諸賜田者馳驛徵租擾民庚午中書省臣言奉旨議
傅新寺工役其亭苑鷹坊諸役乞并罷又太醫院遣
使取藥材於陝西四川雲南費公帑勞驛傳臣等議
事干錢糧隔越中書省徑行乞禁止並從之以益都
濟南般陽三路宣慰司餘並令直隸省
部以大都隸儒籍者四十戶充文廟樂工從皇太子

《元史本紀二十三》 四

請改典樂司提點大使等官爲卿少卿丞甲戌以宿
衛之士比多冗雜遵舊制存蒙古色目之有閥閱者
餘皆革去皇太子言宣政院先奉旨凡西番僧者截
其手罟之者斷其舌此法昔所未聞有乖國典且於
僧無益僧俗相犯已有明憲乞更其令又言宣政院
文案不檢覈於憲章有礙遵舊制爲宜並從之乙亥
中書省臣言河南江浙省言宣政院奏免田有租商
可溫荅失蠻租稅臣等議田有租商有稅乃祖宗成
法今宣政院一體奏免非制有旨依舊制徵之是月
金城崦州源州雨雹延安之神木磑谷盤西神川等

處大雨雹霸州檀州涿州良鄉舒城歷陽合肥六安
江寧句容溧水上元等處蝗秋七月癸未河決歸德
府境壬辰宣政院臣言武靖王搠思班與朵思麻宣
慰司言松潘疊宕威茂州等處安撫司管內西番禿
魯卜降胡漢民四種人雜亂昨遣經歷蔡楙昭徃蛇
壙之人酋長令真巴等八人已嘗廷見今令真巴謂
其地隣接四川未降者尚十餘萬七千皆數百年負頑
人不知蠻夷事宜繞至成都灌州畏懼即返何以撫
治宜改安撫司爲宣撫司遷治茂州従松州軍千人

鎮遏爲便臣等議宜従其言詔改松潘疊宕威茂州
安撫司爲宣撫司遷治茂州汶川縣秋正三品以八
兒恩的斤爲宣撫司達魯花赤蔡楙耶爲副使並佩
虎符乙未復置贛州龍南安遠二縣以河西二十驛
往来使多馬數既少民力耗竭命中書省樞密院通
政院於諸部撥戶增馬以濟之樂實言鈔法大壞請
更鈔法圍新鈔式以進又與保八議立尚書省詔與
乞台普濟塔思不化赤因鐵木兒脫虎脫集議以聞
已亥河決汴梁之封丘甲辰改昔保赤八剌合孫總
管府爲奉時院乙巳保八言臣與塔思不花乞台普

濟等集議立尚書省事臣今竊自思之政事得失皆
前日中書省臣所爲今欲舉正彼懼有累輒願行者
臣今不言誠以大事爲懼陛下若矜憐保八樂實所
乞台普濟脫虎脫爲丞相三寶奴樂實爲平章保八
議請立尚書省舊事從中書新政從尚書臣言甘肅
乞台普濟脫虎脫爲丞相姓江者晝鈔式以爲印鈔庫
爲右丞王熙桑知政事姓江者晝鈔式以爲印鈔庫
中解締耀同華等州蝗八月壬子中書省臣言甘肅
臣更議並従之塔思不花言此大事邊爾更張乞與老
大事議帝不従是月濟南濟陽般陽曹濮德高唐河
省僻在邊陲城中蓄金穀以給諸王軍馬世祖成宗

常修其城池近撒的迷失擅興兵甲掠亂王出伯輶
重民大驚擾今撒的迷失已伏誅其城若不修應啓
冠心又沙瓜州摘軍屯田歲入糧二萬五千石撒的
迷失叛不令其軍入屯遂廢今乞仍舊遣軍屯種選
知屯田地利色目漢人各一員領之皆従之癸酉立
尚書省以乞台普濟爲太傅右丞相脫虎脫爲左丞
相三寶奴樂實爲平章政事保八爲右丞脫虎脫爲
兒爲左丞王熊爲參知政事中書左丞劉楫授尚書
左丞商議尚書省事詔告天下甲寅敕以海剌孫昔
與伯顏阿木平江南知兵事可授平章政事商議樞

密院事以阿速衞軍五百人隸諸王怯里不花駐和
林給鈔萬五千錠人備四馬巳未立皇太子右衞率
府秩正三品命尚書右丞相脫虎脫御史大夫不里
牙敦並領右衞率府事尚書省臣言中書省尚有通
欠錢粮應追理者大辟徵其尚書省議定令中書省
省又言往者大辟徵其尚書省臣言中書省參知政
以聞宜依舊制從之以江西等處行中書省參知政
事郝彬為尚書省參知政事甲戌賜太師奴頭低頭脫
兒赤顏丁丑求平路隕霜殺禾巳卯三寶奴言尚書
省立更新廢政變易鈔法用官六十四員其中宿衞

之士有之品秩未至者有之未歷仕者有之此皆素
習於事既巳任之乞勿拘例授以宣敕制可詔天下
敢有沮撓尚書省事者罪之真定保定河間順德廣
平彰德大名衞輝懷孟汴梁等處蝗九月庚辰朔以
尚書省條畫詔天下改各行中書省為行尚書省詔
朝廷得失軍民利害臣民有上言者皆得實封上聞
在外者赴所屬處人民飢荒轉徙復業者一
切通欠並行蠲免仍除差稅三年田野死亡骸骨暴
露官為收拾須行至大銀鈔詔曰昔我世祖皇帝既
登大寶始造中統交鈔以便民用歲久法陳亦既更

張即造至元寶鈔速今又復二十二年物重鈔輕不
能無弊廼循舊典改造至大銀鈔頒行天下至大銀
鈔一兩準至元鈔五貫白銀一兩赤金一錢隨路立
平準行用庫買賣金銀倒鈔或民間絲綿布帛
赴庫回易依驗時估給價隨時攫出糶以遏沸湧金銀私
倉以權物價豐年攞糴粟麥米穀值青黄不接之時
比附時估減價出糶以過沸湧金銀私相買賣及海
舶興販金銀銅錢絲綿布帛下海者並禁之平準行
用庫常平倉設官皆六流官內銓注以二年為滿中
統交鈔詔書到日限一百日盡數赴庫倒換茶鹽酒

醋商稅諸色課程如漢至大銀鈔以一當五頒行至
大銀鈔二兩至二釐定為一十三等以便民用壬午
江南行臺勅平章政事敦化詖言家貧受賜物
折鈔二萬錠且其人素行無一善可稱魏國公尊爵
也豈宜授之請追奪為宜制可爰未尚書省臣言古
者設官分職各有攸司方今地大民衆事益繁其若
使省務壅塞朝夕惟署押文案事皆發弛天裁民困
職此之由自今以始省部一切皆令從宜廢置大事
或須上請得旨即行用成至治上順天道下安民心
減省之由自今以始省部一切皆令從宜廢置大事

文言國家地廣民衆古所未有累朝格例前後不一
執法之吏輕重任意請自太祖以來所行政令九千
餘條刪除繁冗使歸於一編爲定制並從之以大都
城南建佛寺立行工部領行工部事三人行工部尚
書二人仍令尚書省臣言翰林國史院先朝御容實
至大都戊子尚書省右丞相脫虎脫兼領之丙戌車駕
錄皆在其中鄉置之南省令尚書省復立倉卒不及
營建請買大第從之制可壬辰賜高唐王注安金五
千兩銀五萬兩癸巳以薪價貴禁權豪畜鷹犬之家
不得占壩山場聽民樵采三寶奴言冀寧大同保定
真定以五臺建寺所須皆直取於民宜免今年租稅
從之丙申御史臺臣言頃年歲凶民疫陛下哀矜賑
之獲濟者衆今山東入饑流民轉徙乞以本臺沒入
贓鈔萬錠賑救之制可丁酉御史臺臣言比者近幸
爲人奏請賜江南田千二百三十頃爲租五十萬石
乙拘還官從之己亥尚書省臣言今國用需中統鈔
五百萬錠前者嘗借支鈔本至千六十萬三千一百
餘錠今乞罷中統鈔以至大銀鈔爲母至元鈔爲子
仍撥至元鈔本百萬錠以給國用大都立資國院秩
正二品山東河東遼陽江淮湖廣川漠立泉貨監六

秩正三品產銅之地立提舉司十九秩從五品尚書
省臣言三官內降之旨襄中書省奏請勿行臣等謂
宣仍舊行之儻於大事有害則復奏請帝是其言文
言中書之務乞以盡歸臣等至元二十四年凡宣敕
亦尚書省掌之中書省之令臣等議乞從之八國王遣其弟扎剌奴等加
言尚書省臣乞從尚書省任人
敕散官委之中書省宜令
来貢白面象伽藍木合魯納荅思禿堅鐵木兒桑加
失不憐八孫薛徹元李唐徐伯顏使八昔察罕亦不
使里等奏請遣人使海外諸國以柔堅張也先伯顏
剌金楊忽荅兒阿里使占八以陝西行臺大夫大司

徒沙的爲左丞相行土蕃等處宣慰使都元帥甲辰
尚書省言每歲芻粟費鈔五十萬錠請廢亭可孫立
度支院秩二品設使同知僉院僉判各二員從之乙
巳以盜多徙上都中都大都舊盜賊於水達達亦刺思
等地耕種丁未三寶奴言養豹者害民爲甚有旨禁
之有復犯者雖貴幸亦加罪冬十月庚戌朔以皇太
子爲尚書令詔天下令州縣正官以九年爲任詔天
下又以行銅錢法詔天下辛亥皇太子言舊制百官
宣敕散官皆歸中書以臣爲中書令故也自今敕牒
宜令尚書省給降宣命仍委中書制可丙辰樂實言

江南平垂四十年其民止輸地稅商稅餘皆無與其
富室有敝占王民奴使之者動輒百千家有多至萬
家者其力可知乞自今有歲收糧滿五萬石以上者
令石輸二升於官仍質一子而軍之其所輸之粮移
其半入京師以養御士半留於彼以備凶年畐國安
各一員又增禮部侍郎郎中名一員凡言時政者屬
課提舉司尚書省以錢穀繁劇增戶部侍郎貟外郎
民無善於此帝曰如樂實言行之辛酉弛酒禁立酒
之立太廟犧犧署設令丞各一員癸亥以翰林學士
承旨不里牙敦爲御史大夫乙丑以皇太后有疾詔
天下釋大辟百人丁卯以御史大夫只兒合郎及中
書左丞相脫脫尚服院使大都並知樞密院事壬申
太陰犯左執法癸酉尚書省臣言此來汰冗官之
故百官俸至今未給乞如大德十年所設員數給之
餘弗給從之加知樞密院事禿忽魯左丞相丁丑以
遼陽行尚書省平章政事合散爲左丞相行中書省
平章政事中書參知政事忽都不丁爲右丞行中書
右丞商議中書省事鐵里脫歡爲平章政事行中書
丞參議中書省事鐵里脫歡買鈞並爲右丞行中書
戊寅御史臺臣言常平倉本以益民然歲不登遽立

之必反害民罷之便又言至大銀鈔始行品目繁碎
民猶未悟而文兼行銅錢廳有相妨又言民間抱銅
器甚急弗便乞與省臣詳議又言歲鹵乏食不宜遽
弛酒禁有旨其與省臣議之十一月庚辰朔以徐琰
連年大水百姓流離悉免今歲差稅增吏部郎中貟
外郎主事各一員廷見乃聽從之雲
免其民差稅之半下戶悉免之尚書省臣言此年衛
士大濫率多無賴請充衛士者必廷見乃聽從之雲
南行省言八媳婦大徹里小徹里作亂威遠州谷
保奪攄木羅甸詔遣本省右丞只兒威往招諭之
仍令威楚道軍千五百人護送入境而箄只兒威受
谷保賂金銀各三定復進兵攻劫谷弓弩亂發遂
以敗還匪惟敗事反傷我人惟陛下裁度帝曰大事
也其速擇使復齎璽書往招諭箄只兒威雖遇赦可
嚴鞫之甲申賜寧蕭王脫脫金印陞皇太子府正司
爲從二品乙酉尚書省及太常禮儀院言郊祀者國
之大禮今南郊之禮已行而未備北郊之禮尚未舉
行今年冬至祀天南郊請以太祖皇帝配明年夏至
祀地北郊請以世祖皇帝配制可丁亥以湖廣行省
左丞散木帶爲平章政事商議樞密院事丁酉太尉

尚書右丞相脫脫監修國史巳亥太陰犯右執法
庚子太陰犯上相辛丑尚書省臣言臣等竊計國之
糧儲歲費浸廣而所入不足今歲江南頗熟欲遣使
和糴恐米價暴增請以至大鈔二千錠分之江浙河
南江西湖廣四省於來歲諸色糧支糴者視時直予
以鈔可得百萬不給則聽以各省錢足之制可丙午
赤議李蘭奚以私怨殺人當死大宗正也可扎魯忽
諸王亭蘭奚貴貴為國族乞杖之流比鄙從軍從之丁
未擇衛士子弟充國子學生十二月乙卯親饗太廟
上太祖聖武皇帝尊謚廟號及光獻皇后尊謚又上

厯宗景襄皇帝尊謚廟號及莊聖皇后尊謚執事者
人陞敘附一等賜太廟禮樂戶鈔帛有差和林省右
丞相太師月赤察兒言臣與哈剌哈孫荅剌罕共事
時錢穀必與臣議自哈剌哈孫沒凡出入不復關聞
予奪其當而右丞襄家帶反相凌侮輒託故赴京師
有旨其鎖曩家帶詣和林鞫之武昌婦人劉氏詣御
史臺訴三寶奴奪其所進亡宋玉璽一金椅一夜明
珠二奉旨令尚書省及御史中丞襲德方也可扎
魯忽赤別鐵木兒中政使楣尸等雜問劉氏稱故程
萬尸妻三寶奴謫武昌時與留住來及三寶奴貴劉

託以追逃婢來京師謂三寶奴於其家不荅入其西
廊見掲上有逃婢所竊鞍及其手縫錦帕以問三
寶奴又不荅怨恨而出即求書狀人喬瑜為狀乃因
有旨斬喬瑜荅李節歸之元籍丙辰
尹榮性見察院吏李節入訴於臺獄成以劉氏為妄
併中書省臣言鹽價惯每
之合免之庚申太陰犯辛酉申禁漢人執弓矢
請宜增焉至大銀鈔四兩廣西如故其賣鹽工本
引宜增焉至大銀鈔四錢制可參路分揀通貟合徵
兵仗壬戌陽曲縣地震有聲如雷封西僧述不韻子

為寧國公賜金印丁丑詔增百官俸定流官封贈等
第應封贈者或使遠死節臨陣死事於見授散官上
加之若六品七品死節死事者驗事持贈官封贈內
外百官三品以上者許請謚凡請謚者許其家具本
官平日勳勞政績德業藝能經由所在官司保勘與
本家所供相同轉申吏部都省都省準擬令
太常禮儀院驗事蹟定謚若勳戚大臣奉旨賜謚者
不在此例
三年春正月癸未省中書官吏自客省使而下一百
八十一貟賜諸王那本忽里等鈔萬二千錠賜宣徽

院使拙忽難所隸酒人鈔萬五百八十八錠乙酉特
授李孟榮祿大夫平章政事集賢大學士同知徽政
院事丁亥白虹貫日戊子禁近侍諸人外增課額及
進他物有妨經制营五臺寺役工匠千四百人軍三
千五百人巳丑以紐隣參議尚書省事庚寅立司裡
監秩正三品掌巫覡攝太尉持節授王冊王寶壬辰
弘吉列氏遣脱虎脱以丞相鏊日領之辛卯立皇后
陸中政院為從一品癸巳立中瑞司秩正三品掌皇
后寶甲午太陰犯右執法乙未定稅課法諸色課程
並係大德十一年考較定舊額元增總為正額折至
元鈔作數自至大三年為始恢辦餘止以十分為率
增及三分以上為下酬五分以上為中酬七分以上
為上酬增及九分為最不及三分為殿所設資品官
負以二周歲為滿定稅課官等第萬錠之上設正提
舉同提舉副提舉各一負一千錠之上設提領大使
副使各二負五百錠之上設提領大使副使各一員
一百錠之上設大使副使各一員丙申立資國院泉
貨監命以歷代銅錢與至大錢相參行用復立廣平
順德路鐵冶都提舉司戊戌詔湖廣行省招諭叛人
上思州知州黃勝許辛丑降詔招諭大徹里小徹里

樞密院臣言湖廣省平西
冠巳遣萬戶移剌四奴領軍千人及調思播土兵併
力討捕臣等議事勢急地里要害四奴備知乞聽
其便宜調遣制可壬寅詔八百媳婦遣雲南行省
右丞筭只兒威招撫之癸卯改太子少詹事為副詹
事乙巳令中書省遷叙省官吏如安童居中書時例
巳汰者尚書省遷叙省官存知樞密院事二負樞密
同知樞密院事二負樞密院副使二負僉樞密院事二
負同僉樞密院事一負增御史臺官二負御史大夫
御史中丞侍御史治書侍御史各二負省通政院官
六負存十二負汰廣武康里衛軍非其種者還之元
籍凡隸諸王阿只吉火郎撒及迤南探馬赤者令樞
密院遣人即其處參定為籍去歲朝會諸王伯鐵木
兒阿刺鐵木兒並賜金二百五十兩銀一千兩鈔四
百錠丙午詔令知樞密院事大都僉院合剌合孫復
職丁未立右衛阿速親軍都指揮使司秩正三品二
月庚戌以皇后受冊遣官告謝太廟辛亥焚惑犯月
星賜鷹坊馬速忽金百兩銀五百兩巳未浚會通河
給鈔四千八百錠糧二萬一千石以募民命河南省
平章政事塔失海牙董其役遣商議尚書省事劉楫

整治鈔法增大都警巡院二分治四隅壬戌太陰犯
左執法甲子以上皇太后尊號告祀南郊乙丑復以
僉樞密院事賈鈞為中書省參知
尚書省臣言昔至元鈔初行即以中統鈔本供億及
率多躓隘等願依世祖皇帝舊制次第給之制可丁卯
階差等已有定制近奉聖旨懿旨百令吉要索官階者
夏朝會上都所隸戶貧之以米萬石鈔六千錠賑之已
毀其板止以至大鈔與銅錢相權通行為便又言
銷其省臣言
王牙忽都供億請先發鈔百萬錠以往並從之楚

《元史本紀二十三》 七七

巳寧王闊闊出謀為不軌越王禿剌子阿剌納失里
許助力事覺闊闊出下獄賜其妻完者死竄阿剌納
失里及其祖母妻于伯鐵木兒所以畏吾兒僧鐵
里等二十四人同謀或知謀不首並磔于市輪其獄
者並陞秩二等賞牙忽都金千兩銀七千五百兩三
寶奴賜鈔罕以闊闊出食品清州賜之自達魯
花赤而下並聽舉用辛未脫兒赤顏加錄軍國重事
賜故中書右丞相塔剌海妻也里千金七百五十兩
銀一千五百兩鈔四百錠壬申樂實為尚書左丞
駙馬都尉封薊國公癸酉以左丞相行中書省平章

政事合散商議遼陽行省事甲戌太白犯月星以上
皇太后尊號告祀太廟三月己卯朔樞密院臣言國
家設官分職都省治金穀樞密治軍旅各有定制邇
者尚書省弗遵成憲易置本院官令依大德十年負
失史弼同知樞密院事只兒合郎為陝西行尚書省平章
數聞奏臣等議以鐵木兒不花脫不花知樞密院事
速脫脫同知吉尼脫不花而赤顏床兀兒也
為副樞有旨令樞密院如舊制設官十七負乙酉以
知樞密院事馬兒往甘肅和市羊馬分齎諸王那木
遣刑部尚書馬兒往

《元史本紀二十三》 十

忽里蒙古軍給鈔七萬錠庚寅太陰犯氐尚書省臣
言昔世祖有旨以叛王海都分地五戶絲向慕德化
彼來降賜之藏二十餘年今其子察八兒向慕德化
歸觀闕廷請以賜之帝曰世祖謀慮深若是待諸
王朝會頒賞既畢卿等備述其故然後與之使彼知
愧辛卯發康里軍屯田求平官給之牛壬辰車駕辛
上都立興聖官章慶使司秩正二品丙申太陰犯南
斗丁未太白犯井夏四月己酉興聖官鷹坊等戶四
千分屬遼陽建萬戶府以統之容米洞官田墨科合
蠻首殺千戶及戍卒八十餘人俘掠良民政求順保

靖南渭安撫司為永順等處軍民安撫
使梓材為使往招之賜高麗國王王章功臣號改封
瀋王玫大承華普慶寺總管府為崇祥監庚戌以鈔
九千一百五十八錠有奇市耕牛農具給直沽酸棗
林屯田軍戌辰太白晝見已巳立怯憐口諸色人匠
都總管府秩正三品提舉司秩從四品瑞州等路秩正五品
提舉司秩從四品並隸章慶使司辛未賜角觝者阿
江浙等處財賦提舉司秩從五品二分治大都營
里銀千兩鈔四百錠丙子立管領軍匠千戶所秩
五品割左都威衛軍匠八百隸之備與聖宮營繕增

國子生為三百負靈壽平陰二縣兩雹臨山寧津堂
邑往平陽穀高唐禹城等縣蝗五月甲申封諸王完
者為衛王癸巳東平人饑賑米五千石乙未加尚書
參知政事王罷大司徒是月合肥舒城歷陽蒙城霍
丘懷寧等縣蝗六月丁未朔詔太尉尚書右丞相脫
虎脫太保尚書左丞相三寶奴總治百司庶務並從
尚書省奏行戌申省上都留守司官七負以行中書
左丞忽都不丁為中書右丞已酉上都等處
銀冶提舉司秩正四品尚書省臣言別都魯思云
州朝河等處產銀令往試之得銀六百五十兩詔立

提舉司以別都忽思為達魯花赤庚戌立規運都總
管府秩正三品領大崇恩福元寺錢粮置提舉司資
用庫大益倉隸之乙卯太陰犯氐和林省言貧民自
迤比來者四年之間靡粟六十萬石鈔四萬餘錠魚
網三千農具二萬詔尚書樞密差官與和林省臣覈
實給賜農具田種俾自耕食其績至者戶以四口為
率給之粟丁巳敕令歲諸王妃主朝會頒賚一如至
大元年例甲子敕太子詹事幹赤為中書左丞集賢
使領興醫監事戌辰遣使諸道審決重囚賜太師淇
陽王月赤察兒清州民戶萬七千九百一十九安吉

王乞台普濟安吉州民戶五百壬申以西北諸王察
八兒等來朝告祀太廟賜脫虎脫三寶奴珠衣封三
寶奴為楚國公以常州路為分地乙亥陞晉王延慶
司秩正二品是月襄陽峽州路荊門州大水山崩壞
官解民居二萬一千八百二十九間死者三千四百
者五十二人汝州沂州大水死者九十二人六安州大水死
六十六人大水死民田威州洺水肥鄉雞澤等縣旱秋七月戊寅太陰犯右執法己
卯太陰犯上相庚辰封皇伯晉王長女寶苔失憐為
韓國長公主丙戌循州大水漂廬舍二百四十四間

死者四十三人發米賑之庚寅罷稱海也可扎魯忽
赤定王藥木忽兒乞如例設王府官六員從之癸巳
給親民長吏考功印曆令監治官歲終驗其行蹟書
而上之廉訪司御史臺尚書禮部考校以爲陞黜增
尚書省客省使副各一員直省舍人十四員立河南
打捕鷹坊魚課都提舉司秩正四品乙未中都立光
禄寺丁酉汜水長林當陽夷陵宜城遠安諸縣水令
尚書省賑恤之己亥禁權要商販挾聖旨懿旨令旨
阻礙會通河民船者壬寅詔禁近侍奏降御香及諸
王駙馬降香者磁州威州諸縣旱蝗八月丁未以江

浙行尚書省左丞相忽剌出遷授中書右丞相釐日
並爲御史大夫詔諭中外甲寅白虹貫日陞尚服院
從一品丙辰以行用銅錢詔諭中外甲子獵于昂兀
腦兒之地己巳以諸王只必鐵木兒貧仍以西涼府
田賜之尚書省臣言今歲頒賚已多凡各位下奉聖
旨懿旨令旨賜財物者請分汰有旨卿等但具名以
進朕自分汰之汴梁懷孟衛輝彰德歸德汝寧南陽
河南等路蝗九月己卯平伐蠻酋不老丁遣其姪與
甥十人來降陞平伐等處蠻夷軍民安撫司同知陳
惡誠爲安撫使佩金虎符御史臺臣言江浙省丞相

沓失蠻於天壽節日毆其平章政事孛蘭奚事屬不
敬詔遣使詰問之內郡饑詔尚書省如例賑恤辛巳
太陰犯建星立宣慰司都元帥府於察罕腦兒之地
丙戌車駕至大都保八遷授平章政事辛卯太陰犯
天廩壬辰皇太子言司徒劉夔乘驛省親江南大擾
平民二年不歸詔罷之庚子以潭州隸中宮上都民
饑敕遣刑部尚書撒都丁發粟萬石下其價賑糶之
壬寅敕諸司官濫設者毋給月俸詔諭三寶奴等去
歲中書省奏諸司官員遵大德十年定制濫者汰之
今聞員冗如故有不以聞而徑之任者有旨不奏而

擅令之任及之任者並逮捕之朕不輕釋冬十月甲
辰朔太白經天丙午太白犯左執法三寶奴及司徒
田忠良等言曩奉旨舉行南郊配位從祀北郊方丘
朝日夕月典禮臣等議欲祀北郊必先南郊今歲冬
至祀圜丘尊太祖皇帝配享來歲夏至祀方丘尊世
祖皇帝配享春秋朝日夕月寔合祀典有旨所用儀
物其令有司速備之又言太廟祠祭故用瓦尊乞代
以銀從之戊申帝率皇太子諸王羣臣朝興聖宮上
皇太后尊號冊寶曰儀天興聖慈仁昭懿壽元皇太
后庚戌恭謝太廟癸丑熒惑犯亢甲寅敕諭中外民

戶託名諸王妃主貴近臣僚規避差私已嘗禁止自
今遠者俾充軍驛及築城中都郡縣官不覺察者罷
職封僧亦憐真乞烈思為文國公賜金印御史臺臣
言江浙省平章烏馬兒遣人從使臣昵匝馬丁枉道
馳驛取賊贓興獄中釋之敕御史臺臣遣官往鞫毋徇
私情山東徐邳等處水旱以御史臺沒入贓鈔四千
餘錠賑之丁巳尚書省臣言宣徽院廩給日增偹待
雖廣亦不能給宜加分減帝曰比見後宮飲膳與朕
無異有是理耶其令伯荅沙與宣徽院覈實分減
之庚申敕尚書省事繁重諸司有才識明達者並從

尚書省選仕樞密院御史臺及諸有司毋報奏用達
者論罪其或私意請托罷之不叙辛酉以皇太后受
尊號赦天下大都上都中都比之他郡供給煩擾與
免至大三年秋稅其餘去處今歲被災人戶毋經體
穫依上蠲免戶內外不急之役截日停罷至大二年已
前民間負欠差稅課程並行蠲免闕出餘黨未發
覺者並原其罪隨處官民田土各有所屬諸人勿得
陳獻三寶奴言省部官不肯勤恪署事敕自今晨集
暮退尚或怠弛不必以聞便宜罪之其到任或一再
月辭以病者杖罷不叙又言故丞相和禮霍孫時參

議府左右司斷事官六部官日具一膳不然則抱飢
而還稽誤公事今則無以為資乞各賜鈔二百錠規
運取其息錢以為食制可丁卯封諸王木八剌子買
住韓為克王壬申晉王也孫鐵木兒言世祖以張鐵
木兒所獻地土金銀銅冶賜田後以成宗拘收諸王
所占地土民戶例輸官乞田賜從之仍賜鈔三千
歲四五十萬至百十萬時命多糧少顧直均平比歲
鈔賑其部會江浙省臣言曩者朱清張瑄海漕米
賦斂橫出潛戶困之逃亡者有之今歲運三百萬漕
舟不足遣人於浙東福建等處和顧百姓騷動本省

左丞沙不丁言其弟合八失及馬合謀但的澉浦楊
家等皆有舟且深知漕事乞以為海道運糧都漕萬
戶府官各以已力輸運官糧萬戶千戶並如軍官例
承襲寬恤漕戶增給顧直廢有成效尚書省以聞請
以馬合謀但的為遙授右丞海外諸蕃宣慰使都元
帥領海道運糧都漕萬戶府事設千戶所十每所
設達魯花赤一千戶三副千戶二百戶四制可雲南
省丞相鐵木迭兒擅離職赴都有旨詰問以皇太后
旨貸免令復職以丞相鐵古迭兒為陝西行御史臺
御史大夫詔諭陝西四川雲南甘肅詔諭大司農司

勸課農桑十一月甲戌朔太白犯亢戊寅遷寧東平
等路饑免魯經賑恤諸戶今歲差稅其未經賑恤者
量減其半詔論鹽日移文尚書省凡憲臺除官事後
勿與庚辰河南水死者給樺漂廬舍者給鈔驗口賑
糧兩月免今年租賦辛巳尚書省臣言今歲輸銀四千二百
十兩今秋復輸三千五百兩且言復得新礦銀當增
提舉司達魯花赤別都魯思去歲輸銀四千二百五
行以備侍衛及鷹坊急有所須又言上都中都銀冶
已印至大鈔本一百萬錠乞增二十萬錠及銅錢兼
辦乞加授嘉議大夫並從之加脫虎脫為太師錄軍

〈元史本紀二十三〉

國重事封義國公壬午政大崇恩福元寺規運緫管
府為隆禧院秩從二品丁亥太陰犯畢戊子政皇太
子妃怵懔口都緫管府為典內司以益都寧海等處
連歲饑罷鷹坊縱獵其餘獵地並令禁約以俟秋成
尚書省臣言雲南省臨安大理等處宣慰司麗江宣
撫司及晉定路所隸部曲連結蠻寇殺掠良民論之
不服且方調兵討八百媳婦軍力消耗今擬蒙古軍
人給馬一漢軍十人給馬二計直與之乞賜鈔三萬
錠又言四川行省紹慶路所隸容米洞田墨連結諸
蠻攻劫麻寮等寨方調兵討捕遣千戶塔木往諭田

墨施什用等來降宜立黃沙寨以田墨施什用為千
戶塔木為河東陜西等處萬戶府千戶所達魯花赤
廖起龍為來寧州判官田思遠為懷德府判官命皇
遣還皆從之以朱清子虎張瑄子文龍住治海漕以
所籍宅一區田百頃給之尚書省臣言昔世祖命皇
子脫歡為鎮南王居揚州今其子老章出入導衛偕
中都以牛車運土令各部衛士助之敕城
竊上儀勒遣官詰問仍以所備儀物來上歲以來
十五日畢集失期者罪其部長自願以車牛輸運者
別賞之江浙省左丞相苫失蠻江西省左丞相別不

〈元史本紀二十三〉

花來朝賜世祖宮人伯牙倫金七百五十兩銀二千
五百兩鈔六百錠丙申有事於南郊尊太祖皇帝配
享昊天上帝已亥尚書省以武衛親軍都指揮使鄭
阿兒思蘭與兄鄭榮祖段叔仁等圖為不軌置獄鞫
之皆誣服詔以建大崇恩福元寺乞失剌遙授左丞
二月甲辰朔以尚書省並領行工部事立崇輝署
曲列劉良遙授參知政事並領行工部事立崇輝署
隸中政院戊申冀寧路地震已未諭中外應避役占
籍諸王者俾充軍驛鎮南王老章偕擬儀衛究問有
驗召老章赴闕

四年春正月癸酉朔帝不豫免朝賀大赦天下庚辰
帝崩于玉德殿在位五年壽三十一壬午靈駕發引
葬起輦谷從諸帝陵夏五月乙未文武百官也先
鐵木兒等上尊謚曰仁惠宣孝皇帝廟號武宗國語
曰曲律皇帝是日請謚南郊閏七月丙午祔于太廟

武宗當富有之大業慨然欲創治改法而有為故其
封爵太盛而遽授之官泛錫賚太隆而泛賞之恩溥
至元大德之政於是稍有變更云

翰林學士亞中大夫知制誥同修國史兼□□□□宋濂　翰林待制承直郎同知制誥兼國史院編修官臣王禕等奉
勅修

仁宗一

仁宗聖文欽孝皇帝諱愛育黎拔力八達順宗次子
武宗之弟也母曰興聖太后弘吉剌氏至元二十二
年三月丙子生大德九年冬十月成宗不豫中宮秉
政詔帝與太后出居懷州十年冬十二月至懷州所
過郡縣供帳華侈悉令撤去嚴飭扈從毋擾於民且
諭令有事王毅察而言之民皆感悦十一年春正月成

◀ 元史本紀卷二十四 [一] ▶

宗崩時武宗為懷寧王總兵北邊戊子帝與太后聞
哀奔赴庚寅至衛輝經比干墓顧左右曰紂以干
色毒痛四海比干干諫紂剖其心遂失天下令祠比干
於墓為後世勸至漳河值大風雪田叟有以盂粥進
者近侍卻不受帝曰昔漢光武嘗為寇兵所迫食豆
粥大丈夫不偶當艱難以致驕
情命取食之賜叟綾一匹慰遣之行次邯鄲諭縣官
曰吾盧衞士不法胥吏欽重為民困乃命王傅巡
行察之二月辛亥至大都與太后入內哭盡哀復出
居舊邸旦朝夕入哭莫左丞相阿忽台等潛謀推皇

后伯要真氏稱制安西王阿難荅輔之時左丞相哈
剌哈孫荅剌罕稱疾守宿掖門凡三月密持其機陽
許之夜遣人啟帝曰懷寧王遠不能猝至恐變生不
測當先事而發三月丙寅帝率衞士入內召阿忽台
等責以事命執之鞫問辭服戊辰伏誅諸
王闊闊出牙忽都等曰今罪人斯得太子寔世祖
孫宜早正天位帝曰今
宮壼攝亂我家故誅之豈欲作威觀望神器耶懷寧
王吾兄也正位為宜乃遣使迎武宗於此邊五月乙
丑帝與太后會武宗於上都甲申武宗即位六月癸

◀ 元史本紀卷二十四 [二] ▶

巳詔立帝為皇太子受金寶遣使四方旁求經籍識
以玉刻印章命近侍掌之時有進大學衍義者命詹
事王約等節而譯之帝曰治天下此一書足矣因命
與圖象考經列女傳並刊行賜臣下十一月戊寅受
玉冊領中書省樞密院至大元年七月帝諭詹事曰
出曰汝舊事吾其與同僚協議務遵法度凡世祖所
未嘗行及典故所無者慎勿行二年八月立尚書省
詔太子兼尚書令戒飭百官有司振紀綱重名器風
夜以赴事功管事院臣啟金州獻瑟瑟洞請遣使采
之帝曰所寶惟賢瑟瑟何用為若此者後勿復聞先

是近侍言賈人有售義珠者帝曰吾服御雅不喜飾
以珠璣生民膏血不可以奢靡耗汝等當廣進賢才以恭
儉愛人相規不可以奢靡財相導言者慚而退進
東宣慰使撒都獻王觀音七寶帽頂寶帶寶鞍鄰之
戒諭如初詹事王約答事二窠者侍側帝問自古窠
官壞人家國有諸約對曰窠官善惡皆有之但恐慮
失宜耳帝然之九月河間等路獻嘉禾有異獻同
書四年春正月庚辰武宗崩壬午罷尚書省以丞相
潁及一莖數穗者命集賢學士趙孟頫繪圖藏諸祕

脫虎脫三寶奴平章實右丞保八左丞忙哥帖木

《元史本紀二十四》　三

兒參政王罷變亂舊章流毒百姓命中書右丞相塔
思不花知樞密院事鐵木兒丙戌脫虎
脫三寶奴樂實保八王罷伏誅忙哥帖木兒杖流海
南壬子曰赤如赭罷城中都召世祖朝諳知政務素
有聲望老臣平章程鵬飛董士選太子少傅李謙少
保張瑋右丞陳天祥尚文劉正左丞郝天挺中丞董
土珍太子賓客蕭㪔料參政中王思廉韓從益侍
御趙君信鷹訪使程鉅夫杭州路達魯花赤阿合馬
給傳詣闕同議庶務甲午宥阿附脫虎脫等左右司
六部官罪乙未禁百官役軍人營造及守護私第丁酉

以雲南行中書省左丞相鐵木迭兒為中書右丞相太
子詹事完澤集賢大學士李孟並平章政事戊戌以
塔思不花及徵政院使沙汰並為御史大夫己亥改
行尚書省為行中書省宣敕辛丑以塔失鐵木兒知
樞密院事壬寅禁鷹坊馳驛擾民敕中書凡傳旨非
親奉苫勿行以諸王朝會普賜金三萬九千六百五
十兩銀百八十四萬九千五十兩鈔二十二萬三千
二百七十九錠幣帛四十七萬二千四百八十四

《元史本紀二十四》　四

二月復王宸樂院為儀鳳司改延慶司為都功德使
司乙巳命和林江浙行省依前設左丞相餘省唯置
平章二員遙授職事勿與戊申罷運江南所印佛經
辛亥禁諸王駙馬權豪擅山場聽民樵採罷阿老之
尨丁買賣浙鹽供中政食羊禁宣政院違制度僧甲
寅遣使檢覈小雲石不花所獻河南荒田司徒蕭珫
以城中都徵功毒民命追奪其符
還中都所占民田罷江南行通政院行宣政院甲子
太陰犯填星坐典內司為典內院秩從三品命中書
平章李孟領國子監學諭之曰學校人材所自出卿

等宜數詣國學課試諸生勉其德業敕諸王駙馬户
在繒山懷來永興縣者與民均服徭役諸司擅奏除
官者毋給宣敕御史臺臣白雲宗總攝所統江南
為僧之有髮者不養父母避役損民乞追奪所受重
書銀印勒還國民籍從之罷福建綉匠河南魚課兩提
舉司省宣徽院參議斷事官丙寅監察御史言比者
尚書省臣獻國亂政已正典刑其餘黨附之徒布在
百司亦湏次第沙汰令中書奏用字羅鐵木兒為陝
西平章章烏馬兒為江浙平章閭里吉思為甘肅平章
塔失帖木兒為河南參政萬僧為江浙參政各人前
任皆受重職或挾勢害民咸乞罷黜制曰可丁卯命
西番僧非奉璽書驛券及無西番宣慰司文牒者勿
輒至京師仍戒黄河津吏驗問禁止罷總統所及各
憂僧録僧正都網司凡僧人訴訟悉歸有司罷仁虞
院復置鷹坊總管府庚子命廣西靜江融州軍民官
鎮守三載無虞者民官減一資軍官陞一階著為令
思州軍民宣撫司招諭官唐銓以洞蠻楊正思等五
人來朝賜金帛有差立淮安忠武王伯顏祠於杭州
仍給田以供祀事是月帝謂侍臣曰郡縣官有善有
惡其命臺官選正直之人為廉訪司官而體察之果

有廉能愛民者不次擢用則小人自知激厲矣旌表
漳州長泰縣民王初應孝行三月庚辰召前樞密副使
吳元珪左丞拜降元伯都剌至京師同諸老臣議事
丙戌太陰犯太微上相罷五臺行工部巳丑命毋赦
十惡大逆等罪復典瑞院為典瑞監庚寅即皇帝位
於大明殿受諸王百官朝賀詔曰惟昔先帝事皇太
后撫朕眇躬孝友天至由朕得託順考遺體重以毋
弟之嫡加有削平内難之功於其踐阼曾未踰月授
以皇太子寶領中書令樞密使百揆機務聽所總裁
于今五年先帝奄棄天下勳戚元老咸謂大寶之承
既有成命非與前聖賓天而始徵集宗親議所宜立
者此當稽周漢晉唐故事正位宸極朕以國恤方新
誠有未忍是用經時今則上奉皇太后勉進之命下
徇諸王勸戴之勤三月十八日於大都大明殿即皇
帝位凡尚書省誤國之臣先已伏誅同惡之徒亦巳
放殛百司庶政悉歸中書命丞相鐵木迭兒平章政
事李道復等從新拯治可大赦天下敢以赦前事相
告言諸罪以其罪諸衙門及近侍人等毋䑓越中書
奏事諸上書陳言者量加旌擢其佞倖獻地土开山
場窰冶及中寶之人並禁止之諸王駙馬經過州郡

不得非理需索應和買隨即給價毋困吾民辛
卯禁民間製金箔銷金織金以御史中丞李士英為
中書左丞壬辰發京倉米減價以糶賑貧民丁酉命
月赤察兒依前太師宣徽使鐵哥為太傅集賢大學
士曲出為太保敕百司改陞品級者悉復至元舊制
已亥增置左翼右翼指揮各一員寧夏路地震是月
帝諭省臣曰卿等裒集中統至元以來條章擇曉法
律老臣斟酌重輕折衷歸一頒行天下俾有司遵行
則抵罪者庶無冤抑又諭太府監臣曰財用是則可
以養萬民給軍旅自今雖一繒之微不言於朕毋輒

與人以陝西行尚書省左丞兀伯都剌為中書右丞
昭文館大學士察罕參知政事中書平章政事知樞
密院事床兀兒欽察親軍都指揮使脫火赤援都見
中書右丞相知樞密院事鐵木兒錄軍國重事
知樞密院事速知樞密院事蕭山東河比蒙古軍
太子詹事月魯鐵木兒並知樞密院使也兒吉
都萬戶也先鐵木兒遙授左丞相賜大都路民
年九十者二千三百三十一人帛二匹八十者八
千三百三十一人帛一匹夏四月壬寅詔分汰宿
衛士漢人高麗南人冒入者還其元籍癸卯禁星于

回回司天臺以即位恩賜太師太傅太保人金五十
兩銀三百五十兩衣四襲行省臣預朝會者賞銀有
差丁未以太子少保張驢為江浙平章戒之曰以汝
先朝舊人故命汝往民為邦本無民何以為國汝其
上體朕心下愛斯民戊申以即位告天地于南郊庚
戌拘收下番將校不典兵者虎符銀牌癸丑詔路府
州縣官丁巳罷宣徽典醫監甲寅赤諸蒙古民有貧乏
者發廩濟之丁巳罷中政院戊午以即位告于太廟
璽曆陣丙辰詔諭宣師儒之職有才德者不拘品級雖布
辛酉敕國子監

衣亦選用癸亥敕諸使臣非軍務急速者毋給金字
圓牌定四宿衛士歲賜鈔二十四萬二百五錠罷中
都留守司復置隆興路總管府九剙置司存悉罷之
乙丑封知樞密院事鐵木兒不花為宣寧王賜銀印
丁卯詔曰我世祖皇帝參酌古今立中統至元鈔法
天下流行公私蒙利五十年于茲矣比者尚書省不
究利病輒意變更既剙至大銀鈔又鑄大元至大銅
錢鈔以倍數太多輕重失宜錢以鼓鑄弗給新舊恣用
魯未冊期其弊滋甚愛答廷議久協輿言皆願變通
以復舊制其罷資國院及各處泉貨監提舉司買賣

銅器聽民自便應尚書省已發各庫至大鈔本及至
天銅錢截日封貯民間行使者赴行用庫倒換仍免
大都上都隆興並差稅三年命中書省賑濟甘肅過川
軍罷僧道也里可溫答失蠻頭陀白雲宗諸司改封
親王迭里哥兒不花為湘寧王賜金印食雲湘鄉寧
鄉縣六萬五千戶拘還甘肅陝西遼陽省臣所佩虎
符禁鷹坊擾民罷通政院以其事歸兵部增置尚書
員外即各一負罷回回合的司屬帝御便殿李孟進
賀帝慨然曰鄉等能盡力贊襄使兆民乂安庶幾天

心克享至於秋成尚未敢必今朕踐祚甫踰月寧
有物價頓減之理朕托鄉甚重茲言非所賴也孟愧
謝帝諭賢學士忽都魯迷失曰向召老臣十
人所言治政汝其詳譯以進仍諭中書悉心舉行南
陽等處風雹五月壬申以窅者鐵苫里為利用監鄉
癸酉八百媳婦蠻與大小徹里蠻冠邊命雲南王及
右丞阿忽台以兵討之改封乳母夫壽國公楊德榮
為雲國公丙子命翰林國史院纂修先帝實錄及果
朝皇后功臣列傳伻百司悉上事蹟丁丑禁毋以毒
藥釀酒庚辰敕中書省裁省冗司置高昌王傳後度

巳命侍臣答訪內外才堪佐國者悉以名聞仍戒敕
聞吐蕃犯求福鎮教宣政院與樞密院遣兵討之乙
癸卯敕宣政院凡西番軍務必移文樞密院同議以
午復太常禮儀院為太常寺是月禁民捕賀鳥獸六月
伶人金齒諸獻馴象癸未太陰犯氐賜國師板的
答鈦萬錠以建寺于舊城戊子羅兒氏捕賀烏獲國方物甲
有司驛券自今遣使悉從中書省給降置祥和署掌
五負學士侍讀侍講直學士各二負拘置諸王駙馬及
主祥哥剌吉鈔二萬錠壬午制定翰林國史院承旨
支院為監罷泉府司長信院司裡監辛巳賜大長公

諸王恪恭乃職丙午以內侍楊光祖為秘書卿譚振
宗為武備卿關居仁為尚乘卿並授弘文館學士置
湘寧王迭里哥兒不花王傅丁未太陰犯太微東垣
省給過川軍牛種農器令屯田婺丑復太府院為太
上相巳酉詔存恤軍人庚戌田婺丑復太府院為太
府監省上都兵馬指揮為五負甲寅封亦思卅為燕
仁郡王賜銀印丁巳敕翰林國史院春秋致祭太祖
太宗庚宗御容歲以為常命和林行省右丞孛里馬
速忽經理稱海屯田大同路宣寧縣民家產犢而死
顧類麒麟車載以獻左右曰古所謂瑞物也帝曰五

穀豐熟百姓安業乃為瑞也巳未復置長信寺封樞
密臣李羅為澤國公庚申敕自今諸司白事須殿中
侍御史侍側癸亥賜晉王也添鐵木兒鈔五千錠幣
帛各二千四太尉不花金百兩復雲州銀場提舉司
置儀鸞局秋諸王朝會後至者如例給賜已衛王
尊諡曰仁惠宣芊皇帝廟韓武宗丙寅拘杖泉府司
阿木哥入兒諭省臣曰朕與阿木哥同父而異母
朕不撫育敕將誰頼其賜鈔二萬錠他勿援例帝覽
元給諸商販重書丁卯罷只合赤八剌合孫所造上
國家其譯以國語刊行俾蒙古色目人誦習之濟寧
貞觀政要諭翰林侍講阿林鐵木兒曰此書有益於
東平歸德高唐徐邳諸州水給鈔鼹之河間陝西諸
縣水旱傷稼命有司賑之仍免其今年租諸王塔剌
馬的遣使進璽書驛象秋七月辛未朔拘還遼陽省官
調諸事圓符重書驛券裁減虎賁司職負刖還遼陽省提
衛士貧乏者鈔十三萬九千錠丁丑筆昌寧速縣暴
雨山土流涌敕內外軍官並單官一等癸未甘州地
震大風有聲如雷敕以朝會恩賜諸王禿滿金百五十
兩銀五千二百五十兩幣帛三千四乙酉賜湘寧王

送里哥兒不花所部鈔三萬二千錠癸巳太陰掩畢
甲午置經正監掌蒙古軍牧地秩正三品官五貟丁
酉太陰犯兒距星巳亥詔諭省臣曰朕前戒近侍毋
輒以文記傳旨中書自今敢有犯者不須奏聞直捕
其人付刑部究治敕御史臺臣選更事老成者為監
察御史超授中散大夫典內院使宇叔榮祿大夫是
月江陵屬縣水民死者衆太原河間真定順德彰德
大名廣平等路德濮恩通等州霖雨傷稼大寧等路
隕霜敕有司賑恤閏七月辛丑車駕將還大都太后以秋
曲阜以太宰祠孔子甲辰命國子祭酒劉賡詣
稼方盛勿令鷹坊騶人衛士先往廬免害稼擾民敕
禁止之樞密院奏居庸關古道四十有三舊置千戶位
之處僅十有三舊置千戶位輕責重請置隆鎮萬戶
府俾嚴守僑制曰可崇五星於司天臺以故魯王丁
幹八剌適子阿禮嘉世禮襲其封爵分地乙巳以朝
會恩賜月赤察兒床兀兒金二百兩銀二千八百兩
帛帛有差丙午奉武宗神主樹于太廟戊申封李孟
秦國公命亦憐真乞剌思為司徒巳酉吐番冠禮店
文州命總帥亦憐真等討之辛亥以西僧藏不班八
為國師賜玉印戊午復置司禮監巳未詔諭省臣曰

國子學世祖皇帝深所注意如平章不忽木等皆蒙古人而教以成材朕令親定國子生額為三百人仍增陪堂生二十人通一經者以次補伴讀著為定式救軍官七十致仕始聽其襲職者除名不叙其巧計求遷者引年令幼弱子弟承襲其有未老即託疾以遠制論壬戌命襲邮嶺比流民上都立通政院領蒙古諸驛秩正二品甲子審夏太陰犯軒轅賜諸公主祥哥剌吉進勝皇姊大長公主遣使招諭黑水白水等蠻十二萬餘戶來降丙寅太陰犯軒轅賜魯國大長王阿不花等金二百兩銀七百五十兩鈔一萬三千

六百三十錠幣帛各有差丁卯完澤李孟等言方今進用儒者而老成日以凋謝四方儒士成才者請擇任國學翰林秘書太常或儒學提舉等職俾學者有所激勸帝曰卿言是也自今勿限資級果才而賢雖白身亦用之敕直省舍人以其半給事殿庭半聽中書差遣禁醫人非選試及著籍者毋行醫藥大同宣審縣兩靄積五寸至元三十年舊領楚王牙忽都所部諸司負數並依至元三十年舊領八月己巳朔裁定京朝乏食給鈔萬錠出粟五千石賑之賜環衛圉人鈔三萬錠以近侍曲列失為戶部尚書甲戌賜皇姊大長

公主鈔萬錠丙戌安南世子陳日燇奉表以方物來貢救西番軍務隸宣政院九月己亥朔遙授左丞相不花進太尉丙午遙授湖廣平章安南國王陳益稷入見言臣自世祖朝來歸妻子皆為國人所害朝廷授以王爵又賜漢陽田五百頃俾自贍以終餘年今臣年幾七十而有司拘臣所受田就食無所帝謂省臣曰安南國王纂義來歸厚其溷以懷遠人其進勳爵受田如故戊申禁民弹射飛鳥穀馬牛羊當乳者禁衛士不得私衣侍宴服及以貨於人庚戌命樞密院閱各省軍馬壬子改元皇慶詔曰朕賴天地祖

宗之靈叢承聖緒永惟治古之隆羣生咸遂國以乂朕凤興夜寐不敢急遑任賢使能興滯補闕庶其臻兹欽時五福用敷錫厥庶民朕之志也諭年改元厥有彝典其以至大五年為皇慶元年都水監卿木八剌沙傳旨給驛往取杭州所造龍舟省臣諫曰陛下踐祚誕告天下凡非宣索毋得擅進誠取此舟有乘前詔詔止之復置中宮位下怯憐口諸色民匠打捕鷹坊都總管府秩正三品乙卯太陰犯畢丁巳奉太后旨以來平路歲入除經費外悉賜魯國大長公主給雲南王老的部屬馬價一萬二千錠丙寅救省

禄大夫知樞密院事辛卯罷諸王斷事官其蒙古人

六負千戶為七所特授故太師月兒魯子木剌忽榮

州宿州萬戶府斛鎮台州戊子省海道運糧萬戶為

詞訟以蘄縣萬戶府鎮慶元紹興沿海萬戶府鎮廳

禁諸僧寺毋得冒侵民田元紹興沿海萬戶府鎮慶

錦綵叚紗羅布帛萬端田八萬畝邸舍四百閒丁丑

上祭辛未賜大普慶寺金千兩銀五千兩鈔萬錠西

太廟己巳敕繪武宗御容奉安大崇恩福元寺月四

路水漂民居溺死十有八人冬十月戊辰朔有事于

部官勿託以宿衛廳職罷西番茶提舉司是月江陵

犯盜詐者命所隸千戶鞫問壬辰詔收至大銀鈔敕

諸衛漢軍練習武事置群牧監秩正三品掌興聖宮

位下畜牧癸巳詔置汴梁平江等屯田賦提舉司掌

大永華普慶寺賞產給雲南增戍軍鈔二萬五千錠

兩申太白犯墨壁陣十一月戊戌封司徒買僧為趙

國公辛丑命延安鳳翔安西軍屯田紅城者還陝西

屯田敕商稅官盜稅課者同職贓罪立乘西府以

土官阿馬知府事佩金符李孟奏籤糧為國之本世

祖朝量入為出恒務撙節故倉庫充牣今每歲支鈔

六百餘萬錠又土木營繕百餘處計用數百萬錠內

平耀八百石以賑貧民丙寅加徽政使羅源為大司

散為中書平章政事甲子敕增置京城米肆十所日

入諸王駙馬及大臣家己未以遼陽省平章政事合

十三石甲寅太陰犯鬼戊午敕增置京城米肆十所

西班出兀那于雲南壬子敕欽察衛糧五千七百五

禿于河南因忽乃于楊州納里于湖廣太那于江

諸王不里牙屯等誑八不洲以不法詔寘不里牙屯

不急浮費宜悉停罷帝納其言凡營繕悉罷之辛亥

錠今帑藏見貯止十一萬餘錠若此安能周給自今

降旨賞賜復用三百餘萬定比邊軍需又六七百萬

徒販諸軍糧七千六十石十二月辛未增置經正監

官為八負置尚牧所秩五品掌太官羊癸酉封宣政

會福院使暗普為秦國公增置兵部侍郎郎中各一

負庚辰太白經天復以陝西屯田軍三千隸紅城萬

戶府壬午詔曰今歲不登民何以堪春蝗其勿令供

億癸未太白經天甲申太陰犯太微西垣上將浙西

水災免漕江浙糧四分之一存賑濟命江西湖廣

補運輸京師占城遣使奉表貢方物庚寅申禁漢人

持弓矢兵器田獵曲赦大都大辟四一人矜流以下

罪辛卯裁宗正府官為二十八負遣官監視焚至大

元史本紀卷二十四

鈇壬辰太白經天敕罷設邊遠官員候到任方降敕定
牒乙未命李孟整飭國子監學中書省臣言世祖
立選法陛降以示激勸令官未及考或無故更代或
蹈等進階借受國公丞相等職諸司已裁而復置者
有之令春以內降旨除官千餘人其中欺偽豈能盡
知壞亂選法納印以和林稅課建延慶寺詔諭安南國
世子陳日爝曰惟我祖宗受天明命撫有萬方威德
所加柔遠能邇乃者先皇帝龍馭上賓朕以王侯臣
民不釋之故於至大四年三月十八日即皇帝位遵

元史本紀卷二十四　十七　周伯明

諭年改元之制以至大五年為皇慶元年今遣禮部
尚書乃馬台等齎詔往諭仍頒皇慶元年曆日一本
御其敬授人時益修臣職毋替爾祖事大之誠以副
朕不忘柔遠之意
皇慶元年春正月庚子帝諭御史大夫塔思不花曰
凡大臣不法卿等劾奏毋避朕自裁之癸卯敕諸僧
犯奸盜詐偽鬭訟仍令有司專治之甲辰授太師錄
軍國重事知樞密院事脫虎赤顏開府儀同三司嗣
淇陽王戊申改隆鎮萬戶府為隆鎮衛庚戌封知樞
密院事醌漢為安遠王出總北軍壬子敕軍不滿五

千者勿置萬戶癸丑太陰犯太微東垣上將旌表廣
州路番禺縣孝子陳韶孫戊午制諸王設王傅六員
銀印其次設官四員改封濟王朵列納為吳王賜世
王阿木哥慶元路定海縣六萬五千戶加崇福使也
里牙泰國公己未陞崇祥院為崇祥院秩正二品壬
戊陞翰林國史院秩從二品帝諭省臣曰翰林集賢
儒臣朕自選用汝等毋輒擬進人言御史臺任重朕
謂國史院尤重御史臺是一時公論國史院所置周宣
公論二月丁卯朔徙大都路學所置
國子監敕稱海屯內漢軍存恤二年庚午西比諸王

元史本紀卷二十四　十八　周伯明

也先不花遣使貢珠寶皮幣馬駝賜鈔一萬三千六
百錠辛未安西路為奉元路吉州路為吉安路壬
申以霸州文安縣屯田水患遣官疏決之遣使賜西
省丙子給稱海屯田牛二千賜晉王也孫鐵木兒福
康路戶六萬五千世祖諸皇子也先鐵木兒福州路
僧金五千兩銀二萬五千兩幣帛三萬九千百四
甲戌制定封贈名爵等級著為令改和林省為嶺北
福安縣脫歡之子不荅失里福州路宰德縣忽都魯
鉄木兒之子泉州路南安縣愛牙赤之子邵武路光
澤縣戶並一萬三千六百有四食其歲賦己卯置衛

龍都元帥府秩正二品以古阿速衛隸之八百媳婦來
獻馴象二匹午太陰犯亢封亨羅爲永豐郡王置德
安府行用鈔庫罷菲浪州唐兀千戶所丙戌省樞密
斷事官爲八員庚寅敕嶺北省賑給流民敕兩
茶鹽種荒田者如例輸稅遺官同江西浙省整治
淮民賜韓國公主普達實憐鈔詔勉勵學校
賑山東流民至河南境者通潮州鐵萬錠糧兩月三月
丁酉朔熒惑犯東井陸給事中秩正三品罷諸王大
臣第營繕戊戌兒言自今左右司
六部官有不盡心初則論決不懌則黜而不敍制曰

可省女直水達達萬戶府元員敕諸王脫脫所招戶
其未籍者俾隸有司巳亥以生日爲天壽節庚子加
御史大夫火尼赤開府儀同三司罷衛龍都元帥府
壬寅戊申陞典內院秩正二品以前河南行省平章
帶地十千七十三頃還其子孫丙子敕北邊使者非
軍機毋給驛丁未置內正司秩正三品卿火卿丞各
一員戊申陸海牙爲御史大夫改翰林國史院司直司
政事塔失海牙爲御史大夫改翰林國史院司直司
爲經歷司置經歷都事各一員置五臺寺濟民局秩
從五品賜安王完澤及其子金三百兩銀一千二百

辛未給鈔萬錠修香山永安寺趙王汝安郡岢饑賑
品庚午命汀東都元帥鄭祐同江浙省軍官教練水軍
以都水監隸大司農寺置察罕腦兒捕盜司秩從七
塔思不花爲恩平王夏四月丁卯商汰控鶴還本籍
南屯田乙丑命河南省建故丞相阿术祠堂封諸王
子給北軍帛二十萬四遺戶部尚書馬兒經理河
蘭英爲趙國公庚敕蘭汰大明宮興聖宮經甲
遣使以橐駞方物入貢丙辰封同知徽政院事常不
陽省增置瀋陽寬河驛甲寅西北諸王也先不花等

五十兩鈔三千五百錠賜訏梁路上方寺地百頃遼

上都丙子太白晝見封鄆國大長公主忙哥台爲大
長公主賜金印敕增也可扎魯忽赤爲四十二員壬午
笑惑犯興鬼敕皇子碩德八剌置四宿衛敕僧人田
除宋之舊有刑世祖所賜外餘悉輸租如制阿速衛
指揮那懷等冒增衛軍六百名盜支糧七千二百石
幣帛一千二百四鈔二百八錠敕中書樞密按治封
知樞密院事木剌忽爲廣平王笑惑犯積屍氣
庚寅太白經天大崇恩福元寺敕置隆禧院龍興新
建縣森雨傷禾彰德安陽縣蝗五月丙申朔以中書

糧八百石陸保定路萬戶府爲上萬戶府癸酉車駕寺

平章政事合散爲中書

左丞相江浙行省平章張驢

爲中書平章政事知樞密院事也先鐵木兒授開府

儀同三司壬寅諸王脫忽思海迷失以鐵木兒爲和寧

民敕禁止之自今十月方許出獵改和林路等爲各千

錠以蒙古驛隸通政院置濮陽王脫脫木兒王傅官

路賜諸王阿木哥鈔萬錠速速迭兒按麻思等各千

凉殿已未以西宇州田租稅課賜大長公主忙古台

賑宿衛士糧二萬石陛回回司天臺秩正四品彰德

四員給上都濮陽王脫脫木兒三百疋已未縉山縣行宮建

河南隴西電六月乙丑朔日有食之丁卯天雨毛已

太陰犯天關教李孟愽選中外才學之士任職翰

林給羊馬鈔價濟嶺比甘肅戍軍之貧者壬申減四

川監額五千引賜崇福寺河南官地百頃丁亥敕罷

王醞漢金百兩銀五百兩鈔千錠肇昌河州等路賜

封贈誠左右守法度勤職業勿妄僥倖加官賜安速

王徑宣旨於各路從中都内帑金銀器歸太府監賜

免常賦二分秋七月辛丑定内正司官爲六員禁諸

新店諸驛鈔三千八百錠充使者饋廩笑卯詔奬勵

御史臺丙午陞大司農司秩從一品帝諭司農曰農

乘衣食之本故等輿諸知農事者用之敕諸王小薛

部歸晉寧路襄垣縣民田中書參政賈鈞以病請告

賜鈔三百錠給安車還卿戊午太陰犯東井八月丁

卯敕探馬赤軍羊馬牛依舊制百稅其一戊辰太白

犯軒轅辛未太陰犯填星星犯右執法置少府監隸大都留守司甲

部尚書計師敬爲中書參知政事庚辰車駕至自上

都壬午辰星犯右執法置少府監隸大都留守司甲

申賜諸王闊闊出金束帶一銀百五十兩鈔二百錠

乙酉太白犯右執法辛卯敕雲南省右丞阿忽台出

領蒙古軍從雲南王討八百媳婦蠻寧國路涇縣水

利津倉米二萬石減價賑糶寧國路涇縣旱民飢出

月安南國王陳益稷來朝九月丁酉增江浙海漕糧

二十萬石戊戌罷征八百媳婦蠻大小徹里蠻以重

書招諭之辛丑命司徒田忠良等詣真定王華宮把

睿宗御容八百媳婦大小徹里蠻馴象及方物甲

辰陛參議中書省事阿卜海牙爲參知政事拘火者

等所佩國公司徒印已太陰犯亢壬戌改隆興路

爲興和路賜銀印雲南行省右丞笞只兒威有罪國

嘯聚遣官招諭冬十月甲子有事于太廟

師棚思吉幹節兒表請釋之帝在之曰僧人宜誦佛

書官事當與即癸未以中書參知政事察罕爲中

書平章政事商議中書省事丁亥太陰犯平道戊子
太陰犯亢翰林學士承旨王連赤不花等進順宗
宗武宗實錄罷造船提舉司辛卯赦天下賜李孟潞
州田二十頃十一月戊戌調汀漳㑹軍代亳州等翼
漢軍於本處屯田巳亥太陰犯壘壁陣甲辰捕滄洲
羣盜阿失荅兒等擒之㐬占城國進犀象緬國主遣其婿
諭越中書奏事丙辰封駙馬脫木兒為岐王庚申
賜諸王寬徹忽荅迷失金百五十兩銀一千五百兩
鈔三千錠幣帛有差解以徇丙午諭六部官母
章政事李孟致仕以樞密副使張珪為中書平章
軍務百遣使分道决囚壬申晋王也孫鐵木兒所部
告飢賑鈔一萬五千錠庚辰知樞密院事荅失蠻罷
省海道運糧萬戶一員甲為四員甲申焚燬
崔環禽敕以擾民不兂丁亥遣官祈雪于社稷鎮
填星辰星聚斗鷹坊不花即列請徙河南湖廣括取孔
海瀆省臣言中書職在惣轄綱維比者行省六部諸
司應决不决者徃徃作疑咎呈以致文繁事弊諟體世
祖立中書初意定擬程式以聞畀邉行之敕田田合
的如舊祈福凡詞訟悉歸有司仍拘還先降璽書戊

子太陰犯熒惑巳丑宗王女班丑給驛取江南田租
命拘還驛劵是月諸王春丑叛
御史大夫辛丑以察罕腦兒等馹宣慰使伯忽為
二年春正月甲午以尚書右丞相乞台普濟為安吉
王丙午寧王闊闊出薨丁未以太府卿秃忽魯為中
書右丞相戊申太陰犯三公巳未置遼陽行省儒學
提舉司二月壬戌改典內院為中政院秩正一品甲
子以皇后受冊寶遣官祭告天地於南郊及太廟丁
丑日赤如赭巳卯免徵益都飢民所貸官糧二十萬
石各寺修佛事日用羊九千四百四十敕遵舊制易
以蔬食命張珪綱領國子學庚辰冀寧路饑禁釀酒
辛巳詔以錢糧造作訴訟等事悉歸有司以清中書
之務壬午西比諸王也先不花進馬駝璞玉丁亥敕
外任官應有公田者皆以至元鈔給之以平西
府隸播州宣撫司功德使亦憐真等以佛事奏釋重
囚不允帝諭左右曰田田以憐王駑於官朕思此物
何足為寶也丙申以御史中丞脫歡答剌罕為御史
家所宜寶也帝唯善人乃可為寶善人用則百姓安兹國
大夫庚子熒惑犯壘壁陣以晋寧大同大寧四川鞏
昌甘肅饑禁酒丙午冊立皇后弘吉剌氏詔天下丁

未彗出東井壬子禿忽魯言臣等職專燮理去秋至
春亢旱民間乏食而又隕霜雨沙天文示變皆由事不
能宣汝恩上澤致茲災異乞黜臣等以當天心帝曰事
豐闕汝革耶其勿復言御史中丞郝天挺上疏論時
政帝嘉納之賜遣官西僧撒思吉幹節兒鈔萬錠丙辰以
皇后受冊寶遣官恭謝太廟以亢旱既久帝於宮中
焚香默禱遣官分禱諸祠甘雨大注詔敦諭課農
癸夏四月甲子崇星于司天臺癸酉賜壽寧公主臺
驅三十六乙亥上都駕幸上都丙子高麗王辭位以其
世子王熹為征東行中書省左丞相上柱國封高麗

國王辛巳加御史大夫伯忽開府儀同三司太傅壬
午置中瑞司秩正四品甲申詔遴選賢士纂修國史
乙酉御史臺臣言富人寅緣特旨濫受官爵徽政宣
徽用人率多罪廢之流近侍託為貧乏互奏恩賞輒
僧以作佛事之故累釋重四外任之官身犯刑憲輒
營求內旨以免罪諸王駙馬寺觀臣僚土田每歲徵
租亦極為擾民請悉革其弊制曰可詔罷之役仍
真定保定河間大宰路饑並免今年田租十之三仍
禁醸酒安南國遣使來貢方物五月辛丑隴中書省右丞
元伯都剌為平章政事左丞八剌脫因為右丞參知

政事阿卜海牙為左丞參議中書省事禿魯花鐵木
兒為參知政事順德冀寧路水販以米鈔仍
禁醸酒檀州及獲鹿縣蝻六月己未丙寅京師地震癸
亥禿忽魯等以災異乞放黜不久丙寅京師地震癸
辛未以參知政事許思敬綱領國子學乙亥詔諭僧
俗辨訟有司及主僧同問續置土田如例輸稅丙子
賜諸王按亦金五十兩銀七百五十兩金束帶一帶
帛名四十匹乙卯河東廉訪使趙簡言請選方正博
洽之士任翰林侍讀侍講學士講明治道以廣聖聽
從之御史臺臣言比年廉訪司多不悉心奉職宜令

監察御史檢覈名實而黜陟之廣海及雲南甘肅地
遠遷調者憚弗肯往乞令後加一等官之制曰可壬
午命監察御史檢察監學官考其殿最癸未命委官
簡汰衛士甲申建崇文閣於國子監給馬萬匹與幽
王南忽里等軍士之貧乏者以宋儒周敦頤程顥顥
弟汰許衡從祀孔子廟廷上都民饑出米五千石減
左丞許衡從祀雍司馬光朱熹張栻呂祖謙及故中書
價賑糶河決陳亳雎州開封太白晝見癸巳以作佛
月巳丑朔歲星犯東井辛卯陳留縣沒民田廬秋七
事釋四徒二十九人賜宣寧王鐵木兒不花幣帛百

安遠王亦思丹等各百匹保定真定河間民
流不止命所在有司給糧兩月仍悉免今年差稅諸
被災地並弛山澤之禁獵者毋入其境甲午置權茶
批驗所弁茶由局官乙未太白晝見庚子立長秋寺
掌武宗皇后宮政秩三品敕衛王阿木哥歲賜外給
鈔萬錠賜駙馬脫鐵木兒金百五十兩銀七百五十
兩鈔二千錠幣帛五十四辛丑駙馬忙兀帶金二百兩
提舉司壬寅京師地震忽里歲路令歲鹽課丁未賜
諸王火羅思迷脫歡南忽大寧路復立四川等廢儒學
銀一千二百兩鈔一千六百錠幣帛各有差巳酉改

《元史本紀二十四》　廿七

淮東淮西道宣慰司為淮東宣慰司以淮西三路隷
河南省敕守令勸課農桑勤者陞遷怠者黜降著為
令丙辰太白晝見丁巳太白經天雲州蒙古軍乏食
戊令給米一石與國屬縣蛹發米賑之八月戊午朔太
白晝見揚州路崇明州大風海潮泛溢漂沒民居壬
戌歲星犯東井丁卯車駕至自上都庚午以侍御史
相兒加恩為中書參知政事壬午以宣徽院使完澤知樞密
薛君敬為安定王賜金印敕鎮江路建銀
院事戊申封脫歡為帝師癸巳以宣徽院使完澤知樞密
山寺勿徙寺傍坐冢京師大旱帝問弭災之道翰林

學士程鉅夫舉湯禱桑林事帝獎諭之冬十月巳卯
敕中書省議行科舉封不荅滅里為安德王辛未徙
昆山州治于太倉平縣治於新店癸未以遼陽路
之懿州隷遼陽行省復置蒙陰縣隷莒州乙酉徙人
高州民蕭乂妻趙氏貞節免其家科差壬寅敕漢人
南人高麗人宿衛分司上都勿給弓矢甲辰行科舉
及第出身有司次年二月會試京師中選者親試于延賜
充貢有差帝謂侍臣曰朕所願者安百姓以圖
至治然匪用儒士何以致此設科取士庶幾得真儒
詔天下以皇慶三年八月天下郡縣興其賢者能者

《元史本紀二十四》　廿八

之用而治道可興也十二月辛酉可里馬丁上所編
萬年曆發米五千石賑阿只吉部之貧乏者海都都
哇屬戶內附敕所在給衣糧丙子定百官致仕資格
甲申詔飭海道漕運萬戶府京師以久旱民多疾疫
帝曰此皆朕之責也赤子何罪明日大雪以嘉定州
德化縣民災發粟賑之

本紀卷第二十四

翰林學士亞中大夫知制誥同修國史兼制誥知制誥翰林國史院編修官臣王禕等奉
敕修

《元史本紀卷二十五》

仁宗二

認政元延祐釋天下流以下罪囚免上都大都差稅
以江浙行中書省右丞高昉為中書參知政事丁未
一員專意訪求遺逸苟得其人先以名聞而後致之
州歲荒禁酒禁興元鳳翔涇州邠
商議中書省事丙申除四川酒禁
延祐元年春正月丁亥授中書右丞劉正平章政事

二年其餘被災曾經賑濟人戶免差稅一年庚戌中
書省臣禿魯忽等以灾變乞罷免不久二月庚申立
印經提舉司戊辰太寧路地震癸酉焚懿犯東井甲
戌以侍御史趙世延為中書右丞相監脩國史癸未
差稅二年商賈壬午以合散為中書參知政事詔免蒙古地
鄉諸王
以中書參政高昉為集賢學士三月壬辰太陰掩熒
感賜諸王塔失蒙古鈔千錠衣二襲戊戌真定保定
河間民饑給糧兩月己亥白晝亘天連環貫日癸卯
暹國王遣其臣愛耽入貢改南劍路曰延平釰浦縣

《元史本紀卷二十五》　一

曰南平乙巳以僧人作佛事擇釋獄四命中書
丙午封阿魯禿為趙王戊申車駕辛上都己酉敕奸
民宮其子為閹宦謀避徭役者罪之辛亥命參知政
事趙世延綱領國子學癸五中書平章政事竊罕致
仕晉寧民侯喜兒昆弟五人並坐法當死帝嘆曰彼
一家不幸而有是事其擇情輕者一人杖之俾養父
母母絕其祀閏三月甲寅朔敕減樞密知院貞辛
酉太陰犯輿鬼罷呪僧月給俸道人視大都至上都
駐蹕之地有侵民田者計畝給直丙寅太陰犯太微
東垣丁丑饑內及諸衛屯軍饑賑鈔七千五百錠汴

梁濟寧東昌等路隴州開州青城齊東渭源東明長
垣等縣隕霜殺禾果禾苗歸州告饑出糧減價賑糶
慶寺秋正二品西番諸驛貧乏給鈔萬錠曲魯部畜
河屯田粟以備賑濟太常寺臣請立北郊不允陸延
馬八兒國主昔剌木丁遣其臣愛思丁貢方物夏四
月甲申朔大寧路地震有聲如雷丁亥敕儲糧稱海五
牧菴耗眼鈔八百七十三錠乙酉廢真陽含光二縣
入英德州壬辰諸王脫脫囊兀以月思別襲位己酉敕
郡縣官勤職者加賜幣帛以鐵木迭兒錄軍國重事
監修國史立回回國子監帝以資治通鑑載前代興

《元史本紀卷二十五》　二

亡治亂命集賢學士忽都魯都兒迷失及李孟擇其
切要者譯寫以進武昌路饑命發米減價賑糶五月
甲寅朔賜營王也先鐵木兒鈔萬錠戊午辰星犯輿
鬼丁卯賜李孟孝感嶺北行省廛陣沒遺骸乙亥賑
取分地租賦擾民教臣許衡立魯齋書院降置書挂
性魯連地貧乏者米三千石丁丑徙滄州治於長蘆
王也先鐵木兒支屬貧乏賑糧兩月武陵縣霖雨水
之庚辰盧陽麻陽二縣以土賊作耗蠲其地稅賦營
溢溺死居民漂沒遺廬舍禾稼潭州漢陽思州民饑並

《元史本紀卷二十五》 三

發廩減價糶賑之虜施縣大風雹損禾弄傷人富六
月戊子敕內侍今後止授中官勿畀文階置雲南行
省儒學提舉司封河南省丞相卜憐吉帶爲河南王
壬辰增置識內州縣同知主簿各一員諸王察八兒
屬戶匱乏給糧一歲仍佃屯田以自贍發軍增墾河
南芍陂等廢屯田乙未熒惑犯右執法戊申增置兩
淛鹽運司判官一員甲辰拘河西僧免輸租賦重書
敕諸王戚里入覲者宜趁夏時芻牧至上都毋輒入
京師有事則遣使奏稟衡州郴州興國永州路未陽
州饑發廩減價賑糶宣平仁壽白登縣雹損稼傷人

畜秋七月乙卯吾即乃所部賈乏戶給糧二石庚午
命中書省臣議復封贈賜晉王也孫鐵木兒部鈔十
萬錠詔開下番市舶之禁賜衛王阿木哥等鈔七千
錠乙亥會福院越制奏旨除官敕自今舉人聽中書
可否以聞申飭私鹽之禁沅陵盧溪二縣水武清縣
渾河隄決澼沒民田發廩賑之八月戊子車駕至大
都癸卯陞大常寺爲太常禮儀院秩正二品丁未興
寧汴梁及武安涉縣地震壞官民廬舍武安武清縣
四人涉縣三百二十六人台州岳州武岡常德道州
等路水發廩減價賑糶九月壬戌改提點教坊司事

《元史本紀卷二十五》 四

為大使己巳復以鐵木迭兒為右丞
相罷陝西諸道行御史臺降儀鳳卿為儀鳳大使摩
慶武昌建德建康南康江州衮州建昌贛州杭州撫
州安豐等路水發廩減價賑糶冬十月癸巳陞潁州
萬戶府爲中萬戶府乙未敕吏人轉官止從七品在
選者降等注授申飭內侍及諸司隔越中書奏請之
禁敕下番商販澒江淛省給牒以往歸則征稅如制
私社者沒其物遣官括淮民所佃開田不輸稅者丙
申復甘肅屯田置沙瓜等慶屯儲總管萬戶府秩正
三品乙巳置恩平王塔思不花傳二人庚戌辰星犯

東咸監察御史言乞命樞家院設法教練士卒應軍
官襲職者試以武事而後任之制曰可遣張駒經理
江南田糧十一月壬子陞司天臺爲司天監秩正三
品賜銀印乙卯改大同侍衛親軍都指揮使司爲中
都威衛使司置保安軍于麻陽縣以禦徭蠻戊辰以
通政院使蕭拜住爲中書右丞辛未以翰林學士承
旨荅失蠻知樞密院事癸酉敕吏人賊行者瘐其面
及六部諸臣皆睆至早退政務廢弛令諸人陳奏帝曰
視其輕重杖責之臣或自愒政亦令諸人陳奏帝曰如
大寧路地震有聲如雷戊寅鐵木迭兒以禦徭蠻戊辰
酒量加賑恤癸未賑諸王鐵木兒不花部米五千碩
禿滿部二十石辛卯禁諸王駙馬權勢之人增價鬻
鹽壬辰詔定官貟士庶衣服車輿制度甲午太陰犯
與鬼已亥敕中書省定議孔子五十三代孫當襲封
行聖公者以名聞庚子遣官浚楊州淮安等處運河
以翰林學士承旨李孟復爲中書平章政事癸卯太
陰犯房甲辰太陰犯天江乙巳勑經界諸衛屯田沔
院事靜安路饑發廩賑之詔檢覈浙西江東江西田
稅十二月壬午汴梁南陽歸德汝寧淮安水敕禁釀
更不悛則罷不叙以前中書右丞相禿忽魯知樞密

陽歸德汝寧安豐等處饑發米賑之
二年春正月乙卯歲星犯輿鬼戊午懷孟衛輝等處
饑發米賑之己未太白晝見癸亥太陰犯軒轅丙寅
霖雨壞渾河隄堰沒民田發卒補之禁民煉鐵發卒
浚漳州漕河丁卯太陰犯進賢戊辰晉寧等處民饑
給鈔賑之己巳置大聖壽萬安寺都總管府秩正三
品庚午立行用庫於江陰州敕以江南行臺賦罰鈔
賑恤饑民乙亥詔遣宣撫使分十二道問民疾苦黜
陟官吏並給銀印命中書省臣領厥務禁南人典
質妻子販買爲驅御史臺臣言比年地震水旱民流
盗起皆風憲顧忌失於糾察宰臣燮理有所未至或
近侍蒙蔽賞罰失當或獄有冤濫賦役繁重以致乖
和宜與老成共議所由詔明言其事當行者以聞諸
王脫列鐵木兒部關食以鈔七千五百錠給之益都
般陽晉寧民饑給鈔米賑之二月己卯朔會試進士
戊子太白晝見癸巳太白經天甲午詔禁民轉鬻養
子丙申賜諸王納忽荅兒金五十兩銀二百五十兩
鈔五百錠庚子詔以公哥羅古羅思雲南王老的爲
帝師賜玉印仍詔天下壬寅雲南王老的來朝戊沉
洞蠻吳千道爲冠敕調兵捕之乙巳賜諸王月魯鐵

木兒鈔萬錠丙午太白經天是月晉寧宣德等處饑
給米鈔賑之真州揚子縣火發米減價賑糶三月乙
卯廷試進士賜護都沓兒張起巖等五十六人及第
奉玉冊玉寶加上皇太后尊號詔天下蠲逋欠稅課
出身有差丙辰太陰色赤如赭庚午帝率諸王百官
丁丑以中書平章張驢為江浙行省平章政事夏四
月戊寅朔日有食之辛巳賜進士恩榮宴於翰林院
癸巳敕亦思丹等部出征軍有後期及逃還者並斬
以徇甲午諭晉王也孫鐵木兒以先朝所賜惠州銀
礦洞歸還有司庚子太陰犯靈壁陣辛丑賜會試下
第舉人七十以上從七流官致仕六十以上府州教
授餘並授山長學正後勿援例敕諸王分地仍以流
官為達魯花赤各位所辟為副達魯花赤命李孟等
類集累朝條格俟成書聞奏頒行立規運提點所秩
五品置官四員廣貯庫秩七品置官三員並隸壽福
院乙巳車駕幸上都宣徽院以供尚膳遣人獵於歸
德敕以其擾民特罷之加授特進上鄉玄教大宗師
張留孫開府儀同三司丙午封諸王察八兒為汝寧
王潭州江州建昌沅州饑發廩賑糶五月戊申朔政
給各道廉訪司銀印復立陝西諸道行御史臺貴赤

張小廝等招户六千勒還民籍御史中丞王毅乞歸
養親不許庚申賜公主燕海牙鈔千錠辛酉太陰犯
天江乙丑泰州成紀縣山移是夜疾風電雹圮山南
移至夕河川次日再移平地突出土阜高者二三丈
陷没民居敕遣官覈驗賑恤鄉續元暉昭文館大
學士乙亥日赤如赭加授窒中尚鄉續元暉昭文館大
甲戌日赤如赭是月發粟三百石賜諸王按鐵
遼東鷹坊萬户府隸中政院壬申諸王撒都失里薨
木兒等部貧民奉元龍興吉安南康臨江衰州撫州
江州建昌贛州南安梅州辰州興國潭州岳州常德
弍昌等路南豐州澧州等處廩賑糶六月辛
巳察罕腦兒諸驛乏食給糧賑之甲申太白晝見是
夜太陰犯平道乙未徙陝西肅政廉訪司于鳳翔戊
戌盤王南忽里等部困乏給鈔俾買馬羊以濟之河
決鄭州已亥置汝寧王察八兒王傅官辛丑以濟寧
孟都亢旱汰省宿衛士芻粟癸卯太白犯東井丙午
辰星犯輿鬼緬國主遣其子脱剌合等來貢物秋
七月庚戌增興和路治中一員戊申賜宣寧王鐵木
兒不花及其二弟鈔萬錠弁玉具鞍勒幣帛壬子增
尚舍寺官六員為八員雲需總管府增同知二員癸

丑復賜晉王也孫鐵木兒惠州銀鐵洞甲寅置諸王
幹羅溫孫王傅官四員復陳州商水鎮爲南屯縣省
兩淮屯田總管府官四員併提領所入提舉司政只
合赤八剌合孫總管府爲尚供府乙卯贛州土賊蔡
命鐵木迭兒總宣政院事詔諭中外是月畿內大雨
温迪罕言廉訪司公田多取民租宜復舊制從之乙
丑陞崇福院秩正二品癸酉賜衞王阿木哥鈔萬錠
牛種耕具於連怵烈地屯田甲子江南湖廣道奉使
五九聚衆作亂敕遣兵捕之敕阿宿衞貧乏者給
潮州昌平香河寶坻等縣水浸民田廬潭州金州來

州路茶陵州霖雨江漲沒田稼出米減價賑耀八月
丙戌贛州賊蔡五九陷汀州寧化縣備稱王號詔遣
江浙行省平章張驢等率兵討之己丑車駕至自上
都乙未臺臣言蔡五九之變皆由肥匝馬丁經理田
九百區夷墓揚骨廬張頃訕流毒居民乞罷經理及
粮與郡縣橫加酷暴抑至此新豐一縣撤民廬千
冒括田租制曰可庚子改遼陽省泰寧府壬
寅增國子生百員歲貢伴讀四員詔江浙行省印
桑輯要萬部頒降有司遵守勸課旌表貴州達魯花
赤相兀孫妻脫脫眞死節仍俾樹碑任所九月丁未

張驢以括田逼死九人敕吏部尚書王居仁等鞠之
己酉太陰犯房甲寅日色如赭辛酉太白犯左執法
壬戌蔡五九衆潰伏誅餘黨悉平敕賞軍士討捕功
諸王別鐵木兒求昌路及西涼州田租冬十月丙子
井官其死事者子孫巳巳徙曲尤倉於赤斤之地賜
朔客星見太微垣丁丑封脫火赤爲威寧郡王賜金
印忽兒赤鐵木兒不花爲趙國公乙未
使郭貫爲中書參知政事午有事于太廟給雲南
廉訪司公田乙未陞同知樞密院事鐵木兒脫知樞
客院事授白雲宗主沈明仁榮祿大夫司空丁酉加

授鐵木迭兒太師癸卯八百媳婦蠻遣使獻馴象二
賜以幣帛十一月丙午客星變爲彗犯紫微垣歷軫
至壁十五宿明年二月庚寅乃減爲妖星變敕天
下減免各路差稅有差甲戌封和世㻋爲周王賜金
印左丞相合此相合散等言彗星之異由臣等不才所致
避賢路帝曰此朕之愆豈卿等所致其復乃職茍政
有過差勿悼於改凡可以安百姓者當悉言之庶上
下交修天變可弭也十二月戊寅賜雲南行省參政
江長安虎符預軍政庚寅增置平江路行用庫癸巳
給鈔買羊馬賑北邊諸軍命省臣定擬封贈通例俾

高下適宜以聞雄表汀州寧化縣民賴祿孫孝行

三年春正月乙巳漢陽路饑出米賑之特授昔寶赤

八剌合孫遷魯花赤脫歡金紫光祿大夫太尉仍給

印丙午封前中書左丞相忽都魯苦兒壽國公增置晉

王部斷事官四員都水太監二員省卿一員以真定

保定荐饑禁畋獵改直沽爲海津鎮辛酉陞江淛田二

密院事買閭知院事壬戌賜上都開元寺江淛田二

丁丑調海口屯儲漢軍千人隸臨清運糧萬戶府以

百頃華嚴寺百頃賜趙王阿魯禿部鈔二萬錠二月

供轉漕給鈔二千錠戊寅命湖廣行省諭安南歸占

城國主置安遠王醜漢王傅河間海南濱隸等慶饑

給糧兩月三月辛亥持授高麗王世子王昌開府儀

同三司瀋王加授將作院使呂天麟大司徒甲寅敕

蕭拜住及陝西四川省臣各一員護送周王之雲南

置周王常侍府秩正二品設常侍七員中尉四員諸

議記室各二員置打捕鷹坊民匠總管府設官六員

斷事官八員延福司飲饍署官各六員並隸周王常

侍府辛酉陞太史院秩正二品癸亥車駕幸上都壬

申鷹坊亭羅等擾民於大同敕拘還所奉置書禁天

下春時畋獵夏四月癸酉朔賜皇姊大長公主鈔五

千錠幣帛二百匹河南流民羣聚渡江所過擾害命

行省廩訪司以見貯贓鈔賑之橫州徭蜑爲冦命湖

廣省發兵討捕壬午諭中書省歲給衛王阿木哥鈔

萬錠敕衛輝昌平守臣修殼比干唐狄仁傑祠歲時

致祭戊子陞印經提舉司爲廣福監己丑陞福院

秩正二品癸巳賜安遠王醜漢金各五百兩鈔千錠

幣帛二十四匹己亥增置周王斷事官二員以淮東廉

訪司僉事苗好謙善課民農桑賜衣一襲庚子以上

都留守懃剌合兒知樞密院事陞殊祥院秩正二品

命中書省與御史臺翰林集賢院集議封贈制著

爲令遼陽盖州及南豐州饑發廩賑之五月甲辰至

戊申日赤如趙辛亥以江西行省右丞相幹赤爲大

司徒庚申以大都留守伯鐵木兒爲中書平章政事

陞中書右丞蕭拜住爲平章政事左丞阿卜海牙爲

右丞參政郭貫爲左丞參議不花爲參知政事庚午

置甘肅儒學提舉司秩並從

五品賜諸王迭里哥兒不花等金三百五十兩銀一

千二百兩鈔三千二百錠幣帛有差潭永寶慶桂陽

澧道表等路饑錢米賑耀六月乙亥制封孟軒父爲

邾國公母爲邾國宣獻夫人改諸王功臣分地郡邑爲

同知縣丞為副達魯花赤中下縣及錄事司增置副
達魯花赤一員丙子融賓柳州徭蠻叛命湖廣行省遣官督共捕之丁丑敕大辟罪臨刑敢有橫加刳割者以重罪論凡鞠囚非強盜毋加酷刑戊寅吳王朵
列納等部乏食賑粮兩月己卯詔諭百司各勤其職毋隳慶大政甲申給安遠王醜漢分樞密院印丁亥
封床兀兒為句容郡王丁酉賜周王從衛鈔四十萬
命御史大夫伯忽脫歡苔剌罕拯治臺綱
鐿河決汴梁浸民居遼陽之盖州饑並發糧賑之秋七月壬子命御史大夫伯忽脫歡苔剌罕拯治臺網
仍降詔宣諭中外乙卯封玉龍鐵木兒為保恩王賜

金印辛酉賜普慶寺益都田百七十頃丙寅復以燕
鐵木兒知樞密院事庚午發高麗女直漢軍千五百
人於濱州遼河慶雲趙州屯田八月癸酉以兵部尚
書乞塔為中書參知政事己卯車駕至自上都戊戌
置纖佛像工匠提調所秩七品設官二員九月辛丑
復五條河屯田以中書左丞郭貫為集賢大學士奉
賢大學士王毅為中書左丞庚戌割上都宣德府奉
聖州懷來縉山二縣隸大都路改縉山縣為龍慶州
帝生是縣特命改馬祭丑太白晝見己未冀寧晉寧
路地震丙寅太白經天冬十月辛未以江南行臺侍

御史高昉為中書參知政事壬申有事于太廟調四
川軍二千人雲南軍三千人烏蒙等慶屯田置總管
萬戶府秩正三品設官四員隸雲南省壬午置鐵冶
地震甲申犯斗庚寅敕五基靈鷲寺置鐵冶甘州提
舉司乙未賜雲南忽里部鈔四萬錠丁酉修甘州
城中禁民有父在者不得私貸人錢及釁墓木甘州
肅州等路饑免田租十一月壬寅命監察御史監治
嶺北鉤校錢糧半歲更代大萬寧寺住持僧米普雲
濟以所佩國公印移文有司奏亂官政教禁止之乙
已增集寧州路同知府判提控案牘各一員

乙卯改舊運糧提舉司為大都陸運提舉司新運糧
提舉司為京畿運糧提舉司澧州路安撫司為安定
軍民府十二月庚午以知樞密院事禿忽魯為陝西
行省左丞相壬午授嗣漢三十九代天師張嗣成太
玄輔化體仁應道大真人主領三山符籙掌江南道
教事丁亥立皇子碩德八剌為皇太子兼中書令樞
密使授以金寶告天地宗廟陛同知樞密院事床兀
兒知樞密院事諸王按灰部乏食給米三千一百八
十六石濟之
本紀卷第二十五

翰林學士承旨太保制贈攎國史臣宋濂等奉　制纂脩同知制誥兼　國史院編修官臣王禕等纂

勅修

仁宗三

《元史本紀卷二十六》
一

四年春正月庚子帝謂左右曰中書比奏百姓乏食
宜加賑恤朕黙思之民若此豈政有過差以致
歐向詔百司務導世祖成憲宜勉力奉行輔朕不逮
然當思之唯省刑薄賦廢使百姓遂其生也乙卯
諸王脫脫駐雲南撫害軍民以按灰代之丙辰以知
樞密院事完者為雲南行省平章政事己未給帝師

寺廩食鈔萬錠壬戌真寧路地震戊辰給諸王也速
也不干明安荅兒部糧三月閏月庚辰封諸王孛羅
為冀王丙戌以立皇太子詔天下給賜緤寡孤獨鈔
銀二千五百兩鈔四萬三千九百錠辛卯封別鐵木
兒為汾陽王壬辰給甌王南忽里部鈔十二萬錠買
咸免各路租稅有差賜諸王宗戚朝會者金三百兩

馬汁梁揚州河南淮安重慶順慶襄陽民皆飢發廩
賑之二月庚子賜諸王買閭部鈔三萬錠甲辰敕郡
縣各社復置義倉戊申特授近侍完者不花翰林侍
讀學士知制誥同修國史癸亥陞泰寧府為泰寧路

《元史本紀卷二十六》
二

仍置泰寧縣乙丑陞蒙古國子監秩正三品賜銀印
丙寅以諸王部值脫火赤亂之曹州水免今年租三
萬六千錠米萬石賑之曹州水免今年租四千石乙
朔陞靖州為路庚午給趙王阿魯禿部糧四千石乙卯
酉都思不花部軍糧三月己亥德安府旱免屯田租
壬寅加授太常禮儀院使拜住大司徒賜趙王阿魯
禿金五十兩銀五百兩鈔千錠拜住懷來縣隸龍慶州
甲辰以太寧路隸遼陽省戊申苔合孫冠邊吳王朵
列納等敗之于和懷賜金玉束帶黃金幣帛有差己

未諸王紐憐薨乙丑禁嶺北酒帝嘗夜坐謂侍臣曰
雨暘不時柰何蕭拜住對曰宰相之過也帝曰卿不
在中書耶拜住惶愧頓首之帝露香黙禱既而大雨左
右以兩衣進帝曰朕為民祈雨何避焉翰林學士承
旨忽都魯都兒迷失劉賡等譯大學衍義以進帝覽
之謂群臣曰大學衍義議論甚嘉其令翰林學士阿
憐鐵木兒譯以國語五月辛未授上都留守澗澗出
開府儀同三司大司徒壬申賜出征諸王醞漢等金
銀鈔幣有差乙亥加封大長公主壯哥台為皇姑大
長公主給金印戊寅改衛率府為中翊府壬午黃州

高郵真州建寧等處流民群聚持兵抄掠敕所在有
司其傷人及盜者罪之餘並給糧遣歸以翰林學士
承旨赤因鐵木兒為中書平章政事中書平章政事兀伯
都剌為集賢大學士己丑陞中書左丞阿卜海牙為
平章政事參政乞塔為右丞高昉為左丞參議中書
省事換注張思明並參知政事六月乙巳太陰犯心
內外監察御史四十餘人劾鐵木迭兒姦貪不法戊
兀伯都剌復為中書平章政事壬子以工部尚書王
桂為中書參知政事安遠王醜漢趙王阿曾禿為叛

王脫火赤所掠各賜金銀幣帛丙辰敕諸王駙馬功
臣分地仍舊制自辟達魯花赤丁巳安南國遣使來
貢戊午置冀王亭羅王傳二員中尉司馬各一員都
總管府秩正三品己未給嶺北行省經費鈔九十萬
錠雜綵五萬匹癸亥禁總攝沈明仁所佩司空印毋
核文有司秋七月乙亥李孟罷以江浙行省左丞王
毅為中書平章政事庚辰賜皇姑大長公主忙哥台
金百兩銀千兩鈔二千錠賞討叛王有
功句容郡王床兀兒等金銀幣帛鈔各百匹賞壬午敕有
赤因鐵木兒頒賚諸王駙馬及賑濟所部貧乏特授

中衛親軍都指揮使亨蘭奚太尉已丑成紀縣山崩
土石潰徙壞田稼廬舍壓死居民辛卯冀寧路地震
帝諭省臣曰比聞蒙古諸部困乏往往鬻子女於民
家為婢僕其命有司贖之還各部帝出見衛士有弊
衣者為駐馬問之對曰戍守邊鎮餘十五年以故貧耳
帝曰此輩久勞于外留守臣未常以聞非朕親見何
由知之自今有類此者必言於朕因命賜之錢帛八
月丙申車駕至自上都嬖幸犯興兒壬子太陰犯昴
庚申合散奏事畢帝問曰卿等所行者何事合散
對曰臣等第奉行詔旨而已帝曰卿等何嘗奉行朕

旨雖祖宗遺訓朝廷法令皆不導守夫法者所以辨
上下定民志自古及今未有法不立而天下治者使
人君制法宰相能守而勿失則下民知所畏避綱紀
可正風俗可厚其或法弛民慢怨言並興欲求治安
豈不難哉九月丙寅合散言故事丞相必用蒙古勳
臣合散回回人不厭人望遂懇辭制以宣徽使伯荅
沙為中書右丞相合散為左丞相己巳大都南城產
嘉禾一莖十一穗庚午太陰犯斗壬辰詔戒飭海漕
諭諸司毋得沮撓嶺北地震三日冬十月甲午朔有
事于太廟戊戌給諸王晃火鐵木兒等部糧五千石

壬寅敕刑部尚書舉林栢藍大都兵馬司防遏盜賊
仍嚴飭軍校制其出入遣御史大夫伯忽象知政事
王桂祭陝西嶽鎮名山賑恤泰州被災之民巳酉監
察御史言官吏丁憂起復人情驚惑請禁止以絕僥
倖惟朝廷耆舊特旨起復者不在禁例制曰可給兩
淮屯田總管府職田壬子給鈔五萬錠糧五萬石賑
存者十四人漂至溫州永嘉縣敕江浙省資遣還鄉
察空腦兒戊午海外婆羅公之民往賈海番遇風濤
改潮州路所統梅州隸廣東道宣慰司十一月巳卯
復淥揚州運河巳丑倂汧源縣入隴州壬辰諭諸宿

衛入直各居其次非有旨不得上殿闌入禁中者坐
罪大臣許從二人他官一人門者譏其出入十二月
丁酉復廣州採金銀珠子都提舉司秩正四品官三
負巳置詹事院從一品太子詹事四負副詹事詹
事承並二負家令府延慶司設官並四負典寶監八
負遣官即興和路及淨州發廩賑給北方流民巳酉
廬溝橋澤畔店瑠璃河並置巡檢司壬子置安王王
傳丁巳賜諸王禿滿鐵木兒等及駙馬忽剌兀帶各
部金一千二百兩銀七千七百兩鈔一萬七千七百
錠幣帛二千四以內宰領延福司事禿滿迭兒知樞

密院事特授晉王內史按攤出金紫光祿大夫營國
公辛酉改怯憐口民匠總管府爲繕用司
五年春正月辛未賜諸王禿滿鐵木兒等所部鈔四
萬錠甲戌懿州地震丙子安南國遣其臣尹世才等
以方物來貢乙酉敕諸王位下民在大都者與民均
役丁亥會試進士湖廣平章買住加嘗國公大司農
賑晉王也孫鐵木兒等部貧乏者二月癸巳朔日有
食之和寧路地震丁酉敕廣寧開元等萬戶府軍人
侍衛有兄弟姪五人者三人留四人三人者二人
留著爲籍泰州泰安縣山崩封諸王晃火鐵木兒爲

嘉王禿滿鐵木兒爲武平王並賜印丁未敕雲南四
川歸還所侵順元宣撫司民地戊申陞內史府秩正
二品建鹿頂殿于文德殿後辛亥敕杭州守臣春秋
祭淮安忠武王伯顏祠王子諸王荅失蠻部乏食敕
甘肅行省給糧賑之賜諸王察吉兒鈔萬錠甲寅置
寧昌府乙卯命中書省汰不急之役增置河東宣慰
司副使一負敕上都諸寺權豪商販貨物並輸稅課
戊午以者連怯耶兒萬戶府爲右衛率府給書西天
字維摩經金三千兩庚申罷封贈賞討叛王脫火赤
戰功賜諸王部察罕等金銀幣鈔有差三月戊辰御

元史本紀卷二十六　七

試進士賜都連兒霍希賢以下五十人及第出身
有差己巳賜寧海王八都兒金印庚午立諸王幹羅
溫都孫打捕鷹坊諸色人匠怯憐口總管府
品政孫靜安路為德寧縣為德寧縣癸酉晉王
也孫鐵木兒部貧乏賑米四千一百五十石仍賜鈔
二萬錠買牛羊孳畜乙亥增給兩淮運司分司
特授安遠王醖漢開府儀同三司錄軍國重事知樞
密院事戊寅以湖州路為安王元都思不花分地其
戶數視衛王阿木哥乙亥增給兩淮運司禁酒賜鈔萬
錠命晉王也孫鐵木兒賑濟遼東貧民晉王內史拾

得間加榮祿大夫封桓國公給金九百兩銀百五十
兩書金字藏經甲申免鞏昌等處經賑濟者差稅鹽
課乙酉御史臺臣言諸司近侍陪越中書聞奏者請
如舊制論罪制曰可己丑敕以紅城屯田米賑净州
平地等處流民置汾陽王別鐵木兒王傳四貟賜醖
駞苔剌罕平江路田百頃夏四月壬辰安吉王乞台
普濟薨丁酉諸王雍吉剌部乏食賑米三千石己亥
眈羅捕獵尸成金等為冠敕征東行省督兵捕之庚
子賜諸王察吉兒部鈔萬錠布帛稱是給中翊府閒
臺順州屯田鈔萬錠置牛種農具庚戌敕安遠王醖

元史本紀卷二十六　八

漢分地隸齊寧者七縣汀州者三縣達魯花赤聽其
自辟陞印經提舉司為延福監秩正三品遣官分汰
各部流民給糧賑濟免懷孟河南陽居民所輸陝
西鹽課是時解州鹽池為水所壞命懷孟等處食糧
西紅鹽課以地遠政食滄州以賑貧民甲寅事今四川省
命故免之木鄰鐵里干驛困乏濟以馬五千四遼陽
諸臣言各省調度軍馬惟長官二人領其事今四川省
臣言各省預非便請如舊制從之以千奴史彌並為
書平章政事侍御史敬儼為中書參知政事戊午車
飢海漕糧十萬石於義錦州以賑貧民

駕幸上都五月辛酉朔順元等處軍民宣撫使阿畫
以洞蠻酉黑沖子子昌奉方物來觀丁卯賜安王元
都思不花金五百兩銀五千兩以御史中丞亦列赤
為中書右丞相戊辰遣平章政事王毅禁星于司天
臺三晝夜諸王按塔木兒不顏鐵木兒部乏食賑糧
兩月壬申監察御史言比年名爵冒濫太尉司徒國
公接跡于朝昔奉詔裁罷中外莫不欣悅近聞禮部
奉旨鑄太尉司徒司空等印二十有六此輩無功於
國載在史冊貽笑將來請自今門閥貴重勳業昭著
者存留一二餘並革去制曰可癸酉遣官分道減決

答以下罪已卯德慶路地震葦昌麗西縣大雨南土
山崩壓死居民給糧賑之六月辛卯御史臺臣言昔
遣張驢等經理江浙江西河南田糧屢增糧數流毒
生民已眚奉旨侯三年徵租令及其期若江浙江西
當如例輸之其河南請視鄉例減半徵之制曰可癸
巳以典瑞院使幹赤為集賢大學士領典瑞院事大
司徒己亥北地諸部軍士乏食給糧賑之庚子遣阿
尼八都兒只兒海分汰淨州北地流民其隸四宿衛
及諸王駙馬者給資糧遣還各部癸卯賜諸王桑哥
班金束帶一銀百兩鈔五百錠乙巳衙者趙子王等

《元史本紀卷二十六》 九

七人伏誅時衛王阿木哥以罪貶高麗子王言於王
府司馬曹脫不台等曰阿木哥名應圖讖於是潛謀
備兵器衣甲旗鼓航海徃高麗取阿木哥至大都俟
時而發行次利津縣事覺誅之西蕃土冠作亂敕甘
肅省調兵捕之丁巳賜安王兀都思不花等金束帶
及金二百兩銀一千五十兩鈔二千二百錠幣帛二
百八十四秋七月己未朔李邦寧加開府儀同三司
癸亥賜諸王八里帶等金二百兩銀八百五十兩鈔
二千錠賜幣帛二百四甲子給欽察衛馬羊價鈔一十
四萬五千九百九十二錠丙寅調軍五千烏蒙等處

屯田置總管萬戶府秩正三品給銀印丁卯給鈔二
十萬錠糧萬石命普王分賚所部宿衛士壬申御史
中丞趙簡言皇太子春秋鼎盛宜選著儒敷陳道義
令李鈐侍東宮說書未諳經史請別求碩學分進講
讀實宗社無疆之福制曰可諸王不里牙敕伯都諸
王也舍失列吉及衛士朵帶坐兩端不助官
軍進討敕流也舍江西失列吉湖廣朵帶衛州伯都
潭州癸酉拘衛王阿木哥王傳印置饒司秩正八
品隸上都留守司豐州石泉店置巡檢司賜諸王別
失帖木兒等金銀并賑其部米萬石鈔萬錠己卯諸

《元史本紀卷二十六》 十

王雍吉剌帶曲春鐵木兒來朝賜金三百兩銀一千
兩鈔五千錠幣帛一百匹仍給欽萬錠來萬石分賚
其所部辛巳立受給庫秋九品隸工部壬午罷河南
省左丞陳英等所括民田止如舊倒輸稅戊子肇昌
路寧遠縣山崩加封楚三間大夫屈原為忠節清烈
公八月戊子車駕至自上都乙卯併汰翁源縣入曲江
縣九月癸亥大司農買住等進司農丞苗好謙所撰
栽桑圖說帝曰農桑衣食之本此圖甚善命刊千
恢散之民間丙寅廣西兩江龍州萬戶趙清臣太平
路總管李興隆率土官黃法扶何凱並以方物來貢

賜以幣帛有差幽王南忽里等部貧乏命甘肅省市
馬萬匹給之以丁卯中書右丞宣徽使亦列赤為中書
平章政事左丞高昉為右丞參知政事換住為左丞
吏部尚書燕只干為參知政事壬申以鈔給比邊軍
為馬價丁戊以作佛事釋重四三人輕四五十三人
己卯以江浙省所印大學衍義五十部賜朝臣辛巳
置大永福寺都總管府秩三品壬午敕軍官犯罪行
省洛樞密院議擬母擅此遣丙戊以僉太常禮儀院
事狗兒為中書參知政事丁亥立行宣政院于杭州
設官八員大同路金城縣大兩電冬十月巳丑以大

寧路隷遼陽省宣德府隷大都路敕僧人除宋舊有
及朝廷撺賜土田免租稅餘田與民一體科徵播州
南寧長官洛廖作亂思州守臣哥招諭之洛廖
遣人以方物來觀罷膠萊菩密使司復立濤場
辛卯禁大同冀寧晉寧等路釀酒壬辰建帝師巴思
八殿於大興教寺給鈔萬錠巳改中翊府為羽林
親軍都指揮使司甲午有事于太廟癸丑贛州路雩
都縣里胥劉景周以有司徵括田新租聚衆作亂敕
免徵新租招諭之十一月辛酉開成莊浪等處禁酒
壬戌改黃花嶺屯儲軍民總管府為屯儲總管府設

官四員山後民飢增海漕四十萬石增置大都南北
兩兵馬司指揮使色目漢人各二員給分司印二丁
卯用監察御史乃蠻帶等言追奪建康富民王訓等
白身濫受宣敕仍禁冒籍貫宿衛及巧受遠方職官
不赴任求別調者隱匿不自首者罪之巳陞同知
樞密院事忠嘉知樞密院事丙子集賢大學士太保
曲出言唐陸淳著春秋纂例辨疑徵旨三書有益後
學請令江西行省鋟梓以廣其傳從之癸未較江西
茶運司歲課以二十五萬錠為額敕大永福寺創殿
安奉順宗皇帝御容十二月壬辰特授集賢大學士

脫列大司徒辛亥置重慶路江津巴縣等處屯田省
成都歲漕萬二千石甲寅敕樞密院覈實蒙古軍貧
之者存郵五年
六年春正月丁巳朔遣國遣使奉表來貢方物丁卯
敕福建兩廣雲南甘肅四川軍官致仕還家官給驛
傳如民官例戊辰賑晉王部貧民癸酉特授同知徽
政院事醴醂荅剌罕金紫光祿大夫太尉給銀印甲
戌監察御史宇木魯柟等言皇太子位正東宮既立
詹事院以總家政宜擇年德老成道義當重者為師
保賓贊俾盡心輔導以廣緝熙之學制曰可戊寅太

陰犯心己卯熒星于司天臺廣東南恩新州徭賊龍
郎庚等為冠命江西行省發兵捕之帝御嘉禧殿謂
扎魯忽赤買閭曰扎魯忽赤人命所繫其詳閱獄辭
事無大小必謀諸同僚疑不能決者與省臺臣集議
以聞又顧謂侍臣曰卿等以朕居帝位為安邪朕惟不能
當天心繩祖武祖宗混一疆宇兢業守成恒懼不能
太祖創業艱難萬方百姓樂得其所朕念慮應在於
卿等固不知也二月丁亥朔日有食之改釋奠于中
丁祀社稷于中戊熒星于囬囬司天臺丁酉雲南閫
里愛俄永昌蒲蠻阿八剌等並為冠命雲南省從宜

勒捕戊戌改陜西轉運臨使司為河東陜西都轉運
鹽使司直隸省部己亥太陰犯靈臺乙巳敕諸司不
由中書奏官輒署事者悉罷之特授僧從吉祥榮祿
大夫大司空加榮祿大夫大司徒僧文吉祥開府儀
同三司三月丁巳以天壽節釋重四一人乙未給鈔
賑濟上都西番諸驛辛酉斡端地有叛者入冠遣鎮
西武靖王搠思班率兵討之詔以御史中丞禿台
為御史大夫諭之曰御史大夫職任至重以卿勳舊
之裔故特授汝當思乃祖乃父忠勤王室仍以古名
臣為法否則將墜汝家聲負朕委任之意戊丙寅改

懷孟路為懷慶路特授翰林學士承旨八兒思不花
開府儀同三司太司徒己巳太陰犯明堂敕諸王駙
馬宗姻諸事依舊制領於內八府官勿徑移文中書
封諸王月魯鐵木兒為恩王給印置王傅官免大都
上都興和大同今歲租稅癸西太陰犯日星甲戌太
陰犯心壬午賜大興教寺僧齋食鈔二萬錠禁甘肅
行省所屬郡縣釀酒夏四月壬辰中書省臣言雲南
土官病故子姪兄弟襲之無則妻承夫職遠方蠻夷
頑獷難制必任土人可以集事今或闕員宜從本俗
權職以行制曰可丙辰命京師諸司官吏運糧輸上

都興和賑濟蒙古飢民庚子車駕幸上都以鐵木迭
兒為太子太師內外監察御史四十餘人劾其逞私
蠹政難居師保之任不聽諸王合贊薨丙午命宣政
院賑給西番諸驛壬子伯顏鐵木兒犯靈臺丁卯太陰
犯靈壁陣加安南國王陳益稷儀同三司六月戊子
之五月辛酉太陰犯房丙子太陰犯房丁卯太陰
以莊浪檢司為莊浪縣移巡檢司於比卜渡癸巳
以米五千石賑大長公主所隸貧民甲午改繕珍司
為徽儀使司秩二品己亥歲星犯東咸辛丑置河南
田賦總管府隸內史府設達魯花赤總管同知各一

負副總管二負秩從三品戊申置勇校署以甬甋者
隸之庚戌大同縣兩電大如雞卵詔以馳馬牛半分
給朔方蒙古民戍守邊徼者俾牧養蕃息以自贍仍
命興屯田壬子賜大乾元寺鈔萬錠俾營子錢供
繕修之費仍墮其提點所為總管府給銀司秩正三
品給鈔四十萬錠合剌赤部貧民三十萬錠賑諸
以羽林親軍萬人隸東宮丙子墮廣惠司秩正三品
掌四醫藥丁丑以濟寧等路水道官閱視其民之
食者賑之仍禁酒開河泊禁聽民採食晉陽西涼鈔

等州楊翟新鄭密等縣大雨電汴梁益都殷陽濟南
東昌東平濟寧恭安高唐濮州淮安諸屬大水秋七
月丙辰緬國趙欽撒以方物來覲來安路總管岑世
興叛攜唐兀州賜璽書招諭之諸王闊懇堅部貧乏
給粮賑之壬戌太陰犯心以者連怯耶兒萬戶府軍
萬人隸東宮置右衞府軍秩正三品丁卯詔諭江西
官吏豪民毋泪撓茶課甲戌皇姊大長公主祥哥剌
吉作佛事釋全寧府重四二十七人敕按問全寧守
臣阿從不法仍追所釋囚還獄命分簡奴兒干流因
罪稍輕者屯田肇州乙亥通州潮州增置三倉丙子

太白犯太微垣右執法增置上都巡警院開平縣官
各二負已卯晉王也孫鐵木兒所部民經剽掠災傷
為盜者衆敕扎魯忽赤囊加帶往晉王內史審錄
罪囚重者就啟晉王誅之當流配者加等杖之庚辰
賜木憐麥該兩驛鈔一萬二千一百二十錠俾市馬
給驛鈔辛巳八月甲申以河東山西道宣慰使張思明為
中書參知政事乙酉熒惑犯興鬼甲午以授皇太子
王冊告祭于南郊庚子車駕至自上都丁未告祭于
太廟是月伏羌縣山崩閏八月丙辰星犯太微垣

右執法賜嘉王晃火鐵木兒部羊十萬馬萬匹庚申
增置興和路既備倉秩正八品陞廣盈庫從八品癸
亥熒惑犯軒轅甲子太陰犯壘壁陣浚會通河壬申
以太傅御史大夫伯忽為太師癸酉敕河東山西道
宣慰司官給俸同隨朝敕諸司有受命不之官及避
繁劇託故去職者奪其宣敕乙亥太白犯東咸併永
參議中書省事欽察為參知政事辛卯鐵里千等二
興縣入奉聖州九月甲申以徽政使桑帶為太傅陞
十八驛被災給鈔賑之壬辰崇星于司天臺癸巳以
作佛事釋大辟四七人流以下四六人戊戌增海漕

十萬石置雲南縣隸雲内州以故
昌州隸興和路庚子併順德廣平兩鐵冶提舉司為
順德廣平彰德等鐵冶提舉司言為
比者官以倖求罪以賂免乞九内外官癸卯御史臺臣言為
望者不許驛陸諸犯賍罪已欵伏及當鞫而章免者寅
悉付元問官以竟其罪其貪污受刑奪職不敘者寅
緣近侍出入内庭覬倖名爵宜斥逐之帝皆納其言
詔謂四宿衛嘗受刑者勿令造禁庭山東諸路禁酒
浚鎮江練湖發粟賑濟當東平東昌高唐德州濟南
益都殷陽揚州等路飢十月甲寅省都功德使四負

止存六負乙卯東平濟寧路水陸十五驛乏食戶給
麥十石中書省臣言白雲宗總攝沈明仁強奪民田
二萬頃誘愚俗十萬人私賂近侍妄受名爵已奉
旨追奪請汰其徒還所奪民田其諸不法事宜令覈
問有旨朕知姦惡其嚴鞫之戊午遣中書石
丞相伯荅沙持節授皇太子玉冊辛酉以扎魯忽赤
鐵木兒不花爲御史大夫癸亥奏惑犯太徽垣左執
法上都民飢發官粟萬石減價賑糶置兩浙鹽倉六
所秩從八品官二負惟杭州嘉興二倉設官三負秩
從七品鹽場三十四所場設監運一負正八品罷檢

校所乙丑太陰犯昴丁卯賑北方諸驛戊辰太陰犯
東井庚午太白晝見辛未太陰犯軫轅丙子以皇太
子受玉冊詔天下己卯浚通惠河增河東陝西鹽運
司判官一負給分司印二置提領所二秩從八品官
各二負濟南濱棣州增鹽戶提領二十
人濟南濱棣州章丘等縣水免其田租十一月辛卯
熒惑犯進賢木邦路帶邦爲冠敕雲南省招捕之乙
已以秘書卿思丁爲大司徒庚子敕晉王部貧民
二十居稱海屯田增京畿漕運司同矢副使各一負
給分司印中書省臣言襄賜諸王阿只吉鈔三萬錠

使營子錢以給畋獵廩膳毋取諸民令其部阿魯忽
等出獵恣索於民且為姦事宜令宗正府刑部訊鞫
之以正典刑制曰可禁民匿蒙古軍亡奴帝諭臺臣
曰有國家者以民為本比聞河間民飢發粟賑之
令監察御史廉訪司審察以聞河間民飢發粟賑之
十二月壬戌命皇太子參決國政封宋儒興和平
道國公甲子遣宗正府扎魯忽赤二負審決興和平
地等處獄四省雲南大理大小徹里等地同知相副
官及儒學蒙古教授等官百二十四負丙寅太陰犯
軒轅已已後吏人出身舊制其犯賍者止從七品免

大都上都興和延祐七年差稅河西塔塔剌地置屯
田立軍民萬戶府壬申太陰犯心平章政事王殺以
親老辭職從之仍賜興鄉等居父常帛癸酉是夜風雪甚寒
帝謂侍臣曰朕與鄉等居暖室宗戚昆弟遠戍邊陲
曷勝其苦歲賜錢帛可不徧及耶敕上都大都冬夏
設食于路以食飢者

七年春正月辛巳朔日有食之帝居齋損膳輟朝賀
壬午御史臺臣言比賜不兒罕丁山場完者不花海
舶稅會計其鈔皆數十萬錠諸王軍民貧乏者所賜
未嘗若是苟不撙御漸致帑藏虛竭民益困矣中書

省臣進曰臺臣所言良是若非振理朝綱法度愈壞
臣等乞賜罷黜選任賢者帝曰卿等不必言其各共
乃專癸未帝御大明殿受諸王百官朝賀辛卯江浙
行省丞相黑驢言白雲僧沈明仁擅度僧四千八百
餘人獲鈔四萬餘錠旣巳辟伏今遣其徒沈崇潛
赴京師行賄求援請逮赴江浙併治其罪沈之乙未
太陰犯明堂上星丁亥帝不豫辛丑帝崩于光天宮
壽三十有六在位十年癸卯葬皇輦谷從諸帝陵五
月乙未羣臣上諡曰聖文欽孝皇帝廟號仁宗國語
曰普顏篤皇帝仁宗天性慈孝聰明恭儉通達儒術

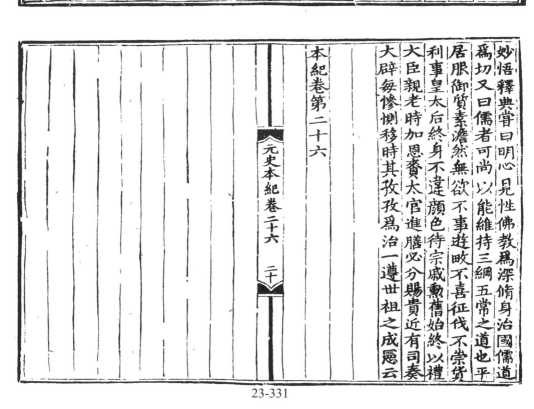

妙悟釋典嘗曰明心見性佛教為深惟身治國儒道
為切又曰儒者可尚以能維持三綱五常之道也平
居服御質素澹然無欲不事遊畋不喜征伐不崇貨
利事皇太后終身不違顏色待宗戚勳舊始終以禮
大臣親老時加恩賚太官進膳必分賜貴近有司奏
大辟每慘惻移時其孜孜為治一遵世祖之成憲云

翰林學士亞中大夫知制誥兼修國史臣宋濂
翰林侍制承直郎兼國院編修官臣王禕等奉

敕修

英宗一

英宗睿聖文孝皇帝諱碩德八剌仁宗嫡子也母莊
懿慈聖皇后弘吉剌氏以大德七年二月甲子生仁
宗欲立為皇太子帝入調太后不許曰臣幼無能且有
兄在宜立兄以臣輔之太后固辭曰祐三年十二月
丁亥立為皇太子授金寶開府置官屬監察御史段
輔太子詹事郭貫等首請近賢人擇師傅帝嘉納之

《元史本紀卷三七》一

六年十月戊午受王冊詔命百官庶務必先啟太子
然後奏聞帝謂中書省臣曰至尊委我以天下事曰
夜寅畏惟恐弗堪卿等亦當洗心滌慮恪勤乃職勿
有隳壞以貽君父憂七年春正月戊戌仁宗不豫帝
憂形于色則焚香泣曰至尊以仁慈御天下豫
求成四海清晏今天降大厲不如罰殛我身使至尊
順成為民主辛丑仁宗崩帝哀毀過禮素服寢于地日
一粥癸卯太陰犯斗甲辰太子太師鐵木迭兒以
太后命為右丞相丙午遣使分讞內外刑獄戊申祝曰
獸一
通潞二州蒙古貧民汰知樞密院事四員禁巫祝日

者交通宗戚大官二月壬午罷造永福寺賑大同豐
州諸驛饋餉以江浙行省左丞相黑驢為中書平章政
事丁巳修佛事戊午祭社稷建御容殿于永福寺汰
富民竄名宿衛者以備貶貸供億復以都水監隸于宣
德開平和林諸倉以給役蒙古諸驛己未命儲糧于
書辛丑太陰犯軒轅御女平章政事赤斤鐵木兒御
史大夫脫歡罷為集賢大學士壬戌太陰犯靈臺甲
子鐵木迭兒阿散請捕逮四川行省平章政事趙世
延赴京雜議中書省事乞失監坐贓官利部以法當
杖太后命答之帝曰不可法者天下之公徇私而輕

重之非示天下以公也卒正其罪丙寅以陝西行省
平章政事趙世榮為中書平章政事江西行省右丞
木八剌為中書右丞知政事張思明為中書右丞日
中書左丞換住罷為嶺北行省右丞省張上都
星白雲宗攝沈明仁為不法坐罪詔籍江南冒為白
雲僧者為民己巳修鎮雷佛事于京城四門罷上都
乾元寺規運總管府庚午太陰犯斗辛未括民間係
官山塲河泊窯冶廬舍壬申召陝西行臺御史大夫
吞失鐵木兒赴闕以遠陽大同上都甘肅官牧羊馬
牛駞給朔方民戶仍給曠地屯種癸酉括勘崇祥院

《元史本紀卷三七》二

地其冐以官地獻者追其直以民地獻者歸其主決
開平重囚丙子定京城環衛更番法准五衛漢軍歲
例丁丑奪前中書平章政事李孟
仍什其先墓碑戊寅中書平章政事李孟以前御史
甘肅行省平章政事阿禮海牙罷為湖廣行省平章
政事鐵木迭兒以太后命請更命殺之並籍其家徽政院
使失列門以太后命御史中丞楊朵兒為湖廣行省平章
且先帝舊臣豈宜輕動俟子即位議于宗親元老賢
者任之邪者黜之可也司農卿完者不花言先帝以

土田頒賜諸臣者宜悉歸之官帝問曰所賜為誰對
曰左丞相阿散所得為多帝曰子常諭卿等當以公
心輔弼卿於先朝當請海舶之稅以阿散奏而止今
卿所言乃復私憾耳非公議也豈輔弼之道耶遂出
完者不花為湖南宣慰使奪僧輦真吃剌思等所受
司徒國公制仍銷其印三月辛巳以中書禮部領
坊壬午賑陳州嘉定州饑爪哇遣使入貢戊子太
陰犯酒旗上星熒惑犯進賢徵諸王駙馬流竄者給
侍從遣就分邑庚寅帝即位詔曰洪惟太祖皇帝膺
期撫運肇開帝業世祖皇帝神機廟略統一四海以

聖繼聖迨我先皇帝至仁厚德涵濡群生君臨萬國
十年于茲以社稷之遠圖定天下之大本叶謀宗親
授子冊寶方春宮之慶遽昭考之賓天諸王貴戚
元勳碩輔咸謂朕躬宜先帝付託之重皇太后擁護
之慈既深繫於人心詎可虛於神器合辭勸進誠意
交孚乃於三月十一日即皇帝位于大明殿壬辰太皇
太后受百官朝賀于興聖宮鐵木迭兒進開府儀同
三司上柱國太師敕群臣趙授散官者朝會毋越班
次賜諸王也孫鐵木兒脫脫那顏等金銀幣帛有差

賑寧夏路軍民饑甲午作佛事於寶慈殿賑木憐渾
都児等十一驛饑乙未日有暈若連環丙申幹羅思
等內附賜鈔萬四千貫遣還其部遣知樞密事也児
吉尼檢覈肇昌等路屯戍選甘州戍卒戊汰上都
留守司留守五負定吏負秩止從七品如前制庚子
降太常禮儀院通政院都護府崇福司並從二品蒙
古國子監尚舍寺光祿寺並正四品其官逓降一等有
闕遺監尚舍寺天監並正四品
差七品以下不降賜邊戍諸王駙馬及將校士卒金
銀幣帛有差市羊五十萬馬十萬贍比邊貧乏者辛

省丞相並降為本省平章政事惟征東行省丞相高
麗王不降賜諸王鐵木兒不花鈔萬五千貫甲寅太
白犯填星乙卯復國子監秩正三品罷回回
國子監行通政院封諸王徹徹禿為寧遠王申詔京
師勢家與民均役那懷渾都兒驛戶饑賑之戊午祀
社稷告即位已未給慶路洞蠻為寇命四川行省捕
之祭適甲神于香山命平章政事王毅等徵理在京
諸倉庫粮帛虧額申嚴和林酒禁庚申降百官越階
者並依所受之職以太常禮儀院使拜住為中書平
章政事以西僧牙八的里為元永延教三藏法師授

相也先鐵木兒湖廣行省丞相朵兒只的斤遼陽行
教坊廣惠諸司品秩罷行中書省丞相河南行省丞
于太廟告即位追尊佛速司徒官罷少府監復儀鳳
祥院以民匠都總管府隸將作院夏四月庚戌有事
精絕者擇用之丙午有事於南郊告于未罷官崇
詔中外毋沮議鐵木迭兒敕罷醫卜工匠任子其藝
等但守職盡善則朕當服行否亦不汝罪也甲辰
受制命御史臺臣請降諭百司以肅臺綱帝曰卿
前中書平章政事李孟為集賢侍講學士恣奪前所
丑禁擅奏璽書以樞密院燕頜左右衛率府壬寅降

隸通政院有獻七寶帶者因近臣以進帝曰朕登大
位不聞卿等薦賢而為人進帶是以利誘朕也其還
之是月左衛屯田旱蝗左翊屯田蟲食麥苗亳州水
五月己卯禁僧馳驛仍收元給璽書庚辰上都留守
賀伯顏坐便服迎詔棄市籍其家辛巳汝寧府森兩
傷麥禾發粟五千石賑之丁夾罷沅陵縣浦口千
戶所己丑中書省臣請禁擅奏除拜帝曰然恐朕遺
忘或乘間奏請濫賜名爵汝等當復以聞復置稱海
五條河屯田命僧禱雨大同雲內豐勝諸郡縣饑發
粟萬三千石賑之左丞相阿散罷為嶺北行省平章

處流民給粮馬遣還北邊戊寅以蒙古漢人驛傳復
淮荊湖江南東西道田賦斗加二升賑大都淨州等
河間真定濟南等處蒙古軍饑賑之罷市舶司禁賈
人下番課回回散居郡縣者戶歲輸包銀二兩增二
以陰陽拘忌權結綵殿於太室東南以奉神主已已
直沽調兵千人防戍封王煦為雞林郡公議祔仁宗
仁宗喪卒哭作佛事七日戊辰車駕幸上都海運至
木迭兒請条決政務禁諸臣毋隔越擅奏從之乙丑
給蒙古流民遣還其部給通溧二州蒙古戶夏布鐵
金印壬戌太陰犯房以即位賞宿衛軍括馬三萬匹

政事以拜住爲中書左丞相乃刺忽塔失海牙並爲
中書平章政事只兒哈郎爲中書參知政事欽太
陰犯心辛卯朵知政使欽察罷爲集賢學士賑上都
城門及駐冬衛士遣使
辰和林民閭海座浮死者三千餘人旌其門篓巳太
威權賣避徭役及作奸犯科戊戌有告嶺北行省平
之乙未請大行皇帝諡于南郊丙申太白犯畢禁宗
陰犯天狗甲午瀋陽軍民饑給鈔萬二千五百貫賑
章政事阿散中書平章政事黑驢
哈徽政使失列門等與故要東謀妻亦列失八謀廢

立拜住請鞠狀帝曰彼若借太皇太后爲詞奈何命
悉誅之籍其家追封隴西公汪世顯爲隴右王辛丑
以知樞密院事鐵木兒脱爲中書平章政事壬寅
察御史請罷僧道工伶濫爵及建寺豢獸之費甲辰
以誅阿散黑驢賀伯顔等詔天下敕百司日勤政務
息者之丙午御史劉恒請興義倉及奪僧道官敎
捕亦列失八子江浙行省平章政事買驢仍籍其家
丁未封王禪爲雲南王往鎮其地饒州番陽縣進嘉
禾一莖六穗以賀伯顔失列門阿散家貲田宅賜鐵
木迭兒等六月己酉流徽政院使米薛迷于金剛山

以脱忞哈失列門故奪人畜產歸其主甲寅前太子詹
事床兀兒伏誅京師疫修佛事于萬壽山乙卯昌王阿
失部鐵賜鈔千萬買賑之賞誅阿散等功賜拜住以下
金銀鈔有差丙辰名河南行省平章政事塾仙帖穆兒
至京師杖脱忞哈廣平王印丁巳以江西行省左丞相
脱脱爲御史大夫宗正扎魯火赤鐵木兒不花知樞密
院事戊午罷徽政院廣東採珠提舉司罷以有司領其
盜寧畜罪犯者令給各部力役如不悛斷罪如内地法
庚申太陰犯斗賜角觝百二十八人鈔各千貫辛酉詔免

僧人雜役壬戌勑諸使至京者大事五日小事三日遣還
是夜月食既癸夾太陰犯壁陣乙丑賑北邊饑民有
妻子者鈔千五百貫孤獨者七百五十貫新作太祖寢殿
西番盜洛各目降于卯太白犯井賜諸王阿木里台宴
甲戌賜鈔北邊諸王伯要台等十人鈔萬五千貫辛未太陰犯昴
服珠帽戊辰賑雷家驛户鈔各二萬五千貫辛未太陰犯昴
民眼米三月修寧夏飲察魯佛事給鈔三百一十二萬貫
丁丑改紅城中都威衛爲忠翊侍衛親軍都指揮使司
隸樞密院罷章慶司延福司群牧監宮正司遼陽萬户
府復徽儀司爲繕珍司善政司爲都總管府内宰司延

慶司覲用監復為正三品益都罹荊門州旱棣州高
郡江陵水秋七月戊寅賜諸王曲魯不花鈔萬五千
貫命玄教宗師張留孫修醮事于崇真宮壬午立普
定路屯田分為撒烏蒙屯田卒二千赴之運和林糧
者癸未括馬於大同興和冀寧三路以頒衛士甲申
車駕將北幸調左右翊軍赴北邊以知樞密院
事買驢哈丹並為遼陽行省平章政事丙戌賜諸王
買奴等鈔二十五萬貫丁亥晉王也孫鐵木兒部餓
部火賑粮三月鈔萬五千貫晉王也孫鐵木兒部

贩鈔五千萬貫壬辰罷女直萬戶府及狗站脫脫禾
孫散遼陽紅花萬戶府兵遣危從諸營還大都禁踐
民禾安南內附人陳嚴言其國貢使多為覘伺敕湖
廣行省汰遣之乙未賜西僧沙加鈔萬五千貫以甘
肅行省平章欽察知樞密院事回回太醫進藥曰打
里牙給鈔十五萬貫丙申以昌平濼陽十二驛供億
繁重給安王元都不花為順陽王禁獻珍寶制衮戊
降封安王元都不花為順陽王禁獻珍寶制衮戊
戍燮惑犯房樞密院臣言塔海萬戶部不剌兀赤與
北兵戰接軍士三百人以還弃其子於野殺所乘馬

以嗠士卒請賞之賜鈔五千貫斡魯思辰告諸王月
兒魯鐵木兒謀變賞鈔萬五千貫敕中外希賞自請
者勿予己亥太陰犯昴賜女巫伯牙敕台諸王也孫
庚子以江南行御史臺中丞廉恂為中書平章政事
辛丑賜公主扎牙八剌等鈔七萬五千貫晉王也孫
鐵木兒遣使以遼陽金銀鐵冶歸中政院癸卯賜伶
人鈔二萬五千貫晉王也孫鐵木兒部饑
給糧鈔從之以地七千頃歸朝廷請有司徵其租歲
事也先吉尼為江西行省平章政事是月後衛屯田
及潁息汝陽上蔡等縣水霸州及堂邑縣蝻八月丁

未朔嶺北省臣忻都坐以官錢犒軍免官詔復其職
戊申祭社稷罷曲靖路人匠提舉司賑晉王部軍民
鈔二百五十萬貫禁星于司天監辛亥賑晉王部軍民
軍乙卯賜上都駐冬衛士鈔四百萬貫諸王木南即
部饑興聖宮牧駝戶貧乏並賑之丙辰祔仁宗聖文
欽莘皇帝并懿慈皇后于太廟辛亥鐵木迭兒攝太尉
奉玉冊行事太白犯靈臺戊午鐵木迭兒以趙世延
嘗劾其姦誣以不敬下獄請殺之并究省臺諸臣不
允帝幸涼亭從容謂近侍曰頃鐵木迭兒必欲寘趙
世延于死地朕素聞其忠良故每奏不納左右咸稱

萬歲乙丑熒惑犯天江丁卯太白犯太微垣右執法
宮人官奴坐用日者請太皇太后禜星杖之籍其資
脫思馬部宣慰使亦憐真坐違制不發兵杖流奴兒
干之地庚午發米十萬石賑糶京師貧民壬申太陰
犯軒轅御女甲戌廣東新州饑賑之河間路水九月
甲申建壽安山寺給鈔千萬貫括興和馬以贍北部
貧民禁五臺山樵採罷上都嶺北甘肅河南諸郡酒
禁乙酉太陰犯壘壁陣丙戌熒惑犯斗壬辰敕議玉
華宮歲享睿宗登歌大樂土番利族阿俄等五種寇
成谷遣鞏昌總帥以兵討之循州溪蠻秦元吉爲寇

遣守將捕之癸巳太陰犯昴瀋陽水旱害稼弛其山
場河泊之禁戊戌太陰犯鬼己亥太白犯亢庚子常
澧州洞蠻貞公合諸洞爲寇命土官追捕之癸卯親
王脫不花搠思班遣使來賀登極甲辰雲南木邦路
土官給邦子忙兀等入貢賜幣有差遣馬扎蠻等使
占城占臘龍牙門索馴象以廩藏不充停諸王所部
歲給冬十月丁未時享太廟庚戌太陰犯熒惑于斗
將作院使也速坐董製珠衣怠工杖之籍其家壬子
作佛事于文德殿四十日申嚴兩淮鹽禁丁巳酉陽
聳儂洞蠻田謀遠爲寇命守臣招捕之戊午車駕至

自上都詔太常院臣曰朕將以四時躬祀太室宜與
群臣集議其禮此追遠報本之道毋以朕勞於對越
而有所損其悉遵典禮安南國遣其臣鄧恭儉來貢
方物庚申敕譯佛書辛酉賜勞探馬赤宿衛者遣還
所部癸亥太陰犯井乙丑幸大護國仁王寺帝師請
以雕八兒監藏爲土蕃宣慰司都元帥從之酉陽土
官冉世昌遣其子冉朝率大小石隄洞蠻入貢丙寅
定恭謝太廟儀式丁卯爲皇后作鹿頂殿于上都己
巳罷玉華宮祀睿宗登歌樂敕翰林院譯詔闢白中
書庚午命拜住督造壽安山寺癸酉流諸王阿剌鐵

木兒於雲南十一月丙子朔帝御齋宮丁丑恭謝太
廟至仁宗太室即流涕左右感動戊寅以海運不給
命江浙行省以財賦府租益之還其直歸宣徽中政
二院檢勘沙淨二州流民勤還本部以登極大賚諸
王百官中書會其數計金五千兩銀七十八萬兩鈔
百二十一萬一千貫幣五萬七千三百六十四匹帛
四萬九千三百二十二匹木綿九萬二千六百七十
二匹布二萬三千三百九十八匹衣八百五十九襲
鞍勒弓矢有差給嶺北驛牛馬造今年鈔本至元鈔
五千萬貫中統鈔二百五十萬貫汰衛士冒受歲賜

者庚辰併永平路灤邑
縣于石城遷定住等括順陽

王兀都思不花邸財物入章佩監中政院禁京城諸

寺邸舍匿商稅辛巳以親祀太廟禮成御大明殿受

朝賀甲申敕翰林國史院纂修仁宗實錄丁亥宣德

事于光天殿戊子辛隆福宮巳丑宣德蒙古驛受命

通政院賑之丁酉詔各郡建帝師八思巴殿其制視

孔子廟有加戊戌死脫零那乞等六

洞命守將討之遣使閱實各行省戊兵巳亥計京官

俸鈔給米三分癸卯焚惑犯聖璧陣甲辰鐵木迭兒

言和市織幣薄惡由董事者不謹請免右丞高昉等

元史本紀卷二十七　十三

官仍令郡縣更造徵其元直不允太常禮儀院擬進

時享太廟儀式十二月乙巳朔詔曰朕祇遹貼謀獲

承丕緒付託之惟重顧繼述之敢忘爰以延祐七

年十一月丙子被服袞冕恭謝于太廟既大禮之告

成宜普天之均慶屬茲踰歲用易紀元于以導天地

之至和于以法春秋之謹始可以明年為至治元年

減天下租賦二分包銀五分大都上都興和三路

差稅三年優復煮鹽煉鐵等戶二年開燕南山東河

泊之禁聽民采取命官家屬流落邊遠者有司資給

遺之其子女典鬻於人者聽還其家監察御史廉訪

司歲舉可任守令者二人七品以上官有佛畫長策

可以濟世安民者有司具封上之士有隱居行義明治體

不求聞達者有司具狀以聞丁未播州蠻蠻的羊籠

等鈔七萬五千貫癸丑以天壽節王德殿壬子賜壽寧公

主鈔七萬五千貫癸丑以天壽節遣使修醮于龍

虎山乙卯率百官奉玉冊王寶加上太皇太后尊號

曰儀天興聖慈仁昭懿壽元全德泰寧福慶徽文崇

祐太皇太后翰林學士忽都魯都兒書賜鈔五萬貫

秀大學衍義帝曰俯身治國無踰此譯進宋儒真德

河南饑帝問其故群臣莫能對帝曰良由朕治道未

元史本紀卷二十七　十四

洽卿等又不盡心乃職委任失人致陰陽失和災害

蔫至自今各務勤恪以應天心毋使吾民重困太陰

掩昴丙辰以太皇太后加號禮成御大明殿受朝賀

丁巳論中外戊午太陰犯井庚申太陰犯兒辛酉

作延春閣後殿壬戌召西僧輦真哈剌思赴京師教

所過郡縣蕭迎乙丑禁星于回回司天監四十晝夜

丙寅以典瑞院使闊徹伯知樞密院事修秘密佛事

于延春閣丁卯鐵木迭兒拜住言此者詔內外言得

失令上封事者或直進御前乞令臣等開視乃入奏

聞帝曰言事者直至朕前可也如細民輒訴訟者則

禁之給武宗皇后鈔七十五萬貫以大學衍義印本
頒賜群臣戊辰以太皇太后加號禮成告太廟己巳
敕罷明年二月八日迎佛中書右丞木八剌罷爲江
西行省右丞以中書叅知政事只兒哈郎爲右丞江
南浙西道廉訪使薛徹處敬爲中書叅知政事遣使闕
奉元路軍需庫革未拜住進鹵簿圖帝以唐制用萬
二千三百人耗財乃定大駕爲三千二百人法駕二
千五百人上思州猺結交趾冦忠州癸酉帝聞賀伯
顏毋老悶之以所籍京兆田磴還其家江浙行省平
章政事伯顏察兒江西行省平章政事白撒都並坐

《元史本紀卷二十七》 十五

貪墨免官是歲決獄輕重七千六百三十事河決汴
梁原武浸灌諸縣濾沱決文安大成等縣渾河溢壞
民田廬泰州成紀縣暴雨山崩朽壞墳起覆沒畜產
汴梁延津縣大風晝晦兼雨多損大同雨雹大者如雞
卵諸衛屯田隕霜害稼益津縣雨黑霜
至治元年春正月丁丑修佛事于文德殿壬午增置
漷州都漕運司同知運判各一員甲申召高麗王王
章趨上都丙戌帝服衮冕享太廟以左丞相拜住亞
獻知樞密院事闊徹伯終獻詔群臣曰一歲惟四祀
使人代之不能致如在之誠實所未安歲必親祀以

終朕身延臣或言祀事畢宜赦天下帝謂之曰恩可
常施赦不可屢下使殺人獲免則死者何辜遂命中
書陳便宜事行之丁亥帝欲以元夕張燈宮中叅議
中書省事張養浩上書諫止帝遣內臣罷之曰有臣若
此朕復何憂自今朕凡有過言獨臺臣當諫人皆得
言賜養浩帛二延諸王忽都荅兒來朝癸巳諸王幹
羅思部饑發帛賑之靳水縣平地倉糧賑之靳水縣饑
監爲延福提舉司廣福監爲廣福提舉司秩從五品
糧三月奉元路饑發淨州平地倉糧賑之靳水縣饑

《元史本紀卷二十七》 十六

以壽安山造佛寺置庫掌財帛秩從七品甲辰辰星
犯外屏水金火土四星聚奎二月汴梁歸德饑發粟
十萬石賑糶耀河南安豐饑以鈔二萬五千貫粟五
石賑之戊申祭社稷癸丑中都威衛爲忠翊侍衛親軍
都指揮使司己酉作仁宗御殿于普慶寺辛亥調
軍三千五百人修上都華嚴寺壬子夜金火土三星
聚于奎大求福寺成賜金五百兩銀二千五百兩鈔
五十萬貫幣帛萬四丁巳畋于柳林敕更造行宮監
察御史觀音保鎖咬兒的迷失成李謙亨諫造
壽安山佛寺投觀音保鎖咬兒哈的迷失杖觀音
竄于奴兒干地已未樞密院臣請授副使吳元珪榮

禄大夫以階高不允授正奉大夫賻木憐道三十一
驛貧戶辛酉太白犯熒惑癸亥太陰犯心甲子置承
徵寺秩正三品割常州宜興民四萬戶隸之丁卯以
僧法洪為釋源主授榮禄大夫司徒禁越臺省承訴
事罷先朝傳旨濫選者戊辰賜公主扎牙八剌從者
死擒賜鈔五十萬貫丙子建帝師八思巴寺帖木兒部畜牧
鈔七十五萬貫三月甲戌營王也先帖木兒於京師
丁丑御大明殿受緬國使者朝貢太陰掩昴賜公主
買的鈔五萬貫駙馬滅憐鈔二萬五千貫召諸王太
平于汴發民丁疏小直沽白河庚辰廷試進士泰普

化宋本等六十四人賜及第出身有差辛巳車駕幸
上都遣使賜西番撒思加地僧金二百五十兩銀二
千二百兩裝袲二萬幣帛旛荼各有差壬午遣呪師
杂兒只往牙瀋班卜二國取佛經袈未製御服珠袋
金書西番波若經成置大内香殿益壽安山造寺役
軍已丑大同路麒麟生甲午置雲南王府已亥窟者
裝甲申敕纂修仁宗實錄后妃功臣傳乙酉寶集寺
李羅鐵木兒坐罪流奴兒干地庚子賑寧國路饑辛
指揮使癸卯益都般陽饑以粟賑之夏四月丙午給

喃呇失王府銀印秩正三品寬徹忽塔迷失王府銅
印秩從三品庚戌享太廟江州贛州臨江霖雨袤州
建昌旱發民皆告饑發米四萬八千石賑之丁巳廣德
路旱發米九千石减直賑耀戊午太陰犯心巳未造
象駕金脊殿黎冠寧遠縣字羅臺為太常署
辰敕賜鐵木迭兒父祖碑命官者庚申太陰犯斗戊
令太常官言以其地營帝師殿賑益都軒轅廟丁丑
都回回寺以其地營帝師殿賑益都豚州饑丁丑霸
犯明堂戊寅太白犯昴積尸氣太陰犯庚辰太陰
州惶戊寅太白犯昴命有司賑之壬午遷親王圖帖穆

爾于海南禁日者毋交通諸王駙馬掌陰陽五科者
毋泄占候以興國路去歲旱免其田租丁亥修佛事
于大安閣庚寅賑諸王哈賞鉄木兒部沂州民張昱
坐妖言濟南道士李天祥坐教人兵藝杖之女直蠻
赤興等十九驛饑賑之辛卯海漕糧至直沽遣使祀
海神天妃作行殿于繪山流杯池高郵府旱癸巳實
定路飛蟲食桑乙未命世家子弟成童者入國學辛
丑太常禮儀院進太廟制圖壬寅開元路霖雨六月
癸卯朔日有食之作金浮屠于上都歲佛舍利乙卯
以鐵木迭兒領宣政院事丁巳叅知政事敬儼罷為

陝西行御史臺中丞戊午涇州雨雹己未太陰犯盧
梁滁州霖雨傷稼蠲其租辛酉太白經天趙弘祚等
言事勒歸鄉里仍禁妄言時政壬戌龍虎山張嗣成
來朝授太玄輔化體仁應道大真人乙丑遣使往銓
江浙江西湖廣四川雲南五省邊郡官選丁卯熒星
于司天臺大同路雨雹戊辰衛輝汴梁等處平章政事臨江路旱
以上都留守只兒哈郎為中書平章政事已巳
免其租通濟屯霖雨傷稼霸州大水渾河溢
二萬三千三百户秋七月壬申賜晉王也孫鐵木兒
鈔百萬貫遷陽開元等路及順州邢臺等縣大水癸

酉衛輝路胙城縣蝗乙亥賑南恩新州饑丙子淮安
路屬縣水丁丑享太廟戊寅通州潞縣榆棣水決庚
辰鹵簿成滹沱河及范陽縣巨馬河溢辛巳盩屋縣
僧圓明作亂遣樞密院判官章台替兵捕之壬午通
許臨淮肝眙等縣蝗癸未封太尉李蘭奚為和國公
乙酉大兩渾河防決庚寅清池縣蝗巳太陰犯昴
黃平府蠻廬砑為冠削萬户何之祺等官一級遣吏
部尚書教化禮部郎中文矩使安南頒登極詔諸王
闊別薨賻鈔萬五千貫丙申禁服色蹖制已亥奉仁
宗及帝御容於大聖壽萬安寺蒲陰縣大水庚子修

上都城詔河南江浙流民復業淮西蒙城等縣饑郎
陽道士劉志先以妖術謀亂復命章台捕之薊州平
谷漁陽等縣大水大都唐曹濮等州保定真定大名濟寧東平
昌平等路高唐翻興化縣水壞民廬
乙兒吉思部水八月壬寅修都城安陸府水順德大同等路雨雹丙午
泰興江都等縣蝗甲辰高郵興化縣水免其租
鹿頂殿成已酉太陰犯斗庚戌以軍士貧乏遣知樞
密院事鐵木兒不花整治仍詔諭中外有敢擾害者
罪之賑北部孤寡糧鈔賜公主速哥八剌鈔五十萬

貫元兒速憨哈納思等部貧乏户給牝馬二疋壬子
熒惑犯軒轅乙卯中書平章政事鐵木兒脫罷為上
都留守壬戌淮安路鹽城山陽縣水免其租車駕駐
蹕興和乙以寒甚留盖欲馬得芻牧民得刈穫一
民以稼穡為本朕遷留請還京師帝曰豈以牛馬為重
舉兩得何計乎寒雷州路海水溢壞
民田四千餘頃免其租泰州成紀縣山崩九月乙亥
熒惑犯靈蓋臺京師饑發粟十萬石減價糶之丙子
蹕昂兀嶺壬午熒惑犯太微西垣上將賜諸王撒兒
蠻鈔五萬貫壬辰中書平章政事塔失海牙坐受賕

杖免丁酉熒惑犯太微右執法車駕還大都庚子安陸府漢水溢壞民田廬於大內妖僧圓明等伏犯太微垣左執法庚戌誅甲午太白經天戌申熒惑兩整同穂癸丑敕翰林集賢官年七十者母致仕以親享太廟壬子拜住獻嘉禾正王品己未肇慶路水賑之丙寅河南行省然知政視各郡兵馬戊午置趙王馬扎罕部錢糧總管府秩者官收養之禁中書掾毋泄機事命樞密遣官整內郡水罷不急工役敕蒙古子女鬻為回回漢人奴事你咱馬丁坐殘忍免官丁卯增置侍儀司通事舍

人六員侍儀舍人四員巳遣燕鐵木兒巡邊十一月辛未熒惑犯進賢巳亥辛大護國仁王寺丙子太陰犯虛梁戊寅御大明殿群臣上尊號曰繼天體道敬文仁武大昭孝皇帝是夜辰星犯房巳卯以受尊號三千人辛巳命御史大夫鐵失領左右阿速衞丙戌號詔天下拜住請釋囚不允庚辰益壽安山寺役卒太陰犯井丁亥又犯軒轅庚寅拜住等言受尊號宜謝太陰犯酒旗又犯軒轅庚寅拜住等言受尊號宜謝太廟行一獻禮世祖嘗議行武宗則躬行謝禮詔曰朕當親謝命太史卜日樞密選兵律鹵簿辛卯太

陰犯明堂癸巳以營田提舉司徵酒稅擾民命有司無權之甲午以遼陽行省管內山塲隸中政院丙申敕立故丞相安童碑于保定新城戊戌華昌成州饑發義倉賑之巳亥立太白犯西咸十二月庚子給蒙古子女冬衣辛丑立亦啓烈氏為皇后遣攝太尉中書右丞相鐵木迭兒持節授王冊王寶癸卯以立后詔天下慶遠路饑疫並賑之甲辰癸惑犯亢申躬謝太廟庚戌太陰犯昴巳未封唆南藏卜為白蘭泉河車駕西僧灌頂寺王錫金印真定保定大名順德等路水民饑禁釀酒

以金虎符頒各行省平章政事辛酉癸惑入民甲子置田粮提舉司掌薊景二州田賦以給衞士貧乏者秩從五品命帝師公哥羅古羅思監藏班藏卜詣西番受具足戒賜金千三百五十兩銀四千五十兩幣帛萬匹鈔五十萬貫以諸王怯伯使者數入朝敕兵守北口及盧溝橋河間路饑賑之復以馬家奴為司徒乙丑置中瑞司冶銅五十萬斤作壽安山寺佛像寧海州蝗歸德遼陽通州等寺慶水

翰林學士亞中大夫知制誥兼修國史臣歐陽玄　翰林待制奉議大夫兼國史院編修官臣揭傒斯等奉

勑撰

英宗二

二年春正月己巳朔安南占城各遣使來貢方物壬
申保定雄州饑賑之庚午廣太廟甲戌禁漢人執兵
器出獵及習武藝丁丑太陰犯昴親祀太廟始陳鹵
薄賜導駕耆老幣帛戊寅敕有司存卹孔氏子孫貸
乏者己卯山東保定河南汴梁歸德襄陽汝寧等處
饑發米三十九萬五千石賑之庚辰太白犯建星公

王阿剌忒納八剌下嫁賜鈔五十萬貫辛巳太白犯
建星敕臺憲用人勿拘資格儀封縣河溢傷稼賑之
癸未流徹政院使羅源于就羅建行殿于柳林封塔
察兒為蘭國公辛卯太陰犯心癸巳以西僧羅藏為
司徒漳州饑雜米十萬石賑之甲午熒惑犯房丁酉
太白犯牛二月己卯熒惑犯建閏星庚子置左右
欽察衛親軍都指揮使司命拜住之罷上都歇山
殿及帝師役辛丑賜鐵失父祖碑癸卯以江南行
臺御史大夫欽察為中書平章政事薛瓚敬罷為河南行省
王居仁為中書參知政事

（元史本紀二十八　一　壬子八）

丞兩午熒惑犯罰星戊申犁社稷順德路九縣水旱
賑之太陰犯井庚戌熒惑犯東咸辛亥太陰犯酒旗
及軒轅壬子太白犯壘壁陣賜鈔諸王蔡忒不花鈔七
萬五千貫以徹兀台秃忽魯死事賜鈔三萬五千貫
犯明堂甲寅以太廟役軍造流盃池行殿廣海郡邑
官曠貸救恩往任者陞秩二等乙卯以遼陽行省平
章政事買驢為中書平章政事西僧亦思剌疆展為
疾諸路為釋大辟囚一人笞罪二十八戊午賑青普
路饑已未太陰犯天江括馬賜宗仁衛壬戌太白犯

壘壁陣諸王怯伯遣使進海東青鶻癸亥遼陽等路
飢免其租仍賑糧一月甲子恩州水民饑疫賑之三
月己巳中書省臣言國學縣弛請令中書平章政事
廉恂參議中書事張養浩都事李术魯翀董之外郡
學校仍命御史臺翰林院國子監同議興舉從之敕
四宿衛興聖宮及諸王部勿用南人幹羅思吉許父
毋斬之辛未禁捕天鵝違者籍其家壬申復張珪司
徒臨安路河西諸縣饑賑之癸酉河南兩淮諸郡饑
禁釀酒丙子延安路饑賑糧一月罷京師諸營繕役
辛四萬餘人河間河南陝西四十二郡春旱秋霖民饑

（元史本紀二十八　二　壬子文）

免其租之半戊寅脩都城庚辰敕江浙僧寺田除宋
故有永業及世祖所賜者餘悉稅之癸未賑遼陽女
直漢軍等戶饑乙酉賑濮州水災丙戌以親祀禮成
賜興奈者幣普減內外官更一資萬戶於哈刺那海以
私粟賑軍賜銀幣仍酬其直給行通政院印賜潛邸
孫銀印命有司建木華黎祠於東平仍樹碑以國用
明妖言伏誅己丑有量貫日如連環賜諸王幹羅溫
四宿衛士鈔有差復置市舶提舉司於泉州慶元廣
置鴉儔諸王賞賚及皇后荅里麻失等歲賜庚寅曹

州渭州饑賑之命將作院更製晃旒辛卯遣御史錄
囚置甘州八刺哈孫驛監察御史何守謙坐贓杖免
壬辰賑上都十一驛給仁衛蒙古子女衣糧賜諸
王脫烈鐵木兒鈔五萬貫甲午遼陽哈里賓民饑賑
之丁酉韋柳林駙馬許訥之子連怯訴曰臣父謀叛
臣母私從人帝曰人子事親有隱無犯令有過不諫
乃復告許命誅之賑夏四月戊戌翔車駕
章上都己亥嶺北蒙古軍饑給粮還遣所部庚子賑
彰德路饑壬寅真州火徽州饑並賑之辛亥涇州兩
電免被災者租壬子公主失憐荅里薨賜鈔五萬貫

甲寅南陽府西穰等屯風雹洪澤芍陂屯田去年旱
蝗並免其租丙辰恩州饑禁釀酒乙丑中書省臣請
節賞賚以紓民力帝曰朕思所出倍於所入納之
際卿輩宜慎之朕當摶節其用丙寅賜邊卒鈔帛賑
東昌霸州饑民松江府上海縣水旱五月己巳以
公主速哥八刺兒駙馬脫脫薨賜鈔五萬貫丙子
租修溥沱河堤彰德府饑禁釀酒
縣民謀逆其首王驢兒伏誅餘杖流之雖許二州去
癸亥退犯東咸庚辰賑固安州饑置營於永平收養

蒙古子女遣使諭四方匿者罪之癸未以御史大夫
脫脫為江南行臺御史大夫置宗仁蒙古侍衛親軍
都指揮使司甲申車駕幸五臺山賑夏津求清二縣
饑以只兒哈郎為御史大夫乙酉以拜住領宗仁蒙
古侍衛親軍都指揮使司事佩三珠虎符京師饑發
粟二十萬石賑羅雲南行省平章荅失鐵木兒朵兒
只坐贓杖免戊子禁民集眾祈神庚寅河南陝西河
間保定彰德等路饑發粟賑之仍免常賦之半調各
衛漢軍二千充宗仁衛屯田卒縈星于五臺山甲午
賑鞏昌階州饑丙申以吳全節為玄教大宗師特進

其租壬戌安豐屬縣霖雨傷稼免其租與元襄城縣
饑賑之甲子真定山東諸路饑弛其河泊之禁丙寅
辰州沅陵縣洞蠻為寇遣兵捕之敕已除不赴任者
奪其官封公主速哥八剌乳母為順國夫人六月丁
卯朔車駕至五臺山禁扈從宿衛毋踐民禾置中慶
大理二路推官各一員戊辰揚州屬縣旱免其租已
巳廣元路綿谷昭化二縣饑官市米賑之壬申燊感
犯心癸酉禁日者安談天象甲戌新平上蔡二縣
水免其租丙子修渾河堤壬午辰州江水溢壞民廬
舍丁亥奉元屬縣水淮安屬縣旱並免其租庚寅思

其租壬戌安豐屬縣霖雨傷稼免其租與元襄城縣

上鄉闊月戊戌封諸葛忠武侯為威烈忠武顯靈仁
濟王辛丑萬戶李英以良民為奴擅文其面坐罪癸
卯禁白蓮佛事睢陽縣亳社屯大水饑賑之諸王阿
馬承童坐擅徙列捏王衛士並杖流海南甲辰御
史臺臣請黜監察御史不稱職者以示懲勸從之丙
午嶺北戍邊有功賜以金鈔壬子作紫檀殿乙卯以
萬延北戍辛貧乏賜鈔三千二百五十萬貫帛五十
兒子同知樞密院事班丹知樞密院事已酉也不干
八禿兒戍邊有功賜以金鈔壬子作紫檀殿乙卯以
淮安路去歲大水遼陽路隕霜殺禾南康路旱並免

元史本紀卷三十八　五

四八九

戊寅詔盡蘿麥圍於廊頂殿壁以時觀之可知民事
也已卯廬州路六安舒城縣水賑之庚辰增壽安山
寺役辛七十人庚寅鐵木迭兒卒命給直市其葬地
甲午瑞州高安縣饑命有司賑之九月戊戌大宰路
水達達等驛水傷稼賑之給蒙古子女貧乏者鈔七
百五十萬貫戊申禁江南典雇妻妾辛亥壽安山
百五十萬貫庚戌申禁江南典雇妻妾辛亥壽安山
寺賜監役官鈔人五千貫甲寅賑淮東泰興等縣饑
丙辰太皇太后崩戊午賜蒙古子女鈔百五十萬貫

戊次奉聖州築宗仁衛營給廬州流民復業者行粮

州風電建德路水皆賑之秋七月戊戌淮安路水民
饑免其租已亥燊感犯天江丁未賜拜住平江田萬
畝壬子遣親王闊闊禿揔兵北邊賜金二百五十兩
銀二千五百兩鈔五十萬貫戊午太陰犯井宿越星
車駕次應州曲赦金城縣四徒庚申陞靖州為路辛
酉次澤源州中書左丞張思明坐罪枋免籍其家甲
子錄京師諸役軍匠病者千人各賜鈔遣還南康路
大水廬州六安縣大雨水暴至平地深數尺民饑命
有司賑粮一月八月戊辰榮社稷已巳道州寧遠縣
民符翼輊作亂有司討擒之壬申蘄州民獻嘉禾甲

元史本紀卷三十八　六

四九〇

巳未太陰犯明堂庚申敕停今年冬祀南郊癸亥地
震甲子臨安河西縣春夏不雨種不入土居民流散
命有司賑給令復業作層樓於涿州廉頂殿西丙寅
西僧吉疾賜鈔五萬貫冬十月丁卯太史院請禁
明年興作土功從之戊辰享太廟以國哀迎香去樂
遣使來貢方物江南行臺大夫脫脫坐請告未得旨
輒去職杖謫雲南庚辰至辛巳太陰犯井甲申建太
祖神御殿于興教寺己丑熒惑犯墨壁陣以拜住為
中書右丞相南恩州賊潭庚生等降十一月甲午朔

《元案紀卷三十八》七

日有食之己亥以立右丞相詔天下流民復業者免
差稅三年站戶貧乏驚賣妻子者官贖還之足差役
造作先科商賈末技冨實之家以優農力免陝西明
年差稅十之三各亂佃田明年租十之二江淮荊
科包銀全免之御史李端言近者京師地震日月薄
蝕皆臣下失職所致帝自責曰是朕思慮不及致然
因敕群臣亦當修飭以謹天戒罷世祖以後冗置官
括江南僧有妻者為民安南國遣使來貢方物田賜
金四百五十兩金幣九帛如之癸卯地震甲辰太白
犯墨壁陣罷徽政院乙巳熒惑犯墨壁陣丙午造龍

船三艘戊申太陰掩井岷州旱疫賑之賜戊北邊萬
戶千戶等官金帶御史李端言朝廷設起居注所
錄皆臣下聞奏事目上之言動宜悉書之以付史館
世相以來所定制度宜行者為令使吏不得為奸治獄
者有所遵守並從之乙卯遣西僧高主迎帝師宣
德府宣德縣地屢震賑災者粮已未迎帝師宣安
咸定宣德禾孫入流官選給印與俸置八番軍民安
撫司改長官所歲星真人蔡遹泰殺人伏誅刑部尚書
辛酉熒惑犯壁江
不荅失里坐受其金范德郁坐詭隨並杖免平江路

《元案紀卷三十八》八

水損官民田四萬九千六百三十頃免其租十二月
甲子湖南康建昌州大水山崩死者四十七人民饑
命賑之己丑太白歲星熒惑三星聚于室太白犯墨
壁陣丁卯中書平章政事買驢罷為大司農廍悶罷
為集賢大學士以集賢大學士張珪為中書平章政
事戊辰以掌道教張嗣成吳全節藍道元各三授制
命銀印敕奪其二壬申免回回人戶屯戍河西者銀
稅甲戌兩江來安路摠管本世興作亂遺兵討之
木迭兒子宣政院使八思吉思坐受劉夔冒獻田地
伏誅仍籍其家乙亥太陰掩井丙寅增鎮南王脫不

花戌兵戌寅太白犯歲星庚辰葛蠻安撫司
仁貴作亂湖廣行省督兵捕之以知
爲宣政院使叅知政事速速爲知樞密院事欽察台
親軍都指揮使馬剌爲叅知政事癸未紹興路柔遠
州洞蠻把者爲寇遣兵捕之以御史大夫只兒哈郎
知樞密院事封闊闊禿爲武寧王授金印以地震日
食命中書省樞密院御史臺翰林集賢院集議國家
利害之事以聞敕兩都營繕仍舊餘如所議弛河南
陝西寺觀酒禁禁近侍奏取沒入錢物乙酉杭州火
賑之丙戌定謚太皇太后曰昭獻元聖遣太常禮儀

院使柔台以譙議告于太廟隆寧昌府爲下路增置
一縣倂雲南西沙縣入寧州賜淮安忠武王伯顏祠
祭田二十頃己丑熒惑犯外屏太陰犯建星辛卯給
蒙古流民糧鈔遣還本部張珪足疾免朝賀西僧灌
頂疾請釋囚帝曰釋囚祈福豈爲師惜朕思惡人憂
赦反害善良何福之有宣徽院臣言世祖時晃吉剌
歲輸尚食羊二千今成宗時增爲三千今請增五千帝
不許曰天下之民皆朕所有如有不足朕當濟之若
加重賦百姓必致困窮國亦何益命遵世祖舊制徽及
州廬州濟南真定河間大名歸德汝寧輩昌諸處及

河南爲陂屯田水大同衛輝江陵屬縣及豐贍署大
惠屯風河南及雲南烏蒙等處屯田旱汴梁順德河
間保定慶元濟寧濮州益都諸屬縣及諸衛屯田蝗
三年春正月癸巳朔遣國及八番洞蠻酋長各遣使
來貢曹州禹城縣去秋霖雨害稼縣人邢已亥思明
粟以賑饑民命有司旌其門乙未享太廟己亥祖仁
宗御容殿祭祀馬渾和林阿蘭禿等驛戶貧乏給鈔
坐贓杖免壬寅命太僕寺增給牝馬百匹供世祖仁
州盜起湖廣行省督兵捕之庚子刑部尚書烏馬兒
賑之以行中書省平章政事復蕪總軍政軍官有罪

者以聞輕者就決罷上都雲州興和宣德蔚州奉
聖州及雞鳴山房山黃蘆三又諸金銀冶聽民採鍊
以十分之三輸官授前樞密院副使吳元珪王約集
賢大學士翰林侍講學士韓從益昭文館大學士並
商議中書省事拜住言前集賢侍講學士趙居信直
學士吳澄皆有德老儒請徵用之帝喜曰御言適副
朕心更當搜訪山林隱逸之士遂以居信爲翰林學
士承旨澄爲學士增置上都留守司判官二員以漢
人爲之專掌刑名置仁宗中宮位提舉司判官二秩正五
品隸承徽寺太陰犯鈇星又犯井癸卯太陰犯井甲

辰鎮西武寧王部飢賑之遣諸
賜鈔萬五千貫辛亥申命鐵失振舉臺綱壬子建諸
王驛於京師遣囬囬砲手萬戶赴汝寧新蔡導世祖
舊制教習砲法靜江邕柳諸郡獠為寇命湖廣行省
督兵捕之甲寅以宗仁衛羨子女額足萬戶命罷
収之乙卯征東吉地兀者戶以貂鼠水獺海狗皮
行省遣兵捕之丁巳定封贈官等秩辛酉禁故殺子
孫誣訐平民者增置兵部尚書一負四川行省平章政
事趙世延為其弟訟不法事繫獄待對其弟逃去詔

出之仍著為令逃者百日不出則釋待對者命樞密
副使完顏納冊侍御史曹伯啟也可札魯忽赤不顏
集賢學士欽察翰林直學士曹元用聽讀仁宗時纂
集累朝格例敕常調官外不次銓用者但陞以職勿
陞其階二月癸亥朔作上都華嚴寺八思巴帝師寺
及拜住第亦軍官襲職嫡長子孫
幼者令諸兄弟娗之所受制敕書權襲以息爭訟
是夜熒惑太白填星三星聚于胃丙寅翰林國史院
進仁宗實錄教化等住西畜撫初附之民徵畜牧
治郵傳戊辰癸卯社稷天壽節賓丹爪哇等國遣使來

貢已巳修廣惠河師十有九所治野狐道癸酉
敗于柳林顧謂拜住曰近者地道失寧風雨不時豈
朕慕承大寶行事有闕歟抑帝曰地震自古有之陛下
自責固宜良由臣等失職不能燮理帝與百官在位三
載於兆姓萬物豈無所乏朕即行之事卿等宜與百官議加
便民利物者朕即行之置鎮遠王也不干王傅官屬
罷播州黃平府長官一徙其民隸黃平是夜太白
犯昴畢巳造五輅司徒劉夔同僉宣政院事襄加台
坐妄獻地土冒取官錢伏誅格例成定凡二千五百
三十九條內斷例七百一十七條格千一百五十一

詔赦九十四令類五百七十七名曰大元通制頒行
天下是夜太陰犯東咸癸未賑止遣軍鈔二十五萬
錠糧二萬石命宣徽院選蒙古子男四百入宿衛罷
徽政院總管府隸有司恢慄口及人匠
總管府隸陝西行中書省開成路為州丙戌雨土
京師飢發粟二萬石賑造五輅旗師不花為趙國公
辛卯以太子賓客伯都廝貧賜鈔十萬貫諸王月思
經二部命拜住等總之戊午封鷹師
別遣使來朝罷稱海宣慰司及萬戶府改立屯田總
管府諸王怗伯遣使貢蒲葡酒海漕糧至直沽遣使

祀海神天妃三月壬辰朔車駕幸上都賜諸王喃荅
失言鈔二百五十萬貫復給諸王脫歡歲賜丁酉平
江路嘉定州饑發粟六萬石賑之戊戌安豐芍陂屯
田女直戶饑賑糧一月庚子崇明諸州饑賑粮兩月丁
未西番參卜郎諸族版敕鎮西武靖王撥思班等發
兵討之戊申袝太皇太后于順宗廟室遣攝太尉中
書右丞相拜住奉玉冊玉寶上尊謚曰昭獻元聖皇
后辛亥以圓明王道明之亂禁僧道慶牒符錄丙辰
敕醫卜匠官居喪不得去職七十不聽致仕子孫無

蔭叙能紹其業者量材錄用監察御史拜住教化坐
賑之夏四月壬戌朔敕天下諸司命僧誦經十萬部
舉八思吉思失當並黜免諸王火魯灰部軍驛戶饑
兩寅察罕腦兒蒙古軍驛戶饑賑之丁卯旌內黃縣
節婦王氏已巳浚金水河甲戌命張珪及右司貟外
郎王士熙勉勵國子監學敕都功德使闊兒魯至京
師釋囚大辟三十一人杖五十七以上者六十九人
放籠禽十萬令有司償其直己卯詔行助役法遣使
考視稅籍高下出田若干畝使應役之人更掌之權
其歲入以助役費官不得與比邊軍饑賑之蒙古大

千戶部比歲風雪斃畜牧賑鈔二百萬貫敕京師萬
安壽聖安普慶四寺楊子江金山寺五臺萬聖祐
國寺作水陸佛事七晝夜丁亥故羅羅斯宣慰使述
古妻漂末權領司事遣其子婁住邦来獻方物戊子
南豐州民及肇昌蒙古軍饑賑之五月辛卯設大理
路白鹽城權稅官秩正七品中慶路權稅官秩從七
品置安慶瀂山縣雲南寧遠州戊戌太白經天庚子
大風雨電拔栁林行宮內外大木二千七百辛丑以
鐵失獨署御史大夫事壬寅雲南行省平章政事忽
辛坐賦袱免詔中外開言路置慶元路嶧山縣增尉

一貟徙安寨縣於龍安驛癸卯太陰犯房乙巳嶺北
米貴禁釀酒戊申監察御史蓋繼元宋翼言鐵木迭
兒奸險貪污請毀所立碑從之仍追奪官爵及封贈
制書帝御大安閣見太祖世祖遺衣皆以繼素木綿
為之重加補綴嘆良久謂侍臣曰祖宗創業艱難
服用節儉乃如此朕焉敢頃刻忘之太白犯畢癸丑
荆湖宣慰使脫列受略事覽名至京師御史臺臣請
遣就鞫不允乙卯賜勳舊子撒兒蠻按灰鐵木兒也
先鐵木兒鈔人萬五千貫以鈔千萬貫市羊馬給嶺
北戌卒人驛馬二牝馬二羊十五禁驛戶無賈賣官

楊叔章

圭

地丙辰東安州水壞民田
千五百六十頃戊午真定
路武邑縣雨水害稼奉元
庫火帝令衛士撲滅之因
語群臣曰世皇帝始建宮室
于今安馬朕嗣登大寶而值此
爇此朕不能圖治之名爵
故也欽察人之物命賜鈔三千
貫大名路魏縣霖雨大同
路廊門屯麥諸衛屯田及
歸信縣蝗六月冠圍寧都
其門丁卯西番卜郎諸州民孫正臣出粮餉軍旌
豈賞人之物命賜鈔三千遣徹政使醖驪往
督師戊辰毀鐵木迭兒父
祖碑追收元受制書告諭

中外贈乳母忽禿台定襄
襄王諡忠愍壬申將作院
利杖流東喬籍其家留守司以
歲不宜大興土功其略雨請修都城有旨令
赤吉台太赤為襄安王諸王別思鐵木兒統兵比部
別領歲賜太常請慕修累
畢乙酉易安滄莫霸祁諸朝儀禮從之癸未填星犯
千餘頃諸王怯伯不雇遠至是遣使來降帝曰朕非
欲彼土地人民但吾民不雖遠惠軍士免於勞役斷
幸英今既來降當厚其賜以安之秋七月辛卯朔宣

朱章

十六

政使欽察台自傳旨署事
禁止從之壬辰占城國王遣其弟保佑八刺遣奉表
來貢方物真定路驛戶飢賑糧二千四百石癸卯太
廟成班丹坐贓杖免賜刺禿屯田貧民鈔四十六萬
八千貫市牛具甲辰諸王忽禿帖木兒還自雲南入宿衛
宮駕車六百五十匹丙辰永寧王卜鐵木兒為不法
命宗正府及近侍雜治其傳籍鐵木迭兒家資諸王
賜鈔二萬五千貫乙巳招諭左右兩江黃勝許岑世
興己酉封諸王忽都鐵木兒為威遠王授金印減海
道歲運糧二十萬石併免江淮增科糧甲寅買馬行

徹徹禿入朝請印帝以其政績未著不允賜鈔二十
五萬貫御史臺請降旨開言路帝曰言路何嘗不開
但卿等選人未嘗爾郴州雨水害屯田稼真定州諸
路屬縣蝗冀寧與和大同三路屬縣隕霜東路蒙古
萬戶府饑賑糧兩月八月癸亥車駕南還駐蹕南坡
是夕御史大夫鐵失知樞密院事也先帖木兒大司
農失禿兒前平章政事赤斤鐵木兒前雲南行省平
章政事完者鐵木迭兒子前治書侍御史鎖南鐵失
弟宜徹使鎖南典瑞院副使阿散脫火赤樞密院
僉書樞密院事章台衛士禿滿及諸王按梯不花孛

羅月魯不花曲呂不花兀魯思謀逆以鐵失
所領阿速衛兵為外應鐵失赤斤鐵木兒殺丞相拜
住遂弒帝於行幄年二十一從葬諸帝陵泰定元年
二月上尊諡曰睿聖文孝皇帝廟號英宗四月上
國語廟號曰格堅英宗性剛明嘗以地震減膳徹樂
避正殿有近臣稱觴以賀問何為賀朕方修德不暇
汝為大臣不能匡輔反為謟耶斥出之拜住進曰地
震乃臣等失職宜求高位食厚祿當勉力圖報苟或
貧乏朕不惜賜汝若為不法則必刑無赦八思吉思

下獄謂左右曰法者祖宗所制非朕所得私八思吉思
雖事朕日久今其有罪當論如法嘗御鹿頂殿謂拜
住曰朕以幼沖嗣承大業錦衣玉食何求不得惟我
祖宗櫛風沐雨戡定萬方曾有此樂邪卿元勳之裔
當體朕至懷毋忝兩祖拜住頓首對曰創業惟艱守
成不易陛下廑思及此億兆之福也又謂大臣曰中
書選人署事未旬日即改除之臺除者中書
亦然今山林之下遺逸良多卿等不能盡心求訪惟
以親戚故舊更相引用耶其明斷如此然以果於刑
戮奸黨畏誅遂搆大釁云

本紀卷第二十八

翰林學士承旨知制誥兼修國史臣宋濂　翰林待制　制誥同知　制誥兼修國史院編修官臣王景章

泰定帝一

泰定皇帝諱也孫鐵木兒顯宗甘麻剌之長子裕宗之嫡孫也初世祖以第四子那木罕爲北安王鎮北遷北安王薨顯宗以長孫封晉王代之統領太祖四大斡耳朶及軍馬達達國土至元十三年十月二十九日帝生于晉邸大德六年晉王甘麻剌薨帝襲封是爲嗣晉王仍鎮北邊成宗武宗仁宗之立咸與翊戴之謀

〈元史本紀卷二十九　　一〉

有盟書焉王府內史倒剌沙得幸於帝常偵伺朝廷事機以其子哈散事丞相拜住且入宿衛久之哈散歸言御史大夫鐵失與拜住意相忤欲傾害之至治三年三月宣徽使探忒來王邸爲倒剌沙言主上將不容於晉王汝盡思之於是倒剌沙與探忒遣斡羅思結言八月二日晉王獵於禿剌之地鐵失密遣斡羅思來告曰我與哈散也先鐵木兒失烈門以其事告倒剌沙且言推立王爲皇帝又命斡羅思以逆謀告未至癸亥

汝與馬速忽知之勿令旭邁傑得聞也於是王命囚斡羅思遣別烈迷失等赴上都以逆謀告未至癸亥

〈元史本紀卷二十九　　二〉

英宗南還駐蹕南坡是夕鐵失等矯殺拜住英宗遂遇弒于幄殿諸王按梯不花及也先鐵木兒奉皇帝璽綬北迎帝于鎮所癸巳即皇帝位於龍居河

天下詔曰薛禪皇帝可憐見嫡孫裕宗皇帝長子我仁慈甘麻剌爺爺根底封授晉王統領成吉思皇帝四個大斡耳朶及軍馬達達國土都付來依著薛禪皇帝聖旨小心謹慎但九軍馬人民的不揀甚麼勾當裏委付了來已委付了的大營盤看守著扶立了兩個哥哥

在後完澤篤皇帝教我繼承位次大斡耳朶裏委付了的大營盤看守著扶立了兩個哥哥

當裏遵守正道行來的上頭數年之間百姓得安業

曲律皇帝普顏篤皇帝姪碩德八剌皇帝我累朝皇帝根底不謀異心不圖位次依本分與國家出氣力行來諸王哥哥兄弟每眾百姓每也都理會的也者

今我的姪皇帝生天了也麼道迤南諸王大臣軍上頭

不宜久虛惟我是薛禪皇帝嫡派裕宗皇帝長孫大位次的諸王駙馬臣僚達達百姓眾人商量著大位次裏教我繼承位次有其餘爭立的哥哥兄弟也無有這般駕其間比及整治以來人心難測宜安撫百姓使天下人心得寧早就這裏即位提說上頭從著眾人的心九月初四日於成吉思皇帝的大斡

耳朵裏大位次裏坐了也交衆百姓每心安的上頭

敕書行有是日以知樞密院事淇陽王也先鐵木兒

爲中書右丞相諸王月魯鐵木兒襲封安西王甲午

以內史倒剌沙爲中書平章政事乃馬台爲中書右

丞鐵失知樞密院事馬思忽同知樞密院事李羅爲

宣徽院使旭邁傑爲宣政院使乙未大理護子羅蠻爲

爲冠以樞密副使阿散知樞密院事禿滿同僉樞密院

事戊戌以撒的迷失知樞密院事童台同知樞密院

書巳亥敕諭百司九銓授官遵世祖舊制惟樞密院

元史本紀卷二十九　三

御史臺宣政院宣徽院得自奏聞餘悉

以馬其沙知樞密院事失禿兒爲大司

召諸王官

中書辛丑

屬流徙遠地及還元籍者二十四人還京師是歲大

寧蒙古大千戸部風雪斃畜牧米十五萬石南康

漳州二路水准安揚州屬縣飢賑之冬十月癸亥修

佛事於大明殿甲子遣使至大都以即位告天地宗

廟社稷誅逆賊也先鐵木兒完者鎖南禿滿等於行

在所以旭邁傑爲中書右丞相陝西行中書左丞

秃魯通政院使紐澤並爲御史大夫速速爲御史中

丞遣旭邁傑紐澤誅逆賊鐵失失禿兒赤斤鐵木兒

王子义

脱火赤章台等於大都並戮其子孫籍入家產巳巳

太白犯亢戊辰召亦都護高昌王鐵木兒補化壬申

以內史按苔出爲太師知樞密院事丙子太白犯氐

詔百司遵守世祖成憲癸未以旭邁傑兼阿速衞達

魯花赤丙戌以中書平章政事八番順元及靜江大理威楚諸路徵兵

爲冠敕湖廣雲南二省招諭之揚州江都縣火雲南

王西平王二部衞士飢皆賑之十一月巳丑朔熒惑

犯亢車駕次于中都修佛事於昆剛殿庚寅太白犯

鈐鈴丙申次于祖嫦乙未太白犯東咸辛丑車駕至

元史本紀卷廿九　四

大都壬寅熒惑犯氐諸王怯別遣使來朝丁未御大

明殿受諸王百官朝賀庚戌詔百司朝夕視事毋怠

辛亥御史中丞董守庸坐黨鐵失免官壬子敕營繕

不急者罷之癸丑遣使詣曲阜以太牢祀孔子敕會

福院奉北安王那木罕像于高良河寺祭道甲五福

神甲寅諸王速坐貪淫免官丁巳廣州路新會縣

辰御史中丞速速坐貪淫免官丁巳廣州路新會縣

民汜長弟作亂廣東副元帥烏馬兒率兵捕之雲南

開南州大阿哀阿三木台龍買六千餘人冦哀卜白

鹽井詔九有罪自首者原其罪表州路宜春縣鎮江

王子义

路丹徒縣飢賑糶米四萬九千石沅州黔陽縣飢苟
陂屯田旱盡賑之十二月己未御史臺經歷朶兒只
班御史撒兒塔罕兀都蠻郭也先忽都並坐黨鐵木
免官御史言襄者鐵木迭兒專政誣殺楊朶兒只蕭
拜住賀伯顏觀音保鎖咬兒哈的迷失天下咸知其冤
成賜潛邸宿衛士鈔六十錠浚鎮江路漕河及練湖
以其父故金印庚申以窟剛荅里為中政院使壬
之詔存者召還錄用死者贈官有差授諸王薛徹干
戍賜萬三千五百人給諸王八剌失里印戊辰請皇
役丁萬三千五百人

〈元史本紀卷二十九〉　五

考皇妣謚于南郊皇考晉王曰光聖仁孝皇帝廟號
顯宗皇妣晉王妃曰宣懿淑聖皇后已已辰星犯壁
壘陣庚午以即位大賚后妃諸王百官金七百餘錠
銀三萬三千錠錢及幣帛稱是遣使祀海神天妃益
入太廟編仁宗及莊懿慈聖皇后金主辛未熒惑犯
房壬申作仁宗主仍督有司捕盜縶星于司天監癸
酉德慶路瀧水縣獠劉寅等降甲戌命道士吳全節
修醮事乙亥征東夷民奉獸皮來附太常院臣言世
祖以來太廟歲惟一享先帝始復古制一歲四祭請
裁擇之帝曰祭祀感事也朕何敢簡其禮命仍四祭

監察御史脫脫等言鐵木迭兒在先朝包藏
禍心離間親藩誅戮大臣使先帝孤立卒罹大禍其
子鎖南親與逆謀久道天憲乞正其罪以快元元之
心月魯禿禿哈速敦皆鐵木迭失之黨不宜寬宥遂並伏
誅丙子命嶺北守邊諸王徹徹禿月修佛事諸王薛徹干
右江來安路總管岑世興道其弟世元曲呂不花于
月魯鐵木兒於雲南按梯不花于海南曲呂不花于
兵己卯命僧作佛事於大內以厭雷增癸未廣西
駙馬哈伯等歲賜金銀幣帛有差辛巳熒惑犯咸
壬午諸王月思別遣怯烈來朝賜以金幣癸未廣西

〈元史本紀卷二十九〉　六

奴兒干字羅及兀魯思不花于海島並坐與鐵失等
逆謀乙酉雲南車里于孟為冦詔招諭之諭百司惜
名器各遵世祖定制丙戌旭邁傑言近也先鐵木兒
之變諸王買奴逃赴潛邸願效死力且言不除元竟
則陛下美名不著天下後世何從而知上契聖衷嘗
蒙獎諭今臣等議宗戚之中能自拔逆黨盡忠朝廷
者惟有買奴請加封賞以示激勸遂以泰寧縣五千
戶封買奴為泰寧王知樞密院事大司徒闊徹伯授
開府儀同三司以前太師忽都鐵木兒丁亥
議賞討逆功賜旭邁傑金十錠銀三十錠鈔七千錠

倒刺沙為中書左丞相知樞密院事馬其沙御史大
夫紐澤宣政院使鎖咬並加授光祿大夫仍賜金銀
鈔有差塑馬哈咬剌佛像於延春閣之徽清亭下
改元詔曰朕荷天鴻禧嗣大歷服側躬圖治夙夜祗
畏惟祖訓是遵乃開歲甲子景運伊始思與天下更
新稽諸典禮踰年改元可以明年為泰定元年免大
都興和差稅三年八番思播兩廣洞寨差稅一年江
淮荊科包銀三年四川雲南甘肅秋粮三分河陝
西遼陽絲鈔三分除虛增田稅免幹脫通錢賑恤雲
南廣海八番等廢戍軍求直言賜高年帛禁燬山場
湖泊之利定吏貟出身者秩止四品以追尊皇考皇
妣詔天下雲南花腳蠻為冠詔招諭之平江嘉定州
飢遼陽咨陽失蠻闊闊部風雹雨賑之澧州歸州飢
耀耀來二萬石是歲夏諸衛屯田及大都河間保定
濟南濟寧五路屬縣霖雨傷稼秋忻州定襄縣及忠
翊侍衛屯田所營田象食屯田所隕霜殺禾土番岷
州春疫夏旱西番冠筆昌府
泰定元年春正月乙未以馬台為平章政事善僧
為右丞敕諸王哈剌還本部召江西行省平章政事
也兒吉你赴闕巳亥以誅逆臣也先鐵木兒等詔天

下辛丑諸王大臣請立皇太子賜諸王徹徹禿金一
錠銀六十錠幣帛各百匹塔思不花金一錠銀四十
錠幣帛二百四阿忽鐵木兒等金銀各有差壬寅以
故丞相拜住子咬兒麻失里為宗仁衛親軍都指揮
使徹里哈咬為左衛阿速親軍都指揮使命僧諷西
番經於光天殿甲辰敕譯列聖制詔及大元通制刊
正等及楊黃五種人以其戶二萬七千來附請歲輸
部尚書使西域諸王不賽因部戍申八番生蠻帝光
假嶺北行中書省參知政事近侍忽都帖木兒假禮
本賜百官丁未以種海屯田萬戶府達魯花赤帖陳
布二千五百定置長官司以撫之巳酉命諸王遠徙
者悉還其部召親王圖帖睦爾于瓊州阿木哥于大
同定怯薛台歲給鈔人八十錠甲寅賜諸王太平忽
剌台別失帖木兒等金印敕高麗王還國仍歸其印
耀米二十萬石賑京師貧民丙辰賜故監察御史觀
音保鎖咬兒的迷失妻子鈔各千錠賜司徒道住
印敕封解州鹽池神曰靈富公廣德信州岳州惠州巳
南恩州民飢發粟賑之二月丁巳朔作顯宗影堂巳
未脩西番佛事於壽安山寺曰星吉思吃剌曰闊兒
魯弗卜四水朵兒麻曰颯間卜里哺家經僧四十人

三年乃罷庚申監察御史傅巖起李嘉賓言遼王脫脫乘國有隙誅屠骨肉其惡已彰恐懷疑貳如令歸藩譬之縱虎出柙請廢之別立近族以襲其位不報甲子作佛事命僧百八人及倡優百戲導帝師游京城庚午選守令推官舊制臺憲歲舉守令推官二人有罪連坐至是言其不便復命中書於常選擇人用

廟號英宗甲戌江浙行省左丞趙簡請開經筵及擇師傅令太子及諸王大臣子孫受學遂命平章政事張珪翰林學士承旨忽都魯都兒迷失學士吳澄集

台宣徽使秃滿迭兒桓國公拾得驢太尉丑驢荅剌罕並為太子詹事中書參知政事王居仁為太子副詹事以同知宣政院事楊廷玉為中書參知政事罷大同路黃華嶺及崇慶屯田賜壽寧公主金十錠銀五十錠鈔二萬錠乙未以江西行省平章政事也兒吉你知樞密院事置定王薛徹干總管府給蒙古流民糧鈔遣還所部敕撻從者斬藏匿者杖之賜諸王徹徹秃永福縣戶萬三千六百為食邑仍置王傅戊戌延試進士賜張益等八十四人及第出身有差會試下第者亦賜教官有差中書省臣請罷橫奏

賞賚及踰越奏事者從之庚子欽察罷為陝西行臺御史大夫以四川行中書省平章政事襄加台兼宣政院使往征西番寇帖卜郎癸卯命中書平章政事乃馬台攝祭南郊知樞密院事闊徹伯攝祭太廟以冊皇后皇太子告丙午御大明殿冊八八罕氏為皇后皇子阿速吉八為皇太子已酉以其子亦憐真亦兒間卜嗣封晉王泰寧王買奴卒以皇子亦憐真失兒赤嗣遣湘寧王八剌失里出鎮察罕腦兒罷宣慰司立王傅府以知樞密院事也先吉你為雲南行省右丞相召流人還京師庚戌月直延民真只海阿荅

罕來獻大珠監察御史宗本李嘉賓傳嚴起言太尉
司徒司空三公之職濫假僧人及會福殊祥二院並
辱名爵請罷之不報癸丑諸王不賽因遣使朝臨
洮狄道縣興寧石州離石寧鄉縣旱飢賑米兩月廣
西橫州徭寇石州夏四月戊午廉恂罷為集賢大
學士食其祿終身賜乳母李氏鈔千錠賜參卜郎
軍千人鈔四萬七千錠太尉不花平章政事即烈坐
矯制以寡婦古哈強配撒梯被鞫詔以世祖舊臣原
其罪已未以珠字詔賜帝師所居撒思加部庚申詔
整飭御史臺作昭聖皇后御容殿於普慶寺辛酉命

元史本紀卷二九　十一

昌王八剌失里徙鎮阿難荅昔所居地親王圖帖睦
爾至自潭州及王禪皆賜車帳驅馬癸亥以國言上
英宗廟號曰格堅皇帝脩佛事於壽昌殿甲子車駕
幸上都以諸王寬徹不花失剌平章政事兀伯都剌
右丞善僧等居守以嶺北行中書省左丞潑皮為中
書左丞江南行臺中丞朶朶為中書參知政事即剌
罷為太史院使罷衛士四百人還宗仁衛賜北庭的
撒兒兀魯軍羊馬鈔的遣使來貢發兵民築
渾河堤兩寅賜昌王八剌失里牛馬橐駝稅僧道邸
舍積貨丁卯遣諸王捏古伯等還和林封八剌失里

繼母買的為皇妹昌國大長公主給銀印以忽咱其
丁為哈讚忽迭兒西域戶籍辛未月食既癸酉以太
子詹事禿滿迭兒為中書平章政事甲戌命呪師作
佛事厭雷庚辰以風烈月食地震手詔戒飭百官辛
巳太廟新殿成木憐撒兒部及北邊蒙古戶飢賑
粮鈔有差江陵路屬縣飢雲南中慶昆明屯田水五
月丁亥監察御史董鵬南劉潛邊筒慕完沙班以災
異上言平章乃蠻台宣徽院使木兒不花詹事禿
滿荅兒黨附逆徒身廚臣節太常守廟不謹遼王擅
殺宗親不花即里矯制亂法皆蒙寬宥甚為失刑乞

元史本紀卷二十九　十二

定其罪以銷天變不允己丑帝諭倒剌沙曰朕即位
以來無一人能執成法為朕言者知而不言則不忠
且陷人於罪繼自今凡有所知宜悉以聞使朕明知
法度斷不敢自縱非朕身天下一切政務能守法
以行則眾皆又安反是則天下罹於憂苦又曰凡事
防之於小則易救之於大則難兩其以朕言明告于
象偶知所慎壬辰御史臺禿忽魯細澤以御史言
災異屢見宰相宜避位以應天變可否仰自聖裁顧
惟臣等為陛下耳目有徇私遺法者不能糾察慢官
失守宜先退避以授賢能帝曰御史所言其失在朕

卿等何必遽爾禿魯忽魯又言臣巳老病恐誤大事乞
先退於是中書省臣元伯都刺張珪楊廷玉皆抗疏
乞罷丞相旭邁傑倒剌沙言比者災異陛下以憂天
下為心反躬自責謹導祖宗聖訓備德慎行敕臣等
各勤乃職手詔至大都居守省臣皆引罪自効臣等
爲左右相才下識昏當國大任無所襄贊以致災祲
罪在臣等倘所當退黜諸臣何罪帝曰卿若皆辭避而
去國家大事朕孰執與圖之宜各相諭以勉乃職戊戌
遷列聖神主于太廟新殿辛丑循州徦冦長樂縣甲
辰赦上都囚管罪以下者丙午太白犯鬼侍御史高

《元史本紀卷二九》 十三 〔童茂〕

奎上書請求直言辨邪正明賞罰帝善其言賜以銀
幣丁未太白犯鬼積尸氣巳酉賓州民方二等為冠
有司捕擒之癸丑命旬天監禁星中書平章政事禿
滿迭兒領宣徽使詹事丞田回請如裕宗故事擇名
吉安杭州大都諸路屬縣水民飢賑粮有差六月乙
卯朔遣諸王闊闊出鎮畏兀賜金銀鈔千計戊午雲
南蒙化州髙蘭神塲寨主照明羅九等冦威楚庚申
張珪自大都至以守臣集議事言逆黨未討奸惡未
除忠憤未雪冤枉未理政令不信賞罰不公賦役不

均財用不節請求裁擇之不允諸
錠諸王寬徹亦里吉赤來朝賜駙馬鐵木兒等部鈔
一萬三千錠北邊戍兵鈔萬六千八十錠賑蒙古飢
民遣還所部延安路飢禁酒癸亥作禮拜寺於上都
及大同路給鈔四萬錠丙寅遣使招諭叅卜郎遣闍
關出等詔高麗取女子三十八人廣西左右兩江黃勝
許岑世與乞遣其子弟朝貢許之丁卯大幀殿成作
鎮雷坐靜佛事於水晶殿癸酉帝受佛戒於帝師
黑牙變合哥佛寺庚午置海剌禿屯田總管府辛未脩
巳卯諸王怗別等遣其宗親鐵木兒不花等奉馴豹

《元史本紀卷二九》 十四 〔童茂〕

西馬來朝貢詔疏決繫四存恤軍士免天下和買雜
役三年蝗戶差稅一年百官四品以下普霑散官一
等三品遞進一階遠仕瘴地身故不得歸葬妻子流
落者有司資給遣還仍著爲令雲南大理路佧襄爲
冦大都真定晉州深州奉元諸路及甘肅河渠營田
等處雨傷稼賑粮二月大司農屯田諸衛屯田彰德
沔汴梁等路兩傷稼賑粮二月大司農屯田諸衛屯田彰德
蝗晉寧肇昌常德龍興等處飢皆發粟賑之大同渾
源河真定澤沱河陝西渭水黑水渠州江水皆溢並
漂民廬舍宣德府肇昌路及八番金石番等慶雨雹

河間晉寧澤州揚州壽春等路湖廣河南諸屯田皆
旱秋七月丙戌思州平茶楊大車酉陽州冉世昌冦
小石耶凱江等寨調兵捕之諸王阿馬麂賻鈔五千
錠賜雲南王王禪鈔二千錠諸王阿都赤鈔三千錠作
楠木殿招諭船領義寧靈川等處徭僮庚寅遣使代祀
岳瀆丙申以諸王薛徹禿襲統其父完者所部仍給
故印己亥賑蒙古流民給鈔二十九萬錠遣還仍禁
毋擅離所部遣者斬庚子諸王伯顏帖木兒出鎮闊
連東部阿剌忒納失里出鎮沙州各賜鈔三千錠撒
忒迷失率衞士佐太師按塔出行邊賜鈔千錠癸卯
罷廣州福建等處採珠蜑戶為民仍免差稅一年丙
午以畏兀字譯西番經丁未熒星于上都司天監以
山東鹽運司判官馬合謀為吏部尚書佩虎符翰林
侍撰楊宗瑞為禮部郎中佩金符即位詔徃諭安
南置長慶寺以宦者阿亦伯為寺卿罷中瑞司中書
省臣言東宮宿士先朝止三千人今增至萬七千請
命詹事院汰去仍依舊制從之戊申以籍入鐵木迭
兒及子班丹觀音奴貲產給還其家奉元路朝邑縣
曹州楚丘縣大名路開州濮陽縣河溢大都路固安縣
州清河溢順德路任縣沙灄洺水溢真定廣平廬州

等十一郡雨傷稼龍慶州雨雹大如雞子平地深三
尺定州屯河溢山崩免河渠營田租大都肇昌延安
冀寧龍興等處饑賑糶有差廣西慶遠猩酉潘父綃
等率眾來降署為簿尉有差加封溫州故平陽
俟日英烈俟八月甲寅徹徹兒火兒火思之地五千
貧乏賑糧二月乙卯敕以刑獄復隸宗正府依世祖
舊制刑部勿與丙辰享太廟丁巳賜諸王八里台黃
頭鈔各千五百錠禁言驛戶糧鈔有差辛亥遣翰林
運酒賑帖列千木倫等戶馬萬匹取
學士承旨斡赤斤太祖太宗御容于普慶寺賜
親王圖帖睦爾鈔三千錠庚午作中宮金春殿辛未
繪帝師八思巴像十一頒各行省俾塑祀之敕武官
坐罪制授者以聞勅授者從行省廬決以金泉館酒
課賜公主壽寧丁丑罷浚王泉山河役車駕至大都
癸未敕樞密役軍九三百人以上奏聞詔諭雲南大
車里小車里泰濟南屬縣大兩山崩水溢雍土至來
谷河成丘阜汴梁濟南諸縣雨水傷稼賑之延安粟
寧杭州潭州等十二郡及諸王哈伯等部饑賑糧有
差九月乙酉封也速不堅為荊王哈賜金印以宣德府
復隸上都留守司辛卯罷哈思的結魯思伴卜總統

所更置臨洮總管府賜潛邸衛士鈔萬錠丙申酋太
祖神御殿乙巳昭獻元聖皇后忌日修佛事飯僧萬
萬人敕存恤武衛軍一年癸丑以籍入阿散家貲給
其貢奉元路改邕州為南寧路岑世興遣其弟與元來
朝貢奉元路長安縣大雨澧水溢延安路洛水溢濮
州舘陶縣及諸衛屯田水建昌紹興二路飢賑糧有
差穀生一莖九穗丁巳監察御史王士元請早諭教
嘉穀生一莖九穗之戊午享太廟立壽福總管府秩正三
太子帝嘉納之庚申泰州成紀趙氏婦一産三男成都
品典累朝神御殿祭祀及錢穀事隆大天源延聖寺

總管府為提點所以隷之庚申命左右相日直禁中
有事則赴中書丙寅太白犯斗己巳太白入斗太陰
犯填星雲南車里蠻為寇遣幹耳雜奉詔招諭之其
酋塞賽子尼面雁攝木子刀零出降庚午太白犯斗
壬申安南國世子陳日燇遣其臣莫節夫等來朝貢
真州珠金沙河松江府吳江州諸河淤塞詔所在有
司庸民丁浚之丙子命帝師作佛事於延春閣丁丑
緬國王子吾者那等爭立歲貢不入命雲南行省諭
之徙封雲南王王禪為梁王食邑益陽州六萬五千
戶仍以其子帖木兒襲封雲南王封親王圖帖睦爾

為懷王食邑端州六萬五千戶增歲賜幣帛千四疋
賜金印壬午癸感犯墨壁陣肇慶徑黃寶十等降延
安路飢發義倉粟賑之仍給鈔四千錠廣東道及武
昌路江夏縣飢以魯國大長公主女適懷王已丑命道
公田租免官以魯國大長公主女適懷王已丑命道
士修醮事癸巳遣兵部員外郎宋本吏部員外郎鄭
海兩廣四川雲南選諸王速兒鈔各千五百錠幹耳朵
立阿魯灰工部主事張成太史院都事費著分調閩
請官之以出班為開府儀同三司朔國公給銀印金
符賜諸王散木也速兒鈔各千五百錠幹耳朵

罕鈔千二百錠魯寶鈔千五百錠甲午熒星于回回
司天監己亥以术溫台知樞密院事辛丑造金寶盖
飾以七寶貯佛舍利甲辰作歇山鹿頂樓于上都丁
未釋管四十七以下四及輕罪流人給鈔二千錠散
與貧者印明年鈔本至元鈔四十萬錠中統十萬錠
已酉詔免也里可溫荅失蠻差役庚戌招諭融州徑
般領大小木龍等百七十五團河間路飢賑糧二月
沅梁信州泉州南安贛州等路飢賑糧有差嘉定路
龍興縣飢賑糧一月大都上都興和等路十三驛飢
賑鈔八千五百錠十二月癸丑朔以岑世興為懷遠

外百官九行朝賀等禮雨雪免

草畜丙寅命翰林國史院修纂英宗顯宗實錄赦內

民也其增石圍扞禦庶天其相之塘詔曰築塘是重勞吾

官州海水溢屢壞隄障侵城郭遣使祀海神仍與有

冠行省督兵捕之庚申同州地震有聲如雷癸亥開爲

詔宣諭仍各賜幣帛二乙卯雲南猛襲爲上思州知州降

安撫使佩虎符致仕其子志熟

路總管黃勝許爲懷遠大將軍遙授沿邊溪洞軍民

大將軍遙授沿邊溪洞軍民安撫使佩虎符仍來安

屏辛未新作棕殿成諸王鎖思的薨賻鈔五百錠乙

亥太白經天曲赦重囚三十八人以爲三宮祈福爨

路容米洞蠻田先什用等九洞爲冠四川行省遣使

諭降五洞餘發兵捕之陝西行省以兵討偕州土番

察罕腦兒千戶部飢賑糧一月延安路電災賑之兩浙

月溫州路樂清縣鹽場水民飢發義倉粟賑之

及江東諸郡水旱壞田六萬四千三百餘頃

二年春正月丙戌辰星犯天雞乙未以讖甸不登罷

春畋禁后妃諸王駙馬毋通星術之士非司天官不

得妄言禍福赦 御史臺選舉與中書合議以聞中書

省臣言江南民貧冨諸寺觀田土非宋舊置并累

朝所賜者請仍舊制與民均役從之以籍八思吉思

地賜故監察御史觀音寶鎖咬兒哈的迷失妻子各

十頃戊戌造象董參卜郎來降賜其茜班术兒銀鈔

幣帛辛丑懷王圖帖睦爾出居于永福寺給祭田百頃廣西

遑星甲辰奉安顯宗像于建康壬寅太白犯

山獠爲冠命所在有司捕之江浙行省平章政事脫

歡苫剌罕陞爲左丞相諸王怯別遣使貢方物賜鈔

四萬錠戊申以乞剌失思八班蔵卜爲土番等路宣

慰使都元帥兼管長河西奔不兒亦思剛察沙加兒

朵甘思朵思麻等宣軍達魯花赤與其屬往鎮撫參

卜郎庚戌詔諭宰臣曰向者卓兒罕察苫魯及山後

皆地震內郡大小民飢朕自即位以來惟太祖開創

之艱世祖混一之盛期與人民共享安樂常懷祗懼

災沴之至莫測其由豈朕思慮有所不及而事或借

差天故以此示儆卿等其與諸司集議便民之事其

思自死罪始議定以聞朕將肆赦以詔天下肇慶

昌延安贛州南安英德新州梅州等處飢賑糴有差

閏月壬子朔詔赦天下除江淮瓶科包銀免被災地

差稅一年庚申修野狐嶺色澤桑乾嶺道乙丑命整

治屯田河南行省左丞姚煒請禁屯田吏蠶食屯戶

及勿務義增以廢裕民之意不報丁卯中書省臣言

國用不足請罷不急之費從之置惠遠倉永需庫於

海剌禿總管府已巳修濬沱河堰壬申罷永興銀場

聽民採鍊以十分之二輸官罷松江都水庸田使司

命浙西道廉訪司言四方代祀之使弃公營私多

丙子淛西道廉訪仍加薰知渠堰事癸酉作棕毛殿

不誠潄以是神不歆格請慎擇之山南廉訪使帖木

哥請削降鐵失所用驛隆官戊寅諸王忽塔梯迷失

等來朝賜金銀鈔幣有差己卯河間真定保定瑞州

▲圗本紀卷二十九

四路飢禁釀酒階州土蕃為冠筆昌總帥府調兵禦

之站八兒監藏叛於兀敦保定路飢賑鈔四萬錠糧

萬五千石雄州歸信諸縣大雨河溢被災者萬一千

六百五十戶賑鈔三萬錠南賓州棟州等慶水民飢

賑糧二萬石死者給鈔以葬五花城宿減禿拙只千

麻兀三驛飢賑糧二千石衢州衢陽縣民飢瑞州蒙

山銀場丁飢賑粟有差山東廉訪使許師敬請頒族

葬制禁用陰陽相地邪說二月甲申祭先農率其戶

道經于天下名山宮觀丁亥平伐苗酋的娘率其子

十萬來降土官三百六十八人請朝湖廣行省請汰其

眾還部令的娘等四十六人入覲從之已丑加嗣漢

三十九代天師張嗣成太玄輔化體仁應道大真人

庚寅熒惑辰星填星聚于畢辛卯剌贼僧安定王朵兒只

班部軍糧三月八哇國遣其臣昔剌僧迦里也奉表

及方物來朝貢廣西徙潘寶隘柳城縣丁酉棻星于

田田司天監巳亥命西僧作燒壇佛事於延華閣封

阿里迷失善僧為平章政事參知經進事以

中書右丞善僧為平章政事參知政事庚子姚煒以

御史大夫禿忽魯加太保仍御史大夫庚子姚煒以

河水屢決請立行都水監於汴梁倣古法備捍仍命

▲圗本紀卷二十九

瀕河州縣正官皆兼知河防事從之丙午造王御床

戊申命道士祭五福太一神庚戌通㶚二州飢發粟

賑耀蘄州寶坻縣慶元路象山諸縣飢賑糧二月廿

州蒙古驛戶飢賑糧三月大都鳳翔寶慶儋州潭

提役民丁一萬八千五百人甲寅禁捕天鵝丁巳賜

全州諸路飢賑耀有差三月癸丑脩曹府濟陰縣河

諸王帖木兒不花等鈔有差辛酉咸平府清河冠河

合流失故道壞隄堰敕蒙古軍千人及民丁修之乙

丑車駕幸上都諸王棚思班部戰士四百人征參卜

郎有功人賞鈔四千錠乙亥安南國世子陳日燇遣

使貢方物剌門
州旱潮州蘄州鳳州延安歸德等處
民及山東蒙古軍飢賑糧鈔有差肇慶富州惠州衮
州江州諸路及南恩州梅州飢賑糧鈔耀有差夏四月丁
亥作吾殿癸巳和市牝馬有駒者萬匹敕宿衛駝馬
散牧民間者歸官廐飼之丁酉濮州鄆城縣言城西
堯塚上有佛寺請徙之不報辛丑加公主壽寧爲皇
姊大長公主所遣諭蠻使者敕追捕之丁未封后父
雲南行省所遣諭蠻使
里元察兒爲威靖王戊申以許師敬爲中書左丞
政使馮亨爲中書參知政事仍中政使奉元路白水

縣雹鼂昌路伏羌縣大雨山崩鎮江寧國瑞州桂州
南安寧海南豐潭州涔州等慶飢賑糧五萬餘石隴
西漢中泰州飢賑鈔三萬錠五月壬子車里陶剌孟
路蠻八廟犖夷萬人寇陷倒八漢寨督邊將嚴備
及大阿蠻牙門蠻遣使奉表貢方物辛未罷京師官
之癸丑龍
蜀鹽肆十五改河間鹽運司爲大都河間等路都轉
運鹽使司遣察乃使于周王和世瓎癸酉融州否泉
洞吉龍洞洞村山黑江諸州徒廣西元帥府發兵
討之丙子旭邁傑等以國用不足請減廐馬汰衛士

及節諸王濫賜從之賜潛邸怯憐口千人鈔三萬錠
浙西諸郡霖雨江湖水溢命江浙行省及都水庸田
司興役疏濬之置諫議書院於昌平縣祀唐劉蕡大
都路檀州大水平地深丈有五尺汴梁路十五縣河
溢江陵路蝗龍興平江等十二郡飢賑耀米三十二萬
五千餘石朔皇子生命巫後除于宮菁萬歲山殿靜江
彰德路蝗龍興肇昌路臨潭府兩霍潭州興國屬縣旱
己卯遣廣西宣慰司發兵捕之辛巳柳州徒爲寇蓬
爲寇斬之癸未潯州平南縣徒爲寇蓬魯花赤都堅
兵討斬之癸未

先帖木兒以知樞密院事皆領衛兵如虎而翼舊故家得
台言大臣兼領軍務前古所無鐵失以御史大夫也
王丙戌填星犯井鉞星丙申中書參知政事左塔不
都監姚泰亨死之甲申改封嘉王晃火帖木兒爲幷
逆謀令軍衛之仍賜幣帛以旌其直丁酉靜江義寧縣
以保全從之職乞勿以大臣領之廢勳舊之家成
及慶遠安撫司蠻徒徙爲寇敕守將捕之息州民趙丑
以斯耶善薩妖言彌勒佛當有天下有司以聞命宗正
府刑部樞密院御史臺及河南行省官雜鞫之辛丑
柳州馬平縣徒爲寇湖廣行省督所屬追捕之丙午

填星犯井丁未立都水庸田使司浚吳松二江勑營
造母役五衛軍士止以武衛虎賁二衛給之開南州
阿只弄哀培蠻兵為冦命雲南行省督所屬兵捕之
通州三河縣大雨水丈餘潼川府綿江中江水溢入
城郭冀寧路汾河溢泰州泰安山移新州路旱濟南
河間東昌等九郡蝗奉元衛及永平屯田豊瞻
歸國濟民等署兩傷稼蠲其租濟寧路興元寧夏南康
昌國等十二郡飢賑耀米七萬餘石鎮西武靖王部
及遼陽水達達路飢賑糧一月秋七月戊申朔大小
車里蠻來獻馴象乙酉賜諸王燕大等金鈔有差庚

戌遣阿失伯祀宅神于北部行幄甲寅遣使奉詔分
諭徑蠻鎮康路土官你囊謀粘路土官賽丘羅出降
本邦路土官八廟既降復叛熒星于上都司天監紐
澤許師敬編類帝訓成請於經莚進講仍俾皇太子
觀覽有旨譯其書以進丙辰享太廟播州蠻黎平愛
等集群夷為冦湖廣行省請兵討之不許詔播州宣
撫使楊也里不花招諭之戊午遣使代祀龍虎武當
二山已未置車里軍民總管府以土人寒賽為總管
佩金虎符中書省臣言往歲征徑廉訪司劾其濫殺
今乂出師請廉訪司官一員涖軍紏正從之庚申以

元史本紀卷二九　卅五　張梅明

宮人二賜藩王怯別癸亥修大乾元寺以許師敬及
郎中買驢兼經遊官廣西諸徑冦城邑遣湖廣行省
左丞乞住兵部尚書李大成中書舍人買驢將兵二
萬二千人討之仍以諸王幹耳朵罕監其軍諸蠻雲南以
酉盤吉祥冦陽春縣命江西行省督兵捕之庚午以
國用不足罷書金字藏經威楚大理諸蠻楊銀千等來獻方物封
行省請出師不允遣亦剌馬丹等使大理普安立
等使威楚招諭之思州洞蠻楊火沙並為郡王辛未
駙馬孛羅帖木兒知樞密院事火沙伏有軍籍者出
立河南行省水監申禁漢人藏執兵

征則給之還復歸于官壬申御史臺臣言廉訪司涖
軍非世祖舊制賈胡齎寶西僧修佛事所費不貲於
國無益並宜除罷從之勑太傅忽魯忽日
至禁中集議國事征蠻潘寶冦鏢津義窩來賓諸縣
命廣西守將捕之慶遠溪洞民飢發米二萬五百石
平價糶之勑山東州縣收養流民遺棄子女延安廊
陷霜殺禾雎州河決順德汝寧諸路旱免
其租梅州饒州鎮江邠州諸路飢賑耀米三萬餘石
八月戊子修上都香殿辛卯雲南白夷冦雲龍州癸

元史本紀卷二九　卅六　張梅明

巳歲星犯天罇辛丑遣使代祀岳瀆名山大川敕諸
王秃入京者勿供其所用諸部曲宿衞私入京者罪
之命度支監汰阿塔赤所掌諸馳馬於外郡飼之大都
路檀州肇昌府靜寧縣延安路安塞縣雨雹衞輝路
汲縣河溢南恩州瓊州飢賑糧一月臨江路歸德府
飢賑糧二月衞州建昌岳州飢賑糴米一萬三千石
九月戊申朔分天下為十八道遣使宣撫詔曰朕祇
承洪業夙夜惟寅凡所以圖治者悉遵祖宗成憲襄
屢詔中外百司宣布德澤蠲賦詳刑賑貧思與
黎元共享有生之樂尚應有司未體朕意庶政或闕

惠澤未洽承宣者失於撫綏司憲者息於糾察俾吾
民重困朕甚憫焉今遣奉使宣撫分行諸道按問官
吏不法詢民疾苦審理冤滯凡可以興利除害從宜
舉行有罪者四品以上停職申請五品以下就便處
決其有政績尤異暨晦跡丘園才堪輔治者具以名
聞以湖廣行省僉知政事馬合其河東宣慰使李虙
恭之兩浙江東道廉訪使桑列柒太史院使李虙
奪履謙之江西福建道禮部尚書舉林伯荆湖宣慰
使蒙彌之江南湖廣道禮部尚書
朱賁之河南江北道同知樞密院事阿吉剌御史中

丞曹立之燕南山東道太子詹事別帖木兒宣徽院
判韓讓之河東陝西道吏部尚書納合出董訥之山
北遼東道陝西鹽運使眾家奴中書斷事官韓庭戍
之雲南省湖南宣慰使寒食冀寧路總管劉文之甘
肅省山東宣慰使秃思帖木兒陝西行省左丞廉惇
之四川省翰林侍講學士帖木兒不花秘書卿吳秉
道之京畿道以郡縣飢詔運粟十五萬石貯瀕河諸
十郡釀酒募富民入粟拜官二千石從七品正
倉以備賑救仍敕有司治義倉禁大都秘書
八品五百石從八品三百石正九品不願仕者旌其

門諸王幹即遣使貢金浮圖巳酉海運江南糧百七
十萬石至京師庚戌復乘寺光祿寺為正三品給
銀印癸丑車駕至大都遣使祀海神天妃甲寅禁飢
民結扁檐社傷人者杖一百著為令乙卯享太廟巳
未牟世興上言自明不反請置蒙古漢人監貳官詔
優從之壬戌諸王牙即貢馬丁丑浚河間陳玉帶河
廣西徭冠賓州禮部員外郎元永貞言鐵失弒逆皆
由鐵木迭兒始禍請明其罪仍錄什史館以為人臣
之戒漢中道文州霖雨山崩檀州雨雹開元路三河
溢瓊州南安德慶諸路飢賑糧鈔有差冬十月戊寅

朔張珪歸保定上冢以病辭祿不允岑世興及子鐵
木兒率眾冠上林等州命撫諭之壬午禁成都路釀
酒癸未以倒剌沙為御史大夫丁亥享太廟己丑賜
恩平王塔思不花部鈔五千錠壬辰熒惑犯氐癸巳
填星退犯井播州凱黎苗率諸寨苗獠為冠乙未皇
后亦憐真八剌受佛戒於帝師丁酉廣西徑酉何董
土官歸那攺掠其木末諸寨請治之敕安南世子諭
降請防過自效從乙巳寧遠知州添挿言安南國
押那攺掠其俘丙辰寧夏路曹州屬縣水霸州衢州路
饑賑糧二月戊申周王和世瑓遣使以豹來獻攺長

寧軍為州庚戌旭邁傑以歲饑請罷皇后上都營繕
從之紐澤以病乞罷不允丙辰郭菩薩等伏誅杖流
其黨丁巳章大承華普慶寺杞昭獻元聖皇后于影
堂賜僧鈔千錠岑世興結八番蠻班光金等攻
石頭等寨敕調兵儆之八番宣慰司官失備坐罪戊
午填星退犯井宿敕庚申倭舶
來互市廣西道宣慰使獲徑酉藩寶下獄其弟潘見
遂冠柳州命湖廣行省左丞乞住捕之壬戌敕軍民
官薦釀者由本貫圖宗支申請銓授丙寅倒剌沙復
為中書左丞相加開府儀同三司錄軍國重事丁卯

《元史本紀卷二十九》 九

趙炳

罷蒙山銀冶提舉司命瑞州路領之壬申賜諸王不
賽因鈔二萬錠帛百匹諸王韓耳朵罕遣使以追捕
廣西徑冠上聞帝曰朕自即位累詔天下憫恤黎元
惟廣徑屢叛殺掠良民故命韓耳朵罕等討之令聞
迎降者甚眾宜更以恩撫之若果不悛嚴兵追捕京
師饑賑糶米四十萬石內郡饑賑鈔十萬錠米五萬
州路火賑貧民糧就食常德路水民饑賑糧萬一千
石河間諸郡流民通漷二州饑賑鈔有司存恤之杭
六百石十二月戊寅以塔失帖木兒為中書右丞相
癸未加塔失帖木兒開府儀同三司上柱國錄軍國

《元史本紀卷二十九》 三十

重事監脩國史封薊國公諸王不賽因遣使貢珠賜
鈔二萬錠乙酉帝復受佛戒於帝師熒惑犯天江辰
星犯建星丁亥修鹿頂殿鎮南王脫不花薨遣中書
平章政事乃馬歹攝鎮其地中書省臣言山東陝西
湖廣地接戎夷請議選宗室往鎮從之申禁圖讖私
藏不獻者罪之癸巳京師多盜塔失帖木兒請處決
重囚增調邏卒仍立捕盜賞格從之甲午太白犯墨
壁陣召張珪於保定丁酉加紐澤知樞密院事與馬
某沙並開府儀同三司施瑞州路酒禁左丞乞住諸
王斡耳朵罕征徑賊敗之元江路土官普山為冠命
為中書左丞相加開府儀同三司錄軍國重事丁卯

23-366

戌兵捕之壬寅大寧路鳳翔府飢禁釀酒右丞趙簡
請行區田法於內地以宋董煟所編救荒話民書頒
州縣濟南延川二路飢賑鈔三千五百錠惠州杭州
等處飢賑糶有差是歲陝西府雨雹御河水溢以故
翰林學士不花中政使普顏篤指揮使卜顏忽里為
鐵失等所縶死贈功臣號及階勳爵諡

勅修

翰林學士承旨制誥撰　聖旨宣　翰林侍講　知制誥兼修國史修官臣　等奉

泰定帝二

三年春正月丙午朔征東行省左丞相高麗國王王
璋遣使奉方物賀正旦播州宣慰使楊燕里不花招
諭蠻酋黎平變等來降戊申元江路總管普雙叛命
雲南行省招捕之諸王薛徹禿晃火帖木兒來朝賜
金銀鈔幣有差壬子封諸王寬徹不花為威順王鎮
湖廣買奴為宣靖王鎮益都各賜鈔三千錠以山東
湖廣官田賜民耕壁人三頃仍給牛具諸王不賽因
遣使獻西馬徵前翰林學士吳澄不起置都水庸田
司於松江掌江南河渠水利己未賜武平王帖古思
不花部軍民鈔人十五定以湘寧王八剌失里鎮元
曾思部辛酉太白犯外屏癸亥封朵列捏為國公以
知樞密院事撒忒迷失為嶺北行中書省平章政事
戊辰安南國亂其主益里伯遣使來乞師獻馴象方
物命湖廣行省督兵備之大
都路屬縣饑賑糧六萬石恩州水以糧賑之二月丁
丑購能首告謀逆厭魅者給賞立賞格諭中外庚辰

《元史本紀卷三十》　一

居家良

賑魯王阿兒乞加失里部祭吉剌貟民鈔六萬錠命諸
王魯貟賓為大宗正壬午廣西全茗州土官許文傑率
諸徭以叛冠著盈州殺知州事李德卿等命湖廣行
省督兵捕之以乃馬台知樞密院事甲申中祭太祖太
宗睿宗御容於翰林国史院丁亥中書請罷征徭敕
幹耳雜罕等班師其鎮戍者如故乙丑禁汴梁路醸
酒甲午葺真定王華宮乙未脩佛事厭雷于崇天門
丙申建顯宗神御殿於廬師寺賜額曰大天源延壽
寺敕以金書西番字藏經甲戌建殊祥寺於五臺山
賜田三百頃爪哇國遣使貢方物庚子以通政院使

《元史本紀卷三十》　二

芳樹郎

察乃為中書平章政事甲辰車駕幸上都命諸王也
古不花及中書省臣兀伯都剌察乃善僧許師敬
朵朵居守立典醫署秩從五品隸詹事院歸德府屬
縣河決民饑賑糧五萬六千石河間保定真定三路
饑賑糧四月建昌路饑賑糧五萬六千石三月乙巳朔
帝以不雨自責命審決重囚遣使分祀五嶽四瀆名
山大川及京城寺觀安南國言為龍州萬戶趙雄雅
等所侵乞諭還所掠詔廣西道遣官宄之丙午填星
犯井宿鉞星丁未救百官集議急務中書省臣等請
汰衛士節濫賞能營繕防徼冠諸寺官署坑冶等事

歸中書省並從之壬子熒星于司天監癸丑八番巖霞
洞蠻來降願歲輸布二千五百匹設蠻夷官鎮撫之
乙卯申禁民間金龍文織幣丁巳遣諸王失剌鎮北之
遼戊午詔安撫綱賜國賜其主金幣甲子命功德使司
蘭巖脩佛事一百三十七丙寅翰林承旨阿憐帖木児
考試國子生遺僧脩佛事於臨洮鳳翔星吉児宗山
等慶賜諸王孛羅鐵木児阿剌忒納各鈔二千錠戊
辰熒惑犯墨壁陣填星犯井庚午填星太白歲星聚
于井辛未泉州民阮鳳子作亂冦陷城邑軍民官以
失討坐罪求平衛輝中山順德諸路饑賑鈔六萬六
千餘錠寧夏奉元建昌諸路饑賑糧二月大都河間
保定永平濟南常德諸路饑免其田租之半四月丙
戌鎮安路總管岑脩廣為弟脩仁所攻來告命湖廣
行省辦治之戊戌太白犯鬼壬寅熒惑犯墨壁陣填
遺九姓長官彭忽都都不花招之田先什用等五洞降
洞蠻田先什用等十二洞蠻冦長陽縣湖廣行省
餘發兵討之修夏津武河堤三十三所役丁萬七千
五百人五月甲戌朔藩王怯別遣使來獻豹乙巳脩
鎮雷佛事三十一所甘肅行省臣言赤斤儲粟軍士

廬川速給不便請復徙于曲尤之地從之脩上都復
仁門涇州饑禁釀酒罷造福建歲供歲錫以西僧馳
驛擾民禁之甲寅八百媳婦蠻招南道遣其子招三
聽宣慰司事尚公主錫南歲卜領西番田
道宣慰司事尚公主卜領西番三
百頃鈔三萬錠甲子中書會歲鈔出納之數請節用
以補不足從之監察御史劾宣撫使朵児只班學士
李塔剌海劉紹祖庸鄙不勝任中書議三人皆勳舊
子孫罪無實狀乞復其職仍敕憲臺勿以空言妄劾
從之丁卯岑世興及鎮安路岑脩文合山獠角鹽六
萬餘人為冦命湖廣雲南行省招諭之遣指揮使兀
都蠻鐲西番呪語于居庸關崖石庚午乞住招諭求
明縣五洞徑來降河西加木籠四部來降以苔児麻
班藏卜領卜剌麻沙棚部公哥班領古籠羅烏公遠
宗蘭宗李児間沙加堅部唆南監藏卜領蘭宗古卜
剌卜吉里昔吉林亦木石威石部朵児只本剌領籠
苔吃列八里阿卜魯荅思阿荅藏部雄州饑太平興
化屬縣水並賑之廬州蠻林州及洪澤屯田旱揚州
路屬縣財賦官田水並免其租六月癸酉朔藩王
怯別七寶束帶以禿哈帖木児為四川行省平章政

事請終母喪從之癸未播州蠻黎平愛復叛合謝烏
窮為寇宣撫使楊燕禮不花招平愛出降烏窮不附
命湖廣行省討之丁亥命湘寧王八剌阿出鎮阿
難荅的之地戊子諸王脫脫等來朝賜金銀鈔幣有
差乙未命梁王王禪及諸王徹徹禿鎮撫北軍賜王
禪鈔五千錠幣帛各二百四丁酉遣道士吳全節俏
醮事扵龍虎三茆皁三山戊戌遣使祀解州鹽池
神中書省臣言比郡縣旱蝗由臣等不能調燮故災
異降憫恤今當恐懼徹省力行善政亦冀陛下敬慎修
德憫恤生民帝嘉納之賑昌王王八剌失里部鈔四萬

《元史本紀卷三十》 五

定賜吳王潑皮鈔萬定己亥納皇姊壽寧公主女撒
荅八剌于中宮道州路標所源徭為冦命乞住督兵
捕之奉元韠昌屬縣大雨雹峽州旱東平屬縣蝗大
同屬縣大水萊蕪等慶冶户饑賑鈔三萬錠光州水
中山安喜縣雨雹傷稼大昌屯河决大寧廬州德安
梧州中慶諸路屬縣水旱並蠲其租秋七月甲辰車
駕發上都禁車騎踐民禾遠王脫脫請後太母耳朵
倫宮守兵及女直屯户不允增給太祖四大斡耳朵
歲賜銀二百錠鈔八千錠遣使祀海神天妃造春豹
檀車三十兩乙巳怜憫口屯田霜賑糧二月丙午享

太廟丁未紹慶酉陽寨冉世昌及何惹洞蠻蠻為冦詔
行宮驅馬及宗戚將校駐冬北邊者毋輒至京師辛
亥封阿都赤為綏寧王賜鈔四千錠給金印壬子皇
后受牙蠻荅哥戒于水精殿甲寅辛大乾元寺敕鑄
五方佛銅像乙卯詔翰林侍講學士阿魯威直學士
燕赤譯世祖聖訓以偰經筵進講戊午還國作別殿於潛
邸敕入粟拜官者准致仕銓格已未禁諸部王妃入
京告饑以月魯帖木兒嗣齊王給印八百媳婦蠻
獻馴馬遣日本僧瑞興等四十八人還國獻馴象方物
招南通遣使來獻馴象方物乙丑發兵修野狐色澤

《元史本紀卷三十》 六

桑乾三嶺道戊辰太白經天已巳大理土官你囊來
獻方物庚申廣西宣慰副使王瑞請益戍兵及以土
民屯田偹蠻仍置南寧安撫司河决鄭州陽武縣漂
民萬六千五百餘家賑之永平大都諸路屬縣水大風
雨雹路水大名順德衞輝淮安等路雎趙涿霸等州
汴梁路水大名順德衞輝淮安等路河溢檀順等州兩河溫
及諸位屯田蝗大同渾源河溢檀順等州兩河溫
揄水溢賑永平奉元鈔七萬錠賑糴濠州饑民麥三
萬九千餘石命瘞京城外棄骸死狀不白者有司究
之八月甲戌命伯都剌許師敬並以災變饑歉乞解

政柄不允乙亥遣乃馬台簡閱邊兵賜鈔千錠大天
源延聖寺神御殿成戊寅修澄清石峒甲申享太廟
長春宮道士藍道元以罪被黜詔乃轄部寧遠州洞
徭役遷黃羊坡民二百五十戶於韃靼部俑之丁亥
蠻刁用為冠命雲南行省僚之丁亥遣梁王禪整
飭斡耳朵思邊事辛卯雲南探馬赤軍籍其餘丁罷政
訪副使散兀只台以使酒連貝兵器丁酉藩王不賽
以災蠻罷獵賑河南探馬赤軍籍其餘丁罷政
院及功德使司免武備寺通貝兵器丁酉藩王不賽
因遣使獻王及獨峯駝是夜太白犯軒轅御女以星

變下詔恤民辛丑次中都敗于汪火察禿之地賜太
師按擦出鈔二千八百定鹿頂殿成罷甘肅札渾倉
從其軍儲於汪古刺倉戶部尚書郛良坐贓免作天
妃宮于海津鎮西番土官撒加布來獻方物海寇黎
三來附詔諭廣州蜑戶使復業鹽官州大風海溢壞
隄防三十餘里遣使祭海神不止徙居民千二百五
十家大都昌平大風壞民居九百家龍慶路兩雹一
尺大風損稼真定瀘州奉元蒲城等縣及無為州諸
處水河中府求平建昌印都中慶太平諸路及廣西
兩江饑並發粟賑之揚州崇明州大風雨海水溢溺

死者給棺歛之杭州火賑糧一月九月丁未增置上
都留守判官二員無推官辛亥命帝師還京俗灑
净佛事于大明興聖福三宮丁巳弛大都上都興
和酒禁庚申車駕至大都壬戌乃領度支事祭
亥太白犯太微垣執法賜大車里新附蠻官七十
五人袞帽鞿勒辰命憧赤等使于諸王怗別月思
別不賽因三部賑潛民鈔二十萬錠湖廣行省
景東寨長阿只弄男阿吾大阿京寨主弟你刀木羅
太平路總管郭扶雲南行省威楚路禿刺寨長哀
寨長哀卜利茫施路土官阿利鎮江路土官泥囊弟

陀金客木帖路土官五羅大車里昭哀廷哀用孟隆
甸土官吾仲並奉方物來獻以昭哀地置木朵路一
木來州一甸三以吾仲地置孟隆路一甸一以哀培
地置甸一並降金符銅印仍賜幣帛鞍勒有差中書
省臣言今國用不繼陛下當法世祖之勤儉以為求
園臣等在職苟有濫承恩賞者必當回奏帝嘉納之
揚州寧國建德諸屬縣水南恩州旱民饑並賑之汾
州平遙縣汾水溢廬州給鈔千六百錠蝗冬十月辛未朔
發卒四千治通州道給鈔千六百錠甲戌紐澤陞右
御史大夫庚辰享太廟奉安顯宗御容於大天源延

元史本紀卷三十 九

聖寺辛巳太白犯進賢天壽節遣道士祠衛輝太一
萬壽宮壬午帝師以疾還撒思加之地賜金銀鈔幣
萬計敕中書省遣官從行備供億癸酉河水溢汴梁
八十萬石減價糶之賜大天源延聖寺鈔二萬錠吉
路樂利堤壞役丁夫六萬四十人築之京師饑發粟
安臨江二路田千頃中書省臣言養給軍民必籍地
利世祖建構天壽萬寧寺賜永業當時已號虛費
而成宗復構天壽萬寧寺較之世祖用增倍半若武
宗之崇福元仁宗之承華普慶租權所入益又甚
焉英宗鑿山開寺損兵傷農而卒無益夫土地祖宗

所有子孫當共惜之臣恐茲後籍為口實妄興工役
徼福利以遂私欲惟陛下察之帝嘉納焉十一月庚
子陝西行臺中丞姚燧請集世祖嘉言善行以時省
覽從之瀋陽遼陽大寧等路及金復州水民饑賑鈔
五萬錠懷慶俻武縣旱免其租寧夏路酒禁萬戶府慶遠
安撫司饑並賑之弛寧夏路酒禁宣撫使馬合其李
讓劾瀏西廉訪使完者不花受賂贓對不服詔遣刑
部郎中咬住鞫其侵辱使者笞之藩王不賽因遣使
來獻虎崁癸卯中書省臣言西僧每假元辰疏釋重四
有事政典請罷之有旨自今當釋者敕宗正府審覆

元史本紀卷三十 十

乙巳梁王王禪徙性北遷賜鈔三千錠已西作鹿頂椶
椶辛亥追復前平章政事李孟官賜湘寧王八剌失
里鈔三千錠諸王不賽因遣使來獻馬乙卯太白犯
鍵閉廣西透江湖為寇宣慰司遣使諭降之扶靈
青溪獠頭等源蠻為寇湖南道宣慰司遣使諭降之
戊午造中統至元鈔各十萬錠封諸王鐵木兒不花
為鎮南王鎮揚州辛酉加封諸王鐵木兒不花
三司加封廬陵江神曰顯應弛御史大夫紐澤播州
王保來降已已徙上都清寧殿于伯亦兒行宮馳永
平路山澤之禁階州土番為寇武靖王遣臨洮路元

帥盞盞諭降之廣寧路屬縣霖雨傷稼賑鈔三萬錠
汴陽府旱免其梲永平路大水免其租仍賑糧四月
汴梁建康太平池州諸路及甘肅亦集乃路饑並賑
之錦州水溢漂田十頃漂死者百人人給鈔一錠崇
明州海溢漂民舍五百家賑糧一月給死者鈔二十
貫丁丑諸王月思別獻文豹賜金銀鈔幣有差御史
哈剌那海請擇正人傳太子帝嘉納之壬午御史貫
堂請祔武宗皇后于太廟不報敕以水旱請罷其事從之甲申
山于內廷御史趙師魯以水旱請罷其事從之甲申
師魯又請親祀郊廟帝嘉納之丙戌以回回陰陽家

言天變給鈔二千錠施有道行者及乞人繫囚以襖
丁亥寧夏路地震有聲如雷連震者四庚寅赦天
下勺江浙行省右丞趙簡爲集賢大學士領經筵事
壬辰賜梁王王禪宴器金銀以皇子小薛夜啼賜高
年鈔癸巳作鹿頂殿己亥命帝師脩佛事釋重四三
人置大承華普慶寺總管府罷規運提點所御史言
比年營繕以衛軍供役廢武事不講請遵世祖舊制
教習五衛親軍以備扈從不報湖廣屯戌千戶只千
不花招諭扶靈洞蠻劉季等來降保定路饑賑米八
萬一千五百石懷慶路饑賑鈔四萬錠亳州河溢漂

元史本紀卷三十 十一 章彥德

民舍八百餘家壞田二千三百頃免其租廣西靜江
象州諸路及遼陽路饑並賑之大寧路大水壞田五
千五百頃漂民舍八百餘家溺死者人給鈔一錠
四年春正月甲辰諸王買奴來朝賜金一錠銀十錠
鈔二千錠幣帛各四十四乙巳御史臺臣請親祀郊
廟帝曰朕遵世祖舊制其命大臣攝之己酉太白犯
牛庚戌置紹慶路石門十寨巡檢司御史辛鈞言西
商嶺寶勳以數十萬錠今水旱民貧請節其費不報
壬子以中政院金銀鐵冶歸中書省靖安王閣不花出
鎮陜西賜鈔二千錠癸丑賜諸王阿剌忒納失里等

鈔六千錠甲寅鷹師脫脫病賜鈔千錠戊午命市珠
寶首飾庚申皇子兀丹藏卜受佛戒于智泉寺臨官
州海水溢壞捍海堤二千餘步甲子武籠洞蠻冠武
緣縣諸堡丁卯燕南廉訪司請立真定常平倉不報
浚會通河築潮州護倉役丁夫三萬人初置雲南
行省檢校官邊陽行省諸郡饑賑鈔十八萬錠鈔五
淮安揚州諸路饑並賑之大寧路水溺死者人鈔
于大承華普慶寺以翰林院官齏事乙亥親王也先
一錠二月辛未祀先農甲戌祭太祖太宗廟宗彰德
鐵木兒出鎮北邊賜金一錠銀五錠鈔五百錠幣帛

元史本紀卷三十 十二 章彥德

各十四兩子命亦烈赤領仁宗神御殿事大司徒亦
懽真乞剌思爲大承華普慶寺總管府達魯花赤仍
大司徒壬午狩于潮州諸王火沙阿榮荅里出鎮北
思宅卜卒命塔失鐵木兒紐澤監脩佛事丙戌詔同
邊賜金銀鈔帶有差帝師參馬亦思吉思卜長出亦
僉樞密院事燕帖木兒教閱諸衛軍戊子進釀封衍
聖公孔思晦階嘉議大夫以馬忽思爲雲南行省平
章政事提調烏蒙屯田庚寅八百媳婦蠻酋招南通
來獻方物辛卯白虹貫日以尚供總管府及雲南總
管府隸上都留守司奉元廬州淮安諸路及白登部

餓賑糧有差永平路餓賑鈔三萬錠糧二月三月辛
丑皇子允丹藏卜出鎮北邊以郍海赤為惠國公商
讓內史府事癸卯和寧地震有聲如雷丙午廷議
士阿察赤李糷等八十五人賜進士及第出身有差
命西僧作止風佛事潮州路判官錢珍挑推官梁楫
妻劉氏不從誑殺之事覺珍飲藥死詔戮尸
傳首海北廉訪副使劉安仁坐受珍賂除名辛亥諸
獻賜金錠萬計庚申遣使往江南求奇花異果辛酉
王袑思班不賽亦等以文豹佩刀賞物求
以太傅禿忽魯為太傅也可扎魯

元史本紀卷三十　十三

忽赤伯達沙為太保敕前太師伯忽與議大事食其
俸終身召翰林學士承旨蔡國公張珪集賢大學士
廉侚太子賓客王毅悉復舊職陝西行臺中丞敬儼
為集賢大學士並商議中書省事珪仍領經筵事賜
諸王火沙部鈔四千錠郡王朶來兀魯兀等部畜牧
從賑鈔三萬五千錠中書省臣請酬哈散等累朝售
寶價鈔十萬二千錠從之壬戌車駕幸上都復設武
衛僚寺同判六員命親王八剌失思出鎮察罕腦兒封
寬徹為國公以阿散火者知樞密院事渾河決發軍
民萬人塞之丁卯熒惑犯井復置衛候直都指揮使

周伯明

司　正四品諸王不賽因道使獻文豹獅子賜鈔八
千錠大寧廣平二路屬縣餓賑鈔二萬八千錠河南
行省諸州縣及建康屬縣餓賑糧有差夏四月辛未
益入太廟竊武宗金主及祭器大理慶甸酋阿你為
寇壬申作武宗主甲戌作棕毛鹿頂樓已卯道州永
明縣徭為寇未鹽官州海水溢侵地十九里命都
水少監張仲仁及行省官發工匠二萬餘人以竹落
木柵實石塞之不止癸巳高州徭冠電白縣千戶張
恒力戰死之邑人立祠敕賜額曰旌義甲午以西僧
公哥副思巴冲納思監藏班卜為帝師賜玉印仍

元史本紀卷三十　古

詔諭天下僧乙未以武備寺鄉阿昔兒苔剌罕為御
史大夫禁星于回回司天臺湖廣徭冠全州義寧屬
縣命守將捕之河南奉元二路及通順揚州建康太平
衢州常州諸路屬縣餓賑糧及雲南烏撒武定二路餓賑糧
陽寶坻香河間河以鹽官海溢命天師張嗣成偹醮
鈔有差卒未平路餓免其租仍賑糧兩月五月辛丑太
尉丑驢卒癸卯以鹽官海溢命天師張嗣成偹醮
攘之乙巳作成宗神御殿于天壽萬寧寺已未占城
國遣使貢方物甲子以典守宗廟不嚴罷太常禮儀
院官丁卯偹佛事於賀蘭山及諸行宮罷諸王分地

周伯明

州縣長官世襲俾如常調官以三載為考元江路總
管普雙坐贓遂免結釁兵作亂敕復其舊職德慶路
傜來降歸所掠男女悉給其親河南江陵屬縣饑賑
糧有差汴梁屬縣饑免其租常州淮安二路寧海州
大兩雹雎州河溢大都南陽汝寧廬州等路屬縣旱
蝗衢輝路大風九日未盡偃河南路洛陽縣有蝗可
五畂群烏食之既數日蝗再集又食之六月辛未翰
林侍講學士阿魯威直學士燕赤等進講請解職歸養不允丁
丑倒剌沙等以災變乞罷兩都營繕工役錄

治通鑑以進參知政事史惟良請解職歸仍命譯資
為寇命所部討之乙未紹慶路四洞酋阿者等降並
乘癸未遣察乃伯顏赴大都銓選甲申廣西花角蠻
諸郡繫囚已卯求與屯被災兒其租辛巳造象與六
命為靈夷長官仍設巡檢司以撫之發義舍粟賑鹽
官州民廬州路饑賑糧七萬九千石鎮江興國二路
饒賑糶有差中山府兩甸汴梁路河決汝寧府大
都河間濟南大名峽州屬縣蝗秋七月丁酉元江路
普雙復叛戍戍諸王燕只吉台製位遣使來朝已亥
八兒忽部晃忽來獻方物御史臺臣言內郡江南旱
蝗荐至非國細故丞相塔失帖木兒倒剌沙參知政

事不花史惟良參議買奴並乞解職有旨毋多辭朕
當自徹卿等亦宜各欽厥職修大明殿占城國獻馴
象二建橫渠書院於鄠縣祠宋儒張載辛丑賜齊王
月魯帖木兒鈔二萬錠甲辰播州蠻謝烏窮來獻方
物丙午享太廟丁未敕經筵講讀官非有代不得去
職詔諭宗正府決獄導世祖舊制戊戌遣翰林侍讀
學士阿魯威還大都譯世祖聖訓壬子賜諸王火兒
灰月魯帖木兒八剌失里及駙馬買住罕於西域丁巳
千錠金銀幣帛有差甲寅遣使市牛於都剌以疫乞
給齊王月魯帖木兒印伯顏察兒兀伯都剌以疫乞

解政優詔諭之戊午謀粘路土官賽丘羅招諭八百
媳婦蠻招三斤來降銀沙羅土官散怯遮殺賽丘羅
敕雲南王遣人諭之癸亥賜壽寧公主鈔五千錠岐
王鎖南管卜訴荊王也速也不干侵其分地命甘肅
行省閱籍歸之乙丑周王和世瑓及諸王燕只哥台
等來貢賜金銀鈔幣有差遣使祀海神天妃丙寅籍
僧道有妻者為民塞保安鎮渠役民丁六千人是月
籍田蝗雲州黑河水溢衢州大雨水發廩賑饑者給
漂死者棺延安屬縣旱免其租稅遼陽遼河老撒加
河溢右衛率部饑並賑之八月戊辰給累朝斡耳朵

鈔有差癸酉給與別乞烈失寧國
公印度支監鄉李羅

請辭職奉母不九賜皇后乳母
鈔千七百錠澤沱河

水溢發丁浚治河以殺其勢奉
元路治中單鵠言令

民採捕珍禽異獸不答昔你縢
戶鈔四千錠乙酉伯亦幹耳

乙亥賜公主也先帖木兒鈔三千錠乙酉伯亦幹耳

冠李陀寨命湖廣行省捕之庚
辰遣湖廣行省捕之

河諸倉備內郡饑田州洞徑為
冠遣湖廣行省平章政

發未賜公主先帖木兒鈔三千錠乙酉伯亦幹秧

朶作欽明殿成壬辰御史李昌言河南大為奸利請徙他鎮不報癸巳諡

事童童官河南大為奸利請徙他鎮不報癸巳諡

武宗皇后曰宣慈惠聖英宗皇后曰莊靜懿聖升祔
太廟發衛軍八千修白浮瓮山河堤是月揚州路崇
明州海門縣海水溢汴梁路扶溝蘭陽縣河溢浸民
田廬並賑之建德杭州衢州屬縣水真定晉寧延安
河南等路屯田旱大都河間奉元懷慶等路蝗筆昌
府通漕縣山崩硐門地震有聲如雷晝晦天全道山
崩飛石覺人鳳翔興元成都峽州江陵同日地震九
月丙申朔日有食之阿察赤的斤獻木綿大行帳救
國子監仍舊制歲貢生貢業成者六人禁僧道買民
田遣者坐罪沒其直壬寅寧夏路地震壬子太白犯

房甲寅湖廣土官宋王保來獻方物壬戌遣歡赤等
使諸王怯別等部甲子御史言廣海古流放之地請
以職官贓污者處之以示懲戒從之保定真定二路
饑賑糧三萬石鈔萬五千錠閏月丁卯賜諸王徹徹
禿渾都帖木兒鈔各五千錠己巳太白經天車駕至
大都壬申以災變赦天下廣西兩江徑為冠命所部
捕之甲戌命祀天地享太廟致祭五嶽四瀆名山大
川甲午八命媳蠻請官守置蒙慶宣慰司都元帥
府及木安孟傑二府于其地以同知為撒宣慰司事
你出公土官招南通並為宣慰司都元帥招諭人米

德為同知宣慰司事副元帥南通之子招三斤知木
安府姪混盆知孟傑府仍賜鈔幣各有差建昌贛州
惠州諸路饑賑米四萬四千石土番階州饑賑鈔千
五百錠奉元慶遠延安諸路饑賑糶有差冬十月丙
申享太廟戊戌諸王脫別帖木兒哈兒蠻等獻王及
蒲萄酒賜鈔六千錠己亥御史德住請擇東宮官癸
卯命帝師作佛事于大天源延聖寺甲辰改封建德
路烏龍山神曰忠顯靈澤普佑孚惠王乙巳畫有流
星己酉以治書侍御史王士熙為參知政事辛亥監
察御史亦怯列臺十咎言都水庸田使司擾民請罷

之癸丑江淛行省在丞相歡苔刺罕平章政事高
昉以海溢病民請解職不允雲南沙木寨土官馬愚
等來朝丁巳以御史中丞趙世延爲中書右丞以中
書僉議傳巖起由吏累爲吏部尚書三品
秩方物累朝禮儀壬戌御史韓鏞言尚書三品
來獻方物戊午辰星犯東咸監察御史馮思請命
太常纂俻累朝禮儀壬戌開南州土官阿只弄率蠻
兵爲冦雲南行省招捕之增置蕭州沙州亦集乃三
路推官大都路諸州縣霖雨水溢壞民田廬賑糧二
十四萬九千石衛輝嘉等縣饑賑鈔六千定仍蠲

地稅龍興路屬縣旱免其租大名河間二路屬縣
饑並賑之十一月庚午禁晉寧路釀酒減價糶京倉
米十萬石以賑貧民以思州土官田仁爲思州宣慰
使名雲南王帖木兒不花赴上都癸酉太白犯壘壁
陣乙亥焚冦湖廣行省督兵捕之辛你以降蠻謝
平樂府徑爲冦雲南蒲蠻來附置順寧府寶通州慶
烏窮爲蠻夷官雲南蒲蠻來附置順寧府寶通州慶
甸縣緬國主苔里必牙請復立行省於迷郎崇城不
允李斯來附給仰亦幹耳朶駞牛以歲饑開內郡山
澤之禁永平路水旱民饑蠲其賦三年諸王塔思不

元史本紀卷三十　十九

花部衛士饑賑糧千石冀寧路陽曲縣地震十二月
庚子發米三十萬石賑京師饑絳州太平縣趙氏婦
一産三子定限內不獲者償其賊辛丑敕命安南
失鐵木兒倒剌沙領內史府四幹耳朶事癸卯安南
遣使來貢方物甲辰梧州徑爲冦湖廣行省督兵捕
之戊申諸王参議韓讓左司郎中姚庸提調國子
監乙卯爪哇遣使獻金豹白猴白鸚鵡各一蔡國
公張珪卒植萬歲山花木八百七十本丙辰賜諸王
字羅帖木兒等鈔四千錠已未歲星退犯太微西垣

上將靜江路徑兵爲冦湖廣行省督兵捕之右江諸
寨土官岑世忠等來獻方物大都保定真定東平濟
南懷慶諸路旱免田租之半河南河間延安鳳翔屬
縣饑並賑之是歲汴梁汴梁汝寧峽州旱濟南衛輝
海寧南陽八路屬縣蝗汴梁諸屬縣霖雨河決揚州
路通州崇明州大風海溢
致和元年春正月乙丑朔高麗王遣使來朝賀獻方
物甲戌享太廟命繪塑麥圖乙亥詔諭百司九不赴
任及擅離職者奪其官避差遣者笞之御史鄒惟亨
言時享太廟三獻官舊皆勳戚大臣而近以户部尚

元史本紀卷三十　二十

書為亞獻人既疎禮難嚴肅請仍舊制以省臺樞
密宿衛重臣為之丁丑頒農桑舊制十四條于天下
仍詔勵有司以察勤惰己卯帝將畋柳林卸史王巏
等以歲饑諫帝曰其禁衛士毋擾民家命御史二人
巡察之諸王星吉班部饑賑鈔萬錠米五千石占城
妃戊子詔優護不哇國王札牙納哥仍賜衣物弓矢
罷河南鐵冶提舉司歸有司命帝師脩佛事于禁中
靈川臨桂二縣命廣西招捕之甲申遣使祀海神天
匡商稅給宗仁衛蒙古子女糧六月辛巳靜江徭寇
遣使來貢方物且言為交趾所侵詔諭解之禁僧道

免陝西摻鹽一年發辛修京城罷益都諸屬縣食鹽
加封幸淵龍神福應昭惠公河間真定順德諸路饑
賬鈔萬一千錠大都路東安州大名路白馬縣饑並
賬之二月癸卯弛汴梁路酒禁乙卯牙即遣使蔵古
來貢方物庚申詔天下改元致和免河南自寶田糧
一年被災州郡稅粮一年流民復業者差稅三年疑
獄繫三歲不決者咸釋之賜遼王脫歡鈔五千錠壬
戌太白晝見癸亥解州鹽池黑
王王禪鈔二千錠
河間汴梁二路屬縣及開城乾州蒙古軍饑並賬之
龍堰壞調畨休鹽丁修之陝西諸路饑賬鈔五萬錠

三月庚午阿速衛兵出戍者千人人給鈔四十錠貧
乏者六千一百人人給米五石雲南安隆寨土官岑
世忠與其兄世興相攻籍其民三萬二千戶來附歲
輸布三千匹請立宣撫司以總之不允置州一以世
興知州事置縣二聽世忠舉人用之仍諭其兄弟共
處立萬戶府二領征兩紅胖襖軍塔失帖木兒倒剌
才叙用從之辛未大天源延聖寺顯宗神御殿成帝
沙言災異未弭由官吏以罪黜罷者怨誹所致量
總管府以司財賦甲戌雅濟國遣使獻方
物乙卯帝御興聖殿受無量壽佛戒于帝師庚辰命

僧千人脩佛事于鎮國寺辛巳賜壽寧公主鹽價鈔
萬引甲申遣戶部尚書李家奴徃鹽官祀海神仍集
議修海岸丙戌詔帝師命僧脩佛事于鹽官州仍造
浮屠二百一十六以厭海溢戊子車駕幸上都己丑
以趙世延知經筵事趙藺預經筵事阿魯威同知經
筵事曹元用吳秉道虞集段輔馬祖常燕赤亭术魯
卿並蕉經筵官雲南土官撒加布降奉方物來獻置
州一以撒加布知州事隸羅羅宣慰司徵其租賦壬
辰太平路當塗縣楊氏婦一產三子晉寧衛輝二路
及泰安州饑賬鈔四萬八千三百錠冀寧路平定州

饑賑糶米三萬石陝西四川及河南府等處饑並賑
之夏四月丙申欽州徭猺等為寇命湖廣行省備
之己亥塔失帖木兒倒剌沙請凡蒙古色目人効漢
法丁憂者除其名從之壬寅李家奴以作石囤捍海
議聞己酉御史楊倬等以民饑請分僧道儲粟濟之
不報甲寅政封蒙山神曰嘉惠昭應王鹽池神曰靈
富公洞庭廟神曰忠惠順利靈濟昭佑王唐柳州刺
史柳宗元曰文惠昭靈公戊午禁僞造金銀器皿大
都東昌太寧汴梁懷慶之屬州縣饑發粟賑之保定
冠州德州般陽彰德濟南屬州縣饑發鈔賑之是月

《元史本紀卷三十》卅三

靈州潘州大雨雹薊州及岐山石城二縣蝗廣寧路
大水崇明州大風海溢五月甲子遣官分護流民還
鄉仍禁聚至千人者杖一百丙寅廣西普寧縣僧陳
慶安作亂偽建國改元己巳八百媳婦蠻遣子哀招
獻馴象癸酉籍在京流民廢疾者給糧遣還大理怒
江甸土官阿哀你冠樂辰諸寨命雲南行省督兵捕
之庚辰有流星大如生其光燭地甲申安南國及八
洞蠻酋遣使獻方物戊子以嶺北行省平章政事塔
失帖木兒為中書平章政事是月燕南山東東道又
奉元大同河間河南東平濮州等處饑賑鈔十四萬

三十餘錠峽州屬縣饑賑糶糧五千石冀寧廣平真
定諸路屬縣大雨雹汝寧府潁州衛輝路汲縣蝗涇
州靈璧縣旱六月高麗世子完者禿許取其印還平
章政事買閭住諭高麗王偑還之丙午禿火沙乃馬
神御殿是月諸王喃答失徹禿諸郡
風雪斃畜牧士卒饑賑糧五萬石鈔四十萬錠彰德
延安二路饑賑鈔四千八百九十錠河南安德
電南寧開元求平諸路水江陵路屬縣大雨
屯蝗食桑秋七月辛酉朔寧夏地震庚午帝崩壽三
十六葬起輦谷己卯大寧路地震癸未俯佛事于欽

《元史本紀卷三十》卅四

明殿乙酉皇后皇太子降旨諭安百姓丙戌太白犯
軒轅大星九月倒剌沙立皇太子為皇帝改元天順
詔天下泰定之世災異數見君臣之間亦未見其引
咎責躬之實然能知守祖宗之法以行天下無事
稱治平弦其所以為足稱也

本紀卷第三十

翰林學士承旨兼脩國史臣宋濂　翰林侍制承直郎同知制誥兼　國史院編脩官臣王禕　等脩

勅修

明宗

元史本紀卷三十一

明宗翼獻景孝皇帝諱和世㻋武宗長子也母曰仁獻章聖皇后亦乞烈氏成宗大德三年命武宗撫軍北邊帝以四年十一月壬子生成宗十一年武宗入繼大統立仁宗為皇太子命以次傳於帝武宗崩仁宗立延祐三年春議建東宮時丞相鐵木迭而欲固位取寵乃議立英宗為皇太子又與太后幸臣識烈門諸帝於兩宮浸潤久之其計遂行於是封帝為周王出鎮雲南置常侍府官屬以遙授中書左丞禿忽魯大司徒幹耳朶中政使尚家奴山比遠陽等路蒙古軍萬戶孛羅帖木兒翰林侍講學士教化等並為常侍中衛親軍都指揮使唐兀兵部尚書賽罕八都魯為中尉仍置諮議記室各二負遣就鎮是年冬十一月帝次延安禿忽魯尚家奴孛羅及武宗舊臣沙不丁哈八兒禿等皆來會教化謀曰天下者我武皇之天下也出鎮之事本非上意由左右搆間致然請以其故白行省俾聞之朝廷廢可杜塞離間不然

事變叵測遂與數騎馳去先是阿思罕為太師鐵木迭兒奪其位出之為陝西行首丞相及教化等至即與平章政事塔察兒行臺御史大夫脫脫里伯中丞歡潑襲殺阿思罕阿台等聞帝至咸率眾來附帝至其脫悉發關中兵分道自潼關河中西行至北邊金山西比諸王察阿台等扎顏夏居幹羅幹察命從者耕于野泥十餘年開邊境寧謐延祐七年仁宗崩英宗嗣立是歲夏四月丙寅子妥懽帖木兒生是為至正帝至治三年八月癸亥御史大夫鐵木兒等弑英宗晉王也孫鐵木兒自立為皇帝改元泰定五月遣使迓帝從皇后八不沙至自京師二年帝第圖帖睦爾以懷王出居于建康三年三月癸酉子懿璘質班生是為寧宗歲戊辰七月庚午泰定皇帝崩于上都倒剌沙專權自用踰月不立君朝野疑懼時僉樞密院事燕鐵木兒留守京師遂謀舉義八月甲午黎明召百官集興聖宮兵皆露刃跪於眾曰武皇有聖子二人孝友仁文天下歸心大統所在當迎立之不從者死乃縛平章烏伯都剌伯顏察兒以下中書左丞雜朶歹知政事王士熙等下于獄燕鐵木兒與西安

王阿剌忒納失里固守内廷於是帝方遠在沙漠
未能至應生他變乃迎帝第懷王于江陵且宣言已
遣使比迎帝以安衆心復矯稱帝所遣使者自比方
來云周王從諸王兵整南轅且夕即至矣丁巳懷
王入京師群臣請正大統固讓曰大兄在比以長以
德當有天下必不得已當明以朕志撝告中外九月
壬申懷王即位是為文宗改元天曆詔天下曰謹俟
大兄之至以遂朕固讓之心時倒剌沙在上都立泰
定皇帝子為皇帝乃遣兵分道犯大都而梁王王禪
右丞相皆失鐵木兒御史大夫紐澤太尉不花等兵

《元史本紀卷三十一》（三）

皆次于榆林燕帖木兒與其弟撒敦子唐其勢等帥
師與戰屢敗之上都兵潰十月辛丑齊王月魯帖
木兒元帥不花帖木兒以兵圍上都倒剌沙乃奉皇
帝實出降兩京道路始通於是文宗遣哈散及撒迪
等相繼來迎朔漠諸王皆勸帝南還京師遂發比邊
諸王察阿台汾遣元帥朵烈揑萬戶買驢等咸率
庖行齎臣孛羅尚家奴迎武寧王徹兗僉樞密院
行省平章政事潑皮奴哈八兒皆從至金山嶺北
事帖木兒不花繼至乃命孛羅如京師兩京之民聞
帝使者至驪呼鼓舞曰吾天子實自比來矣諸王奮

臣爭先迎謁所至成聚天曆二年正月乙丑文宗復
遣中書左丞躍里帖木兒來迎乙酉撒迪等至入見
帝于行幄以文宗命勸進木兒等還京師帝命還報京師是
庖行諸王大臣咸入賀乃命撒迪遣人選報京師是
月前翰林學士承旨不荅失里以太府太監沙剌班
肇金銀幣帛至遣撒迪遣人之曰朕弟暴
嘗覽觀書史通者得無廢乎聽政之暇宜親賢士大
夫講論史籍以知古今治亂得失卿等至京師來觀
朕意諭之二月壬辰宣靖王買奴自京師來是月文宗立
追尊皇妣亦乞烈氏曰仁獻章聖皇后

《元史本紀卷三十》（四）

奎章閣學士院于京師遣人以除目來奏帝並從之
三月戊午朔次潔堅察罕之地辛酉文宗遣右丞相
燕鐵木兒奉皇帝寶來上御史中丞八即剌知樞密
院事禿兒哈帖木兒等各率其屬以從壬戌造乘輿
服御及近侍諸宗藩服用丙寅帝謂中書左丞躍里帖木
兒曰朕至上都諸王必皆來會非尋常朝會比
也諸王察阿台今亦從朕遠來有司供張皆宜豫備
卿其與中書臣僚議之丁亥雨土霾四月癸巳與鐵
木兒見帝於行在牵百官上皇帝寶帝嘉其勳拜太
師仍命為中書右丞相開府儀同三司上柱國錄軍

國重事監脩國史咨剌罕太平王並如故復諭撥鐵
木兒等曰凡京師百官朕弟所用者並仍其舊卿等
其以朕意諭之撥鐵木兒奏陛下君臨萬方國家大
事所繫者中書省樞密院御史臺而已宜擇人居之
帝然其言以武宗甲午立行樞密院賽帖木兒買奴
前中書平章政事伯帖木兒知樞密院事常侍孛羅
為御史大夫命昭武王知樞密院事常侍孛羅
事火沙領行樞密院事同知樞
密院事是日帝宴諸王大臣于行殿燕鐵木兒哈八
兒禿伯帖木兒孛羅等侍帝特命孛羅臣曰太祖皇帝

嘗訓敕臣下云美色名馬人皆悅之然方寸一有繫
累即能壞名敗德卿等居風紀之司亦嘗念及此乎
世祖初立御史臺首命塔察兒奔傑兒二人協司
其政天下國家譬猶一人之身中書則右手也樞密
則左手也左右手有病治之以良醫省院關失不以
御史臺治之可乎凡諸王違法越禮一聽舉劾朕
風紀重則貪墨懼猶斧斤重則入木深其勢然也朕
有關失卿亦以聞朕不爾責也乙未特命孛羅等傳
旨宣諭燕鐵木兒伯荅沙火沙哈八兒禿八即剌等
曰世祖皇帝立中書省樞密院御史臺及百司庶府

共治天下大小職掌已有定制世祖命廷臣集律令
章程以為萬世法成宗以來列聖相承罔不恪遵成
憲朕今居太祖世祖所居之位凡省院臺百司庶政
詢謀僉同標譯所奏以告于朕軍務機密樞密院當
即以聞毋以風夜為間而稽留之其他事務果有所
言必先中書院臺其下百司及瞀御之臣毋得隔越
陳請宜宣諭諸司咸俾聞知儻違朕意必罰無赦丁
酉以陝西行臺御史大夫鐵木兒脫為上都留守辛
丑文宗立都督府于京師遣使來奏又以臺憲官除
目來上並從之癸卯遣使如京師卜日命中書左丞

相鐵木兒補化攝告即位于郊廟社稷遣武寧王徹
徹秃及哈八兒禿立文宗為皇太子仍立詹事院罷
儲慶司以徹里鐵木兒為中書平章政事闊兒吉司
為中書右丞怯來只兒哈即並為甘肅行省平章政
事忽剌台為江浙行省平章政事甲辰敕中書省那
海為嶺北行省平章政事乙巳監察御史言領北行
者賚以幣帛乙巳監察御史言領北行省控制一方
廣輪萬里實為太祖肇基之地國家根本繫焉方面
之寄豈可輕任平章塔即吉素非勳舊奴事倒剌沙
偓起宿衛輒為右丞俄陞平章年已七十眊昏珠甚

左丞馬謀本晉邸部民以女妻倒剌沙引為都水遂
除左丞即中羅里市井小人禿魯忽乃晉邸衛卒不
諳政務並宜黜退臺臣以聞帝曰御史言甚善其並
黜之又諭臺臣曰御史劾領北省臣朕甚嘉之繼今
所當言者毋有所憚被劾之人苟營求申訴朕必令
廉之或非其實毋輒以聞五月丁巳朔次呆里伯真
之地戊午遣西安王阿剌忒納失里還京師封帖木
兒為保德郡王賜鷹駕宿衛士等幣帛有差巳未皇
太子遣翰林學士承旨阿鄰帖木兒來觀庚申次斡
耳罕木東辛酉御史大夫李羅中政使尚家奴並特
授開府儀同三司以典四番宿衛癸亥次必忿怯禿
之地翰林學士承旨斡耳朶自京師來觀命有司新
武宗幄殿車輿庚午命燕鐵木兒陞用領北行省官
吏其餘官吏並賜散官一級選用潛邸舊臣及扈從
士受制命者八十有五人六品以下二十有六人壬
申次探禿兒海之地封亦憐真八為柳城郡王以八
即剌為陝西行臺御史大夫眾家奴為御史中丞乙
亥次禿忽剌敕大都省臣鑄皇太子寶時求太子
寶不知所在近侍伯不花言寶藏于上都行幄遣人
至上都索之無所得乃命更鑄之西木隣等四十三

驛旱災命中書以糧賑之計八千二百石丁丑皇太
子發京師鎮南王帖木兒不花諸王也速幹即荅來
不花朶來只班也不干駙馬別闍里及扈衛百
官悉從行戊寅京師市馬二百八十疋載乘輿服御
送行在所已卯次禿魯忽剌河東加翰林學士承旨唐
兀為太尉趙王馬札罕部落旱民五萬五千四百口
不能自存敕河東宣慰司賑糧兩月庚辰賜諸王燕
只哥台鈔二百錠幣帛二千四百辛巳次斡羅幹秀之
地壬午次不魯通之地是日左丞相鐵木兒補化等
以帝即位攝告南郊甲申次忽剌火失溫之地六月
丁亥朔次坤都也不剌之地是日鐵木兒補化等以
帝即位攝告于宗廟社稷戊子燕鐵木兒等奏中政
院越中書擅奏除授文來徵制勑巳如所請授之
然於大體非宜乞申命禁止庶遣使政權歸一從之庚
寅次撒里之地陝西行省告饑遣使
議賑救之丁酉次兀納八之地陞都督府為大都督
府已亥次闊朶之地樞密院奏皇太子遣使來言近
已頒敕四川諸省兵悉遣還管惟雲南逆謀叵測兵
未可即罷令臣等以聞帝曰可仍屯戌俟平定而後
罷辛丑次散里怯兒之地壬寅戒近侍毋得輒有奏

請甲辰賜駙馬脫必兒鈔千錠徙雲南丁未次哈里
溫戊申次闊柔傑阿剌倫辛亥次哈兒哈納禿之地
詔諭中書省臣凡國家錢穀銓選諸大政事先啟皇
太子然後以聞癸丑次忽禿禿之地甲寅賑陝西臨潼
華陰二十三驛鈔一千八百錠晉寧路十五驛鈔八
百錠是月鐵木兒補化以久旱啓于皇太子辭相位
乞更選賢德委以燮理皇太子遣使以聞帝諭闊兒
吉思等曰脩德應天乃君臣當為之事鐵木兒補化
所言良是天明可畏朕未嘗斯須忘于懷也皇太子
來會當與共圖其可以澤民利物者行之卿等其以

朕意諭群臣七月丙辰朔日有食之甲子次字羅火
你之地壬申監察御史把的千思言朝廷自去秋命
將出師戡定禍亂其供給軍需賞賚將士所費不可
勝紀若以歲入經賦較之則其所出已過數倍況今
諸王朝會舊制一切供億俱尚未給而陝西等處每
鍾荐臻餓殍枕藉加以冬春之交雪雨愆期麥苗槁
死秋田未種民廢邊遠流移者衆臣伏思之此正國
家當用之時也如果有功必當賞賚者宜視其官之
崇卑而輕重之不惟省費亦可示勸其近侍諸臣奏
請恩賜宜悉停罷以紓民力臺臣以聞帝嘉納之仍

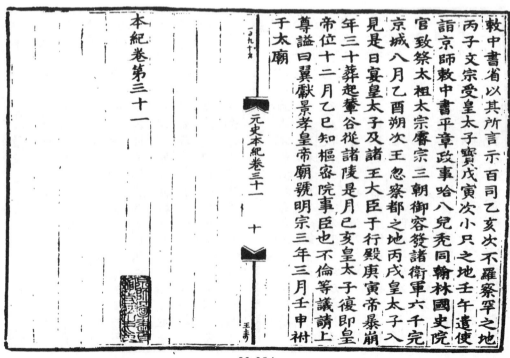

敕中書省以其所言示百司乙亥次不羅察罕之地
丙子文宗受皇太子寶戊寅次小只之地壬午遣使
詣京師敕中書平章政事哈八兒禿同翰林國史院
官致祭太祖太宗睿宗三朝御容發諸衛軍六千完
京城八月乙酉朔次王忽察都之地丙戌庚寅帝暴崩
見是日宴皇太子及諸王大臣于行殿皇太子復即
帝位十二月乙巳知樞密院事臣也不倫等議請上
尊諡曰翼獻景孝皇帝廟號明宗三年三月壬申祔
于太廟

本紀卷第三十一

翰林學士亞中大夫知制誥兼修國史宋濂
翰林待制奉直大夫國史院編修官王禕等奉
勑修

文宗一

文宗聖明元孝皇帝諱圖帖睦爾武宗之次子明宗
之弟也母曰文獻昭聖皇右唐兀氏大德三年武宗
總兵北邊帝以八年春正月癸亥生十一年武宗入
繼大統至大四年武宗崩傳位于第仁宗延祐三
年丞相鐵木迭兒等議立英宗為皇太子明宗以武
宗長子乃出之居于朔漠及英宗即位鐵木迭兒復
為丞相懷私固寵攜纍胥肉諸王大臣莫不自危至
治元年五月中政使咬住告脫歡察兒等交通親王
於是出帝居于海南三月六月英宗在上都謂丞相
拜住曰朕兄弟實相友愛曩以小人諸惡俾居遠方
當丞召還明正小人離間之罪未幾鐵失弒也先鐵木
兒等為逆而晉王遂立為皇帝改元泰定召帝于海
南之瓊州還至潭州復命止之居數月乃還京師十
月封懷王賜黃金印二年正月又命出居于建康以
史倒剌沙為中書平章政事遂為丞相較慎自用災
殊祥院使也先捏掌其衛士初晉王既為皇帝以內

《元史本紀卷第三十二》　一

異數見而帝兄弟播越南北人心思之致和元年春
大駕出畋柳林以疾還宮諸王滿禿阿馬剌台太常
禮儀使哈海宗正扎魯忽赤雍古台遷帝居江陵七月庚午泰定
事燕鐵木兒謀曰今主上之疾日臻將往上都即縛
不諱吾黨盍從諸王大臣殺之居者執諸王大臣殺之即如有
大都省臺官宣言太子已至正位宸極傳檄守禦諸
關則大事濟矣三月大駕至上都蒲禿闊闊出等扈
從西安王阿剌忒納失里居守燕鐵木兒亦留大都
時也先捏私至上都與倒剌沙等圖弗利於帝乃遣
宗正扎魯忽赤雍古台遷帝居江陵七月庚午泰定

皇帝崩于上都倒剌沙及梁王王禪遼王脫脫因結
黨害政人皆不平時燕鐵木兒見謀實掌大都樞密符印
謀於西安王阿剌忒納失里陰結勇士以圖舉義八
月甲午黎明百官集興聖宮燕鐵木兒率阿剌鐵木
兒亨倫赤等十七人兵皆露刃號於眾曰武宗皇帝
有聖子二人孝友仁文天下正統當歸之今爾一二
臣敢紊邦紀有不順者斬刀手縛平章政事烏伯都
剌伯顏察兒分命中書省事脫脫吳秉道侍御史烏伯都
王士熙僉議中書省事脫脫吳秉道侍御史鐵木哥
立世傑治書侍御史脫歡太子詹事丞王桓等皆下

《元史本紀卷第三十二》　二

之獄燕鐵木兒與西安王阿剌忒納失里共守內廷
籍府庫錄符印召百官入內聽命即遣前河南行省
叅知政事明里董阿前宣政使咎里麻失里馳驛迎
帝於江陵以意諭河南行省平章政事叅知
兵以備扈從是日前湖廣行省左丞相別不花為中
政事王不憐吉台為樞密副使與中書左丞前陝西行省
書左丞相太子詹事速速為中書右丞趙世延
湖廣行省右丞相太子詹事塔失海涯為中書平章政事前
同僉樞密院事燕鐵木兒翰林學士承旨亦列赤通
政院使寒食分典機務調兵守禦關要徵諸衛兵此

《元史本紀卷第三十二》　三

京師下郡縣造兵器出府庫犒軍士燕鐵木兒直宿
禁中達旦不寐一夕或再徙人莫知其處乙未以西
安王令給宿衛京城軍士鈔有差調諸衛兵守居庸
關及盧兒嶺丙申遣左衛率使禿魯將兵屯白馬甸
隆鎮衛指揮使幹都蠻將兵屯泰和嶺丁酉發中衛
兵守遷民鎮又遣撒里不花等徙迎帝且令塔失帖
木兒矯為使者自南來言帝已次近郊使民毋驚疑
戊戌徵宣靖王買奴諸王燕不花于山東己亥徵兵
遠陽明里董阿至汴梁執行省印庚子發宗仁衛兵增守
政廉訪司萬戶府及郡縣印

遷民鎮辛丑遣萬戶徹里帖木兒將兵屯河中壬寅
河南行省以郡縣闕人權署官攝其事癸卯燕鐵木
兒之弟撒敦子唐其勢自上都來歸河南行省殺平
章曲烈右丞別鐵木兒是日明里董阿等至江陵甲
辰帝發江陵遣使召鎮南王鐵木兒不花補化來
會執湖廣行省左丞相太子詹事高昌王鐵木兒威順王寬
徹不花湖廣行省平章政事高昌王鐵木兒補化來
南行省出府庫金千兩銀四千兩鈔七萬一千錠分
給官吏軍將士又命有司造乘輿供張儀杖等物乙巳
遣隆鎮衛指揮使也速台兒將兵守碑樓口河南行

《元史本紀卷第三十二》　四

省殺其叅政脫字臺召陝西行臺待御史馬扎兒台
及行省平章政事探馬赤不至丙午諸王按渾察至
京師遣前西臺御史剌馬黑巴等諭陝西丁未撒敦
守居庸關唐其勢屯古北口命河南行省造銀符以
給軍士有功者戊申燕鐵木兒又令乃馬台矯為使
者北來言周王整兵南行聞者皆悅帝命河南行省
平章政事伯顏為本省左丞相河南行省遣前萬戶
李羅等將兵守潼關己酉諸王滿禿阿馬剌台宗正
扎魯忽赤闊闊出前河南行平章政事道前萬戶
讀學士兀魯思不花太常禮儀院使哈海赤等十八

人同謀據大都事覺倒剌沙殺之庚戌帝至汴梁伯
顏等危從北行以前翰林學士承旨阿不海牙爲河
南行省平章政事發平灤民墾遷民鎮以禦遼東軍
辛亥必篤徹鐵木兒知樞密院事亦列赤爲御史中丞
壬子阿速衛指揮脫脫木兒帥其軍自上都來歸
即命守古北口癸丑鑄樞密院分院印是日上都諸王
脫木兒居守甲寅剌馬黑巴等至陝西皆見殺乙卯脫
脫木兒及上都諸王失剌平章政事乃馬台詹事欽
帖木兒太師孛帶左丞相倒剌沙諸王脫脫主字羅
及用事臣以兵分道犯京畿留遼王脫脫諸王脫木

察戰于宜興斬欽察于陣禽乃馬台送京師戮之失
剌敗走丙辰燕鐵木兒奉法駕郊迎丁巳帝至京師
入居大內貴赤衛指揮使脫送出自上都率其軍來
歸命守古北口戊午以速速爲中書平章政事前御
史中丞曹立爲中書右丞江浙行省參知政事張玹
諒爲中書參知政事河南行省左丞相伯顏爲御史
大夫中書右丞趙世延爲御史中丞已未以河南萬
戶也速台兒同知樞密院事罷回回掌教昐的所上
都梁王王禪右丞相塔失鐵木兒太尉不花平章政
事賈閭御史大夫紐澤等兵次榆林跤宣興縣爲州

隆鎮衛指揮使黑漢謀附上都坐棄市籍其家九月
庚申朔燕鐵木兒督師居庸關遣撒敦以兵襲上都
兵于榆林擊敗之追至懷來而還隆鎮衛指揮使斡
都蠻以兵襲上都諸王烕里鐵木兒赤于陀羅等
臺執之歸于京師即軍中賜脫脫木兒等銀各
千兩以分給軍士有功者賜京師耆老七十人幣帛
命有司括馬中書左丞相不花言回回人哈哈的用
自至治間貸官錢違制別徙番邦得寶貨無算法當
沒官而倒剌沙私其種人不許令請籍其家從之燕
鐵木兒請釋馬合苽從之陝西兵入河中府劾行

庫鈔萬八千錠敕同知府事不倫禿壬戌遣使祭五
嶽四瀆命速速宣諭中外曰昔在世祖以及列聖臨
御咸命中書省綱維百司總裁庶政九錢穀銓選刑
罰興造囷不司之自今除樞密院御史臺其餘諸司
及左右近侍敢有隔越中書奏請政務者以違制論
監察御史其糺言之以高昌王鐵木兒補化知鎮南
院事也先捏爲宣徽使給居庸關軍士糇糧賜鎮南
王鐵木兒不花等鈔有差徵五衛屯田兵赴京師安
南國來貢方物賜上都將士來歸者鈔各有差樞密
院臣言河南行省軍列戍淮西距潼關河中不遠湖

廣行省軍唯平陽保定兩萬戶號稱精銳請發斬黃
戌軍一萬人及兩萬戶軍爲三萬命湖廣衆政鄭昂
青萬戶脫脫木兒將之並黃河爲營以便徵遣從之
召燕鐵木兒赴闕上都諸王也先帖木兒平章禿滿
迭兒自速東以兵入管州殺掠吏民丙寅命造兵器江浙
兄以所部兵入關請早正大位以安天下帝固辭曰
大兄在朔方朕敢亲天序平燕鐵木兒曰人心向背
之機間不容髮一或失之噬臍無及帝曰必不得已
江西湖廣三省六萬事内郡四萬事丁卯燕鐵木兒

必明著朕意以示天下而後可賜西安王阿剌忌納
失里鎮南王帖木兒不花咸順王寬徹不花宣靖王
買奴等金各五十兩銀各五百兩幣各三十四遺撒
敦拒遼東兵于薊州東流沙河元帥阿兀剌守居庸
關上都軍攻碑樓口指揮使也速臺兒禦之不克戊
辰大司農明里董阿大都留守闊闊台並爲中青平
章政事募勇士從軍遣使分行河間保定真定及河
南等路括民馬徵鄠陵縣河西軍赴關命襄陽萬戶
楊克忠鄧州萬戶孫節以兵守武關命海道萬戶府
來年運米三百一十萬石造金符八十已巳鑄御寶

成立行樞密院于汴梁以同知樞密院事也速台兒
知行樞密院事將兵行視太行諸關關西擊河中澗關
軍以摺疊弩分給守關軍士上都諸王忽剌台等引
兵犯嘡州庚午命有司和市粟豆十六萬五千戶分
給居庸等關軍民守歸峽諸隘辛未常服謁
太廟雲南孟定路土官頗察兒歡兒遼東禿滿迭兒
棄其店朵朵王士熙伯顏受諸王百
戰于薊州兩家店脫脫木兒興遼東禿蒲迭兒
籍其家同知樞密院事脫脫木兒即位於大明殿受諸王百
朝賀大赦詔曰洪惟我太祖皇帝混一海宇爱立
宮

定制以一統緒宗親各受分地勿敢妄生覬覦此不
易之成規萬世所共守者也世祖之後成宗武宗仁
宗英宗以公天下之心以次相傳宗王貴戚咸遵祖
訓至於晉邸具有盟書顧守藩服而與賊臣鐵失等
先帖木兒等潛通陰謀冒干寶位使英宗不幸罹於
大故朕以叔父之故順承惟謹于今六年災異迭見權
聞朕以叔父之故播越南北備歷艱險臨御之事豈獲與於
臣倒剌沙烏伯都剌等專權自用踈遠勳舊廢棄忠
良變亂祖宗法度空府庫以私其黨類大行上賓利
於立幼顯握國柄用成其奸宗王大臣以宗社之重

統緒之正暢謀推戴屬於眇躬朕以菲德宜俟大兄

固讓再三宗戚將相百僚耆老以爲神器不可以久

曆天下不可以無主周王遼隔朔漠民庶邊邊巳及

三月誠懇迫切朕姑從其請謹俟大兄之至以遂朕

固讓之心巳於致和元年九月十三日即皇帝位於

大明殿其以致和元年爲天曆元年可大赦天下自

九月十三日昧爽已前除謀殺祖父母父母妻妾殺

夫奴婢殺主謀故殺人但犯強盜印造僞鈔不赦外

其餘罪無輕重咸赦除之於戲朕豈有意於天下哉

重念祖宗開創之艱懲隳大業是以勉徇輿情尚頼

爾中外文武臣僚協心相予輯寧億兆以成治功咨

爾多方體予至意癸酉翰林院增給驛璽書命燕鐵

木兒將兵擊遼東軍封燕鐵木兒爲太平王以太平

路爲食邑賜金五百兩銀二千五百兩鈔萬錠平江

官地五百頃中書右丞曹立爲江浙行省平章政事

福建廉訪使易釋董阿爲右丞前中書左丞張恩明

爲左丞諸王塔朮只兒哈郎佛質等自恩州來朝賜

按灰鈔百錠以祀天神括河東馬甲戌燕鐵木兒加

開府儀同三司上柱國錄軍國重事中書右丞相監

修國史依前知樞密院事伯顏加太尉以江南行臺

御史大夫朶兒只爲江浙行省左丞相淮西道肅政

廉訪使阿兒思蘭海牙爲江南行臺御史大夫諸王

李羅忽都火者來朝徵左右兩阿速衛軍老幼赴京

師不行者斬籍其家乙亥立太禧院以奉祖宗神御

殿祠祭秩正二品罷會福殊祥兩院江西行省平章

政事禿堅帖木兒江浙行省右丞亦列赤兼太禧院

使中書平章速速御史中丞易釋董阿並爲太

禧院使上都王禪兵襲居庸關將士皆潰祥和

次三河丙子王禪游兵至大口燕鐵木兒還軍次榆

河帝出齊化門視師丁丑燕鐵木兒來見曰乘輿一

出民心必驚軍旅之事臣請以身任之即日還宮命

司天監禁星戊寅諭中外曰近以姦臣倒刺沙烏伯

都刺潛通陰謀變易祖宗成憲既巳明正其罪九回

回種人不預其事者其安業勿懼有因而扇惑其人

者罪之又勅軍中迷歸及京城游民敢壤民財者斬

命高昌僧作佛事於延春閣又命也里可溫於顯懿

莊聖皇后神御殿作佛事諸王阿兒八忽按灰脫脫

來朝命留守司完京城軍士乘城守禦燕鐵木兒與

王禪前軍戰于榆河敗奔紅橋比其樞密副使

阿剌帖木兒指揮使忽都帖木兒以兵會王禪復來

戰又敗之我師擾紅橋增給大都驛馬百匹庚辰太
白犯亢宿詔諭御史臺令後監察御史廉訪司九有
刺舉並著其實無則勿妄以言廉訪司書吏當以職
官教授吏負鄉貢進士參用加封漢將軍關羽為顯
靈義勇武安英濟王禪遣使祠其前中書左丞相天監禁
刀七人于陣敗之脫脫木兒與遼東軍戰薊州之輝
子山壬午大霧王禪等遣崑山州獲上都須詔使者
星以別不花知樞密院事依前中書左丞相括山東
馬燕鐵木兒與上都軍大戰白浮之野燕鐵木兒手
及遼東徵兵使者以聞詔誅之癸未以同知樞密院
事禿兒哈帖木兒知樞密院事中書平章政事明里
董阿為江浙行省平章政事王禪收集散亡復來戰
我師列陣白浮之西敵不敢犯至夜撒敦脫脫木兒
前後夾攻敗走之追及于昌平比斬首數千級降者
萬餘人帝遣使賜燕鐵木兒上尊諭旨曰大將旗鼓每臨
陣躬冒矢石脫有不虞柰何自今第以大將旗鼓督
戰可也燕鐵木兒對曰九戰臣必以身先之敢後者
論以軍法若委之諸將何及甲申慶
戰見王禪單騎亡撒敦追之不及而還命御史臺九
雲各道廉訪司官用蒙古二人畏兀河西回回漢人各

一人各司書吏十六人用職官五各路司吏五教授
二鄉貢進士四人本臺經歷品秩相當者除各道廉
訪使都事除副使本臺譯史通事考滿不得除御史
靖安王闊不花等將陝西兵潛由潼關南水門入萬
戶李羅棄關走關不花等分據陝州等縣縱兵四刼
乙酉以明里董阿為中書平章政事領北行省左丞
燕不鄰知樞密院事幹羅丁壯千人守捍城郭上都兵
入古北口將士皆潰其知樞密院事竹溫台以兵掠
石槽追封乳母完者雲國夫人其夫幹羅思贈太保
封雲國公謚忠懿子鎖乃贈司徒封雲國公謚貞閔
燕鐵木兒遣撒敦倍道趨石槽掩其不備擊之燕鐵
木兒大兵繼至轉戰四十餘里至牛頭山擒駙馬孛
羅帖木兒平章蒙古塔失帖木兒將作院使撒兒討
溫送關下戮之將校降者萬人餘兵奔竄夜遣撒敦
出古北口逐之脫脫木兒與遼東軍戰薊州南殺獲
無筭調河南蒙古軍老幼五萬人增守京師募丁壯
守直沽調臨清萬戶府運糧軍三千五百並御河分
守山東丁壯萬人守禦益都般陽諸處海港居庸關
壘石以為固丁亥遼東軍抵京城燕鐵木兒引兵拒
之令京城里長召募丁壯及百工合萬人與兵士為

伍乘城守禦月給鈔三錠米三斗冀寧晉寧兩路所
轄代州之鴈門關崞州之陽武關嵐州之大澗口皮
庫口保德州之鴈門關隘底天橋白羊三關吉州之塢堡口
汾州之向陽關隰州之烏門關吉州之馬頭秦王嶺
兵援之陝西行臺御史大夫也先帖木兒引兵從之先
皆潰行樞密院官卜顏幹都蠻拍揮使也速臺兒將
壯守之戈子上都諸王忽剌臺等兵與紫荊關將士
二關靈石縣之陰地關皆令穿鑿壘石以爲固調丁
慶關渡河擒河中府官殺之萬戶徹里帖木兒
而遁河南廉訪副使萬家閭言徹里帖木兒身爲大

將紀律不嚴望風奔潰宜加重罰以示勸懲不報河
東聞也先帖木兒軍至官吏皆棄城走也先帖木兒
悉以其黨代之召雲南行省左丞相也先吉不至
前尚書左丞命以所籍家貲及制命還之冬十月己丑
都兒近侍令以所籍家貲及罪誅其二子上都哈剌八
朔命西僧作佛事燕鐵木兒引兵至通州擊遼東軍
敗之皆渡潞水走遣脫脫木兒等將兵四千西援紫
荊關調江浙兵萬人西禦潼關紫荊關潰卒南走保
定因肆剽掠同知路事阿里沙及故平章張珪子武
昌萬戶景武等率民持挺擊死數百人河南行省調

兵守虎牢關庚寅景武師與遼東軍夾潞水而陳遼東
軍宵遁我師渡而襲之辛卯禮官言即位之始當告
祭郊廟社稷時享之禮請改用仲月從之壬辰也先
進逼涿州同知州事教化的調丁壯禦之紫荊關亦先
捏以軍至保定殺阿里沙等及張景武兄弟五人并
取其家貲倒剌沙貸其姻家盧鹽運司判官而刺
馬丹鈔四萬錠買鹽營利於京師詔追理之癸巳秩
壽福會福隆禧崇祥四總管府分奉祖宗神御殿秩
正三品並隸太禧院忽剌臺游兵進逼南城令京城
居民戶出壯丁一人持兵仗從軍士乘城仍於諸門

列甕貯水以防火燕鐵木兒及陽翟王太平國王柴
羅臺等戰于檀子山之棗林唐其勢稍陣殺太平死
者薍野餘皆宵遁敦追之弗及甲午命有司市
馬千四賜軍士出征者脫脫木兒章吉與也先捏合
而宿乙未燕鐵木兒率軍循牝山而西趣良鄉諸將
擊敵軍於良鄉南轉戰至瀘溝橋忽剌臺被創擾橋
時與忽剌臺阿剌帖木兒等戰于瀘溝橋聲言燕鐵
木兒大軍至敵兵皆遁使者頒詔于甘肅至陝西行
省行臺官塗毀詔書械使者送上都湘寧王八剌失
里引兵入冀寧殺掠吏民時太行諸關守備皆闕冀

寧路來告急救萬戶和尚將兵由故關援之冀寧路
官募民丁迎敵和尚以兵為殿救獲甚眾會上都兵
大至和尚退保故關冀寧遂破兩申燕鐵木兒入朝
賜宴與聖殿賑通州被兵之家命速速等董度支緡
粟中書省臣言上都諸王大臣不思祖宗成憲惑於
姦臣倒剌沙之言輒以兵犯京畿賴陛下洪福王禪
遂致潰亡生擒諸王字羅帖木兒及諸用事臣蒙古
昔失雅失帖木兒等既已明正典刑宜傳首四方以
示眾從之丁酉以縉山縣民十人嘗為王禪向導誅
其為首者四人餘杖一百七籍其家貲妻子分賜守

關軍士戊戌命湖廣行省平章政事乞住調兵守歸
峽左丞別薛守八番以禦四川軍諸將追阿剌帖木
兒等至紫荊關隘之送京師皆棄市己亥幸大聖壽
萬安寺謁世祖裕宗神御殿賜燕鐵木兒太平王黃
金印并降制書及賜玉盤龍衣珠衣寶珠金腰帶海
東白鶻青鶻各一河南行中書省行樞密院皆聽便
宜行事禿滿迭兒軍復入古北口燕鐵木兒引軍禦
之大戰于檀州南歐之其萬戶以兵萬人降禿滿迭
兒遂走還遼東使者頒詔於陝西行省行臺官焚詔
書下使者獄告于上都庚午以梁王王禪弟賜諸王

帖木兒不花廷臣言保定萬戶張昌其諸父景武等
既受誅宜罷其所將兵而奪其金虎符不許辛丑以
同知樞密院事脫脫通政院使也不倫並知樞密
院事御史中丞亦列赤為御史大夫還給伯顏察兒
朵朵家貲齊王月魯帖木兒東路蒙古元帥不花帖
木兒等以兵圍上都倒剌沙等奉皇帝寶出降梁王
王禪遁遼王脫脫月魯帖木兒所殺遂收上
都諸王符印壬寅以宣徽使也先捏知行樞密院事
宣徽副使章吉為行樞密院副使與知樞密院事也
速台兒等將兵西擊潼關軍中書省臣言野理牙舊

以賊罪除名近復命為太醫使臣等不敢奉詔帝曰
往者勿咎比兵興之時朕已錄用其依朕命行之以
張珪女歸也先捏癸卯以故徽政使失烈門妻賜燕
鐵木兒軍以通州知州趙義能禦敵賜幣二匹也先
木兒軍至晉寧本路官皆遁甲辰晉郎及遼王所轄
路府州縣達魯花赤並罷免禁鋼選流官代之給准
東宣慰司銀字圓符命有司收將士所遺符印兵仗
賑鞏京城米十萬石石為鈔十五貫丙午中書省臣
言九有罪者既籍其家貲又沒其妻子制可丁未告祭于南
不孝之意今後請勿沒人妻子

郊以中書平章政事塔失海涯為大司農復以欽察
台為中書平章政事侍御史玥璐不花為中丞以度
支緞豆經用不足九諸王駙馬來朝並節其給宿衛
官已有廩祿者及內侍宮人歲給匁匁昆皆權止之糧
豆二十萬石於瀕御河運糧軍陝西兵至鞏縣黑石渡泳據
其直放還防河諸伏悉為所獲河南行省來吉急戒
虎牢我師皆潰諸衛雲南銀羅甸土官衰眷等來貢
有司脩城壁嚴守衛雲南銀羅甸土官衰眷等來貢
方物已酉別不花加太保落知樞密院事命刑部即
中大都前廣東盜事張世榮追理烏伯都剌家貲開

【元史本紀卷三十二】 十七

居庸關陝西軍奪武關萬戶楊克忠等兵清庚戌帝
御興聖殿齊王月魯帖木兒諸王別思帖木兒阿兒
哈失里那海穽及東路蒙古元帥不花帖木兒等奉
上皇帝寶倒剌沙等從至京師下之獄分遣使者徹
行省內郡罷兵以安百姓以官者伯帖木兒妻及奴
婢田宅賜撤敦辛亥雲南徹里路土官刀賽等來貢
方物詔自今朝廷政務及籍沒田宅賜人者非與燕
上皇議諸人不許奏陳以竄沒者米薛迷奴婢家貲
賜伯顏壬子以河南江西湖廣入貢賀馬駝太頻令減
其較以省驛傳以諸王火沙第賜鐵木兒繼母公

主察古兒癸丑燕鐵木兒辭知樞密院事命其叔父
東路蒙古元帥不花帖木兒代之撤鐵木兒請以蒙
古塔失等三十人田宅賜鐵木兒等三十人從
之以所括河北諸路馬四百匹給四宿衛阿塔赤二
百匹給中宮阿塔赤餘二千四分牧於內郡氀上都
倉庫錢穀御史臺臣言近此兵燹紫荊關官軍潰走
掠保定之民本路官吏與故平章張珪子景武五人率
其民擊官軍死也先捏不俟奏聞輒擅殺官吏及珪
五子珪三世為國勳臣設使珪子有罪殺珪非國
女又何罪焉今既籍其家又以其女妻也先捏誠非

【元史本紀卷三十二】 十八

家待遇勳臣之意帝曰卿等言是命中書華正之命
御史臺擇人充各道廉訪司官遣官賑良鄉涿州定
興保定驛戶之被兵者甲寅罷徹政院改立儲慶使
司秩正二品平章政事速明里董阿並領儲慶使
事鷹坊伯撒里河南行省左丞姚煒並為儲慶使元
帥也速荅兒執湘寧王忽剌台失里送京師八剌失里
及趙王馬扎罕諸王忽剌台承上都之命各起所部
兵南侵冀寧還次馬邑至是被執其所俘男女千人
悉還其家遣使止江浙軍士之往潼關者就還鎮也
先鐵木兒兵至潞州乙卯以倒剌沙宅賜不花帖木

兒倒剝沙子潑皮宅賜幹臺內侍王伯顏宅賜唐
其勢丙辰燕鐵木兒請以所沒遞臣赤斤鐵木兒家
賚還其妻燕鐵木兒請以所沒遞臣赤斤鐵木兒
三室仁宗祔左昭第四室英宗祔右穆第四室武宗祔第
祔右穆第二室成宗祔右穆第三室武宗祔右穆第四室加命
燕鐵木兒為詧剌宰仍命子孫世襲其號燕鐵木兒
請以河南平章曲列等二十三人田宅賜西安王阿剌
刾忒納失里等二十三人從之戊午詔諭廷臣曰九
今臣僚唯丞相燕鐵木兒大夫伯顏兼三職署事
餘者並從商省百司事當奏者共議以聞或私任已

意者不許獨請上都官吏自八月二十一日以後擢
用者並追收其制敕天下僧道有妻者皆令為民也
先捏軍次順德令廣平大名兩路括馬盜不
花初不花乘國家多事率殺剌掠居庸以北皆為所
擾至是盜入其家殺之興和路當盜以死罪刑部議
以為之罪獨以盜聞於法不當中書以聞帝嘉其議十
一月己未詔諭中外曰諸王王禪及秀蔄迷兒阿剌
剝之人若能去逆効順擒王禪等來歸者免本罪依上
不花秃堅等兵敗而逃有能擒獲者授五品官同黨

授官家奴獲之者得備宿衛敢有隱匿者事覺
人同罪給殿中侍御史及冀寧路印九內外百司印
因兵興而失者令中書如品秩鑄給之命太保伯答
沙陛太傅兼宗正扎魯忽赤總兵北邊中書省臣言
侍御史左吉非才不當任風憲御史臺臣伯顏不能
左吉御史所薦若既用之又以人言而止臺綱不
振朕必如省臣所言何不先言之其令左吉仍
是言左吉果不可用省臣何以辭避帝曰汝等其勿為
為侍御史帝謂中書省臣曰朕在瓊州建康時撒迪
皆從備極艱苦其賜鹽引六萬俾規利以贍其家命

郡縣招集被兵流亡之民貧者賑給之遼東降軍給
行糧遣還京畿及四方民為兵所掠而奴于人者令
有司追理送還山北京東驛民為兵者賑以鈔二萬一
千五百錠放高麗官者米薛迷剛苔里歸田里庚申
中書錄用前御史臺官亦憐真蔡文淵用江南行臺
御史王琚仁言汰近歲自身入官者敕行御史臺凡
有科劾必由御史臺陳奏勿徑以封事聞命中書省
追理倒剝沙及其兄馬其沙子潑皮木八剌沙等家
賚辛酉燕鐵木兒請以紐澤田宅賜欽察台也先捏
兵至武安也先鐵木兒以軍降河東州縣聞之盡殺

其所署官吏癸亥帝宿齋宮甲子服袞冕享于太廟
陝西兵進逼沐梁聞朝廷傳撤罷兵乃解去乙丑燕
鐵木兒請以烏伯都剌等三十人田宅賜幹魯思等
三十人從之丁卯伯顏兼忠翊侍衛都指揮使庚午
復立察罕腦兒宣慰司命總宿衛官分簡所募男士
非舊嘗宿衛者皆罷去沐梁河南等路及南陽府頻
歲皇旱禁其境內釀酒日本舶商至福建博易者江
浙行省選廉吏征其稅中書省臣言今歲既罷印鈔
本來歲擬印至元鈔一百一十九萬二千錠中統鈔
四萬錠監察御史言戶部鈔法歲會其數易故以新

期於流通不出其數週者倒剌沙以上都經費不足
命有司剙板印鈔全事既定宜急收駁從之監察御
史撒里不花鐀南八于欽張士弘言朝廷政務賞罰
為先功罪既明天下斯定國家近年自鐵木迭兒竊
位擅權假列賞以遂其私網紀紊迫至泰定爵賞
益濫比以兵興用人甚急然而賞罰不可不嚴夫功
之高下過之重輕皆係天下之公論願命有司務合
公議明示黜陟功罪既明賞罰收當則朝廷蕭清紀
網振舉而天下治矣帝嘉納之幸未遣西僧作佛事
於興和新內鐵木哥兵入襄陽本路官皆遁襄陽縣

尹谷庭珪主簿張德珪獨不去西軍執使降不屈死之
時僉樞密院事塔海擁兵南陽不救壬申遣官告祭
社稷以故平章黑驪平江田三百頃及嘉興蘆地賜
西安王阿剌忒納失里癸酉八百媳婦國使者昭哀
雲南威楚路土官眤放等九十九寨土官必也姑來
各以方物來貢燕木兒言向者上都舉兵諸王失
刺密同知阿乞剌等十人南望宮闕鼓譟其黨賞甲
命逆戰情不可恕詔各杖一百七流遠籍其家賞甲
戌居泰定右雍吉剌氏于東安州杭州火命江行
省賑被災之家乙亥賜西安王阿剌忒納失里齊王

月魯帖木兒知樞密院事不花帖木兒金各五百兩
銀各二千五百兩鈔諸王朵列帖木兒金五
十兩銀各五百兩鈔千錠從者及軍士有差丙子速速
坐受賂杖一百七徒襄陽以母年老記留之京師丁
丑以躬祀太廟禮成御大明殿受諸王文武百官朝
賀荊王也速也不干遣使傳撤至襄陽鐵木哥引兵
走戌寅以御史中丞玥璐不花為太禧使監察御史
撒里不花等言玥璐不花素稟直氣操履端正陛下
欲振憲綱非任斯人不可乃復以玥璐不花為中丞
兼太禧使作佛事于五臺寺命河南江浙兩省以兵

五萬益湖廣已卯中書省臣言內外流官年及致仕
者並依階叙授以制敕今後不須奏聞制可以也先
鐵木兒烏伯都剌珠衣賜撒迪以中政院令還官
州縣丁壯所給甲冑兵杖皆令還官庚辰遣使奉迎
皇兄明宗皇帝於漠北以中政院使敬儼為中書平
章政事同知樞密院事徹里帖木兒為中書左丞辛
已遣欽察百戶及其軍士還鎮以脫脫等三人妻賜
童木兒為中書左丞必
闊闊出等三人以梁台等十
兒等十一人壬午第三皇子寶帝易名太平訥命大
司農買住保養於其家詔行樞密院罷兵還以御史

元本紀卷第三十二

中丞玥璐不花為中書右丞癸未倒剌沙伏誅磔其
尸於市王禪亦賜死馬某沙紐澤撒的迷失也先鐵
木兒等皆棄市以所賜速速宅改賜駙馬謹
只兒及乳媼也孫真甲申命威順王寬徹不花還鎮
湖廣御史中丞趙世延以老疾辭職不許用故中丞
崔彧故事加平章政事居前職御史臺臣言行宣政
院行都水監宜罷從之丙戌作水陸會以阿魯灰帖
木兒等六人在上都欲舉義不克而死並賜贈謚邮
其家燕鐵木兒言晉王及邊王等所轄府縣達魯花
赤既已黜罷其所舉宗正府扎魯忽赤中書斷事官

皆其私人亦宜革去從之敕趙世延及翰林直學士
虞集製御史臺碑文遣諸衛兵各還鎮別不花罷命
有司追理上都官吏預借俸遼王脫脫之子八都聚
黨出劫掠敕宣德府官捕之四川行省平章襄加
自稱鎮西王以其省左丞脫脫為平章前雲南廉訪
使楊靜為左丞殺其省平章寬徹等官稱兵燒絕棧
道烏蒙路教授杜巖肖謂聖明繼統方內大宰省臣
當罷兵入朝廄免一方之害襄加台以其妄言感衆
杖一百七禁錮之十二月己丑朔監察御史言伯顏
宜與燕鐵木兒一體論功行賞帝曰伯顏之功朕心

元本紀卷第三十三

知之御史不必言庚寅令內外諸司天壽節聽具內
食民間禁屠宰如舊制命通政院整飭蒙古驛諸關
隘嘗毀民屋以塞者賜民鈔俾完之甲午以王禪奴
婢賜鎮南王鐵木兒不花及燕鐵木兒乙未以王禪
弓矢賜燕鐵木兒伯顏燕鐵木兒請以馬某沙等九
人田宅賜燕不隣等九人從之丙午辛大崇恩福元
寺詔武宗神御殿分命諸僧於大明殿普雙等來貢方
宮隆福宮萬歲山作佛事雲南土官普延春閣興聖
御史臺臣言也先捏將兵所至擅殺官吏俾掠子
女貨財詔刑部鞫之籍其家杖一百七竄于南寧命

其妻歸父母家巳亥造皇后玉冊玉寶庚子赦天下賜諸王蒲禿果王阿剌台爲毅王宗正札魯忽赤闊闊出等十七人並賜功臣號及階官爵諡仍命有司刻其功于碑賜鈔郵其家中書省臣言陝西行省行臺官焚棄詔書坐罪當流經赦宥永不錄用爲宜制可辛丑立龍翊侍衛親軍都指揮使司分掌欽察軍士秩正三品指揮使三人命燕鐵木兒及卜蘭奚卯宰爲之餘官悉聽燕鐵木兒選人以聞命高昌僧作佛事於寶慈殿江南行臺御史言遼王脫脫自其祖父以來屢爲叛逆蓋因所封地大物衆宜

削王號處其子孫遠方而析其元封分地詔中書與勳舊大臣議其事火兒忽卷等十三人從湘寧王八剌失里用兵既伏誅命皆籍其家貲西僧百人作佛事於徹徹都闆七日癸卯欽察阿速二部依宿衛軍士例給芻豆乙巳伯顏加太尉同振臺綱詔天下立內宰司隸儲慶使司秩正三品以阿伯等六人田宅賜諸王老的等六人雲南姚州知州高明來貢方物戊申以潛邸所用工匠百五十人付皇子阿剌忒納荅剌立異樣局以司之秩從六品加伯顏爲太保知樞密院事不

花帖木兒爲太尉香山爲司徒巳酉開上都酒禁壬子以諸路民匠提領所合爲提舉司秩從五品甲寅復遣治書侍御史撒迪內侍不頗禿古思奉迎皇兄於漠北遣人送名鷹於行在所以王禪妻金珠首飾歸中宮丁己封西安王阿剌忒納失里爲豫王賜南康路爲食邑微里鐵木兒陞右丞恭知政事戊午詔被兵郡縣免雜役議省事趙世安爲恭知政事躍里鐵木兒賜辰封西安王阿剌忒納失里及燕鐵木兒補化爲左丞恭知政事禁釀酒弛山場河濼之禁私相假貸者候秋成責償蒙

古色目人顧丁父母憂者聽如舊制御史臺言襄加台拒命西南所罪不可宥敕宜從追尊中書省臣言令方許襄加台等自新則御史言宜勿行從之教坊司達魯花赤撒剌兒在武宗時遙授泰知政事階中奉大夫詔省左丞遷授之職而仍其舊階是月復遣使者召雲南行省左丞相也兒吉你又不至加諡唐司徒顏真卿正烈文忠公令有司歲時致祭陝西自泰定二年至是歲不兩大饑民相食杭州嘉興平江湖州鎮江建德池州太平廣德等路水沒民田萬四千餘頃河北山東有年

本紀卷三十二

翰林學士嘉議大夫知制誥兼修國史宋濂翰林
制承五即同知制誥兼國史院事臣王禕等奉

勅修

文宗二

天曆二年春正月己未朔立都督府以總左右欽察
及龍虎衛庚申封知樞密院事火沙為昭武王床兀
兒之子苔隣苔里襲父封爵為句容郡王高麗國遣使
來朝賀遣前翰林學士承旨不苔失里比還皇兄行
在所仍命太府太監沙剌班奉金幣以往辛酉封
列帖木兒復為楚王高昌王鐵木兒補化為中書左

丞相大司農王毅為平章政事欽察台知樞密院事
皇兄遣火里忽達孫剌剌至京師以伯帖木兒厓從
有功遣使以幣帛百匹即行在賜之諸王渾都帖木
兒薨取其印及王傅印以賜斡即武寧王徹徹禿遣
使來言皇兄啟行之期癸亥燕鐵木兒為御史大夫
太平王如故賜魯國大長公主月魯帖木兒薨甲
子太白犯壘壁陣時享于太廟齊王月魯帖木兒薨
使來言皇兄
乙丑中書省言度支今歲芻藁不足常例支給外凡
陳乞者宜勿予從之仍命中書右丞徹里帖木兒總
其事丙寅帝幸大崇恩福元寺遣使賜西域諸王燕

只吉台海東鶻二戊辰遣使獻海東鶻于皇兄行在
所巳巳賜內外軍士四萬二千二百七十人鈔各一
錠作佛事陝西告饑賑以鈔五萬錠辛未以冊命皇
右告于南郊賜豫王黃金印回回人戶與民均當差
役中書省臣言近籍沒之壬申命中書省宣
其母同居仍請繼今臣僚有罪致籍沒者其妻有子
他人不得陳乞亦不得沒為官口從之命中書遣使
星吉班以詔諭宿衛廩給定其名籍以遼陽省蒙
徽院臣稽考近侍諸王
古高麗肇州三萬戶將校從逆舉兵犯京畿拘其符

印制敕罷今歲柳林田狩復罷鹽制每四百斤為引引
為鈔三錠四川囊加台乞師于鎮西武靖王搠思班
搠思班以兵守關隘甲戌復命太傑御教化獻海東鶻
于皇兄行在所罷中瑞司丙子皇后勝臣張住童等七
人授獎賢侍講學士楊延里不花開闊納之陝西蒙古
猫兒垜隘宣慰使楊延里不花台之弟囊加台遣使招之
軍都元帥不花台不從斬其使囊加台遣使招之
不花台不從斬其使中書省臣言朝廷賞養不宜濫
及問功鷹鸇獅豹之食舊支肉價二百餘錠今增至
萬三千八百錠控鶴舊止六百二十八戶今增二十

四百戶又佛事歲費以今較舊增多金千一百五十
兩銀六十二百兩鈔五萬六十二百錠幣帛三萬四
千餘匹請悉揀汰從之中正院臣言皇后日用所需
鈔十萬錠幣五萬匹綿五十斤詔鈔予所需之半幣
給一萬匹賑大都路涿州房山范陽等縣饑民糧兩
月己卯以冊命皇后告于太廟庚辰賜潛邸詔書劉
道衢等四人官從七品薛兀等十六人官從八品辛
已起復中書左丞史惟良為御史中丞上都官吏惟
初入仕及驛陞者黜之餘聽叙復以御史臺贓罰鈔
三百錠賜教坊司撒剌兒壬午以陝西行臺御史大

夫阿不海牙為中書平章政事皇兄遣常侍字羅及
鐵住訖先至京師賞以金幣居宅仍遣內侍禿教化
如皇兄行在所播州楊萬戶引四川賊兵至烏江峯
官軍敗之八番元帥脫出亦破烏江比岸賊兵復奪
關口諸王月魯帖木兒統蒙古漢人塔刺罕諸軍及
民丁五萬五千俱至烏江癸未遣宣靖王買奴往行
在所丙戌皇兄明宗即皇帝位扵和寧之比四川囊
加台焚雞關大橋又焚棧道命中書省錄江陵汴
梁郡縣官虐從者三十四人並陞其階秩陝西大饑
行省乞糧三十萬石鈔三十萬錠詔賜鈔十四萬錠

遣使徃給之大同路言去年旱且遣兵民多流殍命
以本路及東勝州糧萬三千石減時直十之三賑糴
之奉元蒲城縣民王顯政五世同居詔旌妻陳
氏河間王成妻劉氏冀寧李孝仁妻寇氏濮州王義妻
妻雷氏南陽郤二妻張氏懷慶阿魯輝妻翟氏廣
鐵木兒復為中書右丞相立繕工司掌織御用紋綺
秩正三品辛卯帝御大明殿冊命皇后雍吉剌氏皆以
貞節並旌其門二月己丑曲赦四川囊加台
西思明路軍民總管黃克順來貢方物壬辰囊加台
擾雞武關奪三義柴關等驛癸已遣翰林侍講學士

曹元用祀孔子於闕里囊加台以書誘筆昌總帥汪
延昌丙申命中書省翰林國史院官祀太祖太宗廟
宗御容于普慶寺丁酉遣晉邸部曲之在京師者還
所部囊加台以兵至金州撼白工關陝西行省督軍
禦之樞密院言囊加台阻兵四川其亂未已請命鎮
西武靖王搠思班等皆調軍以湖廣行省官脫歡別
薛宇羅及鄭昂霄總其兵進討從之戊戌命察罕腦
兒宣慰使撒忒迷失將本部蒙古軍會鎮西武靖王
等討四川諸傭雇者主家或犯惡逆及侵損已身許
訴官餘非干已不許告許著為制頒行農来輯要及

載桑圖辛丑中書省議追尊皇姚亦乞烈氏曰仁獻
章聖皇后唐兀氏曰文獻昭聖王后命有司具冊寶
建遊皇城佛事雲南行省蒙通家筭甸土官阿三木
開南土官哀放八百媳婦金齒九十九洞銀沙羅甸
咸來貢方物癸卯賜吳王木楠子西寧王忽荅的迷
失諸王那海軍閩兒王調兵鎮播州及歸州已酉囊加台分
兵遍襄陽湖廣行省撒迪遷言大兄
犯井宿辛亥帝謂廷臣曰撒迪遷言大兄巳即皇帝
位凡二月二十一日以前除官者速與制敕後亢鈴

選其詣行在以開廬州路合肥縣地震壬子命有司
造行在帳殿癸丑諸王月魯帖木兒等至播州招諭
土官之從囊加台者楊延里不花及其弟等皆來降
甲寅立奎章閣學士院秩正三品以翰林學士又置
忽都魯都兒迷失集賢大學士趙世延並為大學士
承制供奉各一員更鑄鈔板仍毀其刊者調河南江
侍御史撒迪翰林直學士虞集並為待書學士
漸江西山東兵萬一千及左右翼蒙古侍衛軍二千
討四川乙卯置銀沙羅甸等亢宣慰司都元帥府丙
辰奉元臨潼咸陽二縣及畏兀兒八百餘戶告饑陝
西行省以便宜發鈔萬三千定賑咸陽麥五千四百

石賑臨潼麥百餘石賑畏兀兒道使以開從之求平
大同二路上都雲南兩府貴赤衛皆告饑求平賑糧
五萬石大同賑糴糧萬三千石雲需府賑糧一月貴
赤衛賑糧二月真定平山縣河間臨津燕等縣大名魏
縣有蟲食桑葉盡蠹俱死三月辛酉道因通政使那
木兒御史中丞八即剌翰林直學士馬哈某典瑞使
教化的宣徽副使章吉翁中政院事脫因通政使
皇帝寶于明宗行在所仍命知樞密院事忽兒忽
海太醫使呂廷玉給事中咬驢中書斷事官忽兒忽
荅右司郎中宇別出左司員外郎王德明禮部尚書

八剌哈赤等從行復命有司奉金千五百兩銀七千
五百兩幣帛各四百匹及金腰帶二十詣行在所以
備賜予帝命廷臣曰寶璽既比上繼全國家政事其
遣人聞于帝行在所癸支命有司造乘輿服御北迎
駕政潛邸所幸諸路名建康曰集慶江陵曰中興大
州曰乾寧潭州曰天臨甲子減大官羊直丙寅躍里
帖木兒自行在還諭旨曰朕在上都積貯已為倒剌沙所耗大
會集有司當倫供億如有不足其以御史臺司農
都府藏開亦悉虛供政等院所斯克之蒙古饑民之聚京
司樞密宣徽宣政等院所斯克之蒙古饑民之聚京

師者遣往居庸關北人給鈔一錠布一匹仍令興和
路賑糧兩月還所部戊辰雲南諸王苔失不花禿堅
不花及平章馬忽思等集衆五萬數丞相苔失不花兒吉尼
專擅十罪將殺之也兒吉尼道走入番數失不花等知
偽署雜知政事等官已巳命改集慶潛邸建大龍翔
集慶寺以來歲興工章未監察御史與扎魯忽赤等
以勳舊貴戚子孫及近侍年幼者肄業甲戌舊賜篤
官分禱山川群祀設奎章閣授經郎二員職正七品
官錄四壬申以去冬無雪今春不雨命中書及百司
麟帖木兒平江田百頃官常收其租米詔特予之開

遼陽酒禁乙亥置行樞密院以山東都萬戶也速台
兒知行樞密院事與湖廣河南兩省官進兵平四川
世速台兒以病不住命明里董阿為蒙古巫覡立祠
丁丑丈厭昭聖皇后神御殿月祭特命如列聖故事
僧道也里可溫木忽合失璽為商者仍舊制納秘丙
戌囊加台所遣守隘硇門安撫使布答思監等降於
雲南行省丁亥雨土霍夏四月己丑時享于太廟辛
卯命躍里鐵木兒王不憐吉台代也速台兒討四川
不憐吉台以母老辭同僉樞密院事傳嚴起請往從
之壬辰匠官年七十者許致仕浚漷州漕運河甲午

四番衛士各分五十人直東宮丁酉給鈔萬錠為集
慶大龍翔寺置永業戊戌以陝西又旱遣使禱西嶽
西鎮諸祠賜衛士萬三千人鈔人八十錠四番衛士
舊以萬人為率至是增三千人已亥湖廣行省加台等罪知
政事宇羅奉詔至四川赦囊加台等罪囊加台等聽
禿以萬人為率錫命立帝為皇太子
命仍置詹事院罷儲慶司陝西諸路饑民百二十三
萬四千餘口諸縣流民又數十萬先是嘗賑之不足
行省後請令商賈入粟中鹽富家納粟補官及發孟

津倉糧八萬石及河南漢中廉訪司所貯官租以賑
從之德安府屯田饑賑糧千石常德澧州慈利州饑
賑糶糧萬石賑衛輝路饑民萬七千五百餘戶丙午封
孛羅不花為鎮南王占臘國來貢羅香木及象豹白
猿戒翰林典瑞兩院官不許互相奏請置書以護其
家諸王分邑達魯花赤亦受代不得仍留官所其父兄
所居官子弟不得再任辛亥賑通州諸縣被兵之民
糧三十六百石壬子賑通州諸縣被兵之民糧兩月
被俘者四千五百一十人命遼陽行省督所屬簿錄
護送歸其家丙辰行在所遣只兒哈郎等至京師河

《元史本紀卷三十三》 九

南鑄訪司言河南府路以兵旱民饑食人肉事覺者
五十一人餓死者十九百五十人饑者二萬七千四
百餘人乞糴山林川澤之禁聽民采食行入粟補官
之令及括江淮僧道餘糧以賑從之江淮行省言池
州廣德寧國太平建康鎮江常州湖州慶元諸路及
輝汴梁中興諸路泰安高唐曹冠徐邳諸州饑民六
江陰州饑民六十餘萬戶當賑糧十四萬三千餘石
從之命賑糧兩月大都與和順德大名彰德懷衛
十七萬六千餘戶賑以鈔九萬錠糧萬五千石大都
諸王忽剌荅兒言黃河以西所部旱蝗凡十五

宛平縣保定遂州易州賑糧一月靖州賑糧九千
八百石濮州鄆城縣蝗災大寧興中州懷慶孟州廬
州無為州蝗廣西撩寇古縣五月丁巳朔復賜魯國
大長公主鈔二萬錠以構居第賜燕鐵木兒祖父
功碑銘水達達路阿速古兒木兒迎大駕命翰
林學士承旨阿鄰帖木兒比迎大駕命司天監禁星
昌王八剌失里還鎮庚申太白犯鬼宿積尸氣癸亥
復遣翰林學士承旨幹耳朵迎大駕乙丑命有司給
行在宿衛士衣糧及馬芻豆以儲慶司所貯金三十
鋌銀百鋌建大承天護聖寺給皇子宿衛之士十人

《元史本紀卷三十三》 十

鈔四番宿衛增為萬三千人至是又增十人甲戌命
中書省臣擬注中書六部官奏于行在所乙亥辛大
聖壽萬安寺作佛事于世祖神御殿又於玉德殿及
大天源延聖寺作佛事丙子武寧王徹徹禿中書平
章政事哈八兒禿至自行在所致立皇太子之命賜
徹鐵木兒補化金五百兩餘有差改儲慶使司為詹
事詹事丞及斷事官家令司典醫等官
詹事詹事丞及江南行省臺御史大夫阿兒思蘭海
牙江淮行省平章政事曹立並為太子詹事又除副
丁丑帝發京師比迎明宗皇帝戊寅次于大口徵諸

王鼎八入朝庚辰次青水園罷江淮財賦都總管府
秩正三品隸詹事院陝西行省言鳳翔府饑民十九
萬七千九百人本省用便宜賑之給保定路定
豐樂八屯軍士饑死者六百五十人萬戶府軍士饑
者千三百人賑以官鈔百三十錠從之給大名
興驛車馬又賑被兵之民百四十八戶亦命賑之上都送
路民被兵者二十七百四十五戶糧一月真定
只諸位宿衛士及開平縣民被兵者並賑以糧大名
路蝗災六月丁亥朔明宗遣近侍馬駒塔台別不花
至丁酉鐵木兒補化以旱乞避宰相位有旨諭之曰

皇帝遠居沙漠未能即至京師是以勉攝大位今六
陽爲災皆予闕失所致波其勉修厥職祇修實政可
以上荅天戛仍命馳奏于行在巳亥江浙行省言紹
興慶元台州婺州諸路饑民凡十一萬八千九十戶
乙巳命中書省逮繫也先捏以還丙午永平屯田府
所隸昌國諸屯大風驟雨地出水丁未太白晝見
庚戌次于上都之六十店辛亥陝西行臺御史乞
迪言人倫之中夫婦爲重比見內外大臣得罪就刑
者其妻妾即斷付他人似與國朝旌表貞節之旨不
侔夫亡終制之令相反況以失節之婦配有功之人

又興前賢所謂聚失節者以配身是已失節之意不
同今後凡負國之臣籍沒奴婢財產不必罪其妻子
當典刑者則孥戮之不必斷付他人庶使婦人均得
守節請著爲令壬子海運糧至京師凡百四十萬九
千一百三十石是月陝西雨賜鳳翔府岐陽書院額
書院祀周文憲王仍命設學官春秋釋奠如孔子廟
儀明宗遣吏部尚書別兒怯不花還京師命中書集
老臣議賑荒之葉時陝西河東燕南河北河南諸路
流民十數萬自萬波至淮南死亡相籍命所在州縣
官以便宜賑之順元思播州諸驛因兵與馬多羸斃

驛戶貧乏令有司市馬補之益都莒密二州春水夏
旱蝗饑民三萬一千四百戶賑糧一月陝西延安諸
屯以旱免徵舊所逋糧千九百七十石永平屯田府
昌國濟民豐贍諸署以蝗及水災免今年租汴梁蝗
衛輝蟲蝻災陝州旱淮東諸路歸德府徐邳二州大
宗仁衛屯田大水壞田二百六十頃戊午上都之東
秋七月丙辰朔日有食之丁巳次上都之三十里店
安蘄州永清益津潞縣春夏旱麥苗枯六月壬子雨
至是日乃止皆水災已未更定遷徙法凡應徙者驗
所居遠近移之千里在道遇敕皆得放還如不悛用

犯徒之本省不毛之地十年無過則量移之所遷人
死妻子聽歸土著著爲令征京師僧道商稅癸亥太
白經天丙子帝受皇太子寶辛巳發諸衛軍六千完
京城冀寧陽曲縣雨雹大者如雞卵令諸王封邑達
魯花赤推擇本部年二十五以上識達治體廉慎無
過者以大都國子監助教仲秋上丁釋奠以准安海寧
州鹽城山陽諸縣去年水免今年田租真定河間汴
梁永平准安大寧廬州諸屬縣及遼陽之蓋州蝗八
月乙酉朔明宗次于王忽察都丙戌帝入見明宗宴

帝及諸王大臣于行殿庚寅明宗崩帝入臨哭盡哀
燕鐵木兒以明宗后之命奉皇帝璽授于帝遂還壬
辰次李羅察罕以伯顏爲中書左丞相依前太保欽
察台阿兒思蘭海牙趙世延並爲中書右丞相依前太
詹事丞趙世安並爲知政事前平章政事甘蕭
行省平章朶兒只爲御史大夫癸巳帝至上都乙未賜護守大行
皇帝山陵官御史大夫李羅等鈔有差焚四川偽造
鹽茶引丙申監察御史徐奭言天下不可一日無君

神器不可一時而曠先皇帝奄棄臣庶已踰數日伏
望聖上早正宸極以安億兆之心實宗社無疆之福
諸王忽剌出于海南丁酉命阿榮趙世安提調通
政院事一切給驛事皆闕白然後給遣戊戌四川囊
加台以指斥乘輿坐大不道棄市己亥帝復即位于
上都大安閣大赦天下詔曰朕惟昔上天啓我太祖
皇帝肇造帝業列聖相承世祖皇帝既大一統即建
儲貳而我裕皇天不假年成宗入繼綿十餘載我皇
考武宗歸膺大寶克享天心志存不私以仁廟居東
宮遂嗣宸極甫及英皇降制我家晉邸違盟搆逆擢

有神器天示譴告竟厭身於是宗戚舊臣恊謀以
舉義正名以討罪樸諸統緒屬在肺身朕興念大兄
播遷朔漠以賢以長曆數宜歸力拒群言至於再四
乃曰艱難之際天位久虛則衆志弗固恐隳大業朕
奉迎之使已遣尋命阿剌忒納失里燕鐵木兒奉皇
帝寶跋涉迂近于途受寶即位之日即遣使授朕皇太
子寶重跋涉山川蒙犯霜露道里遼遠自春徂秋懷
先皇帝跋涉歷年望都邑而增慨徒御弗慎屢嬰節宣信
艱阻於歷年望都邑而增慨徒御弗慎屢嬰節宣信

使往來相望於道路彼此思見交切於衷懷八月一
日大駕次王忽察都欣欣瞻對之有期獨無程而先
進相見之頃悲喜交集何數日之間而宮車弗駕國
家多難遽至於斯念之痛心以夜繼旦諸王大臣以
爲祖宗基業之隆先帝付托之重天命所在誠不可
遠請即正位以安九有朕以先皇帝奄棄方新摧恒
何忍衘哀辭對固請彌堅執誼關者三日皆宗社
大計乃以八月十五日即皇帝位于上都可大赦天
下自天曆二年八月十五日昧爽以前罪無輕重咸
赦除之於戲哉定之餘莫急乎與民休息丕變之道

莫大千使民知義亦惟爾中外大小之臣各究乃心以稱

朕意庚子命阿榮世安皆造建康龍翔集慶寺辛丑

立寧徽寺掌明宗宮分事壬寅以鈔萬錠幣帛二千匹

供明宗后凡不沙費用陞奎章閣學士院秩正二品更

司籍郎為群玉署秩正六品癸卯幸世祖所御幄殿後

祭禁尼送諸王駙馬恩賜者毋受金幣犯者以贓論或

以衣馬為贈者聽遣道士苗道一吳全節修醮事于京

師毛領達祭遣甲神于上都南屏山大都西山甲辰命

司天監及田田司天監掌星中書省臣言祖宗故事即

位之初必恩賚諸王百官比因兵興經費不足請如武

宗之制凡金銀五錢以上減三之一五錢以下全畀之

又以七分為率其二分准時直給鈔制可遣欽察台先

還京師經理政務燕鐵木兒阿榮留上都監給恩賚金

幣以仁宗英宗潛邸宿衛士二百人還大都俸直宿乙

巳立藝文監秩從三品隸奎章閣學士院文立藝林庫

廣成局皆隸藝文監賜御史中丞惟良沛縣地五十

頃發諸衛軍浚通惠河丙午自庚子至是日晝霧夜晴

封牙納失里為遼王以故遼王脫脫印賜之出官米五

萬石販糶京師貧民丁未以馬扎兒台為上都留守馬

扎兒台前為陝西行臺侍御史坐塗毀詔書得罪以其

兄伯顏有功故特官之戌申封諸王寬徹為蕭王已

酉車駕發上都賜明宗北來衛士千八百三十人各

鈔五十錠怯薛官十二人各鈔二百錠賜諸部曲出

征者幣帛人各二匹遣還冀寧之忻州兵後荐饑賑

鈔千錠庚戌改詹事院為儲政院伯顏兼儲政使中

政使哈撒兒不花太子詹事丞宵雲世月思前儲慶

使姚燧並儲政使河東宣慰使哈散託朝賀為名斂

今有以朝賀斂鈔者依枉法論罪癸丑徵吳王潑皮

所屬鈔千錠入己事覺雖會赦仍徵鈔還其主敕自

及其諸父木楠子赴京師甲寅置隆祥總管府秩正

三品總建大承天護聖寺工役監察御史劾前丞相

別不花昔以贓罷天曆初因人成功遂居相位既矯

制以買驢家賞賜平章速速又趣速速等潛呼日者

推測聖算今奉詔巳釋其罪宜置諸海島以杜姦萌

帝曰流竄海島朕所不忍其并妻子置之集慶河南

府路旱疫又被兵賑所不忍其并妻子置之集慶河南

糧三月莒密沂諸州饑民采草木實盜賊日滋賑以

米二萬一千石并賑晉寧路饑民鈔萬錠大名真定

河間諸屬縣及湖池饒諸路旱保定之行唐縣蝗加

封大都城隍神為護國保寧王夫人為護國保寧王

妃九月乙卯朔作佛事于大明殿興隆福諸宮市故
宋太后全民田為大承天護聖寺永業戊午賜武寧王
徹徹禿金百兩銀五百兩西域諸王燕只吉台台金二千五
百兩銀萬五千兩鈔幣有差己未立龍翔萬壽營繕提
點所海南營繕提點所並秩正四品隸隆祥總管府庚
申加封故領諸路道教事張留孫為上卿大宗師輔成
贊化保運神德真君辛酉凡住明宗所送寶官吏越次超
陞者皆從黜降賑甘肅行省沙州寨八等驛鈔各千五
百錠癸亥敕宣徽院所儲金銀鈔幣百司毋得奏請甲
子賜雲南烏撒土官祿余曲靖土官舉精衣各一襲丁

卯大駕至大都戊辰敕翰林國史院官同奎章閣學士
采輯本朝典故准唐宋會要著為經世大典名威順王
寬徹不花赴闕敕使者頒詔敕率日行三百餘里既受
命遄留三日及所至飲宴稽期者治罪取略者以枉法
論辛未以控鶴士二十人賜宣靖王買奴監察御史劾
奏知樞密院事塔失帖木兒阿附倒剌沙又與王禪舉
兵犯闕今既待以不死而又付之兵柄事非便詔罷之
壬申怯薛官武倫卿定住特授開府儀同三司癸酉帝
御大明殿受諸王百官朝賀鐵木迭兒諸子鎖住等明
宗嘗敕流于南方燕鐵木兒言鎖住天曆初有勞于國

請各遣還田里從之甲戌命江淛行省明年漕運糧二
百八十萬石赴京師廣西思明州土官黃宗永遣其子
來貢虎豹方物乙亥史惟良上疏言今天下郡邑被災
者衆國家經費若此之繁幣藏空虛生民凋察此政更
新百廢之時宜遵世祖成憲正之如冗濫蠹食之人罷土木
不急之役事有不便者咸釐正之如此則天災可弭禎
祥可致不然將恐因循且其弊漸深治亂
而分矣帝嘉納之丙子改太禧院為太禧宗禋院立溫
州路竹木場以衛輝路旱罷蘇門歲輸米二千石鐵木
兒補化加錄軍國重事以翰林學士承旨也兒吉尼元

帥梁國公都列捏並知行樞密院事立衛候司秩正四
品隸儲政院賑陝西臨潼寺二十三驛各鈔五伯錠論
也先捏以不忠不敬伏誅歲管臨三州所居諸王八剌
馬忽都火者莘部曲秉亂冠遣省臺宗正府官往督
有司捕治之壬午伯顏以病在告居赤城遣使名赴闕
封知樞密院事燕不鄰為興國公以大司農卿燕赤為
司徒癸未建頹子廟于曲阜所居陋巷上都西按塔罕
閻干急剌禿之地以兵旱民告饑賑粮一月冬十月甲申
朔帝服衰晃享于太廟丙戌命欽察台薨領度支監遺
鎮南王孛羅不花還鎮揚州禁奉元求平釀酒戊子知

樞密院事昭武王火沙知行樞密院事已丑立大承
天護聖寺營繕提點所秩正五品又立大都等處平
江等處田賦提舉司二秋從五品皆隸隆祥總管府
辛邪燕鐵木兒率群臣上尊號不許雲南行省立
元江等處其黨楊靜等皆奪爵杖一百七籍其家流遠
台家産宗徒使禿堅帖木兒爲梁國公甲午以登
極恭謝遣官代祀于南郊杜稷中書省臣言舊制朝
官以三十月爲一考外任則三年爲滿比年朝官率
不久於其職或數月即改遷於典制不類且治蹟無

從考驗請如舊制爲宜敕除風憲官外其餘朝官不
許二十月內遷調監察御史劾奏吏部尚書八剌哈
赤先除陝西行臺待御史避難不行罷之丙申中書
省臣言臣等謹集樞密院御史臺翰林集賢院奎章
閣太常禮儀院禮部諸臣僉議上大行皇帝尊諡曰
翼獻景孝皇帝廟號明宗國言謚號曰護都篤皇帝
是日奉玉冊玉寶于太廟如常儀命江西湖廣分漕
米四十萬石以纩江浙民力給鈔十五萬錠陝西
饑民已亥加封天妃爲護國庇民廣濟福惠明著天
妃賜廟額曰靈慈遣使致祭申飭都水監河防之禁

辛丑遣使括勘內外郡邑官又事故應代者歲終
上名千中書省以怯憐口諸色民匠總管府及所屬
諸司隸徽政院者悉隸儲政院發中政院財賦總管
府糧儲在江南者赴京師以助經費驗時直以鈔還
之諸王公主官府寺觀撥賜田租除嘗驗國大長公
聽遣人徵牧外其餘悉輸於官給鈔酬其直士寅軍
陝西山澤之禁以與民大寧路地震祭邪命道士苗
道一建醮于長春宮改瓊州軍民安撫其直
民安撫司陞定安縣爲南康州隸海北元帥府以南
建洞主王官知州事佩金符領軍民監察御史劾奏

張思明在仁宗朝阿附權臣鐵木迭兒間謀兩宮
宗灼見其姦既行黜降及英宗朝鐵木迭兒再相復
援爲左丞稔惡不悛竟以罪廢今又冒居是官宜從
黜罷詔罷之敕刑部尚書察民之無賴者懲治之甲
辰畏兀僧百八人作佛事于興聖殿戊申以江淮財
賦都總管府隸儲政院供皇后湯沐之用作佛事于
廣寒殿徵朵朶王士熙等十二人于賦所放還鄉里
更戌以親祀太廟禮成詔天下罷大承天護聖寺工
役四在獄三年疑不能決者釋之民間拖欠官錢無
可追徵者盡行蠲免命通政院官分職住所在官司

僉補逃亡驛戶大都至上都并塔思哈剌旭邁怯諸
驛自備首思供給繁重天曆三年官為應付免徵諸
元路民間商稅一年命所在官司設置常平倉雲南
八番為囊加台所註誤反側未安者並貰其罪免各
處前鹽竈戶雜泝夫後二年遣使代祀嶽瀆山川免
永平屯田租申禁天下私殺馬牛明宗乳
媼夫幹耳朵在武宗時為大司徒仁宗朝拘其印燕
鐵木兒以為言詔給還之雲南威楚路黃州土官哀
放遣其子來朝貢湖廣常德武昌澧州諸路旱饑出
官粟賑糶之陝西鳳翔府饑民四萬七千戶皆賑以

鈔十一月乙卯以立皇后詔天下受佛戒於帝師作
佛事六十日丙辰以旬容郡王荅鄰荅里知行樞密
院事詔列聖宮后妃陪從之臣永給衣廩芻粟后
八不沙請為明宗資寊福命帝師率群僧作佛事七
日于大天源延聖寺道士建醮于玉虛天寶太乙萬
壽四宮及武當龍虎二山戊午遣使代祀天妃賜燕
鐵木兒宅一區皇后以銀五萬兩助建大承天護聖
寺冠州旱命丞耳朵亦為河南行省丞相近制
行省不設丞相命丞耳朵以為言帝有旨朵耳只先朝
舊臣不當以倒拘武宗宿衛士歲賜如仁宗衛士例

西夏僧總統封國公沖卜辛其弟監藏班藏卜襲職
仍以璽書印章與之癸亥以翰林學士承旨闊徹伯
知樞密院事位居衆知院事上甲子廬州旱饑發糧
五千石賑之止鷹坊毋獵鐵甸江西龍興南康撫瑞
袁吉諸路旱丙寅陸山東河北蒙古軍大都督府秩
從二品改普慶修寺人匹雲南威楚路土官昵放來朝
從五品隸崇祥總管府從提舉司提點所秩
貢罷功德使司以所掌事歸宣政院己巳撤迪來為中
書右丞命中書左丞趙世安提調國子監學庚午為諸
王闊不花至自陝西賜其印遣還壬申毀廣平王王木

刺忽印命哈班代之更鑄印以賜癸酉太陰犯填星
丙子諸王阿剌忒納失里潮戴有勞以其父越王禿
剌印與之丁丑復立孟定路軍民總管府復給元江
路軍民總管府印湖廣州縣為廣源等徭寇掠者二
百八十餘所命行省平章劉脫歡招捕之造青木綿
衣萬領賜圍宿軍乙卯翰林國史院臣言纂修英宗
實錄請具倒刺沙歎伏付史館從之高麗國王王燾
父病不能朝請命其子槙襲位以平江官田百五十
頃賜大龍翔集慶寺及大崇禧萬壽寺辛巳遷山東
河北蒙古軍大都督府於濮州仍聽山東廉訪司按

治欽察台焦右都威衛使壬午詔豫王阿剌忒納失
里鎮雲南賜其衛士鈔萬錠仍每歲豫給其衣廩十
二月甲申給幽王忽塔忒迷失王傅印以西僧輦真
吃剌思爲帝師詔僧足徙役一切無有所與丙戌詔
哈爲昇王父牀兀兒爲楊王庚寅祭于太祖幄殿
藥行追封燕鐵木兒爲漆陽王祖土土
聽敷陳仍命趙世安阿榮輯錄所上章踈善者即議
百官一品至三品先言朝政得失一事四品以下悉
以末吉爲大司徒中書省臣言舊制凡有奏陳襄議
定共署乃入奏近年事方議擬一二省臣輒已上請

致多乘滯令請如舊制御史臺臣言風憲官赴任毋
拘遠近均給驛爲宜亚從之辛卯命帝師率其徒作
佛事於凝暉閣甲午冀寧路旱饑賑糧二千九百石
乙未改封鎮南王帖木兒不花爲宣讓王初鎮南
王脫不花薨子字羅不花幼命帖木兒不花龔其爵
字羅不花旣長帖木兒不花請以王爵歸之乃特封
宣讓王以示襃寵收諸王帖古思金印詔諭廷臣曰
皇姑魯國大長公主番寡守節不從諸叔繼尚育
遺孤其子龍王爵女配予一人朕思廈民若是者猶
當旌表況在懿親乎趙世延虞集等可議封歸以聞

詔諸僧寺田自金宋所有及累朝賜予者悉除其租
其有當輸租者仍免其役僧還俗者聽復爲僧戊戌詔
以淮湔山東河間四轉運司臨引六萬爲魯國大長
公主湯沐之資已支遣使驛致故帝師舍利還其國
給以金五百兩銀二千五百兩鈔千五百錠幣五千
匹加謚謹長沙王吳芮爲長沙王文惠王壬寅命江湔
行省印佛經二十七藏癸卯薪州路夏秋旱饑賑米三
百四十人預誦佛經二藏于大崇恩福元寺丁未造
五千石甲辰以明年正月武宗忌辰命高麗漢僧
至元鈔四十五萬錠中統鈔五萬錠如歲例中書省

臣言在京酒坊五十四所歲輸課十餘萬錠比者間
以賜諸王公主及諸官寺諸王公主自有封邑歲賜
官寺亦各有常產其酒課悉令仍舊輸官爲宜從之
關河東冀寧路四川重慶路酒課禁罷土番巡捕都刺
師府賑上都留守司八剌哈赤二千二百餘戶燭刺
赤八百七十戶糧三月戊申以玥璐不花爲御史大
夫燕領隆祥總管府事庚戌詔興舉中政院事辛亥
坊內外已授官者速赴任改上都饅頭山爲天曆山
趣內外已授官者速赴任改上都饅頭山爲天曆山
壬子織武宗御容成即神御殿作佛事敕凡階開府

儀同三司者班列居一品之前武昌江夏縣火賑其貧乏者二百七十戶糧一月黃州路及思州旱並免其租是歲會賦入之數金三百二十七錠銀千一百六十九錠鈔九百二十九萬七千八百錠幣帛四十萬七千五百四絲八十八萬四千四百五十斤綿七萬六百四十五斤糧十九萬五十三石

翰林學士承旨大夫知制誥兼修國史臣泰不華等奉敕撰

文宗三

勅撰

至順元年春正月丙辰命趙世延趙世領纂修經
世大典懷慶路饑賑鈔四千錠丁巳賜明宗妃
出罕月魯沙不顏忽魯都鈔幣有差以知樞密院事
伯帖木兒爲遼陽行省左丞戊午頒重書諭雲南
辛酉時享太廟命回回司天監熒星壬戌中興路饑
賑耀糧萬石貧者仍闕其家甲子燕鐵木兒伯顏並

〈元史本紀卷三十四　一〉

辭丞相職不允仍命阿榮趙世安慰諭之丁卯雲南
諸王禿堅及萬戶伯忽阿禾怯朝等叛攻中慶路陷
之殺廉訪司官執左丞忻都等迫令署諸文牘庚午
苟陂屯及鷹坊軍士饑賑糧一月辛未中書省臣言
科舉會武日期舊制以二月一日三日五日近歲改
爲十一十三十五請依舊制從之壬申衡陽瑤爲冠
劫掠湘鄉州癸酉以宣徽使撒敦復知樞密院事典
歙察台並頒長寧卿乙亥賜燕鐵木兒賀庫一寧海
州文登年平縣饑賑以糧三千石丙子衡州路饑總
管王伯恭以所受制命賫官糧萬石賑之丁丑追封

三寶奴爲鄆城王諡榮敏乃荆王之子脫脫木兒赴
闕趙世延請致仕不允命中書省製玉帶二十賜臣
僚官一品者遣使賚金千五百兩銀伍伯兩詣杭州
書佛經賜海南大興龍普明寺鈔萬錠市求業地戌
寅賜隆禧總管府田千頃立荆襄等處平松等處田
賦提舉司並隸太禧宗禋院命陝西行省以鹽課鈔
十萬錠賑流民之復業者徭賦八百餘人冠石康縣
己卯封太醫院使野理牙爲秦國公庚辰陞群玉署
爲群玉內司秩正三品置司尉亞尉僉司丞仍隸
奎章閣學士院禮部尚書崚嶸兼監群玉內司事辛

〈元史本紀卷三十四　二〉

巳改大都田賦提舉司爲宣農提舉司荆襄田賦提
舉司爲荆襄濟農香戶提舉司平江提舉司爲平江
善農提舉司遣使齎鈔三千錠往甘肅市糴牛濠州
去年旱賑糧一月大明路及江淛諸路俱以去年旱
告永平路以去年八月電災告加封秦蜀郡太守李
顯爲重德廣裕英惠王其子二郎神爲英烈昭惠靈
仁祐王二月壬午朔以趙世安爲御史中丞史惟
良爲中書左丞癸未加知樞密院事燕不隣開府儀
同三司籍張珪子五人家資乙酉以西僧加兀藏卜
蘸八兒監藏並爲烏思藏土蕃等處宣慰使都元帥

雲南麓州等土官来貢方物楊州安豐廬州等路饑
以兩淮鹽課鈔五萬錠糴糧五萬石賑之真定斬黃等
路汝寧府鄭州饑各賑糧一月丁亥命江南陝西河南
等處富民輸粟補官江南萬石者從七品陝西河南千
五百石河南二千石江南五千石者官正七品自餘品
級有差四川富民有能輸粟赴江陵者依河南例其
不願仕乞封父母者聽僧道輸己粟者加以師號徵
江淛江西湖廣賑糶糧價鈔赴京師已丑禿堅伯忽
等攻陷仁德府至馬龍州調八番元帥完澤將八番
卷刺罕軍千人順元土軍五百人禦之庚寅攺萬聖
祐國興龍晉明龍翔萬壽三提點所並為營繕都司
秩正四品萬安規運普慶營繕等八提點所並為營
繕司秩正五品以脩經世大典久無成功專命奎章
閣阿隣帖木兒忽都魯迷失等譯國言所紀典
童為漢語纂脩則趙世延虞集等而燕鐵木兒如國
史例監脩開元路胡里攺萬戶府軍士饑給糧之
二月辛卯朔以御史臺賦罰鈔萬錠金千兩銀五千
兩付太禧宗禋院供祭祀之需賜燕邑租賦奎章學士忽都魯都兒給驛置
書以徵其食邑租賦奎章學士忽都魯都兒給驛置
撒迪虞集辭職詔諭之曰昔我祖宗靡知聰明其於

致理之道自然生知朕以統緒所傳實在眇躬夙夜
憂懼自惟早歲跋涉艱阻視我祖宗既之生知之明
於國家治體豈能周知故立奎章閣置學士員日以
祖宗明訓古昔治亂得失陳說於前使朕樂於聽聞及
鄉等其推所學以稱朕意其勿復辭帖木兒赤驛戶及
建康廣德鎮江諸路饑賑糧一月衛輝江州二路饑
賑鈔二萬錠大霜畫零立諸色民匠打捕鷹坊都
五千石癸巳衛輝路胙城新鄉縣大風雨炎甲午自
庚寅至是日京師大霜畫零立諸色民匠打捕鷹坊都
總管府秩正二品置奎章閣監書博士二人秩正五
品禿堅伯忽等攻晉寧州禿堅自立為雲南王伯忽
為丞相阿禾忽剌忽等為平章等官立城柵焚倉庫
以拒命乙未中書省言江淛民饑令歲海運為米二
百萬石其不足者來歲補運從之丙申雲南蒲蠻來
朝賑常德澧州路饑丁酉帝及皇后受佛戒監察御史
等刺賑並受佛戒已亥命明宗皇子受佛戒
言中書平章朵兒失職任台衡不思報效銓選之際
眾亂綱紀貪汙著聞恬不知恥黜罷為宜從之徼賊
入灌陽縣刼民財庚子以兵興所收諸王也先帖木
兒擑思監等印還給之壬寅玥璐不花辭御史大夫

職不允土蕃等處民饑命有司以糧賑之新安保定
諸驛蓄疫死命中書給鈔濟其乏癸卯汴梁路封
丘祥符縣霜災甲辰流王禪之子于吉陽軍乙巳封
明宗皇子亦璘真班為郿王豫王阿刺忒納失里所
部千六百餘人饑賑糧二月淮安路民饑以兩淮鹽
課鈔五萬錠賑之命以阿兒思蘭海牙為江南
行臺御史大夫命中尚卿小云失以兵討雲南御史
臺臣言欽察台天曆初在上都常與闊闊出征獲免頃臺
倒剌沙事泄同謀者皆死欽察台以出征獲免頃臺
臣疑而劾之不稱事情宜雪其枉制曰可丁未以伯

頗知樞密院事依前太保錄軍國重事詔諭中書曰
昔在世祖嘗以宰相一人總領庶務故治出於一政
有所統今燕鐵木兒為右丞相伯顏既知樞密院事
左丞相其勿復置太禧宗禋院所隸總管府各置副
達魯花赤一人賜豫王王傅官金虎符戊申命中書
省及翰林國史院官祭太祖太宗三朝御容以
太禧宗禋使阿不海牙為中書平章政事命史惟良
及參知政事和尚總督建言之事中書省臣言舊制
正旦天壽節內外諸司各有贊獻頃者罷之今江淮
省臣言聖恩公溥覆幬無疆而臣等殊無補報凡遇

慶禮進表稱賀請如舊制為宜從之降璽書申鹽法
之禁以嘉興路崇德縣民四萬戶所輸租稅供英宗
右妃歲賜錢帛詔諭樞密院以屯田子粒錢萬錠助
建佛寺免其軍辛土木之役庚戌茶陵州民饑同知
萬家奴江洲存禮以所受勅賚糧三千石賑之辛亥遷
西蒙古驛戶饑給芻粟有差賑河南宮縣饑民七千
五千錠泰安州饑民萬三千戶河南流民復歸者鈔
七百戶松江府饑民萬八千二百戶真定南宮縣饑
失監萬戶部內饑命所在有司從宜賑之濟寧路饑
民四萬四千

賑糧一月命市故瀛國公趙㬎田為大龍翔集慶寺
求業御史臺臣言不必予其直帝曰吾建寺為子孫
黎民計若取人田而不予直非朕志也察罕腦兒宣
慰司所部千戶察剌寺衛饑者萬四千四百五十六
人人給鈔一錠三月甲寅命宣政院供顯懿莊聖皇
右神御殿祭祀乘西醴釐三千人入松梨山燒公遣
宮軍營堡東平路須城縣饑賑以山東鹽課鈔安慶
安豐斬黃廬五路饑以淮西廉訪司賑罰鈔賑之丁
巳從封濟陽王木楠子為吳玉吳王潑皮為濟陽王
賜八番順元曲靖烏撒烏蒙家慶羅羅斯嵩明州土

官幣帛各一禁泛濫給驛四川官吏齎從橐加台者
皆復故職戊午封皇子阿剌忒納答剌為燕王立宮
相府總其府事秩正二品燕鐵木兒領之廷試進士
賜篤列圖王文燁等九十七人及第出身有差命彰
德路歲雜姜里周文王祠以河南行省平章乞住為
雲南行省左丞從豫王由八番道討雲南賜明宗近侍
七十八人官有差裕宗及昭獻元聖皇后位宿衛三千
人命儲政院給其衣糧芻粟發米十萬石賑耀京師
貧民癸亥遣諸王桑哥班撒忠迷失買哥分使西北

諸王燕只吉台不實因月即別寺所甲子詔諭中外
命御史大夫鐵木兒補花玥璐不華振舉臺綱丁卯
木八剌沙來貢蒲萄酒賜鈔幣有差以山東鹽課鈔
萬錠賑東昌饑民三千六百戶已巳議明宗升
祔序于英宗之上視順宗成宗廟遷之例辛未㠜臣
請上皇帝尊號不許固請不已乃許之封知樞密院
事不花帖木兒為武平郡王錄討雲南禿堅伯忽之
功雲南宣慰使土官峯宗祿余並遙授雲南行省象
知政事餘賚資有差分龍慶州隸大都路諸王也孫
台部七百餘人入天山縣掠民財產遣樞密院宗正

府官往捕之壬申奉王冊王賓祔明宗神主于太廟
濮州臨清館陶二縣饑賑鈔七千錠光州光山縣饑
出官粟萬石下其直賑耀信陽息州及光之固始縣
饑並以附近倉糧賑之甲戌封諸王速哥駙馬還鎮
王乙亥西番哈剌火州來貢蒲萄酒諸王駙馬鈔
錫賚資有差丙子改山東都萬戶府為都督府雲南行
路土官渾都來貢方物河南登封僧師孟津諸縣饑賑
以兩淮鹽課鈔三萬錠鞏昌臨洮蘭州定西州饑賑
三十五百錠沂莒膠密寧海五州饑糧五千石中興
峽州歸州安陸沔陽飢戶三十萬有奇賑糧四月丁丑

陸太常禮儀院秩正二品敕有司供明宗后八不沙宮
分幣帛二百匹及阿梯里脫忽思幣帛有差賜燕鐵木
兒功勳之碑廣平路饑以河間鹽課萬三千錠賑之
辛巳諸王哈兒蠻遣使來貢蒲萄酒廣德太平集慶等
路饑凡數百萬戶濮州諸縣蟲食桑葉將盡夏四月
壬午朔命西僧作佛事于仁智殿自是日始至十二月
終罷癸未置法憐口錢糧都總管府秩正三品中書省
臣言各官分及宿衛士歲賜錢帛舊額萬人去歲增四
千人過者增數益廣請依舊額為宜詔命阿不海牙載
省以開甲申時享太廟丙戌封也真也不干為桓國公

燕鐵木兒言天曆初阿速軍士為國有勞請以鈔十萬
定米十萬石分給其家從之戊子四川行省諸處民慶五
路萬戶以兵救雲南庚寅中書省臣言邊者諸處民飢
累常賑救去歲賑鈔百三十四萬九千六百餘錠糧二
十五萬一千七百餘石今汴梁安徐邳曹冠等州飢民六十七
輝順德歸德及高唐泰安懷慶彰德大名衛和衛二
萬六千一百一萬二千餘口請以陝西饑敕有司作佛
事七日壬辰以所籍張珪諸子田四百頃賜大承天
五千石命有司分賑制曰可以陝西饑敕有司
護聖寺為永業沿邊部落蒙古饑民八千二百人給

鈔三錠布二四糧二月遣遣其所部癸巳置豫王王
傳副尉司馬各二員丁酉遣諸王桑兀孫還雲南金
蘭等驛馬牛死賑鈔五百錠庚子降璽書申諭太禧
宗禋院天臨之醴陵湘陰等州台州之臨海等縣饑
各賑輝米五千石辛丑明宗后八不沙崩壬寅天護
都般陽寧海開田十六萬二千九十項賜大承護
聖寺為永業立益都廣農提舉司及益都般陽寧海
諸提領所並隸隆祥總管府烏蒙土官祿余殺烏撒
宣慰司官吏降于伯忽羅羅諸蠻俱叛與伯忽相應
平章帖木兒不花為其所害晉寧建昌二路民饑賑

糧五萬五千石鈔二萬三千錠戊申陝西行臺言奉
元鞏昌鳳翔等路以累歲饑不能具五穀種請給鈔
二萬錠俾分羅于他郡從之雲南賊祿余以蠻兵七
百餘人拒烏撒順元界立關固守重慶五路萬戶引
至雲南境值羅羅蠻萬餘人遇害千戶祝天祥等引
餘眾脫帖木兒及樞密判官洪洑將之與湖廣行省
云都思帖木兒還詔江浙河南江西三省調兵二萬命諸王
平章脫脫還詔江浙河南江西三省調兵二萬命諸王
州屬縣蟲食粟華盡筍陵屯饑賑糧三月土蕃等處
脫思麻民饑命有司賑之賑懷慶承恩孟州菲驛鈔

千錠五月乙卯遣宣徽使定住等以受尊號告祭南
郊故四川行省平章寬徹四川道廉訪使忽都魯養
阿等皆為囊加台所害並贈官賜諡揄次縣主簿太
帖木兒河中府判官禿塔兒皆為遼東軍所害並加
褒贈戊午帝御大明殿燕帖木兒率文武百官及僧
道書老奉玉冊玉寶上尊號曰欽天統聖至德誠功
大丈孝皇帝是日改元至順詔天下河南懷慶衛輝
普寧四路魯經賑濟人戶令歲差發全行蠲免其餘
被災路分人民巳經賑濟者腹裏羞發江淮夏稅亦
克三分巳未羅羅斯權土官宣慰撒加伯阿漏土官

阿剌里州土官德益叛附于祿余庚申以受其牛馬
謝太廟辛酉四川行省討雲南進軍至烏蒙壬戌歸
德府之譙縣霧傷麥癸亥四川軍至雲南之雪山峽
遇羅羅斯軍敗之德州饑賑以山東鹽課鈔三千錠
武昌路饑賑以糧五萬石鈔二千錠甲子申命燕鐵
木兒為中書右丞相詔天下以鈔四萬錠分給官人
實錄成戊辰車駕發大都次大口陞尚舍寺秩正三
品命阿郯帖木兒為大司徒遣豫王阿剌咸納失里
鎮西番授以金印賜諸王脫歡金印大司徒不蘭奚
銀印加趙世延翰林學士承旨封魯國公賑衛輝大
名盧州饑民鈔六千錠糧五千石開元路胡里該萬
戶府寧夏路哈赤千戶所軍士饑各賑糧二月己巳
次龍虎臺置蕭王寬徹傅尉司馬各一員辛未置宣
忠扈衛親軍都萬戶府秩正三品總轄羅思軍士隸
樞密院以太禧宗禋使亦列赤為中書平章政事左
右欽察龍翊侍衛軍士五千三百七十戶饑戶賑鈔
二錠布一疋糧一月癸酉遣使勞軍于雲南時諸王
禿剌率萬戶忽都魯沙怯列孛羅等皆領兵進討禿
堅伯忽甲戌八番平西衜苗阿馬察伯秩等萬人侵

撼遏境詔樞密臣分兵討之乙亥置順元宣撫司統
吾剌斥軍征雲南人賜鈔五定衛輝路之輝州以荒
乏穀種給鈔三千錠俾糴於他郡已邲遣使詣五臺
山作佛事庚辰命湖廣行省以鈔五萬錠給雲南軍
需是月右衛左右手屯田大水害禾稼八百餘頃廣
平河南大名般陽南陽濟寧東平汴梁等路高唐開
濮輝德冠滑等州及大有千斯等屯田蝗以淮東宣
慰使陳天祐湖廣參知政事樊楫死於王事贈封特
加一級龍興張仁興妻鄒氏奉元李郁妻崔氏以志
節汴梁尹華以孝行皆旌其門六月辛巳朔燕鐵木
兒言鄉有吉惟許臣及伯顏無領三職今趙世延以
平章政事無翰林學士承旨奎章閣大學士引疾以
辭帝曰朕重老成人其令世延仍視事中書果病無
預銓選可也丙戌大駕至上都戊子給左右欽察龍
翊侍衛軍士糧壬辰鎮江饑賑糧四萬石饒州饑亦
命有司賑之癸巳御史臺臣言宣徽院錢穀出納無
經以上供飲饍冒味者多不稽其案牘則弊日滋宜
如舊制具實上之省部以備考覈從之丙申立行樞
密院討雲南賜鐵木兒知行樞密院事陝西行省平
行省平章徹里鐵木兒給驛璽書十五銀字圓符五以河南

章探馬赤近侍教化為同知副使發朵甘思承恩麻
及蕈昌諸處軍萬三十人人乘馬三匹徹里鐵木兒
同鎮西武靖王搠思班等由四川教化從豫王阿剌
忒納失里等由八番分道進軍黃河溢大名路之屬
縣沒民田五百八十餘頃庚子以內侍中瑞卿撒里
為大司徒賜四川行省左丞李羅金虎符以鹽課鈔
二十萬錠供雲南軍需命河南湖廣江西甘肅行省
誦藏經六百五十部施鈔三萬錠知樞密院事闊徹
伯脫脫木兒通政使只兒哈郎徹里教化
的伯顏也不干燕王宫相教化的的斡羅思中政使尚

家奴禿烏台右阿速衛指揮使那海察拜住以謀礮
有罪並籍其家癸卯四川軍亦敗撒加伯于蘆古驛
五千徙建雲南乙巳羅羅斯土官撒加伯合烏蒙蠻
萬人攻建昌縣雲南行省右丞躍里帖木兒拒之斬
首四百餘級四川軍加伯于蘆古驛丙午改東路蒙古軍元帥
思麻蒙古民饑賑糧一月丁未改東路蒙古軍元帥
府為東路水災大都益都真定河間諸路獻景泰安諸
衛屯田蝗迤北蒙古饑民三千四百人
州及左都威衛屯田蝗迤北蒙古饑民三千四百人
人給糧二石布二匹旌表真定孫子益妻李氏等貞

節徐州胡居仁孝行秋七月辛亥封諸王按渾察為
廣寧王授以金印壬子命西僧祭星丙辰以闊徹伯
大司徒印授撒里丁巳命中書省翰林國史院官祀
太祖太宗睿宗御容于大普慶寺命西僧為皇子燕
王作佛事西域諸王不賽因遣使來朝賀監察御史
請以所籍闊徹伯衣物分賜宿衛軍士從之已未以
閭徹伯宅賜太禧宗禋院權服賜群臣通渭山崩壓
民舍貲輸內府辛酉改哈思罕萬戶府為總管府秩
四品詔僧道借戶鷹坊合得軍書者翰林院無得越
兒命陝西行省賑被災者十二家庚申籍脫脫木

中書省以聞真定路之平棘廣平路之肥鄉保定路
之曲陽行唐等縣大風雨雹傷稼許失台速怯月謹
真定可等部獻人口牧畜命酬其直江西建昌萬戶
府軍戍廣海者一歲更役來性勞苦詔仍至元舊制
二歲一更乙丑翰林學士承旨也兒吉尼知樞密院
事調諸衛卒築潮州柳林海子堤堰丙寅蒙古百姓
以饑乏至上都者闕口數給以行糧俾各還所部增
大都賑糶米五萬石大都之順州東安州大風雨雹
傷稼戊辰壽寧公主薨奴其印已巳命江浙行省以
鈔十萬錠至雲南贍其軍需庚午歲星犯氐宿開平

路兩電傷稼中書省臣言近歲幣廩虛空其費有五
曰賞賜曰作佛事曰剏置衙門曰濫冒支請曰績增
衛士鷹坊請與樞密院御史臺各路加新除河南開
從之御史臺臣劾奏新除河南府總管張居敬避難
不之官有㫖免所授官加其罪答甲戌賜諸王養怯
帖木兒李藥台徵棘斯察阿兀罕等金銀鈔幣有差
丙子敕中書省御史臺道官詣江淛江西湖廣四川
雲南諸行省遷調三品以下官命四川行省於明年
里至苦鹽泊等九驛每驛鈔五百錠增給成居庸關
恭鹽引內給鈔八萬錠軍需以討雲南眿木隣扎

《元史本紀卷三古》十五

軍士糧海湖溢漂沒河間運司鹽二萬六千七百餘
引丁丑以給驛璽書五銀字圓符二增給陝西蒙古
都萬戶府以討雲南故丞相鐵木迭兒子衆望造符
住與其弟觀音奴夫太醫孫大夫李羅上都留守馬兒及野理于
烏馬兒前御史大夫孛羅鞏禿堅伯忽等勢愈倡
錄孫北斗呪咀事覺諂中書鞠之事連前刑部尚書
姊阿納昔木思等俱伏誅雲南等疆欲令
橛烏撒祿余亦乘勢連約烏蒙東川莊部諸疆
姊忽弟拜延順等兵攻順元樞密臣以聞詣即遺使
督陳王阿納忒剌失里及行樞密院四川雲南行省

丞會諸軍分道進討以烏蒙烏撒及羅羅斯地接西
番與碉門安撫司相為唇齒命宣政院臣所屬軍民
嚴加守備倫又命華昌都總帥府調兵千人戍四川開
元大同真定冀寧廣平諸路及忠翊侍衛左右屯田
自夏至于是月不兩奉元晉寧興國揚州淮安懷慶
衛輝益都般陽濟南濟寧河南河中保定河間等路
及武衛宗仁衛五衛率府諸屯田蝗真定河南龍遂
妻楊氏大都潘居敬妻陳氏王成妻齊氏以志節順
德馬奔妻胡閏奴真定民妻周氏冀寧民妻魏益紅
行福州王薦以隱逸大同李文實妻高氏以孝

《元史本紀卷三古》十六
四九

以夫死自縊殉葬並其門閭七月庚辰朔封諸王
卯澤為永寧王授金印及給銀字圓符給驛璽書并
以所隸封邑歲賦賜之癸未遣諸王薦憐渾禿李羅
蒋賣銀千兩幣二百四賜諸王㮼列鐵木兒監察御
史葛明誠言中書平章政事請乍歸田里臺臣以聞應
耗衰固位苟容無補於事世延年踰七十智應
令中書議之雲南洿部路九村夷人阿幹阿里臺詣四
川行省自陳本路舊隸四川今土官撒加伯與雲南
連叛頭備糧四百石民丁千人助大軍進征事聞詔
嘉其去逆效順厚慰諭之衛士上都駐冬者所給糧

嘉靖九年補刊

以三分為率二分給鈔大駕將還敕上都兵馬司官
二員率兵士由偏鎮至明安巡邏以防盜賊市槀馳
百牛三百充乏從軍之用丙戌忠翊衛左右屯田
隕霜殺稼籍鎖住野里牙等庫藏田宅奴僕牧畜給
大承天護聖寺為永業鑄黃金神仙符命印賜掌全
史中丞脫亦納為中書省知政事燕鐵木兒言趙世
延向自言年老屢乞致仕臣等以聞嘗有旨也帝曰如
人宜與共政中書御史之言不知前有旨也帝曰如
所籍野理牙宅為都督府公署辛卯以陝西行臺御
直教道士苗道一已丑立掌醫署秩正五品庚寅以

御史言世延固難任中書矣其仍任以翰林奎章之
職四川行省平章汪壽昌言雲南伯忽叛逆與兵進
討調遣餽餉皆取給之頃以市馬造器械軍官俸
給軍士行糧已給鈔十五萬錠令伯忽未及殄滅而
鳥撒鳥蒙相繼為亂大兵深入去朝廷益遠元請軍
需早乞頒降從本省酌其緩急便宜以行庶不稽誤
從之寧夏奉元輦昌鳳翔大同晉寧諸路屬縣隕霜
殺稼斃巳以月魯帖木兒為大司徒賜哈刺赤軍士
鈔一萬錠糧十萬石蔡罕腦兒并東西凉亭諸衛士
九百五十人人賜鈔五錠糧二月朔漠軍士人鈔三

嘉靖九年補刊

錠布二匹糧二月命燕鐵木兒以鈔萬錠分賜天曆
初諸王群臣死事之家行樞密院言征戊雲南軍士
二人逃歸捕獲法當死詔曰如臨戰陣而逃死宜也
非接戰而迯輒當以死何視人命之易耶其杖而流
之丁酉大駕發上都授阿憐帖木兒大司徒印戊戌
甘肅平章政事乃馬台封宣寧郡王授印馴馬謹
只兒封鄆國公授以銀印知行樞密院事贈安南國王
陳益稷儀同三司湖廣行省平章政事王爵如故諡忠
懿益稷在世祖時自其國來歸遂授以國王即居于
漢陽府天曆二年卒至是加贈諡庚子魯王阿剌哥

識里所部三萬餘人告饑賑鈔萬錠糧二萬石中書
省臣言內外佛寺三百六十七所用金銀鈔幣不貲
今國用不充宜從裁省命省人及宣政院臣裁減上
都歲作佛事百六十五所定為百四所令有司永為
歲例乙巳雲南使來報捷遣使賜鞍馬
樞密院臣以上尊兩午諸王卜顏帖木兒請給鞍馬
頷從諸軍擊雲南帝嘉其意從之戊申加封孔子父
齊國公叔梁紇為啟聖王母魯國太夫人顏氏為啟
聖王夫人顏子充國復聖公魯國宗聖公曾子郕國
近國述聖公孟子鄒國亞聖公河南伯程顥豫國公

伊陽伯程順洛國公羅斯土官撒加伯及阿陋土
官阿剌里州土官德益兵八千撒跛棧道遣把事曾
通潛結西番欲據大渡河進冠建昌四川行省調鋼
門安撫司軍七百人成都保寧順慶廣安諸屯兵千
人令萬戶周戩統領直抵羅羅斯界以控把西番及
蘂州逃亡周戩等縣
百人冠修仁荔浦等縣廣西元帥府發兵捕之賊衆
諸蠻部又遣
討之發成都沙糖戶二百九十人防過敘州徵重慶
千同卬部知州馬伯所部蠻兵會周戩等從便道共

潰走生擒國安大都太寧保定益都諸屬縣及京畿
諸衛大司農諸屯水浸田八十餘頃杭州常州慶元
紹興鎮江寧國諸路及常德安慶池州荊門諸屬縣
皆水浸田一萬三千五百八十餘頃松江平江嘉興
湖州等路水漂民廬浸田三萬六千六百餘頃詔江
四十萬五千五百七十餘戶詔江浙行省以入粟補
官鈔三千錠及勸率禾稼冠州郁林復大都趙祥及
隸諸廳田生青蟲食禾富人出粟十萬石賑之寶慶之
求英
弟英以孝行旌其門大都愛祖丁塔木潮州劉仲溫
以輸米賑貧姓其門八月庚戌河南府路新安洧池

等十五驛饑疫寢人給米馬給芻粟各一月辛亥雲南
躍里鐵木兒以兵屯建昌執羅羅斯把事曾通斬之
丁巳比邊諸王即別遣使來京師燕鐵木兒由西
道田獵未至詔以機務至重遣使趣召之已未大駕
至京師勞遣人士還嘗有言蔚州廣靈縣地產銀者
詔中書省太禧院遣人泊其事歲所得銀歸大永天護
聖寺辛酉以世祖是月生命京師僧百七十八人作
佛事七日御史臺臣請立燕王為皇太子帝曰朕子
尚幼非裕宗爲燕王時比俟帖木兒至共議之甲
子忠州土官黃祖顯遣其子宗忠來朝獻方物乙丑

遣使詣真定玉華宮祀廟宗及顯懿莊聖皇后神御
殿戊辰太白犯氐宿壬申詔興擧蒙古字學中書省
樞密院御史臺言臣等比奉旨裁省衛士今定大內
四宿衛之士每宿衛不過四百人累朝宿衛之士各
不過二百人鷹坊萬四千七百二十四人當減者四千人
內饔九百九十人四怯薛當留者各百人累朝舊邸
宮分饔人三千二百二十四人當留者千一百二十
人勝臣怯憐口共萬人當留者六千人其汰去者斥
歸本部著籍應役自裁省之後各宿衛復有容匿漢
南高麗人及奴隸濫充者怯薛官與其長杖五十七

犯者與典給散者皆杖七十七没家賞之半以籍入
之半為告者賞仍令監察御史察之制可九月庚辰
江淛行省言今歲夏秋霖雨大水没民田甚多稅糧
不滿舊額明年海運本省止可二百萬石餘數令他
省補運為便從之罷入粟補官例糴豆二十三萬石
於河間保定等州冠恩高唐等州出馬八萬四令諸
路分牧之大寧路地震甲申授不蘭奚及月魯鐵木
兒大司徒印史惟良辭中書右丞職不允命藝文監
以燕鐵木兒世家刻校行之命河南行省給湖廣行
省鈔四千錠為軍需討雲南遼陽諸王老的蠻子台

諸部擾民敕樞密院宗正府及行省每歲遣官偕往
巡問以治其獄訟監察御史萬明誠劾奏遼陽行省
平章哈剌鐵木兒嘗坐贓被杖罪今復住以宰執控
制東藩亦足見國家名爵之濫黜罷為宜從之丙戌
卯部州土官馬伯嘟導征雲南軍有功以為征進招
討知本州事江西湖廣諸蠻古軍進征雲南者人給鈔
五錠雲南羅羅斯叛與成都甚通而成都軍馬俱進
征雲南詔四川鄰境諸王發藩部丁壯二千人成成
都廣源賊弗道閉覆寇龍州羅田洞龍州萬戶府移
文詰安南國其國囬言本國自歸順天朝恪共臣職

彼疆我界盡歸一統豈以羅田元隸本國遂起爭端
此蓋邊吏生釁閉覆為名爾本府宜自加窮治湖
廣行省備其言以聞命龍州萬戶府申嚴邊防已丑
樊惑犯兒宿辛卯賜陝西蒙古軍之征雲南者三十
人人鈔六錠監察御史朶羅台王文若言嶺北行省
乃太祖肇基之地武宗時太師月赤察兒為右丞相
太傅咎剌罕為左丞相安邊境朝廷遂無北顧之
患今天子臨御及命哈八兒為平章政事其人無
正大之譽有鄙俚之稱錢穀甲兵之事懵無所知而
能昭宣皇猷贊襄國政且以月赤察兒筆居於前而

以斯人繼其後賢不肖固不待辯而明理宜黜罷制
曰可癸巳白虹貫日置麓川路軍民總管府復立總
管府於哈剌火州甲午樊惑犯兒宿積尸氣封魏王
阿木哥子阿魯於西靖王乙未以立冬祀五福十神
太一真君御史臺臣劾奏前中書平章速速叩居台
鼎專肆貪滛兩經杖斷一百七方議流竄幸蒙恩宥
量徙湖廣不復畏法自守而乃携妻娶妾滛汚百端
況湖廣乃屯兵重鎮豈宜居此乞屏之遠裔以示至
公詔永寶雷州湖廣行省遣人械送其所丙申以魯
國大長公主邸第未完復給鈔萬錠命中書平章亦

列赤董其役已亥以奎章閣纂修經世大典命省院
臺諸司以次宴其官屬以平江等處官田五百頃賜
魯國大長公主敕諸人非其本俗敢有弟收其嫂子
收庶母者坐罪壬寅覈實諸衛軍戶物力賜曹國大
長公主鈔萬錠命燕鐵木兒詣其邸第送之丙午命
西僧作佛萬事於六明殿史惟良復乞辭職歸養允其
請仍賜鈔二百錠丁未中書奏知政事張友諒為左
丞知樞密院事晚別台爲陝西行臺御史大夫鐵木里
千木隣等三十二驛自夏秋不雨牧畜多死民大饑
命嶺北行省人賑糧二石至治初以白雲宗田給壽

安山寺爲永業至是其僧沈明琦以爲言有旨令中
書省改正之敕有司繕治南郊齋宮遼陽行省水達
達路自去夏霖雨黑龍宋尾二江水溢民無魚爲食
至是末魯孫一十五狗驛枸多餓死眅糧兩月狗死
者給鈔補市之辰州萬戶圖捨里不花母石抹氏以
志節漳州龍溪縣陳必達以孝行並旌其門冬十月
戊申朔降璽書申飭聖公崇奉孔子廟事賜雲南
行省衆政忽都沙三珠虎符辛亥命捕猺賊有功者
王云都思鐵木兒幣百四以賞將士捕猺賊有功者
壬子諸王大臣復請立燕王爲皇太子帝曰卿等所

言誠是但燕王尚幼恐其識慮應未弘不克負荷徐議
之未晚也立宣忠扈衛親軍都萬戶營於大都北市
民田百三十餘頃賜之戊午致齋於大明殿己未遣
亞獻官中書右丞相燕鐵木兒終獻官貼木兒補化
率諸執事告廟請以太祖皇帝配享南郊庚申出次
郊宮辛酉服大裘袞冕祀昊天上帝于南郊以太
祖皇帝配禮成是日大駕還宮甲子以奉元驛馬瘠
死命陝西行省給鈔三千定補市之木納火失溫所
居諸牧人三千戶頗黃河所居鷹坊五千戶各賑糧
兩月乙丑廣西徭賊寇橫州及永淳縣敕廣西元帥

府率兵捕之樞密院臣言每歲大駕幸上都發各衛
軍士千五百人扈從又發諸衛漢軍萬五千人駐山
後蒙古軍三千人駐官山以守關梁乞如舊數調遣
以俟來年貢方物壬申烏蒙路土官阿朝歸順遣其通
事阿剌苓犯法愈多請依十二章計贓多寡論罪從之甲
人受財累朝宮分官署凡文移無得稱皇后止稱其位
下娘子其委用官屬並由中書擬闕乙亥改打捕鷹
戊敕諸王委用官屬並由中書擬闕乙亥改打捕鷹
坊總管府爲仁虞都總管府知樞密院事撒敦宣徽

使唐其勢盆賜吞刺罕之號中書省臣言近討雲南
已給鈔二十萬錠為軍需今費用已盡鎮西武靖王
棚思班及行省行院復求鈔如前數臣寺議方當
討之際宜依所請給之制曰可賜伯夷叔齊廟額曰
聖清歲春秋祠以少牢遣使趣四川雲南行省兵進
薆兵三百餘人禄余衆潰即奪其關隘以尊順元諸
軍時雲南行省平章乞住寺俱失期不至十一月庚
辰命中書賑羅糧十萬石濟京師貧民辛巳御史臺

《元史本紀卷三十四》　廿五

臣言陝西行省左丞怯列坐受人僮奴一人及鸚鵡
請論如律詔曰位至宰執食國厚禄猶受人生口理
宜罪之但鸚鵡微物以是論贓失於大苟其從重者
議罪令後凡饋禽鳥者勿以贓論著為令癸未賑上
都灤河駐冬各宮分怯憐口萬五千七百戶糧二萬
石甲申熒惑退犯鬼宿命帝率西僧作佛事內外
凡八所以是日始歲終罷丙戌太白犯畢壁陣中書
省臣言至元間安豐安慶廬州等路有未附籍戶千
四百三十六世祖命以其歲賦賜床兀兒後院附籍
所輸歲賦皆入官別令萬億庫歲給以鈔二百錠今

乞停所給鈔復以其戶還賜床兀兒之子燕鐵木兒
從之羅羅斯撒加伯烏撒等合諸蠻萬五千人
攻建昌躍里鐵木兒等引兵追戰于木托山下敗之
斬首五百餘級賑襄鄧畏兀民被西兵害者五百七十三
戶戶給鈔十五錠米二石廣西廉訪司言計叛徭各
戶戶給鈔五錠米二石屯靜江遷延不進曠日持
行省官將兵二萬人皆駐久恐失事機詔遣使趣之知樞密院事燕不憐請依
舊制全給鷹坊匆匆粟使毋貧乏帝曰國用皆百姓所
供當量入為出朕豈以鷹坊失所重困吾民哉不從

《元史本紀卷三十四》　英

辛卯以闊闊台知樞密院事給山東鹽課鈔三千錠
賑曹州濟陰等縣饑民癸巳以臨江吉安兩路天源
延聖寺田千頃所入租稅隸太禧宗禋院戊戌立河
捕鷹坊紅花總管府於遼陽行省秩四品辛丑徵河
南行省民間自實田土糧稅不通舟楫之處得以鈔
代輸命陝西行省賑河州蒙古屯田衛士糧兩月甲
辰命司天監禁星丙午恩州諸王按灰坐擊傷巡檢
張恭杖六十七謫還廣寧王所部充軍役十二月戊
申遣伯顏寺以將立燕王阿剌忒納答刺為皇太子
告祭于郊廟己酉以董仲舒從祀孔子廟位列七十

子之下國子生積分及等者省臺集賢院奎章閣官
同考試中式者以等第試官不中者復入學肄業以
粟十萬石米豆各十五萬石給河北諸路收官馬之
家宣忠扈衛斡羅思屯田給牛種農具辛亥立燕王
阿剌忒納答剌為皇太子詔天下甲寅西城軍士居
求平灤州豐閏玉田者人給鈔三錠布二匹糧兩月
監察御史言昔裕宗由燕邸而正儲位世祖擇耆舊
老臣如王詢姚燧蕭斠等為之師保賓客令皇太子
仁孝聰審出自天成誠宜慎選德望老成學行純正
者俾之輔導於左右以宏養正之功寶宗杜生民之

《元史本紀卷三十四》廿七

福也帝嘉納其言詔龍翔集慶寺工役佛事江南行
臺悉給之戊午以十月郊祀禮成帝御大明殿受丈
武百官朝賀大赦天下癸亥知樞密院事闊闊台薨
大都留守乙丑遣集賢侍讀學士珠璉詣真定以明
年正月二十日祀睿宗及后于玉華宮之神御殿丁
卯命西僧於興聖光天宮十六所作佛事癸酉詔宣
臺憲衛親軍都萬戶府凡立譽司境內所屬山林川
澤其鳥獸魚鱉悉供內膳諸獵捕者坐罪甲戌御史
中丞和尚坐受婦人為賂遇赦原罪監察御史言和
尚所為貪縱有汚臺綱罪雖見原理宜追奪所受制

命禁鋼元籍終其身臺臣以聞制可敕各行省凡遇
邊防有警許令便宜發兵事緩則驛聞賑龍慶州懷
來縣前歲被兵萬一千八百六十戶糧兩月興寧路
梁世明妻程氏中興路伯顏妻阿迭的以志節大都
死平縣鄭珪以行義旌其門賑遼陽行省所居鷹
坊戶糧一月

元史本紀卷第三十四

《元史本紀卷三十四》 廿八

翰林學士亞中大夫知制誥兼修國史臣宋濂等待制承直郎同知制誥兼國史院編修官臣王禕奉
敕修

文宗四

餘兵皆潰獨祿余猶攝金沙江有旨趣進兵討之庚
伯顏察兒其黨拜不花卜顏帖木兒等十餘人誅之
延獻馘於豫王十三日戰于馬金山獲伯忽及其弟
敗伯忽賊兵於馬龍州以是月十一日殺伯忽弟拜
月仁德府權達魯花赤曲术斛集兵衆以討雲南首
二年春正月己卯御製奎章閣記行樞密臣言十一

（二三十四）

元史本紀卷三十五　一　揚

辰住持大承天護聖寺僧寶峯加司徒辛巳大名魏
縣民曹革輸粟賑陝西饑旌其門癸未立侍正府以
總近侍秩從二品乙酉時享太廟丙戌伯顏月魯帖
木兒玥璐不花阿卜海牙等十四人並以本官燕侍
正旌大都大興縣郭仲安妻李氏貞節丁亥以壽安
山英宗所建寺未成詔中書省給鈔十萬錠供其費
仍命燕鐵木兒撒迪等總督其工役命後衞指揮使
餘戶隸壽安山大昭孝寺為永業戶中書省臣言四
者按行北邊牧地以晉邸部民劉元良等二萬四千
史墳往四川行省調軍官選戊子命奴都赤阿里火

川省臣塔出脫帖木兒等討雲南以十一月九日領
兵至烏撒周泥驛明日祿余阿奴阿荅等賊兵萬餘
自山後間道潛出塔出脫帖木兒等進擊賊屢戰敗之
十五日又戰七星關六日凡十七戰賊大敗潰去詔
遣使以銀幣賞塔出脫帖木兒等造歲額鈔本至元
鈔八十九萬五十錠中統鈔五千錠給鈔五千錠賑
寧海州饑民罷益都等處廣農提舉司攺立田賦總
管府秩從三品仍令隆祥總管府統之命興和路建
燕鐵木兒鷹棚樞密院臣言四川行省地隣烏撒而
雲南未平令戊卒單少宜增兵防遏請調瓊路怯憐

（四刀九）

元史本紀卷三十五　二　君祥

口戶丁七百重慶河東五路兩營兵三百同往戍之
侯征進軍還日悉罷遣從之庚寅攺東路蒙古軍萬
戶府為東路蒙古侍衞親軍指揮使司諸王哈兒蠻
遣使來貢蒲萄酒國制累朝行帳設衞士給事如在
位時近嘗汰其冗濫武宗仁宗兩朝各定為八百人
英宗七百人中書省臣言舊給事人有失職者詔復
其百人辛卯皇太子阿剌忒納荅剌羈壬辰命宮相
法里及給事者五十八人護靈轝比祔葬于山陵仍
令法里等守之御史臺臣劾奏福建宣慰副使哈只
前為廣東廉訪副使貪污狼籍宜罷黜從之己亥遣

吏部尚書撤里尼佩虎符禮部郎中趙期頤佩金符
賫即位詔告安南國且賜以授時曆賜武寧王徹徹
禿金百兩銀五百兩以淮安路之海寧州為其食邑
癸卯以皇子古納荅刺疹疾愈賜燕鐵木兒及公主
察吉兒各金百兩銀五百兩鈔二千錠撒敦等金銀
鈔各有差又賜醫巫乳媼宦官衛士六百人金三百
工十兩銀三千四百兩鈔五千三百四十錠甲辰敕
每歲四祭五福太一星建孔子廟于後衛至元末討
諸王乃顏之叛獲其部蒙古軍分置河南江浙湖廣
江西諸省命樞密院遣使括其數得二千六百人乙
巳封蒙古巫者所奉神為靈感昭應護國忠順王號
其廟曰靈祐給衛士萬人歲例鈔人八十錠內以他
物及粟折五之一鎮西武靖王搠思班豫王阿剌忒
納失里及行省行院官同討雲南兵十餘萬以去年
十一月十一日搠思班師次羅羅斯期馬龍等州同
俱至三泊郎仍趣小云失會於曲靖十二月十七日
兵躍里鐵木兒倍道兼進奪金沙江十二月十七日
大兵與阿禾蒙古軍相值戰敗之阿禾偽降明日率
兵三千為三隊又擊敗之阿禾竄走大兵直趨中慶二十
其兵三千為三隊又擊敗之阿禾
分十三隊又擊敗之阿禾竄走大兵直趨中慶二十

六日遇賊黨蒙古軍於安寧州與再戰又大敗之二
十八日阿禾來逆戰遂就禽斬于軍前三十日將抵
中慶賊兵七千猶拒戰于伽橋古壁口兵交戰大
木兒左頰中流矢復拔矢復與戰大捷遂復省行
省治諸軍皆會駐于城中分兵追捕殘賊抃萬明州
樞密院臣以捷聞詔總兵官量度緩急從宜區處新
添安撫司甕河寨主訴他部徭獠踐其禾民饑命
廣行省發鈔二千錠市米賑之二月丙戌以上都兒
守乃馬台行嶺比行樞密院事遙授平章政事戍
荅鄰荅黒馬烈捏四人並知院事
申立廣教總管府以掌僧尼之政九十六所曰京畿
山後道曰河東山右道曰遼東山北道曰河南荆北
道曰兩淮江北道曰湖北湖南道曰浙西江東道曰
浙東福建道曰江西廣東道曰廣西兩海道曰四川
諸路曰山東諸路曰陝西諸路曰甘肅諸路曰燕南
諸路曰雲南諸路秩正三品府設達魯花赤總管同
知府事判官各一員宣政院選流內官擬注以聞總
管則僧為之四川行省招諭懷德府驢谷什用等四
洞及生蠻十二洞皆內附詔陸德府為宣撫司以
知府事
鎮之諸洞各設長官司及巡撿司且命各還所掠生

口湖廣叅政徹里帖木兒與速速班丹俱坐出怨言

鞫問得實刑部議當徹里帖木兒徹里帖木兒流廣東班丹杖一百七速

速處死會赦徹里帖木兒流廣東班丹杖一百七速

海南皆置荒僻州郡有旨此輩怨望拧朕向非赦原

虹貫日旌華昌金州民杜祖隆妻張氏志節樞密院

中禄余降其民烏蒙東川易良州蠻夷獠筹俱欵

附鎮西武靖王撒思班筹駐中慶復行省事豫王阿

剌忒納失里筹至當當驛安輯其人民又言漱江路

蠻官郡容報賊古剌忽及禿堅之弟必剌都迷失筹

偽降於豫王而反圍之至易龍驛古剌忽筹兵掩襲

官軍四川行省平章塔出頓兵不進平章乞住妻子

孳畜為賊所掠謀禿堅方修城堡布兵拒守無出

降意詔速進兵討之敕探馬赤軍士歲以五月十日

遷廬山後諸州辛亥建燕鐵木兒居第于興聖宮之

西南詔撒迪及留守司董其役壬子太白晝見中書

平章政事亦列赤兼瀋陽等路安撫使燕王宮相伯

撒里為中書平章政事戶部尚書髙履亨兩淮都轉運臨使

中書叅知政事

之二以三月一日放遣丁巳駙馬不顏

捷諸蠻悉降唯禄余追捕未獲命番休各衞漢軍十

太白犯昴杷太祖太宗廬宗御容雲南統兵官来報

殺人繫獄火未欵伏宜若無罪乞釋之制曰可乙卯

為宜從之燕鐵木兒又言安慶萬户鎖住坐令家人

還官引萬六百六道折鈔給之今有司以詔書奪之

鹽引萬六百六道折鈔給之今有司以詔書奪之

鈔十二萬錠故相拜住奏酬七萬錠未給秦定間以

列木丁英宗時嘗獻寶貨于昭獻元聖太后議給價以

許有壬並叅議中書省事甲寅燕鐵木兒言賽因怯

邊從武宗王徹徹禿来朝已未命西僧為皇子古納

荅剌作佛事一周歲壬戌改封武宗王徹徹禿為鄰

王賜以金印甲子中書省臣言國家錢穀歲入有額

而所費浩繁是以不足天曆二年嘗以鹽賦官帑鈔

一折銀納之凡得鈔二千餘錠令請以銀易官帑鈔

本給宿衞士卒又言陛下不用經費不勞人民創建

大承天護聖寺之需從之丙寅以太祖四大行帳世留

百鎚助建寺之需從之丙寅以太祖四大行帳世留

朔方不遷者其馬駞犛畜多死損發鈔萬錠命内史

府市以給之行樞密院都事阿里火者来報雲南之

捷庚午給宿衞士歲例鈔詔毋出定額萬人之外占
城國遣其臣高暗都剌來朝貢剏建五福太一宮于
京城乾隅修上都洪禧崇壽等殿諸王徹徹禿沙哥
坐妄言不道詔安置徹徹禿廣州沙哥雷州壬申命
遼陽行省發粟賑國王朶兒只及納忽苔兒等六部
蒙古軍民萬五千戶旌大都民劉德仁妻王氏貞節
玥璐不花作鷹棚雲南景東甸蠻官阿只弄遣子罕
旺來朝獻馴象乞陞甸為景東軍民府阿只弄知府

田賦總管府稅鑛銀輸大承天護聖寺命興和路為
甲戌給宣讓王王傅印荊王也速也不干貢薨牛命

事罕旺為千戶常賦外歲增輸金五千兩銀七百兩
許之以山東鹽課鈔萬錠賑膝州饑命龍翊衞以屯
田歲入粟瞻衞卒孤貧者是月深冀二州有蟲食桑
為災三月丙子朔熒惑犯兜宿辛巳御史臺臣劾奏
燕南廉訪使卜咱兒前為閩海廉訪使受贓計鈔二
萬二千餘錠金五百餘兩銀三千餘兩男女生口二
十二人及它寶貨無算雖遇赦原乞追奪制命籍沒
流竄詔如所言仍暴其罪示天下壬午賜南郊侍祠
文武官金幣有差特命沙津愛護持必剌忿納失里
為三藏國師賜玉印以陝西鹽課鈔萬錠賑察罕腦

兒蒙古饑民癸未割外府幣帛各千四輸之中宮以
供需用甲申繪皇太子真容奉安慶壽寺之東鹿頂
殿祀之如累朝神御殿儀鞠宮者拜住侍皇太子疹
疾飲食不時進以酥拭其眼鼻又為襪呪杖一百七
斤出京城冠州有蟲食桑四十餘萬株御史臺言從
諸王女賜金二百兩銀千兩賜上都燕鐵木兒鷹坊百人
之丙戌兩土霤伯撒里辭所兼儲政使不允伯帖
奎章閣參書雅琥阿媚奸臣所為不法宜罷其職從
木兒苔十一家鈔各百錠分賜燕鐵木兒鷹坊百人
中書省臣言課提舉司歲榷商稅為鈔十萬餘錠

比歲數不登乞几僧道為商者仍征其稅有旨誠為
僧者其仍免之司徒香山言陶弘景胡笳曲有負扆
飛天曆終是甲辰君之語令陛下生年紀號寶與之
合此寶受命之符乞錄付史館頒告中外詔令翰林
集賢奎章禮部雜議之翰林諸臣議以謂唐元開元
太子賓客薛讓進武后鼎銘云上玄降鑑方建隆基
為玄宗司馬光斥其來偶就之文以為符瑞乃小臣
而宋儒司馬光斥其來偶就之文以為符瑞乃小臣
之諂而宰相實之是悔其君也今弘景之曲雖拊生
年紀號若偶合者然陛下應天順人紹隆正統于今

四年薄海内外周不歸心固無待於旁引曲說以為
符命從其所言恐啟譎緯之端非所以定民志事遂
寢趙王不魯納飲邑沙淨德寧等慶蒙古部民萬六
千餘戶饑命河東宣慰發近倉糧萬石賑之又發山
東鹽課鈔朱王倉粟賑登萊饑民興和倉粟賑昌
饑民戊子以西僧旭你迷八咎剌班的為三藏國師
兒命諸王阿魯出鎮陝西行省以籍入速速班丹徹
理帖木兒賸產賜大承天護聖寺為永業浙西諸路
賜金印以龍慶州之流杯園池水磑土田賜燕鐵木

比歲水旱饑民八十五萬餘戶中書省臣請令官私

儒學寺觀諸田佃民從其主假貸穀自賑餘則勸
分富家及入粟補官仍益以本省鈔十萬定并給僧
道度牒一萬道從之旋同知大都府事忙兀禿僧送
失妻海迷失貞節已丑賑雲內州饑民及察忽涼樓
戍兵共七千戶庚寅咸順王寬徹不花還鎮湖廣
癸巳詔累朝神御殿之在諸寺者各製名以冠之世
祖曰元壽昭曆成宗曰廣壽順宗曰亹壽南必皇后曰懿壽
裕宗曰明壽成宗曰廣壽順宗曰文壽英宗曰宣壽明
文獻昭聖皇后曰昭壽仁宗曰壽武宗曰仁壽
宗曰景壽召亳州太清宮道士馬道逸汴梁朝天宮

道士李若訥河南萬山道士趙亦然各率其徒赴闕
修普天大醮賑浙西鹽丁五千餘戶命玥璐不花作
佛事於德興府監察御史劾忽納納平章童童不花
洗宴安才非輔佐詔免其官豫王阿剌忒納失里鎮
西武靖王搠思班等雲南諸賊歆也木干羅羅脫脫
木兒板不阿居澂江路總管羅羅不花伯忽之叔怯
得該遼陽境內蒙古哈剌荅兒及諸將校悉斬之碟
徇賑遼陽境內蒙古饑民萬四千餘戶旌山丹州郝
榮妻李閏貞即陝州諸縣蝗八番軍從征雲南者俱
屯貴州樞密院臣請遣使齎粟給之己亥御史臺臣

劾奏大都總管劉原仁稱疾久不視事及遷同知儲
政院事即就職撓倖巧宦避難就易有旨罷之庚子
以將莘上都命西僧作佛事於乘興次舍之所壬寅
以欽察衛軍士增多析為左右二衛給雲南行省鈔
十萬錠以儌軍資民食癸卯御史臺臣劾奏工部尚
書蘇炳性行貪邪詔罷之大同路累歲水旱民大饑
裁節衛士馬芻粟自四月一日始壽王脫里出陽羅
王帖木兒赤西平王管不八昌王八剌失里等七部
之民居遼陽境者萬四千五百餘戶告饑命遼陽行
省發近境倉糧賑兩月命宣靖王買奴置王傅等官

立宮相都總管府秩正三品給銀印以儒學教授在
選數多凡仕由內郡江淮者注江西江浙湖廣由陝
西兩廣者注福建由甘肅四川雲南福建者注兩廣
敕河南行省右丞那海提督境內屯田中書省臣言
嘉興平江松江江陰蘆場蕩山沙塗沙田等地之籍
兒非他臣比其令所在有司如數給付發燕鐵木
于官者當賜他人今請改賜燕鐵木兒有旨燕鐵木
賑檀順昌平等處饑民九萬餘戶是月陝西行省遣官分
千五百錠賑貸都三萬餘戶山東鹽課鈔二
給復業饑民七萬餘口行糧賑諸王伯顏也不干部

內蒙古饒民千餘口真定汴織二路恩冠晋冀深蠡
景獻等八州俱有蟲食桑為災旌故戶部主事趙野
妻柳氏貞節夏四月丙午朔全寧王脫歡獻銀鑛
兩銀五百兩金腰帶一織金等幣各十八四諸臣
詔設銀場提舉司隸中政院中書樞密臣言天曆兵
興諸領軍與敵戰者宜定功賞臣等議諸王各金百
戰以上者同三戰及一戰者各有差有旨賞格具如
卿等議燕鐵木兒首倡大義躬擐甲冑伯顏在河南
先誅攜貳使朕道路無虞兩人功無與比其賞不可
與眾同其賜燕鐵木兒七寶腰帶一金四百兩銀九

百兩伯顏金腰帶一金二百兩銀七百兩受賞者凡
九十六人用金二千四百兩銀萬五千六百兩金腰
帶九十一副幣帛千三百餘疋命西僧拈五臺及霧
靈山作佛事各一月為皇太子古訥荅剌福以糧五
萬石賑糶京師貧民戊申皇姑魯國大長公主請以
宮中高麗女子不顏帖你賜燕鐵木兒高麗國王請
割國中田為資送詔遣使往受之發衛卒三千助大
承天護聖寺工役庚戌詔建燕鐵木兒生祠拈紅橋
南樹碑以紀其勳御史臺臣言平章政事曹立累任
江浙令雖開廢猶與富民交納宜遣還其本籍大同

路又監察御史萬家閭嘗薦中丞和尚脫脫嘗舉廉
訪使卜咱兒和尚卜咱兒俱以贓罪除名萬家閭
脫脫難任臺省之職並從之真定路地震逾月
不止壬子命燕鐵木兒總制宮相都總管府事也不
倫伯撒里兒俱以本官兼宮相都總管府親軍都
諸王哈兒蠻遣使來朝貢甲寅改宣忠扈衛親軍都
萬戶府為宣忠斡羅思扈衛親軍都指揮使司賜銀
印中書省臣言越王禿剌在武宗時以紹興路為食
邑歲割賜本路租賦鈔四萬錠今其子阿剌忒納失
里襲王號宜歲給其半從之乙卯時享太廟鎮西武

靖王撈思班等已平雲南各遣使來報捷諸王朶列
捏鎮雲南品甸自以資力給軍協力討賊詔以襲衣
賜之丙辰葺太祖兩御大行帳戊午以集慶路玄妙
觀為大元興壽宮命興和建屋居海青上都建屋
居鷹鶻庚申特命河南儒士吳炳為藝文監典簿仍
予對品階寧國路涇縣民張道殺人為盜道第吉從
而不加功居四七年不決吉毋老無他子孫中書省
臣以聞教免死杖而黜之俾養其毋辛酉以山東鹽
課鈔五千錠賑信陽
等壎鹽丁御史臺臣言儲政使哈撒兒不花侍陛下

潛邸時受馬七十九疋又盜用官庫物天曆初領兵
瀘溝橋迎敵即逃擅開城門驚惑民庶度支卿納哈
出會匿官馬又矯制命又受諸王幹即七寶帶一
鈔百六十錠臣等議其罪宜狀一百七除名斥還鄉
里從之壬戌樞密院臣言雲南事已平鎮西靖王撈
思班言蒙古軍及哈剌章羅羅斯諸種人叛者或誅
或降雖巳畧定其餘薰逃竄山谷不能必其不反側
今請留荊王也速也不干及諸王鎖南等各領所部
屯駐一二歲以示威重從之仍命豫王阿剌忒納失
里分兵給探馬赤三百乙赤伯三百共守一歲以鎮

輯之餘軍皆遣還所部統兵官召赴闕時已命探馬
赤為雲南行省平章政事遂命總制境內軍事潞州
潞城縣大水癸亥諸王完者也不干所部蒙古民二
百八十餘戶告饑命河東宣慰司發官粟賑之甲子
陝西行省言終南屯田去年大水損禾稼四十餘頃
詔蠲其租鎮寧王那海二百圍為廢命御史臺
嶺北行省鎮寧王那海直諸察臺以名圍為廢命御史臺
給鹽罰鈔千定諸王乞八言臣每歲屢從時
巡為費甚廣臣兄豫王阿剌忒納失里弟亦失班從時
給鈔五百定幣帛各五千四敢視其例以請制可詔

故尚書省丞相脫脫可視三寶奴例以兩籍家貲還
其家居官詔黜之楊州泰興縣饑民萬三千餘戶河
南行省先賑以糧一月後以聞許之命遼陽行省發
粟賑孛羅帖木兒飢民戊辰奎章閣以纂修經世
大典請從翰林國史院取脫卜赤顏事關一書以紀太祖
以來事蹟詔以命翰林學士承旨押不花塔失海牙
押不花言脫卜赤顏非可令外人傳寫臣
等不敢奉詔從之增置拱衛司儀伏命武備寺諸匠
官避元籍遣使召趙世延於集慶詔以涇金畏兀子

書無量壽佛經千部壬申散遣宣忠扈衛新籍軍士
六百人還鄉里期以七月一日還管衛州路屬縣比
歲旱蝗仍大水民食草木殆盡又疫癘死者十九湖
南道宣慰司請賑糧米萬石皆以貞節旌其門五月丙子
兒思闌免古妻忽都的斤以旱不能種告饑甘州阿
皇太子影殿造祭器如裕宗故事救建宮相都總管
帝大同河間諸路屬縣皆以貞節旌其門五月丙子
府公厙丁焚慼犯軒轅左角賜宮相都總管府給
驛璽書調衛兵浚金水河己卯安南世子陳日烇遣
其臣段子貞來朝貢安慶之望江縣淮安之山陽縣

十五　蘇仲連

四十
去歲皆水災免其田租丙戌太禧宗禋院臣言累朝
所建大萬安等十二寺舊額僧三千一百五十人歲
例給糧令其徒猥多請汰去九百四十三人制可常
歲之桃源州去歲水災免其租丁亥復立怯憐口提
舉司仍隸中政院命樞密院調軍士修京城己丑置
德之桃源宣慰司都元帥府以土官昭練為宣慰使
八百等處宣慰司元帥又置臨江元江等處宣慰司
都元帥又置臨江並為軍民總管府秩從四品併孟廣慶
定路孟角路並為軍民府秩從三品者線蒙慶
甸銀沙羅等甸並為軍民府秩從四品益都路宋德讓
樣等甸並設軍民長官司秩從五品益都路宋德讓

趙仁各輸米三百石賑滕州饑民九千戶中書省臣
請依輸粟補官例子官從之賑駐冬衛士二萬一千
五百戶糧四月庚寅立雲南省盧傳路軍民總管府
以土官為之制授官者各給金符癸巳雲南威楚路之
蒲蠻猛吾來朝願入銀為歲賦詔為置散府一及
土官三十三所皆賜金銀符甲午太白犯畢宿宣
政使脫脫因為劉國公以平江官田五百頃立稻田提
舉司隸宮相都總管府事乙未以陝西行臺御史大夫
別台知樞密院事御史大夫玥璐不花累辭職宣江
西行省平章孕兒只以疾辭新任並許之脫忽思娘

十六　蘇仲連

四十
子繼主明宗幄殿詔賜湘潭州民戶四萬為湯沐奎
童閣學士院纂修皇朝經世大典成詔以泥金書佛
經一藏丙申大駕幸上都四川行省平章汪壽昌辭
職不允敕在京百司日集公署自晨及暮毋廢事賑
濼陽桓州民以所種麥獻詔賜幣帛二匹驛遣之戊次
紅橋臨視燕鐵木兒生祠以太禧宗禋院所隸昭孝
營繕司隸崇禧總管府賑遼陽東路蒙古萬戶府饑
民三千五百戶糧兩月己亥也兒吉尼知行樞密院
事八番西蠻官阿馬路奉方物入貢高郵寶應等縣

去歲水免其租庚子太陰犯太白辛丑太白經天改阿
速萬戶府為宣毅萬戶府賜銀印命伯顏領之旌濟
南章丘縣馬萬妻晉氏節祭卯加也兒吉尼太尉
賜銀印以河間邊課鈔四千定賑河間諸縣飢民四
千一百戶戶甲辰詔通政院整治制可東昌保定二路
院臣言舊制刊聖神御殿及諸寺所作佛事每歲計
道路之用敕河南行省立阿不海牙政蹟碑監察御
屬縣大水六月乙巳朔徵儲政院鈔三萬定給中官
漢唐二州有蟲食桑夏絃慶保定德安河間諸路
二百十六今汰其十六爲定式制可德安河間諸路
員又復分辨蒙古色目漢人之領請凡蒙古色目漢
史韓元善言歷代國學皆盛獨本朝國學生僅四百

元史本紀卷三五　七　蘇仲遠

仕者親老別無侍丁奉養不限地方名次宜從優附
人不限貟頜皆得入學又監察御史陳守中言請凡
近遷調庶廣忠孝之道皆不報發米五千石賑興和
屬縣饑民丁未太白晝見乙卯監察御史陳良劾淛
東廉訪使脫脫顏阿附權姦倒剌沙其生母何氏
本父之妾而兄妻之欺誑朝廷封溫國夫人請黜罷
懇職追還贈恩爲宜御史臺臣以聞從之雄大都右
警巡院胡德妻曹氏貞節壬戌以鈔萬五千定賑國

王朵兒只等九部蒙古饑民三萬三百六十二戶癸
亥詔諸官吏在職役或守代未任為人行賕關說即
有所取者官叙如已十二章論賕吏罷不叙終其身雖無
所取訟起減由已者罪加常人一等甲子太府監須
宮嬪閣竉及宿衛士行帳資裝免控鶴衛士當驛戶
丙寅雲南出征軍悉還烏撒羅羅蠻復殺戌軍黃海
潮等撒加伯又殺掠良民為亂命雲南行省及行樞
密院凡境上諸關口畢太白犯井庚午以揚州泰興
慶丁卯太陰犯畢太白犯井庚午以揚州泰興都
二縣去歲雨害稼免今年租樞密院臣言征西萬戶

元史本紀卷三五　六　蘇仲遠

蝗大都保定真定河間東昌諸路屬州縣及諸屯水
集乃二路旱濟寧路蟲食桑河南晉寧二路諸屬縣
十八人今遍防軍少例當追使還管從之是月晉寧亦
府軍七百人自泰定以来累經優郵放還者四百五
彰德路臨漳縣漳水决秋七月甲戌朔賜野馬川等
慶駐冬衛士衣藝文少監歐陽玄言先聖五十四代
孫襲封衍聖公爵最五等秩登三品而用四品銅印
於爵秩不稱詔鑄從三品印給之德安府去年水免
今午田租雄德安應山縣高可壽孝行己卯以雲南
既平惟禄余等懼罪竄伏降詔曲赦之辛巳只兒哈

咎兒坐罪當流遠以唐其勢舅民故釋之壬午祀太
祖太宗庸宗御容於翰林國史院監察御史張益等
言欽察台在英宗朝陰與中政使咬住造謀誣告脫
歡察兒將構異圖辭連潛邸致出居海南及天曆初
倒剌沙擾上都遣欽察台以兵拒命倒剌沙疑其有
異志復飬以歸即追言昔日咬住之謀以自解皇上
即位不念舊惡擢居中書而又自贓願欲以致奪官
籍產旋復釋宥以為四川平章令雲南未平與蜀接
境其人反覆不可信任宜削官速竄仍沒入其家產
臺臣以聞詔奪其制命金符同妻拏禁錮于廣東毋

籍其家仍詔諭御史九恤人如欽察台者其極言之
母隱鐵木兒補化辟御史大夫職不久乙酉遣使代
祀護國庇民廣濟福惠明著天妃命西僧於大都萬
歲山憫忠閣作佛事起八月八日至車駕還大都日
止丁夾海南黎賊作亂詔江西湖廣兩省合兵捕之
諸王攔思吉亦兒甘卜哈兒蠻駙馬完者帖木兒遣
使來獻蒲萄酒壬辰以知樞密院事脫別台為御史
大夫癸巳辰州興國二路蠱傷稼免今年租給諸衛
德府雨傷稼免今年租賜諸衛士及蒙古戶糧四月
乙未立閩子書院於濟南杭州火賑被災民百九十

戶丁酉調甘州兵千人撒里畏兀兵五百人守參卜
郎以防土番戊戌封伯顏為浚寧王賜金印仍前太
保知樞密院事高郵府去歲水災免今年租湖州安
吉縣大水暴漲漂死百九十人人給鈔二十貫瘞之
存者賑糧兩月庚子廣西猺賊平名諸王云都思帖
木兒還辛丑懷德府洞蠻二十一洞田先什用等以
方物來貢還所虜生口八百餘人給其家隆卯知行
樞密院事撤里帖木兒以兵討叛蠻鎖力哈迷失戮
其黨七百餘人是月河南奉元屬縣蝗大都河間漢
陽屬縣水寔寧屬縣雨雹傷稼廬州去年水寧夏霜

為災並免令今年田租振靈夏鳴沙蘭山二驛　戶二百
九十定州新軍戶千二百應理州民戶千三百糧各
一月又賑興路饑民九百戶糧一月天寧和衆縣
何千妻柏都賽兒夫亡以身殉葬旌其門八月甲辰
朔日有食之封脫憐忽禿魯為靖恭王沙藍朵兒只
為懿德王並給以達金銀印西域諸王上賽因遣使
忽都不丁來朝濼防驛戶增置馬牛各一免其和市
雜役賜上都孔子廟碑御史臺臣劾奏宣徽副使桑
哥比奉旨給宿衛士錢糧稽緩九日玩法欺公罪當
黜罷從之己酉以銀符二十八賜拱衛直百戶命燕

鐵木兒以鈔萬定分賜蒙古孤寡者辛亥大駕南還大
都壬子西城諸王咎兒麻襲朶列帖木兒之位遣諸王
李兒只吉台等來朝貢甲寅雪別台之孫月魯帖木兒
買閭也先來獻失剌奴賜以金百兩銀千五百兩鈔五
百定金帶一命宣課提舉司毋收燕鐵木兒邸舍商貨
秋幹兒朶思之地頻年災畜牧多死民戶萬七千一百
六十命內史府給鈔二萬定賑之乙卯太白犯軒轅大
星丙辰封內史怯列訣為豐國公以星變為群臣議赦
丁巳命鄒主不顏帖木兒圍獵於撫州己未立鎮寧壼總管
府於撫州公主脫脫灰來朝以汴梁路尉氏縣賜伯顏

為食邑詔刑部鞫內侍撒里不花巫蠱事凡當死者
杖一百七流廣東西中書省臣言明年海運糧二百
四十萬石已令江浙運二百二十萬河南二十萬今
請令江浙復增二十萬本省恭政杜貞督領從之復
命賑糶米五萬石濟京城貧民旌濟寧路魏鐸孝行
揚州路呂天麟妻韋氏貞節庚申太白犯軒轅左角
中書樞密臣言西域諸王不賽因其臣怯列木丁矯
王命來朝不賽因遣使來言請執以歸宗藩
之國行人往來執以付之不可宜令乘驛歸國以自
辨制可壬申陞侍正府秩正二品是月江浙諸路水

潦害稼計田十八萬八千七百三十八頃景州自六
月至是月不雨澧州泗州等縣去年水免今年租沅
州饑賑糶米二千石金州及西和州頻年旱災民饑
賑以陝西鹽課鈔五千定九月癸酉朔市阿魯渾撒
里宅命燕鐵木兒奉皇子古納荅剌居之中書省臣
言今歲當飼馬駝十四萬八千四百疋京城飼六萬
疋餘令外郡分飼每疋給芻粟價鈔四定從之乙夾
命留守司發軍士築躂臺于大承天護聖寺東御
史臺臣劾奏四川行省恭政馬篯發糧六千石餉雲
南軍中道輒還預借俸鈔一十九定以娶妾又誑冐

平章汪壽昌罪雖蒙宥難任宰輔帝曰綱常之理尊
甲之分懵無所知其何以居上而臨下丞罷之丙子
太白犯填星樞密院臣言雲南東川路總管府判教兄
那具會祿余兵殺烏撒宣慰使月魯東川兵將擊羅
羅斯臣等與燕鐵木兒議遣西域指揮使鎖住等絕
化的二十餘人又會伯忽姪阿福領蒙古兵鎖住斡
陝西都萬戶府兵直抵羅羅斯發碉門安撫司兵同
大渡河直抵印部州巡守關隘詔宣政院亦遣使同
往替之海南賊王周料率十九洞黎蠻二萬餘人作
亂命調廣東福建兵隸湖廣行省左丞移剌四奴統

領討補之阿速及幹羅思新戍邊者命遼陽行省給
其牛具糧食已卯發粟五千石賑興和路鷹坊庚辰
樞密院臣言六月中行樞密院官以兵與烏撒兵
五戰破之惟祿余竄伏未獲命四川行省給其軍餉
賑興和寶昌州饑民米二十石御史臺臣言大聖壽
萬安寺和壇主司徒嚴吉祥盜公物畜妻孥宜免其司
徒壇主之職從之禁諸驛毋畜竄行馬免控鶴戶雜
役湖州安吉縣久兩太湖溢漂民居二千八百九十
戶溺死男女百五十七人命江浙行省賑卹之丁亥
御史臺臣言江西行省叅政李允中乃內侍李邦

宗養子器質庸下誤叨重選宜黜罷從之庚寅幸大
承天護聖寺以鈔五萬定及預貸四川明年鹽課鈔
五萬定給行樞密院軍需祿余冠順元路癸巳罷其
務御史覆實司置廣誼司秩正三品以右丞撒迪領其
需府覆實司置太禧宗裡使童童謠後不潔不可以
奉明裡又奎章閣鑒書博士柯九思性非純良行極
矯誦挾其末枝趨附權門請罷黜之乙未以金虎符
賜中書行省平章政事亦列赤思州鎮遠府饑賑米五百
石丁酉雲南行省遣都事那海鎮撫智等奉詔往
諭祿余及授以叅政制命至撒家關祿余拒不受俄

而賊大至那海因與力戰賊乃退及晚烏撒兵入順
元境左丞帖木兒不花禦戰那海復就陣宣詔招之
遂遇害司秩從二品冬十月甲辰遣秘書太監王
為隆祥使木兒不花等斂兵還壬寅改隆祥總管府
珪等代祀嶽鎮海瀆后土乙巳行樞密院撒里鐵
木兒小云失遷朝瀆后東川路總管普析子安樂龍
其父職巳酉時享于太廟為皇子右納叅剌作佛事
釋在京四死罪者二人杖罪者四十七人辛亥召江
南行臺御史大夫阿兒思蘭海牙赴闕癸丑辛亥大承
天護聖寺蒙古都元帥怗烈引兵擊阿禿賊黨於靖

江路海中山為雲梯蝂山破其柵殺賊五百餘人禿
堅之弟必剌都古豪失舉家赴海苑又獲禿堅弟二
人子三人誅之甲寅杭州火命江浙行省賑其不能
自存者丁巳中書省臣言江西江浙平江湖州等路水傷
稼明年海漕米二百六十萬石恐不足若令運百九
十萬石又命河南發三十萬石為宜又遣官
齎鈔十萬錠鹽引三萬五千錠鹽引二萬五千定鹽引萬五
價和糴米三十萬石又以鈔三十萬
千道於通潮二州和糴粟豆十五萬石以鈔三十萬
錠往遼陽懿綿二州和糴粟豆十萬石並從之燒在

京積年運倒昏鈔二百七十餘萬錠戊午詔運平江
路大王清昭應宮田百頃官勿徵其租已未給宿衛
士有官者努豆諸王卜賽因使者還西域詔酬其所
貢藥物價直辛酉命西僧作佛事於興聖宮資畜千
日乃罷吳江浙行省大風雨太湖溢漂沒廬舍資畜千有五
百七十家命江州浙行省給鈔千五百錠賑之乙丑立
司以酬物價燕鐵木兒取鼇牛五十於西域來獻十
戶都總使丙寅命大都路定時佑每月朔望送廣誼
昭功萬戶都總使府顏鐵木兒補化並兼昭功萬戶都總使十
一月壬申朔日有食之雲南行省言亦乞不薛之地

所牧國馬歲給鹽以每月上寅日啖之則馬健無病
此因伯忽叛亂雲南鹽不可到馬多病死詔令四川
行省以鹽給之乙亥李彥通蕭不蘭奚等謀反伏誅
丙子封諸王渾禿帖木兒之子庚兀台印以其所受印
賜諸王渾禿帖木兒之子庚兀台詔給移剌四奴分
行省印丁丑興和路鷹坊及蒙古民萬一千一百餘
戶大雪畜牧凍斃賑米五千石戊寅樞密院臣言天
曆兵興以揚州重鎮當假淮東宣慰司以兵權令自
己宰宜以所部兵復隸河南行省又征西元帥府自
泰定初調兵四千一百人戍龍剌亦集乃期以五年

為代令巳七年逃亡者眾宜加優卹期以來歲五月
代還並從之巳卯封薙班為強國公庚辰左右欽察
衛軍士千四百九十戶乏食命上都留守司賑之辛巳
以戶部尚書取煥為中書參知政事癸未詔養燕鐵
木兒之子塔剌海為子賜居第及所籍李彥通貲產
荊王也速也不干獻犛牛四百詔毎籍諸王所部
府遣官與遼陽行省官巡歷諸郡母令諸王所部攪民
隆祥使晃忽兒不花言海南所建大興龍普明寺
工費浩穰黎人不勝其擾以故為亂詔湖廣行省臣
玥璐不花及宣慰撫二司領其役仍命廉訪司涖

之辛卯諸王撒兒蠻遣使者七十四人來賑左欽察
衛撒敦等冀頂也兒古駐冬軍千五百八十戶諸鹽
課鈔以十分之一析收銀銀每錠五十兩析鈔二十
五錠乙未敕宮相都總管府勿隸脂功都總使府丁
酉以南陽府之萬州更賜食邑十二月戊申
陝西行臺御史捏古伯高垣等劾奏本臺監察御史
陳良特勢肆毒徇私破法請罷職籍贓還田里有
旨雖會救其准風憲例追奪敕命餘如所奏以黃金
符鑴文曰翊忠徇義迪節同勲賜西域親軍副都指
揮使欽察以旌其天曆初紅橋戰功士于復命諸王

其罪與詐奔喪者同科御史臺臣以聞命中書省禮
部刑部及翰林集賢奎章閣議之丁巳雨木冰戊午
西域諸王禿列帖木兒遣使獻西馬及蒲萄酒預給
四宿衞及諸潛邸衞士歲賜鈔人二十錠庚申遣集
賢直學士岑失蠻詣真定王華官祀鄠宗及顯懿莊
聖皇后神御殿辛酉遣兵部尚書也速不花同僉通
政院事忽納不花迎帝師詔中書省御史臺遣官詣
各道同廉訪司錄囚癸亥雨木冰給征東元帥府兵
伏丁卯御史臺臣言甘肅行省平章月魯帖木兒既
非蒙古族姓且閣扵事機使總兵柄恐非所宜詔樞

忽剌出還鎮雲南癸丑撒敦南獻幹羅思十六戶酬以
銀百七鋌鈔五千錠以河間路清池南皮縣牧地賜
幹羅思仍以忽里所牧官羊給之河南河北道
廉訪副使僧家奴言自古求忠臣必扵孝子之門今
官扵朝者十年不省覲者有之非無思親之心實由
朝廷無給假省親之制而有擅離官次之禁古律諸
職官父母在三百里聽一給假二十日
無父母者五年聽一給假十日以此推之父母
在三百里以至萬里計道里遠近定立假期其應
省覲匪而不省覲者坐以罪若詐冒假期避以掩

密院勿令提調軍馬已巳御史臺臣言河東道廉訪
副使忽哥兒不花僉燕南道廉訪司事不顏忽都王
士元郝志善憲綱不振宜免官從之旌安海州崔惟
孝孝行是歲真定路屬州水冀寧河南二路旱大饑

本紀卷第三十五

翰林學士亶善大夫知制誥兼修國史臣宋濂　翰待　制兼直學士知制誥兼　國史院編修官臣輔等奉
敕修

文宗五

《元史本紀卷三十六》
一

三年春正月辛未朔高麗國王楨道其臣元忠奉表
稱賀貢方物笑命高麗國王王燾仍為高麗國王
賜金印初熏有疾命其子楨襲王爵至是壽疾愈故
復位甲戌賜燕鐵木兒妻公主月魯金五百兩銀五
千兩丁丑禁冒哀求叙復者賑糶米五萬石濟京師
貧民己卯時享太廟罷諸建造工役惟城郭河渠橋

道倉庫勿禁廣西羅偉里叛冠馬武冲等合龍州嶺
北朗龍洞章大蟲賊兵萬人攻陷那馬邊那馬安等
詫命廣西宣慰司嚴軍儆之月闕察兒月請偉士努
王不頗帖木兒請釋之壬午命甘肅行省為幽
東當坐罪燕鐵木兒建居第孔子妻鄆國夫人并官氏
為大成至聖文宣王夫人癸未給納鄰等十四驛粮
及芻粟賑南丹等處溪洞軍民安
撫司言所屬宜山縣流民疫死者眾乞以給軍粮二
百八十石賑糶從之江西行省言梅州頻年水旱民
大饑命發粟七百石以賑糶丙戌卽造歲額鈔本至

元鈔九十九萬六千錠中統鈔四千錠丁亥辛大承
天護聖寺賜諸王帖木兒及其妃阿剌赤八剌金五
百兩銀萬兩鈔二萬錠幣帛各千四監察御史劾奏
翰林學士承旨典哈其兒野里坐誅當罷從之戊
子萬安軍黎賊王奴羅等集眾五萬人寇陵水縣己
五賑肇慶路高要縣饑民九千五百四十口四川行
省言去年九月左丞帖木兒不花與禄余賊兵戰被
創賊遂侵境乞調重慶叙州兵二千五百人往救之
順元宣撫司亦言賊列行營為燕鐵木兒建居第御
備禦詔上都留守司為燕鐵木兒御史臺言

《元史本紀卷三十六》
二

選除雲南廉訪司官多託故不行繼今有如是者風
憲勿復用制可戊戌命中書省以鈔三千錠幣帛各
三千匹給皇子古納荅剌歲例鷹犬回賜諸王章吉
獻斡羅思百七十八酬以銀七十二錠鈔五千錠
亥給斡羅思千人衣粮山南道廉訪副使禿堅董阿
勁荊湖北道宣慰使別列怯都嘗貸內府鈔威逼部
民代償不足則以宣慰司公帑鈔償之又副使驅驢
宜從黜退御史臺臣以聞從之庚子封公主不納為
郵安大長公主蔞路忠信寨洞主阿具什用合洞蠻
以修治沿江堤岸縱家奴掊歛民財二人罪雖遇赦

八百餘人冠施州二月辛丑朔八番苗蠻駱度來貢
方物癸卯諸王也先帖木兒薨甲辰諸王咎兒馬失
里哈兒蠻各遣使來貢蒲萄酒西馬金鴉鶻乙巳以
湖廣行省平章玥璐不華為陝西行省臺御史大夫
渡河金沙江以攻東川會通等州臣會通州土官阿
之小龍村又禄餘將引兵與茫部合冠羅羅斯大
賽及河西阿勒等與羅羅賊兵五千五百人冠川路
幽王及其王傅戊申雲南行省言會通州土官阿
詔書招諭之不奉命則從宜進軍制可己酉賜怯薛
官完者帖木兒及阿昔兒珠衣帽德寧路去年旱復

元史本紀卷三十六　三

值霜雹民饑賑以粟三千石雄寧路沁州劉璋妻
張氏志節禄餘言于四川行省自父祖世為烏撒土
官宣慰使佩虎符素無異心量為伯忽誘脅比聞朝
廷招諭而今期限已過乞再降詔赦即率四路土官
出降仍乞改屬四川省隸永寧路冀得休息四川行
省以聞詔中書樞密御史諸大臣雜議之己未雄寧
夏路趙那海行辛酉燕鐵木兒兼奎章閣大學士
領奎章閣學士院議立太祖神御殿詔修曲阜宣聖廟印
太禧宗禋院議立太祖神御殿己巳命燕鐵木兒集翰林集賢
州有二井宋舊名曰金鳳茅池天曆初九月地震鹽

水湧溢州民俟坤願作什器黃鹽而輸課於官詔四
川轉運鹽司主之雄濟州任城縣王德妻秦氏婺州
路金華縣吳墳妻宋氏廬州路高仁妻張氏甘州路
岳忽南妻失林蓋州完顏帖哥住妻李氏志節三月
庚午朔帝師至京師遣使往西域賜諸王不賽因繡
綵幣帛二百四十四中書省臣言凡遠戍軍官死而
軍興消乏宜遣民官例給道里之費又四川驛戶比
平江松江澱山湖圩田方五百頃有奇當入官粮七
千七百石其總佃者死頗為人占耕今臣願增粮為

元史本紀卷三十六　四

萬石入官令人佃種以所得餘米贍臣弟撒敦從之
洛水溢爪哇國遣其臣僧伽剌等八十三人奉金書
表及方物來朝貢已卯詔以西寧王速來蠻鎮禦有
勞其如安定王朶兒只班例置王傅官四人鑄印給
之庚辰以安陸府賜井王晃火兒不花為食邑雄大
都良鄉縣韋安妻張氏貞節丁亥諸王伯顏岳兀完者
帖木兒來朝戊子占城國遣其臣阿南那那里沙等
四人奉金書表及方物來朝貢已復立功德使司掌
癸巳皇子古剌荅納更名燕帖古思置興瑞司掌中
宮歲作佛事秩正三品乙未命燕鐵木兒依舊例以

鈔萬錠分給蒙古孤寡者以帝師泛舟于西山高梁
河調衛士三百挽舟丙申賜帖薛官萬僧鐵木兒璽
書申飭其所部賑木憐苦鹽漿札哈掃憐九驛之貧
者凡四百五十二戶丁酉緬國遣使者阿落等十人
奉方物來朝貢己亥賜行樞密院鈔四萬錠分征
烏撒烏蒙所調陝西四川蒙古軍及漸丁萬人高唐
德巽諸州大名汴梁廣平諸路有蟲食桑葉盡夏四
月壬寅中書省臣言去歲宿衛士給鈔者萬五千人
今減去千四百人餘當給者萬三千六百人又太府
監歲支幣帛二萬四不足於用請再給二百四並從

之四川師壁散毛盤速出三洞蠻野王等二十三人
來貢方物戊申大寧路地震四川大盤洞謀者什用
等十四人來貢方物丙辰諸王不別居法郎遣使者
要忽難等及西域諸王不賽因使者也先帖木兒等
皆不允以作佛事祈福釋御史臺所四定興劉縣尹
政要錄板模印以賜百官命奎章閣學士院以國字譯貞觀
職不允以作佛事祈福釋御史臺所四定興劉縣尹
及刑部四二十六人乙丑安南國世子陳日焌遣其
臣鄧世延等二十四人來貢方物安西王阿難荅之
子月憩帖木兒坐與畏兀僧主你達八的剌板的國

師必剌忒納失里沙津愛護持謀不軌命宗王大臣
雜鞫之獄成三人皆伏誅仍籍其家以必剌忒納失
里沙津愛護持妻丑丑賜通政副使伯藍玉鞍賜撒
敦餘人畜土田及七寶盦具金珠寶王鈔幣並沒入
大承天護聖寺免四川行省境內今年租命有司為
伯顏建生祠立功碑于涿州仍別建祠立碑于汴
梁戊辰免雲南行省田租三年安州饑給河間鹽課
鈔萬錠賑之東昌濟寧二路及曹濮諸州皆有蟲食
桑五月己巳朔高昌王藏吉薨其弟太平奴襲位壬
申賑木憐七里等二十三驛人米二石癸酉焚蝕犯

東井賜燕鐵木兒宴于流盃池雲南大理中慶等路
大饑賑鈔十萬錠甲戌陞尚舍寺為從三品撒迪請
備錄皇上登極以來固讓大凡往復奏荅其餘訓敕
辭命及燕鐵木兒等宣力效忠之蹟命宏來續為蒙
古脫卜赤顏亦納金虎符旌保定路郭璹孝行探忘妻
章政事脫亦納金虎符旌保定路京師地震有聲己
靈保賢孝戊寅幸大承天護聖寺京師地震有聲已
卯命諸王也失班還鎮浙西道廉訪司劾副使三寶
黨惡陰險蠹亂紀綱詔罷之壬午復賑糶米五萬石
濟京城貧民戊子唐其勢以疾先往上都賜藥價鈔

張德明

千錠遣使往帝師所居撒思吉牙之地以珠織制書
宣諭其屬仍給鈔四千錠幣帛各五千匹分賜之賑
帖里千不老也不徹溫等十九驛人米二石庚寅大
駕發大都時巡于上都置山東益都等處金銀銅鐵
提舉司辛卯復以司徒印給萬安寺僧嚴吉祥詔給
鈔五萬錠修帝師巴思八影殿壬辰太常博士王瓚
言各處請加封神廟瀆及淫祠按禮經以勞定國以
死勤事能禦大災能捍大患則祀之其非祀典之神
今後不許加封制可丁酉白虹並日出長竟天追封
顏子父顏無繇為杞國公諡文裕母齊姜氏杞國夫
人諡端獻妻宋戴氏兗國夫人諡貞素甘州大電揚
州之江都恭興德安府之雲夢應城縣水汴梁之雎
州陳州開封之蘭陽封丘諸縣河永溢濘沱河決没
河間清州等處屯田四十三頃常寧州饑賑糶米二
千四百石杭州火被災九十一户池州火被災七十
三户命江浙行省量賑之六月己亥朔以月魯帖木
兒等罪詔告中外赦天下免四川行省今年差稅陝
西行省今年商稅錄用朵朵王士熙脫歡等已酉以
御史中丞趙世安為中書左丞癸丑遣使分祀嶽鎮
海瀆戊午給鈔五萬錠賜雲南行省為公儲已未燕

鐵木兒言頃伯顏封浚寧王賜食邑嵩州今請於瀕
汴擇一州賜之詔改賜陳州癸亥加授知樞密院事
也卜倫開府儀同三司乙丑御史臺臣劾遼陽行省
參政賽甫丁庸鄙不勝任罷之監察御史陳思謙言
內外官非文武全才出處繫天下安危能拯金革之
難者勿許奪情起復制可禁諸卜筮陰陽人毋出入
諸王公大臣家晉寧冀州桑災益都濟寧秋七月戊
州和州水旱歸德府永城縣民張氏孝節雲南行省
辰朔諸王荅里麻失里等遣使來貢虎豹雲南行省
言本省舊降給驛璽書六十九金字圓符四伯忽之
亂散失殆盡乞更賜為宜敕更賜璽書三十二圓符
四仍究詰所失者辛未以車坊官園賜伯顏賜從征
雲南將校三百四十七人鈔幣有差調軍士修柳林
海子橋道乙亥命僧於鐵幡竿修佛事施金百兩銀
千兩幣帛各五百匹布二千四鈔萬錠丁丑賑豪古
軍流離至陝西者四百六十七户糧三月遣復其居
户給鈔五十錠湖廣行省言黎賊勢猖獗乞益兵三
千以備調用有旨依前詔促移剌四奴赳日進兵壬
午江西行省造螺鈿几榻遺燕鐵木兒詔賜匠者幣
帛各一甲申燕鐵木兒獻幹羅思二千五百人旄裕

帖古思於高麗未至月闊察兒害之干中道

州民李庭瑞行庚寅給鈔萬錠命燕鐵木兒分賜
累朝官分頒御之貧乏者壬辰西域諸王不賽因遣
哈只怯馬丁以七寶水晶等物來貢給蒙古民及各
部衛士鈔幣有差仍賑糧五月甲午北邊諸王月即
別遣南忽里等來朝貢鐵木兒言諸王徹徹禿沙
哥暴坐罪流南荒乞賜粉閼俾還本部從之賑宗仁
慶都縣大饑以河間鹽課鈔萬錠賑滕州民饑賑糴米二萬石
衛軍士九百戶各鈔一錠三十人漸丁百三人賑大
王阿兒加失里獻斡羅思思三十人漸丁百三人賑大
都寶坻縣饑民以京畿運司糧萬石癸卯吳王木喃

子及諸王荅都河海鎮雨管卜帖木兒赤帖木迭兒
等來朝賜護守上都宮殿衛卒二千二百二十九人
人鈔二十五錠乙巳天鼓鳴于東北丙午遣官祭社
稷丁未有事于太廟海道漕運糧六十九萬餘石至
京師巳酉隴西地震帝崩壽二十有九在位五年癸
丑靈駕發引葬起輦谷從諸帝陵元統二年正月
巳酉太師右丞相伯顏率文武百官等議上尊諡曰
聖明元孝皇帝廟號文宗國言諡號曰札牙篤皇帝
請諡于南郊三月巳酉祔于太廟後至元六年六月
以帝謀為不軌使明宗飲恨而崩詔除其廟主放燕

章彥傅

本紀卷第三十六

《元史本紀卷三十六》　十

章彥傅

翰林學士中奉大夫知制誥兼修國史臣宋濂拾掇　制兵五郎□□制兼　國史院編修官臣楊幹等奉

敕

寧宗

寧宗沖聖嗣孝皇帝諱懿璘質班明宗第二子也母曰皇后乃蠻真氏朒武宗有子二人長明宗次文宗延祐中明宗封周王出居朔漠泰定之際正統遂偏天曆元年文宗入紹大統內難旣平即遣使奉皇帝璽綬北迎明宗明宗崩文宗復即皇帝位明宗有子二人長妥懽帖木兒次即帝也天曆二年二月乙巳

《元史本紀卷三十七》　一

封帝爲鄘王至順三年八月己酉文宗崩于上都皇后導揚末命申固讓初志傳位於明宗之子時妥懽帖木兒出居靜江帝以文宗眷愛之篤留京師太平王右丞相燕鐵木兒請立帝以繼大統於是遣使徵諸王會京師中書百司政務咸啓中宮取進止八月甲寅中書省臣奉中宮旨預儉大朝會賞賜金銀幣帛等物乙卯燕鐵木兒奉中宮旨不干子歡忽哈赤太尉李蘭奚句容郡王荅隣荅里僉使徵諸王卯澤妃公主本荅里諸王禿帖木兒公主本荅里諸王事小薛阿麻剌台忽都魯諸王禿帖木兒公主本荅里諸王丑漢妃公主台忽都魯諸王卯澤妃公主完者台及

公主本荅里徹里帖木兒等金銀幣鈔有差是月運源雲內二州隕霜殺禾異寧路之陽曲河曲二縣及荊門州皆旱江水又溢高郵府之興化二縣德安府之雲夢應城二縣大雨水九月丁丑填星犯太微垣左執法辛巳修皇太后儀仗是夜地震有聲來自比是月益都路之莒沂二州泰安州之奉符縣濟寧路之魚臺豐縣曹州之楚丘縣平江常州鎮江三路松江府江陰州中興路之江陵縣皆大水河南府之洛陽縣旱十月庚子帝即位于大明殿大赦天下詔曰洪惟太祖皇帝啟闢疆宇世祖皇帝統一萬方

《元史本紀卷三十七》　二

列聖相承法度明著我曲律皇帝入纂大統修舉庶政動合成法授大寶位于普顏篤皇帝以及格堅皇帝曆數之歸實當在我忽都篤皇帝扎牙篤皇帝而難以定邦國恊恭推戴扎牙篤皇帝遠迂忽都篤皇帝朝各播越遼遠時則有若燕鐵木兒建義效忠戡平內讓兄之詔明告天下奉扎牙篤皇帝登極之始即以方言還奄棄臣庶扎牙篤皇帝荐正宸極仁義之至視民如傷恩澤旁被無間遠邇顧育眇躬允篤慈愛讓天之日皇后傳顧命於太師太平王右丞相荅剌罕燕帖木兒太保浚寧王知樞密院事伯顏等謂聖

一體彌留益推固讓之初志以宗社之重屬諸大兄忽
都篤皇帝之世嫡乃遣使召諸王宗親以十月一日
來會于大都與宗王大臣同奉遺詔揆諸成憲宜御
神器以至順三年十月初四日即皇帝位于大明殿
可大赦天下自至順三年十月初四日昧爽以前除
謀反大逆謀殺祖父母父母妻妾殺夫奴婢殺主謀
殺人但犯強盜印造偽鈔蠱毒魘魅犯上者不赦
故其餘一切罪犯咸赦除之大都上都興和三路差
稅免三年腹裏諸郡不納差發去訖稅
外其餘十分爲率免二分江淮以南夏稅亦免二分土木
糧十分爲率免二分江淮以南夏稅

四刀九

工役除倉庫必合修理外毋復剗造以紓民力民間
在前應有逋欠差稅課程盡行蠲免監察御史蕭政
廉訪司官并內外三品以上正官歲舉才堪守令者
一人申達省部先行錄用如果稱職舉官優加旌擢
一任之內或犯贓私者量其輕重黜罰其不該原免
重囚淹禁三年以上疑不能決者申達省部詳讞釋
放學校農桑孝義貞節科舉取士國學貢試並依舊
制廣海雲南梗化之民詔書到日限六十日內出官
輿免本罪許以自新於戲肆予冲人託于天下臣民
之上任大守重若涉淵水尚賴宗王大臣百司庶府

三
付梓之

交修乃職思盡厥忠嘉與億兆之民共保承平之治
咨爾多方體予至意故茲詔示想知悉辛丑以知樞
密院事撒敦爲御史大夫中書右丞撒迪爲中書平
章政事宣政使闊里吉思爲中書右丞中書平章政
事禿兒哈鐵木兒知樞密院事乙巳造皇太后玉冊
玉寶丁未皇太后命兩宮幄殿車乘供張戊申賞
資諸王金幣其數如文宗即位之制立徽政中政二
院己酉太白犯斗宿敕諸王駙馬勳舊大臣及中書
省樞密院御史臺秩正二品百司庶府秩至一品者
關門之內得施繩床以坐餘皆禁之庚戌修郊祀法
服以官者鐵古思哈里兀苦兒黑狗者闔闔出並爲
中政院使辛亥以江浙歲比不登其海運糧不及數
俟來歲補運壬子定婦人犯私鹽罪著爲令甲寅諸
王不賽因遣使貢塔里牙八十八斤佩刀八十賜鈔
三千三百錠乙卯以即位告祭南郊丙辰給宿衛士
蒙古漢軍三萬人禦寒衣命江浙行省範銅造和寧
宣聖廟祭器凡百三十有五事已未告祭太廟庚申
告祭社稷以伯顏爲徽政使依前開府儀同三司浚
寧王太保錄軍國重事知樞密院事提調忠翊侍衛
親軍都指揮使司事伯撒里右都威衛都指揮使常

四刀力

四
付梓之

不蘭奚並為徽政使賜諸妃后大朝會賞賚有差甲
子以諸王忽剌台貧乏賜之賜鈔五百錠皇弟燕帖古思
受戒於西僧加兒麻哇敕百官及宿衛第衣有只孫衣
者凡與宴饗皆服以待其或賣諸人者罪之丙寅楚
己巳詔翰林國史集賢院奎章閣學士院集議先皇
立縣河堤壞發民丁二千三百五十八人修之十一月
帝廟號神主升祔武宗皇后及改元事庚午賜鄭王
徹徹禿以海寧州朐山贑榆陽三縣壬申命鄭王
徹徹禿鎮遼陽甲戌遣宿衛官阿察赤以上皇太后
玉冊告祭南郊中書平章政事伯撒里告祭太廟戌
三三十五
《元史本紀卷三七》 五 揚虎評
寅奉玉冊玉寶尊皇后曰皇太后皇太后御興聖殿
受朝賀己卯帝御大明殿受朝賀庚寅賜諸王寬徹
幣帛各二十四以周其貧左欽察衛士饑賑糧二月
壬辰帝崩年七歲甲午葬起輦谷從諸陵明年六月
己巳明宗長子妥懽帖木耳即位至元四年三月辛
酉諡曰冲聖嗣孝廟號寧宗四月乙酉祔于太廟

翰林學士中奉大夫知制誥兼脩國史臣宋濂翰林待制承務郎同知制誥兼國史院編修官臣王禕等奉

敕修

順帝一

順帝名妥懽貼睦爾明宗之長子母罕祿魯氏名邁
來迪郡王阿兒廝蘭之裔孫也初太祖取西比諸國
阿兒廝蘭率其衆來降乃封爲郡王俾領其部族及
明宗比狩過其地納罕祿魯氏延祐七年四月丙寅
生帝于北方富泰定帝之崩太師燕鐵木兒與諸王
大臣迎立文宗文宗既即位以明宗嫡長復遣使迎

〈元史紀卷三十八〉　一

立之明宗即位于和寧之北而立文宗爲皇太子及
明宗崩文宗復正大位至順元年四月辛丑明宗后
八不沙被讒遇害遂徙帝于高麗使居大青島中不
與人接閱一載復詔天下言明宗在朔漠之時素謂
非其已子移于廣西靜江三年八月己酉文宗崩
燕鐵木兒請立燕帖古思太子燕帖古思后曰吾子尚幼
立明宗次子懿璘只班是爲寧宗十一月壬辰寧宗
崩燕鐵木兒復請立燕帖古思后不從而命
妥懽貼睦爾在廣西今年十三矣且明宗之長子禮
當立之乃命中書右丞闊里吉思迎帝于靜江至良

鄉具鹵簿以迎之燕鐵木兒既見帝並馬徐行具陳
迎立之意帝幼且畏之一無所答於是燕鐵木兒疑
之故帝至京久不得立適太史亦言帝不可立則
天下亂以故議未決遷延者數月國事皆決於燕鐵
木兒奏文宗后而行之俄而燕鐵木兒死后乃與大
臣定議立帝且曰萬歲之後其傳位於燕帖古思若
武宗仁宗故事諸王宗戚奉上璽綬勸進四年六月
己巳帝即位于上都詔曰洪惟我太祖皇帝受命于
天肇造區夏世祖皇帝奄有四海治功大備列聖相
傳丕承前烈我皇祖武宗皇帝入纂大統及致和

〈元史紀卷三十八〉　二

季皇考明宗皇帝遠居朔漠札牙篤皇帝戡定內難
讓以天下我皇考實天札乙篤皇帝復正宸極治化
方隆奄棄臣庶今皇太后名大臣燕鐵木兒伯顏等
曰昔者闊徹脫脫木兒只兒哈郎等謀逆以明宗太
子爲名又先爲八不沙始以妬忌妄構誣言踈離骨
肉逆臣等既正其罪太子遂遷于外札牙篤皇帝後
知其安尋至大漸顧命有曰朕之大位叔弟懿璘只班登大位以
繼之時以朕遠征南服以朕弟懿璘只班登大位以
安百姓乃邊至大故皇太后體承札牙篤皇帝遺意
以武宗皇帝之元孫明宗皇帝之世嫡以賢以長在

予一人遣使迎還徵集宗室諸王來會合辭推戴今
奉皇太后勉進之篤宗親大臣懇請之至以至順四
年六月初八日即皇帝位于上都於戲惟祖宗
全付予有家懍懍危懼若涉淵水固知攸濟尚宗
親臣都交備不遽以底隆平其赦天下時有阿魯輝
帖木兒者明宗親幸未命以貟惡名帝
太師中書右丞相上柱國監修國史兼奎章閣大學
七領學士院太史院回回漢人司天監事撒敦為太
信之由是深居宮中每事無所專焉辛
相決之庶可責其成功若躬自聽斷則必貟惡名帝
曰天下事重宜委宰

傳左丞相是月大霖雨京畿水平地丈餘饒民四十
餘萬錠以鈔四萬錠賑之涇河溢關中水災黃河大
溢河南水災兩淮旱民大饑秋七月霖雨潮州路水
巳亥太陰犯房宿八月壬申葷昌徽州山崩是月立
燕鐵木兒女伯牙吾氏為皇后九月甲午太陰犯填
星乙未太陰犯天江甲寅中書省臣言官貟遞陞室
礎選法令請自省院臺官外其餘不許遽陞從之丁
巳太陰犯填星巳未太陰犯氐宿庚申詔太師右丞
相化顏太傅左丞相撒敦專理國家大事其餘官不
得兼領三職秦州山崩賑恤寧夏饑民五萬三千人

一月詔免儒人後冬十月甲子太陰犯斗宿丙寅鳳
州山崩戊辰改元詔曰在昔世祖皇帝紹開丕圖稽
古建元立經陳紀列聖相承恪遵成憲予沖人嗣
大歷服茲圖治之云初嘉與民而更始乃新紀號誕
告多方其以至順四年為元統元年於戲一元運於
四時惟成之有道大統綿於萬世思保佑於無疆詔
察罕儂羅土官渾鄧馬弄來貢方物詔以其地隸立
雲南
知樞密院事答剌罕里金紫光祿大夫差發癸酉
中書省臣言凡朝賀遇兩請便服行禮從之巳巳加
宣慰司人民止令應當徽政院
庚辰奉文宗皇帝及太皇太后御容於大承天護聖
寺命左丞相撒敦為隆祥使奉其祭祀乙酉詔以高
郵府為伯顏食邑戊子封撒敦為榮王食邑盧州唐
其勢襲父封爵為太平王進階金紫光祿大夫庚寅中
書省臣請集議武宗英宗明宗三朝皇后陞祔十一
月辛卯朔罷富州金課甲午太陰犯氐壘壁陣丙申
昌成紀縣地裂山崩令有司賑被災人民丁酉享于
太廟辛丑起棕毛殿丙午申飭鹽運司辛亥江西湖
廣江浙河南復立榷茶運司追諡札牙篤皇帝為聖
散府丁丑依皇太后行年之數釋放罪囚二十七人

明元孝皇帝廟號文宗時寢廟未建於英宗洞室次權
結綵殿以奉安神主封伯顏為秦王錫金印是日秦
州山崩地裂夜太陰犯亢宿乙卯以燕鐵木兒平江所賜
填星癸丑太陰犯亢宿太微東垣上相壬子太陰犯
田五百頃復賜其子唐其勢罷河間大報恩寺諸色
之詔秦王右丞相伯顏禁王左丞相撒敦統百官總
庶政十二月庚申命伯顏提調彰德威衛乙丑廣
西徭冠湖南隰道州千戶郭震戰死冠焚掠而去壬
申遣省臺官分理天下四罪狀明者皆決寃者辨之

人匠總管府江浙旱饑發義倉富人入粟以賑
疑者讞之淹滯者罪其有司以奴列你他代其父塔
刺赤為耽羅國軍民安撫使司達魯花赤錫三珠虎
符癸酉太陰犯鬼宿甲戌禿堅帖木兒致仕錫太尉
印置僚屬乙亥為皇太后置徽政院設官屬三百六
十有六貟太白犯壁陣太陰犯軒轅巳卯太陰犯
進賢癸未太陰犯東咸

元統二年春正月庚寅朔雨血于汴梁着衣皆赤辛
卯東平須城縣濟寧濟州曹州濟陰縣水災民饑詔
以鈔六萬錠賑之以御史大夫脫別台為中書平章
政事阿里海牙為河南行省左丞相丁酉享于太廟

戊戌四川大盤洞蠻謀谷什用遣男謀者什用來貢
方物即其地立盤順府命謀谷什用為知府遣吏部
尚書帖住禮部郎中智煕善使交趾以授時曆賜之
太陰犯軒轅癸卯勑僧道與民一體充役巳酉以上
文宗皇帝諡號遣遣官告祭于南郊庚戌太陰犯房宿
甲寅罷廣教總管府立行宣政院乙卯雲南土酋姚
安路總管高明来獻方物錫符印遣之二月巳未朔
詔內外興舉學校癸亥廣西徭冠邊殺官吏廣海官
巳除而未上者罪之甲子塞北東京民饑詔上
都留守發倉廩賑之乙丑命有司以時給宿衛冬衣

以燕不隣為太保置僚屬戊辰封也真也不干為昌
寧王錫金印癸酉太陰犯太微上相丁丑封皇姑妥
安輝為英壽大長公主癸未安豐路旱饑勑有司賑
糶麥六千七百石甲申太廟木陛壞遣官告祭丁
亥太白經天是月瀿河漯河溢永平諸縣水災賑鈔
五千錠瑞州路水賑米一萬石三月巳朔詔科舉
取士國子學積分餹學錢粮儒人免役悉依累朝舊
制學校官選有德行學問之人以充辛卯以陰陽家
言罷造作四年太陰犯填星癸巳廣西徭賊復起殺
同知元帥吉烈思掠庫物遣右丞禿魯迷失將兵討

之復立西番巡捕都元帥府罷廣誼司復立覆實司
贈吉烈思官令其子孫襲職庚子杭州鎮江嘉興常
州松江江陰水旱疾疫勑有司發義倉粮賑饑民五
十七萬二千戶癸卯月食旣甲辰中書省臣言興和
路起建佛事一路所費爲鈔萬三千五百三十餘錠
請依上都大都例給饍僧錢節其冗費從之乙巳中
募能擒獲者倍其賞獲三人者與一官從之丁未以
書省臣言益都真定盜起請選省院官往督捕之仍
河南行省左丞相阿里海牙爲江浙行省左丞相壬
子廣西慶遠府猺賊冦全州詔平章政事探馬赤統

兵二萬人擊之丁巳詔蒙古色目犯奸盜詐偽之罪
者隸宗正府漢人南人犯者屬有司是月山東霖雨
水湧民饑賑糶米二萬二千石淮西饑賑糶米二萬
石湖廣旱自是月不雨至于八月戊午朔日夏四月
有食之庚申封宗室蠻子爲文濟王乙丑命順元等
慶軍民宣撫使八番等處沿邊宣慰使伯顔溥花承
襲父職丙寅罷龍慶州黑峪道上勝火兒站庚午詔
雲南出征軍士亡歿者人賜鈔二錠以葬壬申命唐
其勢爲總管高麗女直漢軍萬戶府達魯花赤與馬
札兒台並爲御史大夫丁丑太白經天戊寅太白晝

見已卯奉聖明元孝皇帝文宗神主祔于太廟躬行
告祭之禮樂用宮懸禮三獻先是御史臺臣言郊廟
國之大典王者必行親祀之禮所以盡尊尊親之
誠宜因陛祔有事于太廟帝從之是日罷夏季時享
詔加榮王左丞相撒敦開府儀同三司上柱國錄軍
國重事食邑廬州復立杭州四隅錄事司太白晝見
壬午復如之帝嘉許後輔世祖以不殺一天下特錄
其孫從宗爲章佩監興珍庫提點癸酉未立鹽局于京
師南北城官自賣鹽以革專利之弊乙酉中書省臣
言佛事布施費用太廣以世祖時較之歲增金三十

八錠銀二百三錠四十兩繒帛六萬一千六百餘疋
鈔二萬九千二百五十餘錠請除累朝期年忌日之
外餘皆罷從之是月車駕時巡上都益都東平路水
設酒禁大名路桑麥災成州旱饑詔出庫鈔及發常
平倉米賑之河南旱自是月不雨至于八月五月己
丑詔威武西寧王阿哈伯之子亦里黑赤襲其父
官者李羅帖木兒傳皇后旨取鹽一十萬引入中政
院辛卯以唐其勢代撒敦爲中書左丞相撒的領蒙古
量中書省事壬辰命中書平章政事撒的領蒙古國
子監癸巳罷洪教提點所戊申詔文濟王蠻子鎮大

名雲南王阿魯鎮雲南給銀字團牌是月中書省臣
言江浙大饑以戶計者五十九萬五百六十四請發
米六萬七百石鈔二千八百錠及募富人出粟發常
平義倉賑之并存海運粮七十八萬三百七十石以
備不虞從之詔王侯宗戚軍站人匠鷹房控鶴但隸
京師諸縣者令所在一體役之贈故中書平章政事
王泰亨諡清憲舊令三品以上官立朝有大節及有
大功勳於王室者得賜功臣號及諡時寢冗濫失實
惟泰亨在中書時安南請佛書乞以九經賜之使高
麗不受禮遺為尚書貧不能自給故特賜是諡贈漳
州萬戶府知事闕文興英毅俟妻王氏貞烈夫人廟
號雙節六月丁巳朔中書省臣言雲南大理中慶諸
路曩因敗狐友叛民多失業加以災傷民饑請
發鈔十萬錠差官賑恤從之戊午淮河漲淮安路山
陽縣滿浦清岡等處民畜房舍多漂溺丙寅宣德府
水災出鈔二千錠賑之乙亥詔嘗古色目人行父母喪
復命撤敦為左丞相辛巳詔紫古色目人行
癸未復立繕工司造繒帛乙酉贈燕鐵木兒
濟弘謨同德翊運佐命功臣開府儀同三司太師中
書右丞相追封德王諡忠武是月彰德雨白毛大寧

廣寧遼陽開元瀋陽懿州水旱蝗大饑詔以鈔二萬
錠遣官賑之秋七月丁亥戒陰陽人毋得於貴戚之
家安言禍福辛卯祭太祖太宗睿宗三朝御容罷秋
季時享壬辰帝幸大安閣是日宴侍臣於奎章閣甲
午太白晝見己亥太白經天丙午復如之帝幸楠木亭
盜者免剌甲辰太白經天壬寅詔蒙古色目人犯
已酉太白晝見夜有流星大如酒盃赤長五尺餘
光明燭地起自天津没于離宮之南庚戌太白經天
壬子復如之夜熒惑犯鬼宿癸丑甲寅太白復經天
是月池州青陽銅陵饑發米一千石及募富民出粟
賑之八月丙辰朔太白經天凡四日戊午祭社稷癸
亥太白經天丙寅至戊辰太白復經天辛未赦天下
京師地震雞鳴山崩陷為池方百里人死者甚眾自
是日至甲戌太白經天丁丑己卯復如之夜犯軒轅
庚辰至壬午太白復經天
海牙罷是月南康路諸縣
千石賑糶是月南康路諸縣早蝗民饑以米十二萬三
都壬辰太陰入南斗癸巳太白犯靈臺甲午太白經
天猺賊陷賀州發河南江浙江西湖廣諸軍及八番
義從軍命廣西宣慰使都元帥章伯顏將以擊之乙

未太白經天已亥壬寅復如之乙巳太白犯太微垣
壬子吉安路水災民饑發粮二萬石賑難夜太白犯
太微垣冬十月乙卯朔正內外官朝會儀班次一依
品從戊午享于太廟乙卯以侍御史許有壬為中書
參知政事癸亥太微上相復犯進賢丁卯立
湖廣勦兵屯田萬戶府統千戶一十三所每所兵千
人屯戶五百皆土人為之官給田土牛種農器免其
差徭又湖立武安縣移石山寨巡檢司於清水寨立
霍丘縣淮陰鄉臨水山巡檢司改乾寧軍民安撫司
曰乾寧安撫司乙亥太陰犯軒轅太白犯填星巳卯

奉玉冊玉寶上皇太后尊號曰贊天開聖仁壽徽懿
昭宣皇太后詔曰朕登大寶君臨萬方永惟大母擁
佑之勤神器奠安海宇寧謐實訓之致然也爰協
衆議奉舉徽稱而皇太后以文宗皇帝未祔于廟至
誠謙抑弗賜俞允今告祔禮成亦既閱歲始徇所請
乃以吉日奉上尊號思與普天同茲大慶其敕天下
免今年民租之半內外官四品以下減一資卻天鵞
之獻獎未命臺憲部官各舉材堪守令者一人十一
月戊子中書省臣請發兩淮船下番為皇后營利濟
南葉燕縣饒罷官冶鐵一年辛卯賜行宣政院廢寺

錢一千錠以營公廨乙未填星犯亢宿庚戌熒惑犯
太微垣是月鎮南王孛羅不花來朝十二月立道州
永明縣白面壩江華縣濤壖巡檢司各一以鎮過猺
賊甲戌詔整治學校是歲禁私剏寺觀庵院入道
錢五十貫給度牒方聽出家
至元元年春正月癸巳申命廉訪司察郡縣勤農官
勤惰達大司農司以憑黜陟乙未立徽政院屬官侍
正府丙午雲南婦人一產三男二月甲寅朔革冗官
乙卯車駕將田于柳林御史臺臣諫曰陛下春秋鼎
盛宜思文皇付托之重致天下於隆平況今赤縣之

民供給繁勞農務方興而馳騁水雪之地偶有銜橛
之變柰宗廟社稷何遂止丁巳立縹甸散府一穆由
甸范陵甸軍民長官司二以薊州寶坻縣稻田提舉
司所轄田土賜伯頔戊午祭社稷甲戌熒惑逆行入
太微巳卯以上皇太后冊寶遣御史臺臣言迅相巳領
未朔詔遣五府官決天下囚御史臺言迅相巳領
軍國重事雲南省院臺官俱不得薦領各衛從之平
雲定雲酋長寶郎天都蟲等來降即其地復立宣撫
司參用其土酋為官辛卯以上皇太后寶冊遣官告
祭太廟壬辰河州路大雪十日深八尺牛羊駝馬凍

死者十九民大饑丙申中書省臣言甘肅甘州路十
宇寺奉安世祖皇帝母別吉太后於內請定祭禮從
之丁酉以露益州所轄羅山石梁交水三縣併歸巡
檢司月食己亥龍興路礦出粮九萬九千八百石賑
其民庚子御史臺臣言高麗為國首効臣言而近年
屢遣使往選取媵妾至使生女不舉女長不嫁乞賜
禁止從之中書省臣言帝生母太后神主宜於太廟
安奉命集議其禮甲辰山東河間兩淮福建四處增
鹽課一十八萬五千引中書請權罷徵止令催辦正
額乙巳以中書左丞王結參知政事許有壬知經延
事封安南世子陳端午為安南國王是月益都路沂
水日照蒙陰莒縣旱饑賑米一萬石夏四月癸丑朔
詔諸官非節制軍馬者不得佩金虎符辛酉享于太
廟以江南行御史臺中丞不花為中書省參知政事
壬戌太陰犯左執法丙寅詔以鈔五十萬錠命徽政
院散給達達兀魯思怯薛丹各愛馬巳巳加唐其勢
開府儀同三司巳卯詔翰林國史院纂修累朝寶錄
及后妃功臣列傳庚辰罷功德典瑞營繕集慶翊正
羣玉繕工金玉珠翠諸提舉司以撒的為御史大夫
禁犯御名是月河南旱賑恤芍陂屯軍粮兩月五月

壬午朔皇太后以膺受寶冊恭謝太廟丙戌占城國
遣其臣刺威納瓦兒撒來獻方物且言交趾遏其貢
道詔遣使宣諭交趾戊子車駕時巡上都遣使者詣
曲阜孔子廟致祭加伯撒里金紫光祿大夫壬辰命
嚴譙法以絕冒濫京畿民饑詔有司議賑恤之壬戌
陰犯墨壘陳甲辰伯顏請以右丞相讓唐其勢詔不
酉有司言甘肅撒里畏兀兒產金銀詔有司遣官稅
兀命唐其勢為左丞是月永新州饑賑之六月辛
陰犯心宿癸酉禁服色不得僣上乙亥罷江淮財賦
總管府所管杭州平江集慶三處提舉司以其事歸
有司詔湖南宣慰使司兼都元帥府總領所轄諸路
鎮守軍馬庚辰伯顏奏唐其勢及其弟塔剌海謀逆
誅之執皇后伯牙吾氏幽於別所大霖雨秋七月辛
巳朔以馬札兒台阿察赤並為御史大夫壬午伯顏
殺皇后伯牙吾氏于開平民舍丁亥享于太廟壬辰
加馬札兒台銀青榮祿大夫開府儀同三司領徽政
寺乙未太陰犯墨壘陳壬寅專命伯顏為中書右丞
相罷左丞相不置癸卯立脫脫禾孫於察罕腦兒之
地乙巳罷燕鐵木兒唐其勢舉用之人戊申誅答里
及刺剌等于市詔曰曩者文宗皇帝以燕鐵木兒嘗

有勞伐父子兄弟顯列朝廷而輒造事釁出朕遠方文皇尋悟其妄有旨傳次于予燕鐵木兒貪利幼弱復立朕弟臺璘班不幸崩殂今丞相伯顏追奉遺詔迎朕于南郊至大都燕鐵木兒猶懷兩端遷延數月天隨厥躬伯顏等同辭翊戴乃正宸衷撒敦延答里唐其勢相襲用事交通宗王晃火帖木兒圖危社稷阿察赤亦誓與謀賴伯顏等以次掩捕明正其罪元黨攜貳貽我太皇后震驚朕用兢惕永惟皇太后後其所生之子一以至公為心親翊大寶昇予兄弟迹其定策兩朝功德隆盛近古罕比雖嘗奉上尊號

四百

揆之朕心猶為未盡已命大臣特議加禮伯顏為武宗捍禦此邊翼戴文皇茲又克清大慈明飭國憲夑賜答剌罕之號至于子孫世世永賴可赦天下是月西和州徽州雨雹民饑發米賑貸之八月辛亥朔獎感犯帖木兒知樞密院事帖木兒不花並為御史大夫甲子加完者帖木兒太傅戊寅道州永興水災發米五千石及義倉粮賑之已卯議尊皇太后為太皇太后許有壬諫以為非禮不從是月廣西徭反命湖廣行省右丞完者討之沅州等慶民饑賑米二萬七千七百石

九月庚辰朔車駕駐蹕把朗嶺丙戌赦丁亥封知樞密院事闊里吉思為宣國公太保中書平章政事定住為宣德王夜思太陰犯斗宿庚寅太陰犯壁陣庚子加中書平章政事徽里帖木兒銀青榮祿大夫命有司造太皇太后玉册玉寶御史臺臣言國朝初用官官不過數人今內府執事者不下千餘乞依舊制裁減冗濫廣仁愛之心省糜費之患從之丙午詔以烏撒烏蒙之地隸四川行省是月來陽常寧道州民饑以米萬六千石并常平米賑糶之車駕還自上都以京畿鹽換羊二萬口冬十月甲寅朔丙辰以

大司農塔失海牙為太尉置僚屬商議中書省事丁巳以塔失帖木兒為太禧院使議軍國重事流晃火帖木兒荅里唐其勢子孫於邊地詔海道都漕運萬戶府船戶與民一體充後壬戌加御史大夫完者帖木兒不花銀青榮祿大夫癸亥流御史大夫完者帖木兒於廣海安置完者帖木兒乃賊臣也先鐵木兒骨肉之親監察御史以為言故斥之選省院臺宗正府通練刑獄之官分行各道與廉訪司審決天下四甲子太陰犯斗宿戊辰太白晝見以宗王亦思于兒弟撒昔襲其兄封監察御史呂思誠等

十九人劾奏徹里帖木兒之罪不聽皆辭去惟陳允
文以不署名留辛未太皇太后王冊王寶成遣官告
祭于太廟是月以伯顏獨住中書右丞相詔天下十
一月庚辰勑以所在儒學貢士庄田租給宿衛衣粮
詔罷科舉甲申太白經天乙酉伯顏請內外官憲循
資銓注令後毋得保舉澁濫選法從之癸已命知樞
密院事馬扎兒白領武備寺丙戌太白經天已丑辰
田宅還其王阿剌忒納失里丁酉以戶部尚書徐奭
星犯房宿甲午以燕鐵木兒唐其勢答里所尊高麗
吏部尚書定住參議中書省事戊戌召前知樞密院

四百
《元史紀卷三十八》
十七
世祖

事福丁失剌不花撒兒的哥選京師初二人以帝未
立謀誅燕鐵木兒為所誣眂故正之已亥太陰犯太
微垣庚子太陰犯左執法辛丑下詔改元詔曰朕祇
紹天明入纂丕緒于今三年夙夜罔敢急茲荒
者年穀順成海宇清謐朕方增修厥德日以敬天恤
政為先更號紀年寔惟世祖皇帝在位長久
建嫩天心仁愛俾予以治有所告戒嫩弭災有道善
民為務屬太史上言星文示徵將朕德菲薄有所未
天人協和諸福咸至祖述之志良切朕懷今特改元
統三年仍為至元元年通遵成憲誕布寬條庶格禎

祥永綏景祚赦天下立常平倉丁未賜知樞密院事
徹里帖木兒三珠虎符十二月已酉朔荆門州廠獄
芝以廩給司屬通政院加知樞密院事閻里吉思銀
青榮祿大夫兼左翊蒙古侍衛親軍都指揮使壬子
太陰犯疊壁陣乙卯命雲南行省造軍士錢新舊
之籍丙辰制省諸王公主駙馬飲鱣之費詔徵高麗
王阿剌忒納失里入朝丁已詔伯顏領宮相府戊午
地一百頃賜宣讓王帖木兒不花命四川雲南江西
行省謀選鹽義官以俟銓注乙丑奉王冊王寶上太

四百
《元史紀卷三十八》
十一
世祖

皇太后尊號曰贊天開聖徽懿宣昭貞文慈佑儲善
衍慶福元太皇太后詔曰欽惟太皇太后承九廟之
托啓兩朝之業親以大寶付之眇躬尚依擁佑之慈
恪遵仁讓之訓爰極尊崇之典以昭報本之怊庸上
徽稱宣告中外命宣政院使末吉以司徒就第太白
犯軒轅夫人星丙寅太白經天丁卯復如之癸酉
犯右執法庚午太白經天壬申復如之癸酉歲星晝
見乙亥太白歲星皆晝見丙子安慶蘄黃地震丁丑
西番賊起遣兵擊之戊寅蒙古國子監成是日太白
經天歲星晝見是月寶慶路饑賑糶米三千石閏月

乙酉詔四川鹽運司於鹽井仍舊造鹽餘井聽民煑
造收其課十之三熒惑犯壘壁陣丁亥日赤如赭凡
三日戊子復以宗正府為大宗正府壬辰詔宗室脫
脫木兒襲封荊王賜金印命掌忙來諸軍設立王府
官屬丁酉御史大夫撒的加銀青榮祿大夫領奎章
閣知經進事戊戌御史臺臣復劾奏中書平章政事
徹里帖木兒罷之庚子太陰犯心星壬寅流徹里
帖木兒於南安太陰犯箕宿癸卯太陰犯南斗丙午
詔平章政事塔失海牙領都水慶支二監是年江西
大水民饑賑糶米七萬七千石賜天下田租之半凡

有妻室之僧令還俗為民既而復聽為僧移健爲縣
還舊治

紀卷第三十八

翰林學士承旨中奉大夫知制誥兼修國史臣宋濂翰林待制承直郎兼知制誥同知制誥兼國史院編修官臣王褘等奉敕修

勑修

順帝二

二年春正月壬戌太陰犯右執法甲子太陰犯角宿
乙丑宿松縣地震山裂丁卯太陰犯房宿是月置都
水庸田使司于平江二月戊寅朔祭社稷辛巳太陰
犯昴宿甲申太白經天戊子詔以世祖所賜王積翁
田八十頃還其子都中初積翁賞詔諭日本死於王
事當受賜後收入官故復賜之己丑立穆陵關巡檢

三七七

〈元史紀卷三十九〉

司壬辰日赤如赭乙未丙申復如之丁酉追尊帝生
母邁来迪爲貞裕徽聖皇后庚子今衡州路衡陽縣
立新城縣進封宣靖王買奴爲益王甲辰宗王也可札
魯忽赤添孫薨賜鈔一百錠以葵乙巳詔賞勞廣海
征徭將士在逃者聽復業免其罪三月戊申以阿
山甘肅兵士在逃者升散階殁於王事者優加褒贈金
里海牙家藏書盡賜伯顏甲寅以按灰爲大宗正府
也可札魯忽赤總掌天下奸盜詐偽丁巳以累朝御
服之賜珠衣七寶項牌賜伯顏庚申日赤如赭壬戌復如
之賜征東元帥府軍士冬衣及甲諸軍討廣西徭又

無功勑行省臺廉訪司官共督之順州民饑以鈔
四千錠賑之夜太陰犯心宿癸亥日赤如赭甲子太
陰犯宿乙丑太陰犯南斗賜宗王火兒灰母答里
鈔一千錠以撒敦上都居第賜太保定住仍勑有司
籍撒敦家財甲戌復四川鹽井之禁以按木兒家
人田宅賜太保定住以汪家奴爲宣政院使加金紫
光祿大夫造武宗英宗明宗三朝皇后玉冊玉寶是
月陝西暴風旱無麥夏四月丁丑朔日赤如赭甲子丙
間私造格例戊寅封駙馬孛羅帖木兒爲毓德王丙
戌太陰犯角宿丁亥禁服麒麟鸞鳳白兔靈芝雙角

〈元史紀卷三十九〉

五爪龍八龍九龍萬壽福壽字赭黃等服庚寅以知
樞密院事帖木兒不華爲中書平章政事撒迪爲御
史大夫甲午遣使以香幣賜武當龍虎二山詔以太
平路爲鄉邑以集慶廬州饒州秀秀
民戶賜伯顏仍於句容縣設長官所領之戊戌詔以哈
時巡上都拜中書左丞耿煥爲侍御史王德懋爲中
書左丞賜宗室灰里王金一錠鈔一千錠毓德王孛
羅帖木兒鈔三千錠公主八八鈔二千錠五月丙午
朔黃河復于故道庚戌太陰犯靈臺乙卯南陽鄧州
太霖雨自是日至于六月甲申滿河白河大溢水爲

災丙辰太白晝見丁巳亦如之壬申秦州山崩是月
婺州不雨至于六月丁丑禁諸王駙馬從衛服只孫
衣繁儞環贈宗王忽都答兒爲雲安王謚忠武羅羅
歹爲保寧王謚昭勇庚辰命中書平章政事阿吉剌
知經筵事戊子以鐵木兒補化爲江浙行省左丞相
太白犯井宿辛卯以汴梁大名諸路脫別台地土賜
伯顏禮部侍郎忽里台請復科舉取士之制不聽庚
子涇水溢辛丑以鈔五千錠賜吳王搠失江秋七月丙
午詔以公主奴倫引者思之地五千頃賜伯顏以衛
輝路賜衛王寬徹哥爲食邑已酉太白犯鬼宿庚戌

【元史紀卷三十九】 三 攵

以定住鎮南參議中書省事壬子發阿魯哈不蘭奚
駱駞一百一十上供太皇太后乘輿之用乙卯太白
犯熒惑庚申禁隔越中書口傳勑旨冑支錢糧甲子
命有司以所籍撒敦寶器分賜伯顏及太保定住乙
丑中書平章政事宰羅從宅賜金二錠銀十錠庚午
勑賜上都孔子廟碑載累朝尊崇之意省諸王公主
駙馬從衛粮賜之數癸酉命宗王怗魯連之地各賜鈔六
不花帖古思教化鎮薛連哥
百錠及銀牌遣之是月黃州蝗督民捕之人日五斗
以鈔二千錠賑新收阿速軍囘從車駕者每戶鈔二

錠死者人一錠八月甲戌朔日有食之高郵大雨雹
詔雲南廣海八番及甘肅四川邊遠官死而不能歸
葬者有司給粮食舟車護送還鄉遠者加鈔二
十錠無親屬者爲瘞之命威順王寬徹不花還鎮
湖廣先是伯顏矯制召之至京至是帝遣歸藩戊寅
陰犯心宿辛巳太陰犯箕宿辛卯以徽政院中政院
財賦府田租六萬三千三百石補本年海運之地庚子
數令有司歸其直壬辰立屯衛於馬扎罕
蔡社稷大都至通州霖雨大水勃海
詔強盜皆死盜牛馬者劓驢騾者黥額再犯劓盜

【元史紀卷三十九】 四 攵

羊豕者墨項再犯黥三犯劓劓後再犯者死盜諸物
者照其數佑價省院臺五府官三年一次審決著爲
令辛丑減湖馬路泥溪平夷蠻夷都沐川雷坡六
長官司併爲三九月庚戌熒惑犯太微垣癸亥弛羃
昌總師府漢人軍器之禁戊辰車駕還自上都海運
人出粟賑之沅州路盧陽縣饑賑糶米六千石冬十
糧至京遣官致祭天妃是月台州路饑發義倉富
月丙子熒惑犯太微垣丙申命參知
政事納麟監繪明宗皇帝御容丁酉太陰犯昂宿已
夾詔每日右丞相伯顏太保定住中書平章政事李

羅阿吉剌聚議於內廷平章政事塔失海牙右丞擎
卜班叅知政事納麟許有壬等聚議於中書太陰犯
進賢是月撫州袁州瑞州諸路饑發米六萬石賑糶
之十一月己酉太陰犯畢壁陣壬子以那海為湖廣
行省平章政事討廣西叛徭武宗英宗明宗三朝皇
后升祔衬入廟命官致祭丁巳遣河南行省平章
玥珞普華於西番為僧己未太陰犯畢壁陣辛酉賜
宣讓王帖木兒不花市宅錢四千錠詔帖木兒不花
王府官屬朝賀班次列于有司之右壬戌命同知樞
密院事者燕不花兼宮相都總管府達魯花赤領隆

鎮衛左阿速衛諸軍癸亥安置宗王不蘭奚於梧州
丁卯太陰犯房宿辛未禁彈弓弩箭壬申國公
買住辛賜鈔三百錠印造至元三年鈔本一百五十
萬錠是月松江府上海縣饑發義倉粮及募富人出
粟販之安豐路饑販麥四萬二千四百石十二月
甲戌日赤如赭丙子命興元府鳳州留壩鎮及晉寧
路遼山縣十八盤各立巡檢司宗王也孫帖木兒進
西馬三疋賜文濟王璧子金印驛券及從衛者衣开
粮五千石詔省院臺翰林集賢奎章閣太常禮儀院
禮部官定議寧宗皇帝尊謚廟號是月江州諸縣饑

總管王中貸富人粟以販貧民而免富人雜徭以
為息約年豐還之民不病饑慶元慈溪縣饑遣官販
之是歲詔整治驛傳以甘肅行省白城子屯田之地
賜宗王喃忽里以燕鐵木兒居第賜灌頂國師暴哥
星吉號大覺海寺塑千佛於其內江浙旱自春至于
八月不雨民大饑
三年春正月癸卯廣州增城縣民朱光卿反其黨石
昆山鍾大明率銀從之偽稱大金國改元赤符命指
揮狗札里江西行省左丞沙的討之戊申大都南北
兩城設販糶米鋪二十處辛亥升祔懿璘只班皇帝

於廟謚沖聖嗣孝皇帝廟號寧宗豫王阿剌忒納失
里買池州銅陵產銀地一所請用私財煆煉輸納官
課從之癸丑立宣鎮侍衛屯田萬戶府於寧夏丙辰
月食丁巳日有交暈左右玥上有白虹貫之戊午帝
獵于柳林凡三十五日監察御史丑的宋紹明進諫
帝嘉納之賜金幣的等固辭帝曰昔魏徵進諫唐
太宗未嘗不賞汝其受之是月臨江路新淦州新喻
州瑞州民饑販糶米二萬石封晉郭璞為靈應侯二
月壬申朝日有食之棒胡反於汝寧信陽州棒胡本
陳州人名閏兒以燒香惑眾妄造妖言作亂破歸德

府鹿邑焚陳州屯營於杏岡命河南行省左丞慶童
領兵討之紹興路大水丙子立船戶提舉司十慶提
領二十慶定船戶科差船一千料之上者歲納鈔六
錠以下遞減壬午以上太皇太后玉冊玉寶恭謝太
廟甲申定服色器皿輿馬之制已丑汝寧獻所獲棒
胡彌勒佛小旗偽宣勅并紫金印量天尺辛卯發鈔
四十萬錠賑江浙等慶饒民四十萬戶開所在山場
河泊之禁聽民樵采廣西徭賊復反命湖廣行省平
章那海江西行省平章禿兒迷失海牙總兵捕之丙
申太保定住甍給賜殯葬諸物庚子中書僉知政事

納麟等請立採珠提舉司先是嘗立提舉司恭定間
以其煩擾罷去至是納麟請復立之且以採珠戶四
萬賜伯顏是月發義倉米賑蘄州及紹興飢民三月
辛亥太陰犯靈臺發鈔一萬錠賑大都寶坻飢民戊
午以玉寶玉冊立弘吉剌氏伯顏忽都為皇后四兩
輒賀詔以完者帖木兒蘇州之田二百頃賜鄉王徹
徹禿已未大都饑命於南北兩城賑糶糙米癸灰加
封晉同廬為英義武惠正應王己丑命宗王燕帖木
兒為大宗正府札魯忽赤是月天兩線發義倉糧賑
溧陽州飢民六萬九千二百人夏四月壬申遣使降

香於龍虎三茅閤皂諸山癸酉禁漢人南人高麗人
不得執持軍器凡有馬者拘入官甲戌有星孛于王
良至七月壬寅沒于貫索后以受玉冊玉寶恭謝
太廟命伯顏領宣鎮侍衛軍賜鈔三千錠建宣鎮侍
衛府以太皇太后冊寶詔天下已卯車駕時巡上
都壬午高麗王阿剌忒納失里朝賀還國賜金一錠
師反自稱南朝趙王太陰犯畢壁陣丁酉謚唐杜甫
為文貞己亥惠州歸善縣民壘秀卿譚景山等造軍
器拜戴甲為定光佛與朱光卿相結為亂命江西行
省左丞沙的捕之庚子太白晝見是月詔省院臺部
宣慰司廉訪司及郡府幕官之長並用蒙古色目人
禁漢人南人不得習學蒙古色目文字以米八千石
鈔二千八百錠賑飢民龍興路南昌新建
縣饑太皇太后發徽政院糧三萬六千七百七十石
賑糶之五月辛丑民間訛言朝廷拘刷童男童女一
時嫁娶殆盡壬寅太白犯兜宿癸卯給平伐都雲定
雲二慶安撫司達魯花赤暗都剌等虎符乙巳以典
州松州民飢禁上都典和造酒太陰犯軒轅戊申詔
汝寧棒胡廣東朱光卿扇秀卿等皆係漢人漢人有

太白晝見壬子太陰犯心宿甲寅詔哈八兒禿及禿

壁帖木兒為太尉各設僚屬幕官西番賊起殺鎮西

王子黨兀班立行宣政院以也先帖木兒為院使往

討之戊午太白晝見己未太陰犯靈臺壁陣辛酉太白

辛未甲戌復見如之乙亥太白犯靈臺戊寅贈丞相安

餘彗指西南至八月庚午始滅六月庚午太白晝見

法師指丁卯彗星見於東北大如天船星色白約長尺

畫見壬戌命四川行省雜知政事舉理等捕及賊韓

童推忠佐運開國元勳東平忠憲王於所封城內建

立祠廟官為致祭已卯太白經天夜太白犯太微垣

辛巳大霖雨自日至癸巳不止京師河南北水溢

御河黃河沁河渾河水溢沒人畜廬舍甚眾壬午太

白晝見太陰犯斗宿癸未詼醮長春宮丁亥太白犯

太微垣戊子加封文始尹真人為無上太初博文文

始真君徐甲為垂玄感聖慈化應御真君庚桑子洞

靈感化超蹻混然真君文子通玄暢昇元敏誘真

君列子冲虛至德遁世遊樂真君莊子南華至極雄

文弘道真君巳丑太白晝見庚寅復如之至七月辛

酉方息主辰彭德大水深一丈立高密縣濰川鄉景

元史紀卷三九 九 趙鈞

芝社巡檢司秋七月己亥漳河泛溢至廣平城下賜

輦卜班西平王印癸卯車駕出獵太白經天乙巳復

如之丙午車駕幸上都辛酉車駕還宮丁未車

駕幸龍岡酒馬乳以祭戊申召見只國王入朝庚

戌太白晝見河南武陟縣禾將熟有蝗自東來縣尹

張寬仰天祝曰寧殺縣尹毋傷百姓俄有魚鷹群飛

啄食之壬子車駕幸乾元寺甲寅太白犯懷

慶水申詔除人命重事之外凡盜賊諸罪不須候

五府官審錄有司依例決之辛酉太白晝見壬戌賜

宗王眾哥八剌七寶繫腰太白經天癸亥甲子復如

之是月狗札里沙的擒朱先卿尋追擒石昆山鍾大

明八月戊辰祭社稷遣使賑濟南飢民九萬戶庚午

彗星不見自五月丁卯始見至是凡六十三日自昴

至房凡歷一十五宿而滅甲戌太陰犯心宿辛巳京

畿盜起壬午京師地大震太廟梁柱裂各室墻壁皆

壞壓損儀物文宗神主及御床畫碎西湖寺神御殿

壁仆壓損祭器仍令乘馬戊子漢人鎮遏生番慶

毆執持軍器之禁惰理文宗神主并廟中諸物是月車

亦開軍器之禁惰理文宗神主并廟中諸物是月車

元史紀卷三九 十 趙鈞

駕至自上都九月己亥熒惑犯斗
宿丁未太陰犯壘壁陣甲辰太白犯斗
宿丁未太陰犯壘壁陣己酉立皮貨所於寧夏設提
領使副主之立四川湖廣江西江浙行樞密院文宗
新主王冊及一切神御之物皆成詔依典禮祭告太
陰犯壘壁陣辛亥太白軒轅丙寅大都南北兩城
添設賑糶米鋪五所冬十月庚午太白晝見癸酉日
赤如赭乙亥命江浙行省丞相提調海運丙
子太陰犯壘壁陣壬午太白晝見辛卯亦如之丙
申復太陰犯鬼宿庚寅太白晝見昴宿己亥太白晝見
之十一月丁酉太白經天戊戌太白犯亢宿己亥

元史紀卷三十九 〈十一〉

白經天壬寅太陰犯熒惑癸卯太陰犯壘壁陣丙午
立屯田於雄州丁未填星犯鍵閉辛亥太白犯五車
甲寅太白犯鬼宿丙辰太陰犯軒轅丁巳太白經天
太陰犯太微垣詔脫脫木兒襲脫火赤荊王位仍命
其妃忽剌灰同治兀魯思等慶地震死傷者太白經天甲
鈔萬五千錠賑宣德等慶地震死傷者歲星退犯天
子乙丑復如之十二月己巳享于太廟歲星退犯乙
鐔填星犯罰星甲戌熒惑犯壘壁陣太白犯東咸乙
亥吏部仍設考功郎中貟外郎主事各一貟庚辰命
阿魯圖襲廣平王爵壬午集賢大學士羊歸等言太

李名遠

上皇唐妃影堂在真定玉華宮每年宜於正月二十
日致祭從之丙戌命阿速衛探馬赤軍屯田是月以
馬札兒台為太保令樞密院鎮北邊是歲詔賜孝子
靳嵩碑伯顏請殺張玉劉李趙五姓漢人帝不從徵
西域僧加剌麻至京師號灝頂國師賜玉印
四年春正月丙申以地震赦天下詔內外廉能官父
毋年七十無侍丁者附近銓注以便侍養以宣政院
使不蘭奚年七十致仕授大司徒給全俸終身癸卯
太白犯建星甲辰填星犯東咸江浙海運糧穀不足撥
陰犯軒轅己未填星犯東咸

元史紀卷三十九 〈十二〉

江西河南五十萬石補之庚申太陰入南斗太白犯
牛宿辛酉分命宗王乃馬歹為知行樞密院事癸亥
印造鈔本百二十萬錠是月詔修曲阜孔子廟二月
丁卯罷河南江西江浙湖廣四川等處行樞密院戊
辰祭社稷庚午車駕獵于柳林戊寅太陰犯軒轅己
卯太陰犯靈臺乙酉奉聖州地震是月賑京師河南
北被水災者龍興路南昌州饑以江西海運糧賑糶
之三月戊申填星退犯東咸辛酉命中書平章政事
阿吉剌監脩至正條格告祭南郊以國王朵兒只為
遼陽行省左丞相宗王玉玉里不花為知樞密院事賜

李名遠

鈔一千錠金一錠銀十錠夏四月辛未京師天兩紅
沙晝晦以探馬赤只兒瓦歹為中書平章政事癸酉
以脫脫為御史大夫乙亥命阿吉剌為奎章大學士
兼知經筵事已卯車駕時巡上都河南軺棒胡至京
師誅之癸巳車駕薄暮至八里塘雨電大如拳其狀
有小兒環珙狮象龜卵之形五月乙未立五臺山等
處巡檢司庚戌升兩淮屯田打捕總管府為正三品
勝功臣太傅開府儀同三司上柱國追封永平王謚
忠襄辛酉詔土酋宣慰司軍士許令乘馬執兵器湖

廣行省元領新化洞古州潭溪龍里洪州諸洞三百
餘處洞民六萬餘戶分隸靖州立叙南橫江巡檢司
是月命佛家閭為考功郎中喬林為考功員外郎魏
宗道為考功主事考較天下郡縣官屬功過命阿刺
吉復為中書平章政事彰德獻瑞麥一莖三穗臨沂
費縣水發米三萬石賑糶之六月庚午廣東廉訪司
僉事恩莫綽言處決重四宜命五府官斟酌地理遠
近預選官分行各道比到秋分時甲事從之辛巳表
州民周子旺反僭稱周王僞改年號尋擒獲伏誅填
星退犯鍵閉壬午立重慶路蟄江縣已丑邵武路大

雨水入城郭平地二丈是月信州路靈山裂漳州路
南勝縣民李志甫反圍漳城守將棚思監與戰失利
詔江浙行省平章別不花總浙閩江西廣東軍討之
秋七月壬寅詔以伯顏有功立生祠於涿州汴梁已
酉奉聖州地大震損壞人民廬舍丙辰肇昌府山崩
壓死人民戊辰打捕鷹房諸色人戶總管
府八月癸亥朔日有食之戊辰立打捕鷹坊
麗女子及閹人之禁贈伯顏察兒守誠佐治安惠世
美功臣太師開府儀同三司上柱國追封奉元王謚
忠宣辛未宣德府地大震癸酉山東鹽運司於濟南

歷城立濱洛鹽倉東西二場丙子京師地震日二三
次至乙酉乃止丁丑白虹貫天癸未改宣德府為順
寧府奉聖州為保安州贈太保曲出推忠翊運保寧
一德功臣太師開府儀同三司上柱國追封廣陽王
謚忠惠贈平章伯帖木兒宣忠濟美協誠正德功臣
太傅開府儀同三司上柱國追封文安王謚忠憲甲
申雲南老告軍民總管府是月車駕還自上都閏八月戊戌
老告軍民總管土官八那遣姪那賽貢象馬來朝為立
日赤如赭已亥復如之填星犯斗宿乙卯太陰犯斗宿壬
寅日赤如赭庚戌太陰犯斗宿乙卯太陰犯鬼宿九

月丙寅太陰犯斗宿戊辰太白犯東咸癸酉奔星如
盂大色白起自右旗之下西南行没於近濁甲申太
陰犯軒轅乙酉太陰犯靈臺庚寅日赤如赭太白犯
斗宿冬十月辛卯享于太廟辛亥太陰犯酒旗十一
月丙寅改英宗殿名昭融丁卯立紹興府軍民宣撫
都總使司命御史大夫脫脫薫都總使治書侍御史
吉當普爲副都總使世襲其職本府元領六州二十
縣一百五十二鎮國初以其地荒而廢之至是居民
二十餘萬故立府治之乙巳命平章政事李羅領太
常禮儀院使熒惑犯氐宿丁丑太陰犯鬼宿戊寅太

《元史紀卷三十九》　十五　同麻

陰犯壘壁陣壬午四川散毛洞蠻反遣使賑被寇人
民十二月甲午大都南城等處設米鋪二十每鋪日
糶米五十石以濟貧民侯秋成乃罷戊戌立邠牙等處
其處雲南極邊就立其酋長爲帥令三年一入貢至
宣慰司都元帥府并總管府先是世祖既定緬地以
是来貢故立官府庚子熒惑犯房宿壬寅以宣徽使
別兒怯不花爲御史大夫癸卯太白經天己酉復如
之庚戌加荆王脫脫木兒元德上輔廣忠宣義正節
振武佐運功臣之號太白經天辛亥復如之壬子熒
惑犯東咸乙卯太白犯外屏太陰犯斗宿丙辰太白

元史卷四十

翰林學士中奉大夫知制誥兼修國史臣宋濂翰林待制承事郎兼國史院編修官臣王褘等奉勑修

敕修

順帝三

五年春正月癸亥禁濫予僧人名爵庚午太陰犯井
宿乙亥熒惑犯天江濮州鄆城范縣饑販鈔二千一
百八十錠冀寧路交城等縣饑販鈔二千一
販鈔二千錠雲需府饑販鈔五千錠開平縣饑販米
七千石桓州饑
兩月興和寶昌等處饑販鈔萬五千錠二月庚寅信
州兩土甲午太陰犯昴宿戊戌祭社稷庚子免廣海

一石鈔二十兩夏四月辛卯華興州安縣癸巳立伯
塔海發米販之戊辰灤河住冬遣太禧宗禋院斷事官
辛酉八魯剌思千戶所民被災遣太禧宗禋院斷事官
添辦鹽課萬五千引止辦元額壬寅太陰犯靈臺三月

顏南口過街塔二碑乙未加封孝女曹娥為慧感靈孝
昭順純懿夫人壬寅太陰犯日星及房宿己酉漢人
南人高麗人不得執軍器弓矢之禁是月車駕時巡
上都五月己未朔晃火兒不剌賽禿不剌紐阿迭烈
孫三卜剌等憂六愛馬大風雪民饑發米販之庚午
太陰犯心宿壬申太陰犯斗宿丙子太白犯昴宿丙

元史紀卷四十　一　崔林

戊加封瀏陽州道吾山龍神崇惠昭應靈顯廣濟侯
六月壬寅月食甲辰熒惑退入南斗庚戌汀州路長
汀縣大水平地深可三丈餘歿民廬八百家壞民田
二百頃戶販鈔半錠乙卯達達民饑販粮
三月是月沂莒二州民饑發粮販耀之秋七月辛酉
壬戌熒惑犯南斗甲子熒惑犯房宿甲
戊太白經天丙子開上都興和等處太陰犯丁丑封皇姊月
魯公主為昌國大長公主戊寅太陰犯詔諸王位
下官毋入常選甲申常州宜興山水出勢高一丈壞
民廬乙酉太白經天丙戌太白復經天八月丁亥車
駕至自上都戊子太白經天祭社稷己丑太白復經
天庚寅宗王脫歡脫木尔各愛馬人民饑以鈔三萬
四千九百錠販之宗王脫憐渾禿各愛馬人民饑以
鈔萬一千三百五十七錠販之太白經天辛卯太白
復經天甲午太白經天壬寅太白犯軒轅戊戌己
亥太白經天乙巳太白犯斗宿丁酉太白復經天乙巳太陰犯
昴宿九月丁巳瀋陽饑民食木皮販耀米一千石戊
午太白禁天已未太白經天冬十月辛卯享于太
廟壬辰禁倡優盛服許男子裹青巾婦女服紫衣不
許戴笠乘馬甲午詔命伯顏為大丞相加元德上輔

元史紀卷四十　二　崔林

功臣之號賜七寶玉書龍虎金符己亥熒惑犯壘壁

陣是月衡州饑賑糴米五千石遼陽饑賑米五百石

文登牟平二縣饑賑糴米一萬石十一月丁巳熒惑

犯壘壁陣禁宰殺戊辰開封杞縣人范孟反傳帝

旨殺河南行省平章政事月祿帖木兒左丞劫烈廉

訪使完者不花等已而捕誅之癸酉瑞州路新昌州

雨木冰至明年二月始解是月八番順元等處饑賑

鈔二萬二十錠十二月辛卯太陰犯昴宿癸于

平江先是嘗置而罷至是復立甲午太陰犯昴宿癸

卯熒惑犯外屏是歲勅賜曲阜宣聖廟碑工部廥梁

上出芝草一本七莖袁州饑賑糴米五千石膠萊營

濰等州饑賑鈔二萬錠

六年春正月丁卯太陰犯畢宿甲戌立司禋監奉太

祖太宗睿宗三朝御容於石佛寺乙亥太陰犯房宿

戊寅追封闊兒吉思宣誠戮難翊運致美功臣太師

開府儀同三司上柱國追封晉寧王謚忠襄是月察

怱察罕腦兒等處馬災贍鈔六千八百五十八錠邠

州饑賑糴米兩月二月甲申朔詔榷止今年印鈔戊子

黔中書大丞相伯顏為河南行省左丞相詔曰朕踐

祭社稷己丑太陰犯昴宿丙申太陰犯太微垣己亥

位以來命伯顏為太師秦王中書大丞相而伯顏不

能安分專權自恣欺視太皇太后年幼輕視朕弟詔

燕帖古思變亂祖宗成憲虐害天下命伯顏出為河南

行省論朕念先朝之故尚存憫恤今命伯顏并怯薛丹人等詔

書到時即許散還以太保諸衛親軍并怯薛丹人等詔

丞相太尉領知樞密院事汪家奴為中

太保御史大夫脫脫為太傅知樞密院事塔失海牙為御史

平章政事鎮南行省平章政事也先帖木兒為知

大夫增設京城米鋪從便賑糴壬寅詔除知樞密院

事脫脫之外諸王侯不得懸帶弓箭環刀輒入內府

癸卯太陰犯心宿乙巳罷各處船戶提舉廣東採珠

提舉二司丁未太陰犯羅堰立延徽寺以奉寧宗祀

事罷司禋監罷通州河西務等處提舉月抽分按利房大都

東襄山查提領所戊申河西務等處提舉月抽分按利房大都

星大色白狀如紛絮尾跡約長五寸餘彗指西南漸

向西北行是月福寧州大水溺死人民義士陳君用

一縣水每戶賑米兩月三月甲寅漳州路總管府事乙

襲殺友賊李志甫授君用同知漳州路總管府事乙

卯益都般陽等處饑賑之丙辰勅漳潮二州民為李

志甫劉虎仔脅從之罪褒贈軍將死事者丁巳大斡
耳朵思風雪為災馬多死以鈔八萬錠賑之癸亥四
薛戶饑賑米二百石鈔二千錠以成宗潛邸四怯
怯薛役戶饑賑米一千石鈔二百錠以知樞密院事脫脫
御史大夫別兒怯不花知樞密院事牙不花知經筵
事中書參議阿魯佛住燕蓬官太陰犯軒轅丁卯
詔賜江南行臺御史中丞惟良御史中丞耿煥山
東廉訪使張友諒中書參知政事許有壬上尊帛
庚午太陰犯房宿辛未詔徒伯顏於南恩州陽春縣
安置壬申太陰犯南斗丁丑以治書侍御史達識帖

睦通為奎章閣大學士翰林直學士揭傒斯為奎章
閣供奉學士戊寅太白犯月星辛巳彗星見自二月
己酉至三月庚辰凡三十二日是月淮安路山陽縣
饑賑鈔二千五百錠給粮兩月順德路邢臺縣饑賑
鈔三千錠夏四月巳丑亨于太廟庚寅詔大天元延
壽寺立明宗神御殿碑以同知樞密院事鐵木兒塔
識為中書右丞丙午詔封馬札兒台為忠王及加答
剌罕之號馬札兒台辭五月癸丑禁民間藏軍器乙
卯監察御史普魯台言右丞相馬札兒台辭答剌罕
及王爵名號宜示天下以勸廉讓從之巳未詔以黨

兀巴太子擒賊阿荅理胡殁於王事追封涼王謚忠
烈漳州龍巖尉黃佐才獲李志甫餘黨鄭子其佐才
因興賊戰妻子四十餘口皆遇害以佐才為龍巖縣
尹丁卯太陰犯斗宿辛未降鈔萬錠賜守衛宮關內
外門禁唐兀左右阿速貴赤阿兒渾欽察等衛軍丙
子車駕時巡上都置月祭各影堂行
主徒太皇太后不答失里東安州安置放太子燕帖
古思於高麗其略曰昔我皇祖武宗皇帝昇遐之後
禮時令臣就殿迎香祭之以官者伯不花為長寧
寺卿是月濟南饑賑鈔萬錠六月丙申詔撤文宗廟

祖母太皇太后惑於憸愿俾皇考明宗皇帝出封雲
南英宗遇害正統寢偏我皇考以武宗之嫡逃居朔
漠宗王大臣同心翊戴肇啓大事于時以地近先迎
文宗暫總機務繼知天理人倫之攸當假讓位之名
以寶璽來上皇考推誠不疑即授以皇太子寶歸而
稔惡不悛當躬迓之際乃與其臣月魯不花也里牙
明里董阿等謀為不軌使我皇考飲恨上賓歸而冊
御宸極思欲自解於天下乃謂夫何戮日之間宮車
弗駕海內聞之靡不切齒又私圖傳子乃搆邪言嫁
禍於八不沙皇后謂朕非明宗之子遂俾出居退隊

祖宗大業繋於不繼內懷愧憪則殺也里牙以杜口

上天不祐隨降殤罰叔嬸不答失里帖其勢歟不立

明考之家嗣而立孺稚之弟懿璘質班奄復不年諸

王大臣以賢以長扶朕踐位國之大政屬不自逮者

詬能枚舉姦臣盡孝事正名不容復緩永惟鞠育岡極

之靈權奸屏黙盡孝事莫先於盡孝事

之恩忍忘不共戴天之義既往之罪不容復

太常徹去脫脫木兒在廟之主不答失里本朕之嬸

乃陰構奸臣弗體朕意偕膺太皇太后之號削去其閨

門之禍離間骨肉罪惡尤重撲之大義削去鴻名從

東安州安置燕帖古思昔雖幼冲理難同處朕終不

隔於覆轍專務殘酷惟放諸高麗富時賊臣月魯不

花也里牙已死其以明里董阿等明正典刑監察御

史崔敬言燕帖古思不宜放逐不報已亥泰州成紀

縣山崩地坼癸卯太白畫見已酉太白復畫見辛亥

太白畫見夜犯歲星是月濟南路歷城縣饑賑鈔二

千五百錠秋七月甲寅太白畫見詔封微子為仁靖

公箕子為仁獻公比干加封為仁顯忠烈公乙卯奉

元路盩厔縣河水溢漂流人民丁巳太白畫見戊午

以星文示異地道失寧蝗旱相仍頒罪已詔於天下

享于太廟已未以亦憐真班為御史大夫庚申太陰

犯心宿壬戌至癸亥太白畫見甲子太陰犯羅堰乙

丑至丙寅太白復畫見丁卯燕帖古思薨詔以鈔一百

錠備物祭之癸酉太白畫見戊寅命翰林學士承旨

脱哈奎章閣學士巙巙等刪修大元通制庚辰遣使

之地大風雪羊馬皆死賑軍士鈔一百萬錠色目人勿妻

其叔母八月壬午以先帖木兒為御史大夫戊子

祭社稷是月車駕至自上都九月辛亥明里董阿伏

誅癸丑加封漢張飛武義忠顯英烈靈惠助順王辛

酉太白犯虛梁丙寅詔令後有罪者毋籍其妻女以

配人丁卯太陰犯昴宿熒惑犯歲星甲戌太陰犯帝

轄冬十月甲申奉王冊王寶尊皇考為順天立道睿

文智武大聖孝皇帝親祼太室庚寅奉符長清元城

清平四縣饑詔遣制國用司官驗而賑之辛卯各愛

馬人不許與常選壬辰曹南王阿剌罕淮安王伯

顏河南王阿术祠堂丁酉太白入南斗已亥太白犯

六宿壬寅馬札兒台辭右丞相職仍為太師以脱脱

為中書右丞相是月河南府宜陽等縣大水漂没民廬溺死

左丞相是月河南府宜陽等縣大水漂没民廬溺死

者眾人給殯葬鈔一錠仍賑義倉糧兩月十一月甲
寅監察御史世圖爾言宜禁笞失蠻囝囝主吾人等
叔伯為婚姻乙卯太陰犯虛梁以親裸大禮慶成御
大明殿受羣臣朝戊午樊星犯辰星
犯東咸辛未以孔克堅襲封衍聖公戊寅辰星犯天
罷是月處州婺州饑以常平義倉糧賑之十二月復
科舉取士制國子監積分生負三年一次依科舉例
入會試中者取一十八名癸未太陰犯虛梁乙酉太
陰犯土公丁亥熒惑犯鉤鈐戊子罷天曆以後增設
太禧宗禋等院及奎章閣乙未熒惑犯東咸戊戌太

陰犯明堂是月東平路民饑賑之寶慶路大雪深四
尺五寸
至正元年春正月己酉朔改元詔曰朕惟帝王之道
德莫大於克孝治莫大於得賢朕早歷多難入紹大
統仰思祖宗付託之重戰兢惕勵于茲八年慨念皇
考久勞于外甫即大命四海獻望鳳夜追慕不忘于
懷乃以至元六年十月初四日奉玉冊玉寶上皇
考曰順天立道厤文智武大聖孝皇帝被服衮冕裸
于太室式展孝誠十有一月六日勉徇大禮慶成之
請御大明殿受羣臣朝羮自去春曠咨于衆以知樞

密院事馬札兒台為太師右丞相以正百官以親萬
民尋即控辭養疾私第再三諭旨勉令就位自春徂
秋其請益固朕憫其勞日久察其至誠不忍煩之以
政俾解機務仍為太師而知樞密院事脫脫早歲輔
朕兒克著忠貞乃命為中書右丞相脫脫忽赤帖
木兒不花嘗歷政府嘉績著聞為中書左丞相並錄
軍國重事夫三公論道以輔子德二相總政以弼子
治其以至元七年為至正元年與天下更始甲寅詔
熒惑犯天江丁巳享于太廟庚申太陰犯井宿癸亥犯
天壽節禁屠宰六日辛未太陰犯心宿癸酉太陰犯

斗宿甲戌太白晝見凡四日是月命脫脫領經筵事
命永明寺寫金字經一藏免天下稅糧五分湖南諸
路饑賑糶米十八萬九千七十六石二月戊寅祭社
稷巳卯太白晝見庚辰太白復晝見辛巳立廣福庫
罷藏珍等庫乙酉濟南濱州沾化等縣饑以鈔五萬
三千錠賑之丙戌太白晝見癸巳太陰犯明堂乙未
加封皇姊不答昔你明惠貞懿大長公主是月大都
路饑賑糶之丙戌河間莫州滄州等處饑賑鈔三
萬五千錠晉州饒陽阜平安喜靈壽四縣饑賑鈔二
寶坻縣饑賑米兩月河間莫州滄州等處饑賑鈔三
萬錠印造至元鈔九十九萬錠中統鈔一萬錠三月

庚戌罷兩淮屯田手號打捕軍役令屬本所領之獎
丑命屯儲禦軍於河南芍陂洪澤德安三處屯種甲
寅給還帖木兒不花宣襄王即鎮淮西己未汴梁地
震大都路涿州范陽房山饑賑鈔四千錠丙子以行
省平章政事涿州燕房等縣饑賑鈔萬錠彰德路安陽等縣饑賑
陽路長山等縣饑賑鈔萬錠彰德路安陽等縣饑賑
鈔萬五千錠夏四月丁丑道州土賊蔣丙等反破江
華縣掠明遠縣戊寅彰德有赤風自西北起晦如
夜甲申享于太廟丁亥臨賀縣民被徭冠鈔掠發義
倉粮賑之庚寅帝幸護聖寺命中書右丞鐵木兒塔

識為平章政事阿魯為右丞許有壬為左丞癸巳立
富昌庫隸資正院復立衛候司丁酉以兩浙水災免
歲辦餘鹽三萬引己亥立吏部司績官庚子復封太
師馬札兒台為忠王罷漷州河西務行用庫壬戌月食是月
五千錠是月車駕時巡上都五月戊申以崇文監屬
翰林國史院己未罷漷州河西務彰德饑賑鈔萬
賑阿剌忒等處被災之民三千九百一十三戶給鈔
二萬一千七百五錠閏五月丁丑改封亳從明宗諸
華為昭忠廣仁武烈靈顯王甲午賞賜亳從明宗諸
王官屬八百七人金銀鈔幣各有差壬寅詔劉宣文

至正二寶六月戊午禁高麗及諸處民以親子為宦
者因避賦後戊辰改舊奎章閣為宣文閣庚午太陰
犯井宿是月揚州路崇明通泰等州海潮湧溢溺死
一千六百餘人賑鈔萬一千八百二十錠秋七月己
卯享于太廟乙酉太陰犯填星庚寅太陰犯雲兩八
月戊申榮社稷壬辰太陰犯鈇星又犯井宿壬寅許有
生異獻同領壬午賜燕於拱辰堂己丑冀寧路嘉禾
壬進講冬十月丁未享于太廟己酉封阿沙不花順寧
紋幣明仁殿帝悅賜酒宣文閣中仍賜貂裘金織

王昔寶赤寒食順國公甲寅中書省臣奏海運不給
宣令江浙行省於中政院財賦府撥賜諸人寺觀田
粮總運二百六十萬石從之乙卯歲星犯氐宿丁巳
太陰犯月星戊午月食既十一月丙子道州路賊何
仁甫莘反戊寅彰德屬縣各添設縣尉一員庚辰分
吏部禮部兵部刑部為二庫戶部工部為二庫各設
管勾一員己亥太陰犯東井庚子太陰犯天江徙之定
宜邊詔湖廣行省平章政事蕈卜班總兵討平之定
賞有差十二月乙卯詔民年八十以上蒙古人賜繒
帛二表裏其餘州縣雄以高年耆德之名免其家雜

役丁巳太白犯墨壁陣己未立四川安岳縣增謐嘉
興等處鹽倉壬戌雲南車里寒賽刀等反詔雲南行
省平章政事脫脫木兒討平之癸亥以在庫至元中
統鈔二百八十二萬二千四伯八十八錠可支二年
之復立拱儀局己巳以翰林學士承旨張起巖知經
筵事是月復立司稈監加封真定路滹沱河神為昭
佑靈源侯

二年春正月丁丑享于太廟丙戌開京師金口河深

《元史紀卷甲》 十三

五十尺廣一百五十尺役夫一十萬戊子太陰犯明
堂癸巳遣翰林學士三保等代祀五嶽四瀆甲午熒
惑犯月星是月大同饑人相食運京師糧賑之順寧
保安饑賑鈔一萬錠廣平磁威州饑賑鈔五萬錠降
咸平府為縣升懿州為路以大寧路所轄興中義州
屬懿州二月壬寅頒農桑輯要戊申榷社獲乙卯李
沙的偽造御寶聖旨籥樞密院都事伏誅己巳織造
明宗御容是月彰德路安陽臨漳等縣饑賑鈔二萬
錠大同路渾源州饑以鈔六萬二千錠糧二萬石兼賑
之大名路饑以鈔萬二千錠賑之河間路饑以鈔五

萬錠賑之三月戊寅親試進士七十八人賜拜住陳祖
仁及弟其餘出身有差辛巳興寧路饑賑糶米三萬
石戊子太陰犯房宿是月順德路鄉縣饑賑鈔萬
五千錠衛輝路饑賑鈔萬五千錠晉南
錠賑之夏四月辛丑興寧路平晉縣地震鳴如
雷裂地尺餘民居皆傾乙巳享于太廟乙
慶宣慰司庚申太陰犯羅堰是月車駕時巡上都
五月甲申以江浙行省平章政事
而瓦台為河南行省平章政事東平雨雹如馬首六
月戊申命江浙撥賜僧道田還官徵糧以備軍儲壬

子濟南山崩水湧乙丑罷邦牙宣慰司是月汾水大

《元史卷四十》 十四

長一丈一尺三寸高六尺四寸身純黑後二蹄皆白
司獄司於上都比大都兵馬司是月拂郎國貢異馬
反攻陷南丹左右兩江等處命脫赤顏遠討平之立
未太陰犯丁酉太白晝見已亥慶遠路莫八聚衆
溢秋七月庚午惠州路羅浮山崩辛未享于太廟乙
八月庚子朔日有食之癸卯罷上都事產提舉司丙
午太白晝見戊申榷社稷是月興寧路饑賑糶米萬
五千石九月己巳詔遣湖廣行省平章政事討道州
領河南江浙湖廣諸軍討道州賊平之復平嶺峒堡

寨二百餘處辛未車駕至自上都丁丑太陰犯羅堰

京城強賊四起戊子太陰犯井宿是月歸德府睢陽

縣因黃河爲患民饑糶糴米萬三千五百石冬十月

己亥朔日有食之癸卯太陰犯建星陝西行省平章

政事朶朶辭職侍親不允丁未享于太廟甲寅太陰

犯天關壬子杭州嘉興紹興溫州台州等路各立檢校

司甲子杭州嘉興兩浙額鹽十萬引福建餘鹽三萬引

驗鹽引所權免兩浙額鹽十萬引福建餘鹽三萬引

十一月甲申詔免雲南明年差稅辛卯歲星熒惑太

白聚於尾宿十二月壬寅服色之禁丙午命中書

元史紀卷四十

十三

陸善寶

右丞太平樞密副使姚庸御史中丞張起巖知經筵

事已酉京師地震辛亥封晃火帖木兒之子徹里帖

木兒爲撫寧王丙辰賜雲南行省參知政事不老三

珠虎符以兵討死可伐癸亥阿魯充潚等以謀害宰

臣圖爲叛逆伏誅

紀卷第四十

翰林學士臣阿魯圖　制齊廧修　國史總裁官臣王補等奉
翰林待制臣五渾章史　國史纂修官

勑修

順帝四

三年春正月丙子中書左丞許有壬辭職丁丑享于
太廟乙酉中書平章政事納麟辭職庚寅沙汰怯薛
丹名數二月戊戌祭社稷甲辰太陰犯井宿填星犯
牛宿熒惑犯羅堰丁未立四川省檢校官遠陽吾者
野人叛乙卯太陰犯氐宿是月汴梁路新鄭密二縣
地震寶慶路饑判官文殊奴以所受勑牒貸官粮萬

元史紀卷四十一

石賵之秦州成紀縣聳昌府寧遠伏羌縣山崩水涌
溺死人無算三月壬申造鹿頂殿監察御史成遵等
言可用終場下第舉人充學正山長國學生會試不
中者與終場舉人同戊寅詔作新風憲在內之官有
不法者監察御史劾之在外之官有不法者行臺監
察御史劾之次年四月中還司壬
午太陰犯氐宿是月詔儁遼金宋三史以中書右丞
相脫脫為都總裁官中書平章政事鐵木兒塔識中
書右丞太平御史中丞張起巖翰林學士歐陽玄侍
御史呂思誠翰林侍講學士揭傒斯為總裁官夏四

月丙申朔日有食之乙巳享于太廟是月兩都桑果
葉皆生黃色龍文車駕時巡上都五月河決白茅口
六月壬子命經筵官月進講者三是月回回刺里五
百餘人渡河冠掠吉隰等州中書戶部以國用不
足請撙節浮費秋七月丁卯享于太廟戊辰修大都
城戊寅立永昌等處宣慰司庚辰太白犯右執法是
月興國路大旱河南自四月至是月霖雨不止戶部
復言撙節錢粮八月甲午朔晉寧路臨汾縣獻嘉禾
一莖有八穗者命朶思麻同知宣慰司事鎖兒哈等
討四川上蓬瑣吃賊戊戌祭社稷山東有賊焚掠究

元史紀卷四十一

州是月車駕還自上都九月甲子湖廣行省平章政
事單卜班檎道州賀州猛賊首唐大二蔣仁五至京
誅之其黨蔣丙自號順天王攻破連桂二州甲申修
理太廟遣官告祭奉遷神主於後殿冬十月乙未增
立巡防捕盜所於永昌丁酉告祭太廟奉安神主戊
戌帝將祀南郊告祭太廟丁巳享于太廟帝問曰寧宗兄
也當拜否太常博士劉聞對曰寧宗雖弟其為帝時
陛下為之臣春秋時魯閔公弟也僖公兄也閔公先
為君宗廟之祭未聞僖公不拜陛下當拜帝乃拜丁
未月食己酉帝親祀上帝于南郊以太祖配癸丑命

僉樞密院事韓元善爲中書參知政事中書參議買
術丁同知宣徽院事巳未以郊祀禮成詔大赦天下
文官普減一資武官陞散官一等蠲民間田租五分
賜高年帛以湖廣行省平章政事篳卜班爲宣徽院
使行樞密院知院剌剌爲翰林學士承旨十一月辛
未享于太廟十二月丙申詔寫金字藏經丁未以別
兒怯不花爲中書右丞相是月膠州及屬邑高密地
震河南等處饑賑糶麥十萬石是歲詔立常平倉
罷民間食鹽徵逋逸脫因伯顏張珪杜本本辭不至
四年春正月辛未享于太廟辛巳詔定守令黜陟之

《元史紀卷四十一》 三 閏事

法六事備者陞一等四事備者減一資三事備者平
遷六事俱不備者降一等庚寅河決曹州崔夫萬五
千八百修築之是月河又決汴梁二月戊戌祭社稷
辛丑四川行省立惠民藥局是月中書右丞太平陞
平章政事閏月辛酉朔永平灃州等路饑賑之乙亥
只征東行省左丞相嗣高麗國王癸丑以河南行省
平章政事集賢大學士姚庸
月食三月丁酉復立武功縣壬寅特授八禿麻朵兒
爲中書左丞夏四月丁亥復立廣樣局是月車駕時
巡上都五月乙未右丞相脫脫辭職不許甲辰許之

以阿魯圖爲中書右丞相乙巳封脫脫爲鄭王食邑
安豐賜金印及海青文豹等物俱辭不受是月大霖
雨黃河溢平地水二丈決白茅堤金堤曹濮濟充皆
被災六月戊辰肇昌隴西縣饑每戶貸常平倉粟三
斗俟年豐還官己巳賜脫脫松江田爲立松江等處
稲田提領所秋七月戊子朔溫州颶風大作海水溢
地震益都瀕海鹽徒郭火你赤作亂巳丑享于太廟
是月灤河水溢八月戊午祭社稷丁卯山東霖雨民
饑相食賑之丙戌賜脫脫金十錠銀五十錠鈔萬錠
幣帛二百四辭不受是月陝西行省立惠民藥局菖

《元史紀卷四十二》 四 閏中

州蒙陰縣地震郭火你赤上太行由陵川入壺關至
廣平殺兵馬指揮復還益都車駕還自上都九月丁
亥朔日有食之丙午命太平提調都水監辛亥以南
臺治書侍御史秦從德爲江浙行省參知政事提調
海運癸丑命御史大夫也先帖木兒平章政事鐵木
兒塔識知經筵事冬十月乙酉議修黃河淮河堤堰
經筵事冬十月乙酉議修黃河淮河堤堰十一月丁
亥以各郡縣饑民不許抑配食鹽復令民入粟補
官以備賑濟戊子禁內外官民宴會不得用珠花巳
亥保定路饑賑以鈔八萬錠粮萬石賑之戊申河南民

饑禁酒十二月己未四川廉訪司建言廣元等五路
廣安等三府永寧等兩宣撫司請依內郡設置推官
一負從之壬戌太陰犯外屏癸亥漢陽地震戊寅猺
賊寇靖州是月東平地震禁潯祠賑東昌濟南般陽
慶元撫州饑民是歲徭賊寇潯州同知府事保董率
民兵擊走之

陳思謙奏議中書省事先是思謙建言所在盜起蓋
五年春正月辛卯享于太廟是月薊州地震二月戊
午祭社稷三月辛卯帝親試進士七十有八人賜普
顏不花張士堅進士及第其餘賜出身有差是月以
民官給路粮遣其還鄉是月汴梁濟南鄆州瑞州等
處民饑賑之募富戶出米五十石以上者旌以義士
之號車駕時巡上都五月己丑詔以軍士所掠雲南
桃溫萬戶府各翼人民饑賑之夏四月丁卯大都流
兵鎮撫中夏不聽大都永平韋昌興國安陸等處并
由歲饑民貧宜大發倉廩賑之以收人心仍分布重
聽丁未河間轉運司竈戶被水災詔權免餘鹽二萬
子女一千一百人放還鄉里仍給其行糧不願歸者
引候年豐補還官六月盧州張順興出米五百餘石
賑饑旌其門秋七月丁亥河決濟陰已丑享于太廟

丙午命也先帖木兒鐵木兒塔識並爲御史大夫詔
作新風紀八月戊午祭社稷是月車駕還自上都九
月壬午日有食之戊戌開酒禁辛丑以中書右丞達
識帖睦邇爲翰林學士承旨中書參知政事棚思監
爲右丞資政院使朵兒直班爲中書參知政事是月
革罷奧魯冬十月壬子以中書平章政事太平爲御
史大夫乙卯享于太廟辛酉命奉使宣撫巡天下
詔曰朕自踐祚以來至今十有餘年託身億兆之上
端居九重之中耳目所及豈能周知故雖風夜憂勤
觀安黎庶而和氣未臻災眚時作聲教未洽風俗未
淳吏弊未祛民瘼滋其豈承宣之寄紏劾之司奉行
有所未至歟若稽先朝成憲遣官分道奉使宣撫布
朕德意詢民疾苦疎滌煩苛體察官吏賢
否明加黜陟有罪者四品以上停職申請五品以下
就便處決民間一切興利除害之事悉聽舉行命江
西行省左丞忽都不丁吏部尚書何執禮巡兩浙江
東道前雲南行省右丞散散將作院使王士弘巡江
西福建道大都路達魯花赤技寶江浙行省參知政
事秦從德巡江南湖廣道吏部尚書定僧宣政院
魏景道巡河南江北道資政院使蠻子兵部尚書李

獻巡燕南山東道兵部尚書不花樞密院判官斬義

巡河東陜西道宣政院同知伯家奴宣徽僉院王也

速迭兒巡山北遼東道宣慰使阿乞剌兩

淮運使杜德遠巡雲南道上都留守阿牙赤陜西行

省左丞王紳巡甘肅永昌道大都留守昔尔麻失里

河南行省參知政事王守誠巡四川省平江路達魯

定集賢侍講學士蘇天爵巡京畿道貞

花赤左答納失里都水監賈惟貞巡海北海南廣東

道黃河泛溢辛未遼金宋三史成右丞相阿魯圖進

之帝曰史既成書前人善者朕當取以為法惡者取

元史紀卷四十一　七

以為戒然豈止激勸為君者亦當知之卿等

其體朕心以前代善惡為勉巳卯監察御史不答失

里請罷造作不急之務是月以呂思誠為中書參知

政事十一月甲午至正條格成奉元路達魯守令法

燕帖古思太子伏誅十二月丁巳詔定薦舉守令法

是歲宣徽院使篤憐鐵穆通知樞密院事馮思溫為

御史中丞

六年春二月庚戌朔日有食之辛未興國兩電大者

如馬首是月山東地震七日乃止三月辛未盜拒李

開務之開河劫商旅船兩淮運使宋文瓚言世皇開

會通河千有餘里歲運米至京者五百萬石今騎賊

不過四十人劫船三百艘而莫能捕恐運道阻塞乞

選能臣率壯勇千騎過八番龍起詔中書范陽

縣請增設縣尉及巡警兵從之山東盜起詔范陽

知政事鎖南班至東平鎮海東青煩擾吾宜來進馬夏四

月壬子遼陽為捕海東青煩擾吾宜來進馬夏四

天下甲寅以中書參知政事呂思誠為左乙卯事

于太廟丁卯車駕時巡上都發米二十萬石賑貧

民萬戶買住等討吾者野人遇害詔恤其家以中書

元史紀卷四十一　八

左丞呂思誠知經筵事命左右二司六部吏屬於午

後講習經史五月壬午陜西饑禁酒象州盜起江西

田賦提舉司擾民罷之丁亥盜竊太廟神主遣大兒

忽答討吾者野人丁酉以黃河决立河南山東都水

監六月己酉汀州連城縣民羅天麟陳積萬叛陷長

汀縣福建元帥府經歷真寶萬戶廉和尚等討之丁

巳詔以雲南行省平章政事討之秋七月巳卯享于大

渾為雲南行省平章政事討之秋七月巳卯享于大

廟丙戌以遼陽賊吾者野人等未靖命太保伯撒里為

遼陽行省左丞相鎮之丁亥降詔招諭死可伐散毛

洞蠻軍全在版招降之以為散毛誓崖等處軍民宣
撫使置官屬給宣勅虎符設立驛鋪癸巳詔選怯薛
官為路府縣達魯花赤丙申以朵兒直班為中書右
丞答兒麻為參知政事壬寅以御史大夫憐真班
等知經筵事麻京讖奉使宣撫定定奏言御史撒
惟定定與湖廣道技實料舉無避八月丙午命江浙
行省右丞忽都不花江西行省右丞禿魯統軍合討
羅天麟戊申都祭社稷是月車駕還自上都九月乙酉
克復長汀戊子邵武地震有聲如鼓至夜復鳴冬十

元文紀卷里一　九　七好古

月思靖猛寇犯武岡詔湖廣省臣及湖南宣慰元帥
完者帖木兒討之俘斬數百級猛賊敗走閏月乙亥
詔赦天下免差稅三分水旱之地全免靖州猛賊吳
天保陷黔陽癸未汀州賊徒羅德用殺首賊羅天麟
陳積萬以首級送官餘黨悉平十二月丁丑省臣政
擬明宗母壽童皇后徽號曰莊獻嗣聖皇后已卯政
立山東東西道宣慰使司都元帥府開設屯田駐軍
馬甲申詔復立大護國仁王寺昭應宮財用規運總
管府凡貸民間錢二十六萬餘錠辛卯有司以賞賚
沉瀘奏請恩賜民必先經省臺院定擬甲午設立海海

刺禿屯田二處詔犯贓罪之人常選不用復立八百
宣慰司以土官韓部襲其父爵辛丑以吉刺班為太
尉開府置僚屬壬寅山東河南盜起遣左右阿速衛
指揮不兒國蕁討之是歲黃河決尚書李絅請躬祀
郊廟近正人遠邪佞以崇陽抑陰不聽
七年春正月甲辰朔日有食之大寒而風朝官仆者
數人已酉草于太廟壬子命中書左丞相別兒怯不
花為右丞相尋辭職丁巳復立東路都蒙古軍都元
帥府庚申雲南老丫等蠻來降立老丫耿凍路軍民
總管府丙寅以廣西宣慰使章伯顏討徭獠有功陞

元文紀卷里二　十　七好古

湖廣行省左丞詔以怯薛丹支給浩繁除累朝定額
外悉罷之二月甲戌朔興聖宮作佛事賜鈔二千錠
已卯山東地震壞城郭棣州有聲如雷河南山東盜
蔓延濟寧滕邳徐州等處庚辰以中書省象知政事
南班為中書右丞道童為中書省象知政事丙戌以窒
者伯帖木兒為司徒是月徭賊吳天保寇沅州以阿
吉刺為知樞密院事整治軍務三月甲辰中書省臣
言世祖之朝省臺院奏事給事中專掌之以授國史
纂修近年廢弛恐萬世之後一代成功無從稽考乞
復舊制從之乙巳遣使銓選雲南官貟修光天殿庚

戌試國子監會食弟子員選補路府及各衛學正戌
午詔編六條政類庚申監察御史王士點劾集賢大
學士吳直方躐進官階奪其宣命乙丑雲南王孛羅
來獻死可代之捷壬申遣使修上都大乾元寺命有
司定吊薄諸王公主駙馬禮儀之數夏四月乙亥命
江浙省臣講究役法已卯享于太廟辛巳遣遼陽行省本賀
知政事討吾者野人已丑發米二十萬石賑糶貧民
以翰林學士承旨定住為中書右丞庚寅復命別兒
怙不花為中書平章政事鐵木兒塔

識為左丞相臨清廣平灤河等處盜起遣兵捕之通
州盜起監察御史言通州密邇京城而盜賊蜂起宜
增兵討之以杜其源不聽是月河東大旱民多饑死
遣使賑之車駕時巡上都五月庚戌徭賊吳天保陷
武岡路詔遣湖廣行省右丞沙班統軍討之乙丑右
丞相別兒怙不花以調爕失宜災異迭見罷詔以太
保就第是月臨淄地震七日乃止六月詔免太師馬
札兒台官安置西寧州其子脫脫請與父俱行以御
史大夫太平為中書平章政事彰德路大饑民相食
秋七月甲寅召隱士完者圖執禮哈琅為翰林待制

張樞董立為翰林修撰李孝光為著作郎張樞不至
丙辰太陰犯壘壁陣丁巳以江南行臺大夫納麟為
御史大夫是月徭賊吳天保復陷沅州陷溆浦辰漢
縣所在焚掠無遺徒馬札兒於甘肅濟驛戶別兒怙不
花之諸也九月癸卯八憐內哈剌那海堯魯和伯賊
起斷嶺地驛道甲辰遼陽霜旱傷禾賑濟驛戶戊申
車駕還自上都癸丑上都幹耳朵成用鈔九千餘錠
甲寅詔舉材能學業之人以備侍衛丁巳中書左丞
相鐵木兒塔識薨以御史大夫朶兒只為中書
左丞相甲子集慶路盜起鎮南王孛羅不花討平之

丁卯徭冠吳天保復陷武岡延及寶慶殺湖廣行省
右丞沙班于軍中冬十月辛未享于太廟丁丑詔左
丞相平章樞密知院御史大夫得賜玉押字印餘
官不與庚辰詔建木華黎伯顏祠堂於東平丙戌亦
憐只答兒反遣兵討之辛卯開東華射圍戊戌西蕃
盜起凡二百餘所陷哈剌火州刼供御蒲萄酒殺使
臣是月徭賊吳天保復冠沅州兵擊走之十一月
辛丑監察御史曲曲以官者隴普憑籍寵幸驅陵榮
祿大夫追封三代田宅諭制上疏劾之甲辰沿江盜
起剽掠無忌有司莫能禁兩淮運使宋文瓚上言江

陰通泰江海之門戶而鎮江真州次之國初設萬戶
府以鎮其地今戍將非人致使賊艦往來無常集慶
花山劫賊才三十六人官軍萬數不能進討反爲所
敗後竟假手鹽徒雖能成功豈不貽笑宜選知勇
以任兵柄以圖後功不然東南五省租賦之地恐非
國家之有不聽撥山東地土十六萬二千餘頃屬大
承天護聖寺乙巳中書戶部言各處水旱田禾不收
湖廣雲南盜賊蜂起兵費不給而各位怯薛冗食甚
多乞賜分揀帝牽於衆請令三年後減之庚戌太陰
犯天廩懷慶路饑饉徭賊吳天保復陷武岡命湖廣行

元史紀卷四十一　十三

省平章政事奇爾領兵討之以河決命工部尚書述
兒馬哈謨行視金堤甲寅徭賊吳天保陷靖州命威
順王寬徹不花鎮南王孛羅不花及湖廣江西二省
以兵討之丁巳命中書平章政事太平爲左丞相辭
不允戊午命河南山東都府發兵討湖廣洞蠻已未
以中書省平章政事韓嘉訥爲陝西行臺御史大夫
迤地荒旱缺食遣使賑濟驛戶丁卯海北湖南徭賊
竊發兩月餘有司不以聞詔罪之并降散官一等是
月馬札兒台薨召脫脫還京師十二月庚午以中書
左丞相朵兒只爲右丞相平章政事太平爲左丞相

詔天下兩子以連年水旱民多失業選臺閣名臣二
十六人出爲郡守縣令仍許民間利害實封呈省壬
午晉寧東昌東平恩州高唐等處民饑賑鈔十四萬
錠來六萬石丙戌中書省臣建議以河南盜賊出入
無常宜分撥達達軍與揚州舊軍於河南水陸關隘
戌守東至徐邳北至夾馬營遏賊掩捕從之是月陝
西行御史臺劾奏別兒怯不花乃遜臣之親子不
可居太保之職不從是歲置中書議事平章四人隆
福宮三皇后弘吉剌氏木納失里薨
八年春正月戊戌朔命也先帖木兒知樞密院事丁

元史紀卷四十一　十四

未享于太廟辛亥黃河決遷濟寧路於濟州詔名官
府諮練事務之人毋得遷調詔翰林國史院纂修后
如功臣列傳學士承旨張起巖學士楊宗瑞侍講學
士黃溍爲總裁官左丞相太平左丞相呂思誠領其事
甲子木懽等處大雪羊馬凍死賑之是月詔給銅虎
符以宮尉完者不花貴赤衛副指揮使壽山監湖廣
軍命討湖廣行省右丞禿赤湖南宣慰都元帥完者帖
木兒討莫磐洞諸蠻斬首數百級其餘二十餘洞縛
其洞首楊鹿洞五起京師二月癸酉御史大夫納麟加
太尉致仕乙亥以比邊沙土苦寒罷海海剌禿屯田

丙子命太子愛獻識理達臘習讀畏吾兒文字庚辰
太陰犯軒轅癸未太陰犯平道甲申命星吉吾為江南
行臺御史大夫壬辰太平言字答乃禿忙兀三處屯
田世祖朝以行營萬戶撥屬還從之是月以前奉使
所奪賈惟貞稱職持授永平路總管會歲饑惟貞請
宣撫鈔四萬餘錠賑之詔以束帛鄆城立行都水監以實
降鈔四萬餘錠賑之詔以束帛旌郡縣守令之廉勤
者遼東鎮火奴反詐稱大金子孫水達達路脫脫禾
魯馬都水三月丁酉詔以束帛旌郡縣守令之廉勤
孫唐兀火魯火孫討擒之壬寅土番盜起有司請不
拘資級委官討之福建盜起地遠難於討捕詔汀漳
二州立分元帥府轄之癸卯帝親試進士及第餘出身有差
人賜阿魯輝帖木兒王宗哲進士七十有八
巳酉湖廣行省遣使獻石壁洞蠻捷丙辰太陰犯建
星巳未遣使詣江浙西湖廣四川雲南銓福建盜
廣蠻羡等處官貪選辛酉遼陽兀顏撥魯歡安稱大
金子孫受王帝符文作亂官軍討斬之壬戌六條政
類書成京畿民饑徽州路達魯花赤哈剌不花以政
續聞詔賜金帛旌之是月徭賊吳天保復寇沅州夏
四月辛未河間等路以連年河決水旱相仍戶口消

耗乞減鹽額詔從之乙亥帝幸國子學賜衍聖公銀
印升秩從二品定弟子員出身及奔喪省親等法詔
守令選立社長專一勸課農桑詔京官三品以上歲
舉守令一人守令到任三月亦舉一人自代其王典
赤拱衛百戶不得授縣達魯花赤止授佐貳久著廉
能則用之平江松江水災給海運糧十萬石賑之丁
丑遼陽董哈剌作亂鎮撫欽察討擒之巳卯海寧州
沐陽縣等處盜起遣翰林學士禿堅不花討之是月
享于太廟車駕時巡上都命脫脫為太傅湖廣章伯
顏引兵捕土冠莫萬五釐雷等巳而廣西峒賊乘隆
入冠伯顏退走五月丁酉朔大霖雨京城崩庚子廣
西山崩水湧灘江溢平地水深二丈餘屋宇人畜漂
沒壬子寶慶大水丁巳四川旱饑禁酒六月丙寅朔
陞徐州為總管府以邳宿滕峰四州隸之丙戌立司
天臺於上都是月山東大水民饑賑之秋七月丙申
朔日有食之辛丑復立五道河屯田乙巳享于太廟
表大都節婦韋氏門戊申西北邊軍民饑賑之壬子
量移竄徒官於近地安置死者聽歸葬乙卯授
遣使祭曲阜孔子廟江州路總管劉恒有政績陞授
山東宣慰使丙辰以阿剌不花為大司徒八月丙子

太陰犯壘壁陣己卯山東兩雹是月車駕還自上都

九月己未太陰犯靈臺冬十月丁亥廣西蠻掠道州

十一月辛亥猺賊吳天保率衆六萬掠全州是歲詔

賜高年帛設分元帥府於沂州以買列的為元帥備

山東冠台州方國珍為亂聚衆海上命江浙行省參

知政事埜兒只班討之監察御史張楨劾太尉阿乞

剌欺罔之罪又言明里董阿也里牙月魯不花皆陛

下不共戴天之讎伯顏賊殺宗室嘉王郯王一十二

口稽之古法當伏門誅而其子兄弟尚仕于朝宜急

誅竄別兒怯不花阿附權姦亦宜遠貶今災異迭見

《元史紀卷四一》 十七

盜賊蜂起海冠敢於要君閹帥敢於玩冠者不振舉

恐有唐末藩鎮噬臍之禍不聽監察御史李泌言世

祖誓不與高麗共事陛下踐世祖之位何忽忘世祖

之言乃以高麗奇氏亦位皇后令災異屢起河決地

震盜賊滋蔓皆陰盛陽微之象乞仍降為妃庶幾三

辰奠位災異可息不聽

翰林學士中奉大夫知制誥兼修國史臣宋濂等修
制大都路兵馬指揮使司經歷臣禮臣等奉

敕修

順帝五

九年春正月丁酉享于太廟癸卯立山東河南等處
行都水監專治河患乙巳廣西猺賊復陷道州萬戶
鄭均擊走之丙午命中書平章政事太不花提調會
同館庚戌太白犯建星辛亥太白犯平道二月戊辰
祭社稷辛巳太不花辭職不允甲申太陰犯建星三
月丁酉垻河淺澁以軍士民夫各一萬濬之己亥太

元史紀卷四十二　一　陳光晶

白犯墨壁陣己巳命大司農達識帖睦邇爲湖廣行
省平章政事是月河北潰陳州麒麟生不乳而死賊
具天保復寇沅州夏四月丁卯享于太廟丁丑以知
樞密院事欽察台爲中書平章政事己卯以燕南廉
訪使韓元善爲中書左丞立鎮撫司於直沽海津鎮
壬午以河間鹽運司水災住煎鹽三萬引是月車駕
時巡上都庚子詔修黃河金堤民夫日給鈔三貫辛丑罷
史府路上高縣長官金庚戌命翰林國史院等官薦
瑞州路攝府府督攝州
舉守令丙辰定守令留攝之法路督攝府府督攝州

州督攝縣是月白茅河東注沛縣遂成巨浸蜀江大
溢浸漠陽城民大饑六月丙子刻小玉印以至正珍
秘爲文凡秘書監所掌書畫皆以至正珍識之秋七月庚寅監
寮御史幹勒海壽劾奏殿中侍御史哈麻及其弟雪
雪罷惡御史出海壽爲陝西廉訪副使韓家訥爲宣政
院使壬辰詔命太子愛猷識理達臘習學漢人文書
以李好文爲諭德賜爲贊善張冲爲文學李好文
等上書辭不許賜公主不昔你平江田五十頃甲
午以也先帖木兒爲御史大夫乙未以湖廣行省左

元史紀卷四十二　二　陳光晶

丞相亦憐真班知樞密院事丙午太陰犯墨壁陣癸
丑太陰犯天關甲寅以栢顏爲集賢大學士乙卯罷
右丞相朶兒只依前爲國王左丞相太平爲翰林學
士承旨是月大霖雨水没高唐州城江漢溢漂没民
居禾稼閏月辛酉詔脫脫爲中書右丞相仍太傅韓
家訥爲江浙行省平章政事庚午以也可扎魯忽赤
棚思監爲中書右丞同知樞密院事王樞虎兒吐華
命歧王阿剌乞鎮西番八月甲辰以集賢大學士栢
爲中書參知政事辛巳詔赦湖廣猺賊詿誤者戊子
顏爲中書平章政事河南行省平章政事月魯不花

為宣政院使庚戌以司徒雅普化提調太史院知經
筵事是月車駕還自上都九月甲子凡建言中外利
害者詔委官選其可行之事以聞丙寅命平章政事
栢顏提調留守司丙子中書平章政事住以疾辭
職不允辛巳命知樞密院事亦憐真班提調武備寺
丙戌熒惑犯靈臺是月遣御史中丞李獻代祀河瀆
司徒雅普化知端本堂事肄業命脫脫領端本堂事
臨辛太子與師傅分東西向坐授書其下僚屬以次
朦自是日為始入端本堂

列坐十一月戊午朔日有食之戊辰太陰犯畢宿庚
辰太白犯墨壁陣十二月戊戌太白復犯墨壁陣丁
未徭賊吳天保陷辰州是歲詔汰冗官均俸祿賜致
仕官及高年帛漕運使賈魯建言便益二十餘事從
其八事其一曰京畿和糶二曰優郵漕司舊領漕戶
三曰接運委官四曰通州總治豫定委官五曰船戶
困於壩夫海糧壞於壩戶六曰疏濬運河七曰臨清
運糧萬戶府當隸漕司八曰宜以宣忠船戶付本司
節制輿寧平選等縣曹七七反命刑部郎中八十兵
馬指揮沙不丁討平之

十年春正月丙辰朔以中書右丞桑哥思監為平章政
事王樞虎兒吐華為中書右丞壬戌立四川容美洞
軍民總管府壬申太陰犯熒惑甲戌隴石標州色黑
中微有金星先有聲自西北來堕州北二十里乃隕
二月丙戌詔加封天妃父種德積慶侯母育聖顯慶
夫人辛丑太陰犯平道甲辰太陰犯鍵閉三月己卯熒
惑犯太微垣是月奉化州山石裂有禽鳥單木山川
人物之形至夏四月己丑左司都事武祺建言更鈔法
丁酉赦天下其略曰朕纂承洪業撫臨萬邦夙夜屬
精靡遑暇逸比緣倚注失當治理乖方是用圖任一

相俾贊萬機委命脫脫為中書右丞相統正百官允
釐庶績曾未朞月百廢具舉中外協望朕甚嘉焉尚
應軍國之重民物之繁政令有未孚生息有未遂可
赦天下丙午太白犯鬼宿是月車駕時巡上都六月
壬子星大如月入北斗震聲若雷三日復還秋七月
辛酉太陰犯房宿癸亥以大護國仁王寺昭應官財
用規運總管府仍屬宣政院辛未太白晝見丁丑太
白復晝見八月壬寅車駕還自上都九月癸丑朔太
白晝見辛酉祭三皇如祭孔子禮先是歲祀以醫官
行事江西廉訪使文殊訥建言禮有未備乃勑工部

具榮罷江浙行省達雅樂太常定儀式翰林撰樂章
至是用之壬戌熒惑犯天江庚午命樞密院以軍士
五百修築白河堤壬午脫脫以高下之請編類爲成書從之
冀適擇依銓選者得以高下之請編爲成書從之
冬十月癸巳歲里犯軒轅乙未吏部尚書從之
畀遷鈔法命中書省御史臺集賢翰林兩院之臣集
議之丙申太陰犯昴宿辛丑置諸路寶泉都提舉司
以捕上馬賊十一月壬子朔日有食之丙辰以高麗
瀋王之孫脫脫不花等爲東宮怯薛詧遼陽罷遼陽

濱海民煎熬野鹽戊辰太陰犯鬼宿已巳詔天下以
中統交鈔壹貫文權銅錢壹千文準至元寶鈔貳貫
仍鑄至正通寶錢並用以實鈔法至元寶鈔通行如
故是月三星隕子耀州化爲石如斧形削之有屑擊
之有聲十二月壬午朔修大都城辛卯以大司農禿
魯等蕪領都水監河防正官議黃河便益事命前
同知樞密院事不顏不花等討廣西猺賊乙未太陰
犯鬼宿已酉方國珍攻溫州是歲京師麗正門樓上
忽有人妄言災禍鞠問之自稱薊州人已而不知所
往

十一年春正月乙卯享于太廟丙辰歲星犯牛宿庚
申命江浙行省左丞字羅帖木兒討方國珍丁卯蘭
陽縣有紅星大如斗自東南墜西北其聲如雷已卯
命掤思監提調大都留守司二月庚寅太陰犯鬼宿
乙未太陰犯丁酉太陰犯亢宿是月命遊皇城
中書省臣諫止之不聽立湖南元帥府分府于寶慶
路三月庚戌立山東分元帥府分府于登州丙辰親策進
士八十三人賜及第出身有差壬戌太陰犯天江是月遣使賑湖
丁卯太陰犯東咸戊辰太陰犯天江是月遣使賑湖

南北被冠人民死者鈔五錠傷者三錠燬所居屋者
一錠夏四月壬午詔開黃河故道命賈魯以工部尚
書爲總治河防使發汴梁大名十三路民十五萬廬
州等戍十八翼軍二萬自黃陵岡南達白茅放于黃
固哈只等口又自黃陵西至陽青村合于故道凡二
百八十里有奇仍命中書右丞玉樞虎兒吐華同知
樞密院事黑斯以兵鎮之興寧路屬縣多地震半月
乃止乙酉享于太廟詔加封河瀆神爲靈源神祐弘
濟王仍重建河瀆及西海神廟改求順安撫司爲宣
撫司丁酉孟州地震庚子罷海西遼東道巡防捕盜

所立鎮寧州辛丑師壁安撫司土官田驢什用盤順
府土官墨奴什用降立長官司四巡檢司七乙巳彰
德路雨雹形如斧傷人畜是月罷沂州分元帥府政
立兵馬指揮使司復分司于膠州車駕時巡上都五
月己酉朔日有食之辛亥潁州妖人劉福通以
紅巾爲號陷潁州初欒城人韓山童祖父以白蓮會
燒香惑眾謫徙廣平永平至山童倡言天下大亂
彌勒佛下生河南及江淮愚民皆翕然信之福通與
杜遵道羅文素盛文郁王顯忠韓咬兒復鼓妖言謂
山童實宋徽宗八世孫當爲中國主福通等殺白馬

黑牛誓告天地欲同起兵爲亂覺縣官捕之急福
通遂反山童就擒其妻楊氏其子韓林兒逃之武安
癸丑文水縣雨雹壬申命同知樞密院事禿赤以兵
討劉福通授以分樞密院印丙子命大都至汴梁二
十四驛凡馬一疋助給鈔五錠六月發軍一千從直
至至通州踰瀋河道是月劉福通擾朱皐攻破羅山
真陽確山逼犯舞陽葉縣等處江浙左丞亭羅帖木
兒爲方國珍所敗秋七月丙辰廣西大水丁巳罷四
沽大奴管勾洞長官司改立忠孝軍民府己未未陰
犯斗宿壬戌太陰犯右執法己巳太白犯左執法樊

感入鬼宿是月開河功成乃議塞決河命大司農
達識帖睦邇及江浙行省僉知政事樊執敬浙東
廉訪使董守慤同招諭方國珍八月丁丑朔中興
地震戊寅祭社稷乙酉太陰犯天江丙戌蕭縣人李
二及老彭趙君用攻陷徐州李二號芝麻李與其
黨亦以燒香聚眾而反是月車駕還自上都蘄州九
羅田縣人徐貞一名壽輝與黃州麻城人鄒普勝
等以妖術陰謀聚眾遂舉兵爲亂以紅巾爲號九
月戊申以中書平章政事杂兒班提調宣文閣
知經筵事平章政事定住提調會同館事壬子命

御史大夫也先帖木兒知樞密院事及衛王寬徹哥
總率大軍出征河南妖寇各賜鈔一千錠從征者賜
予有差乙卯辰星犯右執法丁巳太白犯房宿壬戌
詔以高麗國王不荅失里之子遂廢失里之弟伯顏帖木兒襲其王
封不荅失里之子遂廢戊辰太陰犯鬼宿是月劉福
通陷汝寧府及息州光州衆至十萬徐壽輝陷蘄水
縣及黃州路冬十月戊寅癸巳感犯太微垣己卯亭于
太廟辛巳太陰犯斗宿癸未立寶泉提舉司于河南
行省及濟南真定等路凡九江浙江西湖廣行省等
庚凡三命知樞密院事老章以兵同也先帖木兒討

河南妖寇乙酉太白犯斗宿己丑太白晝見熒惑犯
歲星辛卯太白犯斗宿立中書分省于濟寧癸巳歲
星犯右執法癸卯以宗王神保克復睢寧虹縣有功
賜金帶一從征者賞銀有差丙午熒惑犯左執法是
月天雨黑子于饒州大如菽菽徐壽輝據靳水為都
國號天完偽稱皇帝改元治平以鄒普勝為太師十
一月癸丑有星孛于婁宿甲寅孛星見于胃宿黃
河堤成散軍民役夫庚午太陰犯填星孛星徵見于
丙辰亦如之丁巳太陰犯填星察御史徵帖木兒等
言右丞相脫脫治河功成宜有異數以旌其勞甲戌

江西妖人鄧南二作亂攻瑞州總管禹蘇福擒斬之
是月遣使以治河功成告祭河伯召賈魯還朝超授
榮祿大夫集賢大學士賜金繫腰一銀十錠鈔千錠
幣帛各二十四都水監并有司官有功者三十七員
皆陞遷其職詔賜脫脫荅剌罕之號俾世襲之以淮
安路為其食邑命立河平碑十二月丙子朔太白晝
復經天是夜復犯墨壁陣以治書侍御史烏古孫良楨
見丁丑太白經天己卯立河防提舉司隸行都水監庚
辰太白經天壬辰復如之丁酉太
為中書參知政事辛卯太白經天壬辰復如之丁酉太

白晝見太陰犯熒惑命脫脫於淮安立諸路打捕鷹
房民匠錢糧總管府秩從三品庚子太白經天辰星
犯天江辛丑太白經天也先帖木兒復上蔡縣擒韓
咬兒等至京師誅之壬寅太白晝見是歲括馬
十二年春正月丙午朔詔印造中統元寶交鈔一百
九十萬錠至元鈔十萬錠十時享太廟路
總管榮肅死之是日荊門州亦陷己酉時享太廟庚
戌以宣政院使月魯不花為中書平章政事壬午
書省臣言河南陝西腹裏諸路供給繁重調兵討賊
正當春首畊作之時恐農民不能安於田畝守令有

失勸課宜委通曉農事官員分道巡視督勒守令親
詣鄉都省諭農民依時播種務要人盡其力地盡其
利其有曾經盜賊水患供給之虞貧民不能自備牛
種者所在有司給之仍令總兵官禁止屯駐軍馬毋
得踏踐以致農事歷從之乙卯淮東宣慰司添設
同知宣慰司事及都事各一員丙辰徐壽輝遣偽將
丁普郎徐明遠陷漢陽丁巳陷興國府己未徐壽輝
遣鄒普勝陷武昌威順王寬徹普化湖廣行省平章
政事和尚棄城走刑部尚書阿魯灰捕山東賊給勅
牒十一道使分賞有功者辛酉徐壽輝偽將曾法興

陷安陸府知府丑驢戰不勝死之癸亥刑部添設尚
書侍郎郎中貟外郎各一貟五愛馬添設忽束罕所
二百名乙丑太陰犯熒惑丙寅以河復故道大赦天
下己巳歲星犯右執法辛未徐壽輝兵陷沔陽府壬
申中興宣慰陷山南宣慰司同知月古輪失領兵出戰
眾潰詔宣慰使錦州不花添設元帥統領兩淮所募
鹽丁五千討徐州拘刷河南陝西遼陽三省及上都
大都腹裹等處漢人馬命四川行省平章政事月魯
走是月命逯魯曾為淮東添設元帥統領兩淮所
帖木兒為總兵官與四川行省右丞長吉討興元金

州等處賊宣政院同知桑哥率領亦都護畏吾兒軍
與荊湖北道宣慰使桑只班同守襄陽濟寧兵馬
指揮使寶童統領右都衛軍從知樞密院事月闊察
兒討徐州二月乙亥朔詔許溪洞蠻猺自新丁丑以
集賢大學士賈魯為中書添設左丞以河南廉訪使
哈藍朵兒只為荊湖北道宣慰使都元帥守襄陽癸
未命諸王禿堅領從官百人馳驛守揚州賜金一錠鈔一
千錠命寧王牙安沙鎮四川賜鎮南王賜金一錠鈔
一萬錠甲申鄒平縣馬子昭為亂捕斬之遂陷南康路丙戌霍州
輝兵陷江州總管李黼死之

靈石縣地震徐壽輝兵陷岳州房州賊陷歸州戊子
詔徐州內外群聚之眾限二十日不分首從並與赦
原置安東安豐分元帥府己丑游皇城庚寅太陰犯
太微垣癸巳太陰犯氐宿辛丑鄧州賊王權張椿陷
澧州龍鎮衛指揮俺都剌哈蠻等帥師復之襄贈
伏節死義宣徽使帖木兒等二十七人壬寅以御史
大夫納麟為江南行臺御史大夫癸卯命中書學
士承旨八剌與諸王孛蘭奚領軍守大名癸卯命翰林學
書平章政事月魯不花知經筵事左丞賈魯參知政
事帖理帖木兒烏古孫良楨並同知經筵事是月賊

侵滑濬命德住為河南右丞守東明德住時致仕于
家聞命馳至東明浚城隍嚴備禦賊不敢犯徐壽輝
偽將歐祥陷袁州命帖理帖木兒以中書參知政事
分省濟寧三月乙巳朔追封太師忠王馬扎兒台為德王
丁未徐壽輝偽將許甲攻衢州洞官黃安撫敗之徐
壽輝偽將陶九陷瑞州總管禹蘇福萬戶張岳敗之
壬子河南左丞相太不花克復南陽等處癸丑中書
省臣請行納粟補官之令凡各處士庶果能為國宣
力自備糧米供給軍儲者照依定擬地方實授常選
流官依例陞轉封廕及已除茶鹽錢穀官有能再備

錢粮供給軍儲者驗見授品級改授常流從之戊午
太陰犯進賢辛命親王阿兒麻以兵討商州等處
賊以鞏卜班知行樞密院事壬戌太陰犯東咸甲子
徐壽輝僞將項普略陷饒州路遂陷徽州信州四川丁
禾附生輩向亞甲洞主墨得什用出降立盤順府丁
廟行省平章政事以出征馬少出幣帛各一十萬匹
卯江南行臺御史大夫帖木哥乞致仕不允以爲甘
於迤北萬戶千戶所易馬戊辰太白晝見詔南人有
才學者依世祖舊制中書省樞密院御史臺皆用之
憐真材爲江西行省左丞相領兵收捕饒信賊庚午
詔隨朝一品職事及省臺院六部翰林集賢司農太
常宣政宣徽中政資正國子秘書崇文都水諸正官
各舉循良材幹智勇薰全堪充守令并授薰管義兵
者不限貴賤各處試用守令不許擅差任滿驗守令
軍奧魯勸農事所在上司不許擅差守令既已優陞
治者與真授不治者全削二等依本等叙半治者減
其佐貳官員比依入廣例量陞二等依本等叙半治

重戊

中書省臣言張理獻言饒州德興三處膽水浸鐵可
以成銅宜即其地各立銅冶場直隷寶泉提舉司宜
以張理就爲銅冶場官從之以江浙行省左丞相亦

一等叙雜職人負其有知身之士並依上例凡除常
選官於殘破郡縣及迫近賊境之處陞四等稍近賊
境陞二等是月方國珍復刼其黨下海入黃巖港臺
州路達魯花赤花赤不花率官軍與戰死之隴西地震
百餘州日城郭頹夷陵谷遷變定西會州靜寧莊浪九
甚會州公宇中墻崩獲弩五百餘張長者文餘短者九
尺人莫能挽攺定西爲安定州會州爲會寧州詔定
軍民官不守城池之罪爲江浙行省參知政事行臺州
花赤泰不花爲江浙行省參知政事行台州路事命
下泰不花巳死壬午以大理宣慰使荅失八都魯爲

重

四川行省添設參知政事與本省平章政事咬住討
山南湖廣等處賊乙酉徐壽輝僞將陳普文陷安吉
路鄉民羅明遠起義兵復之命工部尚書朶來兵部
侍郎馬其火者分詣上都察罕腦兒集寧等處行中書省
出征河南達達軍口糧立淮南江北等處行省添
治揚州轄揚州高郵淮安滁州和州廬州安豐安慶
靳州黃州壬辰以大都留守亢忽失爲江浙湖廣行
省右丞討饒信賊丙申阿速愛馬里納忽台擒滑州
開州賊韓乞奴討饒信賊丙申有功授資用庫大使丁酉
省參知政事鐵傑以湖南兵復岳州戊戌詔淮南行

省設官二十五員以翰林學士承旨晃火兒不花湖
廣平章政事失列門並為平章政事淮東元帥蠻子
為右丞燕南廉訪使秦從德為左丞陝西行臺侍御
史荅失禿山北廉訪使悟良哈廉訪使趙璉並為參知
樞密副使命淮南行省平章政事晃火兒不花提調
延事辛丑命淮南行省平章政事添設參知政事同知
丞相亦憐真班以兵守江東西闕臨命江西行省左
東討荊襄賊是月詔四川行省平章政事咬住以兵
鎮南王傅事是月詔四川行省平章政事晃火兒不花
班愛因班參知政事也先帖木兒與陝西行省平章

政事月魯帖木兒討南陽襄陽賊刑部尚書阿魯討
海寧賊江西行省右丞火你赤與參知政事朵得討
江西賊以浙東宣慰使恩寧普代江浙行省左丞
苔納失里守蕪湖命江西行省右丞兀忽失江浙行
省左丞老老與星吉不顏帖木兒蠻子海牙同討饒
信等勦賊方國珍不受招安之命命江浙左丞淮南行
納失里討之命典瑞院給淮南行省銀字圓牌三面
驛券五十道詔江西行省左丞相亦憐真班淮南行
省平章政事晃火兒不花江浙行省左丞左荅納失
里湖廣行省平章政事也先帖木兒四川行省平章

疏事八失忽都及江南行省臺御史大夫納麟與江浙
行省官並以便宜行事也先帖木兒駐軍沙河軍中
夜驚軍潰退屯未仙鎮詔以中書平章政事蠻子代
總其兵也先帖木兒還京師仍命為御史大夫夏四
月癸卯朔日有食之江西臨川賊鄧忠陷建昌路己
西時亨太廟丙辰江西宜黃賊吳按擺不花以兵討之
政事提調留守司乙卯鐵傑與萬戶陶夢楨復武昌
漢陽尋再陷邵武路武建寧復武昌
應必達等攻陷邵武路總管及萬戶城辛酉翰林學
千戶魏淳以計擒塗佑應必達復其城辛酉翰林學

士承旨渾都海牙乞致仕不允以為中書平章政事
四川行省參知政事桑哥失里復渠州甲子翰林學
士承旨歐陽玄以湖廣行省右丞致仕賜王帶及鈔
一百錠給全俸終其身戊辰諸王禿堅帖木兒平章
政事也先帖木兒討和州有功各賜金繫腰并鈔
千錠辛未荊門知州聶炳復荊門州平章政事忽都
海牙年老有疾詔免其朝賀是月大駕時巡上都永
懷縣賊陷陽咬住復歸州進攻峽州與峽州總管
趙余襴大破賊兵誅賊將李太素等遂平之詔天下
完城郭築隄防命亦都護月魯帖木兒領畏吾兒軍

馬同豫王阿剌忒納失里知樞密院事老章討襄陽
南陽鄧州賊陝西行臺監察御史蒙古魯海牙范文
等糾言也先帖木兒喪師辱國乞明正其罪詔不允
左遷西臺御史大夫朵爾直班爲湖廣行省平章政
事蒙古魯海牙十二人爲各路添設佐貳爲三十九
酉朔太白犯鎮星戊寅命龍虎山張嗣德爲五月癸
之命江南行臺御史大夫納麟給宣勅與台州民陳
代天師給印章戴甲令其集民丁夾攻方國珍
子由楊恕卿趙完普路庚辰監察御史徽帖木兒等
已卯咬住復中興路停夏運從

《元史紀卷甲三》 十七

言河南諸處群盜輒引亡宋故號以爲口實宜以瀘
國公子和尚趙完普及親屬徙沙州安置禁勿與人
交通從之罷衣兒棚等廠金銀場課癸未建昌民戴良
起鄉兵克復建昌路乙酉命詔守帖木哥與諸王朵
兒只守口北龍慶州是月岢失八都魯至荊門增葺
兵趨襄陽與賊戰大敗克之命左岢納失里仍守蕪
湖險臨六月丙午中書省言大名路開滑濬三州
元城十一縣水旱蟲蝗饑民七十一萬六千九百八
十口給鈔十萬錠賑之戊申命治書侍御史杜秉彝
中書參議李穆並兼經筵官辛亥太白犯井宿河南

行省左丞匝納祿炎知政事王也速迭兒並以失誤
軍需左遷添設淮西宣慰使隨軍供給汝寧軍需丁巳
平章政事秃魯炎知政事李猷慰使供給紹慶宣
帖木兒不花諸王乞塔万曲隣帖木兒及淮南廉訪
賜中書炎知政事悟良哈台珠衣并帽乙丑宗讓王
使班祝兒不花平賊有功賜金繫腰銀鈔有差紹
慰使楊延禮不花遙授湖廣左丞楊伯顏卜花爲紹
慶宣慰使換文資楊城爲沿邊紅巾周伯顏陷道州
萬戶四賜先所拘收牌面丙寅紅巾招討使勳征行
修太廟西神門秋七月丁丑時享太廟庚辰饒徽賊

《元史紀卷甲三》 十八

犯昱嶺關陷杭州路辛巳命通政院使苔兒麻失里
與樞密副使秃堅不花討徐州賊給勅牒三十道以
賞功已丑湘鄉賊陷寶慶路庚寅以殺獲西番首賊
功賜岐王阿剌乞巴鈔一千錠邠王嵬厘諸王朵的
失監平章政事鎖南班各金繫腰一以征西元帥韓
羅爲章政佩添設少監討徐州脫脫請親出師討徐州幹
詔許之辛卯命脫脫台爲行樞密院使提調二十萬
戶賜金繫腰一銀鈔幣帛有差丁酉辰星犯靈臺以
杜秉彝爲中書添設炎知政事湖南元帥副使小云
失海牙總管元顏思忠復寶慶路是月徐壽輝僞將

王善康壽四江二鹽等陷福安寧德等縣八月癸卯
命中書僉知政事帖木兒淮南行省右丞鹽子
供給脫脫行軍一應所需方國珍率其眾攻台州城
浙東元帥也忒迷失福建元帥黑的兒擊退之甲辰
以同知樞密院事哈麻為中書添設右丞齊王失列
門獻馬一萬五千疋于京師賜脫脫金三錠銀三十
錠鈔一萬錠幣帛各一千疋丁未日本國白高麗賊
過海剽掠為民高麗國王伯顏帖木兒調兵
勒捕之賜金繫腰丁鈔二千錠已酉命知樞密院事
咬咬中書平章政事揶思監也可扎魯忽赤福壽並

從脫脫出師征徐州賜金繫腰及銀鈔幣帛有差翰
林學士承旨闊怯遇五投下百姓賜金繫腰一壬
子以扎撒溫孫為河南行省右丞俟哲篤以禿思迷失
省左丞各賜鈔五十錠丙辰以禿思迷失為淮南行
省平章政事丁巳命中書平章政事普化知經筵事
脫脫將出師命六部尚書案通麻和謨等上言大臣天
子之股肱中書庶政之根本不可以一日離乞詔留
重之寄不報脫脫言皇后幹耳朵思支用不數自今
賢相股肱亮天工如此則內外有魚治之宜社稷有倚
為始每年宜給金一十錠銀五十錠以同知樞密院

事雪出軍南陽同知樞密院事禿赤出軍河南皆
有功各進階榮祿大夫中書右丞哈麻進階榮祿大
夫庚申命哈麻等提調各怯薛軍宿衛丁卯太
白犯歲星詔脫脫以苔剌罕太傅中書右丞相分省
于外督制諸處軍馬討徐州中書省樞密院御史臺
分官屬從行稟受節制爵賞有功誅殺有罪綏順討
逆悉聽便宜從事是日大駕還大都安
仲達復陷荊門州知州聶炳死之賊將順黨與
賊將俞君正復陷荊門州
戰於樓臺敗績奔松滋本路判官上都監

察御史及河南分御史臺行樞密院河南廉訪司輦
昌總帥府陝西都府義兵萬戶府等官交章言御史
大夫也先帖木兒出征河南功績庚辰賜幣帛各一
兒金繫腰一金一錠銀一十錠鈔幣五千錠也先帖木
百四癸未中興義士范忠偕荊門僧李智率義兵復
中興路俞君正敗走龍鎮衛指揮使俺都剌哈鹽領
兵入城咬住自松滋還屯兵于石馬乙酉脫脫至徐
州丁亥命知樞密院事阿剌吉從脫脫討徐州脫脫至徐
金繫腰一金一錠銀五錠鈔幣有差辛卯脫脫復徐
州屠其城芝麻李等道走壬辰太陰犯軒轅戊戌賜

哈麻鈔三百錠買王帶已亥賊攻辰州達魯花赤和
尚擊走之庚子詔加脫脫為太師班師還京冬十月
丁未時享太廟庚戌知樞密院事老章進階金紫光
祿大夫命平章定住右丞哈麻同知經筵事癸丑命
阿乞剌為太尉淮南行省平章政事戊午太陰犯鬼
宿甲子太陰犯歲星乙丑太陰犯亢宿十一月辛未
命江浙行省平章政事慶童丙子中書省臣
吉為江西行省平章政事出師湖廣以星
請為脫脫立徐州平寇碑及加封王爵癸未命江浙
行省右丞帖理帖木兒總兵討方國珍已丑以脫脫
平徐功賜金一十錠銀一百錠鈔五萬錠幣帛各三
千四上表辭從之庚寅太陰犯太微垣十二月壬寅
蒼失八都曾復襄陽辛亥詔以杭常湖信廣德諸路
皆克復復赦詿誤者蠲其夏秋秋糧命有司撫恤其民
辛酉以湖廣行省參知政事卜顏不花陞阿兒灰
討徭賊復湖南潭岳等處有功不花言京畿近地水利
一品阿兒灰陞正二品癸未脫脫言京畿近地水利
召募江南人耕種歲可得粟麥百萬餘石不煩海運
而京師足食帝曰此事有利於國家其議行之是歲

海運不通立都水庸田使司于汴梁掌種植之事頼
州沈丘人寨窄帖木兒與信陽州羅山人李思齊同
起義兵破賊有功授寨窄帖木兒中順大夫汝寧府
達魯花赤李思齊知汝寧府

翰林學士承旨知制誥兼修國史臣宋濂　翰林待制兼國史院編修官臣王禕等奉敕修

元史四十三

教

順帝六

十三年春正月庚午朔，用帝師請，釋放在京罪囚。以
中書添設平章政事哈麻為平章政事，烏古孫良楨為知政事，悟
良哈台為右丞，烏古孫良楨為左丞。詔悟
造中統元寶交鈔一百九十萬錠、至元鈔一十萬錠印
辛未，命悟良哈台、烏古孫良楨蕭大司農卿，給分司
農司印，西自西山，南至保定、河間，北至檀、順州，東至
遷民鎮，凡係官地及元管各處屯田，悉從分司農司
立法佃種，合用工價、牛具、農器、穀種、召募農夫諸費，
給鈔五百萬錠以供其用。
婦臾師即。壬申，命陝西行省平章政事卜荅失里為總
兵官。癸酉，享于太廟。以皇第二子育於太尉衆家奴
家，賜衆家奴及乳母鈔各一千錠。甲戌，重建穆清閣。
乙亥，命中書右丞禿禿以兵討商州賊兩子方國珍。
復降以司農司舊署賜哈麻。庚辰，召募能種水田及修
分司農司宜於江浙、淮東等處，各一千名為農師，教民播
築圍堰之人各一千名為農師，教民播種，宜降空名

（元史紀卷四十三　一）　章阿錫

添設職事勅牒一十二道，遣使賫往其地，有能募農
民一百名者授正九品，二百名者正八品，三百名者
從七品，即書填流官職名給之，就令管領所募農夫，
不出四月十五日俱至田所，期年為滿，即放還家。其
知政事。乙酉，太陰犯太微垣。丙戌，以武衛所管臨臺
屯田八百頃，除軍見種外，荒閒之地盡付分司農司。
荅失八都魯克復襄陽、樊城，有功，陞四川行省右丞，
賜金繫腰一。庚寅，知樞密院事老章克復南陽、唐州，
賜金一錠、銀一十錠、鈔一千錠、幣帛各五十四。戊戌，
燉惑、太白、辰星聚於奎宿。二月丁未，祭先農。己酉，太
陰犯軒轅。庚戌，太白犯熒惑。壬子，太陰犯太微垣。甲
寅，中書省臣言徐州民願建廟宇生祠右丞相脫脫，
從之。詔仍立脫脫平章政事杜秉彝以宣政院使篤
憐帖木兒知經筵事，中書右丞烏古
孫良楨、衆知政事杜秉彝並同知經筵事。三月己卯，
命脫脫領大司農事。甲申，詔脩大承天護聖寺，賜鈔
三萬錠。丁亥，命脫脫以太師開府提調太史院、回回、
漢兒司天監。己丑，以各衛門係官田地并宗仁等衛
屯田地土並付司農分司播種。是月，會州、定西、靜寧

（元史紀卷四十三　二）　章阿錫

莊浪等州地震命江浙行省左丞帖木兒江南
行臺侍御史左答納失里招諭方國珍夏四月戊戌
朔命南北兵馬司各分官一貟就領通州漷州直沽
等處巡捕官兵往來巡邏給分司印一同署事半載
事鎖南班為求昌愚魯罷等為亂鎖南荒田并戶絕籍
掌新司并地土給付司農分司以甘肅行省平章政
一更特命烏古孫良楨得用軍器庚子以禮部所轄
事體先是求昌宣慰使總為永昌軍馬仍給平章政
復起故有是命辛丑太白犯井宿乙巳時享太廟已
酉詔取勘徐州泜寧南陽鄧州等處荒田并戶絕籍

元史紀卷四三　三　王備闕

没入官者立司牧署掌司農分司耕牛又立王田屯
署降徐州路為武安州以所轄縣屬歸德府其滕州
嶧州仍屬益都路辛亥太陰犯房宿是月車駕時巡
上都五月己巳命東安州武清大興宛平三縣正官
添給河防職名從都水監官巡視渾河隄岸或有損
壞即俯理之辛未江西行省左丞相亦憐真班江浙
行省左丞老老引兵取道自信州元帥韓邦彥哈迷
取道由徽州浮梁引吉奔為嶺北行省左丞相知
癸酉以太尉阿剌吉為嶺北行省左丞相知行樞密
院事伯家奴封武國公與諸王孛羅帖木兒同出軍

甲戌行樞密院添設僉院二貟乙亥太陰犯歲星乙
禾泰州白駒塲亭民張士誠及其弟士德士信為亂
陷泰州及興化縣遂陷高郵據之僭國號大周自稱
誠王建元天祐六月丙申朔立詹事院設詹事三貟
同知二貟命右丞相脫脫薦詹事已亥詔征西都
宗廟命為皇太子愛獻識達
達臘為皇太子中書令樞密使授以金貟告祭天地
事玉樞虎兒吐華便宜行事
貟百戶一十貟領之庚子知樞密院事失剌把都總
只南發本處精銳勇敢軍一千人從征討以千戶二

元史紀卷四三　四

河南軍平章政事咎失八都督總四川軍自襄陽分
道而下克復安陸府辛丑罷官傳府以所掌錢帛歸
詹事院癸卯詔以勑牒二十道鈔五萬錠給付淮南
行省平章政事達世帖睦邇於淮南淮北等處召募
壯丁并總領漢軍蒙古守禦淮安遼東撈羊哈等以立
困木赤木等三人銀牌一面管領吾者野人以皮貨來降給
帖羊哈等三人吾者野人甲辰以立
皇太子詔天下大赦已酉亦都護高昌王月魯帖木
兒薨于南陽軍中命其子桑哥襲亦都護高昌王爵
辛亥親王完者禿泰州陣亡八禿亳州陣亡各贈鈔

五百錠命前河西廉訪副使也先不花為淮西添設

宣慰副使討泰州丙辰詔皇太子位下立儀衛司設

指揮二員給二珠金牌副指揮二員一珠金牌賜吳

王搠思監金二錠銀五錠鈔二千錠幣帛各九四以

資政院所轄左右都威衛屬詹事院詔淮南行省平

省平章政事福壽討興化是夏蘄州大水秋七月丁

章政事雨白絲海潮日三至時享太廟戊辰七月丁卯泉

官官至一品二品者依常例給俸祿壬申湖廣行省

叅知政事阿魯輝復武昌及漢陽府癸西詔詹事院

自行銓注本院屬官壬辰親王只兒哈忽薨于海寧

軍中以其子寶童繼襲王爵八月癸卯親王闊兒吉

思帖木兒獻馬辛亥賜脫脫東泥河田一十二頃親

王只兒哈郎討捕金山賊薨于軍中命其子秃魯帖

木兒入備宿衛庚申命不花帖木兒襲封文濟王是

月車駕還自上都資政院使脫火赤以兵復江州路

以四川行省平章政事玉樞虎兒吐華右丞完者不

花守鎮中興路左遷平章政事玉樞虎兒住為淮西

給烏撒軍進討蕲黃九月乙丑朔日有食之乙亥以

怯薛官廣平王咬咬征討慢功削其王爵降為河南

行省平章政事己丑廣寧王渾都帖木兒薨賻鈔一

千錠建皇太子鹿頂殿于聖安殿西盃剌歹桑哥失

里獻馬一百匹賜金繫腰一幣帛各九庚寅太陰犯

刀弓鎖子甲及青白西馬各二匹賜鈔二萬錠壬辰

太白經天褒惑犯左執法南臺御史大夫納麟以老

疾辭職從之命太尉如故丁西享于太廟庚子太白

經天冬十月癸卯以江淛行省參知政事買住丁陸

本省右丞提調明年海運甲辰歲星犯氏宿丁未廣

西元帥甄崇福復道州誅賊將周伯顏庚戌從帖里

帖木兒左苔納失里之請授方國珍徽州路治中國

璋廣德路治中國瑛信州路治中國督遣之任國珍

懼不受命立水軍都萬戶府於崑山州以淛東宣慰

使納麟哈剌為正萬戶宣慰使董摶霄為副萬戶庚

申賜皇太子妃鈔十萬錠壬戌賜皇太子愛馬怯

薛丹二百五十人鈔各一百一十錠癸亥太白犯亢

宿是月撤世祖所立鐵殿改建殿宇十一月壬申太

陰犯墨壁陣乙西立典藏庫貯皇太子錢帛丁亥江

西左丞火你赤以兵平富州臨江遂引兵復瑞州是

月立義兵千戶水軍千戶所于江西事平頛還為民

者聽十二月丁酉太白犯東咸己亥寧王旭滅該還
大幹耳朶思賜金繫腰一鈔一千錠庚子熒惑入氐
宿癸卯脫脫請以趙完普家產田地賜知樞密院事
桑哥失里庚戌京城天無雲而雷鳴少頃有火墜于
東南懷慶路及河南府西北有聲如擊鼓者穀四巴
而雷聲震地癸丑以西安王阿剌納失里為豫王
弟咎兒㦸討南陽賊有功以西安王印與之命鎮寵
吉兒之地丁巳太陰犯心宿西寧王牙罕沙鎮四川
還沙州賜鈔一千錠是月大同路疫死者太半江浙
行省平章政事卜顏帖木兒南臺御史中丞蠻子海
牙及四川行省參知政事哈臨禿左丞桑禿失里西
寧王牙罕沙合軍討徐壽輝於靳水敗之壽輝遁走
獲其偽官四百餘人陝西行省平章政事字羅四川
行省右丞咎禿失八都魯復均房等州詔字羅等守之
咎失八都魯討東正陽是歲自六月不雨至于八月
造清寧殿前山子月宮諸殿宇以官官留守也先帖
木兒留守同知也速迭兒及都水少監陳阿木哥等
董其役哈麻及禿魯帖木兒等陰進西天僧于帝行
房中運氣之術號演揲兒法又進西番僧善秘密法
帝皆習之

十四年春正月甲子朔汴梁城東汴河冰皆成五色
花草如繪畫三日方解乙丑熒惑犯歲星丁卯太白
犯建星辛未享于太廟壬申命帖木兒不花襲封廣
寧王賜鈔一千錠癸酉熒惑犯房宿立遼陽等處廣
運庸田使司屬分司農司丁丑帝謂脫脫曰朕嘗作
故今命刺麻選僧一百八人仍作朶思哥兒好事凡
所用物官自給之母擾于民丙戌命帖木兒好事迄
授陝西行省平章政事實授行宣政院使整治西番
人民是月命桑哥失里哈臨禿守中興咎失八都魯
復峽州二月戊戌祭社稷乙卯命中書平章政事搠
思監提調規運總管府戊午太白犯壘壁陣己未以
湖廣行省平章政事苟兒為淮南行省平章政事以
兵攻高郵是月以呂思誠為湖廣行省左丞命湖廣
行省右丞伯顏普化江南行臺中丞蠻子海牙江浙
行省平章政事卜顏帖木兒參知政事阿里溫沙會
合湖廣行省平章政事也先帖木兒討沿江賊立鎮
江水軍萬戶府命江浙行省右丞佛家閭領之詔河
南淮南兩省並立義兵萬戶府建清河大壽元忠國
寺以江浙殿寺田歸之三月癸亥朔日有食之己巳

廷試進士六十二人賜薛朝晤牛繼志進士及第餘
授官出身有差壬申以皇太子行幸和買駝馬甲戌
命親王速哥帖木兒以兵討宿州賊丙子潁州陷是
月中書定擬義兵立功者權任軍職事平授以民職是
從之命四川行省右丞各失八都魯陞本省平章政
事無知行樞密院事總荆襄諸軍從宜調遣詔和買
馬千匹邊以供軍用凡有馬之家十四内和買二匹
每匹給鈔一十錠夏四月癸巳朔汾州介休縣地震
泉湧以武棋叅議中書省事是月車駕時巡上都江
西湖廣大饑民疫癘者甚衆御史臺臣科言江浙行

省左丞帖里帖木兒等罪先是帖里帖木兒與江南
行臺侍御史左岱納失里奉旨招諭方國珍報國珍
已降乞立巡千戶所朝廷授以五品流官令納其
船散遣徒衆國珍不從擁船一千三百餘艘仍擄海
道阻絕糧運以故歸罪二人以江浙行省叅知政事
阿兒溫沙叅知政事省右丞浙東宣慰使恩普爲江南
行省叅知政事省總兵討方國珍以江浙
賊給鈔令自備鞍馬軍器合二萬五千人馬七千五
百匹永昌聿昌沿邊人匠雜戶亦在遣中造過街塔
於盧溝橋命有司給物色人匠以御史大夫也先不

許有愿

曾督之後立應昌全寧二路先是有詔罷之以機屬
魯王馬某沙王傅府至是有司以爲不便復之詔復
起永昌聿昌喃喃臨洮等處軍命各衛軍人修白浮
甕山等處堤堰五月甲子安豐陽賊陷盧州是月
詔修砌止巡所經色澤嶺黑石頭河西沿山道路荊
建龍門等處石橋皇太子徙居宸德殿命有司惟葺
之立南陽鄧州等處毛胡盧義兵萬戶府募土人爲
軍免其差役令討賊自効因其鄉人自相團結號以兵
胡盧故攻名之詔以玉樞虎兒吐華募兵萬人下蜀
江代各失八都魯守中興荆門命各失八都魯以兵

赴汝寧陞湖廣行省叅知政事阿兒灰爲右丞討盧
州募寧夏善射者及各處回回术忽歺富者赴京師
從軍復發禿卜軍萬人命太傅阿剌吉領之命荆王
岱兒麻失里代閭瑞阿合鎮河西討西番賊六月辛
卯朝薊州雨雹高郵張士誠冠揚州丙申達識帖睦
政事佛家閭會達識帖睦邇復進兵討之甲辰太陰
通以兵討張士誠敗績諸軍皆潰詔江浙行省叅知
入斗宿巳酉盱貽縣陷泗州官軍潰秋七月
甲子潞州襄垣縣大風拔木偃禾乙丑太陰犯角宿
壬申詔免大都上都興和三路今年稅糧命刑部尚

書阿魯於海寧州等處募兵討泗州壬午太陰犯昴
宿是月汾州孝義縣地震八月奧寧路榆次縣桃李
花車駕還自上都九月己未朔賜親王撒蠻苔失金
二錠銀二十錠鈔一萬錠幣帛表裏各三百匹創設
奧剌思誠復為中書平章政事詔脫脫以太師中書右
丞丁卯普顏忽都皇后母歿賻鈔三百錠立寧宗影
小官將出征高郵甲子封高麗國王脫脫不花為瀋
總制諸王各愛馬諸省詔各翼軍馬董督總兵領兵大
察兒為中書平章政事詔脫脫以知樞密院事月赤

元史紀卷四十三　十一

堂戊子免河南蒙古軍人雜泛差役是月賜穆清閣
工匠皮衣各一領蓋海青鷹房禁河南淮南酒階州
西畨賊起遣兵擊之方國珍拘執元帥也忑迷失黃
嚴州達魯花赤宋伯顏不花知州趙宜浩以俟詔命
冬十月甲午享于太廟戊戌詔加號苔失八都魯及泰不
花等會軍討安豐甲辰詔加海神為輔國護聖庇
民廣濟福惠明著天妃壬子太陰犯太微垣十一月
丙寅勅中書省樞密院御史臺凡奏事先啟皇太子
詔江浙勅應有諸王公主后妃寺觀官員撥賜田糧及
江淮財賦稻田營田各提舉司糧盡穀赴倉聽候海

運以備軍儲價錢依本處十月時估給之丁卯脫脫
領大兵至高郵辛未戰于高郵城外大敗賊衆丙子
太陰犯鬼宿癸未賜親王嘯苔失金鍍銀印乙酉脫
脫遣兵平六合縣是月苔失八都魯復苗軍所據鄭
均許三州皇太子脩佛事釋京師死罪以下四十二
月辛卯絳州皇太子北方有紅氣如火蔽天丙申中書平
章政事定住為中書平章政事進階光祿大夫監察御史
南班並為中書平章政事脫脫出師三月略無寸功傾國
袁賽因不花等劫奏脫脫老師費財以為自隨又其弟也
家之財以為己用半朝廷之官以為

元史卷四十三　十二

先帖木兒庸材鄙器玷汙清臺綱紀之政不修貪謠
之心益著章三上詔令也先帖木兒出都門聽旨以
宣徽使汪家奴為御史大夫丁酉詔以脫脫老師費
財已逾三月坐視寇盜恣不為意削脫脫官爵安置
淮安路弟御史大夫也先帖木兒安置寧夏路以河
南行省平章政事泰不花為本省左丞相中書平章
政事月闊察兒加太尉集賢大學士雪雪知樞密院
事一同總兵總領諸處兵征進軍馬并在軍諸王駙馬
省院臺官及大小出軍官員其滅里卜亦失你山哈
八兒禿哈怯來等技都兒云都赤禿兒怯里元孛可

西番軍人各愛馬朶憐赤髙麗回回民義丁壯等軍
人並聽總兵官節制詔被災殘破之處令有司賑恤仍
蠲租稅三年賜髙年帛罷庸田茶運寶泉等司戊戌
以定住領經筵車中政院使桑哥失里為中書添設
右丞已亥太陰掩昴宿庚子以桑哥失里同知經筵
事冀國公禿魯加太尉進階金紫光祿大夫癸卯命
哈麻提調經正監會同舘知經筵事就帶元
月命織造世祖御容詔威順王寬徹普化還鎮湖廣

農昌思誠薊司農卿提調農務已酉紹興路地震是
降虎符甲辰以桑哥失里提調宣文閣哈麻薊大司
衛州萬户許脱因死之是歲詔諭民間私租太重以
十分為率普藏二分求為定例降鈔十萬錠賞江西
累立功故詔還其印仍守舊鎮命甘肅右丞崑的討
先是以賊據湖廣命奪其王印至是寛徹普化討賊
捕西番賊咎失八都魯復河陰鞏縣徭賊自來陽寇
守城官吏軍民京師大饑加以疫癘思不花監
者帝於内苑造龍船委内官供奉少監思不花
工帝自製其樣船首尾長一百二十尺廣二十尺前
瓦簾棚穿廊兩暖閣後吾殿樓子龍身并殿宇用五
彩金粧前有兩爪上用水手二十四人身衣紫衫金

荔枝帶四帶頭巾於船兩旁下各執篙一自後宮至
前宮山下海子内往來游戲行時其龍首眼口爪尾
皆動又自製宮漏約髙六七尺廣平之造木為匱陰
藏諸壺其中運水上下圜上設西方三聖殿圓墀
玉女捧時刻籌時至輒浮水而上左右列二金甲神
人一懸鐘一懸鉦夜則神人自能按更而擊無分毫
差當鐘鉦之鳴獅鳳在側者皆翔舞圜之西東有日
月宮飛僊六人立宮前遇子午時飛僊自能耦進度
僊橋達三聖殿已而復退立如前其精巧絕出人謂
前代所鮮有時帝怠於政事荒于游宴以宮女三聖

奴妙樂奴文殊奴等一十六人按舞名為十六天魔
首垂髮數辮戴象牙佛冠身被纓絡大紅綃金長短
裙金雜襖雲肩合袖天衣綬帶鞋韈各執加巴剌般
之器内一人執鈴杵奏樂又宮女十一人練槌髻
勒帕常服或用唐帽窄衫所奏樂用龍笛頭管小鼓
箏篥琵琶笙胡琴響板拍板以宮者長安迭不花管
領遇宮中讚佛則按舞奏樂官官受秘密戒者得入
餘不得預

紀卷第四十三

翰林學士亞中大夫知　制誥兼修國史宋濂　翰林待制奉議大夫知　制誥兼編修官王禕奉　勑

順帝七

十五年春正月戊午朔以中書平章政事搠思監提
調留守司宣徽使黑廝為中書平章政事河南省
左丞許有壬為集賢大學士遼陽行省左丞奇伯顏為
不花陞本省平章政事壬戌以宣政院副使忻都為
太子詹事癸亥享于太廟甲子親王禿堅帖木兒歿
于軍中賜鈔五百錠江西行省平章政事道童加大

元史紀卷四十四　一

司徒戊辰太陰犯五車辛未太陰犯畢宿大幹聲朶
儒寧教授鄭恒建言蒙古乃國家本族宜教之以禮
而猶循本俗不行三年之喪又收繼庶母叔嫂兄嫂
恐貽笑後世必宜改革繩以禮法不報內子上都饑
賑糶米二萬石丁丑徐壽輝偽將倪文俊復陷沔陽
府威順王寬徹普化令王子報恩奴等同湖南元帥
阿思監水陸並進討之至漢川水淺文俊用火筏燒
船報恩奴遇害庚辰復設仁真雲需尚供三總管府
丙戌大同路饑出粮一萬石減價糶之是月詔以湖
廣行省平章政事乞剌班慢功削其官爵令從軍自

劾詔安置脫脫于亦集乃路收所賜田土命河南行
省參知政事洪丑驢守禦河南陝西行省參知政事
述律朶兒只守禦潼關宗王阿魯溫沙守禦商州元
西行省參知政事阿剌忒納失里與陝西行省平
章政事搠思監從宜商議軍事閏月壬寅以各衛軍
人屯田京東詔給鈔五錠以是日入役日支鈔二兩
五錢仍給牛種農器命司農司令本管萬戶督其勤
惰丙午太陰犯心宿丙辰太白經天是月上都饑
詔嚴酒禁命河南行省參知政事塔失帖木兒領元

元史紀卷四十四　二

管陝西軍馬守禦河南二月己未劉福通等自碭山
夾河迎韓林兒至立為皇帝又號小明王建都亳州
國號宋改元龍鳳以其毋楊氏為皇太后杜遵道盛
文郁為丞相羅文素劉福通為平章劉六知樞密院
事拆鹿邑縣太清宮材建宮闕遵道等各遣子入侍
遵道得寵專權劉福通疾之遂稱太保丙寅以中書
丞許有壬並知經筵事戊辰命太傅御史大夫汪家
奴為中書右丞相中書平章政事定住為左丞相詔
天下庚午以河南行省平章政事咬咬為遼陽行省

左丞相壬申立淮東等處宣慰使司都元帥府于天
長縣統濠泗義兵萬戶府并洪澤等處義兵聽富民
願出丁壯義兵五千名者爲萬戶五百名者爲千戶
一百名者爲百戶仍降宣勑牌面而丁子以達識帖睦
邇爲中書平章政事提調留守司平章政事黑厮無
大司農是月命刑部尚書董銓等與江西行省平章
政事火你赤專任征討之務便宜從事遣使先降曲
赦諭以禍福如能出降釋其本罪執送不悛剋日進
討三月庚寅太陰犯五車癸巳徐壽輝兵陷襄陽路
甲午命汪家奴攝太尉持節授皇太子愛猷識理達
臈玉册錫以晃服九旒祗謁太廟丙申太陰犯房宿
辛丑以監察御史言安置脫脫于雲南鎮西路也先
帖木兒于四川碉門脫脫長男哈剌章安置肅州次
男三寶奴安置蘭州仍籍其家產巳酉命知樞密院
事衆家奴知樞密院事捏兀失該提調內
史府癸丑中書省臣言江南
因盜賊阻隔所在闕官宜遣人與各省及行臺以
廣東廣西海北海南三品以下通行遷調五品以下
先行照會之任江浙行省三年一次遷調福建等處
闕官亦依前例從之命彰德等處分樞密院添設同

知副使都事各一員癸亥以中書平章政事達識帖
睦邇知經筵事命樞密院添設僉院一員判官二員
直沽分樞密院添設副使一員都事乙丑以御史中
丞扎撒兀孫良楨分省彰德僉經筵官癸酉以左丞
相定住爲右丞相平章政事雪雪爲左丞相太子詹
同知經筵事中書平章政事哈麻爲御史大夫丁
事桑哥失里爲中書平章政事雪雪爲親王脫脫賜
丑加知樞密院事衆家奴太傅辛巳命翰林待制烏馬兒
鈔二百錠是月車駕時巡上都
集賢待制孫㧬招安高郵張士誠仍賚宣命印信牌
面與鎮南王孛羅不花及淮南行省廉訪司等官商
議給付之御史臺劾奏中書左丞呂思誠罷之詔四
川等處立宣化鎮南軍民府政四川忠孝軍民
罷四川羊母甲洞臭南王洞長府政立盤順軍民
安撫司立汴渠等處義兵萬戶府五月壬辰復襄陽
忠孝軍民安撫司立汴渠等處義兵萬戶府
路監察御史也里忽都削其官職仍令率領火赤溫從總
不花慢功虐民詔削其官職仍令率領火赤溫從總
兵官平章政事答失八都魯征進答失八都魯管領

太不花一應軍馬庚戌倪文俊自沔陽陷中興路元
帥朶兒只班死之是月命淮南行省平章政事咬住
淮東廉訪使王也先迭兒撫諭高郵六月丙辰命御
史大夫雪雪提調端本堂癸亥太白經天丁卯監察
御史哈林禿劾奏脫脫之師集賢大學士吳直方及
其妷衮軍黑漢長史火里赤等並宜追奪從之監察
史歪哥等辯明中書平章政事巳巳靖安王闊不花薨無後命其
命玉帶戌辰命中書平章政事禿禿加答剌罕庚
哥失里知經筵事巳巳靖安王闊不花薨無後命其
姪襲封靖安王癸酉以四川行省平章政事荅失八

都魯為河南行省平章政事乙亥命將作院判官烏
馬兒招安濠泗等處章佩監丞普顏帖木兒招安沔
陽等處諸王倒吾没於軍中賻鈔二百錠丁丑保德
州地震巳卯陝西行省平章政事禿禿加答剌罕庚
之年倒海運糧并所支鈔不敷乞減海運以甦民力
至正十五年稅課鈔內除詔書巳免稅糧等鈔較
辰徵徽州隱士鄭玉為翰林待制不至江浙省臣言
戶部定擬本年稅糧除免之外其寺觀并撥賜田粮
十月開倉盡行拘收其不敷糧撥至元折中統鈔一
百五十萬錠於產米處糶一百五十萬石貯瀨河之

倉以聽撥運從之癸未中書參知政事實理門言舊
立蒙古國子監專教四怯薛并各愛馬官貟子弟令
宜諭之依先例入學俾嚴為訓誨從之是月
大明皇帝起兵自和州渡江取太平路自紅巾妖冠
倡亂之後南北郡縣多陷没故
魯灰領軍與淮南行省平章政事蠻子海牙淮西道
宣慰使完者不花以兵攻和州等處命郡王只敵
伯湖廣行省右丞卜蘭奚攻討河南以湖廣行省平
章政事咬住為總兵官領本省軍馬并江州楊完者
大明從而耶之荆州大水命湖廣行省平章政事阿

黃州李勝等軍守禦湖廣江浙行省參知政事納麟
哈剌統領水軍萬戶等軍會本省平章政事定定進
攻常州鎮江等處命將作院判官烏馬兒
八十奴招諭濠泗淮南行省左丞相太平助之章佩
監丞普顏帖木兒翰林修撰烈瞻招諭沔陽四川行
省平章政事玉樞虎兒吐華等助之以怯薛丹潑皮
等六十名從江南行御史臺大夫福壽守禦慶路
國王朶兒只薨于楊州軍中命郡王只兒歒伯管領
其所部軍馬秋七月辛卯享于太廟壬寅倪文俊復
陷武昌漢陽等路是月命親王失里門以兵守曹州

山東宣慰使馬其火者以兵分府沂州莒州等處命知
樞密院宣慰事答兒麻監藏及四川行省左丞沙剌班湖
南同知宣慰使劉答兒麻失里以兵屯中興招諭諸
湖廣行省平章政事桑哥亦禿兒及王樞虎兒吐蕃討之命
處有不降者與親王禿及王塔失帖木尔守禦沔陽如賊陽
參知政事哈林禿及王渾及禿兒守禦襄陽
知政事達識帖睦邇為江浙行省左丞相便宜行
戶府召募毛胡蘆義兵萬戶府八月庚申命南陽等處義兵萬
平章政事達識帖睦邇為江浙行省左丞相便宜行
防禦運糧萬戶府
徒不降即進兵討之墮台州海道巡防千戶所為海

事賜鈔一千錠甲戌以大宗正府扎魯忽赤迭里迷
失為甘肅行省平章政事戊寅太白經天雲南死可
伐等降令其子苿三以方物求貢乃立平緬宣撫司
四川向思勝降以安定州改立安定軍民安撫司是
月車駕還自上都詔淮南行省左丞相
諸軍討所陷郡邑仍命湖廣行省平章政事阿魯灰
以所部苗軍聽其節制立吾者野人乞列迷等處諸
軍萬戶府于哈兒討西蕃賊以淮南行省平章
昌宣慰使完者帖木兒討親王寬徹班守興元永
政事蠻子海牙與同知樞密院事絆住馬等自燕湖

至鎮江南岸守禦阿魯灰所部軍馬協力衛故江
南行臺命答失八都魯從便調度湖廣行省左丞卜
蘭奚所領黃蘭溪等處苗軍江浙行省平章政事武衛以
禦斬黃蘭溪等未命搠思監提調武衛乙酉
知樞北行樞密院事江浙行省平章政事乙酉
立分海道防禦運糧萬戶府于平江路己丑太白犯
太微垣辛卯命秘書卿答蘭提調別吉太后影堂
祀知樞密院事野仙帖木兒提調世祖影堂祭祀
政院使蠻子提調裕宗英宗影堂祭祀己亥倪文俊
祀知樞密院事蠻子提調宣文閣呂思誠知
圍岳州路壬子命桑哥失里提調宣文閣呂思誠知

經筵事集賢大學士許有壬燕太子諭德是月移置
脫脫于阿輕乞之地命答失八都魯移軍住陳留冬
十月丁巳立淮南行樞密院于揚州己未太陰犯墨
壁陣甲子命兵工二部尚書撒八兒王安童以金銀
牌一百六十五面給淮東宣慰使司等處義兵官員
命哈麻領大司農司帝謂右丞相定住等其議擇吉日
尊祖郊廟務盡誠敬不必來關於舉行當選吉日朕將
親祀郊廟重事也近年以敬天地事以中
簡者行之遣命右丞相定住等其議擇吉日禮從其
書右丞拜住為平章政事庚午以襲封衍聖公孔克

堅同知太常禮儀院事以克堅子希學爲襲封衍聖公癸酉太陰犯軒轅哈麻奏言郊祀之禮以太祖配

皇帝出宮至郊祀所便服乘馬不設內外儀仗教坊

於大明殿西懽殿一日內散齋四日於別殿致齋三日二日

陽子齋戒七日內散齋四日於別殿致齋三日以郊祀命

府于小清口十一月甲申熒惑犯氐宿庚寅填星犯

承旨慶童爲淮南行省平章政事立黃河水軍萬戶

皇太子愛猷識理達臘

井宿壬辰親祀上帝于南郊己卯以翰林學士

願爲亞獻攝太尉右丞相定住爲終獻甲午以太不

花爲湖廣行省左丞相總兵招捕湖廣沅陽等處湖

廣荆襄諸軍悉聽節制給還元追奪河南行省丞相

宣命仍給以功賞宣勅金銀牌面戊戌介休縣桃杏

花巳亥太陰犯鬼宿戊申右丞相定住以病辭職命

以太保就第治病庚戌賊陷饒州路辛亥河南行省

王伯顏帖木兒爲親仁輔義宣忠奉國彰惠靖遠功

臣是月答失八都魯政夾河賊大破之賊陷懷慶命

河南行省右丞不花討之以湖廣行省分省彰

省十二月壬子朔熒惑犯房宿給湖廣行省分省印

丁巳命中書參知政事月倫失下花陳敬伯分省彰

德癸亥立忠義忠勤萬戶府于宿州武安州己巳以

諸郡軍儲供餉繁浩命戶部印造明年鈔本六百萬

錠給之壬申以平章政事帖里帖木兒右丞相斡難并

知經筵事參議丁好禮燕經筵官乙亥以天下兵起

下詔罪己大赦天下是月答失八都魯大敗劉福通

無事裁植播種詔瀋大內河道以宦官同知留守埜

有水田之處設大農司招集人夫有警乘機進討

宣慰使司都元帥府于興元路是歲薊州雨血詔凡

先帖木兒董其役埜先帖木兒言自十一年以來天

下多事不宜興作帝怒命往使髙麗改命宦官答失

蠻董之以中書平章政事拜住分省濟寧設四部是

歲董蠻帖木兒與賊戰于河南北屢有功除中書刑

部侍郎

十六年春正月壬午改福建宣慰使司都元帥府爲

福建行中書省戊子親享太廟命中書平章政事帖

里帖木兒提調國子監己丑太陰犯昴宿丁酉太保

定住以病辭職太尉大宗正府扎魯忽赤月闊察兒

以定軍中傷辭職皆不允乙亥詔命太尉阿吉剌開

府設官屬乙巳以遼陽行省左丞相咬咬爲太子詹

事翰林學士承旨桑列帖木兒同知徽事院事丙子

以知樞密院事實理門燕大府監卿戊申雲南土官

阿臺降遣迺眼幹以方物来貢庚戌左丞相哈麻罷

辛亥御史大夫霄霄亦罷以棚思監爲御史大夫復

以定住爲右丞相是月薊州地震倪文俊連偽都于

兄弟雖有罪然侍朕日久與朕弟諡鱗質班惡帝

同乳且媛其罪罰令之出征自效甲寅命右丞相定住

依前太保中書一切機務悉聽總裁詔天下丙辰以

鎮南王孛羅不花自兵興以来率怯薛丹討賊累立

戰功賜劍「萬鎮定住及平章政事桑哥失里等復

奏哈麻兄弟罪惡遂命哈麻惠州安置雪雪肇州

安置尋杖殺之壬戌詹事伯撒里辭職乙丑禁銷殿

后奇氏三代功臣諡號王爵甲戌命六部大司農司

集賢翰林國史兩院太常禮儀院秘書崇文國子都

販賣銅錢丙寅命翰林國史院太常禮儀院定擬皇

水監侍儀司等正官各察才堪守令者一人不拘蒙

古色目漢南人従中書省斟酌用之或任内害民受

賦者舉官量事輕重降職命鹽鹽爲靖安王賜金印

置王傅等官己卯命集賢直學士楊俊民致祭曲阜

孔子廟仍葺其廟宇詔諭山東鹽法軍民毋得沮壞

賜定住薦荐赤怯薛丹三十名給衣粮馬疋草料是

月高郵張士誠陷平江路爲隆平府

遂陷湖州松江常州三月辛巳復立平江路倪之改

中書平章政事帖木兒叅知政事成議王

丁亥以令秋出師詔和買馬六萬疋戊子命宣讓王

駅勘令大司農召募耕墾歲收租課以資國用従之

地俱爲權豪所占令後除規運總管府見種外餘盡

法壬午徐壽輝復冠襄陽癸未臺臣言係官牧馬草

帖木兒不花威順王寬徹普化以兵鎮過懷慶路各

賜金一錠銀五錠幣帛九疋鈔二千錠庚寅

大明兵丞集慶路江南行臺御史大夫福壽死之丙

申倪文俊陷常德路總兵官俺都剌命棚思監提

調承徽寺丁酉立行樞密院于杭州命江浙行省左

丞相達識帖睦邇燕知行樞密院事節制諸軍省院

等官並聽調遣凡賞功罰罪招降討逆許以便宜行

事

大明兵取鎮江路戊申方國珎復降以爲海道運粮

漕運萬户燕防禦海道運粮萬户其兄方國璋爲衢

州路總管兼防禦海道事是月有兩日相盪夏四月
辛亥以棚思監為中書左丞相兩辰以資正院使普
化為御史大夫丁巳命左丞相棚思監並知經筵事中
書平章政事悟良哈台
庚申以河南行省左丞卜蘭奚為湖廣行省平章政
事答失八都魯加金紫光祿大夫丙寅命阿因班太
子與陝西行省官同討均房南陽遼陽行
夫奇伯顏不花加大司徒丁卯以陝西行臺御史大
事朵朵為陝西行省左丞大司徒
省左丞相以知樞密院事實理門分院濟寧翰林學

士承旨脫脫同知詹事院事壬申命豫王阿剌忒納
失里與陝西行省官商議軍機從宜攻討巳卯命悟
良哈台燕太子諭德是月車駕時巡上都五月壬辰
太白犯鬼宿癸巳亦如之甲午太陰入斗宿丙申倪
文俊陷澧州路丁酉太陰犯壘壁陣冠州
守將和尚以鄉兵擊敗之六月甲寅江浙行省平章
政事三旦八參知政事楊完者以兵守嘉興路禦張
士誠乙丑
大明兵取廣德路秋七月癸未以翰林學士禿魯帖
木兒為侍御史丁酉大陰犯壘壁陣是月張士誠遣

兵陷杭州江浙行省平章政事左答納失里戰死丞
相達識帖睦邇遁楊完者以義兵擊敗之復
其城八月丙辰元路判官王淵等以義兵侵河南
府路參知政事洪商襄鄧等處宣慰司事巳未賊犯河南
陞淵同知關商襄鄧等處以兵敗之丁卯太陰犯昴宿
庚午倪文俊陷衡州路元帥甄崇福戰死甲戌彗星
見張宿色青白彗指西南長尺餘至十二月戊午始
滅是月車駕還自上都黃河決山東大水九月庚辰
汝穎賊李武崔德等破潼關參知政事述律杰戰死
壬午豫王阿剌忒納失里同知樞密院事定佳引兵

復潼關河南行省平章政事伯家奴以兵守之丙申
潼關復陷伯家奴兵潰豫王阿剌忒納失里復以兵
耽之李武崔德敗走戊戌賊陷陝州及虢州詔以太
尉納麟復為江南行臺御史大夫遷行臺治紹興是
月察罕帖木兒復陝州及虢州復襲賊兵于平陸
安邑以功由兵部尚書陞僉河北行樞密院事冬十
月丁未大名路有星如火從東南流芒尾如曳箒墮
地有聲火燄蓬勃久之乃息化為石青黑色光瑩形
如狗頭其斷處如新割者命藏于庫壬辰太陰犯井
宿是月詔罷太尉也先帖木兒十一月丙戌以老的

沙荅里麻失並爲詹事丁亥流星大如酒盃色青白

尾跡約長五尺餘光明燭地起自東北東南行沒於

近濁有聲如雷壬辰太陰犯井宿是月河南陷河南

蘆訪副使俺普通置河南廉訪司于沂州又於沂州

設分樞密院以兵馬指揮使司隸之十二月倪文俊

陷岳州路投威順王子乡帖木兒湖廣參知政事也

先帖木兒與左江義兵萬户鄧祖勝合兵復衡州是

歲詔沿海州縣爲賊所殘掠者免田租三年賜高年

帛河南行省左丞相太不花駐軍于南陽嵩汝等州

叛民皆降軍勢大振陝西行臺監察御史李尚絅上

關中形勝急論凡十有二事命大司農司屯種雄霸

二州以給京師號京糧

紀卷第四十四

翰林學士中大夫知制誥兼修　國史纂修　翰林　割於正郎臣　制　　國院編修官臣王樟等奉

整修

順帝八

十七年春正月丙子朔日有食之以伯顏禿古思為
大司徒辛卯命山東分省團結義兵每州添設判官
一員每縣添設主簿一員專率義兵以事守禦仍命
各路達魯花赤提調聽宣慰使司節制丙申監察御
史哈剌章言淮東道廉訪使楮不華徇忠盡節宜加
褒贈優恤其家從之二月壬子賊犯七盤藍田命察

罕帖木兒以軍會答兒麻亦兒守陝州潼關不
花由潼關抵陝西會豫王阿剌忒納失里及定住等
同進討癸丑太陰犯五車以征河南許亳太康萬泒
大捷詔赦天下戊知樞密院事脫脫復邳州調客
省使撒兒答溫等攻黃河南岸賊大破之壬申劉福
通遣其黨毛貴陷膠州僉樞密院事脫歡死之甲戌
倪文俊陷峽州是月李武崔德陷商州察罕帖木兒
與李思齊以兵自陝號援陝西以察罕帖木兒為陝
西行省左丞李思齊詔以高實為陝
四川行省參知政事將兵取中興不克賊遂破轀轤

〈一〉

《元史紀卷四十五》

關三月乙亥義兵萬戶賽甫丁阿迷里丁叛據泉州
庚辰毛貴陷萊州守臣山東宣慰副使釋嘉訥死之
壬午
大明兵取常州路甲申太陰犯鬼宿壬辰歲星犯壘
壁陣甲午毛貴陷益都路益王買奴遁自是山東郡
邑皆陷乙未以江淮行樞密院副使董摶霄為山東
宣慰使丁酉毛貴陷濱州戊戌以中書平章政事帖
里帖木兒為御史大夫悟良哈台并為中書平
章政事夏四月丙午監察御史五十九言今京師周
圍雖設二十四營軍卒疲弱素不訓練誠為虛設儻

〈二〉

《元史紀卷四十五》

有不測誠可寒心宜速選擇驍勇精銳衛護大駕鎮
守京師實當今要安根本固堅人心之急務況武備
莫重於兵而養兵莫先於食今朝廷撥降鈔錠措置
農具命總兵官於河南克復州郡且耕且戰事甚合寓
兵於農之意為今之計權命總兵官從宜於軍官內
選委能撫字軍民者燕路府州縣之職務從宜於軍
成軍民得所則擾民之害亦除而匱乏之憂亦釋矣
帝嘉納之乙卯毛貴陷莒州丙辰京師立便民六庫
倒易昏鈔辛酉以咬咬為甘肅行省左丞相漢中道廉訪司科陝
都督加太尉四川行省左丞相漢中道廉訪司科陝

西行省左丞蕭家奴遇賊逃竄失陷所守郡邑詔正
其罪是月車駕時巡　上都封江西行省平章政事火
你赤爲營國公
大明兵取寧國路五月乙亥命知樞密院事亭蘭奚
進兵討山東戊寅平章政事亦老溫帖木兒復武安
州等三十餘城丙申命搠思監爲右丞相太平爲左
丞相詔天下免民今歲稅粮之半詔以永昌宣慰司
屬詹事院六月甲辰朔以實理門爲中書分省右丞
守濟寧丙辰監察御史脫脫穆而言去歲河南之賊
窺伺河北惟河南與山東互相策應爲害尤大爲令

之計中書當遴選能將就太不花苔失八都魯阿魯
三處軍馬內擇其精銳以守河北進可以制河南之
侵退可以攻山東之冦庶幾無虞從之已未以帖里
帖木兒老的沙並爲御史大夫庚申
大明兵取江陰州壬申帖木兒遂命罷陝西行樞
密院事也先帖木兒遂命罷陝西行樞密院令也先
帖木兒居于草地癸酉溫州路樂清江中龍起颶風
作有火光如毬是月劉福通犯汴梁其軍分三道關
先生破頭潘馮長舅沙劉二王士誠冦晉冀白不信
大刀敖李喜喜趨關中毛貴據山東其勢大振秋七

月己卯帖里帖木兒奏續集風憲宏綱庚辰
大明兵取徽州路癸未太白犯畢宿甲申太陰犯斗
宿乙酉命右丞相搠思監領宣政院事平章政事
完者帖木兒兼知經莚事參知政事李稜同知
稜爲御史中丞太府卿丁亥填星犯鬼宿戊子以李
陷濟南日危宜選將練卒信賞必罰爲保燕冀都
衛京師不報已丑鎮守黃河義兵萬戶孟本田豐叛
寧路分省右丞實理門遁義兵萬戶田豐叛陷濟
豐敗走本周還守濟寧甲午以御史中丞完者帖木

兒爲中書右丞河南廉訪使俺普爲中書參知政事
監察御史迷里弥實劉傑言疆域日感兵律不嚴陝
西汴梁淮潁山東之冦有窺伺燕趙之志宜俯詢大
臣共圖克復之宜預定守備之策不報是月立四方
獻言詳定使司秩正三品歸德府知府林茂萬戶時
公權叛以城降于賊歸德府及曹州皆陷八月癸卯
填星犯鬼宿太白犯軒轅癸丑劉福通陷大名路
遂自曹濮陷衛輝路答失八都魯之子孛羅帖木兒
與萬戶方脫脫擊之甲子太陰犯五車乙丑以陝西
行臺御史中丞伯嘉訥爲陝西行省平章政事淮南

行省參知政事余闕為淮南行省左丞江浙行省參
知政事楊完者陞左丞方國珍為江浙行省參知政
事海道運糧萬戶如故丙寅慶陽府鎮原州大雹是
月大駕還自上都蘄州大水詔知樞密院事紐的該
通承制令參知政事周伯琦等至平江撫諭之詔以
士誠為太尉士德為淮南行省平章政事時士德巳
為

進討山東
大明兵取揚州路平江路張士誠俾前江南行臺御
史中丞蠻子海牙為書請降江浙左丞相達識帖睦

大明兵所擒九月丙子命同知樞密院事壽童以兵
討冠州以老的沙為中書省平章政事無元海牙
楨揮使甲午澤州陵川縣陷縣尹張輔死之戊戌太
不花復大名路并所屬郡縣辛丑詔中書右丞也先
東平曹濮等處獎屬將帥是月命紐的該加太尉總
不花御史中丞成遵奉使宣撫彰德大名廣平東昌
諸軍守禦東昌時田豐據濟濮率眾來冠鏨走之倪
文俊謀殺其主徐壽輝不果自稱平章閏九月
將陳友諒襲殺之友諒遂自稱平章閏九月癸卯有
飛星如孟青色光燭地尾約長尺餘起自王良沒於

勾陳監察御史桑兒只等劾奏知樞密院使哈剌八
禿兒失陷所守郡縣詔正其罪丙午太陰犯斗宿右
丞相搠思監左丞相太平並加開府儀同三司平章
政事完者不花燕大司農庚申太陰犯井宿乙丑路
喜喜陷興元遂入鳳翔察罕帖木兒李思齊夔繫破
之其黨走入蜀答失八都督與知樞密院事答里麻
失里以軍討曹州賊官軍敗潰答里麻失里死之靜

江路山崩地陷大水十一月辛丑山東道宣慰使董
摶霄建言請令江淮等處各枝官軍分布連珠營寨
於臨口屯駐守禦宣廣屯田以足軍食從之汾州桃
杏花壬寅賊侵壺關察罕帖木兒大破之戊午以河
南行省平章政事答蘭為中書平章政事御史中丞
李獻為中書左丞陝西行臺中丞卜顏帖木兒樞密
院副使哈剌那海同農火卿崔敬待御史陳敬伯皆
為參知政事癸亥豫王阿剌忒納失里與陝西行省
左丞相朵朵陝西行臺御史中丞伯帖納分道攻討
關陝已巳以中書參知政事八都麻失里為右丞十

二月庚午熒惑犯天江辛未山東道廉訪使伯顏不
花建言嚴保伍集勇健汰冗官戊寅太白犯歲星甲
申太陰犯鬼宿丁亥歲星犯壘壁陣庚寅太白犯壘
壁陣癸巳太陰犯心宿丁酉慶元路象山縣穩鼻山
崩巳亥流星如金星大尾約長三尺餘起自太陰近
東舜田豐等令其出降叙復元任嘯亂士辛仍給資
淮南行知樞密院事脫脫領兵計淮南詔諭濟寧李
歲詔天下團結義兵路府州縣正官俱兼防禦事詔
糧欲還鄉者聽倪文俊陷川蜀諸郡命僞元帥明玉
饑

珍守摭之趙君用及彭大之子早住同據淮安趙偕
稱宋義王彭偕稱魯淮王義兵千戶余寶殺其知樞
密院事寶童以叛降于毛貴余寶遂摭棣州河南大

十八年春正月辛丑填星犯鬼宿乙巳察罕帖木兒
李思齊合兵千鳳翔丙午太陰犯昂宿陳友諒陷安
慶路守將余闕死之庚戌
大明兵取婺源州甲子以不蘭奚知樞密院事乙丑
大風起自西北益都土門萬歲碑仆而碎丙寅田豐
陷東平路丁卯不蘭奚與毛貴戰于好石橋敗績走

濟南是月詔答失八都魯子李羅帖木兒為河南行
省平章政事總領其父元管軍馬詔察罕帖木兒屯
陝西李思齊屯鳳翔二月巳巳朔命中書右丞塔失屯
小十一歲以為保障命中書右丞議團結西山寨大
烏古孫良楨等總行提調設萬夫長千夫長百夫長
編立牌甲分守要害帖木兒旅事劇務殽去京師
長蘆鎮中書省臣奏以陝西軍旅事劇務殽去京師
道速供費艱難請就陝西印造寶鈔為便遂分戶部
寶鈔庫等官置局印造仍命諸路撥降鈔本昇平準
行用庫倒易省弊布干民間癸酉毛貴陷濟南路守

將愛的戰死毛貴立寶興院選用故官以姬宗周等
分守諸路又於萊州立三百六十屯田每屯田相去三
十里造大車百輛以挽運糧儲官民田十止收二分
冬則陸運夏則水運乙亥填星犯鬼宿辛巳詔以太
不花為中書右丞相總兵山東壬午田豐復陷濟寧
路甲申輝州陷丙戌紐的該聞田豐逼近東昌棄城
走丁亥察罕帖木兒調兵復涇州平涼保輋昌戊子
田豐陷東昌路庚寅王士誠自益都犯慶路周全
擊敗之辛卯以安童為中書參知政事丁酉慶興元路
陷三月巳亥朔日色如血加右丞相搠思監太保庚

子毛貴陷般陽路辛丑大同路夜黑氣敔西方有聲
如雷少頃東北方有雲如火交射中天遍地俱見火
空中有兵戈之聲癸卯王士誠陷晉寧路總管杜賽
因不花死之甲辰察罕帖木兒遣賽因赤等復晉寧
路已酉劉福通遣兵犯衛輝字羅帖木兒擊走之庚
戊毛貴陷薊州詔徵四方兵入衛乙卯毛貴犯漷州
至東林樞密副使達國珎戰死遂略柳林同知樞密
院事劉哈剌不花以兵擊敗之貴走據濟南丙辰
大明兵取建德路以周全爲湖廣行省參知政事統
奧魯等軍移鎮嵩州白龍寨冀寧路陷丁巳田豐陷

〈元史卷五五〉 九 ▼

益都路辛酉大同諸縣陷察罕帖木兒遣關保等往
擊之是時賊分二道犯晉冀一出沁州一侵絳州乙
丑以老章爲太子少保夏四月甲申陳友諒陷龍興
路省臣道童火你赤棄城遁壬午田豐陷廣平路大
掠退捷音憂至詔頒軍民事宜十一條庚寅以翰林
學士承旨囊加歹爲嶺北行省平章辛卯太白犯
鬼宿甲午陳友諒遣王奉國陷瑞州路是月車駕時
巡上都察罕帖木兒遣李思齊會宣慰張良弼郎中郭
擇善宣慰同知拜帖木兒平章政事定住總帥汪長

生奴各以所部兵討李喜喜于鞏昌李喜喜敗入蜀
察罕帖木兒駐兵清秋李思齊駐斜坡張良弼駐泰州
郭擇善駐軍崇信拜帖木兒等駐通渭定住駐臨洮各
自除路府州縣官徵納軍需李思齊張良弼又同襲
段克昌等以兵復冀寧之庚戌爲江浙行省左丞
拜帖木兒分總其兵五月戊戌朔察罕帖木兒爲陝西行
齊殺同僉樞密院事郭擇善庚子賊兵踰太行察罕
帖木兒部將關保擊敗之以察罕帖木兒知河南行樞密院事
帖木兒分關保等擊敗之以察罕帖木兒同知河南行
省右丞兼陝西行臺侍御史同知河南行

〈元史卷五五〉 十 ▼

劉福通攻汴梁壬寅太白犯填星汴梁守將竹貞棄
城遁福通等遂入城乃自安豐迎其僞主居之以爲
都陳友諒遣康泰趙琮鄧克明等以兵冠邵武路甲
辰命太尉阿吉剌爲甘肅行省右丞乙巳關保與
賊戰于高平大敗之庚戌陳友諒陷吉安路中書省
哈犯斗宿癸丑詔削太不花官爵安置盖州時太
不花總兵山東以知行樞密院悟良哈台代之命悟
良哈台節制河止知行樞密院悟良哈台時太
制河南諸軍辛酉陳友諒兵陷撫州路甲子監察御史七

十餘赤不花等劫中書參知政事撫只不花是月遼
州蝗山東地震天雨白毛察罕帖木兒以劉尚質
為冀寧路總管六月戊辰朔太不花伏誅察罕帖木
兒調虎林赤關保同守潞州拜察罕帖
省平章政事便宜行事庚辰關先生等遂陷冀寧路乙酉
州虎林赤以兵擊走之關先生破頭潘等陷遼
命左丞相太平督諸軍守禦京城便宜行事是月汾
福通時察罕帖木兒駐軍洛陽遣伯帖木兒以兵守
州大疫秋七月丁酉朔周全襲懷慶路以叛附于劉
福通遣伯帖木兒以兵守
盔子城周全來戰伯帖木兒為其所殺周全遂盡驅

懷慶民渡河入汴梁丁未太陰犯斗宿不蘭奚以兵
復般陽路已而復陷戊申太白晝見癸丑有賊兵犯
京城刑部郎中不花守西門夜開門擊退之已未劉
福通遣兵劉福通殺之丙寅守將登城以大義責全
愧謝退兵全引兵攻洛陽脫脫帖木兒
為中書平章政事是月京師大水蝗民大饑八月丁
卯朝江浙行省平章政事三旦八遁于福建先是三
旦八討饒州貪財玩寇久而無功遂妄稱遷職福建
行省至福建為廉訪僉事般若帖木兒所劾拘之興
化路壬申太陰掩心宿庚辰陳友諒兵陷建昌路辛

巳義兵萬戶王信以滕州叛降於毛貴甲申太陰掩
昴宿庚寅太陰犯的沙為御史大夫詔作新風紀九月
丁酉朔詔授昔班帖木兒同知河東宣慰司事其妻
刺八哈敦雲中郡夫人子觀音奴同知大同路事
怯憐口總管府事其妻昔班帖木兒為子觀音奴
仍雄表其門閭先是昔班帖木兒與妻謀以其子觀音奴
平日衣冠居王宮夜半夫妻趙王微服遁去比賊
叛欲殺王昔班帖木兒得免夫婦聞故雄其忠焉褒封唐
至遂殺觀音奴趙王得免夫婦聞故雄其忠焉褒封唐
贈諫議大夫劉黃為文節昌平侯關先生攻保定路

不克透陷完州掠大同興和塞外諸郡中書左丞張
沖請立團練安撫勸農使司二道一奉元延安等處
一鞏昌等處從之壬寅詔命中書參知政事福建行
花冶書侍御史李國鳳經署江南行臺御史大夫丙午賊
兵攻大同路壬戌平定州陷乙丑陳友諒陷贛州路
江西行省參知政事全普庵撒里及總管哈海赤死
之冬十月丙寅朔詔豫王阿剌忒納失里徙居白海
尋遷六盤壬申
大明兵取蘭溪州已卯太陰犯昴宿壬午監察御史

燕赤不花劾右丞相榻思監

監察御史答兒麻失里王爾等復劾之請正其罪帝

不聽壬辰大同路達魯花赤完者帖木兒棄城遁

十一月乙未朔以普化帖木兒為福建行省平章政

事癸卯陳友諒陷汀州路丙午太陰犯昴宿太白犯

房宿丁未田豐陷順德德路先是樞密院判官劉起祖犯

守順德糧絕刦民財掠牛馬民強壯者令充軍弱者

殺而食之至是城陷起祖遂盡驅其民走于廣平辛

酉太陰掩心宿十二月乙丑朔日有食之癸酉關先

生破頭潘等陷上都焚宮闕留七日轉署往遼陽遂

至高麗戊寅太白經天庚辰察罕帖木兒遣樞密院

判官瑣住進兵于遼陽癸未太白經天甲申

大明兵取婺州路達魯花赤僧住浙東廉訪僉楊惠

死之戊子太陰犯房宿

十九年春正月甲午朔陳友諒兵陷信州路守臣江

東廉訪副使伯顏不花的斤力戰死之

大明兵取諸暨州陷懿州路總管

班為中書平章政事丙午遼陽行省陷德州路總管

呂震死之贈震河南行省左丞迫封東平郡公察罕

帖木兒遣樞密院判官陳秉直八不沙將兵二萬守

冀寧癸丑流星如酒盃大有聲如雷三月辛巳樞密

副使朵兒只以賊犯順寧命張立精銳由紫荊關

出討命鴉鶻甲申叛將梁炳攻辰州

守將和尚擊敗之以和尚為湖廣行省參知政事

由飛狐靈丘犯蔚州庚寅御史臺臣言先是召募支

兵費用銀鈔一百四十萬錠多近侍權倖冒名關支

卒為虛數乞令軍士凡巳領官錢者立限出征詔從

之巳而復止不行是月詔字羅帖木兒移兵鎮大同

以為京師捍蔽置大都督兵農司仍置分司十道專

督屯種以字羅帖木兒領之所在侵奪民田不勝其

擾太不花潰散之兵數萬鈔掠山西察罕帖木兒遣

陳秉直分兵駐揄次招撫之其首領悉送河南屯種

三月癸巳朔陳友諒遣兵由信州署衢州復遣兵陷

襄陽路辛丑京城比兵馬司指揮周哈剌乃與林智

和等謀叛事覺伏誅庚戌太陰犯房宿壬戌詔定科

舉流寓人名額蒙古色目南人各十五名漢人二十

名夏四月癸亥朔汾水暴漲賊陷金復等州司徒知

樞密院事佛家奴調兵平之甲子毛貴為趙君用所

殺帝以天下多故卻天壽節朝賀詔群臣曰朕初度之

宜敬天地法祖宗以自備省朕初度之日群臣毋賀

庚午左丞相太平暨文武
百官奏曰天壽節御朝賀乃
臣子報本實合禮典今謙讓不受固陛下盛德然令
軍旅征進君臣名分正宜舉行不允壬申皇太子復
不行有乖於禮帝曰今盜賊未息萬姓荼毒正朕故
憚修省敬天之時奈何受賀以自樂乙亥御史大夫
免赤古者人君減饍之意仍乞宣示中書使內外知
伏望陛下曲徇所請若朝賀之後內庭燕集特賜除
帖里帖木兒復奏曰天壽朝賀之禮蓋出臣子之誠

聖天子憂勤惕屬至於如此帝曰朕以
致萬姓塗炭令復朝賀燕集是重朕之不德當俟天
下安寧行之未晚御等其毋復言卒不聽巳丑賊陷
寧夏路遂署靈武等處五月壬辰朔以陜西行省左
史大夫完者帖木兒為陜西行省左丞相便宜行事
丙申僉院惑犯鬼宿丁酉皇太子奏請巡邊以撫綏
軍民御史臺臣上疏固留詔從之壬寅僉察罕帖木兒
請令歲八月鄉試河南舉人及避兵儒士不拘籍貫兩
依河南省元定額數就陜州置貢院應試詔從帖木兒
午太陰犯天江丁未太陰犯斗宿是月察罕帖木兒
大縱蒿晉諸軍討沐梁圍其城山東河東河南關中

等處蝗飛蔽天人馬不能行所落溝壑漸盡平民大饑
六月辛巳詔以宣徽使撒古兒為御史大夫秋七月
壬辰朔出擱恩監為遼陽行省左丞相便宜行事丁
酉太白犯上將庚子詔以察罕帖木兒之地在世祖時隸
資正院有司毋得差占察罕腦兒宣慰司之地在世祖時隸
忙哥万太子四千戶令從皇后奇氏請故以屬之資
正院甲辰太白犯右執法戊申命國王襄加萬中書
平章政事佛家奴也先不花知樞密院事黑驢等統
領探馬赤軍進征遼陽先不花知樞密院事丙辰趙
君用既殺毛貴其黨續繼祖自遼陽入益都殺君用

遂與其所部自相讎敵是月霸州及介休靈石縣蝗
八月辛酉朔倪文俊餘黨陷歸州戊寅察罕帖木兒
督諸將閻思孝李舜虎林赤賽因赤答忽脫因不
花呂文完哲賀宗拓孫翥等攻破沐梁城劉福通奉
其偽主遁退據安豐巳卯蝗自河北飛渡汴梁食田
禾一空詔以察罕帖木兒為河南行省平章政事兼
同知河南行樞密院事陜西行臺御史中丞依前便
宜行事仍賜御衣七寶腰帶以旌其功是月大同路
蝗襄垣縣蝝蝗九月癸巳以中書平章政事帖里帖
木兒為陜西行省左丞相便宜行事乙巳以湖南北

江東西四道廉訪司所治之地皆陷詔任其所便之
地置司丙午夜白虹貫天丁未禁軍人不得私殺牛
馬甲寅太白犯天江是月

大明兵取衢州路詔遣兵部尚書伯顏帖木兒戶部
尚書曹履亨以御酒龍衣賜張士誠徵海運粮冬十
月庚申朔詔京師十一門皆築甕城造弔橋以方國
珎爲江浙行省平章政事壬申太白犯斗宿辛巳流
星大如桃十一月癸卯
大明兵與處州路戊申陳友諒兵陷杉關十二月戊
辰太白犯壘壁陣是月知樞密院事兀良哈台領太

〈元史紀卷四五〉　七

不花軍其所部方脫脫與弟方伯帖木兒時保遼州
兀良哈台同唐璖高脫因等屯孟州與察罕帖木兒
部將八不沙等交兵巳而兀良哈台獨引達達軍還
京師方脫脫等乃從李羅帖木兒懾太平竹
已以中書左丞成遵趙中以賊罪杖殺之是歲以後因
監察御史誣廢大駕不復時巡陳友諒以江州爲都
上都宮闕盡廢之自稱漢王
迎僞主徐壽輝居之御史大夫老的沙縣改立
軍州萬戶府招民屯種從之御史大夫老的沙御史
二十年春正月巳丑朔察罕帖木兒請以肇縣改立

中丞咬住奏令後各處從宜行事官員毋得陰挾私
讎明爲舉索報將風憲官吏擅自選除侵擾行事汨
壞臺綱從之巳亥太陰犯井宿癸卯大寧路陷壬子
以危素爲參知政事乙卯太陰犯畢舉平章政
事八都麻失里同知貢舉翰林學士承旨李好文禮
部尚書許從宗考試官國子祭酒張翥同考官太常
博士傳享等奏舊例各處鄉試舉人三年一次取三
百名會試取一百名令歲鄉試所取比前數少止有
八十八名會試取五名爲冝從之丙辰五色雲見於
十名外添取五分內取一分合取三十名如於三

〈元史紀卷四五〉　六

月戊午朔左丞相太平罷爲太保守上都三月戊子
朔田豐陷保定路彗星見東方甲午廷試進士三十
五人賜買住魏元禮進士及第其餘出身有差乙巳奧
寧路陷壬子以擭思監爲中書右丞相夏四月庚申命
大司農司都事辛未僉行樞密院事張居敬復興中
卯太陰犯明堂辛未僉行樞密院事張居敬復興中
癸酉太陰犯東咸五月丁亥朔日有食之兩電陳友諒
殺其僞主徐壽輝於太平路遂稱皇帝國號大漢改元
大義巳而囬駐於江州乙未陳友諒遣羅忠顯陷展
州巳亥以絆住馬爲中書平章政事壬寅太陰犯建

木兒令講和時李羅帖木兒調兵自石嶺關直抵異

星是月張士誠海運粮十一萬石至京師閏月已未以太尉也帖木兒知經筵事以甘肅行省左丞相阿吉剌為太尉乙亥流星大如桃六月已丑命孛羅帖木兒部將方脫脫守禦嵐興等處詔今後察罕帖木兒與孛羅帖木兒部將毋得互相越境侵犯所守信地因而警殺方脫脫不得出嵐興州境界察罕帖木兒亦不得侵其地癸已太白犯井宿戊戌太陰犯建星是月大明兵取信州路秋七月辛酉命遼陽行省參知事張居敬討義州賊李羅帖木兒敗賊王士誠於臺州乙丑太陰犯井宿乙亥詔李羅帖木兒總領達達漢兒軍馬為總兵官仍便宜行事八月戊子命孛羅帖木兒守石嶺關以比察罕帖木兒守石嶺關以南辛卯太陰犯天江壬辰加封福建鎮閩王為護國英仁武烈忠正福德鎮閩尊王乙未永平路陷壬辰填星犯太微甲辰太陰犯井宿詔諸處所在權攝官員專務漁獵百姓令後非朝廷允許不得之任庚戌詔江浙行省左丞相達識帖睦邇加太尉無知江浙行樞密院事提調行宣政院事便宜行事九月乙卯朔詔遣參知政事也先不花往諭孛羅帖木兒察罕帖

木兒令講和時李羅帖木兒調兵自石嶺關直抵異寧圍其城三日後退屯交城察罕帖木兒調參政閻奉先引兵與戰已而各於石嶺關南北守禦壬戌賊陷孟州又陷趙州引兵擊之敗績冬十月甲申朔甘露降于國子監大成殿記孛羅帖木兒守異寧守者以兵忙哥帖木兒引兵攻之張良弼為湖廣行省參知政事保保殺典祖樂思子癸木兒遣保保察罕帖木兒遣陳秉直瑣住等以兵丙戌命迭兒必失為太尉守衛大幹耳及思子癸惑犯井宿已亥詔孛羅帖木兒之軍于異寧與孛羅帖攻孛羅帖木兒之軍于異寧與孛羅帖木兒部將脫列伯戰敗之時帝有旨以異寧昇李羅帖木兒察罕帖木兒以為用兵數年惟藉異晉以給其軍而致盛強茍失之則彼得以足其兵食乃託言用師汴梁尋渡河就屯澤潞拒之調延安軍交戰於東勝州等處再遣八不沈以兵援之八不沈謂彼軍奉旨而來我何敢抗王命察罕帖木兒怒殺之十一月甲寅朔黃河清凡三日李酉賊犯易州十二月丙戌詔太廟木兒以兵拒之察罕帖木兒以兵侵汾州察罕帖影堂祭祀乃子孫報本重事近兵與歲歉品物不能

豐備累朝四祭減為春秋二祭令宜復四祭後竟不

行辛卯廣平路陽翟王阿魯輝帖木兒擁兵

數十萬屯于木兒古徹兀之地將犯京畿使來言曰

祖宗以天下付汝汝巳失其太半若以國璽付我我

當自為之帝遣報之曰天命有在汝欲為則為之命

樞密院事禿堅帖木兒等將兵擊之不克軍士皆潰

禿堅帖木兒走上都

元史紀卷罒五

三十

翰林學士榮祿大夫知制誥兼修國史臣宋濂等奉　制纂修　國史院編修官臣薛　　奉

順帝九

黎

二十一年春正月癸丑朔詔赦天下命中書參知政
事七十佳諭孛羅帖木兒罷兵察罕帖木兒罷兵還鎮復遣使往諭察
罕帖木兒亦令罷兵孛羅帖木兒縱兵掠冀寧等處
罕帖木兒亦以兵拒之故有是命庚申太陰犯歲星
乙丑河南賊犯把縣察罕帖木兒討平之丁卯李思
齊進兵平伏羌縣等處處癸酉石州大風拔木六畜俱

〇元紀卷罘吴 一

鳴民所持槍忽生火焰抹之即無搖之即有二月癸
未朔塡星退犯太微垣甲申同僉樞密院事送里帖
木兒復永平灤州等處己丑察罕帖木兒駐兵霍州
攻李羅帖木兒壬寅太陰犯天江是月江南行臺侍
御史八撒剌不花殺廉訪使完者篤等為廉訪
誠僉事送麥赤以兵自衛擾廣州時八撒剌不花以
訪使久居廣東專恣自用詔乃以完者篤等為廉訪
怒完者篤等代己即誣以罪盡殺之惟廉訪使董鎬
司官而除八撒剌不花侍御史八撒剌不花不受命
哀請得免三月丙辰太陰犯井宿癸酉察罕帖木兒

調兵討求城縣又駐兵宿州掠賊將梁綿住庚辰燖
或犯鬼宿是月張士誠海運糧一十一萬石至京師
李羅帖木兒罷兵還遣脫列伯等引兵擾延安以謀
入陜張良弼出南山義谷駐藍田受節制於察罕帖
木兒良弼陰結陜西行省平章政事定住聽丞相
帖里帖木兒調遣營于鹿臺夏四月辛巳朔日有食
之是月以張良弼簽事擴廓帖木兒貢糧至京師皇太子
兒遣其子答管事擴廓帖木兒貢糧至京師皇太
親與定約遠不復疑五月癸丑四川明玉珍陷嘉定太
等路李思齊遣兵擊敗之壬戌太陰犯房宿癸酉太

〇元紀卷罘吴 二

白犯軒轅甲戌熒惑犯太白乙亥察罕帖木兒以兵
侵李羅帖木兒所守之地是月李思齊受李武德
等降六月乙未熒惑歲星太白聚于翼宿丙申察罕
帖木兒總兵討山東發晉軍下井陘出邯鄲過磁相
懷衛踰白馬津發其軍之在汴梁者繼之水陸並進
帖木兒平東昌己巳忻州西北有赤氣蔽天如血是
戌太陰犯雲雨甲辰忻州西北有赤氣蔽天如血是
月察罕帖木兒進兵復冠州八月乙酉大同路北方
夜有赤氣蔽天移時方散庚子以福建行省平章政
事普化帖木兒為江南行臺御史大夫癸卯

大明兵取江州路時偽漢陳友諒壞江州為都至是
退都武昌是月察罕帖木兒遣其子擴廓帖木兒闥
思孝等會關保虎林赤等將兵由東河造浮橋以濟
賊以二萬餘眾奪之關保虎林赤等出戰且渡拔長清
討東平偽丞相田豐遣崔世英等為前鋒從大軍
乃遣使招諭田豐豐降東平王士誠東昌楊誠等皆降魯
地悉定進兵濟南劉珪降逐圍益都九月戊午陽翟
王阿魯輝帖木兒伏誅阿魯輝帖木兒以宗親見天
下盜賊並起遂乘間隙肆為異圖詔少保知樞密院
事老章率諸軍討之老章遂敗其眾尋為部將同知
太常禮儀院事脫驢所擒下詔誅之於是詔加
老章太傅和寧王以阿魯輝帖木兒之弟怱都帖木
兒襲封陽翟王宗王囊加王樞虎兒吐華與脫驢悉
議加封壬戌四川賊兵陷東川郡縣李思齊調兵擊之
壬申命字羅帖木兒於保定以東河間以南從便屯
種是月命兵部尚書徹徹不花侍郎韓祺徵海運糧
于張士誠
大明取建昌饒州二路冬十月癸巳絳州有赤氣見
北方如火以察罕帖木兒為中書平章政事兼知河

南山東等處行樞密院事陝西行御史臺中丞察罕
帖木兒調兵知政事陳秉直劉珪等守禦河南十一
月戊申朔溫州樂清縣雷庚戌太陰犯建星癸亥太
陰犯井宿戊辰黃河自平陸三門磧下至孟津五百
餘里皆清凡七日命秘書少監程徐祀之壬申攻張
犯氐宿是月察罕帖木兒李思齊遣兵圍鹿臺攻張
良弼詔和解之俾各還信地兵乃解是歲京師大饑
屯田成收糧四十萬石賜司農永胡秉彝尚尊金幣
以旌其功
二十二年春正月戊申朔太白犯建星甲寅詔李思
齊討四川張良弼平襄漢時兩軍不和故有是命乙
卯填星退犯左執法庚申
大明取江西龍興諸路時江西諸路皆陳友諒所據
丁卯詔以太尉完者帖木兒屯種于陝西申諭李思齊張良弼等仍
命察罕帖木兒屯田陝西行省右丞塔不已卯太白犯墾壁陣乙
各以兵自劾以也先不花為中書右丞二月丁丑朔
盜殺陝西行省右丞相二月丁酉彗星犯
酉彗星見于危宿光芒長丈餘色青白丁酉彗星犯
離宮西星見于危宿光芒長丈二丈餘是月知樞密院
事禿堅帖木兒奉詔諭李思齊討四川時思齊退保

鳳翔使至思齋進兵益門鎮使還思齋復歸鳳翔三
月戊申彗星不見星形惟有白氣形曲竟天西指掃
大角壬子彗星行過太陽前惟有星形無芒在昂宿
至戊午始滅甲寅四川明玉珍陷雲南省治屯金馬
山陝西行省參知政事車力帖木兒等擊敗之擒明
王珍弟明二己未御史大夫老的沙辭職不許是月
命李羅帖木兒為中書平章政事李思齋遣兵攻
良弼受節制於李羅帖木兒為中書平章政事第一加太尉張
武功良弼以伏兵大破之夏四月丙子朔長星見其
形如練長轂十丈在盧庵之間後四十餘日乃滅丁

亥熒惑離太陽三十九度不見當出不出己丑詔諸
王駙馬御史臺各衙門不許占匿人民不當差役乙
未賊新橋張陷安州李羅帖木兒衆請援兵是月紹
興路大疫五月乙巳朔泉州賽甫丁據福州路福建
行省平章政事燕只不花擊敗之餘泉航海遯據泉
州福建行省參知政事陳祖仁上章乞罷修上都宮闕辛酉太陰
恭知政事辛未明玉珍據成都自稱隴蜀王遣偏將楊
犯達星辛未明玉珍據成都自稱隴蜀王遣偏將楊
高書守重慶分兵冠龍州青州犯元翬昌等路楊
月張士誠海運糧一十三萬石至京師六月辛巳彗

星見紫微垣光長尺餘東南指西南行戊子彗星
光芒掃上宰田豐及王士誠刺殺察罕帖木兒遂走
入益都城衆乃推察罕帖木兒之子擴廓帖木兒為
總兵官復圍益都詔贈察罕帖木兒推誠定遠宣忠
亮節功臣開府儀同三司上柱國河南行省左丞相
追封忠襄王諡武愍食邑沈丘縣令河南山東等處
立廟長吏歲時致祭其父溫賜良田二百
知河南山東等處擴廓帖木兒授光祿大夫中書平章政事無
頃其子擴廓帖木兒處行樞密院事同知詹事院事一應
軍馬並聽節制仍詔諭其將士曰凡爾將佐久為察

罕帖木兒從事惟恩與義寔同骨肉視彼逆黨不共
戴天當力圖報復以伸大義己亥益都賊兵出戰擴
廓帖木兒生擒六百餘人斬首八百餘級秋七月乙
卯彗星滅跡丙辰熒惑見西方須史成白氣如長蛇
光炯有文橫亙中天移時乃滅是月河決范陽縣漂
民居八月己亥擴廓帖木兒言李羅帖木兒張良弼
廓延安掠黃河上下欲東渡以奪晉寧乞賜詔諭癸
巳太白犯畢宿九月癸卯朔劉福通以兵援田豐至
擴火星埤擴廓帖木兒遣關保邀擊大破之甲辰以山
止廉訪司權置于惠州丁未太白犯亢宿己酉太陰

犯斗宿癸亥歲星犯軒轅
丙寅熒惑犯鬼宿戊辰以
也速賊為遼陽行省左丞相
依前總兵撫安迤東郡縣以
己巳有流星如酒盃色青白光明燭地
熒惑犯鬼宿
積屍氣冬十月壬申朔江西行省平章帖木兒旣適邵宗愚
檄討八撒剌不花時朶列不花殺之甲戌孛羅帖木兒旣移
陷廣州執八撒剌不花之地遂據真定路已卯太陰犯南侵
擴廓帖木兒復蓋都田豐等伏誅自擴廓帖木兒旣
宿丁亥辰星犯亢宿戊子太陰犯牛
擴廓帖木兒所守之地雖人心亦思自詹圍城益
襲父職身率將士誓必復

急賊悉力拒守乃以壯士
穴地通道而入遂克之盡
誅其黨取田豐王士誠
之心以祭察罕帖木兒庚戌
擴廓帖木兒道關保復莒州山東悉平庚申詔授讓
廓帖木兒太尉銀青榮祿大夫中書平章政事知樞
密院事太子詹事便宜行事襲總其父兵將校士卒
論賞有差察罕帖木兒父曾溫進封汝陽王察罕
帖木兒政贈宣忠興運弘仁効節功臣追封潁川王
改諡忠襄癸亥四川賊兵陷清州十二月壬辰太陰
犯角宿庚子以中書平章政事佛家奴為御史大夫
是歲樞密副使李士瞻上踈極言時政凡二十條一

曰悔已過以詔天下二曰罷造作以快人心三曰御
經筵以講聖學四曰延老成以詢治道五曰去姑息
以振乾剛六曰開言路以求得失七曰明賞罰以厲
百司八曰公選舉非常十一曰察近倖以杜奸弊九曰寮競
十曰嚴宿衛以備非常十
一曰省宮用具以節冗食十
三曰罷各宮事以節浮費十五曰招集
經理十四曰減常歲計置為諸務務本十八
用十七曰獎勵守令以勤農
散亡以實八衛之兵十六曰廣給牛具以公
以禮待藩鎮十九曰分遣大將急保山東二十曰依

唐廣寧故事分道進取先是蘄國公脫火赤上言乞
罷三宮造作帝為減軍匠之半還隸宿衛而造作如
故坐西番高麗諸僧皇太子嘗坐清寧殿分布長席
列多年尚不省其義令聽佛法一夜即能曉焉於是
書崇尚佛學帝以讒廢高麗王不當廢新王不當立
頗坐士瞻以謗
帖木兒為王國人上書言舊王不當廢新王
之故初皇后奇氏宗族在高麗恃寵驕橫伯顏帖木
兒屢戒飭不悛高麗王遂盡殺奇氏族橫伯顏謂太子
曰爾年已長何不為我報讎時高麗王昆弟有留京

師者乃謀立塔思帖木兒爲王而以奇族子三寶奴爲元子以將作同知崔帖木兒爲丞相以兵萬人送之國至鴨綠江爲高麗兵所敗僅餘十七騎還京師詔加封唐撫州刺史南庭王危全諷爲南庭忠烈

惠王

二十三年春正月壬寅朔四川明玉珍僭稱皇帝建國號曰大夏紀元曰天統乙巳大寧陷庚戌歲星犯軒轅二月戊戌太白晝見庚子亦如之是月擴廓帖木兒自益都領兵還河南留鎖住以兵守益都以山東縣立屯田萬戶府三月辛丑朔彗星見東方經月乃減詔中書平章政事愛不花分省冀寧擴廓帖木兒遣兵攻之丙午大赦天下丁未親試進士六十二人賜寶寶楊輗進士及第餘出身有差丙辰太白犯氐宿中書省以廉訪使也兒吉尼獨保廣西者十五年立西行中書省夜有赤氣亘天中侵北斗是月立廣際東行中書省及行樞密院總制東方事以表宏爲方郡縣多陷沒惟也兒吉尼爲平章政事時南恭知政事是春關先生餘黨復自高麗還冦上都李羅帖木兒擊降之夏四月辛丑焱惑犯歲星李羅帖木兒李恩齊互相交兵庚申歲星犯軒轅是月擴廓

帖木兒遣貊高等以兵擊張良弼五月己巳朔張士誠海運糧十三萬石至京師壬午太白晝見甲午亦如之乙未焱惑犯右執法是月爪哇遣使淡濛加加殿進金表貢方物六月戊戌朔李羅帖木兒遣兵脫迎匡福於彰德擴廓帖木兒遣兵遂擄保定路己亥擴廓帖木兒時田七盤兵攻圍興平遂擄鹽屋李羅踵襲於後乃奉詔催督進討襄漢而歹驢沮道於前思齊遂踵請催督擴廓帖木兒東出潼關道路既通即便南討戊申宇羅帖木兒遣竹貞等入陝西擄其省治時陝

西行省右丞咎失鐵木兒與行臺有隙且恐陝西爲擴廓帖木兒所擄陰結於李羅帖木兒請竹貞入城刦御史大夫完者帖木兒及監察御史張可遵等印其後屢使召完者帖木兒貞不遣擴廓帖木兒遣部將貊高與李思齊擴帖木兒庚戌星隕于濟南龍山入地五尺甲寅詔授江南下第及後期舉人爲路府州儒學教授乙卯太白犯井宿丁巳絳州有白虹二道衝斗牛間庚申平陽路有白氣三道一貫比極一貫比斗一貫天漢至夜分乃滅壬戌太白晝見夜犯井宿秋七月戊辰

湖京師大雹傷禾稼丁丑以馬良爲中書参知政事

乙酉太白晝見有星隊于慶元路西北聲如雷光芒

數十丈又之乃滅八月丁酉朔倭人連寇瀕海郡縣至是

還擊敗之自十八年以來倭人冦蓬萊海郡守將劉

海隅遂安壬寅辛丑擴廓帖木兒所

戌午孛羅帖木兒言擴廓帖木兒所

之罪乞賜處置己未太白晝見辛酉太白晝見歲星

赤氣亙天中有白色如蛇形丙辰太陰犯畢宿沂州有

白犯軒轅己酉太白犯右執法己巳太陰犯建星丁未太

守之境壬寅太白犯軒轅乙巳太陰犯建星丁未太

丑太白犯右執法是月

大明兵與偽漢兵大戰于鄱陽湖陳友諒敗績而死

其子理自立仍擴武昌爲都改元德壽

大明兵遂進圍武昌九月丁卯朔遣遣爪哇使淡溔加

加殿還國詔賜其國主三珠金虎符及織金紋幣辛

未太白犯填星乙亥歲星犯右執法丁丑辰星犯

填星丁亥太白犯填星辰星犯亢宿是月張士誠自

稱吳王來請命不報遣戶部侍郎博羅帖木兒等徵

海運于張士誠士誠不與冬十月丙申朔青齊一方

赤氣千里癸卯太白犯氐宿甲辰湖廣偽姚平章張

知院陰遣人言於擴廓帖木兒設計擒殺偽漢主陳

理及偽夏主明玉珍不果己酉監察御史米只兒海

牙劾奏太傅太平罪狀詔安置太平于陝西之西仍擴廓

帖木兒遣僉樞密院事任亮復安陸府孛羅帖木兒

拘收宣命并御賜等物戌午太白犯房宿是月擴廓

遣兵攻冀寧至石嶺關擴廓帖木兒大破走之擒其

中書政務修舉深懼消盈自求引退加封鄭王固辭

不受再秉秉鈞由是不振十一月擴廓帖木兒軍由是加封鄭王固辭

將烏馬兒殷興祖故右丞相脫脫有大臣之體向在

壬申御史臺臣言故右丞相脫脫有大臣之體向在

大功垂成浮言攜難奉詔謝兵就貶以沒巳蒙錄用

其子還所籍田宅更乞憫其勳舊還其所授宣命從

之癸未太陰犯軒轅歲星犯左執法是歲御史大夫

老的沙與知樞密院事禿堅帖木兒得罪於皇太子

皆奔大同孛羅帖木兒匿之營中

二十四年春正月戊寅太白犯軒轅庚辰歲星犯左執法癸丑太

家產豬一頭兩身二月壬子歲星犯左執法癸丑太

陰犯西咸池是月

大明滅偽漢其所擴湖南北江西諸郡皆降于

大明三月乙亥監察御史王柔列禿崔卜顏帖木兒

等諫皇太子勿親征辛卯詔以孛羅帖木兒匿老的
沙謀為悖逆解其兵權削其官爵候道路開通許還命
四川田里孛羅帖木兒拒命不受夏四月甲午朔命
擴廓帖木兒悉知詔令調遣之事非出帝意皆右丞相
搠思監所為遂令秃堅帖木兒舉兵向闕壬寅秃堅
帖木兒入居庸關癸卯知樞密院事也速
蘭奚為所獲脫身東走甲辰皇太子率侍衛兵出
蘭奚迎戰于皇后店不蘭奚力戰也速不援而退不
光熙門東走古北口趨興松乙巳秃堅帖木兒兵至

清河列營時都城無備城中大震令百官吏卒分守
京城使達達國師至其軍問故以必得搠思監及竄
官朴不花為對詔慰解之不聽丁未詔屏搠思監于
嶺北寇朴不花也速為左丞相庚戌秃堅帖木兒前
官仍總兵以也速為左丞相庚戌秃堅帖木兒前
自健德門入觀帝于延春閣慟哭請罪帝就宴賚之
加孛羅帖木兒太保依前守禦大同秃堅帖木兒為
中書平章政事辛亥秃堅帖木兒軍還皇太子至路
兒鎮詔追及之還官癸丑太白犯井宿甲子黃河清
戊辰擴廓帖木兒奉命討孛羅帖木兒屯兵冀寧其

兒前鋒軍入居庸關皇太子親率軍禦于清河也速
軍士昌平軍士皆無鬥志皇太子馳還都城白鎖住
引兵入平則門丁亥白鎖住扈從皇太子出順承門
由雄霸河間取道徙興營戊子孛羅帖木兒駐兵健
德門外與秃堅帖木兒的沙入見帝于宣文閣訴
其非罪皆泣帝亦泣乃賜宴孛羅帖木兒欲追襲皇
太子老的沙止之庚寅詔以孛羅帖木兒為中書左
丞相其部屬布列省臺百司以也速知樞密院事詔
諭孛羅帖木兒擴廓帖木兒俱朕股肱視同心膂自

東道以白鎖住領兵三萬守禦京師中道以貊高竹
貞領兵四萬西道以關保領軍五萬合擊之關保等
兵逼大同孛羅帖木兒留兵守大同而自率兵與秃
堅帖木兒的沙復大舉向闕甲戌太白犯鬼宿乙
亥又犯積屍氣歲星犯左執法六月癸卯三星晝見
白氣橫突其中甲辰河南府有大星夜見南方光如
晝丁未大星隕照夜如晝及旦黑氣晦暗如夜甲寅
白鎖住以兵至京師請皇太子西行乙
執法是月保德州黃龍見井中秋七月癸亥太白與
歲星合于翼宿甲子歲星犯右執法丙戌孛羅帖木

今各棄宿忿弭兵戈成大勳是月

大明兵取廬州路八月壬辰朔日有食之乙未熒惑
犯鬼宿壬寅詔以字羅帖木兒為中書右丞相監修
國史節制天下軍馬乙巳皇太子至興寧乙卯張士
誠自以其弟士信代達識帖睦邇為江浙行省左丞
相是月字羅帖木兒請誅狎臣禿魯帖木兒波迪哇
兒搠罷三宮不急造作沙汰官官減省錢糧禁止西
番僧人好事九月辛酉朔官思龍宜潛送宮女伯
忽都出自順承門以達于皇太子乙丑太白晝見癸
酉夜天西北有紅光至東而散甲申太陰犯軒轅是

月
大明兵取中興及歸峽潭衡等路冬十月丙午太陰
犯畢宿巳酉太陰犯井宿巳未詔皇太子還京師命
也速老的沙分道總兵十二月乙卯太陰犯太白
二十五年春正月癸亥封李思齊為許國公丙寅太
白晝見戊辰亦如之巳巳
大明兵取實慶路守將唐隆道遁走偽漢守將熊天
瑞以贛州及韶州南雄降于
大明甲戌太白犯建星壬午監察御史字羅帖木兒
賈彬等辯明咎麻雪雪之罪二月辛丑汴梁路見日

傍有一月一星丙午太陰犯填星戊午皇太子在興
寧命甘肅行省平章政事朶兒只班以岐王阿剌乞
兒軍馬會平章政事臧卜李思齊各以兵守寧夏三
月庚申皇太子下令于諸軍中曰字羅帖木
兒襲據京師余既受命總督天下諸軍恭行顯罰
少保中書平章政事擴廓帖木兒躬勒將士分道進
兵諸王駙馬及陝西平章政事李思齊的沙別帖木
尚其舊義戮力効期快復兩平章政事丁卯命老的
后奇氏于諸色總管府
為御史大夫戊辰太白犯壘壁陣夏四月庚寅字羅

帖木兒至諸色總管府見皇后奇氏令還印章
作書遺皇太子遣內侍官完者禿持住興寧復出皇
后幽之乙巳關保等兵進圍大同
乙卯關保入大同五月辛酉熒惑犯太微垣甲子京
師天雨鬓長尺許或言於帝曰龍絲也命拾而杞之
乙亥
大明兵破安陸府守將任亮迎戰被執巳卯
大明兵破襄陽路是月侯卜延答失奉威順王自雲
南經蜀轉戰而出至成州六月戊子以黎安道為中
于成州六月戊子以黎安道為中書參知政事辛丑

湖廣行省左丞周文貴復慶路乙巳皇后奇氏自
幽所還宮乙卯以太尉火你赤為御史大夫是月皇
太子加李思齊銀青榮祿大夫邠國公中書平章政
事皇太子詹事兼四川行樞密院事虎符招討使分
中書四部秋七月丁丑填星歲星熒惑聚于角元太
陰犯畢宿己卯太陰犯畢宿乙酉孛羅帖木兒伏誅
禿堅帖木兒老的沙皆遁走丙戌遣使函安道方
禿首佳輿寧召皇太子還京師大赦天下黎安道方
脫脫雷一聲皆伏誅是月京師大水河決小流口達
于清河八月丁亥朔京城門至是不開者三日竹貞

貂高寧至城外命軍士緣城而上碎平則門鍵卷以
軍人占民居奪民財乙未太陰犯建星己亥太白犯
畢壁陣癸卯詔命皇太子分調將帥戡定未復郡邑
即還京師行事之際承制用人並准正授丁未皇后
弘吉刺氏崩壬子以洪寶寶帖古思不花捏烈禿並
為中書平章政事九月擴廓帖木兒從皇太子至
京師丁丑太陰犯井宿壬午詔以伯撒里為太師中
書右丞相監修國史擴廓帖木兒為太尉中
書右丞相錄軍國重事同監修國史知樞密院事分省
相錄軍國重事同監修國史知樞密院事燕太子詹
事是月以方國珍為淮南行省左丞相分省慶元冬

十月辛卯癸惑犯天江壬寅以哈剌章為知樞密院
事丁未益王渾都帖木兒樞副使觀音奴擒老的
沙誅之禿堅帖木兒以餘兵住八兒思之地命鎮止
行省左丞相山僧及知樞密院事魏亷賽因不花同討
之戊申以資政院使禿魯為御史大夫己酉熒惑犯
斗宿太陰犯畢宿辛未詔封擴廓帖木兒河南王
于斗宿太陰犯畢宿太微垣閏月庚申
興等悉聽調於擴廓帖木兒戊辰太白犯熒惑聚
以寶國公五十八為知樞密院事詔張良弼俞寶孔
代皇太子親征總制關陝庚戌太陰犯畢宿辛巳詔
興等悉聽調於擴廓帖木兒薊山東等慮弁迤南一

應軍馬諸王各愛馬應該總兵統兵等官凡軍
民一切機務錢糧名爵黜陟予奪悉聽便宜行事壬
申太白犯辰星辛巳以脫脫木兒為中書右丞達識
帖木兒為知政事己丑太白犯熒惑太微垣是月
陳丙申太陰犯畢宿癸卯太陰犯太微犯壁壁
大明兵取泰州時泰州通州高郵淮安徐州宿州泗
州濠州安豐諸郡皆張士誠所據十二月乙卯詔立
次皇后奇氏父以上三世皆為王爵癸亥太陰犯畢宿以
封奇氏父奇氏為皇后政奇氏為肅良合氏詔天下仍
帖林沙為中書叅知政事庚子歲星掩房宿辛未太

元史紀卷四六

十九

翰林學士承中大夫知制誥兼修國史臣宋濂翰林待制承直郎兼國史編修官臣王褘等奉

勅修

順帝十

二十六年春正月己酉以崇政院使李羅沙為御史
大夫壬子以完者禿知樞密院事是月以沙藍荅里
為中書左丞相命燕南河南山東陝西河東等處舉
人會試者增其額數進士及第以下遞升官一級二
月癸丑朔立河淮水軍元帥府於孟津縣甲戌詔天
下以此者逆臣李羅帖木兒禿堅帖木兒老的沙等

《元史紀卷四七》　一

干紀亂倫内外之民經值軍馬致使困乏與免一切
雜泛差徭是月擴廓帖木兒還河南分立省部以自
隨尋居懷慶又居彰德調度各處軍馬丁亥白虹五
道亘天其第三道亘日又有氣橫貫東南良久始滅
拒命三月癸未朔罷洛陽萬縣宣慰司
甲午擴廓帖木兒遣關保虎林赤以兵西攻張良弼
于鹿臺擴廓帖木兒脫烈伯孔興等兵皆與良弼合以蠻
子脫脫木兒知樞密院事乙未廷試進士七十二人
賜赫德溥化張棟進士及第餘出身有差監察御史
玉倫普建言八事一曰用賢二曰申嚴宿衛三曰保

全臣子四曰八衛屯田五曰禁止奏請六曰培養人
才七曰罪余人孥入曰重惜名爵帝嘉納之是月
大明兵取高郵府夏四月辛酉詔立皇太子妃瓦只
剌孫荅里氏是月
大明兵取淮安路徐州宿州濠州泗州潁州安豐路
五月壬午朔洛陽瑞麥生一莖四穗甲辰以脫脫不
花為御史大夫六月壬子朔汾州介休縣地震平遙
縣大雨雹紹興路山陰縣卧龍山裂已未命知樞密
院事買買閭以兵守直沽命河間鹽運使拜住曹履亨
撫諭沿海寇户俾出丁夫從買閭征討丙寅詔英宗

《元史紀卷四七》　二

時謀為不軌之臣其子孫或成丁者可安置舊地幼
者隨毋居草地終身不得入京城及不得授官止許
於本愛馬應役皇后肅良合氏生日百官進箋皇后
論沙藍荅里等曰自世祖以來正宮皇后壽日不曾
進箋近年雖行不合典故却之秋七月辛巳朔日有
食之徐灤縣地震介休縣大水石州大星如斗丙申
南而落甲申以李思齊為太尉甲午太白經天丙申
擴廓帖木兒遣朱珍盧旺屯兵河中遣關保虎林赤
合兵渡河會竹貞商嵩且約李思齊以攻張良弼良
弼遣子弟質于思齊與良弼拒守關保等不利思齊

請詔和解之丙午太白經天八月戊寅以李國鳳為
中書左丞陳有定為福建行省平章政事九月甲申
李思齊兵下鹽井獲川賊余繼隆誅之禮部侍郎滿
尚賓吏部侍郎掩篤剌自鳳翔還京師先是尚賓
等持詔諭思齊開通川蜀道路思齊方爭不奉詔
尚賓等留鳳翔一年至是始還丙戌以方國珍為江
浙行省左丞相弟國瑛國珉姪明善並為江浙行省
平章政事己亥以中書平章政事失列門為御史大
夫辛丑字星見東北方冬十月甲子擴廓帖木兒遣
其弟脫因帖木兒及貂高完哲等駐兵濟南以控制

《受禪卷四 三》

山東十一月甲申
大明兵取湖州路丙申
大明兵取杭州路及紹興路辛丑
大明兵取嘉興路時湖州杭州紹興嘉興松江平江
諸路及無錫州省張士誠所據十二月庚午蒲城洛水
和順崖崩
二十七年春正月乙未絳州夜聞天鼓鳴將旦一復鳴
其聲如空中戰鬥者庚子
大明兵取松江府癸卯
大明兵取沅州路是月李思齊張良弼脫列伯自會

于含元殿基推李思齊為盟主同拒擴廓帖木兒二
月庚申以買住為雲國公七十為中書平章政事月
魯不花為御史大夫乙丑以詹事月魯帖木兒為御
史大夫三月丁丑朔萊州大風有大鳥至其翅如席
擴廓帖木兒遣兵去屯滕州以禦王信庚子京師大
自西北起飛砂揚礫白日晝暗夏五月丙子朔白氣
二道亘天以去歲水潦霜災嚴酒禁戊寅以完者
勅遣付福建行省命平章政事曲出陳有定同驗有
功者給之辛巳大同頃霜殺麥未福建行宣政院
以廢寺錢糧由海道送京師乙酉以完者帖木兒為

《受禪卷四 四》

中書右丞相辭以老病不許辛卯以知樞密院事夬
列門為嶺北行省左丞相提調分通政院已亥以俺
普為中書平章政事辛丑擴廓帖木兒定擬其所屬
官員二千六百一十人從之是月山東地震雨白毫
李思齊遣張良弼部將郭謙等守黃連寨擴廓帖木
兒部將關保虎林赤商嵩竹貞引兵掩其寨郭謙走
會貂高等為變關保虎林赤夜遁李思齊遂解而西
六月丙午朔日有食之晝晦丁巳皇太子媛殿後新
弩井中有龍出光燄燦人宮人震懾仆地又長慶寺
有龍纏繞槐樹飛去樹皮皆剝丁卯沂州山崩是月

知樞密院事壽安奉空名宣勑與侯伯
以兵援擴廓帖木兒時李思齊擁長安與商嵩拒戰
侯伯顏達世進兵攻李思齊秦州守將蕭公達降思
齊思齊知關保等兵退遣蔡琳等破其營侯伯顏達
世奔潰秋七月甲申命也速提調武備寺丁酉絳州
星隕光耀如晝是月李思齊遣許國佐薛穆飛會張
良弼脫列伯兵屯于華陰時命秃魯爲陝西行省左
丞相思齊不悅遣其部將鄭應祥守陝西而自還鳳
翔龍見於臨胸龍山大石起立八月丙午詔命皇太
子總天下兵馬其略曰元良重任職在撫軍稽古徵

今卓有成憲曩者障塞決河本以拯民昏墊豈期妖
盜橫造訛言簧鼓愚頑塗炭郡邑殆遍海內茲逾一
紀故察罕仗義興師獻功懋汛掃汴洛克
平青齊爲國捐軀深可悼惜其子擴廓帖木兒克繼
先志用成駿功愛獻識理達臆計安宗社累請出師
朕以國本至重詎宜輕出遂授擴廓帖木兒總戎重
寄畀以王爵俾代其行李思齊張良弼等各懷異見
攜兵不已以致盜賊愈熾遺朕憂
毂儻失早計恐生異圖詢諸衆謀僉謂皇太子聰明
仁孝文武兼資聿遵舊典爰命以中書令樞密使

總天下兵馬諸王駙馬各道總兵將吏一應軍機政
務生殺予奪事無輕重如出朕裁其擴廓帖木兒總
領本部軍馬自潼關以東蕭清江淮取川蜀以少
部軍馬自鳳翔以西與侯伯顏達世進取川蜀以少
保秃魯爲陝西行中書省左丞相本省駐札總本部
及張良弼脫列伯各枝軍馬
部軍馬固守信地別聽調道詔書到日汝等悉宜洗
心滌慮應同濟時艱庚戌軍至清化聞慶有備遂還
彰德守禦官范國英引軍至清化聞懷慶有備遂還
彰德上疏言人臣以尊君爲本以盡忠爲心以愛民

爲務令總兵官擴廓帖木兒歲與官軍讎殺臣等乃
朝廷培養之人素知忠義焉能儌首聽命乞降明詔
別選重臣以總大兵詔以擴廓帖木兒不遵君命宜
黜其兵權就命豹高討之辛亥爲皇太子立大撫軍院
王賜金印設王傅等官壬子爲皇太子立大撫軍院
秩從一品知院四貟同知二貟副使同僉各一貟經
歷都事各二貟管勾一貟癸丑封太師伯撒里永平
王甲寅以右丞相並知大撫軍院事丙辰完者
章政事完者帖木兒翰林承旨咨爾麻平
木兒言大撫軍院專掌軍機令後遇止軍務仍舊帖

樞密院管其餘內外諸王駙馬各處總兵統兵行省行院宣慰司，一應軍情不許隔越徑行，移大撫軍院。詹事院同知李國鳳同知大撫軍院事，叅政完木兒爲副使，左司貟外郎咬住樞密叅議，王弘遠爲經歷。庚申，完者帖木兒言諸軍將士有能用命効力建立奇功者，請所賞宣勅依常制外加以忠義功臣之號，從之。辛酉，以完者帖木兒仍前太保、知樞密院事，也速仍前太保、中書右丞相，帖木兒仍前少師、知添設中書左丞相，秃魯仍前少保、燕知行樞密院事，阿難荅察罕腦兒命陝西行省左丞相，秃魯仍前少保、燕知行樞密院事。壬申，命帖里帖木兒仍前太尉、左丞相爲知大撫軍院事，中書右丞陳敬伯爲中書平章政事。九月甲戌朔，義士戴晉生上皇太子書，言治亂之由。命右丞相也速以兵住山東，命叅知政事法都忽刺分户部官一同供給。丁亥，以兵興迤南百姓供給繁重，其真定、河南、陝西、山東、冀寧等處除軍人自耕自食外，與免民間今年田租之半，其餘雜泛一切住罷。辛巳，大明兵取平江路，執張士誠。乙酉，大明兵取通州。丁亥，大明兵取無錫州。己丑，詔也速以中書右丞相分省。

山東沙藍荅里以中書左丞相分省大同。丙申，太師汪家奴追封兖王，謚忠靖。己亥，命帖里帖木兒提調端本堂及領經筵事。辛丑，大明兵取台州。時台州、溫州、慶元三路皆方國珍所據。冬十月甲辰朔，貊高以兵入山西定路忻州，下潞州，遂攻真定。詔也速自河間以兵會貊高取真定。已而不克，命也速還河間，貊高還彰德。乙巳，皇太子奏以淮南行省平章政事王信爲山東行省平章政事、燕知行樞密院事，立中書分省于真定路。丙午，加司徒、淮南行省平章政事王宣爲沂國公。丁未，享于太廟。壬子，詔擴廓帖木兒落太傅、中書左丞相，弁諸燕領職事仍前。河南王錫以汝州爲其食邑。其弟脱因帖木兒以集賢學士同擴廓帖木兒於河南府，居其帳前諸軍。命瑱住虎林赤一同統之，其河南諸軍仍舊統之。山西諸軍命少保、中書左丞相沙藍荅里統之。關保本部諸軍命中書平章政事、內史李克彝統之。北赤諸軍命知樞密院事貊高統之。敕天下。甲寅，以火里赤爲中書添設平章政事。乙丑，命集賢大學士丁好禮爲中書添設平章政事。丙寅，平章、內史關保封許國公。

公巳

大明兵取溫州十一月壬午

大明兵取沂州守臣王信遁其父宣被執癸未

大明兵取慶元路丙戌以平章政事月魯帖木兒知樞密院事完者帖木兒平章政事伯顏帖木兒帖林沙並知撫軍院事戊子

大明兵取嶧州乙未以知樞密院事貊高爲中書平章政事命太尉中書左丞相帖里帖木兒爲撫軍院使丁酉命帖里帖木兒同監脩國史命關保分省于晉寧辛丑

大明兵取益都路平章政事保保降宣慰使普顏不花總管胡濬知院張俊皆死之十二月癸卯朔日有食之丁未

大明兵取濟寧路陳秉直逌己酉

大明兵取萊州遂取濟南及東平路丁巳

大明兵取般陽路戊申

大明兵入杉關取邵武友定所懼庚申以楊誠陳秉直並爲國公中書平章政事甲子命右丞相也速太尉知院脫火赤中書平章政事忽林台平章政事貊

化泉漳汀潮諸路皆陳友定時邵武建寧延平福州興

高知樞密院事小章典堅帖木兒江文清驢兒等會

楊誠陳秉直伯顏不花俞勝各部諸軍同守禦山東

又命關保往援山東丙寅以莊家爲中書參知政事

庚午

大明兵由海道取福州守臣平章政事曲出迯行宣政院使柔耳死之是月方國珍歸于

大明詔命陝西行省左丞相禿魯魯統禦張良弼脫列伯孔興各枝軍馬以李思齊爲副統禦關中撫安軍民脫列伯孔興及取順便山路渡黃河合勢東行共勤王事思齊等皆不奉命是歲詔分潼關以西屬李思齊以東屬擴廓帖木兒各罷兵還鎮

於是關保退屯潼州商嵒留屯潼關

二十八年春正月壬申朔皇太子命關保固守晉寧

已詔諭擴廓帖木兒帖木兒拒命當以大義相裁就便摛擊以中書平章政事擴廓帖木兒爲御史大夫辛總統諸軍如擴廓帖木兒曰比者也速上奏卿以書陳情深自悔悟及省來意良用惻然朕視卿猶子卿何惑於愴言不體朕心陳其先業卿今能自悔固朕所望卿其思昔委任蕭清江淮之意即將與寧真定諸軍就行統制渡河直擣徐沂以康靖齊魯則職任之隆當

悉遷汝衛輝彰德順德皆為王城卿無以貊高為名
縱軍侵暴其晉寧諸軍已命關保總制策應戰定山
東將帥各宜悉心庚寅星見于昴畢之間是月
大明兵取建寧延平二路陳有定被執二月壬寅朔
詔削擴廓帖木兒爵邑命禿魯李思齊等討之詔曰
大義首發姦謀關保弗信邪言乃心王室陳其罪惡
遺烈寵靈遂肆跋扈攜兵關陝專事吞併貊高倡明
擴廓帖木兒本非察罕帖木兒之宗俾嗣職任其承
憑籍界以相位陝以王爵授以兵柄顧乃
請正邦典今禿魯李思齊其率兵東下共行天討癸
卯武庫災癸丑
大明兵取東昌路守將申榮王輔元死之丙辰擴廓
帖木兒自澤州退守晉寧關保守澤潞二州與貊高
軍合已未
大明兵取寶慶路甲子汀州路總管陳谷珍以城降
大明丙寅
大明兵取隸州是月
大明兵至河南李思齊張良弼等解兵西還詔命知
樞密院事脫火赤平章政事魏賽因不花進兵攻晉

富李思齊次渭南張良弼次櫟陽興化泉州漳州潮
州四路皆降于
大明二月庚寅星彗見于西北壬辰翰林學士承旨
王時太常院使陳祖仁上章乞撫諭擴廓帖木兒以
立勤王起難是月有星流于東北眾小星隨之其聲
大震
大明兵取河南李思齊張良弼會兵駐潼關火焚良
弼營思齊移軍葫蘆灘調其所部張德欽穆薛守
潼關
大明兵入潼關攻李思齊營思齊棄輜重奔于鳳翔
是月
大明兵取永州路又取惠州路夏四月辛丑朔
大明兵取英德州丙午隕霜殺菽戊申
大明兵取廣州路又下萬陝汝等州五月庚午朔
大明兵取道州李克昇棄河南城奔陝西推李思齊
為總兵鎮壓高昌據武功李克昇攘岐山任從政壞隴
意據鹽屋商昌高據岐山是月李思齊部將忽林赤脫張
州六月庚子朔徐溥縣地震癸丑
大明兵取郴州梧州藤州尋州貴象鬱林等郡
甲寅雷雨中有火自天隆焚大聖壽萬安寺壬戌臨

州保德州地震五日不止

大明兵取靜江路是月廣西諸郡縣皆附于

大明秋七月癸酉京城紅氣滿空如火照人自旦至辰方息乙亥京城黑氣起百步內不見人從寅至巳方消貊高關保以兵攻晉寧是月李思齊會李克彝商高張意脫列伯等於鳳翔海南海北諸郡縣皆降于

天明閏月己亥朔擴廓帖木兒與貊高關保戰敗之擴關保貊高遣其斷事官以聞詔關保貊高間諜擄兵可依軍法處治關保貊高皆被殺辛丑

天明丁未

大明兵取彰德路乙巳左江右江諸路皆降于

大明兵取廣平路丁巳詔罷大撫軍院誅知大撫軍院事伯顏帖木兒等詔復命擴廓帖木兒仍前河南王太傅中書左丞相統領部軍馬由中道直抵彰德衛輝太保中書右丞相也速統率大軍經由東道水陸並進少保陝西行省左丞相禿魯統率關陝諸軍東出潼關攻取河洛太尉平章政事李思齊統率軍馬南出七盤金商克復汴洛四道進兵掎角勤捕

母分彼此泰國公平章知院俺普平章墳住等軍東西布列乘機掃珍太尉遼陽左丞相也先不花郡王知院厚孫等軍捍禦海口藩羿戳輔皇太子愛猷識理達臘膩悉總天下兵裁決庶務具如前詔壬戌白奉太廟列室神主與皇太子同北行阿魯渾等即至太廟與署令王嗣宗太祝哈剌不華襲護神主畢仍

虹貫日癸亥罷內府河俊甲子擴廓帖木兒自晉寧退守異寧

大明兵至通州知樞密院事卜顏帖木兒力戰被擒死之左丞相列室神主傳旨今太常禮儀院使阿魯渾等奉太廟列室神主與皇太子同北行阿魯渾等即至

太廟與署令王嗣宗太祝哈剌不華襲護神主畢仍

留室內乙丑白虹貫日罷內府興造詔淮王帖木兒不花監國慶童為中書左丞相同守京城丙寅帝北行失列門及知樞密院事黑廝官者趙伯顏不花等諫以為不可行不聽伯顏不花慟哭諫曰天下者世祖之天下陛下當以死守奈何棄之臣等願率軍民及諸怯薛歹出城拒戰願陛下固守京城卒不聽至夜半開健德門比奔八月庚申

大明兵入京城帝因痾疾狙於應昌壽五十一在位三十四月丙戌

六年太尉完者院使觀音奴奉梓宮北葬五月癸卯
大明兵襲應昌府皇孫買的里八剌及后妃弁寶玉
皆被獲皇太子愛猷識禮達臘從十數騎遁
大明皇帝以帝知順天命退避而去特加其號曰順
帝而封買的里八剌為崇禮侯